1 Rechtliche Grundlagen

1.1 Willenserklärungen und Rechtsgeschäfte

Stofftelegramm

Willenserklärungen

- Begründen rechtliche Wirkungen ⟶ notwendig zur Entstehung von Rechtsgeschäften
- Mündlich, schriftlich, schlüssiges Handeln, evtl. Schweigen

Rechtsgeschäfte

Einseitige Rechtsgeschäfte	Mehrseitige Rechtsgeschäfte
Nur eine Willenserklärung einer Partei notwendig	Mindestens zwei übereinstimmende Willenserklärungen notwendig Antrag + Annahme Antrag: erste Willenserklärung; Annahme: zustimmende Willenserklärung
a) Empfangsbedürftige Willenserklärungen: Erst rechtswirksam, wenn der Empfänger die Willenserklärung erhalten hat. <u>Beispiele:</u> • Kündigung • Anfechtung • Mahnung • Rücktrittserklärung	**a) Einseitig verpflichtende Verträge:** Nur eine Partei ist zu einer Leistung verpflichtet. <u>Beispiele:</u> • Schenkungsvertrag • Schuldanerkenntnis • Schuldversprechen • Bürgschaft
b) Nicht empfangsbedürftige Willenserklärungen: Sind bereits mit ihrer Abgabe rechtswirksam. <u>Beispiele:</u> • Testament	**b) Mehrseitig verpflichtende Verträge:** Mehrere Parteien sind zu einer Leistung verpflichtet. <u>Beispiele:</u> • Kaufvertrag • Ehevertrag • Pachtvertrag • Mietvertrag • Arbeitsvertrag usw.

Aufgaben

1. Welche Konsequenz haben Willenserklärungen im kaufmännischen Sinne?
2. Wie können Willenserklärungen abgegeben werden?
3. Wie nennt man Willenserklärungen, die zu einem Vertrag führen?
4. Nennen Sie je ein Beispiel für die Abgabe einer Willenserklärung durch

   a) schlüssiges Handeln b) Schweigen.
5. Welche Arten von Rechtsgeschäften liegen bezüglich der erforderlichen Willenserklärungen vor?

   a) Kündigung b) Schenkung c) Kaufvertrag d) Arbeitsvertrag
   e) Testament f) Anfechtung g) Bürgschaft h) Schuldversprechen
6. a) Die Kündigungsfrist des Angestellten Schlampp beträgt 6 Monate zum Quartalsende. Der Arbeitgeber schickt das Kündigungsschreiben (Kündigung zum 31. Dezember) am 30. Juni per Post an Schlampp ab, der es am 1. Juli in seinem Briefkasten vorfindet. Ist die Kündigung rechtzeitig erfolgt? Begründung.

   b) Wie wäre Fall a) zu beantworten, wenn Schlampp kündigen will und das Kündigungsschreiben bereits am 28. Juni abschickt, die Post den Brief am 30. Juni um 10:00 Uhr in den Briefkasten des Arbeitgebers wirft, und dieser aufgrund einer Geschäftsreise den Brief erst am 2. Juli öffnet?
7. Der 98-jährige Gustav Hämmerle hat sein Testament handschriftlich erstellt, ohne jemanden darüber zu informieren. Liegt ein Rechtsgeschäft vor? Begründung.

1.2 Form der Rechtsgeschäfte

Stofftelegramm

Grundsatz: **Formfreiheit**. Ausnahme: **Formzwang** in bestimmten Fällen:

Schriftform → Eigenhändige Unterschrift notwendig. Beispiele:

- Kündigung
- Bürgschaft (Ausnahme: Formfreiheit, wenn Bürge als Kaufmann i. S. des HGB die Bürgschaft im Rahmen seines Geschäfts abgibt)
- Testament
- Schuldversprechen
- Grundstücks- und Wohnungsmietverträge auf länger als ein Jahr
- Schuldanerkenntnis

Öffentliche (notarielle) Beglaubigung → Bestätigung der Echtheit der **Unterschrift** durch einen berechtigten Beamten (Notar)

- Schriftliche Anmeldung zum Handelsregister oder Grundbucheintrag

Öffentliche (notarielle) Beurkundung → Bestätigung der **Unterschrift** und des **Inhalts** der Erklärung z. B. durch einen Notar

- Grundstückskaufverträge
- Schenkungsversprechen
- Erbverzicht
- Ehevertrag
- Hauptversammlungsbeschlüsse einer AG

INHALTSVERZEICHNIS – AWL

Inhaltsverzeichnis – Gemeinschaftskunde

INHALTSVERZEICHNIS Deutsch („AT“ = Aufgabentyp)

Aufgaben

1. In welcher Form können Rechtsgeschäfte fixiert werden?
2. Warum ist die Formfreiheit die übliche und ausreichende Form bei Rechtsgeschäften?
3. Warum ist bei bestimmten Rechtsgeschäften Formzwang notwendig?
4. Welche Form ist die beweissicherste? Begründung.
5. Welche Konsequenz ergibt sich für ein Rechtsgeschäft, das nicht in der vorgeschriebenen Form abgeschlossen wurde?
6. Welche Formvorschriften gelten bei folgenden Rechtsgeschäften?

   a) Grundstückskauf
   b) Kauf eines Fließbands für 2 Mio. €
   c) Anmeldung zum Handelsregister
   d) Testament
   e) Schenkungsversprechen
   f) Hauptversamml.beschluss einer großen AG
   g) Bürgschaft, die ein Kaufmann i. S. des HGB im Rahmen seines Handelsgewerbes abgibt
   h) Bürgschaft eines Privaten
   i) Schuldanerkenntnis
   j) Kündigung

1.3 Rechtsfähigkeit und Geschäftsfähigkeit

Stofftelegramm

Rechtsfähigkeit → Fähigkeit von Personen, Träger von Rechten und Pflichten zu sein

Natürliche Personen:
- Alle natürlichen Personen (Menschen) sind rechtsfähig
- Rechtsfähigkeit ab Geburt bis Tod

Juristische Personen des Privatrechts:
- Kapitalgesellschaften (AG, GmbH, eG): Entstehung durch Eintrag im Handelsregister (AG, GmbH) bzw. Genossenschaftsregister; der Eintrag ist konstitutiv.
- Eingetragene Vereine: Entstehung durch Eintrag im Vereinsregister (konstitutiv)

Juristische Personen des öffentlichen Rechts:
- Bund, Länder, Kreise, Gemeinden
- gesetzl. Krankenkassen
- Universitäten
- IHK
- Berufsgenossenschaften
- Landesversicherungsanstalten

Zeichnung: Linders

Quelle: „HOT“ - Holzer-Telegramm (Unterrichtsmagazin für Wirtschaftsfächer), Bildungsverlag EINS

Zeichnung: Linders

Geschäftsfähigkeit → Fähigkeit, rechtsgeschäftliche Willenserklärungen abzugeben

Unbeschränkte Geschäftsfähigkeit → **Personenkreis:** ab vollendetem 18. Lebensjahr

Beschränkte Geschäftsfähigkeit → **Personenkreis:**

- vollendetes 7. bis 18. Lebensjahr
- wegen Trunk-, Rauschgift-, Verschwendungssucht oder Geistesschwäche für bestimmte Geschäfte vom Gericht für beschränkt geschäftsfähig erklärte Personen
- unter vorläufige Vormundschaft gestellte Personen

Wirkungen:

- gesetzl. Vertreter muss vor (= „Einwilligung") oder nach Vertragsabschluss (= „Genehmigung") zustimmen
- solange keine Genehmigung: **„schwebende Unwirksamkeit"** (wirksam erst mit Zustimmung)

Ausnahmen: (voll wirksame Rechtsgeschäfte von beschränkt Geschäftsfähigen)

- Betroffener hat nur rechtliche Vorteile (z. B. Schenkung)
- Verwendung überlassener Mittel zur freien Verfügung (Taschengeld) oder für bestimmte Zwecke (jedoch: keine Ratenzahlung!!)
- Rechtsgeschäfte innerhalb eines genehmigten Arbeitsverhältnisses oder selbstständigen Erwerbsgeschäfts

Geschäftsunfähigkeit → **Personenkreis:**

- bis vollendetem 7. Lebensjahr
- dauernd Geisteskranke
- wegen Geisteskrankheit für bestimmte Geschäfte vom Gericht für geschäftsunfähig erklärte Personen

Wirkungen:

Willenserklärungen sind **nichtig**

Aufgaben

1. Der 99-jährige Gustav Gregorius stirbt. In seinem Testament sind seine beiden Hunde, vier Katzen und seine Kuh Isolde als glückliche Erben eingesetzt. Nehmen Sie Stellung.
2. Was versteht man unter Rechtsfähigkeit?
3. Wer ist rechtsfähig?
4. Erklären Sie die Begriffe natürliche und juristische Person.

5. In welchen Fällen handelt es sich um eine juristische Person?

   a) Gemeinde Eierbach b) Vorstandsmitglied einer AG c) OHG

   d) GmbH e) Einzelunternehmung f) AG

   g) eingetragener Verein h) KG i) Universität

   j) Steuerberater k) IHK

6. Wer vertritt juristische Personen des Privatrechts?

7. Nennen Sie die drei Formen der Geschäftsfähigkeit. Notieren Sie die dazugehörigen Altersstufen.

8. Welche rechtliche Wirkung hat die Abgabe einer Willenserklärung durch

   a) Geschäftsunfähige
   b) beschränkt Geschäftsfähige

9. Erklären Sie den Begriff „schwebende Unwirksamkeit".

10. In welchen Fällen sind die Rechtsgeschäfte beschränkt Geschäftsfähiger von Anfang an voll wirksam?

11. Prüfen Sie, welche Art von Geschäftsfähigkeit bei folgenden Personen vorliegt.

    a) Der 25-jährige Alf Labil darf wegen Rauschgiftsucht bestimmte Geschäfte laut Gerichtsbeschluss nicht mehr tätigen.

    b) Martin, 6 Jahre alt

    c) Daniel, 7 Jahre alt

    d) Ein dauernd Geisteskranker

    e) Eine unter vorläufige Vormundschaft gestellte Person

    f) Georg Säusel, Gelegenheitstrinker, 25 Jahre alt

Beurteilen Sie folgende Rechtsfälle (Begründungen):

12. Der 6-jährige Sepp bestellt telefonisch bei einem Spielwarenhändler eine elektrische Eisenbahnanlage.

13. Der 5-jährige Heiko nimmt seiner Mutter unbemerkt 10,00 € aus der Geldbörse und kauft 10 Rosen, die er auf dem Rückweg an vorbeigehende Omas verschenkt.

14. Die 16-jährige Dodo, Tochter eines Millionärs, erhält monatlich 300,00 € Taschengeld. Sie spart hiervon 900,00 € zusammen und unterschreibt ohne Einwilligung ihrer Eltern einen Kaufvertrag über einen PC. Ihr Vater ist nachträglich nicht einverstanden.

15. Wie wäre Fall 14 zu beurteilen, wenn Dodo statt eines PC ein gebrauchtes Moped gekauft hätte?

16. Die 16-jährige Dodo kauft einen CD-Player für 800,00 €.

    Von ihrem Taschengeld macht sie eine Anzahlung über 200,00 €, die Restzahlung soll in monatlichen Raten von je 100,00 € - ebenfalls von ihrem Taschengeld - erfolgen.

    Ihre Eltern versagen nachträglich ihre Genehmigung.

17. Die 10-jährige Anke erhält von ihrem Onkel 20,00 € geschenkt. Ihre Eltern sind dagegen und möchten die Schenkung verhindern.

18. Der 14-jährige Jürgen Groß erhält von einer Nachbarin 20,00 € geschenkt mit der Auflage, ihr demnächst beim Umzug zu helfen.

19. Die 17-jährige Gesine Flott erhält von ihrem Vater 200,00 € für den Kauf eines Kleides. Sie besorgt sich stattdessen einen Kassettenrekorder.

20. Die 17-jährige Ingrid ist mit Einverständnis ihrer Eltern seit einem Jahr in einer Boutique beschäftigt. Nach einem Streit mit der Inhaberin kündigt sie fristgemäß.

    Ihre Eltern sind empört und wollen dies verhindern.

21. Ein 17-jähriger Auszubildender vereinbart mit seinem Chef einen Sonderurlaub und bucht eine 4-wöchige USA-Reise für 7.000,00 €.

    Die Eltern widersprechen beiden Handlungen.

22. Der 17-jährige Ingo Frühreif betreibt mit Genehmigung seiner Eltern und des Vormundschaftsgerichts ein Computerfachgeschäft. Er stellt ohne vorherige Rücksprache mit den Eltern eine Verkäuferin ein.

23. Die 17-jährige Eva Schmuck besucht eine Krankengymnastikschule in Stuttgart und bewohnt dort ein möbliertes Zimmer.

    Von ihren Eltern erhält sie für Ausbildungszwecke 400,00 € monatlich. Ohne deren Wissen kauft sie sich eine Halskette für 280,00 € und ein Medizinisches Lexikon für 70,00 €.

1.4 Vertragsfreiheit - nichtige und anfechtbare Rechtsgeschäfte

Quelle: „HOT" - Holzer-Telegramm (Unterrichtsmagazin für Wirtschaftsfächer), Bildungsverlag EINS

Stofftelegramm

Vertragsfreiheit → Grundsätzlich besteht Freiheit bei der Vertragsgestaltung.

- Abschlussfreiheit: grundsätzliche Entscheidungsfreiheit, mit wem ein Vertrag geschlossen wird
- Inhaltsfreiheit: Vertragsinhalte sind grundsätzlich frei gestaltbar.

Einschränkungen der Vertragsfreiheit: nichtige, anfechtbare Rechtsgeschäfte

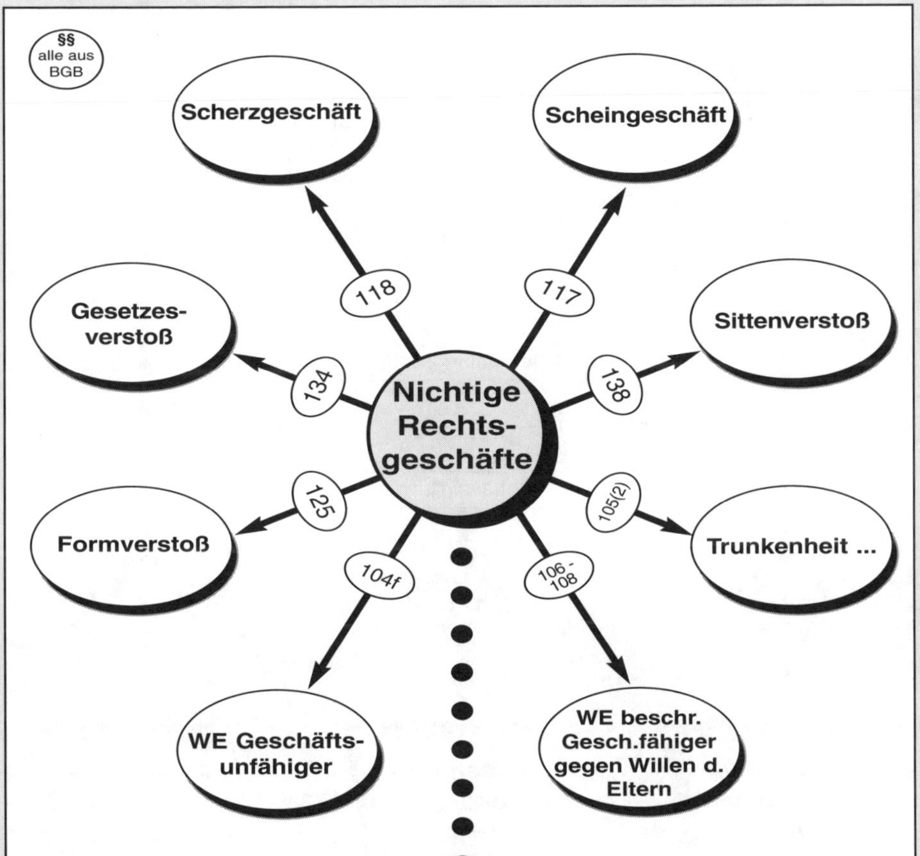

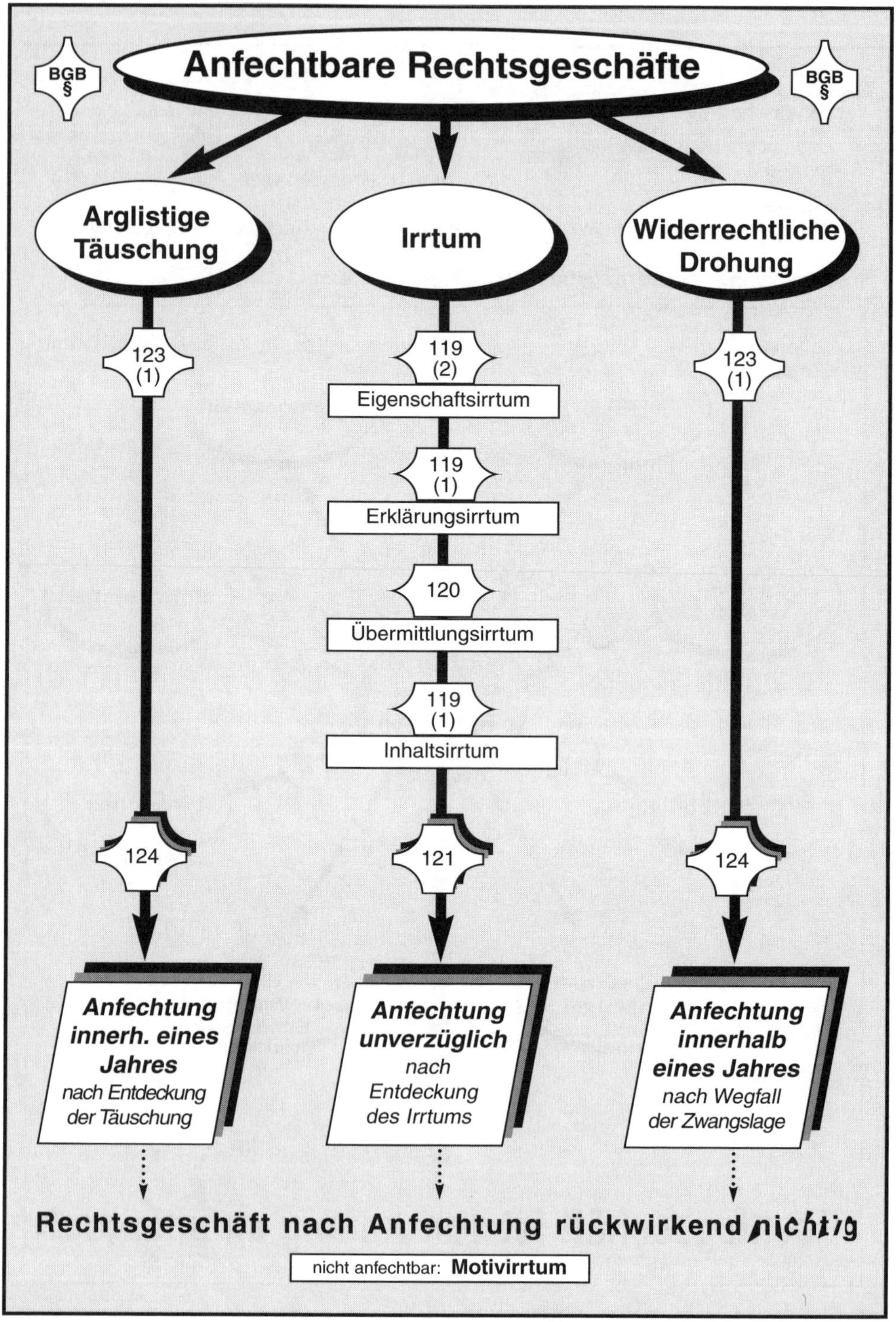
BGB §
Anfechtbare Rechtsgeschäfte
BGB §
Arglistige Täuschung
Irrtum
Widerrechtliche Drohung
123 (1)
119 (2)
Eigenschaftsirrtum
123 (1)
119 (1)
Erklärungsirrtum
120
Übermittlungsirrtum
119 (1)
Inhaltsirrtum
124
121
124
Anfechtung innerh. eines Jahres nach Entdeckung der Täuschung
Anfechtung unverzüglich nach Entdeckung des Irrtums
Anfechtung innerhalb eines Jahres nach Wegfall der Zwangslage
Rechtsgeschäft nach Anfechtung rückwirkend nichtig
nicht anfechtbar: Motivirrtum

Aufgaben

1. Was versteht man unter Vertragsfreiheit?
2. Nennen Sie Vor- und Nachteile der Vertragsfreiheit.
3. Begründen Sie die Notwendigkeit der Einschränkung der Vertragsfreiheit durch gesetzliche Regelungen.
4. Nennen Sie drei verschiedene Gesetze mit je einem Beispiel, in denen die Vertragsfreiheit eingeschränkt wird.
5. Welche Rechtsgeschäfte sind nichtig, welche anfechtbar?
6. Welche Fristen gelten bei anfechtbaren Rechtsgeschäften?

Beurteilen Sie folgende Fälle unter dem Aspekt der Rechtsgültigkeit, Nichtigkeit und Anfechtbarkeit! Nennen Sie ggf. die Anfechtungsfristen.

7. Charly Klappe sagt vor Zeugen zu seinem Bekannten Günter Gaudi: „Für einen Tausender fresse ich einen Besen!"
   Gaudi legt den Tausender auf den Tisch und verlangt Vertragserfüllung.
8. Privatmann A übernimmt durch mündliche Erklärung eine Bürgschaft.
9. Der 6-jährige Fred schenkt dem 8-jährigen Hans seine Brille.
10. Firma Dusel erhält von den Firmen A, B und C Angebote über einen bestimmten PKW. Folgende Preise werden offeriert: 51.600,00 € (A) - 50.900,00 € (B) - 5.200,00 € (C).
    Dusel bestellt erfreut bei Firma C.
11. Sonja Schwarz bucht anlässlich der bevorstehenden Hochzeit mit ihrem Verlobten Ed Held eine Weltreise für 8.000,00 €. Kurz vor der Hochzeit löst Ed die Verbindung und verlobt sich mit Angelique Blondinett. Kann Sonja die Buchung anfechten?
12. Markus Meuchel beauftragt seinen Bekannten Gustav Strolch, den ständig bellenden Hund Klaffi seines Nachbarn für 100,00 € zu vergiften.
13. „Kumpel, ich bin eh schon alt! Ich schenke Dir meinen Acker!" sagt Bauer Xandlhuber zu seinem Nachbarn Hilfreich. „Das will ich aber schriftlich!" meint Hilfreich.
14. Der kaufmännische Angestellte Nuschel wird vom Kunden Öhrle angerufen und um eine Preisangabe gebeten. Nuschel teilt mit: „150,00 €". Öhrle versteht: „115,00 €" und bestellt.
15. Händler A verkauft an B ein Fernsehgerät als neuwertig, obwohl er weiß, dass das Gerät schon ein Jahr täglich in Betrieb war.
16. Bauer Schlitz verkauft dem Fabrikanten Ohr sein Grundstück für 300.000,00 €. Der notariell beurkundete Kaufvertrag lautet auf 200.000,00 €, um Grunderwerbsteuer zu sparen.
17. Geier gibt Notig ein Darlehen über 10.000,00 €, Zinssatz 30 %.
18. Buchhalter Press verlangt 10 % Gehaltserhöhung, anderenfalls werde er gegen seinen Chef Strafanzeige wegen illegaler Exportgeschäfte erstatten. Der Inhaber gewährt zunächst die Erhöhung, verweigert aber nach drei Monaten deren Auszahlung.
19. Heiner Sauf verkauft in volltrunkenem Zustand für 500,00 € seinen Bernhardiner an seinen Stammtischbruder.
20. A kauft von B nach mündlichem Abschluss des Kaufvertrages einen gebrauchten PKW für 98.000,00 €.

1.5 Eigentum und Besitz

Stofftelegramm

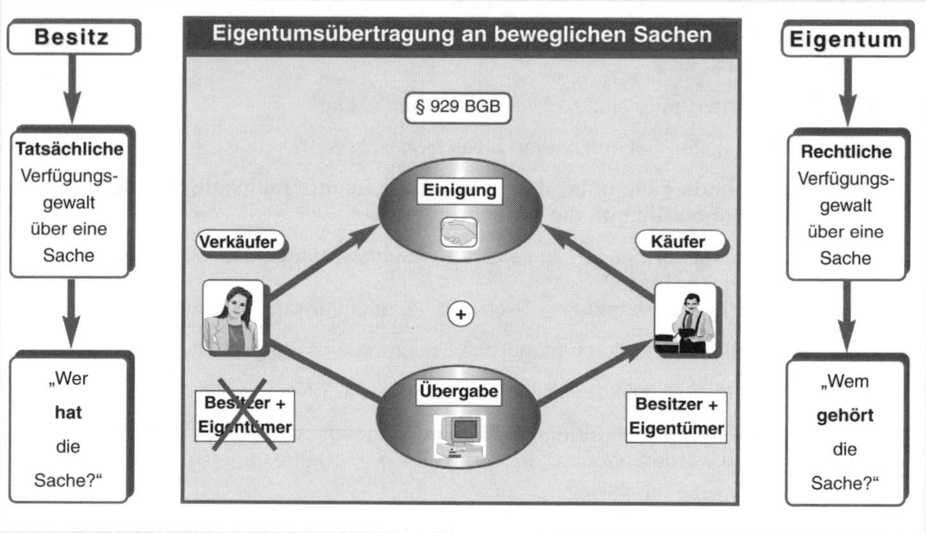

Eigentumsübertragung

a) Bewegliche Sachen: Einigung + Übergabe bzw.
Einigung + Besitzkonstitut bzw.
Einigung + Abtretung des Herausgabeanspruchs

b) Unbewegl. Sachen: Notariell beurkundete Einigung (= Auflassung)
+
Eintrag im Grundbuch

Gutgläubiger Eigentumserwerb → = Eigentumserwerb vom Nichteigentümer

Der Käufer wird Eigentümer, wenn er den Verkäufer für den Eigentümer hält (in „gutem Glauben“ kauft).

Kein gutgläubiger Eigentumserwerb möglich bei
- gestohlenen Sachen
- verloren gegangenen Sachen
- sonst abhanden gekommenen Sachen

Aufgaben

1. Definieren Sie kurz die Begriffe Eigentum und Besitz.

2. Wie wird Eigentum an beweglichen bzw. unbeweglichen Sachen üblicherweise übertragen?

3. A unterschreibt am 15. Juli einen Kaufvertrag über eine Stereoanlage, die erst am 30. Juli lieferbar ist. Den Kaufpreis begleicht er sofort mit Scheck. Ist er damit Eigentümer?

4. A kauft ein Rennrad für 1.500,00 €, welches er sofort mitnimmt. Die Zahlung soll innerhalb von 14 Tagen erfolgen. Ab wann ist A Eigentümer des Fahrrads?

5. Maier verkauft und übergibt an Flegel einen PC. Flegel soll innerhalb von 4 Wochen zahlen. Nach 8 Wochen steht die Zahlung noch aus. Maier verlangt daher den PC wieder zurück. Klären Sie die Rechtslage.

6. Maier verkauft und übergibt an Schweinberger einen PC, den Letzterer noch vor Zahlung an Schmidt weiterveräußert und übergibt.

   a) Wer ist nach diesen Transaktionen Eigentümer? Begründung.

   b) Wie wäre die Situation zu beurteilen, wenn Schmidt wusste, dass Schweinberger den PC noch nicht bezahlt hat?

7. Lötterle leiht sich von Schnaufer eine wertvolle Lederhose für einen Faschingsball. Noch nüchtern verkauft und übergibt er das Prachtstück an Bayer.
   Wer ist Eigentümer? Begründung.

8. Stiehler entwendet in einer Buchhandlung das Werk „So wird man reich", liest es und verkauft es für 30,00 € an den gutgläubigen Sepp Ehrlich.
   Wer ist Eigentümer? Begründung.

9. Gudermann kauft von Raff den jungen Rauhhaardackel Stupsi, den er zwei Tage später abholen will. Zwischenzeitlich bietet der Hundenarr Drexler den doppelten Preis und nimmt das Tier gleich mit.
   Wer ist Eigentümer? Begründung.

10. Gudermann sucht den Tierhändler Kauffmann auf und kauft den Rauhhaardackel Hopsi, den er zwei Tage später abholen will. Aus Erfahrung klug geworden, sichert er sich ab. Wie?

11. Hans Klau stiehlt seinem Bekannten Werner Reich einen 500- €-Schein, bucht anschließend beim Reisebüro Samurai eine Flugreise nach Bangkok und leistet mit dem gestohlenen Tausender eine Anzahlung.

    Reichs Nachforschungen ergeben, dass sich der Schein beim Reisebüro Samurai befindet. Er fordert die Herausgabe.
    Klären Sie die Rechtslage.

12. K beabsichtigt, von V ein Grundstück zu kaufen. V erklärt sich mit Schreiben vom 10. Mai einverstanden, der Kaufvertrag wird in Anwesenheit beider Vertragsparteien am 30. Mai vor dem Notar beurkundet. Die Umschreibung im Grundbuch erfolgt am 20. Juli.

    a) Wann wurde der Kaufvertrag rechtswirksam abgeschlossen?

    b) Wann wurde K Eigentümer?

1.6 Der Kaufvertrag

Szene 1

Szene 2

Szene 3

Zeichnungen: Martin Linders

Quelle: „HOT“ - Holzer-Telegramm (Unterrichtsmagazin für Wirtschaftsfächer), Bildungsverlag EINS

Der Kaufvertrag (Hinweis: vgl. auch SWL-Lehrplan und -Buch)

Stofftelegramm

Abschluss des Kaufvertrages → **Antrag + Annahme:**

- Bestellung + Bestellungsannahme bzw.
- Angebot + Bestellung

=

Verpflichtungsgeschäft

Pflichten Käufer:

- Rechtzeitige Zahlung
- Warenabnahme

Pflichten Verkäufer:

- rechtzeitige, mangelfreie Übergabe
- Eigentumsübertragung

→ Erfüllung der Pflichten aus dem Kaufvertrag

=

Erfüllungsgeschäft

Anfrage → • rechtlich unverbindlich (Bitte um Infos über Preise, Lieferbedingungen..., also Bitte um Abgabe eines Angebots)

Angebot (Bestellung)

- an bestimmte Person gerichtet
- **Inhalt:**
  - Art, Menge, Preis der Ware
  - Lieferungs- und Zahlungsbedingungen...

- **Bindung:** a) **Gesetzliche Bindungsfrist:**
  - Anwesende: Solange das Gespräch dauert
  - Abwesende: Bis im Normalfall die Antwort erwartet werden kann (briefliches Angebot ca. 1 Woche)

  Grundsatz: Antwort auf mindestens gleich schnellem Weg!

  b) **Vertragliche Bindungsfrist:** befristetes Angebot, z. B. „gültig bis ...“

  c) **Freizeichnungsklauseln:** Einschränkung der Bindung, z. B.

  • „Preis freibleibend“ • „solange Vorrat reicht“ • „unverbindlich“

- **Bindung erlischt:**
  - Ablehnung durch Empfänger
  - verspätete Annahme
  - Abänderung durch Empf. (= neuer Antrag)
  - rechtzeitiger Widerruf

Anpreisung

- an Allgemeinheit gerichtet
- gilt nicht als Angebot
- Beispiele:
  - Schaufensterauslagen
  - Zeitungsinserate
  - Rundfunk und Fernsehwerbung...

Erfüllungsort

Erfüllungsort → = Ort der Pflichterfüllung durch Käufer (Geldschuldner) bzw. Verkäufer (Warenschuldner)

Gesetzlicher Erfüllungsort: Wohn- (Geschäfts-)sitz des „Schuldners"

- Erfüllungsort für die Zahlung: Sitz des Geldschuldners (Käufers)
- Erfüllungsort für die Lieferung: Sitz des Warenschuldners (Verkäufers)

Vgl. Skizze nächste Seite!

Bedeutung des Erfüllungsortes für die Geldschuld:

- fristgemäß überweisen
- Gefahr und Kosten der Zahlung trägt Käufer (Geldschuld = Schickschuld)
- Erfüllungsort bestimmt Gerichtsstand bei HGB-Kaufleuten: Zahlungsklage somit am Sitz des Käufers

Bedeutung des Erfüllungsorts für die Warenschuld:

- bis zur fristgemäßen Übergabe an Transportunternehmen trägt Verkäufer Gefahr und Kosten des Transports, danach Käufer;

  Ausnahme: **Verbrauchsgüterkauf** (vgl. nächste Seite unten).
- Erfüllungsort bestimmt Gerichtsstand bei HGB-Kaufleuten: Klage wegen Warenmängel somit am Sitz des Verkäufers

Lieferung mit eigenem LKW: Verkäufer trägt Transportgefahr - unabhängig vom Erfüllungsort

Zusendung unbestellter Ware = Antrag (Angebot)

- **Kaufvertrag** entsteht, wenn der Käufer seine Annahme erklärt, den Kaufpreis zahlt oder die Ware in Gebrauch nimmt.
- **Stillschweigen** des Empfängers bedeutet:
  - Bestehende Geschäftsverbindung: Schweigen = Annahme
  - Fehlende Geschäftsverbindung: Schweigen = Ablehnung
  - Privatmann: (Verstoß gegen UWG!) Schweigen = Ablehnung

DER GESETZLICHE ERFÜLLUNGSORT

Käufer = Geldschuldner

Kauf-vertrag

Lieferung

Zahlung

1000

Verkäufer = Warenschuldner

Stuttgart

Hamburg

Erfüllungsort Geld	Erfüllungsort Ware
Käufer trägt Gefahr und Kosten des Geldtransports (Geldschuld = Schickschuld)	Verkäufer trägt Gefahr und Kosten des Transports bis zur Übergabe an die Spedition
Käufer muss Geld fristgemäß „abschicken"	Verkäufer muss Ware fristgemäß an Spedition übergeben
Erfüllungsort bestimmt Gerichtsstand (= Stuttgart für die Geldschuld)	Erfüllungsort bestimmt Gerichtsstand (= Hamburg für Warenschuld)

Verbrauchsgüterkauf: Verkäufer (Unternehmer) trägt Gefahr des Transports bis Übergabe an den Käufer (Verbraucher) - Vgl. § 474 Abs. 2 BGB in Verbindung mit § 447 BGB

Zusendung unbestellter Ware = Antrag (Angebot)

- **Kaufvertrag** entsteht, wenn der Käufer seine Annahme erklärt, den Kaufpreis zahlt oder die Ware in Gebrauch nimmt.
- **Stillschweigen** des Empfängers bedeutet:
  - Bestehende Geschäftsverbindung: Schweigen = Annahme
  - Fehlende Geschäftsverbindung: Schweigen = Ablehnung
  - Privatmann: (Verstoß gegen UWG!) Schweigen = Ablehnung

Aufgaben

1. Was versteht man unter Verpflichtungs- und Erfüllungsgeschäft?
2. Wie entsteht ein Kaufvertrag?
3. Welche Pflichten entstehen bei Abschluss des Kaufvertrages?
4. Unterscheiden Sie rechtlich Anfrage, Angebot und Anpreisung.
5. Nennen Sie drei Beispiele für Anpreisungen.
6. Welche Angaben sollte ein Angebot enthalten?
7. Firma A sendet am 14. Juni per Telex ein Angebot an Firma B. Am 17. Juni gibt Firma B brieflich die entsprechende Bestellung auf, die bereits am 18. Juni bei Firma A eintrifft. Firma A lehnt jedoch die Bestellung ab. Klären Sie die Rechtslage.
8. Wann erlischt die Bindung an ein Angebot?
9. Innerhalb welcher Frist muss die Annahme erfolgen?
10. Ist die Bestellung rechtlich ein Antrag oder eine Annahme?
11. Welche der folgenden Willenserklärungen sind rechtlich bindend?

    a) Angebot c) Bestellung e) Freibleibendes Angebot g) Anpreisungen
    b) Anfrage d) Fernsehwerbung f) Schaufensterauslagen h) Bestellungsannahme
12. Welche gesetzlichen Regelungen gelten, wenn in folgenden Punkten keine vertraglichen Vereinbarungen getroffen wurden?

    a) Beschaffenheit der Ware b) Verpackungskosten c) Transportkosten d) Lieferzeit e) Zahlung
13. Begründen Sie, ob bzw. wie in folgenden Fällen Kaufverträge entstehen. (V = Verkäufer; K = Käufer)

    a) V macht ein Angebot, K bestellt zu spät.
    b) V macht ein Angebot, K bestellt rechtzeitig mit Änderungen.
    c) V macht ein freibleibendes Angebot, K bestellt.
    d) V sendet an die ihm unbekannte Firma K unbestellte Ware. K meldet sich nicht und bewahrt die Ware auf.
    e) V sendet unbestellte Ware an seinen langjährigen Geschäftspartner K. K meldet sich nicht.
    f) V sendet unbestellte Ware an Privatmann K, der stillschweigt.
14. Josef Hektik verschickt ein briefliches Angebot. Am gleichen Tag bemerkt er, dass er sich verkalkuliert hat. Was tun?
15. Wo befindet sich der gesetzliche Erfüllungsort? Welche Bedeutung hat er?

1.7 Störungen bei der Vertragserfüllung

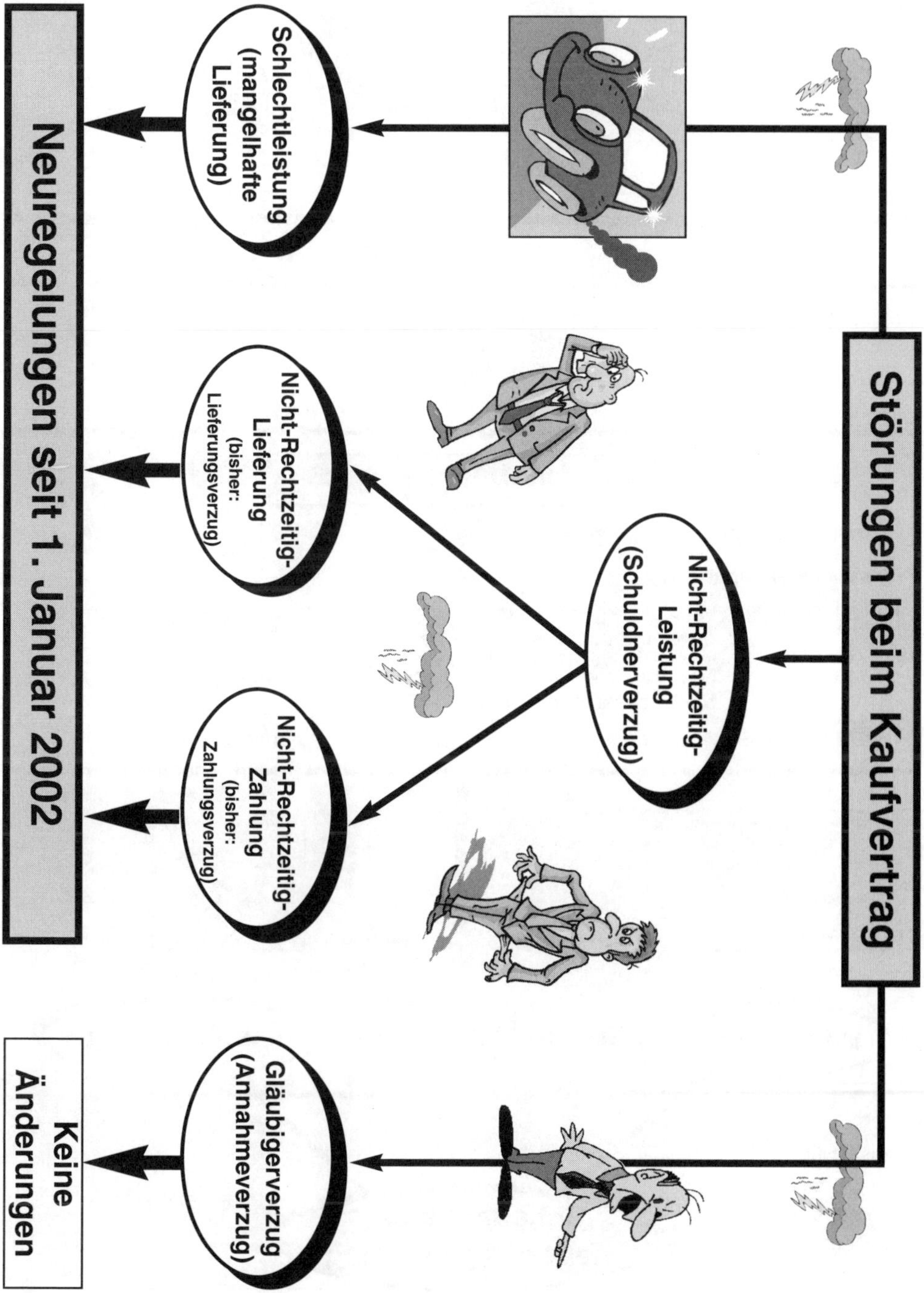

1.7.1 Mangelhafte Lieferung (Schlechtleistung)

- Rechte des Käufers gemäß § 437 ff. BGB -

Vorrangig

↓

Nacherfüllung

§ 439 BGB

- auch bei **geringfügigen Mängeln**
- **verschuldensunabhängig**
- § 439 (3) BGB: Verkäufer kann Nachbesserung und/oder Neulieferung verweigern, wenn **unverhältnismäßig hohe Kosten** anfallen würden.
- § 440 BGB: Nacherfüllung fehlgeschlagen nach **zwei erfolglosen Nachbesserungsversuchen**
- § 275 BGB: Anspruch auf Leistung entfällt, soweit diese **unmöglich**

Nachbesserung ← Käufer hat **Wahlrecht** → **Neulieferung**

zusätzlich möglich, sofern **Verschulden** vorliegt: → **Schadensersatz neben der Leistung**

Die mangelhafte Lieferung (Schlechtleistung) - Rechte des Käufers -

Teil 2

Nachrangig (nach erfolglosem Ablauf einer gesetzten **Nachfrist**)

Rücktritt vom Vertrag

§§ 440, 323, 326 BGB

nicht bei geringfügigen Mängeln

Minderung

§ 441 BGB

+ evtl. Schadensersatz neben Leistung

Voraussetzungen (Rücktritt vom Vertrag, Minderung)

angemessene ***Nachfrist***

§ 323 (2), 440, 441 BGB

entbehrlich in folgenden Fällen:

- Verkäufer **verweigert** Nacherfüllung
- zwei Nacherfüllungsversuche **fehlgeschlagen**
- Nacherfüllung für Verkäufer bzw. Käufer **unzumutbar**
- **Fixgeschäft, Zweckkauf**
- **besondere Umstände** ...

Schadensersatz statt Leistung

§§ 280, 281, 440 BGB

auch neben Rücktritt möglich

Ersatz vergeblicher Aufwendungen

§ 284 BGB

nicht bei geringfügigen Mängeln

Voraussetzungen (Schadensersatz statt Leistung, Ersatz vergeblicher Aufwendungen)

angemessene ***Nachfrist***

§ 281 (2), 440, 284 BGB

entbehrlich in folgenden Fällen:

- Verkäufer **verweigert** Nacherfüllung
- zwei Nacherfüllungsversuche **fehlgeschlagen**
- Nacherfüllung für Verkäufer **unzumutbar**
- **besondere Umstände** ...

Verschulden (Vertretenmüssen) → § 280 (1) BGB

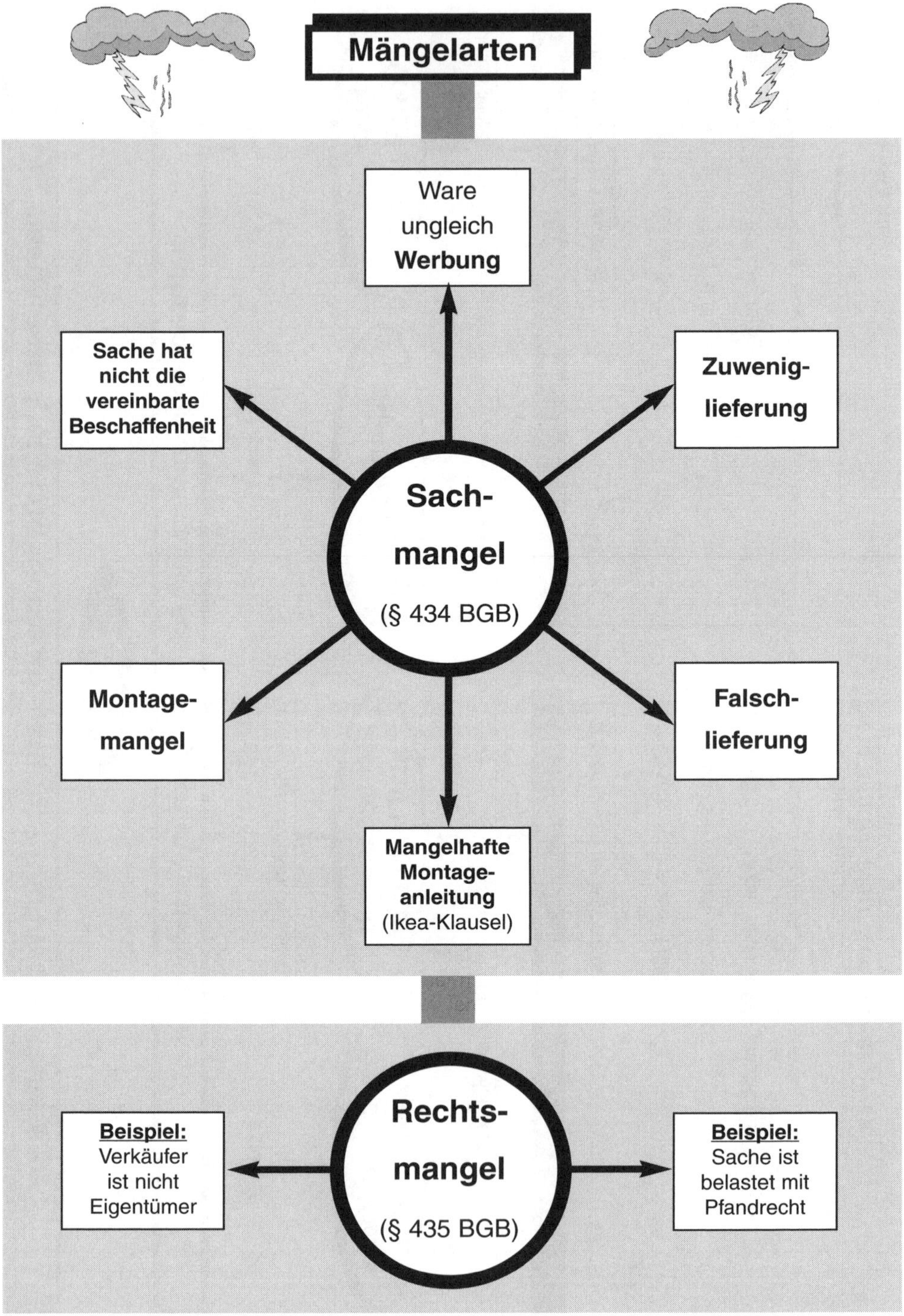
Mängelarten
Ware ungleich Werbung
Sache hat nicht die vereinbarte Beschaffenheit
Zuwenig-lieferung
Sach-mangel
(§ 434 BGB)
Montage-mangel
Falsch-lieferung
Mangelhafte Montage-anleitung (Ikea-Klausel)
Beispiel: Verkäufer ist nicht Eigentümer
Rechts-mangel
(§ 435 BGB)
Beispiel: Sache ist belastet mit Pfandrecht

Verjährung der Mängelansprüche (§ 438 BGB)

Verkäufer kann Erfüllung der Rechte, die dem Käufer wegen Mangelhaftigkeit der Kaufsache zustehen, **verweigern, wenn sie verjährt sind (Verjährungseinrede).**

2 Jahre

Regelmäßige kaufrechtliche Verjährungsfrist für Mängel

3 Jahre

Arglistig verschwiegene Mängel
(Verjährung bei Bauwerken ... jedoch nicht vor Ablauf der dort bestimmten Frist von 5 Jahren)

5 Jahre

- **Bauwerksmängel**
- Mängeln an in Gebäuden eingebauten Sachen

30 Jahre

Mangel =
- **dingliches Herausgaberecht** eines Dritten bzw.
- in **Grundbuch** eingetragenes Recht

Beginn der Verjährung:

Mit **Ablieferung** (bei **Grundstücken** mit **Übergabe**); **arglistig verschwiegene Mängel**: Schluss des Jahres, in dem Gläubiger **Kenntnis** erlangte

Verbrauchsgüterkauf (Besonderheiten) - § 474 ff. BGB -

Einseitiger Handelskauf

Sport-Fuchs

Unternehmer (Verkäufer) ⟷ **Kaufvertrag** ~~~~~ ⟷ **Verbraucher/in**

Eingeschränkte Vertragsfreiheit (§ 475 BGB)

- §§ im allg. Kaufvertragsrecht **zwingend**
- **AGB + Individualvereinbarung:**

  keine Abweichung zum Nachteil des Verbrauchers!

<u>Ausnahmen:</u>

1. Gebrauchte Sachen

Gewährleistungsfrist auf ein Jahr verkürzbar.

Verbotene Formulierungen z.B.: *„gekauft wie gesehen“, „unter Ausschluss jeder Gewährleistung“* ...

2. Schadensersatz
(§ 475 Abs. 3 BGB)

Beweislastumkehr (§ 476 BGB)

- Mängel, die innerh. von **sechs Monaten** gerügt werden:

  Unterstellung, dass Mangel bereits bei Übergabe bestand.

  Lehnt Verkäufer die Mängelrüge des Verbrauchers ab, muss **er** nachweisen, dass Käufer die Ware beschädigt hat.

- **Nach Ablauf von sechs Monaten:**

  Beweislast liegt beim Käufer

Sonderbestimmungen für Garantien (§ 477 BGB)

<u>Garantieerklärung</u>

- einfach/verständlich!
- Inhalte:
  - Hinweis, dass Garantie gesetzliche Rechte nicht einschränkt
  - Inhalt + Dauer der Garantie sowie alle wesentl. Angaben, die für Geltendmachung der Garantie erforderlich sind
- Garantie darf gesetzliche Rechte nicht einschränken.

Rückabwicklung einer bereits mangelhaft hergestellten Sache entlang der Lieferkette (§ 478 f. BGB)

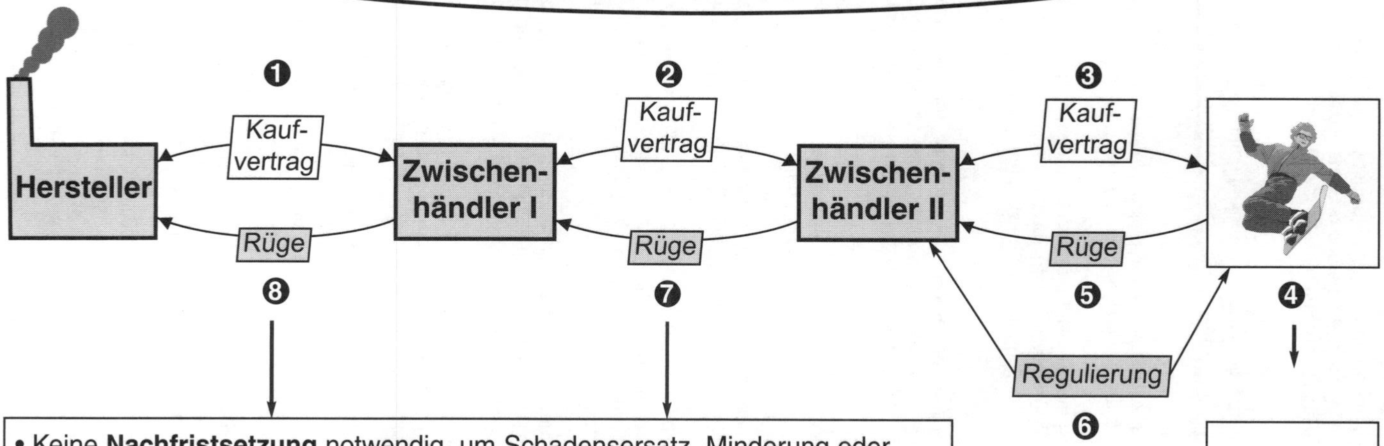

- Keine **Nachfristsetzung** notwendig, um Schadensersatz, Minderung oder Rücktritt verlangen zu können.

  Begründung: Angenommen, Verbraucher macht Rechte erst kurz vor Ablauf der 2-Jahres-Frist geltend –> Das Durchlaufen der Lieferkette kann nun so viel Zeit kosten, dass die Rechte des Lieferers gegen den Hersteller bereits verjährt sein können, wenn er sie geltend machen will. –> § 479 (2) BGB: Jedem Lieferer bleiben für die Geltendmachung seiner Rechte mindestens **zwei Monate** Zeit nach Regulierung (Erfüllung der Ansprüche des Verbrauchers). Frühestens danach tritt die Verjährung ein (= **Verjährung von Rückgriffsansprüchen**)

  (**Hinweis**: Diese Ablaufhemmung endet spätestens fünf Jahre nach Ablieferung der Sache - vgl. § 479 Absatz 2 Satz 2)

- Alle **Rückabwicklungskosten** trägt der Hersteller.

Verbraucher stellt Mangel fest

Aufgaben

1. Welche Arten von Mängeln gibt es?

2. a) Welche Pflichten hat der Käufer (Kaufmann i. S. des HGB) bei mangelhafter Lieferung?
   b) Ein Käufer versäumt, rechtzeitig zu rügen. Folgen?

3. Käufer K kauft von Händler V einen Neuwagen. Vier Wochen nach Übergabe funktioniert die **Klimaanlage** auf langen Fahrten nicht ordnungsgemäß. Der Mangel war für V trotz intensiver Prüfung des PKW nicht zu erkennen. Welche Rechte kann K gegen V geltend machen und welche Voraussetzungen sind dabei zu beachten?

4. K kauft von V ein Videogerät. Beim Anschluss an sein Fernsehgerät stellt K **kleinere Farbflecken** fest, die auch V nicht aufgefallen waren.
   Kann K Nachbesserung und / oder Neulieferung verlangen? Begründung.

5. K kauft von V einen Neuwagen. Nach einigen Wochen stellt K **erhebliche Mängel** fest. Außerdem ist ihm durch die Mängel ein **Schaden** in Höhe von 200,00 € entstanden. Unter welchen Voraussetzungen kann K im Normalfall das Recht „**Schadensersatz statt Leistung**" geltend machen?

6. K kauft von V einen neuen PKW (Marke „X") des Produzenten P, der in **Werbebroschüren** mit dem Slogan „Mit durchschnittlich fünf Litern pro 100 km sind Sie bei X dabei" wirbt. Nach Übergabe stellt K fest, dass der tatsächliche Verbrauch des „X" bei sieben Litern liegt. Welche Rechte stehen K zu?

7. Der normalgewichtige K kauft von V das neue Mountainbike „Biky". Schon des Öfteren gab es Reklamationen bei V hinsichtlich Bruch von „Biky"-Pedalen. Bei seiner ersten Ausfahrt des K bricht ein **Pedal**, K stürzt und verletzt sich. Ein Taxi bringt ihn ins nächste Dorf zum Arzt. **Taxikosten**: 40,00 €; **Arztkosten**: 70,00 €. Welche Rechte kann K geltend machen?

8. K kauft von V ein Fitnessgerät für den Selbstaufbau. Aufgrund der fehlerhaften **Montageanleitung** baut K das Gerät falsch zusammen. Welche Rechte kann er geltend machen?

9. V verkauft einen 30 Jahre alten Ohrring aus „echtem Gold" an K. K entdeckt später, dass der Ring nicht aus Gold, sondern nur aus vergoldetem Messing war. V konnte hiervon nichts wissen.
   Welche Rechte stehen K zu?

10. K (Privatmann) kauft von Händler V ein neues Motorrad. Drei Monate nach Übergabe streikt der Motor. Es ist nicht feststellbar, ob der Mangel aufgrund eines Materialfehlers bereits bei **Übergabe** programmiert war oder auf **fehlerhafte Bedienung** des K zurückzuführen ist. Kann K Gewährleistungsrechte geltend machen?

11. K kauft am 10. Mai 2002 von V einen Rasenmäher, der am gleichen Tag geliefert wird. Infolge eines Produktionsfehlers versagt am 10. November 2003 der Motor. K verlangt einen neuen Rasenmäher, V beruft sich auf **Verjährung**. Klären sie die Rechtslage.

12. K kauft am 10. Mai 2002 von V eine Maschine, die am gleichen Tag geliefert wird. V verschweigt **arglistig** einen Mangel. K entdeckt den Mangel am 10. Juli 2005 und macht Gewährleistungsansprüche geltend. Rechtslage?

13. Am 10. Mai 2002 lässt K von V eine Dachsanierung durchführen. Am 20. Mai 2007 stellt K erhebliche Mängel - bedingt durch fehlerhafte Sanierungsarbeit - fest. Sind seine Mängelansprüche **verjährt**? Begründung.

14. Privatmann K kauft von Händler V einen Gebrauchtwagen. Vertraglich wird vereinbart, dass die Mängelgewährleistungsansprüche gemäß § 437 BGB ein Jahr nach Ablieferung verjähren. Nach 15 Monaten stellt K einen Mangel fest. Sind seine Gewährleistungsansprüche **verjährt**?

1.7.2 Nicht-Rechtzeitig-Lieferung

Nicht-Rechtzeitig-Lieferung • Rechte des Käufers

§ 286 BGB: Lieferung verlangen + evtl. Schadensersatz (Verzögerungsschaden)

Voraussetzungen

- **Fälligkeit**
- **Verschulden**
- **Mahnung** → **entbehrlich**, wenn: (§ 286 (2) BGB)
  - Verkäufer verweigert Lieferung
  - Liefertermin kalendermäßig bestimmt, Zweckkauf
  - Besondere Gründe, z. B.:
    - Selbstmahnung des Schuldners mit eigener Ankündigung des Lieferungstermins
    - Eilbedürftige Pflichten (z. B. Reparatur Wasserrohrbruch; Warnpflichten, die sofort erfüllt werden müssen, um drohende Schäden zu verhindern)

§ 281 BGB: Schadensersatz statt Leistung (Nichterfüllungsschaden)

Beide Rechte gleichzeitig anwendbar!

Voraussetzungen

- **Fälligkeit**
- **Verschulden**
- angemess. **Nachfrist** → **entbehrlich**, wenn: (§ 281 (2) BGB)
  - Verkäufer verweigert Lieferung
  - Besondere Umstände ...

Anstelle Sch'ersatz statt Lief. möglich:

Ersatz vergeblicher Aufwendungen (§ 284 BGB)

z. B. Vertragskosten ...

§ 323 BGB: Rücktritt vom Vertrag

Voraussetzungen

- **Fälligkeit**
- angemess. **Nachfrist** → **entbehrlich**, wenn: (§ 323 (2) BGB)
  - Verkäufer verweigert Lieferung
  - Liefertermin kalendermäßig bestimmt, Zweckkauf
  - Besondere Umstände ...

abstrakt	Schadensersatzberechnung	konkret
Schaden umfasst auch den entgangenen Gewinn	← →	Schaden eindeutig berechenbar (z. B. bei Deckungskauf)

Schadensersatzberechnung umgehbar, wenn von vorneherein eine **Vertragsstrafe (Konventionalstrafe)** vereinbart wird

Aufgaben

1. V liefert nicht rechtzeitig. Welche **Rechte** hat der Käufer und welche **Voraussetzungen** sind zu beachten?
2. K verlangt aufgrund Nicht-Rechtzeitig-Lieferung des V weiterhin Lieferung sowie Ersatz des **Verzögerungsschadens**. Wann kann K auf eine **Mahnung** verzichten?
3. K verlangt aufgrund Nicht-Rechtzeitig-Lieferung des V **Schadensersatz statt Leistung**. Wann kann K auf Setzung einer angemessenen **Nachfrist** verzichten?
4. K möchte aufgrund Nicht-Rechtzeitig-Lieferung des V vom Vertrag **zurücktreten**. Wann kann er auf Setzung einer **Nachfrist** verzichten?
5. K möchte seine Rechte aufgrund Nicht-Rechtzeitig-Lieferung des V geltend machen und verlangt nach Ablauf einer angemessenen Nachfrist **Rücktritt vom Vertrag und Schadensersatz statt Leistung**. Ein Verschulden des V liegt vor. Kann K beide Rechte gleichzeitig geltend machen? Begründung.
6. Käufer K vereinbarte im Kaufvertrag mit Verkäufer V die Lieferung von zehn PCs. Ein Liefertermin wurde nicht vereinbart. Nachdem V mit einem anderen Käufer einen höheren Preis ausgehandelt hat, weigert er sich, die Lieferung vorzunehmen. Kann K seine erlittene **Gewinneinbuße** von V ersetzt verlangen? Begründung.
7. Der Inhaber einer Pizzeria P entdeckt um 15:00 Uhr einen **Wasserrohrbruch**, der zur Überschwemmung eines Teils des Restaurants führte. Telefonisch teilt er dem Klempner X mit, dass er um 18:00 Uhr öffnen müsse, um nicht Umsatzeinbußen zu erleiden. Klempner X sagt sofortige Reparatur zu. Ärgerlicherweise erscheint X erst um 19:00 Uhr. **Entgangener Gewinn** für die Pizzeria: 1.000,00 €. P verlangt **Schadensersatz**. Rechtslage?
8. Unternehmer K hat mit Verkäufer V einen **Just-in-time-Vertrag** geschlossen. V muss demzufolge zu bestimmten Zeitpunkten liefern, um die Produktion nicht zu gefährden. Als eine Lieferung ausbleibt, kommt es zum vorübergehenden Produktionsstillstand. Kann K ohne Nachfristsetzung **Schadensersatz statt Leistung** verlangen? Begründung.
9. Händler V verkauft telefonisch einen Anzug des ehemaligen Beatles-Schlagzeugers Ringo Starr für 5.000,00 €. K möchte den Anzug am nächsten Morgen abholen. Der nicht im Laden tätige Sohn des Händlers holt ohne zu fragen am Abend den Anzug aus dem verschlossenen Schrank im Laden und nimmt ihn auf eine 14-tägige Reise nach Mallorca mit. K setzt V eine Nachfrist von acht Tagen und verlangt bei ergebnislosem Ablauf **Schadenersatz statt Leistung** in Höhe von 3.000,00 €, weil er den Anzug einem Beatles-Fan zum Preis von 8.000,00 € versprochen habe. Zusätzlich **trete er vom Vertrag zurück**.
   V ist nicht einverstanden und besteht weiterhin auf Abnahme und Zahlung. Rechtslage?
10. K bestellt bei V 50 Kisten Champagner. V liefert nicht. Zwischenzeitlich sind die Champagnerpreise stark gefallen. K deckt sich daher bei X erheblich preisgünstiger ein und informiert V. Letzterer verlangt Abnahme und Zahlung, weil K keine Nachfrist gesetzt habe. Rechtslage?
11. Was versteht man unter a) abstraktem b) konkretem Schaden?
12. Wie kann die Schadensberechnungsproblematik umgangen werden?
13. Was versteht man unter Konventionalstrafe?

1.7.3 Nicht-Rechtzeitig-Zahlung (Zahlungsverzug)

Quelle: „HOT“ - Holzer-Telegramm (Unterrichtsmagazin für Wirtschaftsfächer), Bildungsverlag EINS

Nicht-Rechtzeitig-Zahlung • Rechte des Gläubigers

§ 286 BGB: Zahlung verlangen + evtl. Schadensersatz
(Verzögerungsschaden)

Voraussetzungen

- **Fälligkeit**
- **Verschulden**
- **Mahnung** → **entbehrlich**, wenn: (§ 286 (2) BGB)
  - 30 Tage nach Rechnungszugang vergangen sind
  - Schuldner verweigert Zahlung
  - Zahlungstermin kalendermäßig bestimmt
  - Besondere Gründe, z. B.:
    Selbstmahnung des Schuldners mit eigener Ankündigung des Zahlungstermins;
    Schuldner entzieht sich einer Mahnung

§ 281 BGB: Schadensersatz statt Leistung
(Nichterfüllungsschaden)

Voraussetzungen

- **Fälligkeit**
- **Verschulden**
- angemess. **Nachfrist** → **entbehrlich**, wenn: (§ 281 (2) BGB)
  - Schuldner verweigert Zahlung
  - Besondere Umstände ...

Anstelle Sch'ersatz statt Lief. möglich:

Ersatz vergeblicher Aufwendungen (§ 284 BGB)

z. B. Vertragskosten ...

Beide Rechte gleichzeitig anwendbar!

§ 323 BGB: Rücktritt vom Vertrag

Voraussetzungen

- **Fälligkeit**
- angemess. **Nachfrist** → **entbehrlich**, wenn: (§ 323 (2) BGB)
  - Schuldner verweigert Zahlung
  - Zahlungstermin kalendermäßig bestimmt
  - Besondere Umstände ...

Verzugszinsen (§ 288 BGB)

Grundsatz:	Basiszinssatz + 5 %
Unternehmer:	Basiszinssatz + 8 %

Aufgaben

1. Käufer K zahlt nicht rechtzeitig.

   Welche **Rechte** hat der Verkäufer und welche **Voraussetzungen** sind zu beachten?

2. Privatmann Wetzel kauft von Privatmann Bauer ein Auto.

   Wie viel Prozent **Verzugszinsen** kann Bauer verlangen, wenn Wetzel nicht rechtzeitig zahlt?

3. Privatmann Wetzel kauft von Firma Schnorr ein Fernsehgerät.

   Wie viel Prozent **Verzugszinsen** kann Firma Schnorr verlangen, wenn Wetzel nicht rechtzeitig zahlt?

4. Firma Schnorr kauft bei der „Elek-GmbH“ zehn Fernsehgeräte.

   Wie viel Prozent **Verzugszinsen** kann die Elek-GmbH verlangen, wenn Firma Schnorr nicht rechtzeitig zahlt?

5. Die Elek-GmbH liefert an Firma Schnorr zehn Fernsehgeräte. Firma Schnorr erhält die Rechnung am **10. Januar**.

   a) Es wurde **kein Zahlungsziel** vereinbart.

      Ab wann befindet sich Firma Schnorr in Zahlungsverzug, wenn **keine Mahnung** versandt wurde?

   b) Es wurde **kein Zahlungsziel** vereinbart.

      Ab wann befindet sich Firma Schnorr in Zahlungsverzug, wenn am 20. Januar eine **Mahnung** versandt wurde?

   c) **Zahlungsziel**: Zahlung bis spätestens 24. Januar.

      Ab wann befindet sich Firma Schnorr in Zahlungsverzug?

6. Die Elek-GmbH liefert an **Privatmann** Wetzel ein Fernsehgerät. Wetzel erhält die Rechnung am 10. Januar. Es wurde **kein Zahlungsziel** vereinbart.

   Ab wann befindet sich Wetzel in Zahlungsverzug?

1.8 Eigentumsvorbehalt

Quelle: „HOT" - Holzer-Telegramm (Unterrichtsmagazin für Wirtschaftsfächer), Bildungsverlag EINS

Zeichnungen: Martin Linders

Eigentumsvorbehalt

Stofftelegramm

Eigentumsvorbehalt	• Lieferer behält sich Eigentum bis zur vollständigen Bezahlung der Ware vor. • Käufer wird Besitzer, Verkäufer bleibt Eigentümer bis zur vollständigen Zahlung. • Vertragsklausel: „Die Ware bleibt bis zur vollständigen Zahlung unser Eigentum."
Eigentumsvorbehalt erlischt, wenn ...	... Ware vollständig bezahlt ist ... Veräußerung der Ware an gutgläubigen Dritten ... Verarbeitung, Verbrauch oder Zerstörung der Ware ... Verbindung der Ware mit unbeweglicher Sache (z. B. Gebäude)
Verlängerter Eigentumsvorbehalt	• Forderungsabtretung bei Weiterverkauf der Ware durch Käufer • Bei Weiterverarbeitung: Sicherungsübereignung des hergestellten Gegenstandes an den Lieferer
Erweiterter Eigentumsvorbehalt	Der Eigentumsvorbehalt bezieht sich auf **alle Lieferungen** an einen Käufer.

Aufgaben

1. a) Was versteht man unter Eigentumsvorbehalt?

   b) Wann erlischt der Eigentumsvorbehalt?

2. Erklären Sie a) verlängerter b) erweiterter Eigentumsvorbehalt

3. a) Weshalb bietet der einfache Eigentumsvorbehalt bei Rohstofflieferungen keine ausreichende Sicherheit für den Lieferer?

   b) Welche günstigeren Alternativen bieten sich an? Begründung.

1.9 Mahnverfahren (außergerichtlich, gerichtlich)

Stofftelegramm

Außergerichtliches Mahnverfahren

- mehrere Mahnungen
- Androhung der Postnachnahme
- Zustellung der Postnachnahme
- Terminbrief mit letzter Fristsetzung (z. B. dritte Mahnung, evtl. per Einschreiben) und Androhung Mahnbescheid
- Zustellung des Mahnbescheids = Beginn des gerichtlichen Mahnverfahrens

Gerichtliches Mahnverfahren

- Antrag auf Erlass eines Mahnbescheids für bad.-württ. Antragsteller beim Amtsgericht Stuttgart, das den Mahnbescheid (MB) dem Antragsgegner (Schuldner) zustellt.
- Nach Zustellung des MB folgende **Alternativen:**

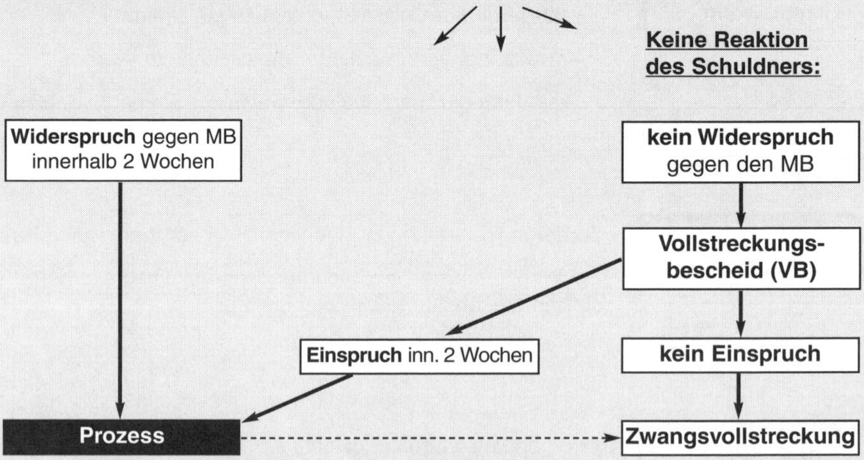

Aufgaben

1. Wie verläuft üblicherweise das außergerichtliche Mahnverfahren?

2. Wann beginnt das gerichtliche Mahnverfahren?

3. Wo ist der Antrag auf Erlass eines Mahnbescheids zu stellen?

4. Erklären Sie die einzelnen Stationen des gerichtlichen Mahnverfahrens, wenn der Antragsgegner
   a) überhaupt nicht reagiert;
   b) Widerspruch gegen den Mahnbescheid einlegt;
   c) erst gegen den Vollstreckungsbescheid Einspruch einlegt.

5. Wie kann es ohne vorherigen Prozess zur Zwangsvollstreckung kommen?

1.10 Verjährung

Quelle: „HOT“ - Holzer-Telegramm (Unterrichtsmagazin für Wirtschaftsfächer), Bildungsverlag EINS

Vgl. Farbfolie !

Die Verjährungsfristen (§ 194 ff. BGB)

Wirkung der Verjährung (§ 214 BGB): Nach Eintritt der Verjährung ist Schuldner berechtigt, die Leistung zu verweigern (**Leistungsverweigerungsrecht**)

3 Jahre

§ 195 BGB

= regelmäßige Verjährungsfrist

Beginn: Schluss des Jahres, in dem Anspruch entstand und Gläubiger Kenntnis hat (§ 199 BGB)

Sonderregelungen im Gewährleistungsrecht

- Betrifft die meisten Ansprüche
- Höchstfrist ohne Rücksicht auf Kenntnis: 10 Jahre (§ 199 Abs. 4)

(Sonderregelungen für Schadensersatzansprüche)

sofern **regelmäßig wiederkehrende Leistungen**

10 Jahre

§ 196 BGB

Beginn: Entstehung Anspruch (§ 200 BGB)

u. a.: Rechte an **Grundstücken** sowie Ansprüche auf Gegenleistung (Zahlung) bei Grundstücken ...

30 Jahre

§ 197 BGB

§ 200 f. BGB	**Beginn mit**
• Herausgabeansprüche aus Eigentum und anderen dinglichen Rechten (z. B. Pfandrecht)	Entstehung Anspruch
• familien- + erbrechtliche Ansprüche	Entstehung Anspruch
• rechtskräftig festgestellte Ansprüche (Urteil)	Rechtskraft der Entscheidung
• Ansprüche aus vollstreckbaren Vergleichen bzw. Urkunden (Vollstreckungsbescheid)	Errichtung des vollstreckbaren Titels
• vollstreckbare Ansprüche aus Insolvenzen	Feststellung im Insolvenzverfahren

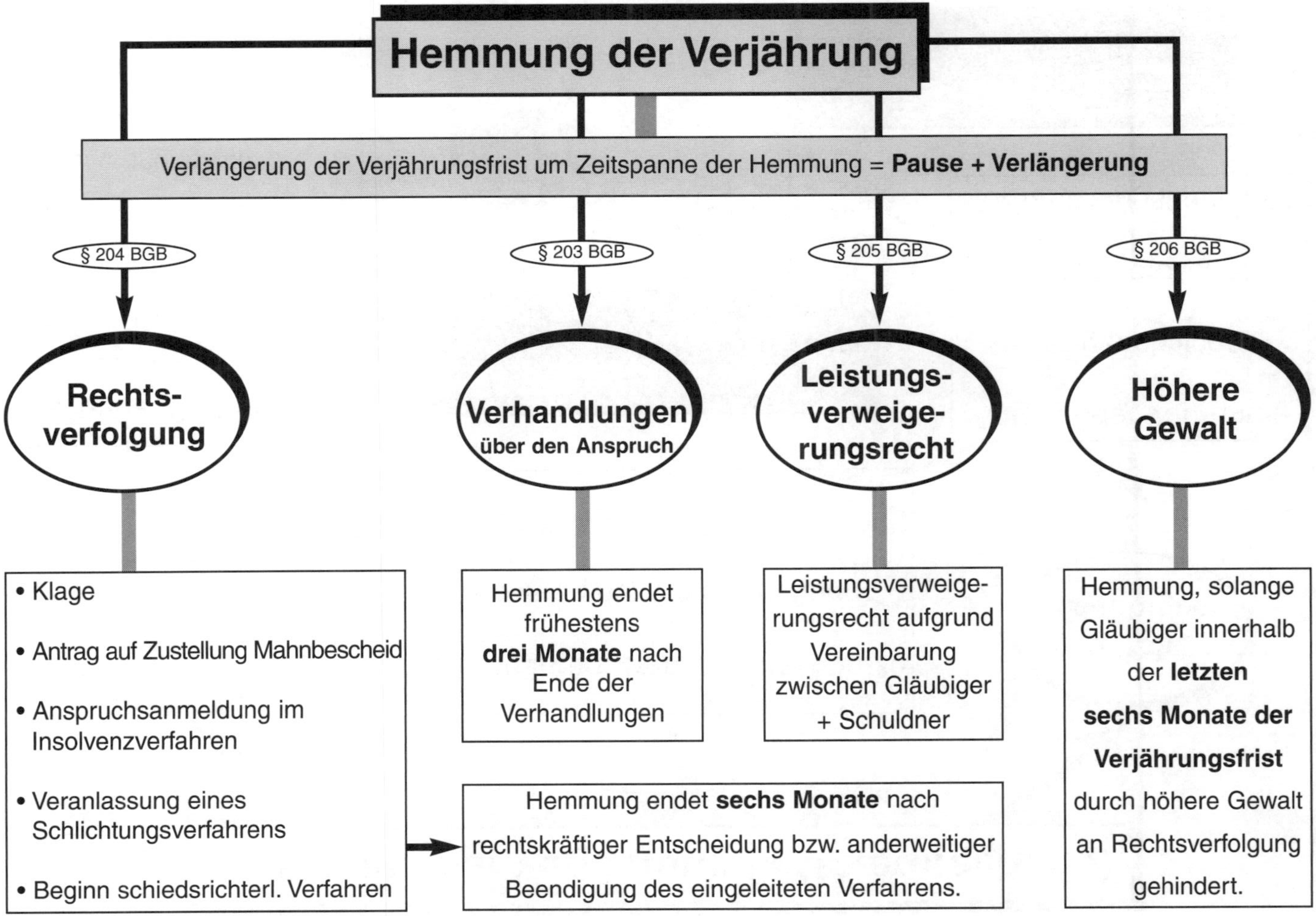
Hemmung der Verjährung
Verlängerung der Verjährungsfrist um Zeitspanne der Hemmung = Pause + Verlängerung
§ 204 BGB
§ 203 BGB
§ 205 BGB
§ 206 BGB
Rechts-verfolgung
Verhandlungen über den Anspruch
Leistungs-verweige-rungsrecht
Höhere Gewalt
• Klage
• Antrag auf Zustellung Mahnbescheid
• Anspruchsanmeldung im Insolvenzverfahren
• Veranlassung eines Schlichtungsverfahrens
• Beginn schiedsrichterl. Verfahren
Hemmung endet frühestens drei Monate nach Ende der Verhandlungen
Leistungsverweigerungsrecht aufgrund Vereinbarung zwischen Gläubiger + Schuldner
Hemmung, solange Gläubiger innerhalb der letzten sechs Monate der Verjährungsfrist durch höhere Gewalt an Rechtsverfolgung gehindert.
Hemmung endet sechs Monate nach rechtskräftiger Entscheidung bzw. anderweitiger Beendigung des eingeleiteten Verfahrens.

Neubeginn der Verjährung (= Unterbrechung)

§ 212 BGB

Die Verjährungsfrist beginnt neu zu laufen ab der Unterbrechung

= Abbruch + Neuanfang

durch Schuldner

Schuldanerkenntnis:

- Teilzahlung
- Zinszahlung
- Bitte um Stundung
- Sicherheitsleistung
- Anerkennung von Mangelansprüchen durch Mangelbeseitigung (Nachbesserung)

durch Gläubiger

Antrag oder Vornahme einer gerichtlichen oder behördlichen Vollstreckungshandlung

ursprüngliche Verjährungsfrist →

Unterbrechung

Neubeginn der Verjährung →

Aufgaben

1. a) Welche Verjährungsfristen gelten für welche Forderungen?

   b) Wann beginnen die Verjährungsfristen jeweils zu laufen?

2. Was bedeutet **Neubeginn** der Verjährung? Nennen Sie zwei Beispiele.

3. Was bedeutet **Hemmung** der Verjährung? Nennen Sie zwei Beispiele.

4. K kauft von V am 20. Februar 2002 einen Ferrari. Wann ist die Forderung verjährt?

5. K kauft von V ein **Grundstück**. Die Kaufpreiszahlung ist am 20. Januar 2002 fällig.

   Wann ist die Forderung verjährt?

6. • V verkauft am 2. Januar 2002 an K eine Maschine.

   • Fälligkeit des Kaufpreises: 2. Februar 2002.

   Nachdem nach zweieinhalb Jahren noch keine Zahlung erfolgt ist, reicht V am 20. Juni 2004 die **Klage** ein. K wird am 30. September 2004 rechtskräftig verurteilt.

   Wann verjährt der Anspruch des V?

7. • V liefert an K eine Spezialmaschine.

   • Fälligkeit des Kaufpreises: 10. Juni 2002.

   Am 20. Dezember 2005 (kurz vor Ende der Verjährungsfrist) hat K immer noch nicht bezahlt. K und V beginnen mit Verhandlungen über die Zahlungsmodalitäten, weil hierüber noch diverse Unklarheiten bestehen. Am 20. März 2006 bricht V die Verhandlungen ab und verlangt sofortige Zahlung. K verweigert die Zahlung und beruft sich auf Verjährung.

   Klären Sie die Rechtslage.

8. Welche Wirkung hat die Einreichung des Antrags auf Mahnbescheid auf die Verjährung?

9. Welche Wirkung haben folgende Aktionen auf die Verjährung?

   a) Antrag auf Zwangsvollstreckung

   b) Veranlassung eines Schlichtungsverfahrens

   c) Zinszahlung des Schuldners

   d) Bitte um Stundung durch den Schuldner

   e) Klageeinreichung

   f) Höhere Gewalt verhindert Rechtsverfolgung

   g) Teilzahlung des Schuldners

   h) Antrag und Zustellung des Mahnbescheids

1.11 Allgemeine Geschäftsbedingungen (AGB)

Stofftelegramm

Definition AGB → für eine Vielzahl von Verträgen vorformulierte Vertragsbedingungen, die eine Vertragspartei (meist Verkäufer) einer anderen (meist Käufer) bei Vertragsabschluss stellt. Vorformulierte **Einzelvertragsklauseln,** auf die der Verbraucher keinen Einfluss nehmen konnte: fallen auch unter AGB.

Merke → **Individuell** ausgehandelte Vertragsbedingungen sind **keine AGB** und haben Vorrang!

Vorteile (Bedeutung) der AGB	Nachteile der AGB
• Vertragsinhalte nicht ständig neu auszuhandeln	• Einschränkung der Vertragsfreiheit
• Rationalisierung von Absatz und Beschaffung durch Vereinheitlichung von Vertragsinhalten = Zeit- und Kostenersparnis	• evtl. einseitige Benachteiligung des schwächeren Vertragspartners, insbesondere des Nichtkaufmanns
• Risikobegrenzung für den Verwender	• Wettbewerbsbeschränkung

Gesetzliche Regelung der AGB: §§ 305 -310 BGB

- **Hauptzweck:** Verhinderung der Benachteiligung wirtschaftlich Schwächerer; Verbraucherschutz
- **AGB allgemein unwirksam**, wenn unangemessene Benachteiligung
- **AGB gegenüber Nichtkaufleuten unwirksam**, wenn
  - unauffälliger Kleindruck
  - fehlender Hinweis auf AGB
  - überraschende (ungewöhnliche) Klauseln
  - grundloser Rücktrittsvorbehalt enthalten
  - Verschlechterung gesetzlicher Gewährleistungsansprüche
  - unangemessen lange bzw. unbestimmbare Lieferfristen
  - Preiserhöhungsrecht innerhalb von 4 Monaten nach Vertragsdatum
  - Ausschluss gesetzlicher Rechte bei Nicht-Rechtzeitig-Lieferung

Aufgaben

1. a) Was sind AGB?
   b) Vor- und Nachteile der AGB?
   c) Hauptzweck der AGB-Regelungen?
   d) Wann sind AGB allgemein unwirksam?
   e) Wann sind AGB gegenüber Nichtkaufleuten unwirksam? Beispiele.

2. Sind folgende AGB-Klauseln gegenüber Nichtkaufleuten gültig? Begründungen.
   a) „Wir haben das Recht, ohne Angabe von Gründen den Vertrag zu lösen."
   b) „Wir haben ein Preisanpassungsrecht bei Lieferungen, die später als 8 Wochen nach Vertragsabschluss erfolgen." Vereinbarte Lieferfrist: innerh. 3 Monaten nach Vertragsdatum.
   c) Wie ist b zu beantworten, wenn das Preisanpassungsrecht individuell ausgehandelt worden wäre?
   d) „Die Lieferung erfolgt unmittelbar nach Fertigstellung."
   e) „Garantie drei Monate."
   f) „Der Käufer des Textverarbeitungsprogrammes ist verpflichtet, unseren 3-tägigen entgeltlichen Textverarbeitungskurs zu belegen."
   g) „Bei Nicht-Rechtzeitig-Lieferung (Lieferungsverzug) wird kein Schadensersatz geleistet."

1.12 Weitere Regelungen zum Verbraucherschutz

Stofftelegramm

Preisangabenverordnung

Anwendungsbereich:
- Auszeichnung von Waren bei Verkauf an **Endverbraucher**

Ziele der PreisaVO:
- Information und Schutz der Verbraucher
- Ermöglichung optimaler Preisvergleiche durch Verbraucher
- Wettbewerbsförderung

Vorschriften betr. Auszeichnung der Ware in Läden, Katalogen ...:
- Preis einschl. USt. und sonstiger Preisbestandteile
- Verkaufseinheiten (z. B. 1 kg, 100 g, 1 Liter ...) angeben (keine „krummen" Einheiten bei Fertigpackungen!)
- Gütebezeichnung, sofern üblich

Lebensmittel:
- sofern leicht verderblich: Angabe Verbrauchsdatum
- evtl. ist Mindesthaltbarkeitsdatum anzugeben

Kredite:
- Angabe des effektiven Jahreszinssatzes

Grundsätze:
- Preiswahrheit, Preisklarheit
- Beachtung der allg. Verkehrsauffassung (was ist üblich?)

Produkthaftungsgesetz

- **Produkthaftung** = Herstellerhaftung für alle **Folgeschäden**, die durch **Fehler** des Produkts an **Personen** oder **Sachen** (nicht am Produkt selbst - hierfür können die Rechte aus der mangelhaften Lieferung in Anspruch genommen werden) verursacht werden.
- **Fehler:** Das Produkt bietet nicht die Sicherheit, die man berechtigterweise erwarten kann.
- Haftung für **Personenschäden** (Haftungsobergrenze) **und Sachschäden** (ab bestimmter Schadenshöhe)
- Ist Hersteller nicht feststellbar: **jeder Lieferant** haftet, sofern er den Hersteller nicht innerhalb von vier Wochen nach Aufforderung benennen kann.
- **Verschulden** seitens des Herstellers muss nicht vorliegen **(Gefährdungshaftung)**
- **Verjährung der Ansprüche:** drei Jahre nach Kenntnis des Fehlers
- **Erlöschen von Ansprüchen:** zehn Jahre nach dem Zeitpunkt, in dem der Hersteller das schadenverursachende Produkt in den Verkehr gebracht hat.
- **Schmerzensgeld** nur bei Verschulden des Herstellers
- **Keine Ersatzpflicht des Herstellers** u. a., wenn Fehler nach dem Stand der Wissenschaft und Technik nicht erkannt werden konnten.

Verbraucherdarlehen (§§ 491 ff BGB)

- **Anwendungsbereich:** Darlehensverträge zwischen Unternehmer (Darlehensgeber) und Verbraucher (Darlehensnehmer)

- **Verbraucherdarlehensvertrag:**
  - Schriftform. Verbraucher erhält Kopie.
  - stets Angabe u. a. des effektiven Jahreszinssatzes!
  - weitere Angaben u. a.: Art und Weise der Kreditrückzahlung, Zinssatz, alle weiteren Kosten des Kredits, Nettokreditbetrag ...
  - bei **Abzahlungsgeschäften:** Angabe des Bar- und Teilzahlungspreises, Betrag, Zahl und Fälligkeit der einzelnen Raten sowie eff. Jahreszins.
  - Kreditvertrag rechtswirksam, wenn Verbraucher nicht innerhalb von zwei Wochen schriftlich **widerruft.** Die Belehrung über das Widerrufsrecht ist gesondert zu unterschreiben. Begründung des Widerrufs nicht notwendig.
  - **Überziehungskredite:** Sonderregelungen (unter best. Voraussetzungen entfallen die Formerfordernisse) - vgl. § 493 BGB

- **Zahlungsverzug bei Teilzahlungskrediten:** Kreditgeber kann nur kündigen, wenn der Verbraucher mit mindestens zwei aufeinanderfolgenden Raten sowie mit mindestens 10 % des Kreditbetrages (Laufzeit über drei Jahre: 5 %) in Verzug ist. Außerdem muss der Kreditgeber eine zweiwöchige Nachfrist zur Zahlung gesetzt haben. - § 498 BGB -

Aufgaben

1. Nennen Sie drei gesetzliche Regelungen, die dem **Verbraucherschutz** dienen.
2. Wann gilt für einen Industriebetrieb die **Preisangabenverordnung?**
3. Nennen Sie drei Ziele der Preisangabenverordnung.
4. Welche Vorschriften sind bei der Preisauszeichnung im Allgemeinen zu beachten?
5. Welche Sondervorschrift hinsichtlich Auszeichnung gilt für Lebensmittel?
6. Erklären Sie den Begriff **Produkthaftung.**
7. Wer haftet aufgrund des Produkthaftungsgesetzes?
8. Wann muss der Hersteller nach dem Produkthaftungsgesetz nicht haften?
9. Für welche Kreditverträge gelten die Regelungen hinsichtlich **Verbraucherkrediten?**
10. Welche Anforderungen stellt das BGB an Verbraucherdarlehensverträge?
11. Unter welchen Voraussetzungen kann ein Teilzahlungs-Kreditvertrag bei Zahlungsverzug gekündigt werden?
12. Wann wird ein Kreditvertrag erst rechtswirksam?

1.13 PRÜFUNGSAUFGABEN

Prüfungsaufgabe 2006 (Aufgabe 1, bis 1.3)

Folgende Paragraphen lagen bei: BGB §§ 104 bis 113, §§ 434 bis 443, §§ 474 bis 476; HGB § 377

Martha Müller betreibt ein gut gehendes Elektrofachgeschäft in der Rechtsform einer GmbH. Sie ist Geschäftsführerin.

(Verwenden Sie zur Bearbeitung der Fragen die Auszüge aus den Gesetzestexten.)

1 Frau Müller kauft 100 Sacco Kaffeevollautomaten bei ihrem Lieferanten Böhm.

1.1 Welche Pflichten hat sie bei Eintreffen der Ware?

1.2 Zehn Sacco Kaffeevollautomaten sind am Gehäuse stark verkratzt. Welcher Mangel liegt vor?

1.3 Prüfen Sie die Rechtslage und beraten Sie Frau Müller.

Prüfungsaufgabe 2007 (Aufgabe 1)

1 Jungstar Windhorst ist pleite.

Der einstige Vorzeige-Jungunternehmer Lars Windhorst steht nun auch privat vor dem Ruin. Der inzwischen 28-Jährige hat Insolvenz über sein Privatvermögen angemeldet. Der aus Westfalen stammende Windhorst hatte in den 90er Jahren für Aufsehen gesorgt. Als 16-Jähriger gründete er ein Unternehmen für Computerzubehör. Daraus wurde schnell ein weitverzweigter Konzern mit über 90 Mio. € Umsatz, der genauso schnell wieder zusammenbrach wie er entstanden ist. (dpa/31.12.2004)

1.1 Erläutern Sie die Geschäftsfähigkeit eines 16-Jährigen.

1.2 Auf welcher rechtlichen Grundlage war es möglich, dass der damals 16-jährige Windhorst überhaupt ein Unternehmen gründen und selbstständig leiten konnte?

1.3 Erläutern Sie drei mögliche Gründe, die für das Scheitern eines so jungen Unternehmers eine Rolle gespielt haben könnten.

2 Die Elektrogroßhandlung Fischer KG, Böblingen, erhielt am 10.11.2006 von der Elektrogerätefabrik Reichert GmbH, Tübingen, eine Rechnung über 4.500,00 € auf Grund der Lieferung von fünf Vollautomaten.

Die Zahlungsbedingungen sind: 3 % Skonto bei Zahlung innerhalb von 10 Tagen, Zahlungsziel 30 Tage ohne Abzug.

Am 15.12.06 hat die Fischer KG die Rechnung immer noch nicht bezahlt.

Begründen Sie, ob sich die Fischer KG im Zahlungsverzug befindet.

3 Trotz mehrfacher Aufforderung wurde die Rechnung von der Fischer KG noch nicht bezahlt. Deshalb beabsichtigt der Verkäufer das gerichtliche Mahnverfahren durchführen zu lassen.

3.1 Welche Behörde ist sachlich und örtlich für den Erlass des Mahnbescheides zuständig?

3.2 Welche Möglichkeiten hat die Fischer KG, auf die Zustellung eines gerichtlichen Mahnbescheides zu reagieren? Erklären Sie auch die Konsequenzen, die sich jeweils aus den Entscheidungen ergeben.

4 Herr Steffen, Geschäftsführer der Reichert GmbH, äußerte gegenüber seinem Chef die Sorge, dass die Forderung nach einer gewissen Zeit verjähren könnte.

4.1 Wann wäre die o. a. Forderung verjährt? Geben Sie das genaue Datum mit ausführlicher Begründung an.

4.2 Erläutern Sie drei Maßnahmen, wie sich die Reichert GmbH generell vor Forderungsausfällen schützen könnte.

4.3 Welche Bedeutung hat die Verjährung jeweils für den Gläubiger und den Schuldner?

Prüfungsaufgaben 2007/2008 Aufgabe 1 (Hinweis: Auszüge aus dem BGB lagen bei.)

Herr Fritz Fleißig betreibt sein Autohaus „Running Car GmbH" seit Jahren mit Erfolg. Herr Fleißig ist Geschäftsführer.

1.1 Die Running Car GmbH, Mannheim, möchte eine Frühjahrsaktion starten und versendet an alle Haushalte in der Stadt einen Flyer (Werbeprospekt). Darin heißt es fett gedruckt:

Super-Schnäppchen-Angebot

Get The Rim

Sie wollen Ihr Auto optisch und in punkto Sicherheit aufwerten?

„Dann sind unsere extravaganten Alufelgen genau das Richtige für Sie! Nutzen Sie die Chance und greifen Sie zu, bevor andere es tun!"

1.1.1 Entscheiden Sie, ob mit dem Flyer ein Angebot im rechtlichen Sinne vorliegt. Begründen Sie Ihre Entscheidung.

1.1.2 Erläutern Sie den Unterschied zwischen einer Anfrage und einem Angebot hinsichtlich der rechtlichen Bindungswirkung.

1.2 Privatmann Kohler gefallen die im Flyer (1.1) angebotenen Aluminiumfelgen besonders gut. Er freut sich schon darauf, den kommenden Sommer über mit „schicken Alufelgen" durch die Gegend fahren zu können. Darum lässt sich Herr Kohler von der Running Car GmbH am 25. Mai 2007 ein schriftliches Angebot unterbreiten, das unter anderem folgende Bedingungen enthält:

„Die Lieferung erfolgt innerhalb von 14 Tagen. Die Ware ist spätestens 30 Tage nach Rechnungsdatum ohne Abzug zu bezahlen. Lieferung nur solange Vorrat reicht."

Herr Kohler akzeptiert diese Bedingungen, ebenso auch die anderen Angebotsinhalte, fährt am 26. Mai 2007 zum Autohaus und bestellt dort die Alufelgen.

1.2.1 Prüfen und erläutern Sie, ob ein Kaufvertrag zwischen Herrn Kohler und der Running Car GmbH zustande kam.

1.2.2 Das Angebot an Herrn Kohler enthält eine „Freizeichnungsklausel".

Was bewirkt diese Klausel aus rechtlicher Sicht für die Running Car GmbH?

1.2.3 Am 30. Juni 2007 hat Herr Kohler seine Aluminiumfelge noch immer nicht geliefert bekommen. Herr Kohler meint sehr ärgerlich: „Ich möchte am liebsten vom Vertrag zurücktreten und die Felgen woanders kaufen."

Prüfen Sie, unter welchen Voraussetzungen dies möglich wäre.

1.3 Noch am gleichen Tag erhält Herr Kohler einen Anruf des Autohauses: Der Felgenhersteller wurde bestreikt und darum konnten die Felgen erst heute geliefert werden – jetzt aber stehen sie im Autohaus zur Montage bereit. Als Herr Kohler bei Running Car GmbH ankommt und seine neuen Felgen anschaut, stellt er fest, dass eine Felge erhebliche Mängel (mehrere Bruchstellen) aufweist.

1.3.1 Welcher Mangel liegt vor?

1.3.2 Beraten Sie Herrn Kohler, welche vorrangigen Rechte er hat.

1.4 Am 14. Juli 2007 werden schließlich vier einwandfreie Felgen wunschgemäß montiert. Zwei Tage später erhält Herr Kohler die Rechnung (**Anlage 1**)

1.4.1 Am 17. August 2007 stellt die Buchhaltung bei der Running Car GmbH fest, dass Herr Kohler bisher noch nicht bezahlt hat.

Prüfen Sie, ob Nicht-Rechtzeitig-Zahlung vorliegt.

1.4.2 Weil Herr Kohler weder auf Mahnungen noch auf Fristsetzungen reagierte, entschließt sich Running Car GmbH, Verzugszinsen bis einschließlich 30. September 2007 zu berechnen.

Berechnen Sie die Höhe der Verzugszinsen bei einem Basiszinssatz von 1,95 %.

1.4.3 Da selbst eine dritte Mahnung erfolglos blieb und auch die Verzugszinsen nicht bezahlt wurden, leitet die Running Car GmbH ein gerichtliches Mahnverfahren ein.

Wo muss ein gerichtlicher Mahnbescheid beantragt werden?

1.4.4 Wie kann Herr Kohler auf den Erlass des Mahnbescheids reagieren?

1.5 Wann wäre der Anspruch aus der Rechnung (**Anlage 1**) verjährt (genaues Datum)?

1.6 Am 2. März 2008 leistet Herr Kohler schließlich eine Teilzahlung in Höhe von 200,00 €.

1.6.1 Welche rechtliche Wirkung hat diese Teilzahlung auf die Verjährung?

1.6.2 Wann endet in diesem Fall die Verjährungsfrist (genaues Datum)?

Anlage 1

Running Car GmbH
Neckarauerstr. 156
68179 Mannheim
Tel.: 0621 3363236

Herrn
Felix Kohler
Rohrbacherstr. 96
69126 Heidelberg

Rechnung Nr. 02-0057 Datum: 15.07.2007

Menge	Bezeichnung	Einzelpreis in €	Gesamtpreis in €
4	Aluminiumfelgen **OZ 5-Star 6,5 x15 4x100 ET 37** **(Inklusive Auswuchten und Montage)**	150,00	600,00
	Umsatzsteuer 19 %		114,00
	Rechnungsbetrag		714,00

Zahlungsbedingungen: Innerhalb von 30 Tagen nach Rechnungsdatum ohne Abzüge
Gemäß § 286 (3) BGB befinden Sie sich ohne weitere Mahnung im Verzug, falls Sie die Rechnung nicht binnen 30 Tagen ausgleichen.

Bankverbindungen:
Stadtsparkasse Mannheim
BLZ 670 505 05
Kto.-Nr. 5 775 456

Dresdner Bank Mannheim
BLZ 670 800 50
Kto.-Nr. 220 33 30

USt.-Id.: DE 42832911
St.-Nr.: 134/753/8712

Prüfung 2008/2009 (Aufgabe 1)

(Folgende Gesetzestexte lagen vor: BGB § 119, § 145, § 147, §§ 305 – 309, § 323, §§ 433, 434, §§ 437, 439 – 441, HGB § 377)

Die Lack- und Farben-Großhandlung Durlac KG beschäftigt 34 Mitarbeiter. Aufgrund der guten Geschäftsentwicklung werden neue Büroräume angemietet und ausgestattet. Die KG entscheidet sich für das ihr vorliegende Angebot der Till GmbH.

1 Der zuständige Sachbearbeiter bestellt bei der Till GmbH telefonisch elf Schreibtische und elf Schreibtischstühle sowie fünf Schränke. Sofort nach dem Gespräch bemerkt er, dass er die falsche Artikelnummer durchgegeben hat. Deshalb widerruft er seine Bestellung per E-Mail.

1.1 Beurteilen Sie die rechtliche Wirksamkeit der E-Mail.

1.2 Erklären Sie eine Möglichkeit, wie die Durlac KG ihren Fehler berichtigen könnte.

2 Vier Wochen später trifft die Lieferung der Till GmbH ein. Worauf muss die Durlac KG bei der Annahme der Ware achten?

3 Beim Einrichten der Räume stellt der Mitarbeiter fest, dass die Schranktüren bei mehreren Schränken nicht richtig schließen. Außerdem weist die Oberfläche bei zwei Tischen Kratzer auf. Die zehn gelieferten Stühle sind fehlerfrei.

3.1 Welche Mängelarten liegen vor?

3.2 Die Durlac KG ist über die schlechte Lieferung verärgert und will vom Vertrag zurücktreten. Beurteilen Sie die Rechtslage und geben Sie die gesetzliche Grundlage an.

4 Die Durlac KG lieferte dem Kunden Stefan Streicher Farbe für sein neu gebautes Einfamilienhaus gegen Rechnung. Diese enthält eine Zahlungsfrist von 4 Wochen und den Vermerk, dass die Ware bis zur vollständigen Bezahlung im Eigentum der Durlac KG bleibt. In den folgenden Wochen verarbeitet er drei der fünf gelieferten Farbeimer.

4.1 Trotz mehrerer Mahnungen hat Herr Streicher die Rechnung nicht beglichen. Die Durlac KG fordert daraufhin die Herausgabe der fünf Farbeimer. Kann Herr Streicher dies verweigern?

4.2 Nun beschließt die Durlac KG, einen gerichtlichen Mahnbescheid zu beantragen.

Welche Möglichkeiten hat Herr Streicher, auf den Mahnbescheid zu reagieren?

Beschreiben Sie die jeweiligen Folgen seines Handelns.

5 Die Durlac KG verwendet u. a. folgende Allgemeine Geschäftsbedingungen:

(1) „Die Durlac KG behält sich das Recht vor, jederzeit nachträglich Preisanpassungen vorzunehmen."

(2) „Wir schließen alle Ansprüche aufgrund von Schlechtleistung aus."

(3) „Wir bedingen uns für die Lieferung vier Wochen aus."

5.1 Beurteilen Sie die Rechtswirksamkeit der oben angeführten Allgemeinen Geschäftsbedingungen.

5.2 Nennen Sie die Voraussetzungen, unter denen die Allgemeinen Geschäftsbedingungen Bestandteil eines Vertrages werden.

5.3 Welche Auswirkungen hat eine unwirksame Klausel auf das zugrunde liegende Rechtsgeschäft?

5.4 Erklären Sie den Unterschied zwischen Klauseln mit und ohne Wertungsmöglichkeit.

Prüfungsaufgabe 2010 (Aufgabe 1)

Die Glaserei Bruchsicher GmbH, Stuttgart, Lindenstr. 13, bestellt am 20. September 2009 bei der Kandel OHG in Freiburg 50 Kunststoff-Fenster à 3 m^2, 5 mm Stärke. Am 25. September 2009 werden die Kunststoff-Fenster durch die Spedition Schnell mit beiliegender Rechnung geliefert (**Anlage 1**).

1.1 Erläutern Sie, wie in diesem Fall der Kaufvertrag zustande kommt.

1.2 Begründen Sie, wann die Glaserei Bruchsicher GmbH Eigentümerin der Kunststoff-Fenster wird.

1.3 Ordnen Sie den Leistungen von Käufer und Verkäufer den jeweiligen Erfüllungsort zu.

1.4 Am 28. September 2009 erhält die Kandel OHG von der Spedition Schnell die Rechnung über die Transportkosten für die Kunststoff-Fenster in Höhe von 350,00 € zzgl. 19 % USt. Die Kandel OHG weigert sich, die Rechnung zu begleichen. Erläutern Sie die Rechtslage.

1.5 Am 30. Oktober 2009 ist die vorliegende Rechnung (**Anlage 1**) noch nicht bezahlt. Beurteilen Sie, ob sich die Bruchsicher GmbH im Zahlungsverzug befindet.

1.6 Die Kandel OHG sendet der Bruchsicher GmbH am 24. November 2009 eine Mahnung über den fälligen Kaufpreis zzgl. Verzugszinsen und einer Mahngebühr in Höhe von 8,00 €. Berechnen Sie die geforderte Gesamtsumme bei einem Basiszinssatz von 3,19 %.

1.7 Zu welchem Zeitpunkt würde die Forderung der Kandel OHG gegen die Bruchsicher GmbH verjähren?

1.8 Beschreiben Sie die Auswirkungen der Verjährung für die Kandel OHG.

1.9 Immer wieder werden Rechnungen der Kandel OHG nicht bzw. nicht rechtzeitig bezahlt. Schlagen Sie zwei Möglichkeiten vor, wie die Kandel OHG künftig das Zahlungsausfallrisiko verringern kann.

1.10 Welche Probleme können für die Kandel OHG entstehen, wenn sie die zunehmenden Zahlungsausfälle nicht reduzieren kann?

1.11 Der private Kunde Heinrich Graf bestellt bei der Kandel OHG eine neue Aluminium-Eingangstür für 1.800,00 € netto. Dem Angebot der Kandel OHG liegen die allgemeinen Geschäftsbedingungen bei.

1.11.1 Wie werden die AGB grundsätzlich Bestandteil des Kaufvertrages?

1.11.2 Zwei Monate später wird die bestellte Eingangstür zum Preis von 2.100,00 € netto geliefert. Die Kandel OHG begründet die Preiserhöhung mit gestiegenen Rohstoffkosten und verweist gleichzeitig auf Punkt 2 ihrer AGB: „Preiserhöhungen, die 4 Wochen nach Bestellung erfolgen, hat der Käufer zu übernehmen."

Beurteilen Sie, ob Herr Graf diese Preiserhöhung hinnehmen muss.

Anlage 1

Kandel OHG, Freiburg

Kandel OHG, Schauinsland 4, 79098 Freiburg

Bruchsicher GmbH
Lindenstr. 13
70196 Stuttgart

Rechnung Nr. 489-2780

Ihre Bestellung	Versandart	Unsere Zeichen	Rechnungsdatum
20. September 2009	Spedition	Lg/Ki/We	25. September 2009

Lieferdatum	Menge	Artikel-Nr.	Artikelbezeichnung	Preis je Artikel	Gesamtbetrag
25. September 2009	50	299 328	Kunststoff-Fenster 3 m², 5 mm	325,00 €	16.250,00 €
			+ 19 % USt		3.087,50 €
			Rechnungsbetrag		19.337,50 €

Zahlungsbedingungen: 3 % Skonto innerhalb 10 Tagen,
innerhalb 30 Tagen rein netto

Lieferung ab Werk

Sitz der Gesellschaft: Freiburg RG Freiburg: HRA 1220 Steuer-Nr.: 1286/44

Anlage 2 Auszug aus dem BGB

§ 145 Bindung an den Antrag
Wer einem anderen die Schließung eines Vertrags anträgt, ist an den Antrag gebunden, es sei denn, dass er die Gebundenheit ausgeschlossen hat.

§ 146 Erlöschen des Antrags
Der Antrag erlischt, wenn er dem Antragenden gegenüber abgelehnt oder wenn er nicht diesem gegenüber nach den §§ 147 bis 149 rechtzeitig angenommen wird.

§ 147 Annahmefrist
(1) Der einem Anwesenden gemachte Antrag kann nur sofort angenommen werden. Dies gilt auch von einem mittels Fernsprechers oder einer sonstigen technischen Einrichtung von Person zu Person gemachten Antrag.
(2) Der einem Abwesenden gemachte Antrag kann nur bis zu dem Zeitpunkt angenommen werden, in welchem der Antragende den Eingang der Antwort unter regelmäßigen Umständen erwarten darf.

§ 195 Regelmäßige Verjährungsfrist
Die regelmäßige Verjährungsfrist beträgt drei Jahre.

§ 199 Beginn der regelmäßigen Verjährungsfrist und Höchstfristen
(1) Die regelmäßige Verjährungsfrist beginnt mit dem Schluss des Jahres, in dem

1. der Anspruch entstanden ist und
2. der Gläubiger von den den Anspruch begründenden Umständen und der Person des Schuldners Kenntnis erlangt oder ohne grobe Fahrlässigkeit erlangen müsste.

(2) Schadensersatzansprüche, die auf der Verletzung des Lebens, des Körpers, der Gesundheit oder der Freiheit beruhen, verjähren ohne Rücksicht auf ihre Entstehung und die Kenntnis oder grob fahrlässige Unkenntnis in 30 Jahren von der Begehung der Handlung, der Pflichtverletzung oder dem sonstigen, den Schaden auslösenden Ereignis an.
(3) Sonstige Schadensersatzansprüche verjähren

1. ohne Rücksicht auf die Kenntnis oder grob fahrlässige Unkenntnis in zehn Jahren von ihrer Entstehung an und
2. ohne Rücksicht auf ihre Entstehung und die Kenntnis oder grob fahrlässige Unkenntnis in 30 Jahren von der Begehung der Handlung, der Pflichtverletzung oder dem sonstigen, den Schaden auslösenden Ereignis an.

Maßgeblich ist die früher endende Frist.
(4) Andere Ansprüche als Schadensersatzansprüche verjähren ohne Rücksicht auf die Kenntnis oder grob fahrlässige Unkenntnis in zehn Jahren von ihrer Entstehung an.
(5) Geht der Anspruch auf ein Unterlassen, so tritt an die Stelle der Entstehung die Zuwiderhandlung.

§ 214 Wirkung der Verjährung
(1) Nach Eintritt der Verjährung ist der Schuldner berechtigt, die Leistung zu verweigern.
(2) Das zur Befriedigung eines verjährten Anspruchs Geleistete kann nicht zurückgefordert werden, auch wenn in Unkenntnis der Verjährung geleistet worden ist. Das Gleiche gilt von einem vertragsmäßigen Anerkenntnis sowie einer Sicherheitsleistung des Schuldners.

§ 269 Leistungsort
(1) Ist ein Ort für die Leistung weder bestimmt noch aus den Umständen, insbesondere aus der Natur des Schuldverhältnisses, zu entnehmen, so hat die Leistung an dem Orte zu erfolgen, an welchem der Schuldner zur Zeit der Entstehung des Schuldverhältnisses seinen Wohnsitz hatte.
(2) Ist die Verbindlichkeit im Gewerbebetrieb des Schuldners entstanden, so tritt, wenn der Schuldner seine gewerbliche Niederlassung an einem anderen Orte hatte, der Ort der Niederlassung an die Stelle des Wohnsitzes.
(3) Aus dem Umstand allein, dass der Schuldner die Kosten der Versendung übernommen hat, ist nicht zu entnehmen, dass der Ort, nach welchem die Versendung zu erfolgen hat, der Leistungsort sein soll.

§ 270 Zahlungsort
(1) Geld hat der Schuldner im Zweifel auf seine Gefahr und seine Kosten dem Gläubiger an dessen Wohnsitz zu übermitteln.
(2) Ist die Forderung im Gewerbebetrieb des Gläubigers entstanden, so tritt, wenn der Gläubiger seine gewerbliche Niederlassung an einem anderen Orte hat, der Ort der Niederlassung an die Stelle des Wohnsitzes.
(3) Erhöhen sich infolge einer nach der Entstehung des Schuldverhältnisses eintretenden Änderung des Wohnsitzes oder der gewerblichen Niederlassung des Gläubigers die Kosten oder die Gefahr der Übermittlung, so hat der Gläubiger im ersteren Falle die Mehrkosten, im letzteren Falle die Gefahr zu tragen.
(4) Die Vorschriften über den Leistungsort bleiben unberührt.

§ 286 Verzug des Schuldners
(1) Leistet der Schuldner auf eine Mahnung des Gläubigers nicht, die nach dem Eintritt der Fälligkeit erfolgt, so kommt er durch die Mahnung in Verzug. Der Mahnung stehen die Erhebung der Klage auf die Leistung sowie die Zustellung eines Mahnbescheids im Mahnverfahren gleich.
(2) Der Mahnung bedarf es nicht, wenn

1. für die Leistung eine Zeit nach dem Kalender bestimmt ist,
2. der Leistung ein Ereignis vorauszugehen hat und eine angemessene Zeit für die Leistung in der Weise bestimmt ist, dass sie sich von dem Ereignis an nach dem Kalender berechnen lässt,

3. der Schuldner die Leistung ernsthaft und endgültig verweigert,
4. aus besonderen Gründen unter Abwägung der beiderseitigen Interessen der sofortige Eintritt des Verzugs gerechtfertigt ist.

(3) Der Schuldner einer Entgeltforderung kommt spätestens in Verzug, wenn er nicht innerhalb von 30 Tagen nach Fälligkeit und Zugang einer Rechnung oder gleichwertigen Zahlungsaufstellung leistet; dies gilt gegenüber einem Schuldner, der Verbraucher ist, nur, wenn auf diese Folgen in der Rechnung oder Zahlungsaufstellung besonders hingewiesen worden ist. Wenn der Zeitpunkt des Zugangs der Rechnung oder Zahlungsaufstellung unsicher ist, kommt der Schuldner, der nicht Verbraucher ist, spätestens 30 Tage nach Fälligkeit und Empfang der Gegenleistung in Verzug.
(4) Der Schuldner kommt nicht in Verzug, solange die Leistung infolge eines Umstands unterbleibt, den er nicht zu vertreten hat.

§ 288 Verzugszinsen
(1) Eine Geldschuld ist während des Verzugs zu verzinsen. Der Verzugszinssatz beträgt für das Jahr fünf Prozentpunkte über dem Basiszinssatz.
(2) Bei Rechtsgeschäften, an denen ein Verbraucher nicht beteiligt ist, beträgt der Zinssatz für Entgeltforderungen acht Prozentpunkte über dem Basiszinssatz.
(3) Der Gläubiger kann aus einem anderen Rechtsgrund höhere Zinsen verlangen.
(4) Die Geltendmachung eines weiteren Schadens ist nicht ausgeschlossen

§ 305 Einbeziehung Allgemeiner Geschäftsbedingungen in den Vertrag
(1) Allgemeine Geschäftsbedingungen sind alle für eine Vielzahl von Verträgen vorformulierten Vertragsbedingungen, die eine Vertragspartei (Verwender) der anderen Vertragspartei bei Abschluss eines Vertrags stellt. Gleichgültig ist, ob die Bestimmungen einen äußerlich gesonderten Bestandteil des Vertrags bilden oder in die Vertragsurkunde selbst aufgenommen werden, welchen Umfang sie haben, in welcher Schriftart sie verfasst sind und welche Form der Vertrag hat. Allgemeine Geschäftsbedingungen liegen nicht vor, soweit die Vertragsbedingungen zwischen den Vertragsparteien im Einzelnen ausgehandelt sind.
(2) Allgemeine Geschäftsbedingungen werden nur dann Bestandteil eines Vertrags, wenn der Verwender bei Vertragsschluss

1. die andere Vertragspartei ausdrücklich oder, wenn ein ausdrücklicher Hinweis wegen der Art des Vertragsschlusses nur unter unverhältnismäßigen Schwierigkeiten möglich ist, durch deutlich sichtbaren Aushang am Orte des Vertragsschlusses auf sie hinweist und
2. der anderen Vertragspartei die Möglichkeit verschafft, in zumutbarer Weise, die auch eine für den Verwender erkennbare körperliche Behinderung der anderen Vertragspartei angemessen berücksichtigt, von ihrem Inhalt Kenntnis zu nehmen,

und wenn die andere Vertragspartei mit ihrer Geltung einverstanden ist.
(3) Die Vertragsparteien können für eine bestimmte Art von Rechtsgeschäften die Geltung bestimmter Allgemeiner Geschäftsbedingungen unter Beachtung der in Absatz 2 bezeichneten Erfordernisse im Voraus vereinbaren

§ 309 Klauselverbote ohne Wertungsmöglichkeit
Auch soweit eine Abweichung von den gesetzlichen Vorschriften zulässig ist, ist in Allgemeinen Geschäftsbedingungen unwirksam

1. (Kurzfristige Preiserhöhungen)
eine Bestimmung, welche die Erhöhung des Entgelts für Waren oder Leistungen vorsieht, die innerhalb von vier Monaten nach Vertragsschluss geliefert oder erbracht werden sollen; dies gilt nicht bei Waren oder Leistungen, die im Rahmen von Dauerschuldverhältnissen geliefert oder erbracht werden;
2. (Leistungsverweigerungsrechte)
eine Bestimmung, durch die
    a) das Leistungsverweigerungsrecht, das dem Vertragspartner des Verwenders nach § 320 zusteht, ausgeschlossen oder eingeschränkt wird oder
    b) ein dem Vertragspartner des Verwenders zustehendes Zurückbehaltungsrecht, soweit es auf demselben Vertragsverhältnis beruht, ausgeschlossen oder eingeschränkt, insbesondere von der Anerkennung von Mängeln durch den Verwender abhängig gemacht wird;
3. (Aufrechnungsverbot)
eine Bestimmung, durch die dem Vertragspartner des Verwenders die Befugnis genommen wird, mit einer unbestrittenen oder rechtskräftig festgestellten Forderung aufzurechnen;

§ 433 Vertragstypische Pflichten beim Kaufvertrag
(1) Durch den Kaufvertrag wird der Verkäufer einer Sache verpflichtet, dem Käufer die Sache zu übergeben und das Eigentum an der Sache zu verschaffen. Der Verkäufer hat dem Käufer die Sache frei von Sach- und Rechtsmängeln zu verschaffen.
(2) Der Käufer ist verpflichtet, dem Verkäufer den vereinbarten Kaufpreis zu zahlen und die gekaufte Sache abzunehmen.

§ 448 Kosten der Übergabe und vergleichbare Kosten
(1) Der Verkäufer trägt die Kosten der Übergabe der Sache, der Käufer die Kosten der Abnahme und der Versendung der Sache nach einem anderen Ort als dem Erfüllungsort.
(2) Der Käufer eines Grundstücks trägt die Kosten der Beurkundung des Kaufvertrags und der Auflassung, der Eintragung ins Grundbuch und der zu der Eintragung erforderlichen Erklärungen.

§ 929 Einigung und Übergabe
Zur Übertragung des Eigentums an einer beweglichen Sache ist erforderlich, dass der Eigentümer die Sache dem Erwerber übergibt und beide darüber einig sind, dass das Eigentum übergehen soll. Ist der Erwerber im Besitz der Sache, so genügt die Einigung über den Übergang des Eigentums.

2 Menschliche Arbeit im Betrieb

2.1 Einzelarbeitsvertrag (Grundlagen)

Stofftelegramm

Rechte des Arbeitnehmers = Pflichten des Arbeitgebers

- Vergütung • Urlaub • Fürsorge
- Entgeltfortzahlung bei Krankheit
- Gleichbehandlung
- Betrieblicher Datenschutz
- Beschäftigung
- Zeugnis

Einfaches Zeugnis: Dauer und Art der Beschäftigung (Führung + Leistung nicht beurteilt)

Auf Verlangen: **Qualifiziertes Zeugnis:** Führung + Leistung zusätzlich beurteilt

Pflichten des Arbeitnehmers = Rechte des Arbeitgebers

- Dienstleistung
- Weisungen befolgen
- Treuepflicht
- Schweigepflicht
- keine Rufschädigung
- Schmiergeldannahmeverbot
- Wettbewerbsverbot (siehe unten!)

Das Wettbewerbsverbot

Gesetzliches Wettbewerbsverbot (§ 60 HGB)

während Dienstverhältnis ohne Genehmigung des Arbeitgebers

- kein eigenes Handelsgewerbe
- keine Geschäfte in der Branche d. Arbeitgebers (= Konkurrenzverbot)

Vertragliches Wettbewerbsverbot (§§74,74a HGB) = Wettbewerbsabrede = Konkurrenzklausel

keine Konkurrenz nach Austritt

Voraussetzungen:

- Schriftform
- Vereinbarung Karenzentschädigung bei Minderverdienst
- keine wesentl. Berufserschwernis
- max. 2 Jahre nach Ausscheiden

Rechte des Arbeitgebers bei Pflichtverletzung

Gesetzliches Wettbewerbsverbot:

- Selbsteintrittsrecht bzw. Schadensersatz
- fristlose Kündigung

Vertragliches Wettbewerbsverbot:

- Falls vereinbart: Vertragsstrafe
- Unterlassung + Schadensersatz

Grundkündigungsfrist → 4 Wochen (= 28 Tage) zum 15. oder Monatsende

Beispiele: Kündigung zum: →

Kündigung zum	15.01.	31.01.	15.02.	28.02.	15.03.	31.03.	15.04.	30.04.
jeweils – 28 Tage								
Zugang Kündigung beim Arbeitnehmer spätestens am:	18.12.	03.01.	18.01.	31.01.	15.02.	03.03.	18.03.	02.04.

! !

Merke:
- ***Gleiche Kündigungsfristen für Angestellte und Arbeiter!***
- ***Arbeitnehmerfrist nicht länger als Arbeitgeberfrist!***
- ***Grundkündigungsfrist einzelvertraglich nicht abkürzbar!***
- *Ausnahme: Kleinbetriebe < 20 Arbeitnehmer (ohne Azubis) –> abkürzbar auf 4 Wochen ohne best. Kündigungstermin.*
- ***Tarifvertrag** kann kürzere Fristen festlegen!*
- *Kündigungsfrist während **Probezeit** (max. 6 Monate)**:** 14 Tage*

! !

Fristlose Kündigung: Voraussetzung = Vorliegen eines **wichtigen Grundes**

Dauer des Arbeitsvertrags

- **Unbefristet:** Normalfall

- **Befristete Arbeitsverträge mit sachlichem Grund:** rechtsgültig (z. B. Vertretungen wegen Krankheit, Mutterschutz oder Erziehungsurlaub, Saisonarbeit, vorübergehender Arbeitsanfall, Befristung auf Wunsch des Arbeitnehmers ...)

- **Befristete Arbeitsverträge ohne sachlichen Grund:** laut Beschäftigungsförderungsgesetz von 1996 zunächst bis zum Jahr 2000 möglich, jedoch Fristobergrenze jeweils 2 Jahre; innerhalb dieser Frist bis zu drei Verlängerungen möglich.

Beispiele: 2-Jahresvertrag; zweimal 1-Jahresvertrag; viermal 6-Monatsvertrag (3 Verlängerungen)

<u>Vorteile für den Arbeitnehmer:</u>

- Einstellungschancen höher; Chance, später unbefristeten Arbeitsvertrag zu erhalten
- gute Alternative für Studenten, Hausfrauen
- flexiblere Lebensgestaltung möglich

<u>Vorteile für den Arbeitgeber:</u>

- flexiblere Reaktion auf Marktänd. mögl.
- Risikominderung bei Einstellungen
- weniger Fehlbesetzungen, da längeres „Kennen lernen" der Arbeitnehmer mögl.

<u>Nachteil für Arbeitnehmer:</u> keine Weiterbeschäftigungsgarantie nach Fristablauf

Aufgaben

1. In welchen Gesetzen sind Regelungen über Einzelarbeitsverträge enthalten?
2. Welche Formvorschrift gilt für Arbeitsverträge?
3. Nennen Sie je drei Rechte und Pflichten des kaufmännischen Angestellten.
4. Unterscheiden Sie die Begriffe einfaches und qualifiziertes Zeugnis.
5. a) Erklären Sie den Begriff gesetzliches Wettbewerbsverbot.
   b) Welche Rechte hat der Arbeitgeber, wenn ein kaufmännischer Angestellter gegen das gesetzliche Wettbewerbsverbot verstößt?
6. a) Erklären Sie den Begriff vertragliches Wettbewerbsverbot.
   b) Welche Voraussetzungen müssen erfüllt sein, damit das vertragliche Wettbewerbsverbot rechtsgültig ist?
7. Wie lautet die gesetzliche Kündigungsfrist für Angestellte mit weniger als zwei Jahren Betriebszugehörigkeit?
8. Worauf ist bei Vereinbarung einer vertraglichen Kündigungsfrist zu achten?
9. Wann ist eine fristlose Kündigung möglich? Nennen Sie vier Beispiele.
10. Alf Flatter, Angestellter der Betten GmbH, unterschreibt am 20. Januar einen Arbeitsvertrag mit der Scherzartikel GmbH. Beginn des neuen Arbeitsverhältnisses: 1. August.
    a) Wann muss Flatter bei der Betten GmbH spätestens kündigen, um rechtzeitig bei der Scherzartikel GmbH beginnen zu können?
    b) Genügt es, wenn Flatter am letztmöglichen Kündigungstag sein Kündigungsschreiben zur Post bringt? Begründung.
11. Unter welchen Voraussetzungen dürfen befristete Arbeitsverträge abgeschlossen werden?
12. Nennen Sie Vor- u. Nachteile befristeter Arbeitsverträge für Arbeitnehmer und Arbeitgeber.

Quelle: „HOT" - Holzer-Telegramm (Unterrichtsmagazin für Wirtschaftsfächer), Bildungsverlag EINS

Zeichnung: Linders

2.2 Ausbildungsvertrag (Grundlagen)

HÜRDENLAUF ZUM AUSBILDUNGSVERTRAG

Quelle: „HOT“ - Holzer-Telegramm (Unterrichtsmagazin für Wirtschaftsfächer), Bildungsverlag EINS

Stofftelegramm

Rechte des Azubi = Pflichten des Ausbilders

- Vergütung
- Urlaub
- Fürsorge
- Freistellung zur Berufsschule
- Zeugnis (s. o. und s. u.)
- Bereitstellung Ausbildungs- + Prüfungsmittel
- Ausbildung gemäß Ausbildungsziel

Pflichten d. Azubi = Rechte d. Ausbilders

- Dienstleistung
- Lernpflicht
- Berufsschulbesuch
- Schweigepflicht
- Berichtsheft führen
- bestimmte ärztliche Untersuchungen
- Weisungen befolgen

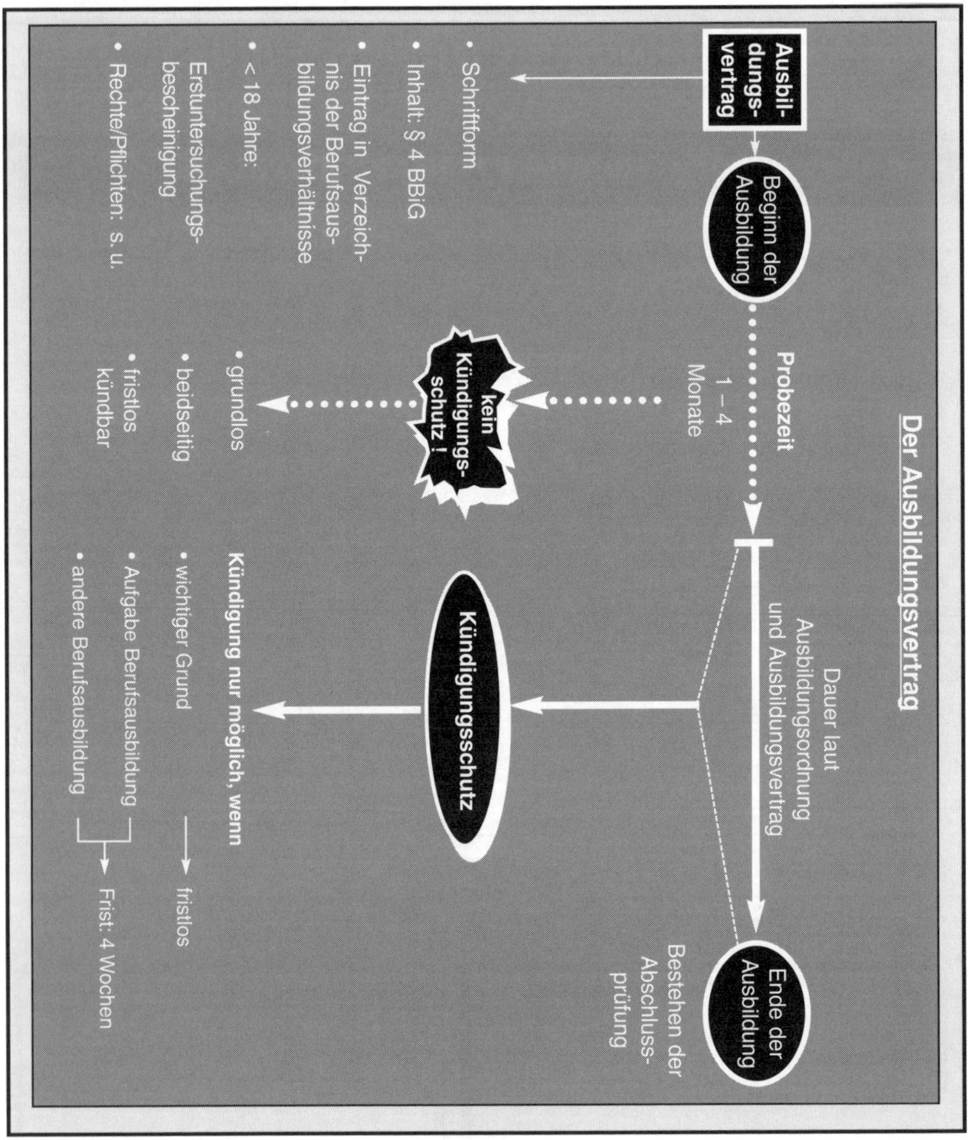

Aufgaben

1. Welche Unter- und Obergrenze ist bei der Probezeit eines Auszubildenden zu beachten?
2. Welche Kündigungsregeln gelten für Auszubildende?
3. Nennen Sie je drei typische Rechte und Pflichten des Auszubildenden.
4. In welchen Gesetzen sind Regelungen über Ausbildungsverträge enthalten?
5. Welche Formvorschrift ist bei Ausbildungsverträgen zu beachten?
6. Wann endet das Ausbildungsverhältnis?

Exkurs: Zeugnis (speziell: qualifiziertes Zeugnis) vgl. auch Seite 2 - 1)

Stofftelegramm

Hinweise zum qualifizierten Zeugnis:

- Wer ein qualifiziertes Zeugnis wünscht, muss dies dem Arbeitgeber gegenüber **erklären.**
- Das Zeugnis ist auf Verlangen des Arbeitnehmers **unverzüglich** auszustellen.
- Zeugnisschuld = **Holschuld** (Arbeitgeber muss Zeugnis zur Abholung bereithalten)
- Qualifiziertes Zeugnis = **Regelfall**

Das qualifizierte Arbeitszeugnis ist für die betriebliche Praxis und für Arbeitsgerichte ein **„Dauerbrenner".**

Gründe:

- Die **Bedeutung** des Arbeitszeugnisses in Zeiten hoher **Arbeitslosigkeit** wächst.
- Oberster Grundsatz: Die Inhalte des Zeugnisses müssen **wahr** sein.
- Unwahre Zeugnisse können zur **Haftung** und damit zu **Schadensersatzpflichten** des Zeugnisausstellers führen.
- Das Zeugnis muss laut Entscheidungen des Bundesarbeitsgerichts und des Bundesgerichtshofs von verständigem **Wohlwollen** getragen sein und darf dem Arbeitnehmer sein weiteres Fortkommen nicht unnötig erschweren.
- Es können aufgrund des Wahrheitsprinzips auch **negative Aussagen** enthalten sein.
- Der Arbeitgeber soll möglichst **objektiv, vorurteilsfrei und unvoreingenommen** beurteilen.
- **Einmalige Vorfälle** positiver oder negativer Art sollen **unberücksichtigt** bleiben.

Konflikt: Das Zeugnis muss **wahr** sein, aber gleichzeitig von **Wohlwollen** getragen sein. Folge: Vorgesetzte müssen regelrechte Klimmzüge veranstalten, um diesen Konflikt zu lösen.

In der Praxis haben sich bestimmte **Formulierungen** (Verschlüsselungen) herausgebildet, die mit **Noten** gleichgesetzt werden können. Aufgrund der Bedeutung dieser Formulierungen für den Arbeitnehmer ist es wichtig und interessant, sich damit auseinanderzusetzen.

Einige Beispiele typischer „Verschlüsselungen":

- Stets eine Abwertung bedeutet der Ausdruck **„bemühte sich"** !
- „... **stets** (immer, jederzeit) zu unserer **vollsten** (höchsten) Zufriedenheit ..." = Note 1
  „... **stets** (immer, jederzeit) zu unserer **vollen** Zufriedenheit ..." = Note 2
  „... zu unserer **vollen** Zufriedenheit ..." = Note 3
  „... zu unserer Zufriedenheit ..." = Note 4
  „... im Allgemeinen zu unserer Zufriedenheit ..." = Note 5
  „... hat sich **bemüht,** die ihm übertragenen Aufgaben zu unserer Zufriedenheit ..." = Note 6

Hinweis: Viele Formulierungsbeispiele mit Benotung finden Sie in unserer Zeitschrift für Unterricht und Ausbildung in Wirtschaftsfächern „HOT" 3-96 bzw. in unserem Themenband 2 („HOTS-2") zur Arbeitswelt

Der Aufbau eines qualifizierten Zeugnisses

- **Überschrift:** „Arbeitszeugnis" oder „Ausbildungszeugnis" oder „Zeugnis"
- **Einleitung:**
  - – Personalien des Arbeitnehmers (Name, Vorname, Beruf, Titel)
  - – Beschäftigungsdauer
  - – evtl. Geburtsdatum
- **Tätigkeitsbeschreibung:**
  - – Arbeitsplatz
  - – Aufgaben- und Verantwortungsbereich
  - – hierarchische Funktion, Vollmachten
  - – Übernahme von Spezialaufgaben
- **Leistungsbeurteilung:**

– Leistungsbereitschaft:	Engagement, Motivation, Einsatzfreude, Initiative, Dynamik
– Arbeitsbefähigung:	Denk- u. Urteilsvermögen, Auffassungsgabe, Problemlösungsfähigkeit, Belastbarkeit, Kreativität, Flexibilität ... = **Können**
– Arbeitsweise:	Zuverlässigkeit, Genauigkeit, Gewissenhaftigkeit, Arbeitseinteilung, Arbeitsplanung, Sorgfalt, Sauberkeit ... = **Stil**
– Arbeitserfolg:	Qualität, Quantität (Umsatz, Neukunden ...), Zielerreichung, Termineinhaltung ...
– Fachkönnen:	theoretische Kenntnisse, Aktualität, Berufserfahrung
– Weiterbildung:	Bereitschaft zur Weiterentwicklung der Kenntnisse
– Zusammenfassung:	Gesamtbewertung der Leistung
– Leitende Angestellte:	Führungsfähigkeit und Führungserfolg
– Besondere Erfolge:	herausragende Erfolge separat erwähnen

- **Beurteilung der Führung:**
  - – Sozialverhalten gegenüber Vorgesetzten, Mitarbeitern, Kunden ...
  - – Gesamtbild (Charakter, Persönlichkeit): Teamfähigkeit, Durchsetzungsvermögen ...
- **Schlusssatz:**
  - – Grund und Art der Beendigung nur auf Wunsch des Arbeitnehmers
  - – Bedauern über Weggang, Wünsche für Zukunft (fehlt letzteres: Abwertung!)

Zusammenfassung: Der Aufbau eines qualifizierten Zeugnisses

Einleitung → **Tätigkeitsbeschreibung** → **Leistungsbeurteilung** → **Führungsbeurteilung** → **Schlusssatz**

Einleitung
- Personalien
- Dauer

Tätigkeitsbeschreibung
- Arbeitsplatz
- Funktion
- Vollmachten
- Aufgaben
- Verantwortung
- Spezialaufgaben

Leistungsbeurteilung
- Leistungsbereitschaft
- Arbeitsbefähigung
- Arbeitsweise
- Arbeitserfolg
- Fachkönnen
- Weiterbildung
- Zus.fassung

Führungsbeurteilung
- Verhalten gegenüber
  - – Vorgesetzten
  - – Kollegen
  - – Kunden ...
- Gesamtbild: Charakter, Persönlichkeit

Schlusssatz
- Bedauern über Weggang
- Zukunftswünsche

2.3 Arbeitszeitmodelle

Stofftelegramm

Normalarbeitszeit → täglich festgelegte Zeiten, bestimmte Wochenstundenzahl

Flexible Arbeitszeiten → **Hauptargument:** Verbesserung der Wettbewerbssituation (flexiblere Anpassung an Marktänderungen; Kostensenkung)

- **Gleitzeit** (Beispiel):

Voraussetzung für Anwendbarkeit:

Arbeitnehmer können relativ unabhängig voneinander arbeiten. Typisch in Büros.

Vorteile (Gleitzeit) für Arbeitnehmer	Nachteile (Gleitzeit) für Arbeitnehmer
• flexiblere Lebensgestaltung möglich • persönl. Lebensrhythmus berücksichtigt • evtl. Umgehung von Verkehrsstaus • Aufbau von Zeitguthaben, die als Gleittage „abgebummelt" werden können	• Überstundenzuschläge entfallen • Pünktlichkeitsrisiko trägt Arbeitnehmer • lückenlose Zeiterfassung („gläserner Mensch"?)

Vorteile (Gleitzeit) für Arbeitgeber	Nachteile (Gleitzeit) für Arbeitgeber
• motiviertere Arbeitnehmer („Freiräume"), besseres Betriebsklima, Leistung steigt, geringerer Krankenstand • Pünktlichkeitsrisiko trägt Arbeitnehmer • Einsparung von Überstundenzuschlägen	• Arbeitsplätze nicht ständig besetzt • Konzentrationsverlust bei ständigem Kommen und Gehen • teure Geräte zur Kontrolle der Arbeitszeiten notwendig

- **Schichtarbeit:** Vorteil insbesondere: bessere und gleichmäßigere Auslastung der Produktionsanlagen.
- **Teilzeitarbeit:**
  - Jobsharing: zwei Arbeitnehmer teilen sich Rechte und Pflichten eines Vollzeitarbeitsplatzes
  - Arbeit auf Abruf: Arbeitnehmer arbeitet bei Bedarf
  - tage-, wochen-, monatsweise Teizeitarbeit: z. B. 4-Std.-Tag / 3-Tage-Woche / 3 Wochen je Monat ...
- **Telearbeit:**
  - Arbeitsplatz am Bildschirm im Haus des Arbeitnehmers
  - Unterschied zur „Heimarbeit" alten Stils: Telearbeit eignet sich insbesondere für qualifizierte, kundennahe Arbeiten
  - viele Varianten: vollständige Telearbeit / alternierende Telearbeit mit regelmäßiger Anwesenheit im Betrieb ...
  - Besonders geeignet für Telearbeit: Daten- und Texterfassung, Programmieren, Schreiben, Übersetzen, Rechnungswesen, Bestellungen ...

Argumente für Telearbeit

Aus Arbeitnehmersicht:

- erhöhte Flexibilität
- Motivation der Mitarbeiter
- bessere Vereinbarkeit Beruf / Privat
- mehr Freiheit bei Wohnortwahl
- Wegfall der Pendelzeiten
- Eingehen auf individuelle Mitarbeiterwünsche
- Arbeit nach individuellem Zeitrhythmus
- neue Behindertenarbeitsplätze

Aus Arbeitgebersicht:

- weniger Raum- und Mietkosten
- geringere Reisekosten
- qualifizierte Arbeitskräfte gewinnen und halten
- Nutzung räumlich entfernten Wissens
- größere Kundennähe, besserer Service

Aus gesamtwirtschaftlicher Sicht:

- Umweltentlastung: weniger Pendler, Energieeinsparung
- Entzerrung der Ballungszentren
- Aufwertung des ländlichen Raums
- Schaffung neuer Arbeitsplätze v. a. in strukturschwachen Räumen
- Flexibilisierung des Arbeitsmarktes

Argumente gegen Telearbeit

Aus Arbeitnehmersicht:

- soziale Isolation
- fehlende Trennung Beruf / Privat

Aus Arbeitgebersicht:

- hohe Telekommunikationskosten
- hohe Hardware-Kosten
- fehlende Mitarbeiterkontrolle
- organisatorischer Aufwand
- evtl. unvereinbar mit Tätigkeitsfeld des Unternehmens
- evtl. rechtliche Probleme (Arbeitsrecht)
- evtl. unwirtschaftlich
- mangelnder Datenschutz u. –sicherung
- evtl. Reibungen mit traditionell unflexiblem Management
- höherer Koordinierungsbedarf
- evtl. Abwandern von Arbeitsplätzen ins Ausland
- Landschaftszersiedelung

Aufgaben

1. Nennen Sie Vor- u. Nachteile der Gleitzeit für Arbeitnehmer und Arbeitgeber.
2. Erklären Sie kurz die Begriffe: a) Jobsharing b) Arbeit auf Abruf c) Telearbeit
3. Nennen Sie Argumente der Befürworter und Gegner der Telearbeit.

2.4 Arbeitsschutzgesetze

2.4.1 Kündigungsschutzgesetz

Stofftelegramm

Gesetzliche Grundlagen: Kündigungsschutzgesetz, BGB

Allgemeiner Kündigungsschutz → = Schutz vor sozial ungerechtfertigter Kündigung

- Voraussetzungen: mind. 6 Monaten im gleichen Betrieb; Betrieb hat mehr als 10 Arbeitnehmer
- Kündigung unwirksam, wenn
  - Arbeitnehmer keinen Kündigungsgrund liefert
  - Kündigung betrieblich nicht notwendig
  - soziale Gesichtspunkte nicht ausreichend berücksichtigt

Besonderer Kündigungsschutz

- **Betriebsratsmitglieder und Jugendvertreter:** Während Amtszeit u. innerhalb eines Jahres danach nicht kündbar. Ausnahme: fristlose Kündigung bei wichtigem Grund.
- **Werdende Mütter (Mutterschutzgesetz):** vgl. nächstes Kapitel!
- **Schwerbehinderte (Schwerbehindertengesetz):** Kündigung nur mit Zustimmung der Hauptfürsorgestelle
- **Auszubildende:** vgl. voriges Kapitel!
- **Langjährige Angestellte:**

Betriebszugehörigkeit (Jahre)	2	5	8	10	12	15	20
Kündigungsfrist in Monaten zum Monatsende	1	2	3	4	5	6	7

Aufgaben

1. Welche wesentlichen Gesetze regeln den Kündigungsschutz?
2. a) Was versteht man unter allgemeinem Kündigungsschutz?

   b) Für welche Arbeitnehmer gilt der allgemeine Kündigungsschutz?
3. a) Für welche Arbeitnehmer gilt ein besonderer Kündigungsschutz?

   b) Wie sieht dieser Kündigungsschutz jeweils aus (vgl. auch nächstes Kapitel!)?

4. Welche Kündigungsfristen muss ein Arbeitgeber beachten?
   a) 28-jähriger Angestellter, seit 10 Jahren im Betrieb
   b) 32-jähriger Angestellter, seit 5 Jahren im Betrieb
   c) 32-jähriger Angestellter, seit 14 Jahren im Betrieb
   d) 35-jähriger Angestellter, seit 11 Jahren im Betrieb
   e) 58-jähriger Angestellter, seit 38 Jahren im Betrieb
   f) Betriebsrat
   g) Auszubildender während und nach der Probezeit
5. Welche Kündigungsfrist gilt für einen 34-jährigen Angestellten, der seit 12 Jahren im Unternehmen tätig ist, wenn
   a) der Arbeitgeber
   b) er selbst kündigt?
6. Wann muss einem 36-jährigen Angestellten spätestens gekündigt werden, wenn er seit 11 Jahren im Unternehmen tätig ist und zum 1. Oktober ausscheiden soll? Begründung.

2.4.2 Jugendarbeits-, Mutter-, Gesundheits- und Unfallschutz

Quelle: „HOT" - Holzer-Telegramm (Unterrichtsmagazin für Wirtschaftsfächer), Bildungsverlag EINS

Stofftelegramm

Jugendarbeitsschutzgesetz

• Geltungsbereich: Personen unter 18 Jahren
• Grundsätzliches Verbot der Kinderarbeit (Kinder: < 15 J.)

• Inhalt:
  – Beschäftigungsverbot für unter 15-Jährige (Ausnahmen für Kinder ab 14 J. in bestimmten Fällen: Berufsausbildung, leichte Arbeiten mit Einwilligung d. Eltern)
  – Arbeitszeit, Pausen, gefährl. Arbeiten, Berufsschulbesuch, Wochenendruhe, Urlaub

• Vgl. Übersicht **nächste Seite**

Mutterschutzgesetz

Siehe auch Übersichten auf nachfolgenden Seiten

Beschäftigungsverbot	Kündigungsschutz	Sonstige Verbote
• 6 Wochen vor bis 8 Wochen nach der Entbindung • Beschäftigungsverbot bei Gefahr für Mutter oder Kind	• während Schwangerschaft bis 4 Monate nach Entbind. • während Erziehungsurlaub (bis 3 Jahre nach Geburt)	• schwere körperl. Arbeiten • Fließ-, Akkord-, Mehr-, Nacht-, Sonn- und Feiertagsarbeit

Gesundheits- und Unfallschutz

• **Rechtl. Grundlagen:**
  – Gewerbeordnung
  – Vorschriften der Berufsgenossenschaften

• **Unternehmerpflicht:**
  – Geeignete Maßnahmen für Gesundheits- und Unfallschutz treffen

• **Betriebssicherheit:**
  – Beleuchtung
  – Lüftung
  – Staub- u. Gasbeseitigung,
  – Schutzvorrichtungen usw.

• **Überwachende und beratende Institutionen:**
  – Gewerbeaufsichtsämter
  – Berufsgenossenschaften
  – Sicherheitsbeauftragte im Betrieb

Arbeitszeitgesetz

→ enthält Regelungen über maximale Arbeitszeiten, Mindestruhepausen , Nacht- und Schichtarbeit, Sonn- und Feiertagsbeschäftigung.

Aufgaben

1. a) Für wen gilt das Jugendarbeitsschutzgesetz?
   b) Wer unterliegt einem generellen Beschäftigungsverbot?
   c) In welchen Fällen dürfen 14-Jährige beschäftigt werden?
   d) Nennen Sie sechs Bereiche, die im Jugendarbeitsschutzgesetz geregelt sind.

2. Innerhalb welcher Frist besteht für (werdende) Mütter
   a) Beschäftigungsverbot b) Kündigungsschutz laut Mutterschutzgesetz?

3. Welche Arbeiten sind für werdende Mütter verboten?

4. a) Welche rechtliche Grundlage hat der Gesundheits- und Unfallschutz im Unternehmen?
   b) Wer überwacht die Einhaltung des Gesundheits- und Unfallschutzes?
   c) Nennen Sie mehrere Punkte, die beim Gesundheits- und Unfallschutz zu beachten sind.

Das Jugendarbeitsschutzgesetz I

Geltungsbereich

Beschäftigte Personen, die

mind. 15 Jahre alt
max. 17 Jahre alt

Wer noch keine 15 Jahre alt ist:

= „Kind“

Kinderarbeit grundsätzlich **verboten**

Vollzeitschulpflichtige Jugendliche:

Vorschriften für **„Kinder“** gelten

Zweck

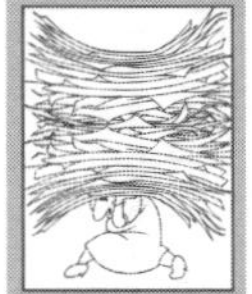

Schutz von Kindern u. Jugendlichen vor:

- Überforderung
- Überbeanspruchung
- Gefahren

Verstöße

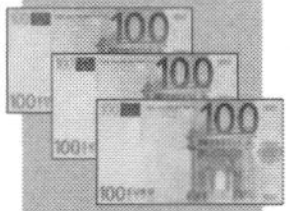

- Geld- oder Freiheitsstrafe
- Bei mehrmaligem Vergehen: Beschäftigungsverbot für Jugendliche

Das Jugendarbeitsschutzgesetz II

Arbeitsschutz

Arbeitszeit

- tägl. max. 8,5 Std.
- wöchentl. max. 40 Std.

Verbotene Arbeiten

- Akkordarbeit
- gesundheitsgefährdende Arbeiten
- Arbeiten, die Jugendliche sittlich gefährden
- Arbeiten, die die Leistungsfähigkeit der Jugendlichen übersteigen

Berufsschule und Prüfungen

- > 5 Unterrichtsstunden = ein Arbeitstag
- Freistellung am: **Prüfungstag** und am Arbeitstag unmittelbar vor schriftl. Abschlussprüfung

Gesundheitsschutz

Ärztliche Untersuchungen

- Erstuntersuchung
- 1. Nachuntersuchung vor Ablauf des ersten Beschäftigungsjahres = Pflicht
- 2. und 3. Nachuntersuchung = freiwillig

Überwachung

Gewerbeaufsichtsamt

Offenlegung

Auslage JArbSchG an geeigneter Stelle im Betrieb

Freizeitschutz

Ruhepausen

- 4,5 - 6 Std. –> 30 Min.
- > 6 Std.: –> 60 Min.

Urlaub

15-Jähr. –> 30 Werktage
16-Jähr. –> 27 Werktage
17-Jähr. –> 25 Werktage

Nachtruhe

i. d. R. 20:00 - 06:00 Uhr

5-Tage-Woche

Samstags-, Sonntags- und Feiertagsruhe

branchenspezifische Ausnahmen

Tägliche Freizeit

Nach Arbeitszeitende ununterbrochene Freizeit von 12 Stunden

Mutterschutzfristen

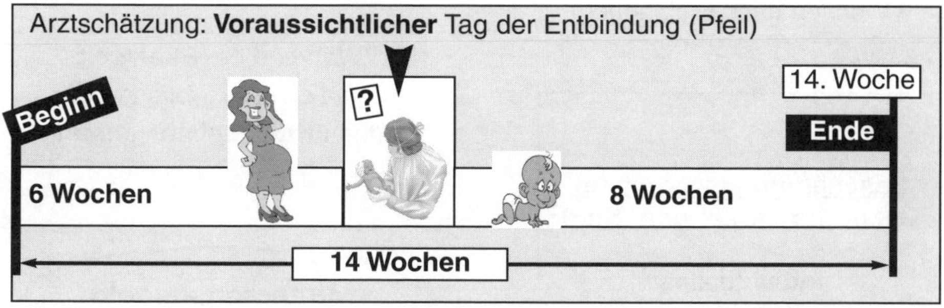

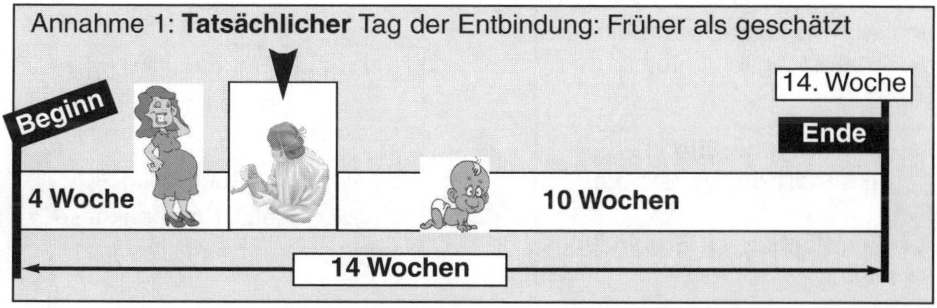

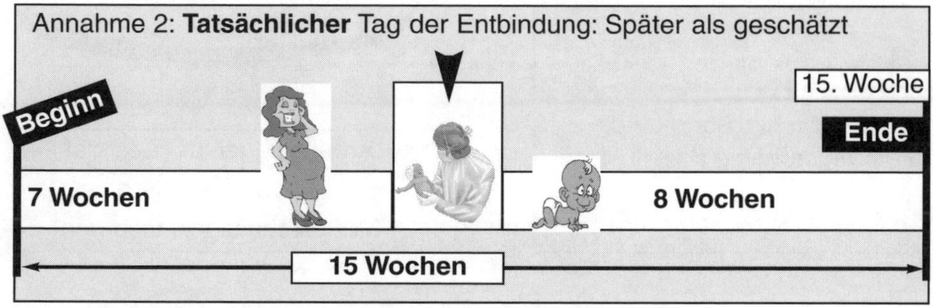

Das Mutterschutzgesetz (Übersicht)

Beschäftigungsverbot

Mutterschutzfrist

Untergrenze: 14 Wochen

(mind. 6 Wochen vor und 8 Wochen nach Entbindung)

Beschäftigungsverbot bei Gefahr für Mutter oder Kind

Individuelles Beschäftigungsverbot:

Gilt für die jeweilige Schwangere und wird wirksam, wenn ein Arzt die Arbeitstätigkeit untersagt. (§ 3 Abs. 1)

Generelle Beschäftigungsverbote:

- sechs Wochen vor Entbindung (§ 3 Abs. 2)
- schwere und gesundheitsgefährdende Arbeiten (§ 4 Abs. 1f.)
- Akkord-, Fließarbeit (§ 4 Abs. 3)
- Mehr-, Nacht-, Sonn- und Feiertagsarbeit (§ 8)

Kündigungsschutz

Während **Schwangerschaft** und bis zum Ablauf von **vier Monaten nach Entbindung**

Während der **Elternzeit** (max. bis zur Vollendung des **dritten Lebensjahres**)

Mutterschaftsgeld

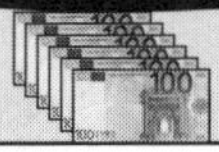

Während Mutterschutzfrist (siehe links)

•

Voraussetzung: Mitglied einer gesetzl. Krankenkasse

Mutterschutzlohn

nach § 11 MuSchG

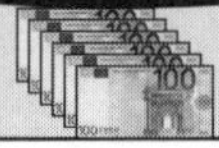

= Arbeitsentgelt bei Beschäftigungsverboten, sofern kein Mutterschaftsgeldanspruch

Mutterschutz: Kündigungsverbot

Während der
Schwangerschaft
und bis zum Ablauf von
vier Monaten
nach der Entbindung

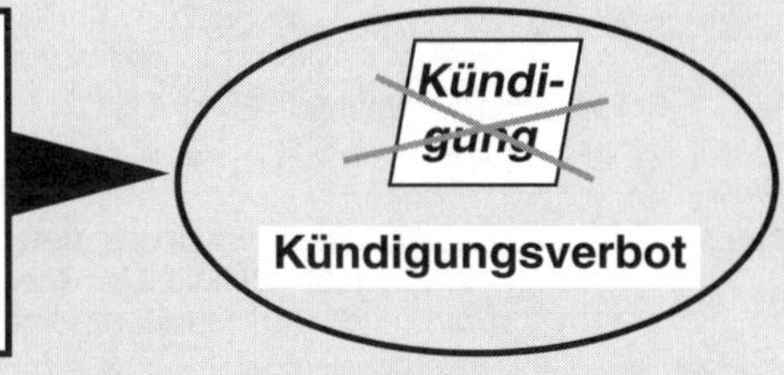

Tag der Entbindung (Pfeil)

Während der **Elternzeit**
(maximal bis zur Vollendung
des **dritten Lebensjahres**)

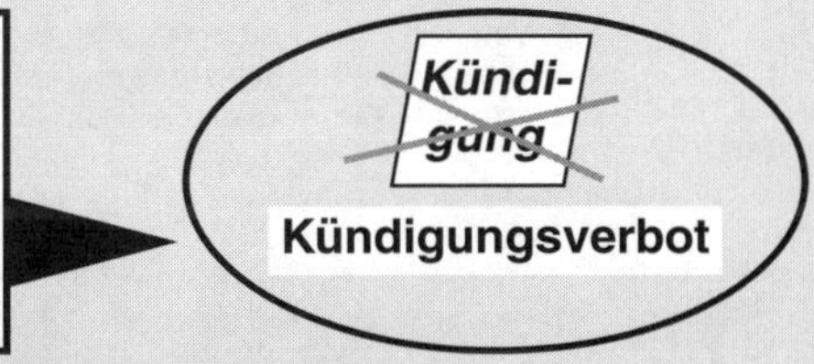

Annahme: Inanspruchnahme der **„Elternzeit“**
(grundsätzlich **maximal drei Jahre nach Geburt**)

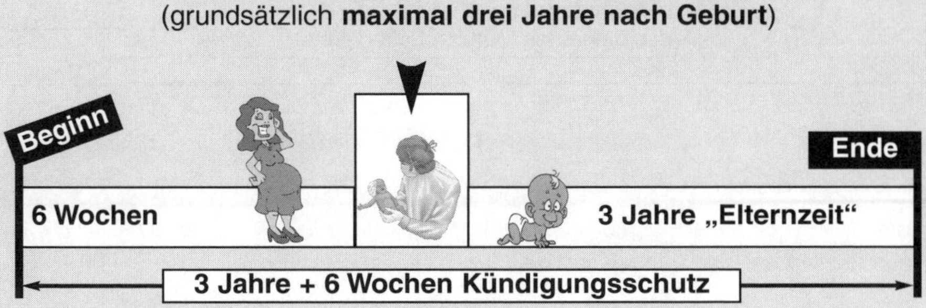

Elterngeld: „12 + 2“

Ziele u. a.:

- Unterstützung der Eltern nach der Geburt
- Ausgleich von Einkommensverlusten durch Kinderbetreuung
- In Anbetracht steigender Kinderlosigkeit soll das Elterngeld die Entscheidung für Kinder erleichtern.
- Das Elterngeld soll auch Bevölkerungsschichten erreichen, die vergleichsweise gut verdienen.

Details:

- Das Elterngeld ersetzt **67 % des vorherigen Nettoerwerbseinkommens (mindestens 750,00 €, maximal 1.800,00 € pro Monat)** des/derjenigen, der/die auf eine Erwerbstätigkeit wegen der Betreuung des Kindes verzichtet oder diese einschränkt.

- Eltern mit geringem Einkommen oder nichtwerwerbstätige Eltern erhalten einen **Sockelbetrag** von **300,00 €**.
- Elterngeld wird für **ein Jahr (12 Monate)** gezahlt, wobei das Mutterschaftsgeld (bis acht Wochen nach Geburt) angerechnet wird. Das volle Elterngeldbudget kann auf bis zu zwei Jahre verteilt werden. Pausiert auch der Partner mindestens zwei Monate zwecks Kinderbetreuung, werden **14 Monate** Elterngeld bezahlt.
- Die 14 Monate können beliebig auf Mann und Frau aufgeteilt werden (z. B. Frau acht Monate, Mann vier Monate).
- Die **„Elternzeit“** (drei Jahre Kündigungsschutz) bleibt erhalten.
- Das Elterngeld ersetzt das bisherige **„Erziehungsgeld“**, das maximal bis zum 24. Lebensmonat des Kindes an Bedürftige gezahlt wurde (maximal 300,00 €/Monat).
- Der Bund trägt die Ausgaben für das Elterngeld.
- Zum Vergleich: Das **Mutterschaftsgeld** (sechs Wochen vor und acht Wochen nach der Geburt) entspricht dem bisherigen Nettogehalt (maximal kalendertäglich 13,00 €, gezahlt durch Krankenkasse, eventuell Rest durch Arbeitgeber).

2.5 Mitwirkung und Mitbestimmung im Betriebsrat

Stofftelegramm

Argumente für die Mitbestimmung allgemein:

- Interesse und Motivation der Arbeitnehmer am Betrieb steigen
- Demokratisierung der Wirtschaft
- Humanisierung des Arbeitslebens
- gegenseitige Abhängigkeit von Arbeit und Kapital erfordert Mitbestimmung

Argumente gegen die Mitbestimmung allgemein:

- Erschwerung betrieblicher Entscheidungsprozesse
- Mitbestimmung ohne gleichwertige Mitverantwortung und Risikoübernahme
- evtl. fehlende notwendige Sachkenntnisse der Arbeitnehmer
- evtl. Kapitalflucht des in- und ausländischen Kapitals

Bereiche der Mitbestimmung

Betriebsrat | **Aufsichtsrat** | **Vorstand AG bzw. Geschäftsführung GmbH**

Gesetze: → BVG u. a. BVG, MitbestG, AktG (vgl. Kapitel GmbH bzw. AG)

HINWEIS: Befassen Sie sich in einer „ruhigen" Stunde mit dem Inhalt des Betriebsverfassungsgesetzes.

Der Aufbau des BVG

1. Teil: Allgemeine Vorschriften: u. a.
- Errichtung von Betriebsräten
- Arbeitnehmer - leitende Angestellte

2. Teil: Betriebsrat, Betriebsversammlung: u. a.
- Wahl
- Betriebsausschuss
- Betriebsversammlung
- Zusammensetzung
- Kosten
- Ehrenamt

3. Teil: Jugend- und Auszubildendenvertretung

4. Teil: Mitwirkung und Mitbestimmung der Arbeitnehmer: u. a.

- Beratungs-, Mitwirkungs- und Mitbestimmungsrechte
- Einigungsstelle
- Betriebsvereinbarungen
- Allgemeine Aufgaben des Betriebsrats
- Mitbestimmung im Aufsichtsrat (Anhang zu § 129 BVG)

Betriebsrat:
- Vertretung der Arbeitnehmer gegenüber dem Arbeitgeber
- Aufgaben: vgl. § 80 BVG

Betriebsausschuss: Wird gebildet, wenn der Betriebsrat mindestens neun Mitglieder umfasst (§ 27 BVG).

Betriebsversammlung:
- Versammlung aller Arbeitnehmer eines Betriebes während der Arbeitszeit.
- Der Arbeitgeber ist einzuladen.
- Berichte des Betriebsrats und des Arbeitgebers (§ 43 BVG).

Jugend- und Auszubildendenvertretung: Vertretung der Belange der Jugendlichen und Auszubildenden (§§ 60 ff. BVG)

Wirtschaftsausschuss:
- In Unternehmen mit über 100 Arbeitnehmern
- Mitglieder werden vom Betriebsrat bestimmt.
- Aufgaben:
  - Beratung wirtschaftlicher Angelegenheiten mit dem Unternehmer und Unterrichtung des Betriebsrats
  - Informationsrecht über wirtschaftliche Angelegenheiten

Einigungsstelle: Zur Beilegung von Meinungsverschiedenheiten zwischen Arbeitgeber und Betriebsrat (§ 76 BVG)

Allgemeine Rechte des Betriebsrats

Info und Beratung

Beispiele

- wirtschaftl. Lage (§ 106)
- Planung Bauten, Arbeitsverfahren, -plätze (§ 90)
- Personalplanung (§ 92)
- geplante Betriebsänderungen (§ 111)
  - Betriebsstilllegung
  - Betriebsverlegung
  - Zusammenschlüsse
  - Rationalisierungen

→ **wirtschaftliche Angelegenheiten**

Mitwirkung

- eingeschränkte Mitbestimmung
- Betriebsrat kann unter best. Voraussetzungen Zustimmung verweigern bzw. Widerspruch einlegen.
  Bei Nichteinigung entscheidet auf Antrag das Arbeitsgericht

Beispiele

- personelle Einzelmaßnahmen (§ 99):
  - Einstellung
  - Eingruppierung
  - Versetzung
  - Kündigung (§ 102)

→ **personelle Angelegenheiten**

Mitbestimmung

- Uneingeschränkte Mitbestimmung: Zustimmung des Betriebsrats notwendig (Unternehmensleitung und Betriebsrat gleichberechtigt)
- Fehlende Einigkeit:
  Einigungsstelle entscheidet.

Beispiele

- Soziale Angelegenheiten (§ 87)
  - Betriebsordnung
  - Arbeitszeiten
  - Lohngestaltung
  - Urlaubsplan
  - Gesundheits- u. Unfallschutz
  - Sozialeinrichtungen
- Sozialplan bei geplanten Betriebsänderungen (§ 112)
- Personalfragebögen und Beurteilungsgrundsätze (§ 94)
- Betriebl. Bildungsmaßnahmen (§ 98)
- Pausen bei Bildschirmarbeit

→ **soziale Angelegenheiten**

Aufgaben

1. Nennen Sie je drei Argumente für und gegen die Mitbestimmung.

2. Definieren Sie möglichst kurz folgende Begriffe:

   a) Betriebsrat
   b) Einigungsstelle
   c) Betriebsversammlung
   d) Wirtschaftsausschuss
   e) Betriebsausschuss
   f) Jugendvertretung

3. Wie wird die Stelle des unparteiischen Vorsitzenden in der Einigungsstelle besetzt?

4. Welche Rechte hat der Betriebsrat in folgenden Fällen? Wie wird die Situation im Streitfall jeweils gelöst?

   a) Neueinstellung eines Arbeitnehmers
   b) Änderung der Arbeitszeiten
   c) Ein Betriebsteil soll stillgelegt werden, wobei Teile des Personals entlassen bzw. versetzt werden sollen.
   d) Der Chef plant, im nächsten Jahr 50 Arbeiter einzustellen.
   e) Dem Angestellten Schnecke soll fristgemäß gekündigt werden.
   f) Der Betriebsrat verlangt vom Arbeitgeber, 30 neu zu besetzende Arbeitsplätze zuerst innerbetrieblich auszuschreiben. Der Arbeitgeber lehnt ab und stellt sofort 30 neue Kräfte ein.
   g) Kaufmann Butz ist die Faulheit in Person. Der Arbeitgeber kündigt fristgemäß, ohne den Betriebsrat zu informieren.
   h) Für die Buchhaltungsabteilung wurde eine neue DV-Anlage angeschafft. Von den drei Angestellten der Abteilung (zwei 28-jährige Junggesellen und Herr Boll, 45-jähriger Vater von 9 Töchtern) wird einer überflüssig. Herrn Boll, der ein hohes Gehalt bezieht, trifft die vom Arbeitgeber ausgesprochene Kündigung nach vorheriger Anhörung des Betriebsrates.

5. Welche Rechte hat der einzelne Arbeitnehmer nach dem BVG?

6. Welche allgemeinen Aufgaben hat der Betriebsrat?

7. Wovon hängt die Zahl der Betriebsratsmitglieder ab?

8. Worauf ist bei der Zusammensetzung des Betriebsrates zu achten?

9. Überprüfen Sie folgende Aussage auf deren Korrektheit:
   „In einem Unternehmen mit 160 Arbeitnehmern muss ein Betriebsrat gewählt werden. Er besteht aus sieben Mitgliedern."

10. Kann ein 17-jähriger Auszubildender bei der Betriebsratswahl mitbestimmen?

11. Der 20-jähr. Kaufmann Lapp ist seit 4 Monaten im Betrieb. Ist er in den Betriebsrat wählbar?

12. Kann ein türkischer Gastarbeiter Betriebsratsmitglied werden?

13. Die Geschäftsleitung eines Unternehmens möchte an der Betriebsversammlung teilnehmen und eine Ansprache halten. Ist dies möglich? Begründung.

2.6 Tarifvertrag und Arbeitskampf

Stofftelegramm

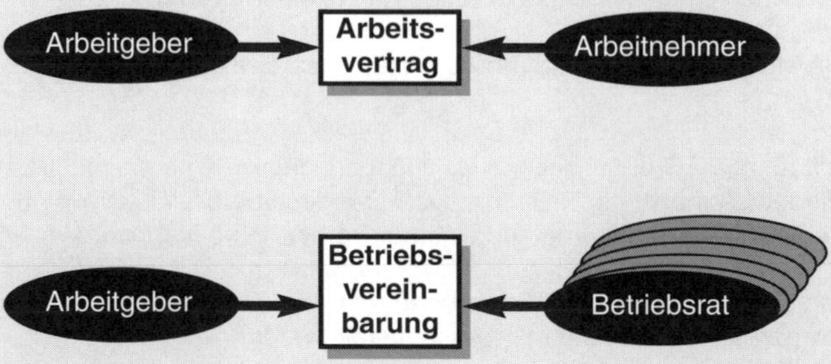

Keine Schlechterstellung des Arbeitnehmers als in der Betriebsvereinbarung bzw. im Tarifvertrag!

Keine Schlechterstellung des Arbeitnehmers als im Tarifvertrag!

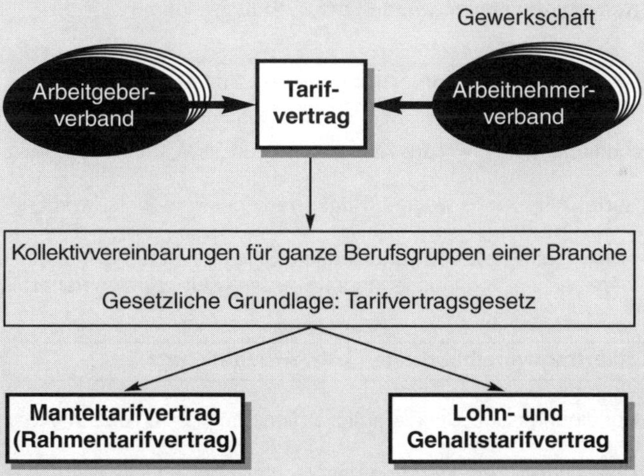

Arbeitgeber- und Arbeitnehmerverband = Tarifpartner (Sozialpartner)

Manteltarifvertrag (Rahmentarifvertrag)

- Allgemeine Arbeitsbedingungen, z.B.:
  - Arbeitszeit
  - Urlaub
  - Kündigungsfristen
- gilt für mehrere Jahre

Lohn- und Gehaltstarifvertrag

- Vereinbarungen über Löhne und Gehälter
- gilt meist für ein bis zwei Jahre

Koalitionsfreiheit: GG Art. 9: Recht zum Zusammenschluss (z. B. zu einem AG-Verband)

Tarifautonomie: Keine staatliche Einmischung in Tarifverhandlungen

Verbandstarifvertrag: TV zwischen Arbeitgeber- und Arbeitnehmerverband (Regelfall)

Firmentarifvertrag: TV zwischen einem Arbeitgeber (z. B. VW) u. einer Gewerkschaft

Tarifbindung: TV = Mindestbedingungen bei Arbeitsverträgen und Betriebsvereinbarungen

Allgemeinverbindlichkeitserklärung: TV gilt für alle AG u. AN seines Geltungsbereiches, also auch für Nichtmitglieder („Außenseiter"), wenn er vom Bundesarbeitsminister auf Antrag einer Tarifvertragspartei für allgemeinverbindlich erklärt wurde.

Antrag auf Allgemeinverbindlichkeit heute selten, da üblicherweise auch nichtorganisierte Arbeitnehmer gleichgestellt werden.

Nachwirkung: Nach TV-Ablauf gilt alter TV bis zum Neuabschluss

Friedenspflicht: Keine Kampfmaßnahmen während der TV-Dauer erlaubt!

Vorteile der Tarifverträge

Für Arbeitnehmer	**Für Arbeitgeber**
• Garantie von Mindestarbeitsbedingungen	• Klare Kalkulationsgrundlage, da einheitl. Tarife
• Gleichstellung gleich qualifizierter AN	• weniger Konkurrenz bei Personalanwerbung
• AN wäre AG evtl. unterlegen, wenn alles im Arbeitsvertrag zu regeln wäre	• Vertragsinhalte müssen nicht jedes Mal neu ausgehandelt werden (Zeit-, Kostenersparnis)

Besondere Tarifvertragsvereinbarungen betr. Arbeitsschutz

Alterssicherung: Kündigungsschutz u. Garantieverdienst für ältere Arbeitnehmer

Rationalisierungsschutz: Beseitigung, Verminderung der Nachteile bei Rationalisierungsmaßnahmen (Umschulungen, Versetzungen, Abfindungen usw.)

Humanisierung der Arbeit: Verbesserung der Arbeitsbedingungen und des Betriebsklimas, Abbau der Monotonie durch:

- Arbeitserweiterung **(Jobenlargement)**: Erweiterung der Arbeitsaufgaben eines Arbeitnehmers um gleichartige oder ähnliche Tätigkeiten.
- Arbeitsplatzwechsel **(Jobrotation)**: regelmäßiger Arbeitsplatztausch
- Arbeitsbereicherung **(Jobenrichment)**: Erweiterung der Arbeitsaufgaben eines Arbeitnehmers um höherqualifizierte Tätigkeiten

TK = Tarifkommission; SK = Schlichtungskommission; AG = Arbeitgeber; AN = Arbeitnehmer; TV = Tarifvertrag

Der Arbeitskampf: Streik - Aussperrung - Schlichtung

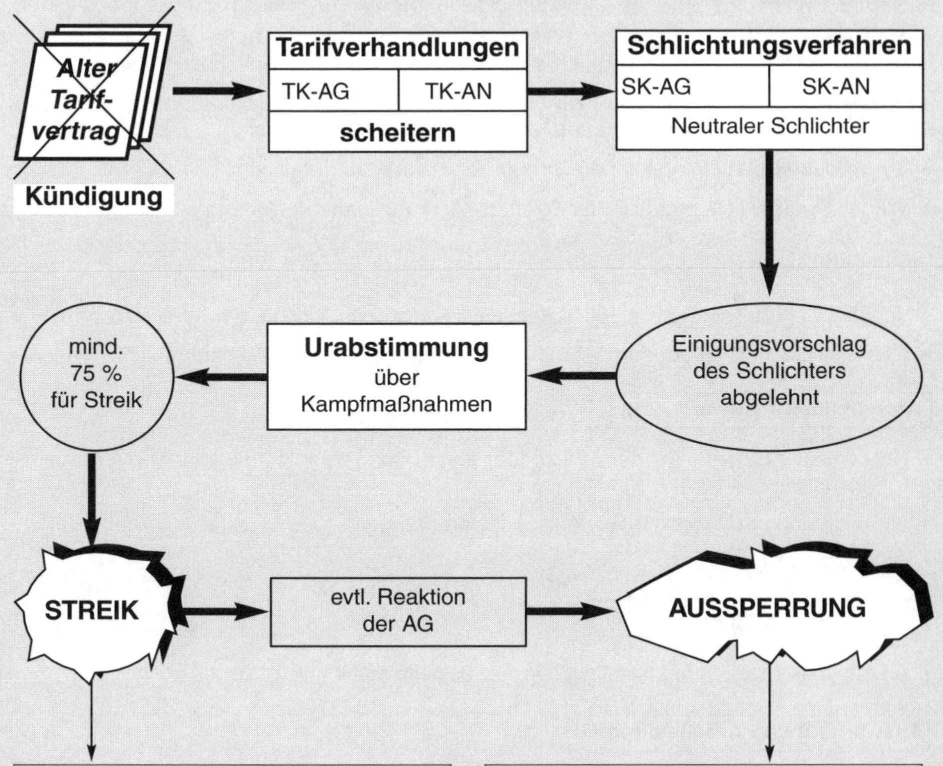

Streikarten

- **Voll- bzw. Flächenstreik:** Alle Arbeitnehmer des Tarifgebiets streiken.
- **Schwerpunktstreik:** Arbeitnehmer nur einzelner Betriebe streiken.
- **Mini-Max-Streik:** Mit minimalem Streikgeldaufwand (Streik in wenigen Zulieferbetrieben) wird maximale Wirkung erzielt (Lahmlegung eines großen Wirtschaftsbereiches).
- **Warnstreik:** Kurzfristiger Streik zur Demonstration der Streikentschlossenheit. Auch während der Friedenspflicht erlaubt.
- **Sympathiestreik:** Unterstützung von Streiks in anderen Bereichen.
- **Wilder Streik:** Nicht organisierter Streik ohne Urabstimmung. Verboten.

Schlichtung

- Verfahren zur Beilegung von Streitigkeiten bei Tarifverhandlungen, um Streiks zu verhindern
- Das Schlichtungsverfahren endet mit dem Einigungsvorschlag des neutralen Schlichters.

Argumente für Aussperrung

- Notwendiges Gegenmittel der Arbeitgeber gegen Schwerpunkt- und Mini-Max-Streiks („Waffengleichheit")
- Verhinderung übertriebener Gewerkschaftsforderungen
- Arbeitskampfverkürzung

Argumente gegen Aussperrung

- Arbeitgeberverbände finanziell evtl. besser gestellt, somit ggf. im Vorteil

Auswirkung von Arbeitskämpfen

- **Gewerkschaften:** Streikgelder leeren Kasse
- **Unternehmen:**
  - Verluste durch Produktionsausfälle
  - Rationalisierungstendenz (Arbeitskräfteersatz durch Maschinen)
- **Arbeitnehmer:**
  - finanzielle Einbußen während Arbeitskampf
  - Risiko: Rationalisierungstendenz
  - höhere Löhne = höherer Lebensstandard
- **Gesamtwirtschaft:** Gesamtwirtschaftliche Verflechtung bewirkt negative Folgen auch auf andere Branchen

Aufgaben

1. Welches Gesetz ist bei Tarifverträgen zu beachten?

2. Wer sind die Vertragspartner bei Arbeitsverträgen, Betriebsvereinbarungen, Tarifverträgen?

3. Welche Beziehungen bestehen zwischen Arbeitsvertrag, Betriebsvereinbarung, Tarifvertrag und gesetzlichen Regelungen?

4. Wer sind die Tarifpartner (Sozialpartner) im Normalfall?

5. Unterscheiden Sie die Begriffe:

   a) Manteltarifvertrag

   b) Lohn- und Gehaltstarifvertrag

6. Erklären Sie kurz:

   a) Tarifvertrag b) Tarifautonomie c) Koalitionsfreiheit d) Tarifbindung

   e) Friedenspflicht f) Nachwirkung der Tarifverträge g) Allgemeinverbindlichkeit

7. Nennen Sie je drei Vorteile des Tarifvertrags für Arbeitnehmer und Arbeitgeber.

8. Tarifverträge beinhalten oft Regelungen über **Rationalisierungsschutz** und **Humanisierung der Arbeit**. Erklären Sie die Begriffe.

9. Notieren Sie folgende Begriffe in richtiger Reihenfolge:

   erste Urabstimmung, Tarifverhandlungen, Streik, Kündigung des Tarifvertrages, Schlichtungsverfahren, Aussperrung, neuer Tarifvertrag, Einigungsvorschlag Schlichter, zweite Urabstimmung, neue Verhandlungen.

10. Erklären Sie die Begriffe:

    a) Vollstreik b) Schwerpunktstreik c) Mini-Max-Streik

    d) Warnstreik e) Wilder Streik f) Schlichtung g) Aussperrung

11. Warum ist die Aussperrung ein gerechtfertigtes Mittel im Arbeitskampf und welchen Hauptzweck verfolgt sie?

12. Ein Tarifvertrag gilt bis 30. Juni. Er wird von der Gewerkschaft fristgemäß gekündigt. Welche Kampfmaßnahmen können bereits vor, welche erst nach dem 30. Juni vorgenommmen werden? Begründung.

13. Der arbeitslose Facharbeiter Boll ist in keiner Gewerkschaft. Er bewirbt sich bei der Schnippel GmbH und vereinbart einen Lohn, der um 200,00 € unter dem Tariflohn liegt. Die Schnippel GmbH ist im Arbeitgeberverband.

    Beurteilen Sie die rechtliche Situation.

14. Beurteilen Sie, ob in folgenden Fällen ein Tarifvertrag jeweils für den Arbeitnehmer gelten muss, wenn keine Allgemeinverbindlichkeitserklärung vorliegt.

	a	b	c	d
Arbeitnehmer in Gewerkschaft?	Nein	Ja	Ja	Nein
Arbeitgeber im Arbeitgeberverband?	Ja	Ja	Nein	Nein

15. Beurteilen Sie die Rechtsgültigkeit folgender Fälle:

a) Ein Tarifvertrag läuft bis zum 30. Juni und wurde fristgerecht gekündigt. Die Verhandlungen verlaufen zäh. Am 15. Juli legen 200 Arbeitnehmer ohne Urabstimmung für zwei Tage die Arbeit nieder.

b) Wie a, jedoch wird nur 15 Minuten gestreikt.

c) Wie b, jedoch erfolgt der Streik bereits am 25. Mai.

d) Die Gewerkschaft droht mit Streik. Um ihr zuvorzukommen, sperren die Arbeitgeber aus.

e) Die Gewerkschaft führt einen Schwerpunktstreik durch, die Arbeitgeber sperren lediglich die gewerkschaftlich organisierten Arbeitnehmer aus.

f) Die Gewerkschaft führt einen Schwerpunktstreik durch. Die Arbeitgeber von nicht bestreikten Betrieben derselben Branche sperren die Arbeitnehmer aus.

g) Nach Beendigung des Arbeitskampfes stellt ein Arbeitgeber nur 80 % der ausgesperrten Arbeitnehmer wieder ein.

h) 5 000 Arbeitnehmer einer Branche streiken, 70 000 Arbeitnehmer nichtbestreikter Betriebe werden ausgesperrt.

16. Was versteht man unter

a) Tariflohn

b) Ecklohn?

2.7 Arbeitsgerichtsbarkeit

Stofftelegramm

Zuständigkeit der Arbeitsgerichte

sachlich

Streitigkeiten

- zwischen Arbeitgeber und Arbeitnehmer
- zwischen Tarifvertragsparteien
- aus dem BVG und MitbestGesetz

örtlich

Wohn- bzw. Geschäftssitz des Beklagten - also üblicherweise die Arbeitsstätte des Arbeitnehmers

Instanzenweg

1. Instanz: Klage → **Arbeitsgericht**

a) Versuch gütlicher Einigung

b) Wenn a) erfolglos:
Streitverfahren + Urteil

Prozessvertretung: Anwalt, Verbandsvertreter oder Arbeitnehmer selbst

2. Instanz: Berufung → **Landesarb.gericht**

(ab best. Streitwert)

Prozessvertretung: Anwalt oder Verbandsvertreter

3. Instanz: Revision → **Bundesarb.gericht**

Wenn Urteil von grundsätzl. Bedeutung oder von bisheriger Rechtsprechung abweichend

Prozessvertretung: Anwalt

Aufgaben

1. Welches Gesetz regelt die Arbeitsgerichtsbarkeit?
2. Der kaufmännische Angestellte Broselfink wohnt in Göppingen und arbeitet in der Firma Gerd Hölle - Eisenwaren e. K. in Stuttgart. Unternehmer Hölle wohnt in Esslingen. Vor einigen Tagen wurde Herrn Broselfink gekündigt. Er möchte klagen.
   a) Welches Gericht ist sachlich und örtlich zuständig?
   b) Welcher Vorgang ist dem eigentlichen Streitverfahren vorgelagert? Begründung.
   c) Wer kann für Broselfink in der ersten Instanz die Prozessvertretung übernehmen?
   d) Broselfink ist mit dem Urteil der ersten Instanz nicht einverstanden. Wie kann er weiter vorgehen? Welche Voraussetzungen sind zu beachten?
3. Für welche Rechtsstreitigkeiten sind Arbeitsgerichte zuständig?

2.8 Leistungsgerechte Entgeltmodelle

Stofftelegramm

Zeitlohn

Vorteile
- Qualität
- kein Zeitdruck
- einfache Berechnung
- festes Einkommen

Nachteile
- weniger Anreiz
- weniger Arbeitseinsatz
- Arbeitskontrollen notwendig

Anwendungsbereiche
- wenn Aufmerksamkeit, Sorgfalt, Gewissenhaftigkeit, Kreativität notwendig
- bei Arbeiten mit Risiko
- bei schwer messbaren Leistungen
- Fließfertigung (Arbeitstempo nicht beeinflussbar)

Akkordlohn (= Leistungslohn)

Vorteile
- Leistungsprinzip: Mehrverdienst mögl.
- exakte Kalkulationsgrundlage (konstante Lohnstückkosten)

Nachteile
- evtl. Überanstrengung
- schlechtere Qualität (?)
- Einkommensschwankung
- höherer Krankenstand
- Lohnberechnung schwieriger

Anwendungsbereiche
- gleichartige, sich stets wiederholende Tätigkeiten
- Arbeitstempo muss beeinflussbar sein
- Leistung muss messbar sein

Akkordlohnformen

Mindestlohn + Akkordzuschlag = **Akkordrichtsatz** (Akkordrichtsatz = Std.-verdienst bei Normalleistung)

Stückgeldakkord (Geldakkord)

Stückakkordsatz = $\frac{\text{Akkordrichtsatz}}{\text{Normalleistung / Std.}}$

Bruttolohn = Stück • Stückakkordsatz

Stückzeitakkord (Zeitakkord)

Zeitakkordsatz = $\frac{60\ (100)}{\text{Normalleistung / Std.}}$

Minutenfaktor = Akkordrichtsatz/60 (100)

Bruttolohn = Stück • Zeitakkordsatz • Min.faktor

Gruppenakkord

Akkordsatz für Arbeitsgruppe, Verteilung auf den Einzelnen nach best. Schlüssel. Problem: evtl. Spannungen

Vorteil des Stückzeitakkords gegenüber dem Stückgeldakkord:
Bei Tarifänderung: lediglich Minutenfaktoren zu ändern = weniger zeit- und rechenaufwendig

Prämienlohn

- Mischung zwischen Zeitlohn und Leistungslohn
- Berechnung: Grundlohn (Fixum) + Prämie

Wofür Prämien?
- Ausschussverringerung
- Material-, Energieersparnis
- Termineinhaltung

Erfolgsbeteiligung

Vorteile
- mehr Motivation
- mehr Leistung
- sinkende Fluktuation
- besseres Betriebsklima
- Identifikation ...

Probleme
- Woran beteiligen?
- In welchem Verhältnis beteiligen?
- Wie auf die Arbeitnehmer aufschlüsseln?

Arten
- Gewinnbeteiligung (Kollektiv- oder Individualbeteiligung)
- Kapitalbeteiligung (Gewinnanteil wird Eigen- oder Fremdkapital)
- Umsatzbeteiligung

Aufgaben

1. a) Nennen Sie die drei Lohnformen.
   b) Beschreiben Sie die Anwendungsgebiete der drei Lohnformen.

2. Nennen Sie je zwei Vor- und Nachteile des Akkord- und Zeitlohns.

3. Aus welchem Grund kommt in der Industrie üblicherweise der Stückzeitakkord anstelle des Stückgeldakkords zur Anwendung?

4. Was versteht man unter Gruppenakkord?

5. Erklären Sie anhand der Formel und verbal die Begriffe:
   a) Akkordrichtsatz b) Stückakkordsatz c) Zeitakkordsatz d) Minutenfaktor

6. Wie lautet die Formel zur Ermittlung des Bruttolohnes beim
   a) Stückgeldakkord b) Stückzeitakkord?

7. In einer Fabrik wurde bisher ein bestimmter Arbeitsgang im Zeitlohn vergütet. Künftig soll im Akkordlohn bezahlt werden.
   Bei den Vorarbeiten für die Umstellung auf den Akkordlohn wird für 30 Stück eine Vorgabezeit von 1 Stunde (60-Minuten-Stunde) ermittelt.
   Bisheriger Stundenlohn: 9,00 €. Akkordzuschlag: 10 %.

a) Ermitteln Sie den Akkordrichtsatz.
b) Wie viel Minuten sind für ein Stück vorgegeben (Zeitakkordsatz)?
c) Wie viel verdient ein Arbeiter in der Minute, wenn er die Vorgabezeit einhält? (Minutenfaktor)
d) Ermitteln Sie in folgender Tabelle den jeweiligen Stundenlohn für drei Arbeiter mit unterschiedlichen Leistungen.
Max Üblich: 30 Stück/Std.; Sepp Oberflott: 32 Stück/Std.; Otto Flott: 31 Stück/Std.

Arbeiter	Stückzahl/Std.	Zeitakkordsatz	Minutenfaktor	Stundenlohn
Üblich Flott Oberflott				

8.1 Der Ecklohn eines bestimmten Zeitlohnarbeiters beträgt 8,60 €. Der Grundlohn (Mindestlohn) eines Akkordarbeiters für die Berechnung des Akkordrichtsatzes beträgt in derselben Lohngruppe 8,35 €. Der Akkordzuschlag beläuft sich auf 15 %.

a) Ermitteln Sie den Akkordrichtsatz.
b) Warum ist der Akkordrichtsatz höher als der Zeitlohn?
c) Errechnen Sie den Minutenfaktor (60-Minuten-Stunde).

8.2 In einer Fabrik beträgt der Minutenfaktor in einer Lohngruppe 0,15 € (60-Minuten-Stunde). Für die Bearbeitung eines Werkstücks sind 12 Minuten vorgegeben. Ein Arbeiter bearbeitet im Durchschnitt 7 Stück pro Stunde.

a) Wie hoch ist der Akkordrichtsatz?
b) Wie viel € verdient der Arbeiter in der Stunde?
c) Wie viel € erhielte der Arbeiter für ein bearbeitetes Werkstück gutgeschrieben, wenn die Lohnberechnung in der Form des Geldakkords erfolgen würde?

9. Berechnen Sie den Bruttolohn nach folgenden Angaben:
Garantierter Mindestlohn 8,00 €; Akkordzuschlag 20 %; Vorgabezeit 5 Zeitminuten je Stück; gefertigte Stückzahl 2 000.

10. In einem Fertigungsbereich soll die Entlohnung von Zeitlohn auf Stückzeitakkord umgestellt werden.

a) Nennen Sie vier Voraussetzungen, die erfüllt sein müssen, damit eine Akkordentlohnung durchführbar ist.

b) Welcher Zeitsatz müsste festgelegt werden, damit ein Arbeiter weiterhin einen durchschnittlichen Wochenverdienst von 405,00 € erhält? Dabei muss von folgenden Bedingungen ausgegangen werden:
Grundlohn: 9,00 €/Std.; Akkordzuschlag: 20 %; durchschnittliche wöchentliche Leistung: 500 Stück.

11. a) Nennen Sie die Arten der Erfolgsbeteiligung.

b) Welche Vorteile ergeben sich aus der Erfolgsbeteiligung?

c) Welche Probleme sind vor Einführung einer Erfolgsbeteiligung zu lösen?

2.9 Die Sozialversicherung (Stand: 2010)

Abkürzungen: **KV, RV, AV, UV, PV** = Kranken-, Renten-, Arbeitslosen-, Unfall-, Pflegeversicherung; **AN** = Arbeitnehmer; **AG** = Arbeitgeber; **W** = West; **O** = Ost; **BBG** = Beitragsbemessungsgrenze; **KK** = Krankenkasse

	KV	RV	AV	PV	UV
Träger	AOK, Innungs-, Betriebs-, Ersatzkrankenkassen	Deutsche Rentenversicherung	Bundesagentur für Arbeit	Pflegekassen bei den Krankenkassen	Berufsgenossenschaften
Vers. pfl.	alle AN bis Versicherungspflichtgrenze **4.162,50 € (W + O)**	alle AN, Azubis	- wie RV -	Mitglieder der gesetzl./privaten KKs	alle Beschäftigten
BBG	Höhe: **3.750,00 € mtl. (W + O)**	**5.500 € mtl. (W)** **4.650 € mtl. (O)**	- wie RV -	- wie KV -	- entfällt -
Beiträge	bis BBG steigend ab BBG konstant	- wie KV -	- wie KV/RV -	- wie KV -	nach Unfallgefahren
	AG und AN je 1/2; AN + 0,9 % (Zahners./Kr.geld) Spezialfall: **400-€-Jobs**	AG und AN je 1/2	- AG und AN je 1/2 -	AG und AN je 1/2; Kinderlosenzuschlag 0,25 % zahlt AN allein	AG allein
Beitr. satz	14,9 %	19,9 %	2,8 %	1,95 % (Kinderlosenzuschlag 0,25 % nur AN)	nach Unfallgefahren
LEISTUNGEN	• Krankenhilfe: Arzt-, Krankenhaus-, Arzneikosten; Krankengeld ab 7. Woche (70 % vom Bruttolohn); max. 90 % des Nettolohns • Vorsorgeuntersuchungen • Mutterschaftshilfe • Familienhilfe • Zuzahlung zu Arzneimitteln durch Versicherten (........................ €) • Praxisgebühr 1. Arztbesuch im Quartal: 10,00 € Keine Praxisgebühr: Kinder/Jgdl., Vorsorge	Rentenzahlung: • Altersruhegeld • Rente wegen Berufs- oder Erwerbsunfähigkeit • Witwen- und Waisenrente Rehabilitationsmaßnahmen	• Arbeitslosengeld I und II • Kurzarbeitergeld • Winterausfallgeld • Insolvenzausfallgeld • KV-Beiträge Arbeitsloser • Berufsberatung • Arbeitsvermittlung • Umschulungen • Förderung Einstieg in Selbstständigkeit (Gründerzuschuss) • Ein-Euro-Jobs (= Zusatzjobs) vermitteln • Vermittlung von schwer vermittelbaren Arbeitslosen an Personal-Service-Agenturen (PSA) • Bewerbungstraining • Berufl. Rehabilitation	• häusliche Pflege: Sachleistung (Pflege durch Profis) bzw. Pflegegeld (bei Versorgung durch Angehörige) • stationäre Pflege • sonstige Leistungen: Pflegehilfsmittel, technische Hilfen (Rollstühle ...), Zuschüsse zu notwendigen Umbauten, soziale Sicherung der Pflegepersonen	Arbeitsunfallfolgen (auch Wegeunfälle): • Krankenhilfe • Berufshilfe • Renten an Verletzte + Hinterbliebene Unfallverhütung: • Aufklärung • Belehrung • Überwachung

Hinweise zum Arbeitslosengeld I und II: Dauer der Zahlung

Arbeitslosengeld I
Dauer maximal: 12 Monate (ab 50 Jahre max. 15 Monate; ab 55 Jahre max. 18 Monate; ab 58 Jahre max. 24 Monate)

Arbeitslosengeld II
• Arbeitslosengeld II wird gezahlt, solange **Hilfebedürftigkeit** vorliegt und weitere Voraussetzungen, wie z. B. Erwerbsfähigkeit, Altersgrenze erfüllt sind.
• Laufende Überprüfung durch die Agenturen
• ALG II wird jeweils nur für maximal sechs Monate bewilligt.

Die Krankenversicherung

Die Versicherungspflicht der Arbeitnehmer

Gehalt liegt **nicht über** der Krankenversicherungspflichtgrenze von 4.162,50 € (2010).

Versicherungspflicht bei einer gesetzlichen Krankenkasse

kein Wahlrecht

Gehalt liegt **über** der Krankenversicherungspflichtgrenze von 4.162,50 € (2010).

Versicherungswahlrecht: gesetzliche oder private Krankenkasse

Wahlrecht

Versicherungspflicht- und Beitragsbemessungsgrenze: Zusammenhänge

Beitragsbemessungsgrenze <u>Renten- und Arbeitslosenversicherung</u> (West):

5.500,00 €

ca. 76 % →

Versicherungspflichtgrenze
Kranken- und Pflegeversicherung (West + Ost):

4.162,50 €

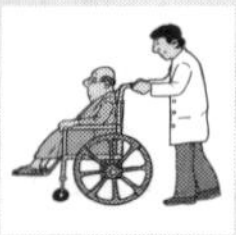

(ca. 68 %) →

Beitragsbemessungsgrenze
Kranken- und Pflegeversicherung (West + Ost):

3.750,00 €

Die Pflegeversicherung
(mit Berücksichtigung der seit Juli 2008 geltenden Neuregelungen)
Gesetzliche Grundlage
LAW
Sozialgesetzbuch XI: Soziale Pflegeversicherung (Start: 1995)
Pflege-Weiterentwicklungsgesetz (Start: 1. Juli 2008)
Beitragssätze
allgemeiner Satz
Kinderlose (ab 23 J.)
1,95 %
2,20 %
0,975 %
0,975 %
1,225 %
AN-Anteil
AG-Anteil
AN-Anteil
Träger
Pflegekassen bei den Krankenkassen
Versicherungspflicht
Mitglieder der gesetzlichen und privaten Krankenversicherungen
Beitragsbemessungsgrenze
wie bei der Krankenversicherung

Die Pflegeversicherung

Voraussetzungen
für den Anspruch auf Leistungen aus der Pflegeversicherung

Wer **krankenversichert** ist, ist automatisch **pflegeversichert** (= 98 % der Bevölkerung)

→ **Bestehendes Versicherungsverhältnis**

→ **Vorversicherungzeit** (5 Jahre in letzten 10 Jahren)

Pflegegutachten + **Bescheid**

→ Feststellung der **Pflegebedürftigkeit**

Voraussetzungen für Pflegebedürftigkeit

Hilfebedarf liegt vor

- wegen **Krankheit** oder **Behinderung**
- für **alltägliche Verrichtungen,** die bei Jedem gewöhnlich + regelmäßig anfallen
- **auf Dauer (mindestens 6 Monate)**

Körperpflege	Ernährung	Mobilität	hauswirtschaftl. Versorgung
• Waschen • Zahnpflege • Duschen • Rasieren • Baden • Kämmen • Darm-, Blasenentleerung	• mundgerechtes Zubereiten der Nahrung • Nahrungsaufnahme	• selbstständiges Aufstehen und Zubettgehen • An- und Auskleiden • Gehen, Stehen...	• Einkaufen • Waschen • Kochen • Heizen • Reinigen der Wohnung

Die Pflegestufen (Sie bestimmen die Leistungshöhe.)

(inoffizielle) Pflegestufe 0

<u>Geringer Pflegebedarf</u> oder <u>nur hauswirtschaftl. Hilfebedarf</u>

- Pflegebedarf liegt vor, jedoch wird notwendiger Mindestumfang an Hilfe für Pflegestufe I nicht benötigt, folglich keine Leistungen aus der Pflegeversicherung.
- Hilfebedarf **weniger als 6 Monate**, somit ebenfalls keine Pflegebedürftigkeit
- Hilfebedarf bei **gesetzlich nicht genannten Verrichtungen**

Pflegestufe I

Erhebliche Pflegebedürftigkeit	
Zeitaufwand insgesamt	mindestens 90 Minuten täglich im Wochenschnitt
Hilfe bei Körperpflege, Ernährung, Mobilität	einmal täglich 2 Verrichtungen aus einem oder mehreren Bereichen, mindestens 46 Minuten
Hilfe bei hauswirtschaftlicher Versorgung	zusätzlich mehrfach in der Woche

Pflegestufe II

Schwerpflegebedürftigkeit	
Zeitaufwand insgesamt	mindestens 3 Stunden täglich im Wochenschnitt
Hilfe bei Körperpflege, Ernährung, Mobilität	mindestens 3-mal täglich zu verschiedenen Tageszeiten für wenigstens 2 Verrichtungen aus einem oder mehreren Bereichen, mindestens 2 Stunden
Hilfe bei hauswirtschaftlicher Versorgung	zusätzlich mehrfach in der Woche

Pflegestufe III

Schwerstpflegebedürftigkeit	
Zeitaufwand insgesamt	mindestens 5 Stunden täglich im Wochenschnitt
Hilfe bei Körperpflege, Ernährung, Mobilität	mindestens 3-mal täglich zu verschiedenen Tageszeiten für wenigstens 2 Verrichtungen aus einem oder mehreren Bereichen und zusätzlich regelmäßig nachts für wenigstens eine Verrichtung („rund um die Uhr"), insgesamt mindestens 4 Stunden
Hilfe bei hauswirtschaftlicher Versorgung	zusätzlich mehrfach in der Woche

(inoffizielle) Pflegestufe IV

<u>Härtefälle</u>

- Schwerstpflegebedürftige der Pflegestufe III, die einen außergewöhnlich hohen Pflegebedarf haben, der das übliche Maß der Pflegestufe III weit übersteigt
- Insbesondere bei folgenden Krankheitsbildern: Krebs, Aids und Mukoviszidose im Endstadium, schwere Ausprägung der Demenz, schwere Fehlbildungen im Säuglingsalter, hohe Querschnittslähmung (gleichzeitige Lähmung aller 4 Gliedmaßen)...

Leistungen der Pflegeversicherung

Häusliche Pflege

Sachleistung

= ambulanter **Pflegedienst**

Höchstsätze ambulante Pflege

PS I:	420,00 €
PS II:	980,00 €
PS III:	1.470,00 €

Pflegegeld

Pflegepersonen (**Angehörige**, Freunde, Nachbarn...)

Höchstsätze Angehörigenpflege

PS I:	215,00 €
PS II:	420,00 €
PS III:	675,00 €

Sonstige Leistungen

- **Pflegehilfsmittel** (Pflegebett, Urinflaschen, Desinfektionsmittel...)
- **evtl. Zuschüsse zu pflegebedingten Umbaumaßnahmen**
- **soziale Sicherung der Pflegepersonen** (unter bestimmten Voraussetzungen Vorteile der pflegenden Angehörigen bei der Renten-, Arbeitslosen- und gesetzlichen Unfallversicherung)

Annahme: Häusliche Pflege reicht nicht bzw. ist nicht durchführbar

Stationäre Pflege (Pflegeheim)

Kostenübernahme durch Pflegekassen

(bis zum jeweiligen Höchstbetrag)

- allg. Pflegeleistungen
- medizinische Behandlungspflege
- soziale Betreuung

(Kosten für Unterkunft + Verpflegung trägt Pflegebedürftiger)

Höchstsätze Heimpflege

(Bei Anspruch auf Heimpflege)

PS I:	1.023,00 €
PS II:	1.279,00 €
PS III:	1.550,00 €
Härtefall:	1.750,00 €

Höchstsätze Heimpflege

(Pflegestufe I bzw. II, jedoch Heimpflege nicht notwendig)

PS I:	420,00 €
PS II:	980,00 €

(vgl. Höchstsätze oben)

Ergänzungen: Rentenversicherung

- **„Meldung zur Sozialvers.“:** Der Meldevordruck ist ein Dreifach-Durchschreibesatz.
- **Generationenvertrag:** Die beitragszahlende Generation sichert mit ihren Beiträgen die Renten der Renten empfangenden Generation.
- **Rentenhöhe:** abhängig von
  - Lebenseinkommen: Summe aller Bruttoarbeitsentgelte
  - anrechnungsfähige Versicherungsjahre:
    Beitragszeiten
    + Berücksichtigungszeiten (Kindererziehungs-, Pflegezeiten)
    + Anrechnungszeiten (Ausbild.zeit max. 3 Jahre; Krankheits-, Schwangerschafts-, Arbeitslosigkeits-, Schlechtwetterzeiten)
    + Ersatzzeiten (Kriegsdienstzeiten)
    + Zurechnungszeiten (bei sehr früher Erwerbsunfähigkeit)
  - durchschnittliche Arbeitsverdienste aller Arbeitnehmer
  - Steigerungssatz
- **Rentendynamisierung:** Rentenanpassung an allgemeine Lohnentwicklung
- **Altersruhegeld:** (Hinweis: Ab 2012 wird das Renteneintrittsalter allmählich auf 67 Jahre angehoben.)
  - Normale Altersrente: alle Versicherten ab 65 Jahre (Wartezeit: 5 Versicherungsjahre)
  - Flexible Altersrente: alle Versicherten auf Antrag ab 63 J. (Wartezeit: 35 Vers.jahre)
  - Vorzeitige Altersrente: Frauen ab 60 Jahre (Wartezeit: 15 Versicherungsjahre)

Ergänzungen: Arbeitslosenversicherung

	Arbeitslosengeld I	**Arbeitslosengeld II**
Voraussetzungen	1. Antragsteller arbeitslos 2. Arbeitslosmeldung beim Arbeitsamt 3. Antragstellung beim Arbeitsamt 4. Verfügbar zur Arbeitsvermittlung 5. Innerhalb der letzten 3 Jahre mindestens 360 Tage beitragspflichtig beschäftigt	• Voraussetzungen 1 bis 4 des Arbeitslosengeldes sind erfüllt • kein Anspruch (mehr) auf Arbeitslosengeld • Bedürftigkeit
Höhe	67 % vom letzten Nettoverdienst (Kinderlose: 60 %)	Regelleistung: .... € + Leistungen f. Unterkunft u. Heizung
Dauer	maximal 12 Monate (ab 55 Jahre max. 18 Monate; ab 58 Jahre max. 24 Monate)	zeitlich unbegrenzt; Bewilligung jeweils für max. 6 Monate
Finanzierung	Aus Beitragszahlungen	Aus Steuergeldern
Sperrzeiten bzw. **Absenkung/Wegfall**	Verkürzung der Dauer des AL-geldbezugs u. a. bei Arbeitsablehnung, unzureichenden Eigenbemühungen, Meldeversäumnis, Arbeitsaufgabe (= **Sperrzeit**)	**Absenkung bzw. Wegfall:** z. B. bei Ablehnung einer zumutbaren Arbeit oder Eingliederungsmaßnahme, bei Pflichtverletzung

Die Arbeitslosenversicherung

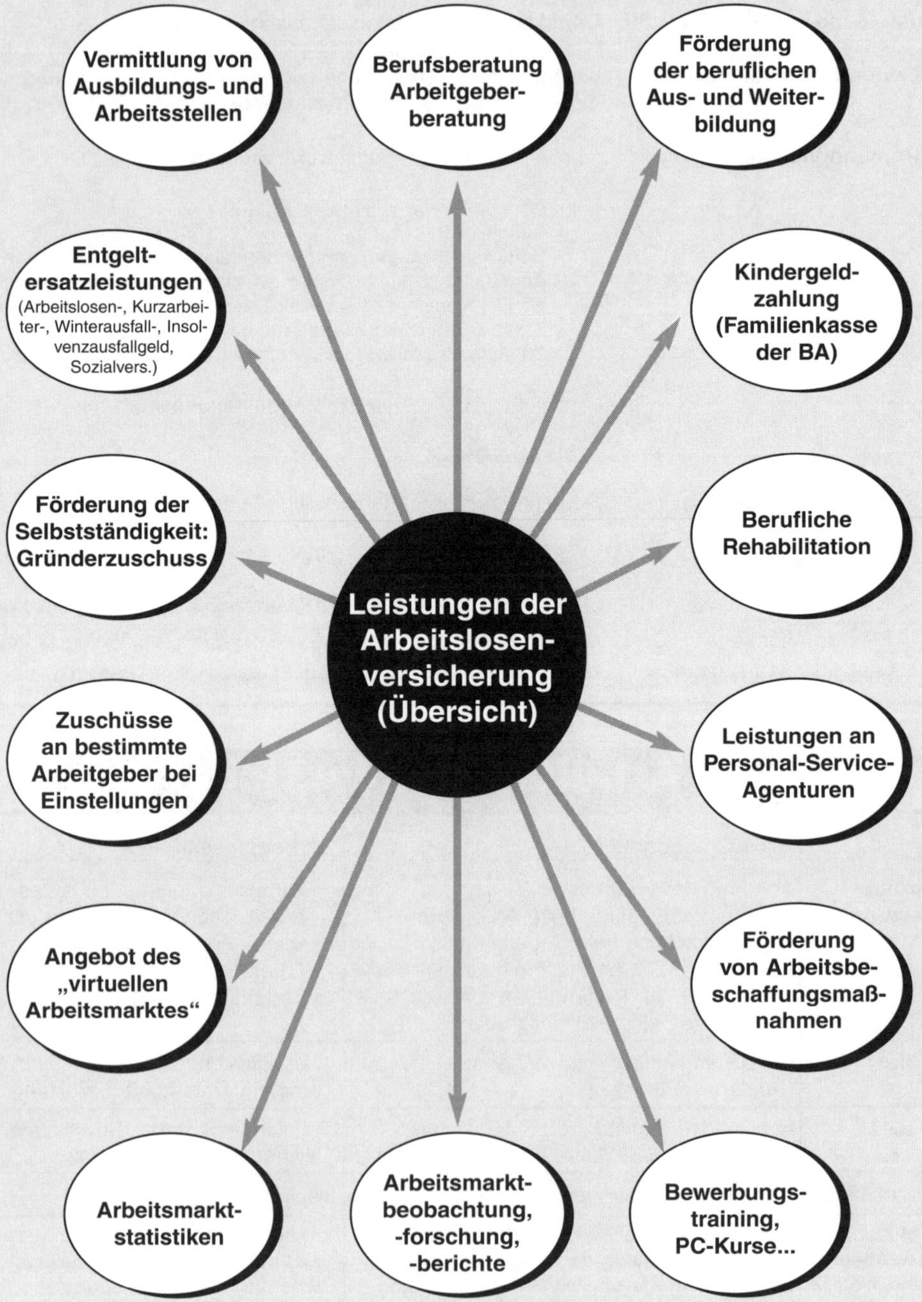

Definition der Arbeitslosigkeit nach dem Sozialgesetzbuch

Arbeitslos ist, wer ...

- ... **keine Beschäftigung** hat (weniger als 15 Wochenstunden)
- ... Arbeit **sucht** (sich bemüht, seine Arbeitslosigkeit zu beenden)
- ... dem Arbeitsmarkt **zur Verfügung** steht
- ... arbeitslos **gemeldet** ist

Nach dieser Definition sind laut Bundesagentur für Arbeit (Monatsbericht März 2005) nicht alle erwerbsfähigen Hilfebedürftigen als arbeitslos zu zählen. Wichtige Beispiele:

1. Beschäftigte Personen, die mindestens 15 Stunden in der Woche arbeiten, aber wegen zu geringem Einkommen bedürftig nach dem Sozialgesetzbuch II sind und deshalb Arbeitslosengeld II erhalten, werden **nicht als arbeitslos** gezählt.

2. Erwerbsfähige hilfsbedürftige Personen, die keine Arbeit aufnehmen können, weil sie kleine Kinder erziehen oder Angehörige pflegen, erhalten Arbeitslosengeld II; sie werden **nicht als arbeitslos** gezählt, weil sie für die Arbeitsaufnahme nicht verfügbar sein müssen.

Anspruchsvoraussetzungen für den Bezug von Arbeitslosengeld

Arbeitslosengeld erhält, wer ...

- ... **arbeitslos** ist (siehe oben)
- ... die **Anwartschaftszeit** erfüllt hat
- ... sich persönlich arbeitslos **gemeldet** hat

Grundsatz

Die Anwartschaftszeit ist erfüllt, wenn der Betroffene in den letzten drei Jahren **(Dreijahresfrist)** vor der Arbeitslosmeldung und der eingetretenen Arbeitslosigkeit mindestens 12 Monate in einem Versicherungspflichtverhältnis gestanden hat.

Gesetzliche Unfallversicherung – kompakt

Die Träger der gesetzlichen Unfallversicherung

- Gewerbliche Berufsgenossenschaften →
- Unfallversicherungsträger der öffentlichen Hand →
- Landwirtschaftliche Berufsgenossenschaften

Spitzenverband: **Deutsche Gesetzliche Unfallversicherung (DGUV)**

Beiträge

- **Zahlung** durch **Unternehmer** allein
- **Beitragshöhe** abhängig von: **Finanzbedarf, Unfallrisiko, Lohnsumme**

Versicherungspflichtige

- Beschäftigte
- Auszubildende
- Schüler, Studenten
- Kinder in Kitas
- Pflegepersonen
- Landwirte
- Arbeitslose
- Haushaltshilfen

Versicherungsfreie

- Beamte
- Richter
- Berufssoldaten

Freiwillig Versicherte

Unternehmer und mitarbeitende Ehegatten

Versicherungsschutz

Arbeitsunfall — Wegeunfall — Berufskrankeit — Kita-, Schul-, Hochschulunfall

Aufgaben + Leistungen der Unfallversicherungsträger

Prävention	Heilbehandlung/Reha	Finanzielle Leistungen
• Erlass von Unfallverhütungsvorschriften • Unternehmensberatung • Sicherungsbeauftragte	• Ärztl. Behandlung • Behandlung Krankenhaus + Reha-Zentren • Berufsvorbereitung	• Verletzengeld • Übergangsgeld • Renten • Sterbegeld

Probleme der sozialen Sicherung

Rentenversicherung

- Altersquotient (Rentner/-innen : Erwerbsfähige) steigt (Gesellschaft altert)
- weniger Beitragszahler, mehr Rentenbezieher durch:
  - längere Ausbildung
  - späterer Eintritt ins Erwerbsleben
  - Zunahme von Teilzeitarbeit
  - Trend zur Selbstständigkeit (immer mehr freie Mitarbeiter/innen, Telearbeitsplätze ...)
  - Verringerung der Erwerbsquote der über 50-Jährigen
  - durchschnittl. Rentenbezugsdauer steigt (höhere Lebenserwartung)
  - Verkürzung der Lebensarbeitszeit
  - sinkende Beitragseinnahmen in Wirtschaftsflauten

–> Immer weniger Beschäftigte müssen für immer mehr Rentner/innen aufkommen

–> Sozialausgaben übersteigen Beitragseinnahmen

Folgen:

- Leistungseinschränkungen bzw.
- Beitragserhöhungen bzw.
- Verlagerung auf private Altersvorsorge

Krankenversicherung

- Hohe Ausgabensteigerungen im Gesundheitswesen:

  steigende
  - Krankenhauskosten
  - Kosten für Medikamente
  - Kosten für Ärzte
- sinkende Beitragseinnahmen in Wirtschaftsflauten

Arbeitslosenversicherung

- steigende Arbeitslosigkeit –> Ausgaben für Arbeitslosengelder steigen

Pflegeversicherung

- steigende Zahl der Pflegebedürftigen aufgrund höherer Lebenserwartung
- zunehmende Entstehung von Ein-Personen-Haushalten (–> weniger Pflege durch Familienangehörige)

Unfallversicherung

- Finanzierung durch Beiträge der Arbeitgeber
- Beiträge abhängig v. a. von der Unfallgefahr im jeweiligen Betrieb

–> Einnahmen decken Ausgaben

Aufgaben

1. Nennen Sie a) die Zweige b) die Träger der Sozialversicherung.

2. Welche Bedeutung hat die Beitragsbemessungsgrenze für die einzelnen Sozialversicherungsarten?

3. Wer ist sozialversicherungspflichtig? (Wesentliche Gruppen)

4. Wer führt die Sozialversicherung an welche Institutionen ab?

5. Nennen Sie die wesentlichen Leistungen der Sozialversicherungen.

6. Wer muss den Arbeitnehmer zur Sozialversicherung melden?

7. Welche Folgen hat es, wenn ein Arbeitgeber es versäumt, einen neuen Arbeitnehmer bei der Krankenkasse anzumelden?

8. Der kaufmännische Angestellte Schlapp ist 7 Wochen krank. Wovon lebt er in dieser Zeit?

9. Unterscheiden Sie die Begriffe Arbeitslosengeld I und Arbeitslosengeld II.

10. a) Heidi Sonne kündigt fristgemäß, um eine halbjährige Südseereise zu unternehmen. Die Finanzierung soll über das Arbeitslosengeld gesichert werden. Nehmen Sie Stellung.

    b) Eugen Schott kündigt fristgemäß, weil ihm das Arbeitsklima in der Firma Teufel & Co. nicht behagt. Beurteilen Sie, ob sein Antrag auf Arbeitslosengeld erfolgreich sein wird.

    c) Schott möchte gegen den Bescheid des Arbeitsamtes klagen. Welches Gericht ist zuständig?

11. Nico Schlau erhält als DV-Spezialist ein Gehalt von 5.000,00 €. Da er ein großes Vermögen besitzt, ist er weder auf eine spätere Rente noch auf Arbeitslosengeld im Falle einer Arbeitslosigkeit angewiesen. Zudem fühlt er sich kerngesund. Er will alle Sozialversicherungen kündigen. Ist dies möglich? Begründung.

12. Erklären Sie kurz folgende Begriffe:
    a) „Meldung zur Sozialversicherung"
    b) Generationenvertrag
    c) Rentendynamisierung
    d) Anrechnungsfähige Versicherungsjahre
    e) Flexible Altersgrenze

13. Wovon hängt die Höhe der Rente ab?

14. Unter welchen Voraussetzungen können die Leistungen der gesetzlichen Unfallversicherung in Anspruch genommen werden?

15. Worin unterscheiden sich Sozial- und Individualversicherung?

16. Wann zahlt der Arbeitgeber die Sozialversicherungsbeiträge allein?

17. Was versteht man unter Selbstverwaltung?

18. Welcher Versicherungsträger erbringt in folgenden Fällen welche Leistung?

    a) Der Angestellte Schlotter bleibt wegen Schüttelfrost auf ärztlichen Rat fünf Tage zu Hause.

    b) Ein 50-jähriger Prokurist, der eine Frau und drei Kinder hinterlässt, stirbt.

    c) Der 55-jährige Angestellte Hupf tritt auf dem Heimweg von der Arbeit in einen Pferdeapfel, fällt und bricht sich dabei drei Finger und das Nasenbein. Er nimmt ärztliche Behandlung in Anspruch.

    d) Ein Angestellter kann nach einem privaten Autounfall seinen Beruf nicht mehr ausüben.

    e) Ein Arbeiter kann nach einem privaten Autounfall seinen Beruf nicht mehr ausüben.

    f) Ein 65-jähriger Angestellter begibt sich in den Ruhestand.

    g) Die 25-jährige Arbeiterin Nina Friedlein kündigt fristlos, weil sie die ständigen Beleidigungen ihres Chefs nicht länger hinnehmen will.

    h) Ein Angestellter erkrankt schwer und ist zukünftig in keiner Weise mehr arbeitsfähig.

19. Nennen Sie die wesentlichen Probleme der gesetzlichen Sozialversicherung.

2.10 Die Gehaltsabrechnung: Fälle + Lösungen (Stand: 07/2010)

Solidaritätszuschlag

- **5,5 % der Lohn- bzw. Einkommensteuer** • **S. u. „Annahmen"**

Kirchensteuer

- Bad.-Württ., Bayern jeweils **8 %** der Lohn bzw. Einkommensteuer
- restliche Länder jeweils **9 %** • **S. u. „Annahmen"**

Rentenversicherung

- **Beitragssatz**: **19,9 %** (Arbeitnehmeranteil 9,95 %)
- **Beitragsbemessungsgrenze: 5.500,00 € / 66.000,00 (W)**
  4.650,00 € / 55.800,00 (O)

Arbeitslosenversicherung

- **Beitragssatz**: **2,8 %** (AN-Anteil 1,4 %)
- **Beitragsbemessungsgrenze** wie bei Rentenversicherung

Krankenversicherung

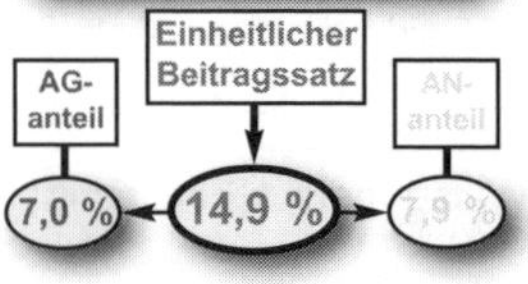

- Ab 01.07.2009 einheitlicher **Beitragssatz:** 14,9 % des sozialversicherungspflichtigen Gehalts; **Sonderbeitrag der Arbeitnehmer (kein Arbeitgeberanteil): 0,9 %** (in 14,9 % enthalten) **für Zahnersatz (0,4 %) und Krankengeld (0,5 %) –> AN-Anteil = 7,9 %; AG-Anteil = 7,0 %**
- **Beitragsbemessungsgrenze: 3.750,00 € / 45.000,00 (W + O)**
- **Versicherungspflichtgrenze: 4.162,50 € / 49.950,00 (W + O)**

Pflegeversicherung

- **Beitragssatz: 1,95 %** des sozialvers.pflichtigen Gehalts (Kinderlose zahlen Zuschlag von 0,25 Prozentpunkten ohne Arbeitgeberanteil)
- **Bemessungsgrenzen** wie bei der Krankenversicherung

Übungen zur Gehaltsabrechnung für Ost- und Westdeutschland in €:

Annahmen:
- Krankenversicherungssatz: 14,9 %; Arbeitgeberanteil: 7,0 %, Arbeitnehmeranteil: 7,9 %; alle Arbeitnehmer haben Kinder (also kein Kinderlosenzuschlag bei der Pflegeversicherung)
- Die Lohnsteuerbeträge wurden unterstellt; sie sind letztlich von der Lohnsteuerklasse abhängig.
- Vermögenswirksames Sparen jeweils 40,00 €
- Vermögenswirksame Leistung des Arbeitgebers jeweils 20,00 €
- Aus Vereinfachungsgründen wurde vernachlässigt, dass der **Solidaritätszuschlag** erst ab einer bestimmten Einkunftshöhe berechnet wird und der 5,5 %-Zuschlag erst ab höheren Einkünften voll zum Tragen kommt. Ähnliches gilt bei der **Kirchensteuer**. Anhand der Kopiervorlagen kann unter Anwendung der Lohnsteuertabellen und Angabe von Steuerklassen auch mit exakten Zahlen gerechnet werden.
- **Pflegeversicherungssatz** (Arbeitnehmeranteil): 0,975 %

	Fall 1	**Fall 2**	**Fall 3**	**Fall 4**
Bruttogehalt:	2.500,00 €	3.000,00 €	4.275,00 €	6.000,00 €
Lohnsteuer (unterstellt):	250,00 €	400,00 €	600,00 €	1.000,00 €
Kirchensteuersatz:	8 % (Ost 9 %)	8 % (Ost 9 %)	8 % (Ost 9 %)	8 % (Ost 9 %)
Vorschussverrechnung:	–	–	500,00 €	–

Aufgabe: Erstellen Sie die Gehaltsabrechnungen jeweils für die alten und neuen Bundesländer.

Hinweis: Nur in Baden-Württemberg und Bayern beträgt der **Kirchensteuersatz** 8 %, ansonsten bundesweit 9 %.

Abkürzungen:
vL-AG = vermögenswirksame Leistung des Arbeitgebers
Soli = Solidaritätszuschlag
KiSt = Kirchensteuer
vS = vermögenswirksames Sparen
st+sv Gehalt = steuer- und sozialversicherungspflichtiges Gehalt
RV = Rentenversicherung
KV = Krankenversicherung
PV = Pflegeversicherung
AV = Arbeitslosenversicherung

Lösung Fall 1		West (€)		Ost (€)
Bruttogehalt		**2.500,00**		**2.500,00**
+ vL-AG		20,00		20,00
= st+sv Gehalt		2.520,00		2.520,00
– Lohnsteuer		250,00		250,00
– Soli	(5,5 % v. 250,00)	13,75		13,75
– KiSt	(8,0 % v. 250,00)	20,00	(9 % v. 250,00)	22,50
– KV	(7,9 % v. 2.520,00)	199,08		199,08
– RV	(9,95 % v. 2.520,00)	250,74		250,74
– AV	(1,4 % v. 2.520,00)	35,28		35,28
– PV	(0,975 % v. 2.520,00)	24,57		24,57
= Nettogehalt		1.726,58		1.724,08
– vS		40,00		40,00
= Überweisungsbetrag		**1.686,58**		**1.684,08**

Lösung Fall 2		West (€)		Ost (€)
Bruttogehalt		**3.000,00**		**3.000,00**
+ vl-AG		20,00		20,00
= st+sv Gehalt		3.020,00		3.020,00
– Lohnsteuer		400,00		400,00
– Soli	(5,5 % v. 400,00)	22,00		22,00
– KiSt	(8,0 % v. 400,00)	32,00	(9 % v. 400,00)	36,00
– KV	(7,9 % v. 3.020,00)	238,58		238,58
– RV	(9,95 % v. 3.020,00)	300,49		300,49
– AV	(1,4 % v. 3.020,00)	42,28		42,28
– PV	(0,975 % v. 3.020,00)	29,45		29,45
= Nettogehalt		1.955,20		1.951,20
– vS		40,00		40,00
= Überweisungsbetrag		**1.915,20**		**1.911,20**

Lösung Fall 3		**West (€)**		**Ost (€)**
Bruttogehalt		**4.275,00**		**4.275,00**
+ vL-AG		20,00		20,00
= st+sv Gehalt		4.295,00		4.295,00
– Lohnsteuer		600,00		600,00
– Soli	(5,5 % v. 600,00)	33,00		33,00
– KiSt	(8,0 % v. 600,00)	48,00	(9 % v. 600,00)	54,00
– KV	(7,9 % v. 3.750,00)	296,25		296,25
– RV	(9,95 % v. 4.295,00)	427,35		427,35
– AV	(1,4 % v. 4.295,00)	60,13		60,13
– PV	(0,975 % v. 3.750,00)	36,56		36,56
= Nettogehalt		**2.793,71**		**2.787,71**
– vS		40,00		40,00
– Vorschuss		500,00		500,00
= Überweisungsbetrag		**2.253,71**		**2.247,71**

Lösung Fall 4		**West (€)**		**Ost (€)**
Bruttogehalt		**6.000,00**		**6.000,00**
+ vL-AG		20,00		20,00
= st+sv Gehalt		6.020,00		6.020,00
– Lohnsteuer		1.000,00		1.000,00
– Soli	(5,5 % v. 1.000,00)	55,00		55,00
– KiSt	(8,0 % v. 1.000,00)	80,00	(9 % v. 1.000,00)	90,00
– KV	(7,9 % v. 3.750,00)	296,25		296,25
– RV	(9,95 % v. 5.500,00)	547,25	(9,95 % v. 4.650,00)	462,68
– AV	(1,4 % v. 5.500,00)	77,00	(1,4 % v. 4.650,00)	65,10
– PV	(0,975 % v. 3.750,00)	36,56		36,56
= Nettogehalt		**3.927,94**		**4.014,41**
– vS		40,00		40,00
= Überweisungsbetrag		**3.887,94**		**3.974,41**

2.11 Die Einkommensteuer (Stand 2010)

Stofftelegramm

Der Einkommensteuer unterliegen folgende 7 **Einkunftsarten:**

Einkünfte aus:

1. Land- und Forstwirtschaft
2. Gewerbebetrieb
3. Selbständiger Arbeit

→ **Gewinneinkunftsarten:**
Gewinn = Betriebseinnahmen – Betriebsausgaben
(steuerl. berichtigte Erträge bzw. Aufwendungen lt. GuV)

4. Nichtselbständiger Arbeit
5. Kapitalvermögen
6. Vermietung und Verpachtung
7. Sonstige Einkünfte

→ **Überschusseinkunftsarten:**
Überschuss = Einnahmen – Werbungskosten
Werbungskosten = Aufwendungen zur Erwerbung, Sicherung und Erhaltung der Einnahmen. Bsp.: Fachliteratur, Fahrtkosten zur Arbeit, Beiträge zu Berufsverbänden, Bewerbungskosten...)

Gesamtbetrag der Einkünfte

– Sonderausgaben → **Sonderausgaben:**
a) beschränkt abzugsfähig (Vorsorgeaufwendungen)
b) unbeschränkt abzugsfähig (Kirchensteuer, z. T. Steuerberatungskosten, Spenden...)

– außergewöhnl. Belastungen → **Außergewöhnliche Belastungen:**
z. B. Krankheitskosten, Beerdigungskosten (Kürzung um sog. „zumutbare Belastung"), z. T. Kinderbetreuungskosten ...

= **Einkommen**

– Freibeträge

= **zu versteuerndes Einkommen** → Anwendung der **Einkommensteuertabelle** -> **Einkommensteuer**

Steuertarif:

- **Eingangssteuersatz:** 14,0 %
- **Grundfreibetrag:** 8.004,00 € / 16.008,00 € (Ledige/Verheiratete)
- **Freizone:** bis 8.004,00 € / 16.008,00 (Led./Verh.) = Existenzminimum
- **Progressionszone (14 – 42,0 %):** 8.005,00 € / 16.010,00 € bis 52.882,00 € / 105.764,00 €
- **Obere Proportionalzone I (42,0 %):** ab 52.883,00 € / 105.765,00 €
- **Obere Proportionalzone II (45,0 %):** ab 250.731,00 € / 501.462,00 € (Ledige/Verheiratete) = „Reichensteuer"
- Grundtarif (Ledige), Splittingtarif (Verheiratete)

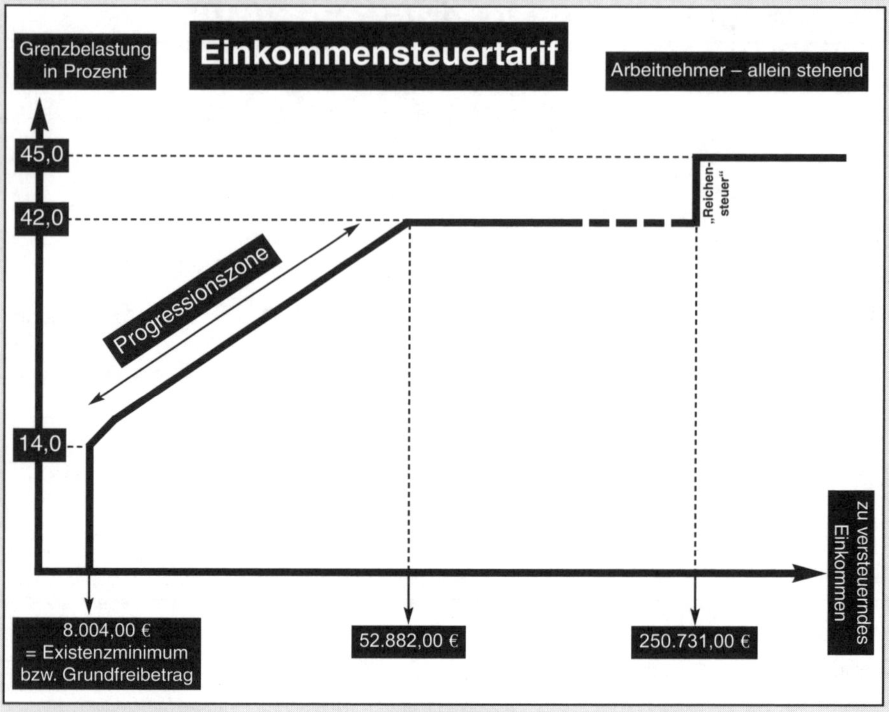

Aufgaben

1. Ordnen Sie folgende Einkünfte den Einkunftsarten zu:
   a) Gewinnanteil OHG-Gesellschafter
   b) Gehalt eines Angestellten
   c) Zinseinkünfte
   d) Mieteinnahmen
   e) Leibrente
   f) Steuerberatereinkünfte
   g) Gewinnanteil eines GmbH-Gesellschafters
   h) Dividenden

2. Unterscheiden Sie: Betriebseinnahmen, Betriebsausgaben, Werbungskosten, Sonderausgaben, außergewöhnliche Belastungen.

3. Ein verheirateter Unternehmer mit drei Kindern erzielte im Jahr 01 in seiner Einzelunternehmung einen steuerpflichtigen Gewinn laut GuV in Höhe von 65.000,00 €.
   Seine Frau hatte Einkünfte aus nichtselbstständiger Arbeit in Höhe von 25.500,00 €.
   Mieteinnahmen: 4.000 €;
   Sonderausgaben: 20.000,00 €; außergewöhnliche Belastungen: 600,00 €;
   persönliche Freibeträge (Kinderfreibeträge): 9.000,00 €.
   Ermitteln Sie in übersichtlicher Form das zu versteuernde Einkommen.

4. Unterscheiden Sie die Begriffe: Einkünfte – Einkommen – zu versteuerndes Einkommen.

5. Auf welche steuerliche Größe wird die Einkommensteuertabelle angewendet?

6. Nennen Sie die Steuertarifzonen.

2.12 PRÜFUNGSAUFGABEN

Alte Prüfungsaufgaben zum Thema „Entgeltmodelle" (2.8)

Aufgabe 1:

2.3 Zur Durchführung eines bestimmten Auftrages erhält ein Schlosser eine **Vorgabezeit** von 3,3 Dezimalminuten pro Stück. Für das Fertigungslos von 120 Stück benötigt er 3,6 Stunden. Sein **Akkordrichtsatz** beträgt 9,75 €.

Berechnen Sie den
- 2.3.1 Leistungsgrad
- 2.3.2 Bruttolohn (in Stückzeitakkordberechnung)
- 2.3.3 effektiven Stundenlohn.

3. Einige Arbeitsplätze sollen vom Zeitlohn auf Leistungslohn umgestellt werden.

3.1 Nennen Sie Vor- und Nachteile des **Zeitlohns.**

3.2 Nennen Sie vier Voraussetzungen, die erfüllt sein müssen, damit eine **Akkordentlohnung** durchführbar ist.

4. Eine weitere Möglichkeit der Entlohnung wäre die Einführung von **Prämienlohn.**

4.1 Erläutern Sie vier Prämienarten.

4.2 Das Prämiensystem soll die Zufriedenheit der Mitarbeiter fördern. Nennen Sie je zwei Argumente, die für bzw. gegen diese Aussage sprechen.

5. Die Glunz GmbH plant auch die Einführung einer **Erfolgsbeteiligung.** Der Entwurf des Beteiligungsvertrages enthält u.a. folgende Bestimmung:

„Der Erfolgsanteil wird nur zu 50 % bar ausbezahlt, der Rest bleibt als Investivteil im Unternehmen und steht dem Unternehmen 3 Jahre als zu verzinsendes Darlehen zur Verfügung. Danach kann der Arbeitnehmer den Anteil in ein Teilhaberrecht umwandeln."

Beurteilen Sie diese Regelung (je 1 Argument)
- 5.1 aus der Sicht des Unternehmens
- 5.2 aus der Sicht des Mitarbeiters.

Aufgabe 2:

4. Die Mitarbeiter einer AG erhalten überwiegend Zeitlohn. Nach einer produktionstechnischen Umstrukturierung soll die Büromöbelmontage im **Akkordlohnverfahren** abgerechnet werden.

4.2 Welche Voraussetzungen müssen erfüllt sein, damit die Montage von Büromöbeln im Akkord entlohnt werden kann?

4.3 Nennen Sie vier Beispiele für Leistungsanreize bei leistungsunabhängiger Entlohnung.

4.4 Der Mitarbeiter Wagner setzt pro Tag (1 Tag = 8 Stunden) 30 Regale zusammen. Die Normalleistung beträgt 24 Regale. Wöchentliche Arbeitszeit 40 Stunden; Akkordrichtsatz 9,00 €.

4.4.1 Welchen Leistungsgrad erreicht Wagner?

4.4.2 Berechnen Sie den wöchentlichen Bruttolohn nach dem Stückzeitakkord (Formel angeben).

4.4.3 Welchem effektiven Stundenlohn entspricht dieser Verdienst?

4.4.4 Warum erfolgt die Berechnung des Akkordlohnes in Form des Stückzeitakkords?

Aufgabe 3:

2. Ein Mitarbeiter montierte in einer Woche bei einer Arbeitszeit von 37,5 Stunden 2 500 Scheinwerfer. Die Vorgabezeit für die Montage eines Scheinwerfers beträgt 2 Dezimalminuten. Der **Akkordsatz** beträgt 12,00 €.

2.1 Berechnen Sie die Sollleistung (= Anzahl Scheinwerfer), die von dem Mitarbeiter aufgrund der Vorgabezeit in einer Woche erwartet wird.

2.2 Wie viel Dezimalminuten benötigte der Mitarbeiter durchschnittlich, um einen Scheinwerfer zu montieren?

2.3 Welchen Leistungsgrad hat er erzielt?

2.4 Wie viel € erhielt der Mitarbeiter in dieser Woche?

2.5 Wie hoch war der tatsächliche Stundenlohn?

Aufgabe 4:

3. In einer Unternehmung werden folgende Entlohnungsformen angewendet:
Zeitlohn, Akkordlohn und Gehalt.

3.1 Erläutern Sie die Unterschiede zwischen den Entlohnungsformen.

3.2 Nennen Sie jeweils zwei Vorteile, die die Entlohnung nach **Zeitlohn** bzw. **Akkordlohn** für den Arbeitnehmer hat.

3.3 Welche Voraussetzungen müssen gegeben sein, damit eine Tätigkeit im **Akkordlohn** abgerechnet werden kann?

4. Ein Dreher, der bisher im Zeitlohn bezahlt wurde, verdiente im Monat durchschnittlich 1.875,00 € (bei einer wöchentlichen Arbeitszeit von 37,5 Stunden).
Künftig soll er einen Grundlohn von 9,50 €/Std. sowie einen Akkordzuschlag von 20 % erhalten. Als Vorgabezeit wurden 25 Dezimalminuten pro Stück ermittelt.

4.1 Wie viel Stück muss er künftig bearbeiten, um weiterhin den gleichen Durchschnittsverdienst pro Monat zu haben?

4.2 Wie hoch wäre in diesem Fall sein Leistungsgrad?

5. Am Jahresende überlegt sich die Geschäftsleitung, ob aufgrund eines überaus guten Geschäftsjahres die Belegschaft am **Unternehmenserfolg** beteiligt werden sollte.

5.1 Welche Gründe könnte die Eichenberg AG haben, ihre Mitarbeiter am Unternehmenserfolg zu beteiligen? (drei Gründe)

5.2 Es muss eine Bemessungsgrundlage festgelegt werden. Infrage kommen Unternehmensgewinn oder Betriebsgewinn.

5.2.1 Erklären Sie, wodurch sich die zwei Größen unterscheiden.

5.2.2 Welche Größe halten Sie für die geeignetste? Begründung.

Prüfungsaufgabe 2005/2006 (Aufgabe 1)

Herr Schnaid, kaufmännischer Angestellter bei einem Software-Entwickler, ist 35 Jahre alt und verdient monatlich 4.000,00 € brutto; dazu kommt Urlaubsgeld in Höhe von 250,00 € im Juli und Weihnachtsgeld im November in Höhe eines Bruttomonatsgehaltes.

Die vermögenswirksamen Leistungen (VL) des Arbeitgebers an Herrn Schnaid betragen monatlich 6,50 €. Auf seinen Bausparvertrag spart er 34,00 € VL. Herr Schnaid wohnt in Stuttgart, ist ledig, evangelisch und hat keine Kinder. Die Monatslohnsteuer beträgt 955,00 €. Krankenversichert ist er bei einer Ersatzkasse mit einem Beitragssatz in Höhe von 14 %.

Weitere Details können den **Anlagen 1** und **2** entnommen werden.

1.1 Seit einiger Zeit ist die Versicherungspflichtgrenze höher als die Beitragsbemessungsgrenze im Bereich der Gesetzlichen Krankenversicherung.

Erläutern Sie kurz, welche Absicht mit der Erhöhung verfolgt wurde.

1.2 Sie sind Mitarbeiter/-in der Personalabteilung. Führen Sie für den Monat Februar die Gehaltsabrechnung für Herrn Schnaid durch. Wählen Sie eine tabellarische Form der Darstellung, die sämtliche zu berücksichtigenden Elemente zeigt.

1.3 Herr Schnaid macht einen Karrieresprung und erhält eine Gehaltserhöhung, sodass sein Bruttomonatsgehalt jetzt 5.200,00 € beträgt. Er hat gehört, er müsse nun seine Ersatzkasse verlassen und sei gleichzeitig nicht mehr rentenversicherungspflichtig.

Nehmen Sie kurz Stellung zu diesen Aussagen.

1.4 Nach seiner Gehaltserhöhung besteht für Herrn Schnaid noch mehr finanzieller Spielraum für seine private Altersvorsorge. Herr Schnaid findet in seiner Tageszeitung eine Grafik über Probleme der Rentenversicherung (**Anlage 3**).

1.4.1 Zunächst interessiert Herrn Schnaid der momentane Stand seiner gesetzlichen Rentenansprüche. Von welcher Stelle erhält er darüber Auskunft?

1.4.2 Welche Ursachen könnte es dafür geben, dass auf einen Rentner immer weniger Beitragszahler kommen?

1.4.3 Der Beitragssatz zur Rentenversicherung ist laut Schaubild von 14 % auf 19,5 % gestiegen. Nicht nur die Arbeitnehmer, sondern auch die Arbeitgeber beobachten diese Entwicklung mit Sorge.

Erläutern Sie zwei Auswirkungen der Beitragssteigerungen aus betrieblicher Sicht.

1.4.4 Schlagen Sie Herrn Schnaid zwei Möglichkeiten der privaten Altersvorsorge vor.

1.5 Während eines Rundgangs durch seine Abteilungen übersieht Herr Schnaid eine Treppenstufe. Er fällt unglücklich, bricht sich das Fußgelenk und ist 8 Wochen lang krankgeschrieben.

1.5.1 Welche Institution der Sozialversicherung ist leistungspflichtig und worin bestehen die Leistungen?

1.5.2 Sicherheit wird ab sofort in Herrn Schnaids Betrieb groß geschrieben. Ein Sicherheitsbeauftragter sammelt Vorschläge zur Unfallverhütung im Büro.

Erläutern Sie vier mögliche Maßnahmen, die der Betrieb ergreifen kann.

1.5.3 In jüngster Zeit werden Vorschläge laut, Unfälle auf dem Weg zur Arbeit und von der Arbeit nach Hause aus dem gesetzlichen Versicherungsschutz herauszunehmen.

Diskutieren Sie diesen Vorschlag.

Anlage 1

	Gesetzliche Rentenversich.	Arbeitslosen-versicherung	Gesetzl. Kranken-versicherung	Gesetzl. Pflege-versicherung
	Monatswerte 2004 in Euro			
Beitragsbemess.-grenze Alte Bundesländer	5.150,00	5.150,00	3.487,50	3.487,50
Vers.pflichtgrenze			3.862,50	3.862,50
Allgemeine Beitragssätze in %	19,5	6,5	14,0	1,7

Anlage 2

	Prozentsatz
Kirchensteuer	
Baden-Württemberg	8,00
Bayern	8,00
Hessen	9,00
Saarland	9,00
Solidaritätszuschlag	5,50

Anlage 3

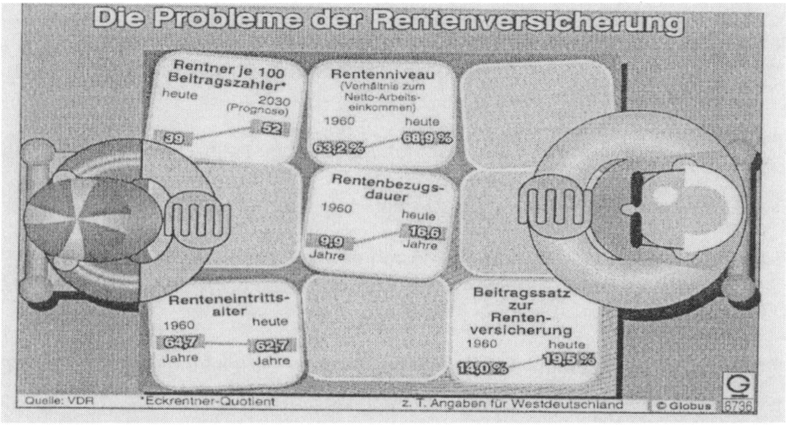

Prüfungsaufgabe 2006 (Aufgabe 1, ab Teil 2)

Folgende Paragraphen lagen der Prüfung bei: Berufsbildungsgesetz §§ 10 bis 15; JArbSchG § 14.

2 Frau Müller stellt den 17-jährigen Micha Schulz als kaufmännischen Auszubildenden ein.

2.1 Wie kommt der Ausbildungsvertrag zwischen der Müller GmbH und Micha Schulz zustande?

2.2 Fau Müller vereinbart im Ausbildungsvertrag, dass Micha Schulz nach Beendigung der Ausbildung ein festes Arbeitsverhältnis mit dem Ausbildungsbetrieb eingeht. Ist dies möglich? (Begründung)

3 Micha Schulz beginnt seine Ausbildung. Seine Eltern überlassen ihm die Ausbildungsvergütung zur freien Verfügung. Beurteilen Sie folgende Tätigkeiten von Micha in Bezug auf sein Alter und/oder seine Rechtsstellung als Azubi.

3.1 Am Montag nach Feierabend kauft sich Micha einen tragbaren MP3 Player mit 512 MB für 119,00 €.

3.2 Am Dienstag ist Micha für das Kassieren zuständig.

3.3 Mittwochs fällt viel Arbeit an. Micha arbeitet bis 22:00 Uhr.

3.4 Am Donnerstag geht er zur Berufsschule.

3.5 Freitagabend prahlt er in der Kneipe von den hohen Gewinnspannen bei einzelnen Elektrogeräten im Ausbildungsbetrieb.

4 In der darauf folgenden Woche verkauft Micha an den Privatkunden Klaus Kunkel einen Sacco Kaffeevollautomaten. Nach seinem sechswöchigen Urlaub bringt Kunkel den Automaten zurück, das Mahlwerk funktioniert nicht.

Prüfen Sie die Rechtslage und begründen Sie Ihre Aussagen.

Prüfungsaufgabe 2006/2007 (Aufgabe 1)

1 Die 18-jährige Christine macht eine Ausbildung zur Industriekauffrau bei der Maschinenfabrik Mayer GmbH. Die Firma hat ständig 50 Arbeitnehmer beschäftigt. Darunter vier Auszubildende unter 18 Jahren und zwei Auszubildende unter 25 Jahren. Die Azubis treffen sich wöchentlich einmal nachmittags zur innerbetrieblichen Schulung. Christine erhält den Auftrag, eine Präsentation über die Situation der Sozialversicherung zu erstellen. Bei ihren Recherchen findet sie folgende Statistik:

So viel Prozent des beitragspflichtigen Verdienstes müssen an die Sozialversicherung abgeführt werden (Arbeitnehmer- und Arbeitgeberanteil):

1953: 20 %	1983: 35 %
1963: 25 %	1993: 37 %
1973: 29 %	2003: 42 %

1.1 Formulieren Sie die Kernaussage des Schaubildes.

1.2 Erläutern Sie zwei mögliche Ursachen für diese Entwicklung.

1.3 Beschreiben Sie jeweils zwei Folgen, die sich dadurch

1.3.1 für Arbeitnehmer

1.3.2 für Arbeitgeber ergeben.

1.4 Die Azubis diskutieren heftig über die Sozialversicherung und machen verschiedene Verbesserungsvorschläge. Unterbreiten Sie drei Lösungsansätze, die zur dauerhaften Sicherung der Rentenversicherung führen können.

1.5 Immer wieder wird von Rentenversicherungs-Experten gefordert, das Umlageverfahren (Generationenvertrag) durch ein Kapitaldeckungsverfahren zu ersetzen.

Erläutern Sie die beiden Begriffe.

1.6 Bei ihren wöchentlichen Treffen überlegen sich die Azubis, dass es vorteilhaft wäre, eine eigene Vertretung gegenüber dem Arbeitgeber im Betrieb einzurichten. Welche Voraussetzungen gelten für die Wahl einer Jugend- und Ausbildungsvertretung?

Prüfen Sie, ob in der Mayer GmbH diese Voraussetzungen erfüllt sind. (Auszüge aus dem Betriebsverfassungsgesetz lagen der Prüfung bei.)

1.7 Beurteilen Sie mit Hilfe des BetrVerfG, welche Rechte dem Betriebsrat in den folgenden Fällen zustehen.

Der Geschäftsführer der Mayer GmbH trifft folgende Entscheidungen:

1.7.1 Neu zu besetzende Arbeitsplätze werden zukünftig nicht mehr intern ausgeschrieben, sondern nur noch in den Tageszeitungen der Region.

1.7.2 Der tägliche Arbeitsbeginn für die Verwaltung wird Anfang nächsten Monats von 8.00 Uhr auf 7.30 Uhr verlegt.

1.7.3 Aus betriebsbedingten Gründen wird der 52-jährigen Gabi, allein erziehend mit zwei Kindern, fristgerecht gekündigt.

Prüfungsaufgabe 2008 (Aufgabe 1)

Der 17-jährige Peter Pauleit und die 19-jährige Tamara Tokus machen in unterschiedlichen Unternehmen ihre kaufmännische Ausbildung. An einem Berufsschultag beklagt sich Peter bei Tamara, dass er an fünf Tagen in der Woche von 08:00 Uhr bis 17:00 Uhr mit einer 45-minütigen Mittagspause arbeiten müsse. „Mir geht es ähnlich“, sagt Tamara, „ich muss nach sieben Stunden Berufsschule auch noch in den Betrieb.“

1 Nennen Sie zwei Stellen, bei denen die beiden unzufriedenen Auszubildenden um Rat fragen können.

2 Begründen Sie, ob diese Arbeitszeiten für

2.1 Peter Pauleit

2.2 Tamara Tokus

mit dem Gesetz vereinbar sind.

3 In einem Gespräch teilt Tamaras Chef ihr mit, dass sie nicht übernommen wird. Verzweifelt geht sie zum Betriebsrat und bittet ihn um Hilfe.

Prüfen Sie, ob der Betriebsrat Tamara helfen kann. Begründen sie Ihre Entscheidung.

4 Nehmen Sie an, der Betriebsrat kann ihr nicht helfen. Tamara geht auf Arbeitsplatzsuche. Nennen Sie vier Informationsquellen für ihre Arbeitsplatzsuche.

5 Nach einigen erfolglosen Bewerbungen hat sie einen Arbeitsplatz bei der Sanox AG gefunden. Voller Stolz erzählt sie ihrem Bruder Thorsten, dass sie monatlich 2.000,00 € verdiene. Am Monatsende erhält sie nur 1.265,90 € auf ihr Konto überwiesen.

5.1 Wie erklärt sich dieser Unterschied?

5.2 In einem Zeitungsartikel liest Thorsten die Begriffe

- Beitragsbemessungsgrenze,
- Versicherungspflichtgrenze.

Erklären Sie diese Begriffe.

5.3 Tamara bezahlt für die Sozialversicherung monatlich 439,00 €, ihr Arbeitgeber führt monatlich 421,00 € ab.

Wie erklärt sich dieser Unterschied?

6 Nach Angaben der Deutschen Rentenversicherung vom 20.10.2006 betrug das Rentenniveau im Jahr 2005 (alte Bundesländer, 45 Versicherungsjahre) monatlich netto 52,6 %. Im Zuge der jüngsten Rentenreform soll das Rentenniveau weiter abgesenkt werden.

6.1 Nennen Sie zwei Gründe für diese Rentenreform.

6.2 Geben Sie zwei Möglichkeiten an, die Tamara hat, für ihr Alter zusätzlich privat vorzusorgen.

6.3 Von 1962 bis 2002 ist die Rentenhöhe fortlaufend gestiegen. Doch der Anstieg sagt wenig über die tatsächliche Kaufkraft aus.

Was ist damit gemeint?

Anlage

Jugendarbeitsschutzgesetz

§ 8 Dauer der Arbeitszeit

(1) Jugendliche dürfen nicht mehr als acht Stunden täglich und nicht mehr als 40 Stunden wöchentlich beschäftigt werden.

(2) Wenn in Verbindung mit Feiertagen an Werktagen nicht gearbeitet wird, damit die Beschäftigten eine längere zusammenhängende Freizeit haben, so darf die ausfallende Arbeitszeit auf die Werktage von fünf zusammenhängenden, die Ausfalltage einschließenden Wochen nur dergestalt verteilt werden, dass die Wochenarbeitszeit im Durchschnitt dieser fünf Wochen 40 Stunden nicht überschreitet. Die tägliche Arbeitszeit darf hierbei achteinhalb Stunden nicht überschreiten.

(2a) Wenn an einzelnen Werktagen die Arbeitszeit auf weniger als acht Stunden verkürzt ist, können Jugendliche an den übrigen Werktagen derselben Woche achteinhalb Stunden beschäftigt werden.

(3) In der Landwirtschaft dürfen Jugendliche über 16 Jahren während der Erntezeit nicht mehr als neun Stunden täglich und nicht mehr als 85 Stunden in der Doppelwoche beschäftigt werden.

§ 11 Ruhepausen, Aufenthaltsräume

(1) Jugendlichen müssen im Voraus feststehende Ruhepausen von angemessener Dauer gewährt werden. Die Ruhepausen müssen mindestens betragen
1. 30 Minuten bei einer Arbeitszeit von mehr als viereinhalb bis zu sechs Stunden,
2. 60 Minuten bei einer Arbeitszeit von mehr als sechs Stunden.
Als Ruhepause gilt nur eine Arbeitsunterbrechung von mindestens 15 Minuten.

(2) Die Ruhepausen müssen in angemessener zeitlicher Lage gewährt werden, frühestens eine Stunde nach Beginn und spätestens eine Stunde vor Ende der Arbeitszeit. Länger als viereinhalb Stunden hintereinander dürfen Jugendliche nicht ohne Ruhepause beschäftigt werden.

(3) Der Aufenthalt während der Ruhepausen in Arbeitsräumen darf den Jugendlichen nur gestattet werden, wenn die Arbeit in diesen Räumen während dieser Zeit eingestellt ist und auch sonst die notwendige Erholung nicht beeinträchtigt wird.

(4) Absatz 3 gilt nicht für den Bergbau unter Tage.

Arbeitszeitgesetz

§ 3 Arbeitszeit der Arbeitnehmer
Die werktägliche Arbeitszeit der Arbeitnehmer darf acht Stunden nicht überschreiten. Sie kann auf bis zu zehn Stunden nur verlängert werden, wenn innerhalb von sechs Kalendermonaten oder innerhalb von 24 Wochen im Durchschnitt acht Stunden werktäglich nicht überschritten werden.

Prüfungsaufgabe 2009 (Aufgabe 1)

Inge Werner, Marketingspezialistin, 48 Jahre alt, wohnhaft in Esslingen, ledig, katholisch, mit einem 14-jährigen Sohn tritt ihre neue Stelle beim Pharmakonzern „BALTANUS AG“ in Stuttgart zum 01. April 2007 an.

1 Die Personalabteilung der „BALTANUS AG“ benötigt für die Gehaltsabrechnung von Frau Werner ihre Lohnsteuerkarte.

1.1 Wer stellt die Lohnsteuerkarte aus?

1.2 Erläutern Sie, wozu die Lohnsteuerkarte im Rahmen der Gehaltsabrechnung dient.

2 Die Personalabteilung der „BALTANUS AG“ benötigt für die Gehaltsabrechnung neben der Lohnsteuerkarte noch weitere Informationen von Frau Werner.
Nennen Sie zwei weitere Angaben.

3 Frau Werner verdient brutto 4.980,00 €. Auf einen Bausparvertrag von Frau Werner werden jeden Monat 40,00 € vermögenswirksame Leistungen überwiesen; davon leistet die „BALTANUS AG“ die Hälfte.

Erstellen Sie in übersichtlicher Form die erste Gehaltsabrechnung für Frau Werner (siehe auch **Anlage 1**).

	GRV	AIV	GKV	PflV
Beitragsbemessungsgrenzen West Monatswerte 2007 in €	5.250,00	5.250,00	3.562,50	3.562,50
Versicherungspflichtgrenze			3.975,00	3.975,00
Allgemeine Beitragssätze in %	19,9	4,2	14,0	1,7
Zusatzbeiträge für AN in %			0,9	
Kinderlosenzuschlag in %				0,25

GRV Gesetzliche Rentenversicherung
AIV Arbeitslosenversicherung
GKV Gesetzliche Krankenversicherung
PflV Gesetzliche Pflegeversicherung

4 Erläutern Sie den Begriff „Vermögenswirksame Leistungen“.

5 Nehmen Sie an, Frau Werner hätte in ihrer Lohnsteuerkarte einen Steuerfreibetrag eingetragen. Erläutern Sie, wie sich die Gehaltsabrechnung in diesem Fall verändern würde.

6 Immer wieder hört Frau Werner von Schwierigkeiten der gesetzlichen Rentenversicherung.

6.1 Erläutern Sie zwei Probleme des gegenwärtigen Rentenversicherungssystems.

6.2 Frau Werner beschließt, aus der gesetzlichen Rentenversicherung auszutreten und sich ihre Altersvorsorge ausschließlich privat aufzubauen.

Nehmen Sie Stellung zu Frau Werners Vorhaben.

7 Ein internationaler Konzern erwägt, die „BALTANUS AG“ zu übernehmen. Frau Werner befürchtet, deswegen bald arbeitslos zu werden. In diesem Fall würde sie Arbeitslosengeld I (ALG I) erhalten. Im November 2007 wurde beschlossen, die Bezugsdauer des ALG I für ältere Arbeitnehmer/innen zu verlängern. Dies stieß nicht überall auf Zustimmung.

Erörtern Sie zwei Argumente für und zwei Argumente gegen die Verlängerung des ALG I für ältere Arbeitnehmer/innen.

Anlage 1

Lohnsteuertabelle 2007 (Monat)

Erstellt mit MMS Lohnbuchhaltung 2007 / www.mmsgmbh.de

Lohn (bis)	StKl	LSt	Ohne Kifb. KiSt	SolZ	Kifb: 0,5 KiSt	SolZ	Kifb: 1,0 KiSt	SolZ	Kifb: 1,5 KiSt	SolZ	Kifb: 2,0 KiSt	SolZ	Kifb: 2,5 KiSt	SolZ	Kifb: 3,0 KiSt
4.979,99	I	**1.287,75**	103,02	70,82	94,89	65,23	86,84	59,70	79,04	54,34	71,50	49,16	64,22	44,15	57,19
	II	**1.242,00**	99,36	68,31	91,23	62,72	83,30	57,26	75,61	51,98	68,19	46,88	61,02	41,95	54,11
	III	**814,66**	65,17	44,80	59,32	40,78	53,61	36,85	48,02	33,01	42,56	29,26	37,24	25,60	32,04
	IV	**1.287,75**	103,02	70,82	98,96	68,03	94,89	65,23	90,83	62,44	86,84	59,70	82,90	56,99	79,04
	V	**1.800,08**	144,00	99,00	144,00	99,00	144,00	99,00	144,00	99,00	144,00	99,00	144,00	99,00	144,00
	VI	**1.832,25**	146,58	100,77	146,58	100,77	146,58	100,77	146,58	100,77	146,58	100,77	146,58	100,77	146,58
4.982,99	I	**1.289,00**	103,12	70,89	94,98	65,30	86,93	59,76	79,13	54,40	71,59	49,22	64,30	44,21	57,28
	II	**1.243,25**	99,46	68,37	91,33	62,79	83,39	57,33	75,70	52,04	68,28	46,94	61,10	42,01	54,20
	III	**815,50**	65,24	44,85	59,38	40,82	53,68	36,90	48,09	33,06	42,62	29,30	37,29	25,63	32,09
	IV	**1.289,00**	103,12	70,89	99,05	68,09	94,98	65,30	90,93	62,51	86,93	59,76	83,00	57,06	79,13
	V	**1.801,33**	144,10	99,07	144,10	99,07	144,10	99,07	144,10	99,07	144,10	99,07	144,10	99,07	144,10
	VI	**1.833,50**	146,68	100,84	146,68	100,84	146,68	100,84	146,68	100,84	146,68	100,84	146,68	100,84	146,68
4.985,99	I	**1.290,25**	103,22	70,96	95,08	65,37	87,03	59,83	79,22	54,46	71,68	49,28	64,39	44,27	57,36
	II	**1.244,50**	99,56	68,44	91,42	62,85	83,48	57,39	75,80	52,11	68,36	47,00	61,19	42,07	54,28
	III	**816,33**	65,30	44,89	59,46	40,88	53,74	36,95	48,16	33,11	42,69	29,35	37,36	25,68	32,16
	IV	**1.290,25**	103,22	70,96	99,15	68,16	95,08	65,37	91,02	62,58	87,03	59,83	83,10	57,13	79,22
	V	**1.802,58**	144,20	99,14	144,20	99,14	144,20	99,14	144,20	99,14	144,20	99,14	144,20	99,14	144,20
	VI	**1.834,75**	146,78	100,91	146,78	100,91	146,78	100,91	146,78	100,91	146,78	100,91	146,78	100,91	146,78
4.988,99	I	**1.291,50**	103,32	71,03	95,18	65,44	87,12	59,89	79,32	54,53	71,77	49,34	64,48	44,33	57,44
	II	**1.245,66**	99,65	68,51	91,52	62,92	83,58	57,46	75,88	52,17	68,45	47,06	61,28	42,13	54,36
	III	**817,16**	65,37	44,94	59,53	40,92	53,81	36,99	48,22	33,15	42,76	29,39	37,42	25,73	32,21
	IV	**1.291,50**	103,32	71,03	99,25	68,23	95,18	65,44	91,12	62,64	87,12	59,89	83,19	57,19	79,32
	V	**1.803,83**	144,30	99,21	144,30	99,21	144,30	99,21	144,30	99,21	144,30	99,21	144,30	99,21	144,30
	VI	**1.836,08**	146,88	100,98	146,88	100,98	146,88	100,98	146,88	100,98	146,88	100,98	146,88	100,98	146,88
4.991,99	I	**1.292,66**	103,41	71,09	95,28	65,50	87,22	59,96	79,41	54,59	71,86	49,40	64,56	44,38	57,52
	II	**1.246,91**	99,75	68,58	91,62	62,99	83,67	57,52	75,98	52,23	68,54	47,12	61,36	42,18	54,44
	III	**818,16**	65,45	44,99	59,60	40,97	53,88	37,04	48,29	33,20	42,82	29,44	37,49	25,77	32,28
	IV	**1.292,66**	103,41	71,09	99,34	68,30	95,28	65,50	91,22	62,71	87,22	59,96	83,28	57,25	79,41
	V	**1.805,08**	144,40	99,27	144,40	99,27	144,40	99,27	144,40	99,27	144,40	99,27	144,40	99,27	144,40
	VI	**1.837,33**	146,98	101,05	146,98	101,05	146,98	101,05	146,98	101,05	146,98	101,05	146,98	101,05	146,98
4.994,99	I	**1.293,91**	103,51	71,16	95,38	65,57	87,32	60,03	79,50	54,66	71,95	49,46	64,65	44,44	57,61
	II	**1.248,16**	99,85	68,64	91,72	63,05	83,76	57,58	76,07	52,30	68,63	47,18	61,44	42,24	54,52
	III	**819,00**	65,52	45,04	59,66	41,02	53,94	37,08	48,36	33,24	42,89	29,48	37,54	25,81	32,34
	IV	**1.293,91**	103,51	71,16	99,44	68,36	95,38	65,57	91,32	62,78	87,32	60,03	83,38	57,32	79,50
	V	**1.806,33**	144,50	99,34	144,50	99,34	144,50	99,34	144,50	99,34	144,50	99,34	144,50	99,34	144,50
	VI	**1.838,58**	147,08	101,12	147,08	101,12	147,08	101,12	147,08	101,12	147,08	101,12	147,08	101,12	147,08
4.997,99	I	**1.295,16**	103,61	71,23	95,48	65,64	87,41	60,09	79,60	54,72	72,04	49,52	64,74	44,50	57,69
	II	**1.249,33**	99,94	68,71	91,82	63,12	83,86	57,65	76,16	52,36	68,72	47,24	61,53	42,30	54,60
	III	**820,00**	65,60	45,10	59,74	41,07	54,01	37,13	48,42	33,29	42,96	29,53	37,61	25,85	32,40
	IV	**1.295,16**	103,61	71,23	99,54	68,43	95,48	65,64	91,42	62,85	87,41	60,09	83,47	57,38	79,60
	V	**1.807,66**	144,61	99,42	144,61	99,42	144,61	99,42	144,61	99,42	144,61	99,42	144,61	99,42	144,61
	VI	**1.839,83**	147,18	101,19	147,18	101,19	147,18	101,19	147,18	101,19	147,18	101,19	147,18	101,19	147,18
5.000,99	I	**1.296,33**	103,70	71,29	95,58	65,71	87,51	60,16	79,69	54,78	72,12	49,58	64,82	44,56	57,78
	II	**1.250,58**	100,04	68,78	91,92	63,19	83,95	57,71	76,25	52,42	68,80	47,30	61,62	42,36	54,68
	III	**820,83**	65,66	45,14	59,81	41,12	54,08	37,18	48,49	33,33	43,01	29,57	37,68	25,90	32,46
	IV	**1.296,33**	103,70	71,29	99,64	68,50	95,58	65,71	91,51	62,91	87,51	60,16	83,56	57,45	79,69
	V	**1.808,91**	144,71	99,49	144,71	99,49	144,71	99,49	144,71	99,49	144,71	99,49	144,71	99,49	144,71
	VI	**1.841,08**	147,28	101,25	147,28	101,25	147,28	101,25	147,28	101,25	147,28	101,25	147,28	101,25	147,28
5.003,99	I	**1.297,58**	103,80	71,36	95,67	65,77	87,60	60,22	79,78	54,85	72,22	49,65	64,91	44,62	57,86
	II	**1.251,83**	100,14	68,85	92,01	63,25	84,05	57,78	76,34	52,48	68,89	47,36	61,70	42,42	54,77
	III	**821,66**	65,73	45,19	59,88	41,16	54,16	37,23	48,56	33,38	43,08	29,61	37,74	25,95	32,53
	IV	**1.297,58**	103,80	71,36	99,74	68,57	95,67	65,77	91,61	62,98	87,60	60,22	83,66	57,51	79,78
	V	**1.810,16**	144,81	99,55	144,81	99,55	144,81	99,55	144,81	99,55	144,81	99,55	144,81	99,55	144,81
	VI	**1.842,33**	147,38	101,32	147,38	101,32	147,38	101,32	147,38	101,32	147,38	101,32	147,38	101,32	147,38

StKl = Steuerklasse
SolZ = Solidaritätszuschlag
LSt = Lohnsteuer
KiSt = Kirchensteuer
Kifb = Kinderfreibetrag

Prüfungsaufgabe 2009/2010 (Aufgabe 1)

Anke Hamann, 20 Jahre alt, wird im Sommer das Berufskolleg I beenden. Deshalb bewirbt sie sich auf eine Stellenanzeige der Print GmbH um einen Ausbildungsplatz als Bürokauffrau. Das Unternehmen beschäftigt derzeit 23 Mitarbeiter/-innen sowie zwei Auszubildende.

1 Worauf achtet die Personalchefin Frau Laicher bei der Durchsicht der Bewerbungsunterlagen? (4 Angaben)

2 Anke wird am 24.04.2009 zum Einstellungsgespräch eingeladen. Im Verlauf des Gespräches einigen sich Anke und Frau Laicher, dass die Ausbildung am 01.09.2009 beginnen soll. Der Ausbildungsvertrag wird ihr am 09.05.2009 zugeschickt (**Anlage 1**).

2.1 Begründen Sie, zu welchem Zeitpunkt der Ausbildungsvertrag zustande kommt.

2.2 Begründen Sie mit entsprechender Paragraphenangabe (**Anlage 2**), welche Punkte (A - J) dieses Berufsausbildungsvertrages nicht den gesetzlichen Bestimmungen entsprechen, und korrigieren Sie die Fehler.

3 Unter dem Punkt H im Ausbildungsvertrag wird auf die Betriebsvereinbarung hingewiesen. Erklären Sie, was eine Betriebsvereinbarung ist.

4 Ein halbes Jahr nach Ausbildungsbeginn wird Frau Laicher von der Klassenlehrerin über die hohen Fehlzeiten von Anke in der Schule informiert.

4.1 Aufgrund ihres wiederholten Fehlverhaltens erhält Anke eine Abmahnung ihres Ausbildungsbetriebes. Erläutern Sie, was man unter einer Abmahnung versteht.

4.2 Nach Erhalt der Abmahnung überlegt Anke, wie sie das Ausbildungsverhältnis beenden kann. Geben Sie zwei Möglichkeiten an.

5 Die schlechte Auftragslage der Print GmbH zwingt die Geschäftsleitung dazu, sich von einem/r Mitarbeiter/in der Einkaufsabteilung zu trennen. Zur Auswahl stehen folgende Mitarbeiter/innen:

- Harald Hamann, 49 Jahre alt, geschieden, seit 16 Jahren im Unternehmen beschäftigt. Er war bis vor einem halben Jahr Mitglied des Betriebsrates. Seine Arbeitsleistung wird als durchschnittlich beurteilt.
- Theresa Thiele, 24 Jahre alt, verheiratet mit einem Geschäftsführer der SoMec KG, seit drei Jahren im Unternehmen. Ihr Engagement und ihre Leistungen im Betrieb liegen weit über dem Durchschnitt.
- Ulli Ullmann, 36 Jahre alt, ledig, seit 14 Jahren im Betrieb. Kürzlich erhielt er eine Leistungsprämie für einen Verbesserungsvorschlag.

5.1 Begründen Sie, welchem/r Mitarbeiter/in die Geschäftsleitung kündigen bzw. nicht kündigen kann.

5.2 Die Unternehmensleitung möchte Theresa Thiele im Unternehmen behalten. Wie kann sie dies rechtlich begründen?

5.3 Erklären Sie den Unterschied zwischen allgemeinem und besonderem Kündigungsschutz.

5.4 Beschreiben Sie, welches Recht der Betriebsrat im Falle einer Kündigung hat.

Anlage 1

IHK Industrie- und Handelskammer Hochrhein-Bodensee

Antrag auf Eintragung
in das Verzeichnis der Berufsausbildungsverhältnisse

Zwischen dem Ausbildenden (Ausbildungsbetrieb)

Firmen-Ident-Nr.	Telefon-Nr.
67886	07531/ 69970

Print GmbH
Augustenstr. 4

78264 Konstanz

Verantwortlicher Ausbilder

Name, Vorname	geb. am:
Laicher, Bettina	19.08.1979

und der /dem Auszubildenden [x] weiblich [ ] männlich

Name, Vorname: **Hamann, Anke**

Strasse, Haus-Nr.: **Austraße 3**

PLZ, Ort: **78315 Radolfzell**

Geburtsdatum	Geburtsort
23.03.1989	Singen

Staatsangehörigkeit	Gesetzl. Vertreter[1]
deutsch	[ ] Eltern [x] Vater [ ] Muter [ ] Vormund

Namen, Vornamen der gesetzl. Vertreter: **Hamann, Harald**

Strasse, Haus-Nr.: **Austraße 3**

PLZ, Ort: **78315 Radolfzell**

wird nachstehender Vertrag zur Ausbildung im **Ausbildungsberuf**

Bürokauffrau

mit der **Fachrichtung** / dem **Schwerpunkt** nach Maßgabe der Ausbildungsordnung geschlossen

Betrieblicher Unterricht [x] ja **Ausbildungs- einrichtungen** [ ] Lehrbüro [ ] Lehrecke [ ] Lehrwerkstatt [ ] Sonstige

Vom Auszubildenden besuchte Schulen

	Abgangsklasse	Abschluss[2]
zuletzt: **Berufskolleg I , BSZ Radolfzell**	11	BKI
davor: **Geschwister-Scholl Realschule**	10	Mittlere Reife

Berufsfeld[3]	**zuständige Berufsschule**
	BSZ Radolfzell

Vorausgegangen ist eine Berufsausbildung/Vorbildung zum

Sie wird auf die Ausbildungszeit mit

A [ ] Monaten **angerechnet** bzw. es wird eine entsprechende **Abkürzung** beantragt.

Das **Berufsausbildungsverhältnis beginnt** am **01.09.2009** und **endet am** **31.08.2012**

B Die **Probezeit** (§ 1 Nr. 2) beträgt[4] **5** Monate[6]

C Die Ausbildung findet vorbehaltlich der Regelung nach D in der Niederlassung (Filiale, Verkaufsstelle, Betriebsstätte in

Konstanz

und den mit dem Betriebssitz für die Ausbildung üblicherweise zusammenhängenden Bau-, Montage- und sonstigen Arbeitsstellen statt.

D **Ausbildungsmaßnahmen** außerhalb der Ausbildungsstätte (§ 3 Nr. 12) mit Angabe des Zeitraums[4]

E Der Ausbildende zahlt dem Auszubildenden eine angemessene **Vergütung** (§ 5); diese beträgt zur Zeit monatlich brutto:

1. Jahr	2. Jahr	3. Jahr	4. Jahr
EUR 538,60	EUR 538,60	EUR 610,40	EUR

Vereinbarungen über die Gewährung von Sachleistungen sind unter H aufzuführen

F Die regelmäßige tägliche Ausbildungszeit (§ 6 Nr. 1) beträgt[5] **8** Stunden[5]

G Der Ausbildende gewährt dem Auszubildenden **Urlaub** nach den geltenden Bestimmungen. Es besteht ein Urlaubsanspruch auf

im Jahr	2009	2010	2011	2012	
Werktage					
Arbeitstage	5	24	24	14	

H Hinweise auf anzuwendende Tarifverträge und Betriebsvereinbarungen; **sonstige Vereinbarungen**

Betriebsvereinbarung der Print GmbH

J Die umstehenden Erklärungen und Hinweise sind Gegenstand dieses Antrages

Konstanz, den **08.05.2009**

Der Ausbildende (Stempel, Unterschrift)

1) Vertretungsberechtigt sind beide Eltern gemeinsam, soweit nicht die Vertretungsberechtigung nur einem Elternteil zusteht. Ist ein Vormund bestellt, so bedarf dieser zum Abschluss des Ausbildungsvertrages der Genehmigung des Vormundschaftsgerichtes.
2) Zutreffendes bitte eintragen: Hauptschulabschluss, Mittlerer Bildungsabschluss (Mittl. Reife), Fachhochschulreife, Hochschulreife (Abitur), Hochschulabschluss, ohne Abschluss
3) Nur bei Berufsgrundbildungsjahr oder Berufsfachschule.
4) Siehe Vereinbarungen auf der Rückseite des Vertrages und Hinweise im Merkblatt.
5) Das Jugendarbeitschutzgesetz sowie für das Ausbildungsverhältnis geltende tarifvertragliche Regelungen und Betriebsvereinbarungen sind zu beachten!
6) Die Probezeit muss mindestens einen Monat und darf höchstens drei Monate betragen.

Anlage 2

Auszug aus dem BBiG

§ 10 Vertrag
(1) Wer andere Personen zur Berufsausbildung einstellt (Ausbildende), hat mit den Auszubildenden einen Berufsausbildungsvertrag zu schließen.
(2) Auf den Berufsausbildungsvertrag sind, soweit sich aus seinem Wesen und Zweck und aus diesem Gesetz nichts anderes ergibt, die für den Arbeitsvertrag geltenden Rechtsvorschriften und Rechtsgrundsätze anzuwenden.
(3) Schließen die gesetzlichen Vertreter oder Vertreterinnen mit ihrem Kind einen Berufsausbildungsvertrag, so sind sie von dem Verbot des § 181 des Bürgerlichen Gesetzbuchs befreit.
(4) Ein Mangel in der Berechtigung, Auszubildende einzustellen oder auszubilden, berührt die Wirksamkeit des Berufsausbildungsvertrages nicht.
(5) Zur Erfüllung der vertraglichen Verpflichtungen der Ausbildenden können mehrere natürliche oder juristische Personen in einem Ausbildungsverbund zusammenwirken, soweit die Verantwortlichkeit für die einzelnen Ausbildungsabschnitte sowie für die Ausbildungszeit insgesamt sichergestellt ist (Verbundausbildung).

§ 11 Vertragsniederschrift
(1) Ausbildende haben unverzüglich nach Abschluss des Berufsausbildungsvertrages, spätestens vor Beginn der Berufsausbildung, den wesentlichen Inhalt des Vertrages gemäß Satz 2 schriftlich niederzulegen: die elektronische Form ist ausgeschlossen. In die Niederschrift sind mindestens aufzunehmen
Art, sachliche und zeitliche Gliederung sowie Ziel der Berufsausbildung, insbesondere die Berufstätigkeit, für die ausgebildet werden soll,
Beginn und Dauer der Berufsausbildung,
Ausbildungsmaßnahmen außerhalb der Ausbildungsstätte,
Dauer der regelmäßigen täglichen Ausbildungszeit,
Dauer der Probezeit,
Zahlung und Höhe der Vergütung,
Dauer des Urlaubs,
Voraussetzungen, unter denen der Berufsausbildungsvertrag gekündigt werden kann,
ein in allgemeiner Form gehaltener Hinweis auf die Tarifverträge, Betriebs- oder Dienstvereinbarungen, die auf das Berufsausbildungsverhältnis anzuwenden sind.
(2) Die Niederschrift ist von den Ausbildenden, den Auszubildenden und deren gesetzlichen Vertretern und Vertreterinnen zu unterzeichnen.
(3) Ausbildende haben den Auszubildenden und deren gesetzlichen Vertretern und Vertreterinnen eine Ausfertigung der unterzeichneten Niederschrift unverzüglich auszuhändigen.
(4) Bei Änderungen des Berufsausbildungsvertrages gelten die Absätze 1 bis 3 entsprechend.

§ 12 Nichtige Vereinbarungen
(1) Eine Vereinbarung, die Auszubildende für die Zeit nach Beendigung des Berufsausbildungsverhältnisses in der Ausübung ihrer beruflichen Tätigkeit beschränkt, ist nichtig. Dies gilt nicht, wenn sich Auszubildende innerhalb der letzten sechs Monate des Berufsausbildungsverhältnisses dazu verpflichten, nach dessen Beendigung mit den Ausbildenden ein Arbeitsverhältnis einzugehen.
(2) Nichtig ist eine Vereinbarung über
die Verpflichtung Auszubildender, für die Berufsausbildung eine Entschädigung zu zahlen,
Vertragsstrafen,
den Ausschluss oder die Beschränkung von Schadensersatzansprüchen,
die Festsetzung der Höhe eines Schadensersatzes in Pauschbeträgen.

§ 13 Verhalten während der Berufsausbildung
Auszubildende haben sich zu bemühen, die berufliche Handlungsfähigkeit zu erwerben, die zum Erreichen des Ausbildungsziels erforderlich ist. Sie sind insbesondere verpflichtet,
die ihnen im Rahmen ihrer Berufsausbildung aufgetragenen Aufgaben sorgfältig auszuführen,
an Ausbildungsmaßnahmen teilzunehmen, für die sie nach § 15 freigestellt werden,
den Weisungen zu folgen, die ihnen im Rahmen der Berufsausbildung von Ausbildenden, von Ausbildern oder Ausbilderinnen oder von anderen weisungsberechtigten Personen erteilt werden,
die für die Ausbildungsstätte geltende Ordnung zu beachten,
Werkzeug, Maschinen und sonstige Einrichtungen pfleglich zu behandeln,
über Betriebs- und Geschäftsgeheimnisse Stillschweigen zu wahren.

§ 14 Berufsausbildung
(1) Ausbildende haben
dafür zu sorgen, dass den Auszubildenden die berufliche Handlungsfähigkeit vermittelt wird, die zum Erreichen des Ausbildungsziels erforderlich ist, und die Berufsausbildung in einer durch ihren Zweck gebotenen Form planmäßig, zeitlich und sachlich gegliedert so durchzuführen, dass das Ausbildungsziel in der vorgesehenen Ausbildungszeit erreicht werden kann.
selbst auszubilden oder einen Ausbilder oder eine Ausbilderin ausdrücklich damit zu beauftragen,

Auszubildenden kostenlos die Ausbildungsmittel, insbesondere Werkzeuge und Werkstoffe zur Verfügung zu stellen, die zur Berufsausbildung und zum Ablegen von Zwischen- und Abschlussprüfungen, auch soweit solche nach Beendigung des Berufsausbildungsverhältnisses stattfinden, erforderlich sind,
Auszubildende zum Besuch der Berufsschule sowie zum Führen von schriftlichen Ausbildungsnachweisen anzuhalten, soweit solche im Rahmen der Berufsausbildung verlangt werden, und diese durchzusehen,
dafür zu sorgen, dass Auszubildende charakterlich gefördert sowie sittlich und körperlich nicht gefährdet werden.
(2) Auszubildenden dürfen nur Aufgaben übertragen werden, die dem Ausbildungszweck dienen und ihren körperlichen Kräften angemessen sind.

§ 15 Freistellung
Ausbildende haben Auszubildende für die Teilnahme am Berufsschulunterricht und an Prüfungen freizustellen. Das Gleiche gilt, wenn Ausbildungsmaßnahmen außerhalb der Ausbildungsstätte durchzuführen sind.

§ 16 Zeugnis
(1) Ausbildende haben den Auszubildenden bei Beendigung des Berufsausbildungsverhältnisses ein schriftliches Zeugnis auszustellen. Die elektronische Form ist ausgeschlossen. Haben Ausbildende die Berufsausbildung nicht selbst durchgeführt, so soll auch der Ausbilder oder die Ausbilderin das Zeugnis unterschreiben.
(2) Das Zeugnis muss Angaben enthalten über Art. Dauer und Ziel der Berufsausbildung sowie über die erworbenen beruflichen Fertigkeiten, Kenntnisse und Fähigkeiten der Auszubildenden. Auf Verlangen Auszubildender sind auch Angaben über Verhalten und Leistung aufzunehmen.

§ 17 Vergütungsanspruch
(1) Ausbildende haben Auszubildenden eine angemessene Vergütung zu gewähren. Sie ist nach dem Lebensalter der Auszubildenden so zu bemessen, dass sie mit fortschreitender Berufsausbildung, mindestens jährlich, ansteigt.
(2) Sachleistungen können in Höhe der nach § 17 Abs. 1 Satz 1 Nr. 4 des Vierten Buches Sozialgesetzbuch festgesetzten Sachbezugswerte angerechnet werden, jedoch nicht über 75 Prozent der Bruttovergütung hinaus.
(3) Eine über die vereinbarte regelmäßige tägliche Ausbildungszeit hinausgehende Beschäftigung ist besonders zu vergüten oder durch entsprechende Freizeit auszugleichen.

§ 18 Bemessung und Fälligkeit der Vergütung
(1) Die Vergütung bemisst sich nach Monaten. Bei Berechnung der Vergütung für einzelne Tage wird der Monat zu 30 Tagen gerechnet.
(2) Die Vergütung für den laufenden Kalendermonat ist spätestens am letzten Arbeitstag des Monats zu zahlen.

§ 19 Fortzahlung der Vergütung
(1) Auszubildenden ist die Vergütung auch zu zahlen
für die Zeit der Freistellung (§ 15),
bis zur Dauer von sechs Wochen. wenn sie
) sich für die Berufsausbildung bereithalten, diese aber ausfällt oder
) aus einem sonstigen, in ihrer Person liegenden Grund unverschuldet verhindert sind, ihre Pflichten aus dem Berufsausbildungsverhältnis zu erfüllen.
(2) Können Auszubildende während der Zeit, für welche die Vergütung fortzuzahlen ist, aus berechtigtem Grund Sachleistungen nicht abnehmen, so sind diese nach den Sachbezugswerten (§ 17 Abs. 2) abzugelten.

§ 20 Probezeit
Das Berufsausbildungsverhältnis beginnt mit der Probezeit. Sie muss mindestens einen Monat und darf höchstens vier Monate betragen.

§ 21 Beendigung
(1) Das Berufsausbildungsverhältnis endet mit dem Ablauf der Ausbildungszeit. Im Falle der Stufenausbildung endet es mit Ablauf der letzten Stufe.
(2) Bestehen Auszubildende vor Ablauf der Ausbildungszeit die Abschlussprüfung, so endet das Berufsausbildungsverhältnis mit Bekanntgabe des Ergebnisses durch den Prüfungsausschuss.
(3) Bestehen Auszubildende die Abschlussprüfung nicht, so verlängert sich das Berufsausbildungsverhältnis auf ihr Verlangen bis zur nächstmöglichen Wiederholungsprüfung, höchstens um ein Jahr.

§ 22 Kündigung
(1) Während der Probezeit kann das Berufsausbildungsverhältnis jederzeit ohne Einhalten einer Kündigungsfrist gekündigt werden.
(2) Nach der Probezeit kann das Berufsausbildungsverhältnis nur gekündigt werden
aus einem wichtigen Grund ohne Einhalten einer Kündigungsfrist,
von Auszubildenden mit einer Kündigungsfrist von vier Wochen, wenn sie die Berufsausbildung aufgeben oder sich für eine andere Berufstätigkeit ausbilden lassen wollen.
(3) Die Kündigung muss schriftlich und in den Fällen des Absatzes 2 unter Angabe der Kündigungsgründe erfolgen.

(4) Eine Kündigung aus einem wichtigen Grund ist unwirksam, wenn die ihr zugrunde liegenden Tatsachen dem zur Kündigung Berechtigten länger als zwei Wochen bekannt sind. Ist ein vorgesehenes Güteverfahren vor einer außergerichtlichen Stelle eingeleitet, so wird bis zu dessen Beendigung der Lauf dieser Frist gehemmt.

§ 23 Schadensersatz bei vorzeitiger Beendigung
(1) Wird das Berufsausbildungsverhältnis nach der Probezeit vorzeitig gelöst, so können Ausbildende oder Auszubildende Ersatz des Schadens verlangen, wenn die andere Person den Grund für die Auflösung zu vertreten hat. Dies gilt nicht im Falle des § 22 Abs. 2 Nr. 2.
(2) Der Anspruch erlischt, wenn er nicht innerhalb von drei Monaten nach Beendigung des Berufsausbildungsverhältnisses geltend gemacht wird.

Auszug aus dem BUrlG

§ 1 Urlaubsanspruch
Jeder Arbeitnehmer hat in jedem Kalenderjahr Anspruch auf bezahlten Erholungsurlaub.

§ 2 Geltungsbereich
Arbeitnehmer im Sinne des Gesetzes sind Arbeiter und Angestellte sowie die zu ihrer Berufsausbildung Beschäftigten. Als Arbeitnehmer gelten auch Personen, die wegen ihrer wirtschaftlichen Unselbständigkeit als arbeitnehmerähnliche Personen anzusehen sind; für den Bereich der Heimarbeit gilt § 12.

§ 3 Dauer des Urlaubs
(1) Der Urlaub beträgt jährlich mindestens 24 Werktage.
(2) Als Werktage gelten alle Kalendertage, die nicht Sonn- oder gesetzliche Feiertage sind.

§ 4 Wartezeit
Der volle Urlaubsanspruch wird erstmalig nach sechsmonatigem Bestehen des Arbeitsverhältnisses erworben.

§ 5 Teilurlaub
(1) Anspruch auf ein Zwölftel des Jahresurlaubs für jeden vollen Monat des Bestehens des Arbeitsverhältnisses hat der Arbeitnehmer

a) für Zeiten eines Kalenderjahres, für die er wegen Nichterfüllung der Wartezeit in diesem Kalenderjahr keinen vollen Urlaubsanspruch erwirbt;
b) wenn er vor erfüllter Wartezeit aus dem Arbeitsverhältnis ausscheidet;
c) wenn er nach erfüllter Wartezeit in der ersten Hälfte eines Kalenderjahres aus dem Arbeitsverhältnis ausscheidet.

(2) Bruchteile von Urlaubstagen, die mindestens einen halben Tag ergeben, sind auf volle Urlaubstage aufzurunden.
(3) Hat der Arbeitnehmer im Falle des Absatzes 1 Buchstabe c bereits Urlaub über den ihm zustehenden Umfang hinaus erhalten, so kann das dafür gezahlte Urlaubsentgelt nicht zurückgefordert werden.

§ 6 Ausschluß von Doppelansprüchen
(1) Der Anspruch auf Urlaub besteht nicht, soweit dem Arbeitnehmer für das laufende Kalenderjahr bereits von einem früheren Arbeitgeber Urlaub gewährt worden ist.
(2) Der Arbeitgeber ist verpflichtet, bei Beendigung des Arbeitsverhältnisses dem Arbeitnehmer eine Bescheinigung über den im laufenden Kalenderjahr gewährten oder abgegoltenen Urlaub auszuhändigen.

§ 7 Zeitpunkt, Übertragbarkeit und Abgeltung des Urlaubs
(1) Bei der zeitlichen Festlegung des Urlaubs sind die Urlaubswünsche des Arbeitnehmers zu berücksichtigen, es sei denn, daß ihrer Berücksichtigung dringende betriebliche Belange oder Urlaubswünsche anderer Arbeitnehmer, die unter sozialen Gesichtspunkten den Vorrang verdienen, entgegenstehen. Der Urlaub ist zu gewähren, wenn der Arbeitnehmer dies im Anschluß an eine Maßnahme der medizinischen Vorsorge oder Rehabilitation verlangt.
(2) Der Urlaub ist zusammenhängend zu gewähren, es sei denn, daß dringende betriebliche oder in der Person des Arbeitnehmers liegende Gründe eine Teilung des Urlaubs erforderlich machen. Kann der Urlaub aus diesen Gründen nicht zusammenhängend gewährt werden, und hat der Arbeitnehmer Anspruch auf Urlaub von mehr als zwölf Werktagen, so muß einer der Urlaubsteile mindestens zwölf aufeinanderfolgende Werktage umfassen.
(3) Der Urlaub muß im laufenden Kalenderjahr gewährt und genommen werden. Eine Übertragung des Urlaubs auf das nächste Kalenderjahr ist nur statthaft, wenn dringende betriebliche oder in der Person des Arbeitnehmers liegende Gründe dies rechtfertigen. Im Fall der Übertragung muß der Urlaub in den ersten drei Monaten des folgenden Kalenderjahres gewährt und genommen werden. Auf Verlangen des Arbeitnehmers ist ein nach § 5 Abs. 1 Buchstabe a entstehender Teilurlaub jedoch auf das nächste Kalenderjahr zu übertragen.
(4) Kann der Urlaub wegen Beendigung des Arbeitsverhältnisses ganz oder teilweise nicht mehr gewährt werden, so ist er abzugelten.

§ 8 Erwerbstätigkeit während des Urlaubs
Während des Urlaubs darf der Arbeitnehmer keine dem Urlaubszweck widersprechende Erwerbstätigkeit leisten.

§ 9 Erkrankung während des Urlaubs
Erkrankt ein Arbeitnehmer während des Urlaubs, so werden die durch ärztliches Zeugnis nachgewiesenen Tage der Arbeitsunfähigkeit auf den Jahresurlaub nicht angerechnet.

§ 10 Maßnahmen der medizinischen Vorsorge oder Rehabilitation
Maßnahmen der medizinischen Vorsorge oder Rehabilitation dürfen nicht auf den Urlaub angerechnet werden, soweit ein Anspruch auf Fortzahlung des Arbeitsentgelts nach den gesetzlichen Vorschriften über die Entgeltfortzahlung im Krankheitsfall besteht.

§ 11 Urlaubsentgelt
(1) Das Urlaubsentgelt bemißt sich nach dem durchschnittlichen Arbeitsverdienst, das der Arbeitnehmer in den letzten dreizehn Wochen vor dem Beginn des Urlaubs erhalten hat, mit Ausnahme des zusätzlich für Überstunden gezahlten Arbeitsverdienstes. Bei Verdiensterhöhungen nicht nur vorübergehender Natur, die während des Berechnungszeitraums oder des Urlaubs eintreten, ist von dem erhöhten Verdienst auszugehen. Verdienstkürzungen, die im Berechnungszeitraum infolge von Kurzarbeit, Arbeitsausfällen oder unverschuldeter Arbeitsversäumnis eintreten, bleiben für die Berechnung des Urlaubsentgelts außer Betracht. Zum Arbeitsentgelt gehörende Sachbezüge, die während des Urlaubs nicht weitergewährt werden, sind für die Dauer des Urlaubs angemessen in bar abzugelten.
(2) Das Urlaubsentgelt ist vor Antritt des Urlaubs auszuzahlen.

Auszug aus dem BetrVG

§ 102 Mitbestimmung bei Kündigungen
(1) Der Betriebsrat ist vor jeder Kündigung zu hören. Der Arbeitgeber hat ihm die Gründe für die Kündigung mitzuteilen. Eine ohne Anhörung des Betriebsrats ausgesprochene Kündigung ist unwirksam.
(2) Hat der Betriebsrat gegen eine ordentliche Kündigung Bedenken, so hat er diese unter Angabe der Gründe dem Arbeitgeber spätestens innerhalb einer Woche schriftlich mitzuteilen. Äußert er sich innerhalb dieser Frist nicht, gilt seine Zustimmung zur Kündigung als erteilt. Hat der Betriebsrat gegen eine außerordentliche Kündigung Bedenken, so hat er diese unter Angabe der Gründe dem Arbeitgeber unverzüglich, spätestens jedoch innerhalb von drei Tagen, schriftlich mitzuteilen. Der Betriebsrat soll, soweit dies erforderlich erscheint, vor seiner Stellungnahme den betroffenen Arbeitnehmer hören. § 99 Abs. 1 Satz 3 gilt entsprechend.
(3) Der Betriebsrat kann innerhalb der Frist des Absatzes 2 Satz 1 der ordentlichen Kündigung widersprechen, wenn

1. der Arbeitgeber bei der Auswahl des zu kündigenden Arbeitnehmers soziale Gesichtspunkte nicht oder nicht ausreichend berücksichtigt hat,
2. die Kündigung gegen eine Richtlinie nach § 95 verstößt,
3. der zu kündigende Arbeitnehmer an einem anderen Arbeitsplatz im selben Betrieb oder in einem anderen Betrieb des Unternehmens weiterbeschäftigt werden kann,
4. die Weiterbeschäftigung des Arbeitnehmers nach zumutbaren Umschulungs- oder Fortbildungsmaßnahmen möglich ist oder
5. eine Weiterbeschäftigung des Arbeitnehmers unter geänderten Vertragsbedingungen möglich ist und der Arbeitnehmer sein Einverständnis hiermit erklärt hat.

(4) Kündigt der Arbeitgeber, obwohl der Betriebsrat nach Absatz 3 der Kündigung widersprochen hat, so hat er dem Arbeitnehmer mit der Kündigung eine Abschrift der Stellungnahme des Betriebsrats zuzuleiten.
(5) Hat der Betriebsrat einer ordentlichen Kündigung frist- und ordnungsgemäß widersprochen und hat der Arbeitnehmer nach dem Kündigungsschutzgesetz Klage auf Feststellung erhoben, dass das Arbeitsverhältnis durch die Kündigung nicht aufgelöst ist, so muss der Arbeitgeber auf Verlangen des Arbeitnehmers diesen nach Ablauf der Kündigungsfrist bis zum rechtskräftigen Abschluss des Rechtsstreits bei unveränderten Arbeitsbedingungen weiterbeschäftigen. Auf Antrag des Arbeitgebers kann das Gericht ihn durch einstweilige Verfügung von der Verpflichtung zur Weiterbeschäftigung nach Satz 1 entbinden, wenn

1. die Klage des Arbeitnehmers keine hinreichende Aussicht auf Erfolg bietet oder mutwillig erscheint oder
2. die Weiterbeschäftigung des Arbeitnehmers zu einer unzumutbaren wirtschaftlichen Belastung des Arbeitgebers führen würde oder
3. der Widerspruch des Betriebsrats offensichtlich unbegründet war.

(6) Arbeitgeber und Betriebsrat können vereinbaren, dass Kündigungen der Zustimmung des Betriebsrats bedürfen und dass bei Meinungsverschiedenheiten über die Berechtigung der Nichterteilung der Zustimmung die Einigungsstelle entscheidet.
(7) Die Vorschriften über die Beteiligung des Betriebsrats nach dem Kündigungsschutzgesetz bleiben unberührt.

3 Markt und Preis

3.1 Markt und Marktformen

Stofftelegramm

Angebot → **M A R K T** ← **Nachfrage**

Güteraustausch

Marktarten → Unterteilung nach der:

- „Vollkommenheit" des Marktes: vollkommener, unvollkommener Markt (vgl. Kap. 3.3.1)
- **Zahl der Marktteilnehmer**

Vereinfachtes Marktformenschema

Anbieter \ Nachfrager	**viele**
einer	Angebots**monopol**
wenige	Angebots**oligopol**
viele	**Polypol** (vollständige Konkurrenz)

Aufgaben

1. Was ist ein Markt?
2. Welche Hauptfunktion (Hauptaufgabe) hat der Markt?
3. Erklären Sie kurz die Begriffe: a) Polypol b) Oligopol c) Monopol
4. Ordnen Sie nachfolgend aufgeführte Produkte den einzelnen Marktformen zu.

   a) Kleidung b) Briefmarken c) Autos d) Möbel e) Benzin
5. Erklären Sie den Zusammenhang zwischen Marktteilnehmerzahl und Marktstärke.
6. Ordnen Sie die Anbieter folgender Marktformen nach ihrer Marktmacht (der „Stärkste" ist an erster Stelle zu nennen): Polypol, Angebotsmonopol, Angebotsoligopol.
7. Zeitungsnotiz: „Zunehmende Konzentration in der deutschen Wirtschaft." Erklären Sie den Sachverhalt.
8. Nennen Sie je zwei typische Beispiele für ein

   a) Angebotsmonopol b) Angebotsoligopol c) Polypol

3.2 Bestimmungsgründe: Nachfrage und Angebot

Stofftelegramm

Bestimmungsfaktoren

Nachfrage

- **Preis**
- Bedürfnisse
- Nachfragerzahl
- Preise anderer Güter
- Einkommen
- Vermögen
- Zukunftserwartungen

Angebot

- **Preis**
- Kosten
- Kapazitäten
- Anbieterzahl
- Konkurrenz
- Konjunktur
- Zukunftserwartungen

Kurvenverläufe

Vereinfachende Annahmen: Nachfrage- und Angebotsmenge hängen allein vom **Preis** ab! Alle anderen Bestimmungsfaktoren bleiben konstant.

Nachfragekurve

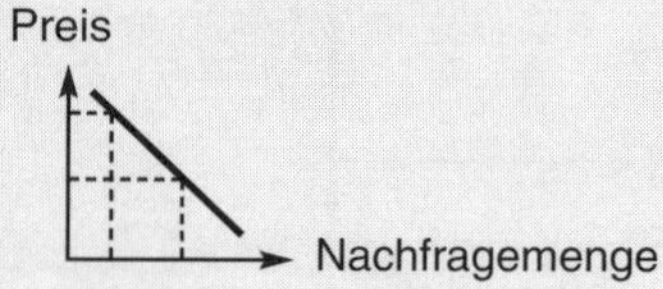

Bewegungen auf der Kurve

Angebotskurve

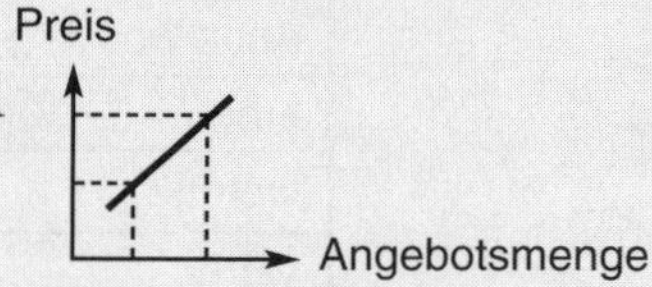

Gesetz der Nachfrage:
Preis sinkt - N'menge steigt
Preis steigt - N'menge sinkt

Gesetz des Angebots:
Preis steigt - A'menge steigt
Preis sinkt - A'menge sinkt

Kurvenverschiebungen

Wenn sich eine der oben konstant gesetzten Bestimmungsfaktoren ändert

Nachfragekurve

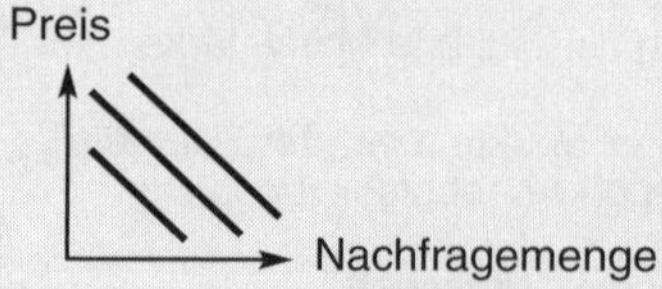

Bewegungen der Kurve

Angebotskurve

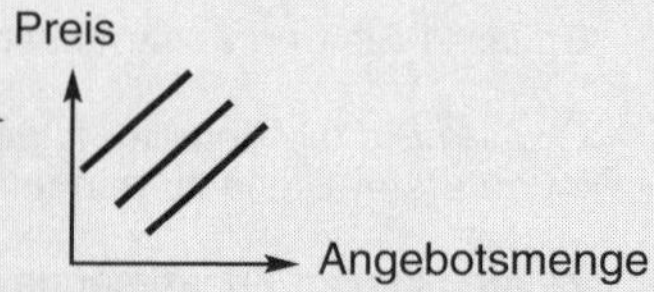

<u>Vollkommen unelastische(s) Nachfrage (Angebot):</u> Eine Preisänderung bewirkt keine Nachfrage- bzw. Angebotsmengenänderung.

<u>Vollkommen elastische(s) Nachfrage (Angebot):</u> Zu einem bestimmten Preis wird jede Menge nachgefragt (angeboten).

Aufgaben

1. Erklären Sie die Begriffe individuelle **Nachfrage** und Marktnachfrage.

2. Wovon hängt die Nachfrage nach einem Gut ab? Nennen Sie mindestens vier Bestimmungsgründe.

3. Welche vereinfachende Unterstellung wird bei der Betrachtung der Nachfragekurve (ohne Verschiebungen) vorgenommen?

4. Wie lautet die Fragestellung, die zum Verlauf der Nachfragekurve führt?

5. a) Formulieren Sie das Gesetz der Nachfrage.

   b) Skizzieren Sie die Nachfragekurve.

6. a) Wie kann man den Verlauf der Marktnachfragekurve für ein bestimmtes Gut ermitteln?

   b) Sind die Ermittlungsergebnisse eindeutig? Begründung.

7. Wann verschiebt sich die Nachfragekurve allgemein?

8. Wann verschiebt sich die Nachfragekurve nach rechts? (Mindestens drei Beispiele)

9. Wann verschiebt sich die Nachfragekurve nach links? (Mindestens drei Beispiele)

10. Was versteht man unter a) Komplementär- b) Substitutionsgütern? (Je zwei Beispiele)

11. Wie reagiert die Nachfrage nach Butter, wenn a) der Butterpreis sinkt
    b) der Margarinepreis steigt?

12. Wie reagiert die Nachfrage nach Autoreifen, wenn die Autopreise erheblich steigen?

13. Wie reagiert die Nachfrage nach Gut A, wenn der Preis des Komplementärgutes B

    a) steigt b) fällt?

14. Wie reagiert die Nachfrage nach Gut A, wenn der Preis des Substitutionsgutes B

    a) steigt b) fällt?

15. a) Wie wirken pessimistische Zukunftserwartungen (Angst vor Arbeitslosigkeit, Einkommenssenkungen) auf die Nachfrage?

    b) Skizzieren Sie den Sachverhalt in einem Koordinatensystem.

16. a) Wie wirkt die Erwartung erheblich steigender Preise auf die gegenwärtige Nachfrage?

    b) Skizzieren Sie den Sachverhalt in einem Koordinatensystem.

17. Wie entwickelt sich die Nachfrage nach Insulin (Medikament für Zuckerkranke) bei steigendem Preis? (Begründung und Skizze)

18. Erklären Sie den Ausnahmefall, dass ein höherer Preis eines Gutes eine höhere Nachfrage nach sich zieht.

19. Nennen Sie die vier Nachfragergruppen einer Volkswirtschaft. Wie wird deren Nachfrage jeweils bezeichnet?

20. Erklären Sie die volkswirtschaftliche Bedeutung der Gesamtnachfrage eines Landes.

21. Erklären Sie folgende Zeitungsnotiz: „Die deutsche Wirtschaft erwartet Impulse in der Form von kräftigen Nachfrageschüben, ausgelöst durch die Vereinigung beider deutscher Staaten."

22. Erklären Sie die Begriffe individuelles **Angebot** und Marktangebot.

23. Wovon hängt das Angebot eines Gutes ab? Nennen Sie mindestens vier Bestimmungsgründe.

24. Welche vereinfachende Unterstellung wird bei der Betrachtung der Angebotskurve (ohne Kurvenverschiebungen) vorgenommen?

25. Wie lautet die Fragestellung, die zum Verlauf der Angebotskurve führt?

26. a) Formulieren Sie das Gesetz des Angebots.

    b) Skizzieren Sie die Angebotskurve.

27. Wann verschiebt sich die Angebotskurve allgemein?

28. Wann verschiebt sich die Marktangebotskurve nach rechts? Nennen Sie mindestens drei Beispiele.

29. Wann verschiebt sich die Marktangebotskurve nach links? Nennen Sie mindestens drei Beispiele.

30. a) Welchen Einfluss haben steigende Kosten auf das Gesamtangebot?

    b) Skizzieren Sie den Sachverhalt in einem Koordinatensystem.

31. Ein Anbieter rationalisiert. Welchen Einfluss hat dies auf den Verlauf seiner Angebotskurve?

32. Welche Güter wird ein Unternehmer, der nach dem erwerbswirtschaftlichen Prinzip handelt, bevorzugt anbieten?

33. Erklären Sie folgendes Zitat: „In marktwirtschaftlich orientierten Wirtschaftssystemen herrscht Konsumentensouveränität."

34. a) Skizzieren Sie den Verlauf der Angebotskurve eines Anbieters, der seine Produkte zu jedem Preis anbietet (vollkommen unelastisches Angebot).

    b) Nennen Sie ein praktisches Beispiel für die genannte Situation.

3.3 Die Marktpreisbildung

3.3.1 Vollkommener und unvollkommener Markt

Stofftelegramm

Vollkommener Markt — **Bedingungen** — **Unvollkommener Markt**

Vollkommener Markt:

- keine räumlichen Unterschiede (Punktmarkt)
- keine sachlichen Unterschiede (homogene Güter)
- keine persönlichen Unterschiede
- keine zeitlichen Unterschiede (gleiche Lieferfristen)
- vollkommene Markttransparenz (Marktübersicht), somit unendlich schnelle Reaktionsgeschwindigkeit der Marktteilnehmer bei Änderungen

Folge: Einheitspreis für ein Gut

Unvollkommener Markt:

mindestens eine der Bedingungen des vollkommenen Marktes ist nicht erfüllt

Folge: Verschiedene Preise für ein Gut

Aufgaben

1. Nennen Sie die Bedingungen des vollkommenen Marktes.
2. Wann liegt ein unvollkommener Markt vor?
3. Welche Folge hat das Vorliegen eines vollkommenen Marktes für die Preise? Begründung.
4. Erklären Sie kurz folgende Begriffe:

   a) Homogenität der Güter

   c) Punktmarkt

   b) Transparenter Markt

   d) Präferenzen
5. Ein bestimmter unvollkommener Markt unterscheidet sich vom vollkommenen Markt lediglich durch das Fehlen der Markttransparenz.

   Wie wird sich dieser Markt im Zeitverlauf entwickeln?

6. Der vollkommene Markt ist ein seltener Ausnahmefall. Warum wird er dennoch in der Volkswirtschaftslehre intensiv analysiert?

7. Welcher Markt kommt in der Wirklichkeit dem vollkommenen Markt am nächsten?

8. Begründen Sie, ob folgende Güter auf einem vollkommenen oder unvollkommenen Markt angeboten werden.

   a) Käse (Käsebörse Kempten)

   b) Benzin an Tankstellen

   c) Wein in einem Weinlokal

   d) Äpfel auf dem Wochenmarkt

   e) Wertpapiere an der Frankfurter Wertpapierbörse

9. Welche Bedingungen des vollkommenen Marktes sind in folgenden Fällen nicht erfüllt?

   a) Sepp Herzlieb kauft für seine Freundin Frieda Flitter die Pralinenschachtel „Rotes Herz".

   b) Die Lahm GmbH liefert Draht innerhalb von 8 Wochen, Firma Flott & Co. innerhalb von 14 Tagen.

   c) Franz Dusel bietet seine Bratwürste an einem Würschtlstand in der belebten Fußgängerzone von Stuttgart an, während Mizzi Dämel ihre Würstchen in einer Nebengasse am Stadtrand feilbietet.

   d) Ignazius Wild trinkt regelmäßig sein Bier in der Gastwirtschaft „Rote Rose", um mit der hübschen Bedienung Lollo ins Gespräch zu kommen.

10. Warum ist die Wertpapierbörse ein (nahezu) vollkommener Markt?

11. Welche der folgenden Aussagen sind richtig?

   a) Bei Fehlen von persönlichen, räumlichen, sachlichen und zeitlichen Unterschieden liegt ein vollkommener Markt vor.

   b) Bei unvollkommener Markttransparenz liegt ein zeitweise (temporär) unvollkommener Markt vor.

   c) Ein vollkommener Markt liegt nur vor, wenn alle 5 Bedingungen gleichzeitig erfüllt sind.

   d) Ein unvollkommener Markt liegt nur vor, wenn alle Bedingungen des vollkommenen Marktes nicht erfüllt sind.

   e) Bei Vorliegen eines Punktmarktes ist stets ein vollkommener Markt gegeben.

   f) Beim vollkommenen Markt sind die Preise der Anbieter gleich.

   g) Vollkommene Märkte gibt es in der Realität nur annäherungsweise.

3.3.2 Polypol – vollkommener Markt

Stofftelegramm

Preisbildungsmodell

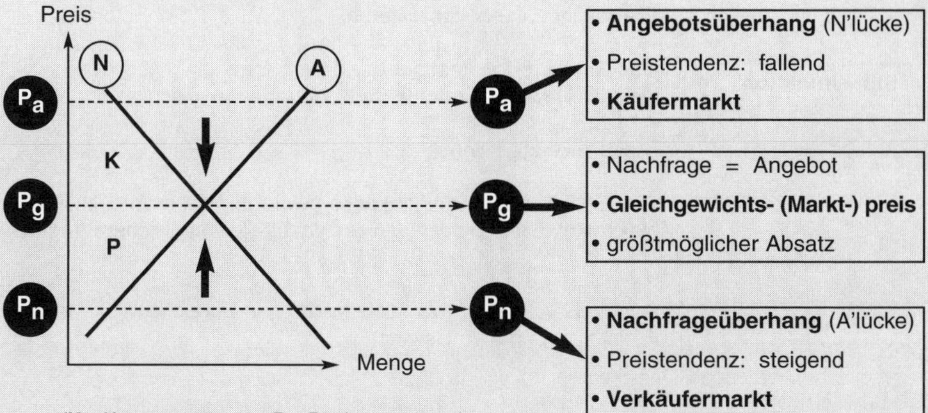

(**K** = Konsumentenrente; **P** = Produzentenrente)

Verhalten des Polypolisten:

- keine Preispolitik möglich; Gleichgewichtspreis gilt für alle! Preis = „Datum" (für alle Marktteilnehmer vorgegeben)
- Zum festen Gleichgewichtspreis wird die Menge angeboten, bei der er sein Gewinnmaximum erzielt (Kapazitätsgrenze).

Der Preismechanismus

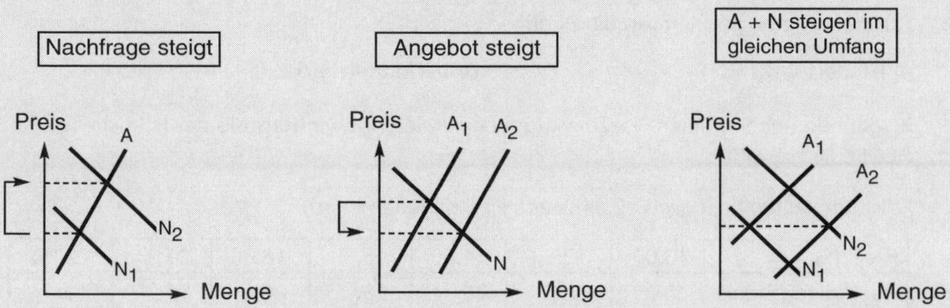

Funktionen (= Aufgaben) des Preises

Ausgleichsfunktion
- Ausgleich von Angebot und Nachfrage
- Preis „räumt den Markt"

Signalfunktion
- Preissteigerungen signalisieren:

  Das Gut ist relativ knapper geworden (weniger Angebot bei gleicher Nachfrage oder mehr Nachfrage bei gleichem Angebot).
- Preissenkungen signalisieren:

  Das Gut ist relativ weniger knapp geworden (mehr Angebot bei gleicher Nachfrage oder weniger Nachfrage bei gleichem Angebot).

Lenkungsfunktion
- Der Preis lenkt die Produktionsfaktoren in Bereiche mit hohen Preisen, also hohen Gewinnen.

Erziehungsfunktion
- Gleichgewichtspreis zwingt die Anbieter zur Kostensenkung
- Nachfrager suchen preisgünstigste Einkaufsmöglichkeiten

Aufgaben

1. Zeigen Sie mit Hilfe einer Grafik, wie sich der Polypolpreis **(Gleichgewichtspreis)** im Modell bildet.

2. Erklären Sie anhand einer Skizze und verbal folgende Begriffe und Marktsituationen:

   a) **Angebotsüberhang** b) **Nachfrageüberhang**

3. Erklären und begründen Sie die Begriffe

   a) **Käufermarkt** b) **Verkäufermarkt**

4. Zeigen Sie anhand einer Skizze, warum beim **Gleichgewichtspreis** der höchstmögliche Absatz erzielt wird.

5. Folgende Daten bezüglich eines Gutes sind gegeben:

Preis (€)	10,00	12,00	14,00	16,00	18,00	20,00	22,00
Nachfrage (Stück)	40	35	30	25	20	15	10
Angebot (Stück)	16	19	22	25	28	31	34

a) Wie viel € beträgt der **Gleichgewichtspreis?**

b) Nennen Sie möglichst viele Begriffe für die Marktsituation bei Preisen von 10,00 €, 16,00 € und 20,00 €.

c) Skizzieren Sie die Preisbildung in einem Koordinatensystem.

d) Wie viel € Umsatz werden beim Marktpreis erzielt?

e) Wie hoch wäre der Umsatz bei Preisen von 10,00, 12,00, 20,00 und 22,00 €?

6. Erklären Sie anhand einer Skizze sowie verbal die Begriffe **Konsumentenrente** (Nachfragerrente) und **Produzentenrente** (Anbieterrente).

7. Erklären Sie, warum sich beim vollkommenen Polypol ein **Gleichgewichtspreis** bildet.

8. Kommen beim **Gleichgewichtspreis** alle Anbieter und Nachfrager zum Zuge? Begründ.

9. Erklären Sie die Preis- und Mengenpolitik eines **Polypolisten** (vollkommener Markt).

10. Erklären Sie folgende Aussage: „Der **Gleichgewichtspreis** räumt den Markt."

11. Welche Marktlage ist für
    a) einen Käufer
    b) einen Verkäufer
    c) die Gesamtwirtschaft optimal?

12. Welche Marktpreiswirkungen haben folgende Marktänderungen?

    a) Nachfrageerhöhung
    b) Angebotssenkung
    c) Nachfragesenkung
    d) Angebotserhöhung

13. Zeigen Sie jeweils anhand einer Skizze, wie sich der **Gleichgewichtspreis** in folgenden Fällen ändert?

    a) Einkommenssteigerungen
    b) Rekordernte
    c) Zunehmender Pessimismus bei Anbietern
    d) Einkommenssenkungen
    e) Erwartung stark steigender Konsumgüterpreise
    f) Steigende Rohstoffkosten
    g) Die Nachfrageerhöhung ist größer als die Angebotserhöhung.
    h) Die Angebotserhöhung ist größer als die Nachfrageerhöhung.
    i) Einkommens- und Kostensenkungen

14. Wie ändert sich der **Gleichgewichtspreis,** wenn die Einkommen und die Anbieterzahl gleichzeitig ansteigen? Begründung.

15. Begründen Sie verbal und anhand einer Skizze folgende Aussage: „Der Preis ist gestiegen, obwohl im Vergleich zum Vorjahr das Angebot erheblich zugenommen hat."

16. Welchen Einfluss haben hohe Lohn- und Einkommensteuererhöhungen auf die Preis-Mengenverhältnisse des Preisbildungsmodells?

17. Erklären Sie die **Funktionen** (= Aufgaben) des Preises.

18. Für Holz- und Kunststofffenster einer genormten Größe gelten folgende Nachfrage- und Angebotssituationen:

Holzfenster

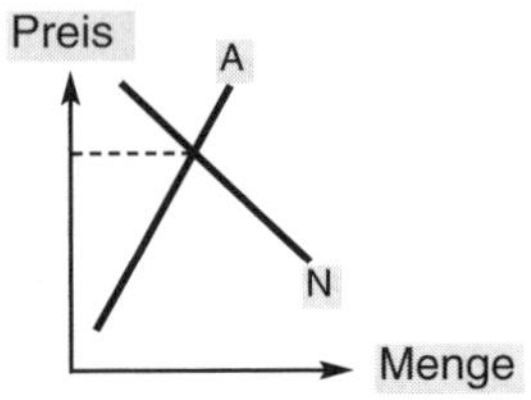

Kunststofffenster

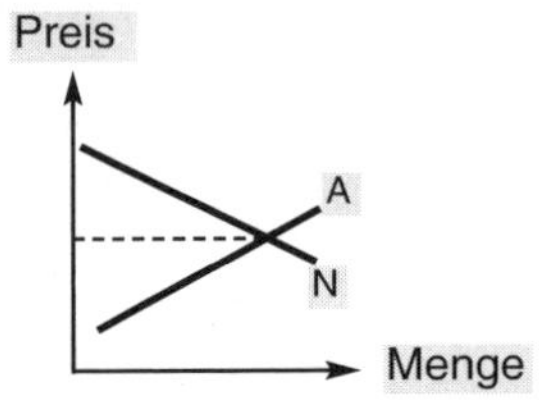

a) Welche Güterart liegt vor?
b) Immer mehr Nachfrager steigen aufgrund der relativ preisgünstigen Kunststofffenster auf diese Produktart um. Erklären Sie verbal und skizzenhaft die veränderten Marktsituationen.
c) Erklären Sie anhand dieses Beispiels die Preisfunktionen.

19. Warum wird der Polypolist auf dem vollkommenen Markt als „Mengenanpasser" bezeichnet?

3.3.3 Polypol – unvollkommener Markt

Stofftelegramm

Verhalten eines Polypolisten (unvollkommener Markt):

- Preispolitik in Grenzen möglich (monopolistischer Spielraum)
- Mengenpolitik möglich
- Absatzpolitische Maßnahmen (Werbung usw.) vergrößern die Spielräume

Aufgaben

1. Inwiefern unterscheidet sich der unvollkommene vom vollkommenen Markt?

2. Erklären und begründen Sie das preispolitische Verhalten eines Anbieters auf dem unvollkommenen Polypol.

3. Nennen Sie zwei typische Beispiele für gleichartige Güter, die zu unterschiedlichen Preisen angeboten werden.

4. Welches Ziel verfolgt ein einzelner Polypolist (unvollkommener Markt)?

5. Inwiefern ähneln sich unvollkommenes Polypol und Monopol?

3.3.4 Angebotsmonopol

Stofftelegramm

Der Monopolist ist abhängig von seinen Kosten und der Nachfrage.

Verhalten eines Monopolisten (vollkommener Markt)

Preispolitik — **Mengenpolitik**

Verwirklichung der gewinnmaximalen Preis-Mengenkombination (= sog. **Cournotscher Punkt**) P_C / x_C:

Hier ist die Differenz zwischen Umsatz und Gesamtkosten am größten **(Gewinnmaximum)**

C = Cournotscher Punkt N = Nachfrage
U = Umsatzerlöse K = Kosten

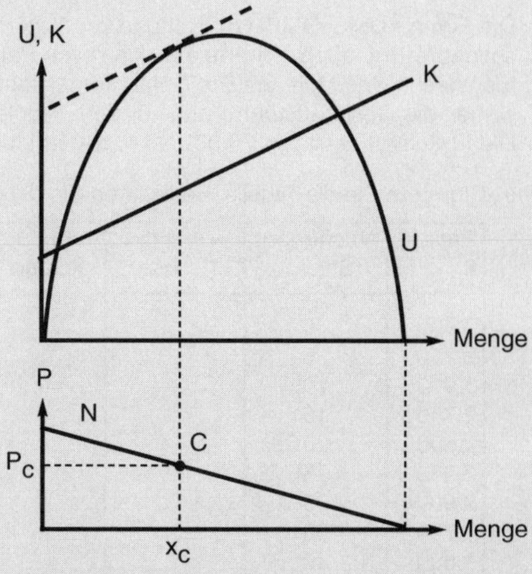

Verhalten eines Monopolisten (unvollkommener Markt) → **Preisdifferenzierung**

Für das gleiche Produkt werden z. B. in verschiedenen Regionen bzw. von verschiedenen Personen unterschiedliche Preise verlangt (= räumliche bzw. personelle Preisdifferenzierung)

Aufgaben

1. Erklären Sie kurz den Begriff Angebotsmonopol.
2. Nennen Sie zwei Möglichkeiten, wie Monopole entstehen können.
3. Erklären Sie die Begriffe Individual- und Kollektivmonopol.
4. Nennen Sie 5 Gründe, die Unternehmen dazu veranlassen, sich zusammenzuschließen?
5. Unterscheiden Sie die Begriffe Bedarfsdeckungs- und Gewinnmaximierungsmonopole.
6. Welche Daten hat ein Monopolist zu beachten?
7. Erklären Sie die Preis- und Mengenpolitik eines Monopolisten.

8. Skizzieren Sie die Monopolpreisbildung in zwei untereinander stehenden Koordinatensystemen. Schraffieren Sie die Gewinnzone.

9. Ein Monopolist verwirklicht seine gewinnmaximale Preis-Mengen-Kombination. Wie könnte er seinen Gewinn weiter erhöhen?

10. Die Firma AUMO-GMBH in Stuttgart produziert seit kurzem Spezialautos. Für diese sensationelle Erfindung sicherte sie sich durch Patente das alleinige Produktions- und Vertriebsrecht. Nachdem die Preis-Nachfragesituation durch Marktforschung erkundet wurde, stehen die Geschäftsführer nun vor dem Problem, einen Preis für das Auto zu fixieren. Die Fixkosten betragen 20.000,00 €, die variablen Kosten je Stück 1.000,00 €.

    a) Ergänzen Sie die Tabelle. Bestimmen Sie die gewinnmaximale Preis-Mengenkombination.

Preis €	Nachfrage (Stück)	Umsatz (Erlöse)	Fix-kosten	Variable Kosten	Gesamt-kosten	Gewinn Verlust
3.500	0					
3.250	5					
3.000	10					
2.750	15					
2.500	20					
2.250	25					
2.000	30					
1.750	35					
1.500	40					
1.250	45					
1.000	50					

    b) Welche Preis-Mengenkombination würde die AUMO-GMBH realisieren, wenn sie als vorübergehendes Ziel Umsatzmaximierung anstreben würde?

    c) Zeichnen Sie ins obere Koordinatensystem die Umsatz- und Gesamtkostenfunktion und bestimmen Sie grafisch das Gewinnmaximum. (10.000,00 € = 2 cm; 10 St. = 2 cm)

    d) Zeichnen Sie ins untere Koordinatensystem die Nachfragefunktion und die gewinnmaximale Preis-Mengenkombination. (500,00 € = 2 cm; 10 Stück = 2 cm)

11. Nennen Sie Gründe, warum ein Monopolist unter bestimmten Voraussetzungen für sein Gut einen Preis verlangt, der unter dem gewinnmaximalen Preis liegt.

12. Warum kann ein Monopolist nicht völlig willkürlich seine Preise festlegen?

13. Nennen Sie Argumente für und gegen Monopole.

14. Gelten die Preisfunktionen auch bei Monopolen? Begründung.

15. a) Wann liegt ein unvollkommenes Monopol vor?

    b) Welche Konsequenz hat die Unvollkommenheit des Marktes für die Preispolitik des Monopolisten?

3.3.5 Angebotsoligopol

Stofftelegramm

Verhalten eines Oligopolisten (vollkommener Markt)

KRIEG — oder — FRIEDEN

KRIEG:
- **Preiskampf** (= ruinöse Konkurrenz = Verdrängungswettbewerb)
- Unrealistisch, da riskant und teuer!

FRIEDEN:
- **Abgestimmtes Verhalten** (Gleichschritt)
- Kartell, Preisführerschaft
- Realitätsnah

Verhalten eines Oligopolisten (unvollkommener Markt)

Verlagerung des Wettbewerbs auf „Nicht-Preis-Wettbewerbsformen"
(Qualität, Werbung, Zahlungsbedingungen ...)

Aufgaben

1. Erklären Sie kurz den Begriff Angebotsoligopol.
2. Nennen Sie drei typische Oligopolmärkte.
3. Wovon ist das Preisverhalten eines Oligopolisten abhängig?
4. Erklären Sie die möglichen Verhaltensweisen eines Oligopolisten.
5. Welche Verhaltensweise ist realistisch für den Oligopolmarkt?
6. Was heißt „Bumerang-Charakter" oligopolistischer Konkurrenz?
7. Warum tendieren Oligopolisten zur friedlichen Verhaltensweise?
8. Wovon hängt das Ende eines Preiskampfes (Oligopolkrieges) ab?
9. Die Mutig AG bietet ihr Produkt auf einem unvollkommenen oligopolistischen Markt an. Um weitere Nachfrager zu gewinnen, senkt sie ihre Preise. Wie könnten die beiden anderen Oligopolisten Sauer AG und Krieger AG reagieren?
10. In welcher Situation werden möglicherweise alle Oligopolisten gemeinsam erhebliche Preissenkungen vornehmen?
11. Erklären und begründen Sie das preispolitische Verhalten eines Anbieters auf dem unvollkommenen Oligopol.
12. Gelten die Preisfunktionen auch auf oligopolistischen Märkten?

3.4 PRÜFUNGSAUFGABEN

Prüfungsaufgabe A

2.1 Auf dem Spargelmarkt in Schwetzingen ergeben sich folgende Kauf- und Verkaufsaufträge: (Es herrschen die Bedingungen eines vollkommenen Marktes.)

Kaufaufträge		
Käufer	kauft	z. Preis je kg
A	100 kg	20,00 €
B	200 kg	16,00 €
C	300 kg	12,00 €
D	400 kg	8,00 €
E	500 kg	4,00 €

Verkaufsaufträge		
Verkäufer	verkauft	z. Preis je kg
F	100 kg	4,00 €
G	200 kg	8,00 €
H	300 kg	12,00 €
I	400 kg	16,00 €
J	500 kg	20,00 €

2.1.1 Ermitteln Sie die Gesamtnachfrage und das Gesamtangebot.
Benutzen Sie das beigefügte Lösungsblatt **(Anlage).**

2.1.2 Zeichnen Sie auf dem beigefügten Lösungsblatt (Anlage) mit den von Ihnen ermittelten Werten die Gesamtnachfrage- und die Gesamtangebotskurve.

Kennzeichnen Sie die Achsen und ermitteln Sie den Gleichgewichtspreis.

2.1.3 Erklären Sie das Zustandekommen des Gleichgewichtspreises.

2.1.4 Welche Marktlage herrscht beim Preis von 8,00 € je kg?

2.1.5 Ein Gesundheitsreport im Fernsehen preist die Vorzüge des Spargels besonders an. Daraufhin werden von jedem Nachfrager 50 kg mehr nachgefragt.

2.1.5.1 Ermitteln Sie die neue Gesamtnachfrage.

Benutzen Sie das beigefügte Lösungsblatt **(Anlage).**

2.1.5.2 Zeichnen Sie die veränderte Nachfragekurve in Ihr Schaubild (Anlage) ein und ermitteln Sie grafisch den neuen Gleichgewichtspreis.

2.1.6 Eine Naturkatastrophe vernichtet viele Spargelfelder. Deshalb ist die Existenz vieler Spargelerzeuger gefährdet. Erläutern Sie zwei Maßnahmen, wie der Staat den Spargelerzeugern helfen kann.

2.2 Der Marktpreis hat verschiedene Aufgaben zu erfüllen. Erläutern Sie zwei dieser Aufgaben.

Anlage

zu 2.1.1

Preis in €	Angebot in kg F	G	H	I	J	Gesamtangebot

Preis in €	Nachfrage in kg A	B	C	D	E	Gesamtnachfrage

zu 2.1.2 und 2.1.5.2

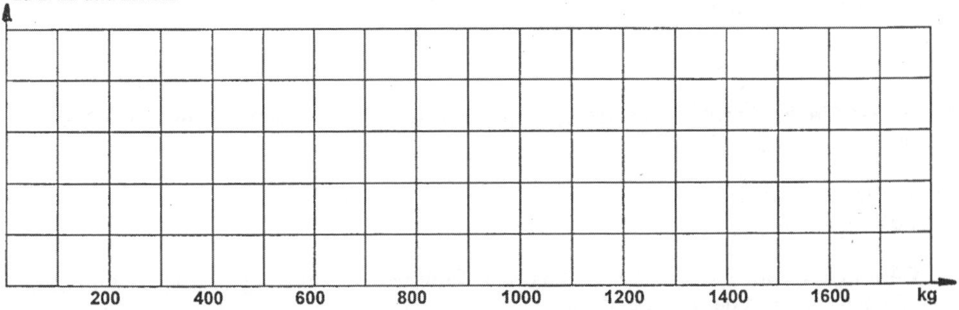

zu 2.1.5.1

Preis in €	neue Nachfrage in kg A	B	C	D	E	Gesamtnachfrage

Prüfungsaufgabe B

Marktreif: POMMES-AUTOMATEN

Frankfurt - Anlässlich der Generalversammlung will der einzige Hersteller von Pommes-Automaten einen weiteren Meilenstein auf dem Weg zur Markteinführung setzen. Den Gesellschaftern soll dann die serienreife Maschine, verbunden mit einem Qualitätstest der Pommes, vorgestellt werden. Unabhängige Tester haben immer wieder festgestellt, dass die Pommes aus dem Automaten beim Verbraucher gut ankommen. Verantwortlich für die große Zuversicht in den Erfolg dieser neuartigen Erfindung sei auch die Tatsache, dass mittlerweile die Pommes alle gleich lang, außen viel härter und innen gut gefüllt sind. Wenn es nötig sei, könne die Zubereitung sogar auf länderspezifische Geschmacksunterschiede ausgerichtet werden.

1 Begründen Sie, welche Marktform hier vorliegt und beurteilen Sie diese Marktform aus volkswirtschaftlicher Sicht (je zwei Vor- und zwei Nachteile).

2 Auf Grund eigener Marktuntersuchungen ergeben sich für die Pommes-Fix GmbH die Daten in Anlage 1.
Zu welchem Preis soll die Pommes-Fix GmbH einen Automaten verkaufen, wenn folgende Zielsetzungen verfolgt werden

2.1 Umsatzmaximierung

2.2 Gewinnmaximierung.

3 Stellen Sie die Umsatz- sowie die Gesamtkostenkurve im angegebenen Koordinatensystem grafisch dar (vgl. Anlage 2).

Verwenden Sie folgende Maßeinheiten: X-Achse: 1cm = 10 Automaten / Y-Achse: 1cm = 20.000,00 €.

4 Begründen Sie anhand der Grafik die Entwicklung des Unternehmenserfolges in Abhängigkeit von der Absatzmenge.

5 Nach Ablauf des Patents haben sich zwei weitere Unternehmen dazu entschlossen, vergleichbare Pommes-Automaten auf den Markt zu bringen. Begründen Sie, welche Marktform jetzt entstanden ist und erläutern Sie eine mögliche Verhaltensweise der Anbieter bei dieser Marktform.

Anlage 1

Lösungsblatt zu Aufgabe 2 Nr. 2

Aufgrund einer internen Kalkulation muss mit 90.000,00 € Fixkosten und mit variablen Stückkosten in Höhe von 2.000,00 € je Automat gerechnet werden.

Auswertungstabelle						
Preis	**Menge**	**Umsatz**	**Fixkosten**	**Variable Kosten**	**Gesamt-kosten**	**Gewinn bzw. Verlust**
10.000,00	**0**					
9.000,00	**10**					
8.000,00	**20**					
7.000,00	**30**					
6.000,00	**40**					
5.000,00	**50**					
4.000,00	**60**					
3.000,00	**70**					
2.000,00	**80**					
1.000,00	**90**					

Anlage 2

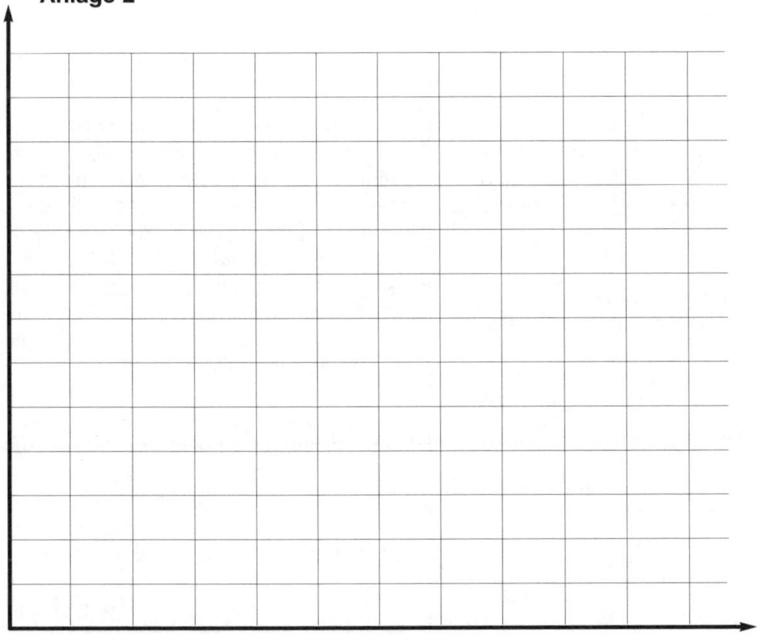

Prüfungsaufgabe C

1 Die Envolt AG hat einen neuen Mikrochip für Computer erfunden, der den sofortigen Einstieg in verschiedene Anwendungsprogramme ohne Zeit raubendes Hochfahren des Computers ermöglicht. Die AG ist Alleinanbieterin des patentierten Mikrochips. Die Herstellungskosten je Chip betragen 15,50 €. Eine Preisfestsetzung soll mithilfe einer Tabelle (**Anlage 3**) erfolgen.

1.1 Welche Marktform liegt im dargestellten Fall vor?

1.2 Vervollständigen Sie die Tabelle in **Anlage 3**.

1.3 Für welchen Preis in Euro wird sich die Envolt AG entscheiden? Begründung.

1.4 Erläutern Sie zwei Gefahren von unangemessen hohen Preisforderungen des Anbieters.

1.5 Beschreiben Sie zwei Folgen für den Markt, welche die Machtstellung des Alleinanbieters hat.

2 Beantworten Sie nachfolgende Fragen mithilfe der Textauszüge.

Heute wird Aldi mehr und mehr gezwungen, seine Preisführerschaft deutlich zu machen. Dies führt ab und zu zwischen den führenden Discountern (...) zu regelrechten Preiskämpfen.

Im Kampf um Marktanteile gilt im Discount nur ein Mittel: der Preis. Nach Berichten wollte Aldi für die Hälfte seines Sortiments die Preise senken und (...)

aus: Dieter Brandes: „Konsequent einfach - Die Aldi-Erfolgsstory", Campus Verlag S. 185, 1998

Genau hinschauen und nachrechnen lohnt sich weiterhin

Aldi hat es als Erster werbewirksam kundgetan: Alle Preise werden nach der Euro-Umstellung abgerundet. Ein Liter frische Vollmilch kostet künftig nicht 61 sondern 59 Cent. Und auch andere Ketten wie Lidl, Norma oder Plus zogen nach.

wdr.de 03.01.02

Künast: Schluss mit Billigpreisen der Discounter!

Bundesregierung will Aldi, Lidl & Co. bremsen mit Auflagen für Lockangebote und dem Verbot, Produkte unter Einstandspreis zu verkaufen.

abendblatt. de, 16.01.03

Lidl sitzt Aldi im Nacken

Die Schwaben-Discounter von Lidl gewinnen rasch Marktanteile: In den ersten 3 Quartalen 2003 legte Lidl beim Umsatz rasant um 12,6 % zu, Aldi (Nord und Süd) kam nur auf ein Plus von 5,6 %. Besonders auffällig: Lidl knöpfte Aldi direkt Marktanteile ab. Im ersten Halbjahr verlor Aldi 78 Millionen Euro Umsatz an den schwäbischen Rivalen...

Die Verbraucher (...) sind wieder bereit, einen Aufschlag für bekannte Marken zu zahlen. Lidls Sortiment von 1 200 Artikeln ist ein Mix von Nachahmer- und Markenartikeln. Aldi setzt dagegen zu zwei Dritteln auf Nachahmerprodukte.

stern.de, 20.10.03

2.1 Welche Marktform liegt vor?

2.2 Welche Mittel im Kampf um Marktanteile setzen die Discounter hinsichtlich der Preisbildung ein?

2.3 Wie beeinflusst das Verhalten von Aldi seine Konkurrenten? Begründung.

2.4 Wie begegnet der Staat diesem Preiskampf?

2.5 Beschreiben Sie die Entwicklung der Machtverhältnisse zwischen Aldi und Lidl.

2.6 Worauf führt der Text die Entwicklung zurück?

3 Die besondere Marktstellung von Aldi hat neben den direkten Mitbewerbern auch Auswirkungen auf andere Marktteilnehmer.

Preiskampf

Aldi melkt die Milchbauern

Bei Preisverhandlungen mit Milchlieferanten soll der Discounter jüngst hartes Geschütz aufgefahren haben. Aldi hat offenbar gedroht, die komplette deutsche Milchindustrie auszulisten.

Manager-magazin.de 28.05.03

Schnitzeljagd der Discounter

Preiskampf

Mit Macht erobern Aldi und Co. den Fleischmarkt. Hamburger Metzger leiden.

abendblatt.de 22.07.03

3.1 In welcher Beziehung steht Aldi zu den in den Artikeln angesprochenen Marktteilnehmern?

3.2 Welche Auswirkung hat die besondere Marktstellung von Aldi auf die beiden angesprochenen Marktteilnehmer?

3.3 Nehmen Sie dazu in Hinblick auf einen funktionierenden Markt Stellung.

Anlage 3

Preis in € je Stück	Nachfrage in Stück	Umsatz in €	Kosten in €	Gewinn in €
20,00	11 000			
31,00	7 600			
42,50	5 800			
49,00	4 760			
61,00	3 800			
70,00	3 100			
82,00	2 470			
90,50	1 920			

Prüfungsaufgabe 2005 (Aufgabe 2)

In den letzten Jahren wurde an den Warenbörsen festgestellt, dass der Preis für die dort gehandelten Rohkaffeebohnen sehr niedrig ist. Besonders betroffen davon sind Länder in Lateinamerika und Afrika, wie Guatemala, Nicaragua, Kolumbien und Kamerun, die zu den Haupterzeugerländern von Kaffee zählen.

1 An einer Warenbörse für Rohkaffee gehen folgende Kauf- und Verkaufsaufträge ein:

Verkäufer	Verkaufsaufträge
V1	2000 kg zu mindestens 1,50 €/kg
V2	2000 kg zu mindestens 3,00 €/kg
V3	2000 kg zu mindestens 4,50 €/kg
V4	2000 kg zu mindestens 6,00 €/kg
V5	2000 kg zu mindestens 7,50 €/kg

Käufer	Kaufaufträge
K1	2500 kg zu höchstens 1,50 €/kg
K2	2500 kg zu höchstens 3,00 €/kg
K3	2500 kg zu höchstens 4,50 €/kg
K4	2500 kg zu höchstens 6,00 €/kg
K5	1000 kg zu höchstens 7,50 €/kg

1.1 Ermitteln Sie den Gleichgewichtspreis und die Gleichgewichtsmenge für den Rohkaffee.

1.2 Nennen Sie die Verkäufer, die bei dem sich einstellenden Gleichgewichtspreis nicht mehr verkaufen wollen und die deshalb leer ausgehen.

1.3 Beschreiben Sie, welche Marktlage beim Preis von 6,00 €/kg vorliegt.

1.4 Der Preis hat in einem marktwirtschaftlichen System wichtige Funktionen. Erläutern Sie zwei Preisfunktionen.

2 Aufgrund eines starken Befalls der Kaffeepflanzen durch Schädlinge fiel die Kaffeeernte deutlich geringer aus.

2.1 Beschreiben Sie die Veränderung der Marktsituation bei unveränderter Nachfrage.

2.2 Welche Auswirkung ergibt sich aufgrund der veränderten Marktsituation für Preis und Menge der gehandelten Kaffeebohnen?

3 Sie haben im Supermarkt, aber auch im Tante-Emma-Laden oder im Dritte-Welt-Laden die Wahl zwischen vielen Kaffeesorten mit sehr unterschiedlichen Preisen.
Nennen Sie drei Gründe für die unterschiedlichen Kaffeepreise.

4 Als besonders teuer fallen Ihnen die Kaffeesorten des Handelshauses gepa (= Gesellschaft zur Förderung der Partnerschaft mit der Dritten Welt mbH) auf, z. B. kostet ein Pfund Kaffee „Aymara Öko" 6,20 €. Kaffeesorten von anderen Handelshäusern dagegen kosten zwischen 3,00 € und 5,00 €. Ein von gepa ausliegender Handzettel enthält folgende Informationen:

> Wir handeln seit über 20 Jahren direkt mit unabhängigen Kleinbauernorganisationen in Lateinamerika, Afrika und Asien unter Ausschluss von Zwischenhändlern. Unabhängig vom sich einstellenden Marktpreis zahlen wir einen garantierten Mindestpreis, für Kaffee aus biologischem Anbau außerdem einen zusätzlichen Preisaufschlag. Der Kaffee wird in einer aromaschutzverstärkten recyclebaren Folie angeboten. Auf die sonst übliche Aluminiumschicht wird verzichtet.

Beschreiben Sie drei Ziele, die die gepa mit ihrem höheren Kaffeeverkaufspreis erreichen möchte.

Prüfungsaufgabe 2007/2008 (Aufgabe 2)

1 Die vorliegende Grafik zeigt die Entwicklung des Rohölpreises, der sich an den internationalen Rohölbörsen bildet.

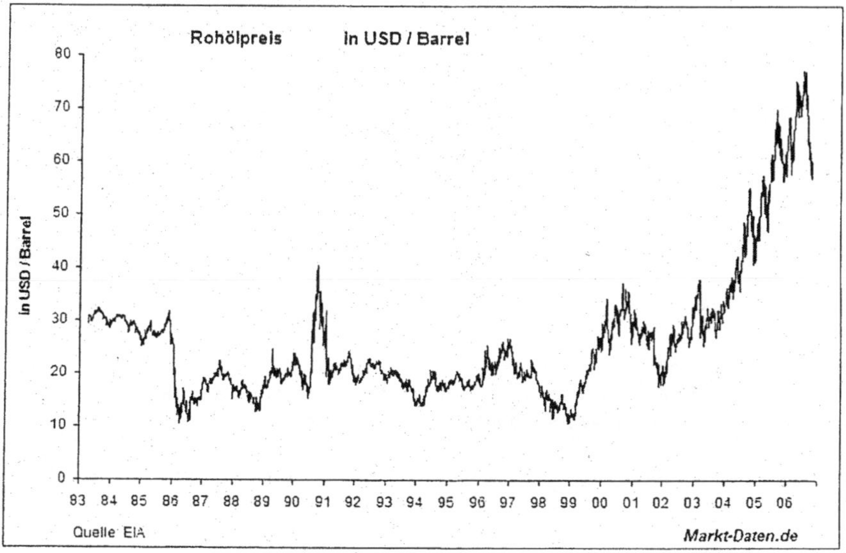

1.1 Beschreiben Sie die Entwicklung des Preises für Rohöl.

1.2 Nennen Sie drei mögliche Ursachen, die zu dieser Entwicklung geführt haben könnten.

2 An einer Rohölbörse liegen folgende Kauf- und Verkaufsaufträge vor:

Kaufaufträge				Verkaufsaufträge		
Käufer	Höchstpreis je Barrel in USD	Menge in Barrel		Verkäufer	Mindestpreis je Barrel in USD	Menge in Barrel
K1	80,00	3 000		V1	72,00	3 600
K2	72,00	3 200		V2	64,00	4 200
K3	68,00	4 200		V3	76,00	3 400
K4	76,00	3 500		V4	68,00	4 200
K5	64,00	3 800		V5	80,00	3 700

2.1 Ermitteln Sie mithilfe einer Tabelle die Gesamtnachfrage und das Gesamtangebot zu den jeweiligen Preisen.

2.2 Zeichnen Sie die Gesamtnachfrage und das Gesamtangebot in das vorgegebene Koordinatensystem (**Anlage**) ein und ermitteln Sie grafisch den Gleichgewichtspreis und die Gleichgewichtsmenge.

3

> Dreht Opec am Ölhahn?
> Die Organisation Erdöl exportierender Länder (Opec) schließt eine weitere Kürzung der Ölfördermenge nicht aus. Eine weitere Drosselung könne [...] notwendig werden, um das deutliche Überangebot auf dem Markt auszugleichen, sagte Opec-Präsident Edmund Daukoru [...]. Das Kartell hatte angesichts sinkender Preise im Oktober erstmals seit 2004 wieder eine Drosselung der Ölförderung um 1,2 Millionen Fass pro Tag beschlossen.
> Quelle: OÖNachrichten, 07.11.2006

3.1 Erklären Sie, wie sich die Drosselung der Fördermenge auf dem Rohölmarkt auswirkt.

3.2 Stellen Sie in Ihrer Grafik (**Anlage**) diese Auswirkung dar (nur skizzenhaft).

4 Die stark gestiegenen Heizölpreise stellen für immer mehr Haushalte eine erhebliche finanzielle Belastung dar. Daher wird von der Politik gefordert, geeignete Schritte zu unternehmen.

4.1 In der Diskussion steht die Einführung eines Höchstpreises.
Stellen Sie mithilfe eines neuen Schaubilds die Marktsituation nach der Festlegung eines Höchstpreises dar und geben Sie zwei mögliche Auswirkungen an.

4.2 Nennen Sie zwei weitere Eingriffsmöglichkeiten des Staates und begründen Sie, ob es sich hierbei um marktkonforme oder marktkonträre Maßnahmen handelt.

Anlage

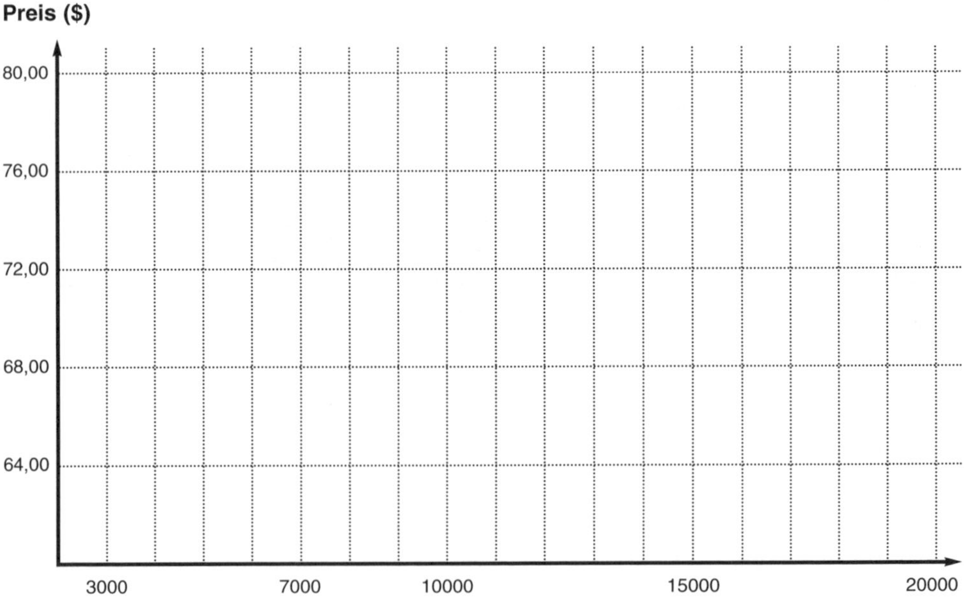

PRÜFUNGSAUFGABE 2009 (Aufgabe 2)

An einer Warenbörse für Getreide liegen den Maklern folgende Kauf- und Verkaufsaufträge vor:

Kaufaufträge		Verkaufsaufträge	
Anzahl in Tonnen	Kurs in €/t	Anzahl in Tonnen	Kurs in €/t
300	270,00	190	270,00
250	280,00	170	280,00
200	290,00	140	290,00
150	300,00	130	300,00
100	310,00	110	310,00
50	320,00	90	320,00

1.1 Nennen und erklären Sie die Marktform hinsichtlich der Anzahl der Marktteilnehmer, die diesem Markt zugrunde liegt.

1.2 Vervollständigen Sie die Tabelle (**Anlage 2**) und ermitteln Sie grafisch (**Anlage 3**) den Gleichgewichtspreis.

1.3 Erklären Sie die Begriffe Angebots- und Nachfrageüberhang.

Machen Sie beide in Ihrem Schaubild (**Anlage 3**) kenntlich.

1.4 Angenommen, es werden durch eine Naturkatastrophe wichtige Anbauflächen für Getreide zerstört.

1.4.1 Begründen Sie die Auswirkung auf den Gleichgewichtspreis.

1.4.2 Zeichnen Sie dies in Ihrem Schaubild (**Anlage 3**) ein.

2 In einer sozialen Marktwirtschaft muss der Staat, wenn dies erforderlich erscheint, in das Marktgeschehen eingreifen.

2.1 Nennen Sie zwei staatliche Maßnahmen, um die Nachfrage zu erhöhen.

2.2 Nennen Sie zwei staatliche Maßnahmen zur Erhöhung des Angebots.

Anlage 2

Mögliche Kurse	Kaufaufträge insgesamt (Tonnen)	Verkaufsaufträge insgesamt (Tonnen)	Möglicher Umsatz in €

Anlage 3

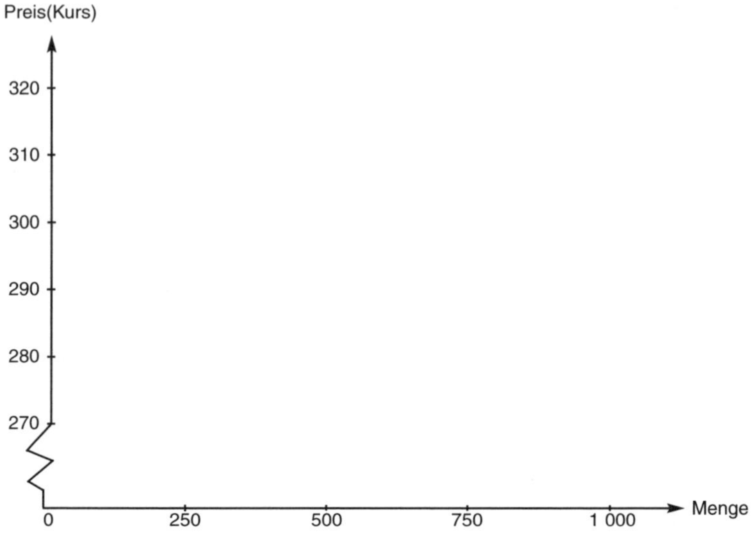

Prüfungsaufgabe 2010 (Aufgabe 2)

2.1 An der Rohölbörse geht es zu wie auf der Achterbahn. Die Preise schießen in die Höhe und stürzen tags darauf schon wieder in die Tiefe. Mitte Juni 2008 erreichte der Rohölpreis einen Höchststand von 146 Dollar je Barrel. Ende Oktober 2008 hat sich der Preis mehr als halbiert. Experten sehen unter anderem die Ursache für diesen Preisverfall in dem weltweit erwarteten Konjunkturabschwung ausgelöst durch die Finanzkrise.

Quelle: in Anlehnung an Handelsblatt Nr.186

2.1.1 Begründen Sie, welche Marktform unterschieden nach der Anzahl der Marktteilnehmer an der Rohölbörse vorliegt.

2.1.2 Skizzieren Sie in einem Preis-Mengen-Diagramm die Preisbildung bei dieser Marktform und kennzeichnen Sie den Marktpreis. Beschriften Sie Ihr Diagramm vollständig.

2.1.3 Erklären Sie den Zusammenhang zwischen Konjunkturabschwung und sinkendem Ölpreis.

2.1.4 Verdeutlichen Sie diesen Zusammenhang und die daraus folgende Auswirkung auf den Marktpreis in Ihrem Preis-Mengen-Diagramm von Aufgabe 2.1.2.

2.1.5 Beschreiben Sie eine konkrete Möglichkeit der OPEC (Organisation Erdöl exportierender Länder) dem Preisverfall entgegenzuwirken. Begründen Sie Ihre Antwort.

2.2 Der Ölpreis fällt und fällt – dennoch erhöhen die Gasversorger, die stets auf die Koppelung von Öl und Gas verweisen, ihre Preise. Wie passt das zusammen? (...)
Zum einen nutzen die örtlichen Gasverteiler ihre starke Stellung aus. Zum anderen halten die großen nationalen Versorger RWE, E.ON, Vattenfall und EnBW die Preise hoch. Experten machen die besonderen Marktverhältnisse dafür verantwortlich.

Quelle: in Anlehnung an http://wirtschaft.t-online.de/c/16/60/28/38/16602838.html

2.2.1 Benennen und erklären Sie die auf dem deutschen Gasmarkt vorherrschende Marktform.

2.2.2 Leiten Sie aus dem obigen Text die Preisstrategie der deutschen Gasanbieter sowie deren Zielsetzung ab.

2.2.3 Der Gesetzgeber hat mit dem Kartellgesetz (**Anlage 3**) eine Möglichkeit geschaffen, gegen Preisabsprachen vorzugehen.

Erklären Sie die allgemeine Zielsetzung des Kartellgesetzes und beschreiben Sie die dazu gehörenden Instrumente des Kartellamts.

Anlage 3 Auszug aus dem Gesetz gegen Wettbewerbsbeschränkungen (Kartellgesetz)

§ 1 Verbot wettbewerbsbeschränkender Vereinbarungen
Vereinbarungen zwischen Unternehmen, Beschlüsse von Unternehmensvereinigungen und aufeinander abgestimmte Verhaltensweisen, die eine Verhinderung, Einschränkung oder Verfälschung des Wettbewerbs bezwecken oder bewirken, sind verboten.

§ 19 Missbrauch einer marktbeherrschenden Stellung
(1) Die missbräuchliche Ausnutzung einer marktbeherrschenden Stellung durch ein oder mehrere Unternehmen ist verboten.
(2) Ein Unternehmen ist marktbeherrschend, soweit es als Anbieter oder Nachfrager einer bestimmten Art von Waren oder gewerblichen Leistungen auf dem sachlich und räumlich relevanten Markt

1. ohne Wettbewerber ist oder keinem wesentlichen Wettbewerb ausgesetzt ist oder
2. eine im Verhältnis zu seinen Wettbewerbern überragende Marktstellung hat; hierbei sind insbesondere sein Marktanteil, seine Finanzkraft, sein Zugang zu den Beschaffungs- oder Absatzmärkten, Verflechtungen mit anderen Unternehmen, rechtliche oder tatsächliche Schranken für den Marktzutritt anderer Unternehmen, der tatsächliche oder potenzielle Wettbewerb durch innerhalb oder außerhalb des Geltungsbereichs dieses Gesetzes ansässige Unternehmen, die Fähigkeit, sein Angebot oder seine Nachfrage auf andere Waren oder gewerbliche Leistungen umzustellen, sowie die Möglichkeit der Marktgegenseite, auf andere Unternehmen auszuweichen, zu berücksichtigen.

Zwei oder mehr Unternehmen sind marktbeherrschend, soweit zwischen ihnen für eine bestimmte Art von Waren oder gewerblichen Leistungen ein wesentlicher Wettbewerb nicht besteht und soweit sie in ihrer Gesamtheit die Voraussetzungen des Satzes 1 erfüllen. Der räumlich relevante Markt im Sinne dieses Gesetzes kann weiter sein als der Geltungsbereich dieses Gesetzes.
(3) Es wird vermutet, dass ein Unternehmen marktbeherrschend ist, wenn es einen Marktanteil von mindestens einem Drittel hat. Eine Gesamtheit von Unternehmen gilt als marktbeherrschend, wenn sie

1. aus drei oder weniger Unternehmen besteht, die zusammen einen Marktanteil von 50 vom Hundert erreichen, oder
2. aus fünf oder weniger Unternehmen besteht, die zusammen einen Marktanteil von zwei Dritteln erreichen,

es sei denn, die Unternehmen weisen nach, dass die Wettbewerbsbedingungen zwischen ihnen wesentlichen Wettbewerb erwarten lassen oder die Gesamtheit der Unternehmen im Verhältnis zu den übrigen Wettbewerbern keine überragende Marktstellung hat.
(4) Ein Missbrauch liegt insbesondere vor, wenn ein marktbeherrschendes Unternehmen als Anbieter oder Nachfrager einer bestimmten Art von Waren oder gewerblichen Leistungen

1. die Wettbewerbsmöglichkeiten anderer Unternehmen in einer für den Wettbewerb auf dem Markt erheblichen Weise ohne sachlich gerechtfertigten Grund beeinträchtigt;
2. Entgelte oder sonstige Geschäftsbedingungen fordert, die von denjenigen abweichen, die sich bei wirksamem Wettbewerb mit hoher Wahrscheinlichkeit ergeben würden; hierbei sind insbesondere die Verhaltensweisen von Unternehmen auf vergleichbaren Märkten mit wirksamem Wettbewerb zu berücksichtigen;
3. ungünstigere Entgelte oder sonstige Geschäftsbedingungen fordert, als sie das marktbeherrschende Unternehmen selbst auf vergleichbaren Märkten von gleichartigen Abnehmern fordert, es sei denn, dass der Unterschied sachlich gerechtfertigt ist;
4. sich weigert, einem anderen Unternehmen gegen angemessenes Entgelt Zugang zu den eigenen Netzen oder anderen Infrastruktureinrichtungen zu gewähren, wenn es dem anderen Unternehmen aus rechtlichen oder tatsächlichen Gründen ohne die Mitbenutzung nicht möglich ist, auf dem vor- oder nachgelagerten Markt als Wettbewerber des marktbeherrschenden Unternehmens tätig zu werden; dies gilt nicht, wenn das marktbeherrschende Unternehmen nachweist, dass die Mitbenutzung aus betriebsbedingten oder sonstigen Gründen nicht möglich oder nicht zumutbar ist.

§ 35 Geltungsbereich der Zusammenschlusskontrolle

(1) Die Vorschriften über die Zusammenschlusskontrolle finden Anwendung, wenn im letzten Geschäftsjahr vor dem Zusammenschluss

1. die beteiligten Unternehmen insgesamt weltweit Umsatzerlöse von mehr als 500 Millionen Euro und
2. im Inland mindestens ein beteiligtes Unternehmen Umsatzerlöse von mehr als 25 Millionen Euro und ein anderes beteiligtes Unternehmen Umsatzerlöse von mehr als 5 Millionen Euro

erzielt haben.

(2) Absatz 1 gilt nicht,

1. soweit sich ein Unternehmen, das nicht im Sinne des § 36 Abs. 2 abhängig ist und im letzten Geschäftsjahr weltweit Umsatzerlöse von weniger als 10 Millionen Euro erzielt hat, mit einem anderen Unternehmen zusammenschließt oder
2. soweit ein Markt betroffen ist, auf dem seit mindestens fünf Jahren Waren oder gewerbliche Leistungen angeboten werden und auf dem im letzten Kalenderjahr weniger als 15 Millionen Euro umgesetzt wurden.

Soweit durch den Zusammenschluss der Wettbewerb beim Verlag, bei der Herstellung oder beim Vertrieb von Zeitungen oder Zeitschriften oder deren Bestandteilen beschränkt wird, gilt nur Satz 1 Nr. 2.

(3) Die Vorschriften dieses Gesetzes finden keine Anwendung, soweit die Kommission der Europäischen Gemeinschaft nach der Verordnung (EG) Nr. 139/2004 des Rates vom 20. Januar 2004 über die Kontrolle von Unternehmenszusammenschlüssen in ihrer jeweils geltenden Fassung ausschließlich zuständig ist.

§ 36 Grundsätze für die Beurteilung von Zusammenschlüssen

(1) Ein Zusammenschluss, von dem zu erwarten ist, dass er eine marktbeherrschende Stellung begründet oder verstärkt, ist vom Bundeskartellamt zu untersagen, es sei denn, die beteiligten Unternehmen weisen nach, dass durch den Zusammenschluss auch Verbesserungen der Wettbewerbsbedingungen eintreten und dass diese Verbesserungen die Nachteile der Marktbeherrschung überwiegen.

§ 37 Zusammenschluss

(1) Ein Zusammenschluss liegt in folgenden Fällen vor:

1. Erwerb des Vermögens eines anderen Unternehmens ganz oder zu einem wesentlichen Teil;
2. Erwerb der unmittelbaren oder mittelbaren Kontrolle durch ein oder mehrere Unternehmen über die Gesamtheit oder Teile eines oder mehrerer anderer Unternehmen. Die Kontrolle wird durch Rechte, Verträge oder andere Mittel begründet, die einzeln oder zusammen unter Berücksichtigung aller tatsächlichen und rechtlichen Umstände die Möglichkeit gewähren, einen bestimmenden Einfluss auf die Tätigkeit eines Unternehmens auszuüben, insbesondere durch
   a) Eigentums- oder Nutzungsrechte an einer Gesamtheit oder an Teilen des Vermögens des Unternehmens,
   b) Rechte oder Verträge, die einen bestimmenden Einfluss auf die Zusammensetzung, die Beratungen oder Beschlüsse der Organe des Unternehmens gewähren;
3. Erwerb von Anteilen an einem anderen Unternehmen, wenn die Anteile allein oder zusammen mit sonstigen, dem Unternehmen bereits gehörenden Anteilen
   a) 50 vom Hundert oder
   b) 25 vom Hundert

   des Kapitals oder der Stimmrechte des anderen Unternehmens erreichen. Zu den Anteilen, die dem Unternehmen gehören, rechnen auch die Anteile, die einem anderen für Rechnung dieses Unternehmens gehören und, wenn der Inhaber des Unternehmens ein Einzelkaufmann ist, auch die Anteile, die sonstiges Vermögen des Inhabers sind. Erwerben mehrere Unternehmen gleichzeitig oder nacheinander Anteile im vorbezeichneten Umfang an einem anderen Unternehmen, gilt dies hinsichtlich der Märkte, auf denen das andere Unternehmen tätig ist, auch als Zusammenschluss der sich beteiligenden Unternehmen untereinander;
4. jede sonstige Verbindung von Unternehmen, auf Grund deren ein oder mehrere Unternehmen unmittelbar oder mittelbar einen wettbewerblich erheblichen Einfluss auf ein anderes Unternehmen ausüben können.

(2) Ein Zusammenschluss liegt auch dann vor, wenn die beteiligten Unternehmen bereits vorher zusammengeschlossen waren, es sei denn, der Zusammenschluss führt nicht zu einer wesentlichen Verstärkung der bestehenden Unternehmensverbindung.

(3) Erwerben Kreditinstitute, Finanzinstitute oder Versicherungsunternehmen Anteile an einem anderen Unternehmen zum Zwecke der Veräußerung, gilt dies nicht als Zusammenschluss, solange sie das Stimmrecht aus den Anteilen nicht ausüben und sofern die Veräußerung innerhalb eines Jahres erfolgt. Diese Frist kann vom Bundeskartellamt auf Antrag verlängert werden, wenn glaubhaft gemacht wird, dass die Veräußerung innerhalb der Frist unzumutbar war.

4 Soziale Marktwirtschaft

4.1 Ordnungsmerkmale

Stofftelegramm

Soziale Marktwirtschaft = Marktwirtschaft unter Verhinderung unsozialer Auswirkungen

Grundgesetz:
- schreibt keine bestimmte Wirtschaftsordnung vor
- enthält einige freiheitliche und soziale Ordnungsvorstellungen, z. B.:
  - Art. 2 (1): Recht auf freie Entfaltung der Persönlichkeit
  - Art. 12 (1): freie Berufs- und Arbeitsplatzwahl
  - Art. 14 (1): Gewährleistung von Eigentum und Erbrecht
  - Art. 14 (2): Eigentum verpflichtet (Gebrauch i. S. des Gemeinwohls)
  - Art. 20 (1): Die Bundesrepublik Deutschland ist ein demokratischer und sozialer Bundesstaat
  - Art. 28 (1): Verfassungsmäßige Ordnung der Länder muss den Grundsätzen des sozialen Rechtsstaates i. S. des Grundgesetzes entsprechen

Ordnungsmerkmale der Freien Marktwirtschaft	Einschränkungen der Ordnungsmerkmale in der Sozialen Marktwirtschaft (= Realtyp)
1. Privateigentum an Produktionsmitteln	• Mitbestimmung • z. T. öffentliches Eigentum • Art. 14 GG: Eigentum verpflichtet
2. Vertragsfreiheit	• Nichtige und anfechtbare Rechtsgeschäfte • Verbraucherschutz • GWB (vgl. Kap. 4.3)
3. Gewerbefreiheit	• Umwelt- und Verbraucherschutz, Zulassungsvorschriften ...
4. Freie Berufswahl	• Befähigungsnachweise in bestimmten Berufen
5. Konsumfreiheit	• Verbot bestimmter Güter (z. B. Rauschgift)
6. Freihandel	• z. B. Verbot von Waffenexporten
7. Freie Lohn- und Preisbildung	• Marktkonträre Maßnahmen des Staates (vgl. 4.2) • Mindestlöhne laut Tarifverträge
8. Keine staatlichen Eingriffe in die Wirtschaft	• Eingriffe des Staates (Verhinderung sozialer Härten oder Förderung wirtschaftspolitischer Ziele)

Aufgaben

1. Welcher allgemeine Zusammenhang besteht zwischen den Ordnungsrahmen der freien und jenen der sozialen Marktwirtschaft?

2. Zeigen Sie anhand von je drei Beispielen, wie in einer sozialen Marktwirtschaft folgende Ordnungsmerkmale einer freien Marktwirtschaft eingeschränkt werden:
   a) Privateigentum
   b) Vertragsfreiheit
   c) Gewerbefreiheit
3. Inwiefern unterscheidet sich die Rolle des Staates in der sozialen Marktwirtschaft von jener in der freien Marktwirtschaft?

4.2 Markteingriffe des Staates

Stofftelegramm

Marktkonforme Eingriffe

- Staat beeinflusst Nachfrage- oder Angebotsseite: Indirekte (mittelbare) Preisbeeinflussung
- Marktmechanismen (Preisfunktionen) bleiben erhalten

Beispiele

1. Beeinflussung der **Nachfrage**:

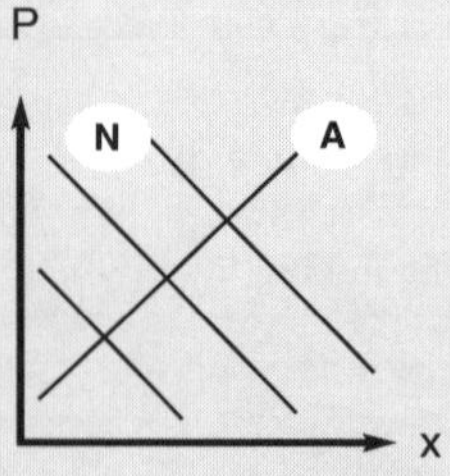

- Nachfr.senkung (weniger staatliche Aufträge): P sinkt
- Nachfr.erhöhung (mehr staatl. Aufträge): P steigt

2. Beeinflussung des **Angebots**:

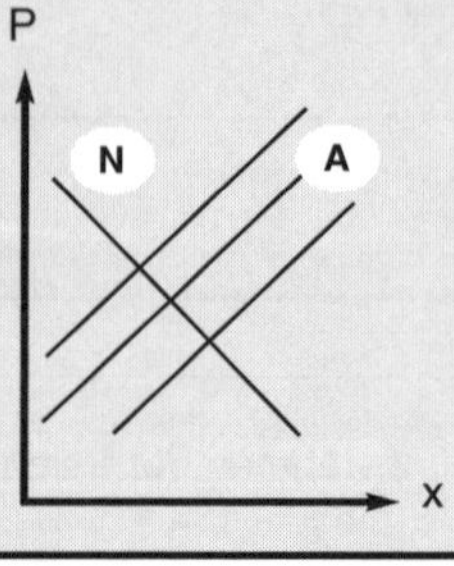

- A'senkung (Importbeschränkungen): Preis steigt
- A'erhöhung (Abbau der Importbeschränkung): P. sinkt

Marktkonträre Eingriffe

- Preisfixierung durch den Staat (Höchst- und Mindestpreise): Direkte (unmittelbare) Preisbeeinflussung
- Marktmechanismen (Preisfunktionen) ausgeschaltet

Beispiele

1. **Höchstpreis**:

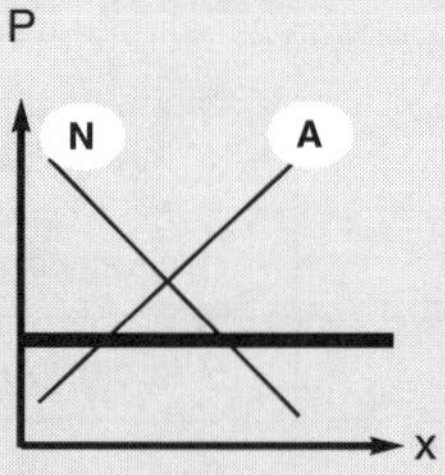

- Zweck: Schutz des Verbrauchers
- Folgen: N'überhang; Schwarzmarkt
- Staatsmaßnahmen: Rationalisierung, Zwang zur A'erhöh.

2. **Mindestpreis**:

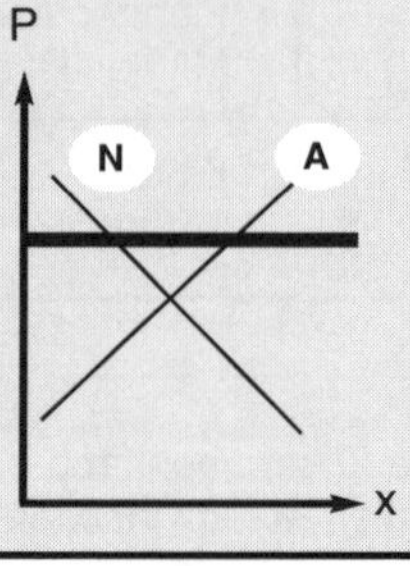

- Zweck: Schutz des Produzenten
- Folgen: A'überhang
- Staatsmaßnahmen: Produktionsbeschränk. oder Überschussaufkauf + lagern, vernichten, zweckentfremden, Verkauf ins Ausland; hohe Kosten (Lager...)!

Aufgaben

1. Was sind marktkonforme bzw. marktkonträre Maßnahmen des Staates?

2. a) Zeigen Sie in einer Skizze die Fixierung eines Höchstpreises.

   b) Begründen Sie die staatliche Festlegung eines Höchstpreises.

   c) Welche Folgen und Probleme können sich hieraus ergeben?

3. a) Zeigen Sie skizzenhaft die Fixierung eines Mindestpreises.

   b) Begründen Sie die staatliche Fixierung von Mindestpreisen.

   c) Welche Folgen und Probleme können sich hieraus ergeben?

4. Welche marktkonträre Maßnahme des Staates ist in folgenden Fällen jeweils denkbar?

   a) Der Gleichgewichtspreis eines lebensnotwendigen Gutes deckt nicht die Kosten.

   b) Der Gleichgewichtspreis eines lebensnotwendigen Gutes ist für den Großteil der Nachfrager nicht erschwinglich.

5. Welche marktkonformen Maßnahmen führen zu Preissenkungen?

6. Entscheiden Sie in folgenden Fällen, ob marktkonträre oder marktkonforme Maßnahmen des Staates vorliegen:

   a) Investitionszulage

   b) Subventionen

   c) Mindestpreis

   d) Bauvorhaben zurückstellen

   e) Festpreis

   f) Zollerhöhung

   g) Steuererhöhung

   h) Höchstpreis

   i) Höchstmieten

7. Mit welchen marktkonformen und -konträren Maßnahmen könnte der Staat extremen Mietsteigerungen entgegenwirken?

4.3 Kooperation, Konzentration; ordnungspolit. Maßnahmen

Stofftelegramm

Gesetzliche Grundlagen
- Gesetz gegen Wettbewerbsbeschränkungen (GWB)
- Gesetz gegen den unlauteren Wettbewerb (UWG)

Kooperation
- wirtschaftliche Selbständigkeit teilweise erhalten
- vertragliche Zusammenarbeit
- Beispiel: Kartelle

Konzentration
- wirtschaftliche Selbständigkeit aufgegeben
- einheitliche Leitung
- Beispiel: Konzern, Trust

Ziele der Kooperation und Konzentration
- Wettbewerbsausschaltung
- Sicherung von Beschaffung und Absatz
- gemeinsame Werbung
- Verbesserung der Konkurrenzfähigkeit gegenüber ausländischen Großunternehmen
- Finanzierungserleichterung für Großprojekte, Forschungs- und Entwicklungsarbeiten
- Kostensenkung (Massenproduktion, Rationalisierung)

Probleme der Kooperation und Konzentration
- Wettbewerbsbeschränkung bzw. Wettbewerbsausschaltung
- überhöhte Preise (Ausschaltung der Preisfunktionen)
- evtl. Angebotsverknappung (verschlechterte Marktversorgung)
- Gefahr des Missbrauchs wirtschaftlicher Macht

- **Horizontaler Zusammenschluss:** gleiche Produktionsstufe; Bsp.: Kaufhaus - Kaufhaus
- **Vertikaler Zusammenschluss:** aufeinanderfolgende Produktionsstufen; Bsp.: Autofabrik - Autohandel
- **Anorganischer Zus.schluss:** branchenfremder Zusammenschluss; Bsp.: Kaufhaus - Autofabrik

Kartelle

Ein Kartell liegt vor, wenn die Zusammenarbeit rechtlich selbstständig bleibender Unternehmen zur Einschränkung des Wettbewerbs führt.

Gesetzliche Grundlage: Gesetz gegen Wettbewerbsbeschränkungen – GWB (7. GWB-Novelle)

Kartellarten

Preiskartell	Gebietskartell	Kalkulationskartell
Submissionskartell	Quotenkartell	Normen-, Typenkartell
Rabattkartell	Exportkartell	Spezialisierungskartell
Konditionenkartell	Importkartell	Mittelstandskartell

Grundsatz gemäß **§ 1 GWB**

Ausnahme 1:
Mittelstandskartell
(§ 3 GWB)

Ausnahme 2:
Landwirtschaft, Zeitschriften
(§§ 28, 30 GWB)

Ausnahme 3: Generalklausel des § 2 GWB = LEGALAUSNAHME

Voraussetzungen für eine Freistellung vom Kartellverbot

- **Verbraucherbeteiligung** am Gewinn
- wirtschaftlicher Nutzen **(Effizienzgewinn)**
- **keine Wettbewerbsausschaltung**
- nur kartellbezogene Auflagen **(Unerlässlichkeit)**

Dem **Bundeskartellamt** obliegen die Missbrauchsaufsicht und Fusionskontrolle.

Missbrauchsaufsicht: Verhinderung des Missbrauchs einer marktbeherrschenden Stellung.

Fusionskontrolle: Anzeigepflicht von Unternehmenszusammenschlüssen (§ 39 GWB): Kartellamt untersagt Fusion, wenn marktbeherrschende Stellung entsteht oder verstärkt wird; Ausnahme: „Die beteiligten Unternehmen weisen nach, dass durch den Zusammenschluss auch Verbesserungen der Wettbewerbsbedingungen eintreten und dass diese Verbesserungen die Nachteile der Marktbeherrschung überwiegen." (§ 36 Abs. 1 GWB)

Kartelle: Betr. § 2 GWB

Im Zusammenhang mit der
Prüfung der Voraussetzungen für eine Freistellung vom Kartellverbot gemäß § 2 GWB
ist folgende **Frage** zu beantworten:

Sind die positiven Wirkungen für die kooperierenden Unternehmen, für den Wettbewerb insgesamt und damit für die Verbraucher größer als die wettbewerbsbeschränkenden Wirkungen?

in Kurzform

Verbrauchervorteil > Kooperationsvorteil?

JA → **„gutes Kartell"**

Voraussetzungen des § 2 GWB erfüllt –> erlaubt ohne Genehmigung

= Ausnahmetatbestand des § 2 GWB

= **LEGALAUSNAHME**

NEIN → **„böses Kartell"**

–> = verboten (nichtig)

Kartellarten

Preiskartell	Einheitspreis oder Mindestpreis Spezialfall: **Submissionskartell** (s. u.)
Submissionskartell	Vereinbarung von Preisuntergrenzen bzw. Festlegung des zum Zuge kommenden Kartellmitglieds bei öffentlichen Ausschreibungen
Kalkulationskartell	einheitliche Kalkulationssätze
Kontingentierungskartell	(„Kontingent“ = Auflage) • **Gebietskartell:** Aufteilung der Absatzgebiete • **Quotenkartell:** Zuteilung von Produktionsquoten
Konditionenkartell	einheitliche Geschäfts-, Lieferungs- und Zahlungsbedingungen
Rabattkartell	einheitliche Verkaufsrabatte
Rationalisierungskartell	• **Normenkartell:** einheitliche Normung • **Typenkartell:** einheitliche Typung • **Spezialisierungskartell:** Firmen spezialisieren sich • **Einkaufssyndikat:** gemeinsamer Einkauf • **Verkaufssyndikat:** gemeinsamer Verkauf
Import- bzw. Exportkartell	Zusammenschluss zwecks gemeinsamer Ein- bzw. Ausfuhr

Verbundene Unternehmen

- Mehrheitsbeteiligung (§ 16 AktG)
- Abhängigkeitsverhältnis (§ 17 AktG)
- **Konzerne** (§ 18 AktG)
- Wechselseitig beteiligte Unternehmen (§ 19 AktG)

Konzerne: Zusammenschluss von Unternehmen, die **rechtlich selbstständig** bleiben, **wirtschaftlich** jedoch **unselbstständig** sind durch **einheitliche Leitung**

Trust (= Verschmelzung = Fusion): Zusammenschluss von Unternehmen, die **rechtlich und wirtschaftlich unselbstständig** werden.

Es entsteht eine einzige Unternehmung.

Ordnungspolitische Maßnahmen

Staatliche Wettbewerbspolitik

- Gesetzliche Grundlage: GWB
- Kartellrecht (Kartelle grundsätzlich verboten; Legalausnahme: s. o.)
- Fusionskontrolle
- Missbrauchsaufsicht

Verbraucherschutz

Gesetzliche Grundlagen:

- UWG
- Abzahlungsgesetz
- AGB (vgl. §§ 305 - 310 BGB, vgl. 1.13!)
- BGB (Gewährleistungen...)
- Widerruf von Haustürgeschäften (§ 312 BGB)
- Verbraucherkredite (§§ 488 - 507 BGB)

Aufgaben

1. Unterscheiden Sie die Begriffe Kooperation und Konzentration.
   Nennen Sie je ein Beispiel.

2. Nennen Sie fünf Ziele der Kooperation und Konzentration.

3. Welche Probleme resultieren aus Konzentrationstendenzen?

4. Erklären Sie die Begriffe horizontaler, vertikaler und anorganischer Zusammenschluss.
   Notieren Sie je ein Beispiel.

5. Definieren Sie den Begriff Kartell.

6. Beschreiben Sie kurz folgende Kartellarten: Preiskartell, Submissionskartell.

7. a) Welche grundsätzliche Regelung gilt für Kartelle?

   b) Erklären Sie den Begriff „Legalausnahme“.

8. Welche Hauptaufgaben hat das Bundeskartellamt?

9. a) Was versteht man unter einem Konzern?

   b) Welche Voraussetzung ist hier von entscheidender Bedeutung?

10. Was versteht man unter einem Trust? Welche weiteren Begriffe sind hierfür üblich?

11. Nennen Sie Gesetze, die dem Verbraucherschutz dienen.

4.4 PRÜFUNGSAUFGABEN

PRÜFUNGSAUFGABE 2003 (Aufgabe 1, Teil 1,2)

1 In einer sozialen Marktwirtschaft besteht für den Staat die Möglichkeit, steuernd in das Wirtschaftsgeschehen einzugreifen.

Wohngeldempfänger

„Rund 2,8 Mio. Haushalte erhielten Ende 2000 Wohngeld. (...) Im Durchschnitt erhielten die Wohngeldhaushalte 115,00 € Zuschuss pro Monat. (...) Die durchschnittliche Belastung der Haushalte verringerte sich dabei deutlich: Mussten vor dem Wohngeld noch 49 % des Familieneinkommens fürs Wohnen ausgegeben werden, minderte das Wohngeld die Mietlast auf 36 %."

Quelle: Globus 7961 vom 23.08.2002

1.1 Aus welchem Grund gewährt der Staat für bestimmte Bevölkerungsgruppen Wohngeld?

1.2 Welche Auswirkungen hat die Gewährung von Wohngeld auf:

1.2.1 die Nachfrage nach Wohnungen?

1.2.2 das Angebot an Wohnungen?

1.2.3 die Höhe der Mieten?

2 Neben der Gewährung von Wohngeld wäre eine weitere Möglichkeit des Staates, Höchstmieten für Wohnraum fest zu legen.

2.1 Zeichnen Sie in ein Koordinatensystem Angebot und Nachfrage auf dem Wohnungsmarkt, beschriften Sie die Achsen und legen Sie einen Höchstpreis fest.

2.2 Beschreiben Sie die gegebene Marktsituation und erklären Sie die Folgen dieser Maßnahme.

2.3 Begründen Sie, ob es sich bei der Gewährung von Wohngeld bzw. bei der Festlegung eines Höchstpreises um eine marktkonforme oder marktkonträre Maßnahme des Staates handelt.

PRÜFUNGSAUFGABE 2008/2009 (Aufgabe 2)

Auszug aus dem Postgesetz (PostG):

§ 51 Befristete gesetzliche Exklusivlizenz

(1) Bis zum 31. Dezember 2007 steht der Deutschen Post AG das ausschließliche Recht zu, Briefsendungen und adressierte Kataloge, deren Einzelgewicht bis 50 Gramm ... beträgt, gewerbsmäßig zu befördern (gesetzliche Exklusivlizenz).

1 Leiten Sie aus dem obigen Gesetzesauszug die Marktform auf dem Markt für Briefsendungen ab. Begründen Sie Ihre Lösung.

2 Beschreiben Sie zwei Ziele, die der Staat mit der Gewährung dieser Exklusivlizenz verfolgt.

3 Angenommen, die Nachfragesituation auf dem Markt für Briefsendungen stellte sich vor dem 31.12.2007 folgendermaßen dar:

Preis in €	Menge
0,25	60 000 000
0,35	55 000 000
0,45	50 000 000
0,55	45 000 000
0,65	20 000 000

Der Deutschen Post AG entstehen für die Beförderung dieser Briefsendungen 0,01 € variable Kosten je Stück und 20.000.000,00 € fixe Kosten.

Ermitteln Sie den Preis für eine Briefsendung, wenn die Deutsche Post AG ihren Gewinn maximieren will. Verwenden Sie das Lösungsblatt in **Anlage 2**.

4

> Nach langem Koalitionsstreit hat sich die Koalition geeinigt: Die Deutsche Post verliert ihr Exklusivrecht für das milliardenschwere Massengeschäft mit Briefen unter 50 Gramm ...
>
> aus: Spiegel online Wirtschaft 24.04.2007

4.1 Beschreiben Sie drei Gründe für die Abschaffung des Exklusivrechts der Deutschen Post AG.

4.2 Erläutern Sie je eine mögliche Folge, die sich aus dieser Entscheidung

- für die Post
- für die Kunden der Post
- für die Mitarbeiter der Post

ergeben könnte.

5 Im Rahmen der Liberalisierung des Briefverkehrs wurde die Einführung eines Mindestlohns für Briefzusteller diskutiert.

5.1 Verdeutlichen Sie anhand der Begriffe „Liberalisierung“ einerseits und „Einführung eines Mindestlohns“ andererseits das Wesen unserer Wirtschaftsordnung.

5.2 Beurteilen Sie die geplante Maßnahme „Einführung eines Mindestlohns“ unter marktwirtschaftlichen Aspekten.

5.3 Erläutern Sie Ihre Meinung zu dem Thema „Einführung eines Mindestlohns“.

Beziehen Sie in Ihre Überlegungen sowohl zwei Argumente, die für, als auch zwei Argumente, die gegen einen Mindestlohn sprechen, ein.

Anlage 2

Preis in €	Menge	Umsatz	Kosten	Gewinn
Tragen Sie in dieser Zeile jeweils Ihren Rechenweg ein: ——————>				

5 Volkswirtschaftliche Gesamtrechnung

Quelle: „HOT“ - Holzer-Telegramm (Unterrichtsmagazin für Wirtschaftsfächer), Bildungsverlag EINS

Die Verteilung des Volkseinkommens

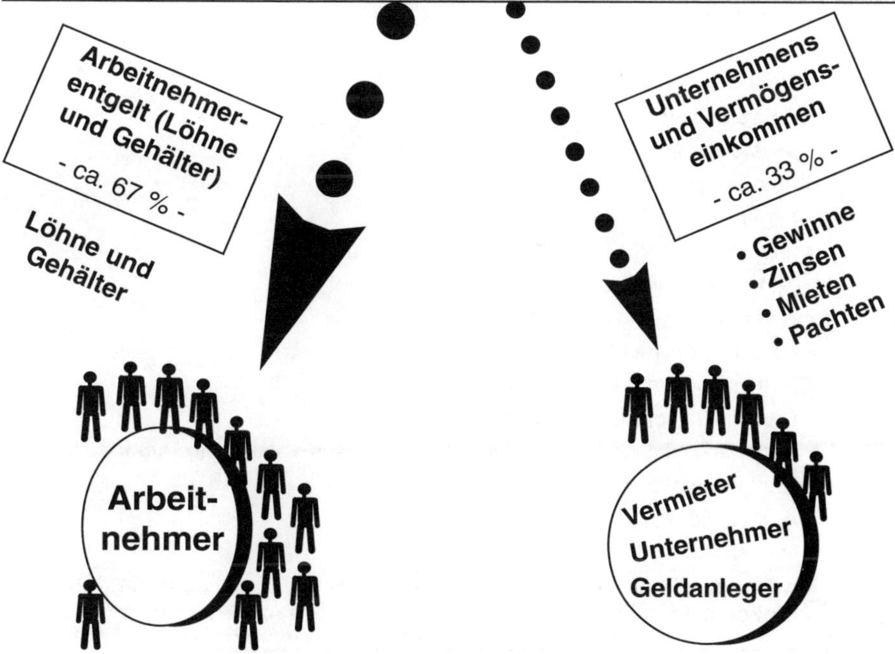

Stofftelegramm

Einfacher Wirtschaftskreislauf = stationäre Wirtschaft

Skizze:

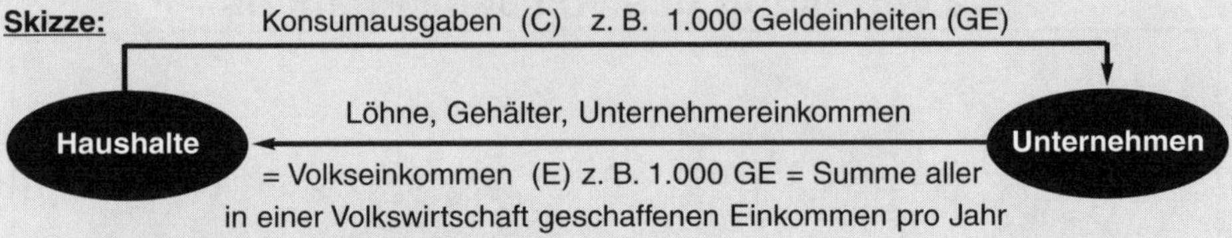

Merkmale stationäre Wirtschaft:
- lediglich Reinvestitionen
- kein Wachstum (keine Nettoinvestit. - keine Kapitalbild.)

Gleichung: **Volkseinkommen E = Konsum C**

Erweiterter Wirtschaftskreislauf = evolutorische Wirtschaft

Abkürzungen:

E = Volkseinkommen (= NNE_h)
C_{pr} = privater Konsum
C_{st} = Staatskonsum
I_{br} = Bruttoinvestitionen
Ab = Abschreibungen
I_n = Nettoinvestitionen
T_i = Indirekte Steuern
Z = Subventionen
S_{pr} = private Ersparnis
S_{st} = Staatsersparnis
Ex = Exporterlöse
Im = Importausgaben
E_{nu} = Nichtunternehmereinkommen
E_u = Unternehmens- und Vermögenseinkommen
NIP_h = Nettoinlandsprodukt zu Herstellungspreisen
NIP_m = Nettoinlandsprodukt zu Marktpreisen
BIP_m = Bruttoinlandsprodukt zu Marktpreisen
NNE_h = Nettonationaleinkommen zu Herstellungspreisen = Volkseinkommen
NNE_m = Nettonationaleinkommen zu Marktpreisen
BNE_m = Bruttonationaleinkommen zu Marktpreisen
NPK = Nationales Produktionskonto
S = Saldo der Erwerbs- und Vermögenseinkommen zwischen In- und Ausland
= Einkommen Inländer im Ausland – Einkommen Ausländer im Inland

IP = Inlandsprodukt
NE = Nationaleinkommen

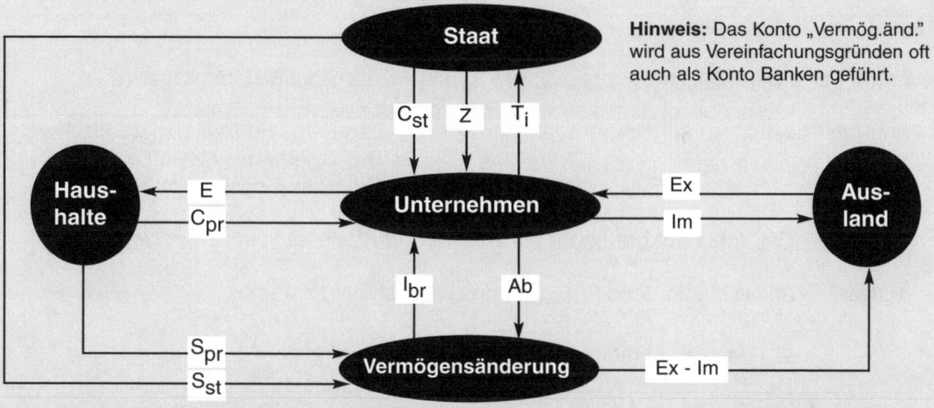

Das **Nationale Produktionskonto (NPK)**

= Zusammenfassung aller GuVs aller Unternehmen eines Landes (vereinfacht formuliert)

Vorleistungen = Verkäufe u. Käufe zwischen Unternehmen (Ausnahme: Investitionsgüter = I_{br}); die Summe aller Verkäufe von Vorleistungen entspricht der Summe aller Käufe von Vorleistungen.

A NPK	E	
Vorleistungen	Vorleistungen	
Ab	I_{br}	→ Umsatzerlöse der Investitionsgüterindustrie
T_i - Z	C_{pr}	→ Umsatzerlöse aus Verkäufen an private Haushalte
E_{nu}	C_{st}	→ Umsatzerlöse aus Verkäufen an den Staat
E_u	Ex - Im	→ Umsatzerlöse aus Exportüberschüssen

Inlandsproduktsbegriffe

Begriffe	Verteilungsrechnung	Verwendungsrechnung
NIP_h	$E_u + E_{nu}$	$I_n + C + (Ex - Im) - (T_i - Z)$
NIP_m	$E_u + E_{nu} + (T_i - Z)$	$I_n + C + (Ex - Im)$
BIP_m	$E_u + E_{nu} + (T_i - Z) + Ab$	$I_{br} + C + (Ex - Im)$

Nationaleinkommensbegriffebegriffe

Begriffe	Verteilungsrechnung	Verwendungsrechnung
NNE_h	$E_u + E_{nu}$ **+ S**	$I_n + C + (Ex - Im) - (T_i - Z)$ **+ S**
NNE_m	$E_u + E_{nu} + (T_i - Z)$ **+ S**	$I_n + C + (Ex - Im)$ **+ S**
BNE_m	$E_u + E_{nu} + (T_i - Z) + Ab$ **+ S**	$I_{br} + C + (Ex - Im)$ **+ S**

Bruttoproduktionswert = Summe des Nationalen Produktionskontos = BIP_m + Vorleistungen

Fragestellungen bei der

- **Entstehung des Volkseinkommens: Wo** ist das Volkseinkommen **entstanden**?

  Antwort: In einzelnen Wirtschaftsbereichen
  –> Land- und Forstwirtschaft, Fischerei
  –> Produzierendes Gewerbe
  –> Dienstleistungsbereiche

- **Verteilung des Volkseinkommens: An wen** wird das Volkseinkommen **verteilt**?

  Antwort: An Nichtunternehmer (E_{nu}) und Unternehmer (E_u)

  (E_u = Unternehmens- und Vermögenseinkommen)

  Lohnquote = prozentualer Anteil der Arbeitnehmerentgelte am Volkseinkommen

  Gewinnquote = prozentualer Anteil des Unternehmens- und Vermögenseinkommens am Volkseinkommen

- **Verwendung des Volkseinkommens: Wie** wird das Volkseinkommen **verwendet**?

  Antwort: u. a. für Investitionszwecke (I) und Konsumzwecke (C)

Inlandsprodukt: Wert aller in einem Jahr produzierten entgeltlichen Güter und Dienste einer Volkswirtschaft

Reales IP: Inlandsprodukt nach Herausrechnung der Preissteigerungen. Eine rein rechnerische Erhöhung des IP durch Inflation wird so verhindert.

Nominales IP: Inlandsprodukt - zu tatsächl. Preisen bewertet, also evtl. inflationsverfälscht

Reales Wirtschaftswachstum: Das reale IP ist gestiegen. Es wurde eine tatsächliche Mehrleistung erwirtschaftet.

Nationaleinkommen und Inlandsprodukt (vgl. auch nächste Seite)

Wichtig: Saldo der Primäreinkommen aus der übrigen Welt (S):

S = Einkommen Inländer im Ausland – Einkommen Ausländer im Inland

Nationaleinkommen
= Inlandsprodukt
+ Saldo der Primäreinkommen aus der übrigen Welt

NE = IP + S

Inlandsprodukt
= Nationaleinkommen
– Saldo der Primäreinkommen aus der übrigen Welt

IP = NE – S

NATIONALEINKOMMEN (NE) ←→ INLANDSPRODUKT (IP)

In der Statistik wird seit geraumer Zeit der Begriff **Nationaleinkommen** anstelle des Begriffes **Sozialprodukt** verwendet. Im Folgenden erfolgt eine Gegenüberstellung der Begriffe NE und IP in anschaulicher Form.

Anstelle des Begriffes **Nationaleinkommen** können die Begriffe **Nettonationaleinkommen** bzw. **Bruttonationaleinkommen**, anstelle des Begriffes **Inlandsprodukt** die Begriffe **Nettoinlandsprodukt** bzw. **Bruttoinlandsprodukt** analog verwendet werden.

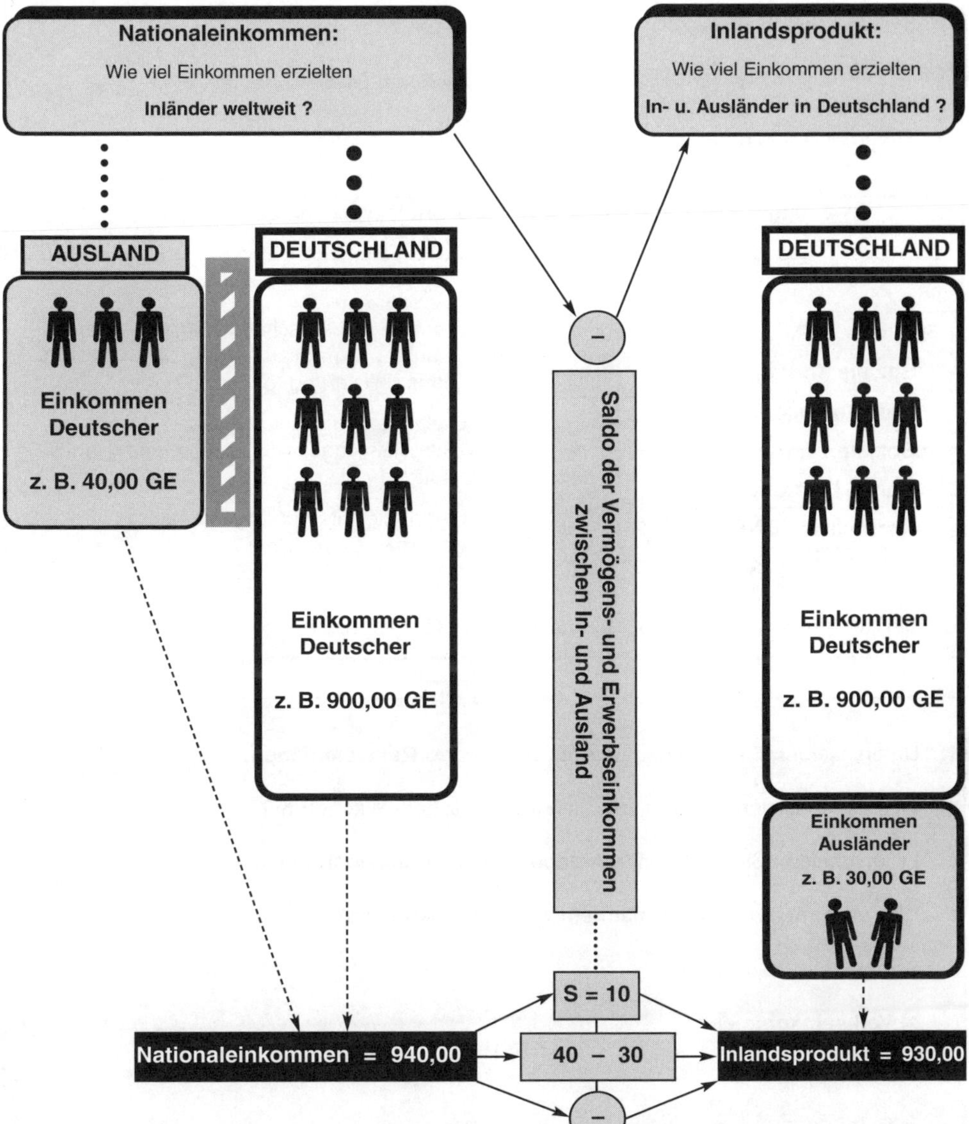

Nationaleinkommen – Saldo der Erwerbs- und Vermögenseinkommen zwischen In- u. Ausland (S) = Inlandsprodukt

Aufgaben der volkswirtschaftlichen Gesamtrechnung (VGR)

- Die VGR hat das Ziel, ein möglichst umfassendes, übersichtliches, quantitatives Gesamtbild des wirtschaftlichen Geschehens einer Volkswirtschaft zu geben.
- Ermittlung Inlandsprodukt (Wachstum?)
- Erfassung aller volkswirtschaftlich bedeutenden Zahlen
- Informationslieferant für Politiker, Wirtschaftsforschung, Gewerkschaften...
- Nationaler und internationaler Wohlstandsvergleich wird ermöglicht

Bruttonationaleinkommen (BNE) bzw. Bruttoinlandsprodukt (BIP) als **Wohlstandsmaßstab?**

BNE bzw. BIP	
– **Soziale Kosten**	→ Müssen von der Gesellschaft getragen werden (Rohstoffabbau, Umweltzerstörung, Krankheiten durch Industrialisierung...)
– **Unfallfolgekosten**	
+ **Soziale Leistungen**	→ Der Gesellschaft zugute kommenden Nutzeffekte (Ausbildungsleistungen der Unternehmen, Nutzung der Infrastruktur...)
+ **Sonst. Leistungen**	→ Hausfrauentätigkeiten (Kindererziehung...), Leistungen der Kleingärtner...
= **Korrigiertes BNE bzw. BIP**	

↓ ↓ ↓ ↓ ↓

Rein **quantitative** Größen! Problem: **Qualitative** Größen (Lebensqualität...) nicht erfassbar!

Aufgaben

1. Unterscheiden Sie zwischen **Brutto-, Netto- und Reinvestitionen.**
2. Welche Investitionsart führt zu volkswirtschaftlichem **Wachstum?**
3. Unterscheiden Sie die Begriffe **Anlage- und Vorratsinvestition.**
4. Was versteht man unter **einfachem Wirtschaftskreislauf?**
5. Erklären Sie die Begriffe

   a) **Volkseinkommen**

   b) **Inlandsprodukt**

   c) **Nationaleinkommen**
6. Was versteht man unter **Nationalem Produktionskonto?**

7. Welche Sektoren umfasst der **erweiterte Wirtschaftskreislauf?**

8. Welche volkswirtschaftliche Funktion erfüllen die **Banken?**

9. Welcher Unterschied besteht zwischen **stationärer** und **evolutorischer** Wirtschaft?

10. Unterscheiden Sie zwischen **offener** und **geschlossener** Wirtschaft.

11. Was bedeuten folgende Pfeile des Wirtschaftskreislaufs:

    a) den Haushalten zulaufend

    b) von den Haushalten weglaufend

    c) den Unternehmen zulaufend

    d) dem Staat zulaufend

    e) vom Staat weglaufend

12. Skizzieren Sie eine Kreislaufgrafik mit den Sektoren Haushalte, Unternehmen, Staat, Ausland und Vermögensänderung (Banken).

13. a) Worin unterscheiden sich **reales** und **nominales** Inlandsprodukt?

    b) Warum ist es korrekter, die volkswirtschaftliche Entwicklung anhand des realen Inlandsproduktes zu betrachten?

14. Was versteht man unter **Entstehung, Verteilung** und **Verwendung** des Inlandsprodukts?

15. Folgende Zahlen sind gegeben (in Millionen Geldeinheiten):

• Indirekte Steuern:	300
• Bruttoinvestitionen:	282
• Abschreibungen:	145
• Subventionen:	160
• Exporte - Importe:	35
• Unternehmereinkommen:	500
• privater Konsum:	710
• Staatskonsum:	256
• Nichtunternehmereinkommen:	498

a) Erstellen Sie eine Kreislaufskizze.

b) Beurteilen Sie den Sektor Staat.

c) Ermitteln Sie das Volkseinkommen, Brutto- und Nettoinlandsprodukt zu Marktpreisen nach der Verteilung und Verwendung.

16. Welche **Aufgaben** hat die Volkswirtschaftliche Gesamtrechnung?

17. A behauptet, das Volkseinkommen sei um 1 % gestiegen, B spricht von einer Senkung von 2 %.

    Wieso können beide Recht haben?

18. Welche volkswirtschaftliche Situation liegt jeweils vor? Begründung.

    a) Bruttoinvestitionen = 177,00 GE; Abschreibungen = 182,00 GE

    b) Bruttoinvestitionen = 200,00 GE; Abschreibungen = 140,00 GE

    c) Bruttoinvestitionen = 200,00 GE; Abschreibungen = 200,00 GE

19. Das Bruttoinlandsprodukt wird oft als **Wohlstandsindikator** bezeichnet. Nehmen Sie kritisch Stellung.

PRÜFUNGSAUFGABEN

Prüfungsaufgabe 2003 (Aufgabe 1, Teil 3 variiert)

3.2 Was versteht man unter dem Bruttoinlandsprodukt (BIP)?

3.3 Erklären Sie den Unterschied zwischen realem und nominalem BIP.

3.4 Wie hoch war die Wachstumsquote im Jahr 2001? (Bitte rechnerisch nachweisen)

Reales Bruttoinlandsprodukt 2000: 1.728 Mrd. €
Reales Bruttoinlandsprodukt 2001: 1.739 Mrd. €

3.5 Erläutern Sie anhand von zwei Aspekten, weshalb das BIP nicht unbedingt als Wohlstandsmaßstab einer Volkswirtschaft angesehen werden kann.

6 Grundzüge der Wirtschaftspolitik

6.1 Wirtschaftspolitische Ziele und Zielkonflikte

Stofftelegramm

Träger der Wirtschaftspolitik: Parlament + Regierung, Europäische Zentralbank, Tarifpartner, Verbände, internationale Organisationen

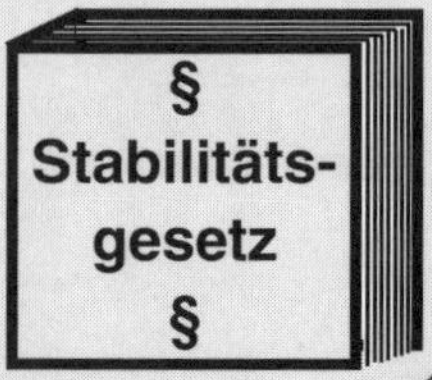

„Bund und Länder haben bei ihren wirtschafts- und finanzpolitischen Maßnahmen die Erfordernisse des gesamtwirtschaftlichen Gleichgewichts zu beachten. Die Maßnahmen sind so zu treffen, dass sie im Rahmen der marktwirtschaftlichen Ordnung gleichzeitig zur Stabilität des Preisniveaus, zu einem hohen Beschäftigungsstand und außenwirtschaftlichem Gleichgewicht bei stetigem und angemessenem Wirtschaftswachstum beitragen."

Oberziel: Gesamtwirtschaftliches Gleichgewicht

Unterziele: Das magische Viereck

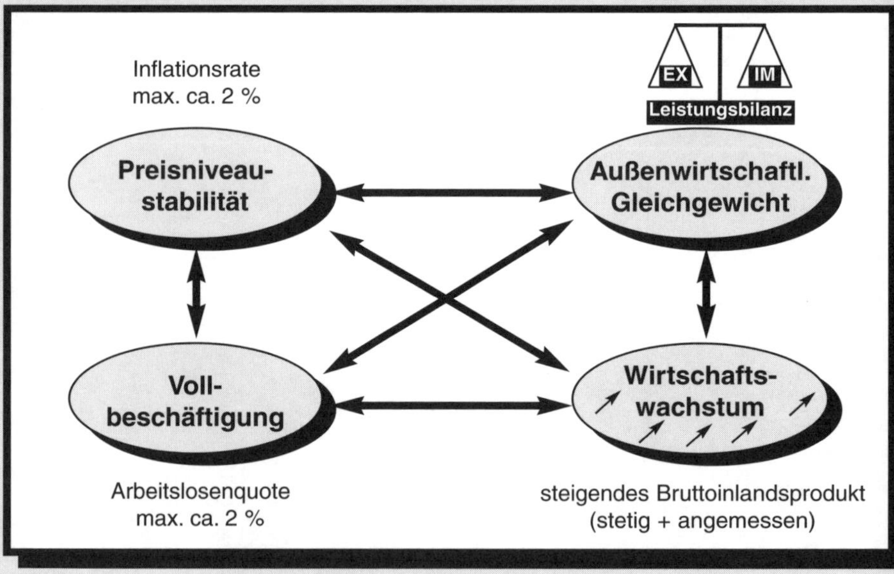

Weitere Ziele:
- **Gerechte Einkommens- und Vermögensverteilung**
- **Erhaltung einer lebenswerten Umwelt**

Zielkonflikt: Das Anstreben eines Zieles beeinträchtigt das Erreichen anderer Ziele.
Zielharmonie: Das Anstreben eines Zieles fördert gleichzeitig das Erreichen anderer Ziele.
Zielindifferenz: Das Anstreben eines Zieles beeinflusst das andere Ziel in keiner Weise.

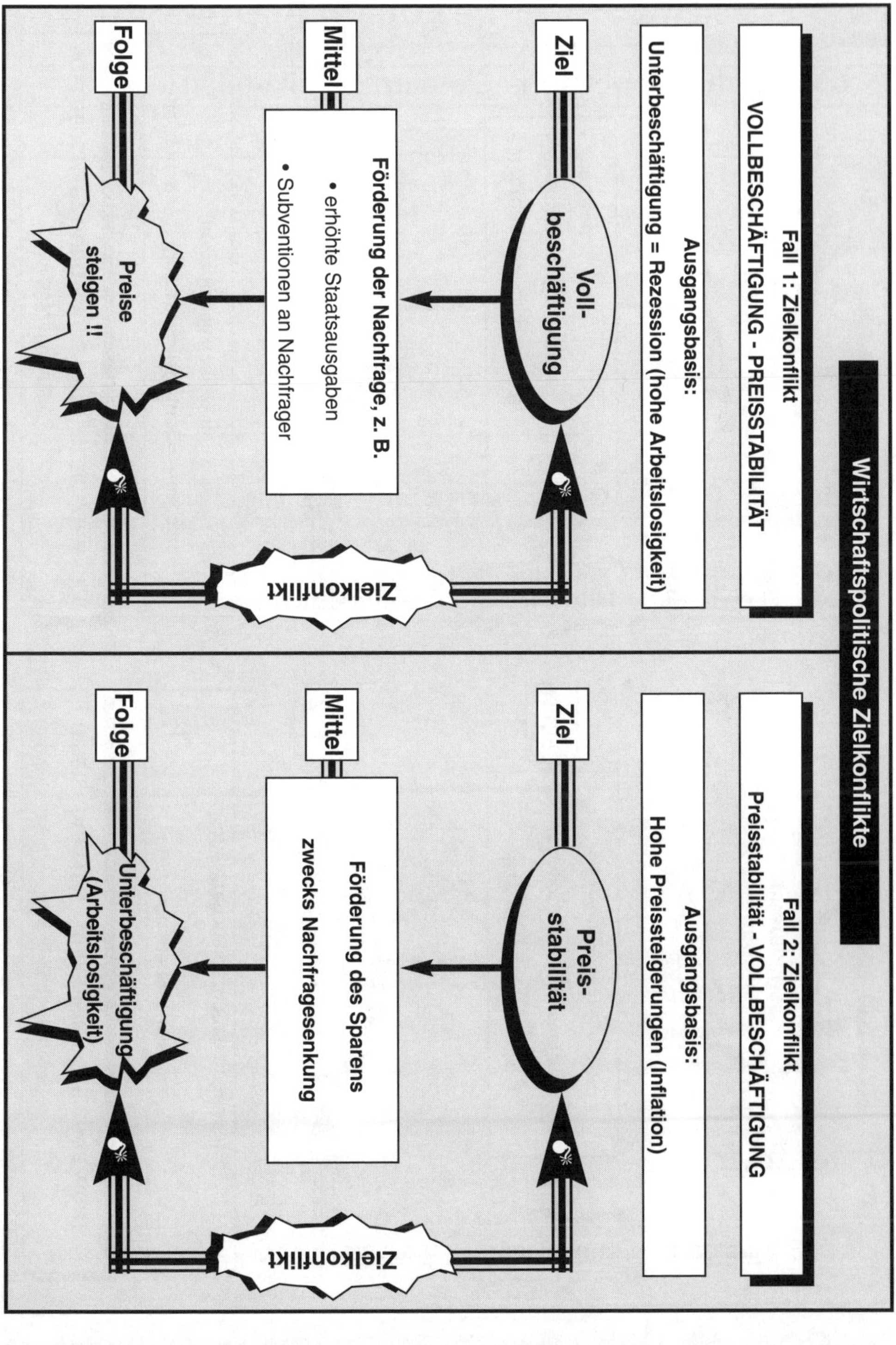
Wirtschaftspolitische Zielkonflikte
Fall 1: Zielkonflikt
VOLLBESCHÄFTIGUNG - PREISSTABILITÄT
Ausgangsbasis:
Unterbeschäftigung = Rezession (hohe Arbeitslosigkeit)
Ziel
Voll-
beschäftigung
Mittel
Förderung der Nachfrage, z. B.
• erhöhte Staatsausgaben
• Subventionen an Nachfrager
Folge
Preise
steigen !!
Zielkonflikt
Fall 2: Zielkonflikt
Preisstabilität - VOLLBESCHÄFTIGUNG
Ausgangsbasis:
Hohe Preissteigerungen (Inflation)
Ziel
Preis-
stabilität
Mittel
Förderung des Sparens
zwecks Nachfragesenkung
Folge
Unterbeschäftigung
(Arbeitslosigkeit)
Zielkonflikt

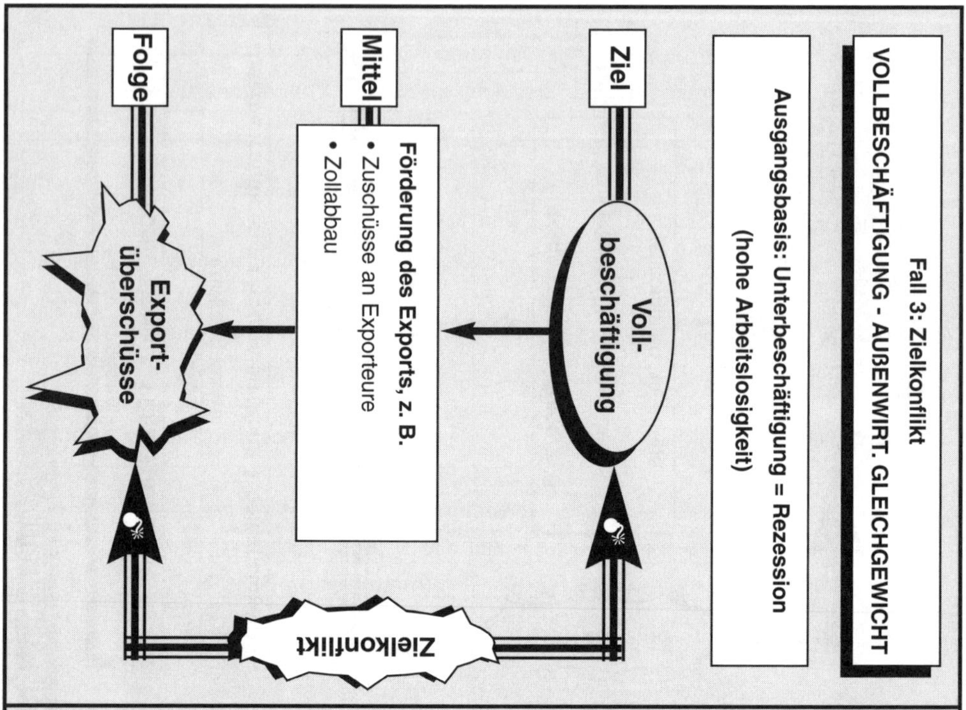
Fall 3: Zielkonflikt
VOLLBESCHÄFTIGUNG - AUßENWIRT. GLEICHGEWICHT
Ausgangsbasis: Unterbeschäftigung = Rezession
(hohe Arbeitslosigkeit)
Ziel
Voll-
beschäftigung
Mittel
Förderung des Exports, z. B.
• Zuschüsse an Exporteure
• Zollabbau
Folge
Export-
überschüsse
Zielkonflikt

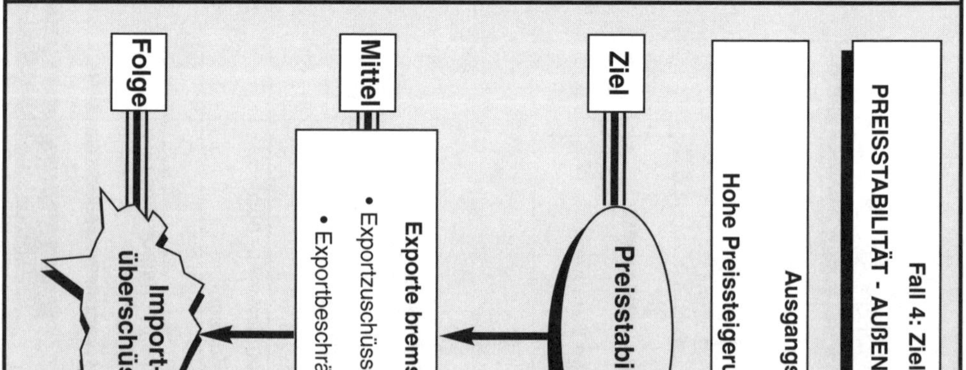
Fall 4: Zielkonflikt
PREISSTABILITÄT - AUßENWIRT. GLEICHGEWICHT
Ausgangsbasis:
Hohe Preissteigerungen (Inflation)
Ziel
Preisstabilität
Mittel
Exporte bremsen, z.B.
• Exportzuschüsse streichen
• Exportbeschränkungen
Folge
Import-
überschüsse
Zielkonflikt

Inflation

= anhaltendes Steigen des Preisniveaus = Geldentwertung

Ursachen	Wirkungen
• Nachfrageinflation • sinkendes Angebot • Kosteninflation • Lohn-Preis-Spirale • zunehmende Konzentration • Gewinninflation (Monopole, Oligopole erhöhen die Preise) • übermäßige Geldschöpfung der Kreditbanken und der Zentralbank	• sinkende Kaufkraft • Schuldner begünstigt • Gläubiger benachteiligt • Eigentümer von Sachvermögen erhalten ihren Vermögenswert i. Gs. zu Geldeigentümern: Flucht in Sachwerte • evtl. **Stagflation** (= Inflation bei Stagnation): evtl. Arbeitslosigkeit bei steigenden Preisen • sinkendes Vertrauen in die Währung

Deflation

= anhaltendes Sinken des Preisniveaus = steigende Kaufkraft

Ursachen	Wirkungen
• Kürzungen der Staatsausgaben (Nachfr. sinkt) • pessimistische Zukunftserwartungen: – geringe Nachfrage, hohes Sparen – geringe Investitionsneigung	• Schuldner benachteiligt • Gläubiger begünstigt • Flucht in die Geldwerte • Betriebsstillegungen, Kurzarbeit, Arbeitslosigkeit wegen sinkender Nachfrage • sinkende Steuereinnahmen

Kriterien einer starken Deflationsgefahr

- zu hoher **Wechselkurs**
- fallende Preise für **Immobilien**
- fallende **Aktienkurse**
- kollabierende **Konsumentennachfrage**
- sinkende **Kreditvergaben**
- restriktive Geldpolitik der **EZB**
- strenge **Fiskalpolitik**

Mögliche Folgen der Deflation

- Verbraucher verschieben Anschaffungen auf später. (Hoffnung, Waren später noch günstiger zu bekommen)
- Gefährliche Abwärtsspirale wird in Gang gesetzt.
- Absätze und Gewinne der Unternehmen sinken.
- Investitionen werden zurückgestellt.
- Löhne werden gekürzt bzw. Mitarbeiter entlassen. Folge:
- Verbrauch sinkt noch stärker.
- Möglicher Teufelskreis: Deflation nährt Rezession.

Wirtschaftliche Grundprobleme der modernen Industriegesellschaft

Quantitatives Wachstum: rein zahlenmäßiges Wachstum

Grenzen:
- Abbau von Rohstoff- und Energiequellen (Gegenmaßnahme: Einsatz alternativer Energien)
- Abfallproblematik (Gegenmaßn.: z. B. Recycling)
- Erwerbstätigenzahl
- volkswirtsch. Kapazität
- Zerstörung der Umwelt

Qualitatives Wachstum: Wachstum bei gleichzeitiger Förderung qualitativer Ziele (Umwelt ..)

- Alternativenergien
- Recycling
- verkehrspolitische Maßnahmen

Strukturelle Arbeitslosigkeit: Arbeitslosigkeit in best. Regionen, Branchen oder Berufen durch strukturellen Wandel (langfristige Diskrepanz zwischen Nachfrage u. Kapazität einer Branche, z. B. der Landwirtsch.)

Einkommens- und Vermögensverteilung: Ungleichheiten durch

- Leistungsfähigkeit
- Marktmacht
- Vermögensbasis (Erbe...)

„Gerechte" Einkommens- und Vermögensverteilung: Subjektiv zu beantworten!
Stichworte: Leistungsfähigkeit, Unternehmerrisiko, Kinderzahl ...

Instrumente der Verteilungspolitik: Steuerpolitik (Progression, Erbschaft-, Vermögenssteuer..), Sozialpolitik, Bildungspolitik.

Aufgaben

1. In welchem **Gesetz** sind die von Bund und Ländern zu beachtenden grundlegenden wirtschaftspolitischen Ziele formuliert?
2. Welches **Oberziel** ist seitens des Staates bei wirtschaftspolitischen Maßnahmen zu beachten?
3. Nennen und beschreiben Sie die Ziele des **magischen Vierecks.**
4. Wie wird die **Arbeitslosenquote** ermittelt?
5. Warum signalisiert eine Arbeitslosigkeit von 1,5 % immer noch eine vollbeschäftigte Wirtschaft?
6. Nennen Sie zwei gesetzlich nicht fixierte wirtschaftspolitische Ziele.
7. Erläutern Sie drei mögliche **Zielkonflikte.**
8. Nennen Sie fünf volkswirtschaftliche Folgen hoher **Arbeitslosigkeit.**
9. Nennen Sie Ursachen hoher **Preissteigerungsraten.**
10. Nennen Sie Ursachen der **Arbeitslosigkeit.**
11. Nennen Sie - abgesehen von Wechselkursänderungen - 5 Ursachen für **Exportüberschüsse.**

12. Was versteht man unter **Inflation?**

13. Erklären Sie den Begriff **importierte Inflation.**

14. Erklären Sie den Begriff **Lohn-Preis-Spirale.**

15. Welche Auswirkungen hat die **Inflation?**

16. a) Was versteht man unter **Stagflation?**

    b) Warum ist die Stagflation wirtschaftspolitisch schwer zu bekämpfen?

17. a) Wie würden Sie die **Geldwertschwankungen** in der Bundesrepublik bezeichnen?

    b) Woher rühren Ihrer Ansicht nach diese Schwankungen?

18. Nennen Sie vier **Grundprobleme** der modernen Industriegesellschaft.

19. Was versteht man unter quantitativem und qualitativem **Wachstum?**

20. Nennen Sie Grenzen des quantitativen Wachstums.

21. Welche Gefahren sind mit quantitativem Wachstum verbunden?

22. Welchen wirtschaftspolitischen Zielkonflikt versucht das qualitative Wachstumsziel zu beseitigen bzw. zu mildern?

23. Erklären Sie im Zusammenhang mit dem **Umweltschutz** die Begriffe

    a) Alternativenergien b) Recycling c) verkehrspolitische Alternativen

24. Nennen Sie fünf Maßnahmen, die die Gefahren des **quantitativen Wachstums** mindern.

25. Wie wirken Umweltschutzmaßnahmen auf das quantitative Wachstum?

26. a) Was versteht man unter **struktureller Arbeitslosigkeit?**

    b) Welche Probleme bereitet die strukturelle Arbeitslosigkeit?

    c) Welche Gegenmaßnahmen kann der Staat treffen?

27. Nennen Sie Bereiche der Wirtschaft, in denen ein strukturelles Ungleichgewicht in der Form von Überkapazitäten vorherrscht.

28. Nennen Sie Ursachen ungleicher **Einkommens- und Vermögensverteilung.**

29. Welcher Zusammenhang besteht zwischen Einkommens- und Vermögensverteilung?

30. Wäre eine gleiche Einkommensverteilung Ihrer Ansicht nach eine gerechte Einkommensverteilung? Welche Prinzipien sollten Ihrer Ansicht nach beachtet werden?

6.2 Die Konjunktur

6.2.1 Die Beschäftigung einer Volkswirtschaft

Stofftelegramm

Beschäftigung

- = Grad der Kapazitätsauslastung einer Volkswirtschaft
- Messung insbesondere anhand der **Arbeitslosenquote**

$$\text{Arbeitslosenquote} = \frac{\text{Arbeitslose} \cdot 100}{\text{(abhängige) Erwerbspersonen}}$$

Beschäftigungsstand der Volkswirtschaft

Vollbeschäftigung

- Arbeitslosenquote bis ca. 4 % („Sockelarbeitslosigkeit“)
- Volle Auslastung der Produktionskapazitäten

Unterbeschäftigung

- Arbeitslosenquote über 4 %
- nur teilweise Auslastung der Produktionskapazitäten

Überbeschäftigung

- offene Stellen > Arbeitslose
- Überstunden, Sonderschichten, Überbeanspruchungen...

Aufgaben (Grundwissen) → Siehe Kapitel 6.2.5

6.2.2 Der Konjunkturzyklus

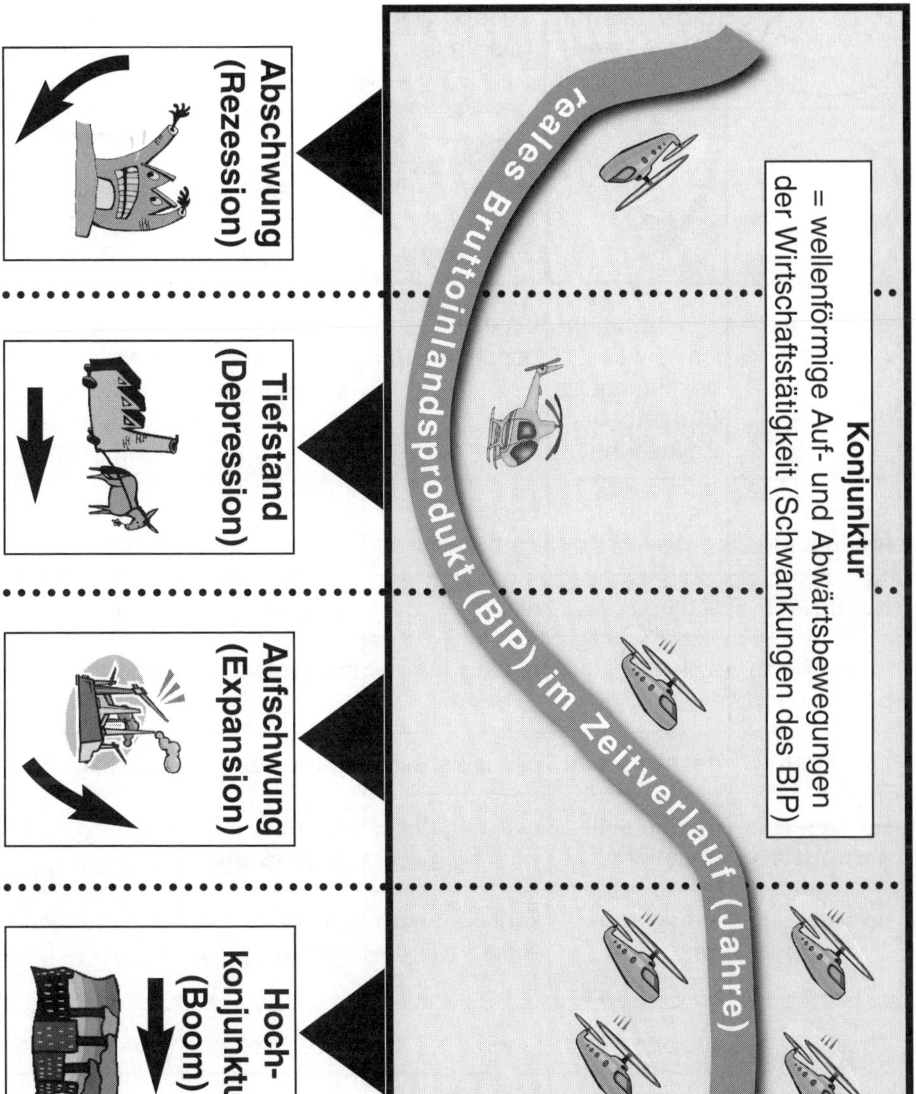

Aufgaben (Grundwissen)

Siehe Kapitel 6.2.5

Der Konjunkturzyklus (Merkmale)

Konjunkturzyklus → / Merkmale ↓	Abschwung (Rezession) 	Tiefstand (Depression) 	Aufschwung (Expansion) 	Hochkonjunktur (Boom) 
Beschäftigungsstand	zunehmende Unterbeschäftigung (Kurzarbeit + Entlassungen)	Unterbeschäftigung	Tendenz zur Vollbeschäftigung	Voll- bzw. Überbeschäftigung (Konjunkturüberhitzung)
Arbeitslosenzahl	steigend	hoch	sinkend	minimal
Nachfrage	sinkend	niedrig	steigend	hoch
Investitionsbereitschaft	sinkend	niedrig	steigend	hoch
„Stimmung"	pessimistisch	pessimistisch	optimistisch	optimistisch
Preissteigerungsrate	mäßig, evtl. negativ	evtl. negativ	konstant (Kostenvorteil)	hoch
Löhne	mäßig steigend bzw. konstant	konstant, evtl. sinkend	mäßig steigend	stark steigend
Zinsen	sinkend	niedrig	mäßig steigend	stark steigend
Gewinne	sinkend	niedrig, evtl. Verluste	steigend	hoch
Wachstum	minimal	negativ	steigend	stark steigend
Aktienkurse	sinkend	sinkend	steigend	steigend

Aufgaben (Grundwissen) → **Siehe Kapitel 6.2.5**

6.2.3 Konjunkturindikatoren

Stofftelegramm

Konjunkturindikatoren

= Anzeiger für den Konjunkturverlauf;

Konjunkturindikatoren charakterisieren Zustand + Entwicklung der Konjunktur.

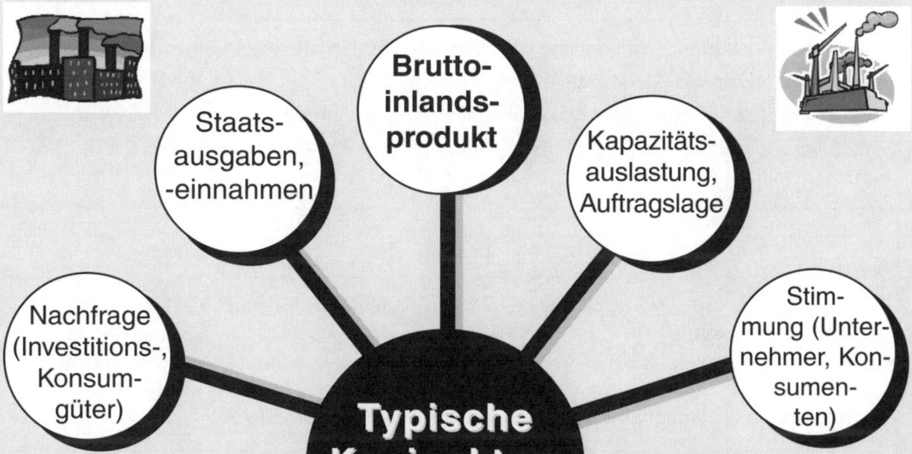

Aufgaben (Grundwissen) → Siehe Kapitel 6.2.5

6.2.4 Strukturkrisen, Informationsgesellschaft, Globalisierung

Strukturkrisen

= schwer wiegende wirtschaftliche Anpassungsprobleme in bestimmten Branchen

Beispiele

- Landwirtschaft („Bauernsterben")
- Stahl- und Kohlekrise
- Werftenkrise
- deutsche Textilindustrie
- deutsche Computerindustrie
- deutsche Haushaltsgeräteind.
- deutsche Unterhaltungselektronikindustrie
- Büromaschinenhersteller

Ursachen

- zunehmende Konkurrenz (national und international) = angebotsbedingte Strukturkrise
- abnehmende Nachfrage (Marktsättigung, z. B. Elektrotechnik)
- Strukturwandel durch neue Techniken (Automatisierung –> Arbeitslose)
- **Globalisierung der Märkte** (= zunehmende internationale Verflechtung der Volkswirtschaften –> zunehmender Wettbewerbsdruck): siehe unten!

Folgen

–> geringe Kapazitätsauslastung –> Massenentlassungen –> Angebotsüberschuss verschärft

Konkurrenz –> Preisunterbietungen –> Rentabilitäten sinken –> weitere Betriebsstilllegungen ..

–> schrumpfende Wirtschaftsbereiche –> strukturelle Arbeitslosigkeit

Informationsgesellschaft

- Wandel von der Industrie- zur Informationsgesellschaft – Perfektionierung des Info-Austausches
- **Multimedia:** Oberbegriff für kombinierte Informations- und Kommunikationstechniken (neue Datentechnologien: Vernetzung von Computer, Telefon und Fernsehen)
- Stichworte: Internet, Videokonferenz, ISDN, E-Mail, Chipkarten-Ära, T-Online, Home-Shopping
- **Multimedia-Technologie** wirkt auf viele Lebensbereiche des Menschen
- Lebenslanges Lernen notwendig
- Entstehung neuer Berufe
- **Risiken:** Datenschutzprobleme, Vereinsamung am Computer, „Überlebensproblematik" bei fehlender Bereitschaft zur ständigen Innovation
- **Chancen:** leichtere Bewältigung der Informationsflut, Kostensenkung (z. B. Videokonferenz), Bewältigung komplizierter Vorgänge, neue Markt- und Beschäftigungschancen

Globalisierung

Stofftelegramm

- Globalisierung = zunehmende **Internationalisierung** des Wettbewerbs
- **Wirkungen:**
  - zunehmender Wettbewerbsdruck (ausländische Billiganbieter)
  - Verlagerung von Arbeitsplätzen und Produktionsstätten ins kostengünstigere Ausland = Diskussionsthema **„Wirtschaftsstandort Deutschland"**
  - zunehmend **multinationale (grenzüberschreitende) Unternehmen**
- **Ursachen:**
  - Trend in Richtung Liberalisierung des Welthandels
  - technische Innovationen (Produktions-, Verkehrs-, Kommunikationstechnik)
- **Vorteile der Globalisierung:**
  - weltweite Konkurrenz –> günstige Einkaufspreise
  - kostengünstigere Produktion im Ausland
  - Förderung der Wirtschaft in Entwicklungsländern
  - Kulturaustausch, Verflechtung steigt –> Kriegsgefahr sinkt
  - wachstumsfördernd –> steigender Wohlstand
  - steigende Warenvielfalt
  - Produktionsfaktoren weltweit effizienter eingesetzt
  - Steigerung der weltweiten Produktivität und des Wohlstands der beteiligten Produzenten
  - Beschleunigung der technischen Entwicklung

- **Kritik an der Globalisierung:**
  - steigende Arbeitslosigkeit in Ländern mit hohem Lohnniveau
  - steigender Kostendruck in bisherigen Industrieländern
  - sinkender Lebensstandard in bisherigen Industrieländern
  - Konzentration auf Märkte und Geschäftsbeziehungen – Die Globalisierung von Menschenrechten, ökologischen Standards usw. bleiben evtl. unberücksichtigt.
  - zunehmende Umweltzerstörung (Flugzeuge, Fabriken...)

6.2.5 Aufgaben zu den letzten Kapiteln

Aufgaben (Grundwissen)

1. Erklären Sie den Begriff Konjunktur
2. Was versteht man unter Beschäftigung im volkswirtschaftlichen Sinn? Wie wird sie üblicherweise gemessen?
3. Wie wird die Arbeitslosenquote ermittelt?
4. Erklären Sie die drei möglichen Beschäftigungslagen einer Volkswirtschaft.
5. Warum signalisiert eine Arbeitslosenquote von 1,5 bis 2 % immer noch eine vollbeschäftigte Wirtschaft?
6. Was versteht man unter Konjunkturzyklen?
7. Kennzeichnen Sie stichpunktartig die einzelnen Konjunkturphasen hinsichtlich:

   a) Beschäftigungsstand
   b) Arbeitslosenzahl
   c) Nachfrage
   d) Investitionsbereitschaft
   e) „Stimmung" der Marktteilnehmer
   f) Preissteigerungsrate
   g) Löhne
   h) Zinsen
   i) Gewinne
   j) Wachstum

8. Welche Ursachen führen zu einem a) Konjunkturabschwung b) Konjunkturaufschwung?
9. Zeigen Sie den Konjunkturzyklus anhand einer Skizze.
10. Nennen Sie mögliche negative Auswirkungen der Hochkonjunktur.
11. a) Definieren Sie den Begriff Konjunkturindikatoren.

    b) Nennen Sie fünf Konjunkturindikatoren.
12. Warum ist das reale Bruttosozialprodukt (Bruttoinlandsprodukt) zur Messung des Wirtschaftswachstums besser geeignet als das nominale Bruttosozialprodukt (Bruttoinlandsprodukt)?
13. Unterscheiden Sie saisonale und konjunkturelle Schwankungen.
14. Welche Konjunkturphase ist in folgenden Situationen anzunehmen?

    a) hohe Preissteigerungsraten
    b) hohe Arbeitslosenquote
    c) stark steigendes Sozialprodukt
    d) sinkende Arbeitslosigkeit
    e) pessimistische Zukunftserwartungen
    f) stark steigende Löhne
    g) stark steigende Zinsen

15. Erklären Sie die Begriffe saisonale, strukturelle, konjunkturelle, friktionelle Arbeitslosigkeit.
16. Wie beeinflusst eine Rezessionsphase die Staatskasse?
17. Nennen Sie Beispiele, Ursachen und Folgen von **Strukturkrisen** der deutschen Wirtschaft.
18. Erklären Sie die Begriffe: a) **Globalisierung** der Märkte

    b) **Multimedia**
19. Beschreiben Sie Chancen und Risiken der **Informationsgesellschaft.**

6.3 Die Deutsche Bundesbank

Stofftelegramm

Gesetzliche Grundlage: • Gesetz über die Deutsche Bundesbank

Stellung der Deutschen Bundesbank

Allgemeines:
- Deutsche Bundesbank = juristische Person des öffentlichen Rechts
  = Zentralbank der Bundesrepublik Deutschland
  = nationale Zentralbank („NZB")
- Sitz: Frankfurt/Main (neun Hauptverwaltungen in Bundesländern)

Verhältnis Bundesbank - Bundesregierung:

- **Unabhängig** von Weisungen der Bundesregierung (§ 12 BBankG)
- Unterstützung der Wirtschaftspolitik der Bundesregierung (§ 12 BBankG)
- Beratung der Bundesregierung in Währungsfragen (§ 13 BBankG)

Der Vorstand (Organ) der Deutschen Bundesbank in Frankfurt / Main (§ 7 BBankG)

- Präsident, Vizepräsident sowie vier weitere Mitglieder
  - Vorschlag **Bundesregierung** zur Bestellung von Präsident + Vize + ein weiteres Mitgliedern
  - Vorschlag **Bundesrat** zur Bestellung von drei weiteren Mitgliedern
  - Bestellung aller Vorstandsmitglieder durch **Bundespräsident**
- beschließendes Organ
- einheitliche Leitung der Bundesbank
- **Hinweis:** Übergangsregelung bis 30.04.2009: Bis dahin können noch sieben Vorstandsmitglieder (also fünf „weitere Mitglieder") im Vorstand sein.

– Vgl. nächste Seite –

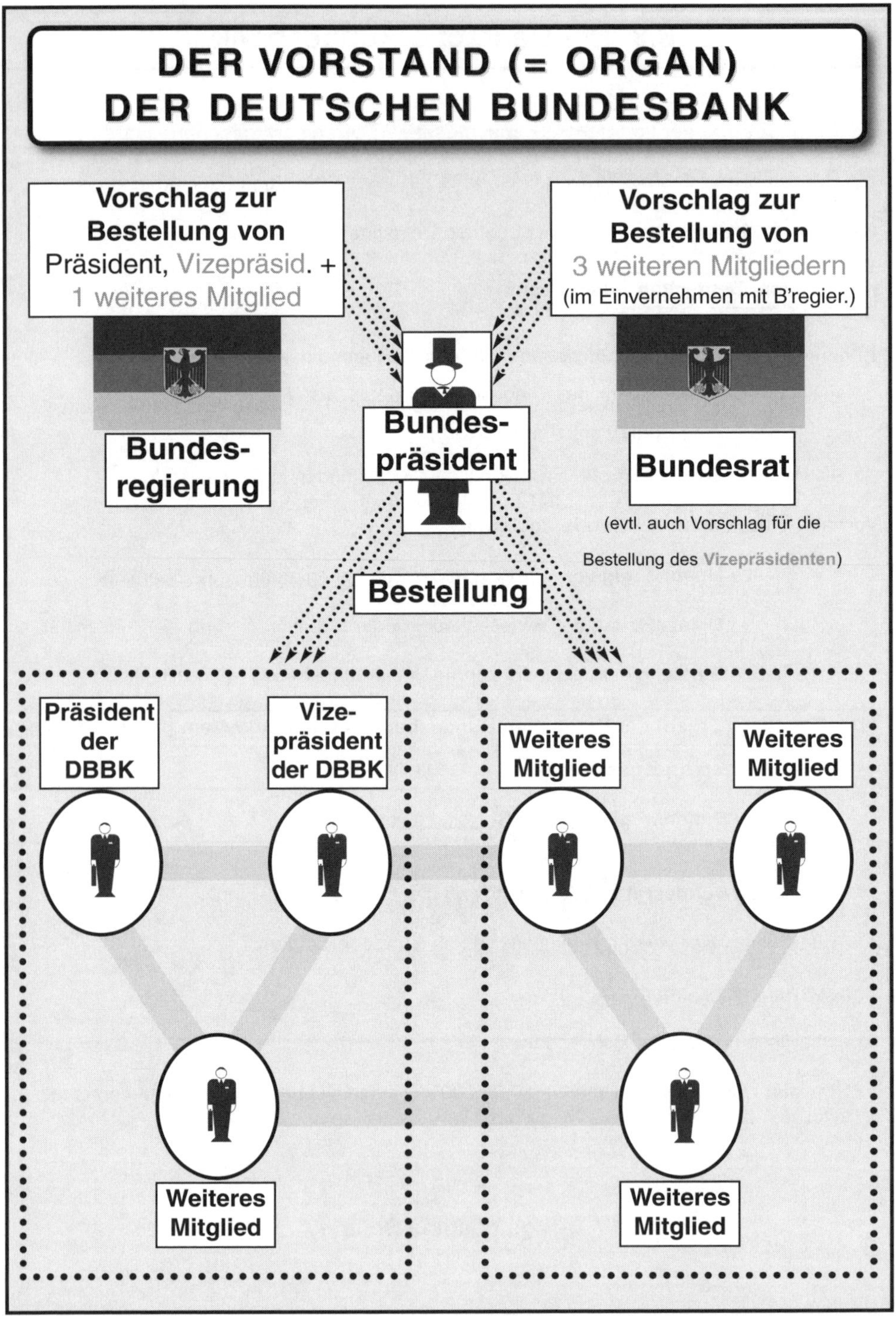
DER VORSTAND (= ORGAN)
DER DEUTSCHEN BUNDESBANK
Vorschlag zur Bestellung von Präsident, Vizepräsid. + 1 weiteres Mitglied
Bundes-regierung
Vorschlag zur Bestellung von 3 weiteren Mitgliedern (im Einvernehmen mit B'regier.)
Bundesrat
(evtl. auch Vorschlag für die Bestellung des Vizepräsidenten)
Bundes-präsident
Bestellung
Präsident der DBBK
Vize-präsident der DBBK
Weiteres Mitglied
Weiteres Mitglied
Weiteres Mitglied
Weiteres Mitglied
Weiteres Mitglied

Aufgaben der Deutschen Bundesbank

- **Durchführung der von der EZB beschlossenen Offenmarktgeschäfte** in Deutschland
- **Durchführung des operativen Geschäfts bei den „Ständigen Fazilitäten" und den Mindestreserven** in Deutschland
- **Bank des Staates:**
  - Banknoten- und Münzausgabe (Euro)
  - Beratung in Währungsfragen
  - „Schuldenmanager" der Regierung
  - Durchführung der Ausgabe von Bundeswertpapieremissionen
- **Bank der Banken:**
  - Refinanzierungen im Rahmen der EZB-Beschlüsse
  - Inanspruchnahme des Gironetzes der Bundesbank durch die Banken (Aufrechterhaltung des Zahlungsverkehrs)
  - Mitwirkung bei Bankenaufsicht (zusammen mit Bundesaufsichtsamt für das Kreditwesen)
- **Verwalterin der Währungsreserven**
- **Geldversorgung inkl. Qualitätskontrolle der Banknoten (Echtheitskontrollen)**
- **Forschung und Analyse im Bereich der Geldpolitik**

Aufgaben

1. Nennen Sie das Organ der Bundesbank und dessen Hauptaufgaben.
2. Welches Verhältnis besteht zwischen Bundesbank und Bundesregierung?
3. Welche Aufgaben hat die Deutsche Bundesbank?

6.4 Das Europäische System der Zentralbanken (ESZB)

- Stellung, Organe und Aufgaben der EZB -

Stofftelegramm

Stellung der EZB (Errichtung: **1998)**

- ESZB = EZB + nationale Zentralbanken (NZBs) der Mitglieder der Europäischen Wirtschafts- und Währungsunion (EWWU = „Euroland")

–> Föderalismus! Vergleichbar mit Deutscher Bundesbank und deren neun Hauptverwaltungen in Bundesländern

- Sitz der EZB in **Frankfurt/Main**
- EZB am **Modell der Deutschen Bundesbank** orientiert
- **Unabhängig** (autonome Stellung) von Regierungen und EU-Organen
- keine Finanzierung staatlicher Ausgaben

Organe der EZB

– **Europäischer Zentralbankrat (Rat der EZB)** = oberstes Entscheidungsgremium, das i. d. R. zweimal im Monat zusammentritt

Aufgaben: Leitlinien und Entscheidungen zur Festlegung der Geldpolitik erlassen (u. a.: geldpolitische Ziele und Höhe der Leitzinsen festlegen)

– **Direktorium:**
- Leitung + Verwaltung der EZB
- Vorbereitung der Sitzungen des EZB-Rats
- Durchführung der Geldpolitik des Euroraums gemäß den Leitlinien und Entscheidungen des EZB-Rats, wobei es hierzu den nationalen Zentralbanken des Euroraums die notwendigen Weisungen erteilt
- Führung der laufenden Geschäfte der EZB

– **ZB-Präsidenten aller Euro-Länder** **– Vgl. Übersicht nächste Seite –**

EU-Staaten, die bislang NICHT an der Währungsunion teilnehmen

Schweden	Dänemark	Großbrit.	Ungarn	Polen	Tschechien
Rumänien	Bulgarien	Litauen	Estland	Lettland	

DIE ORGANE DER EZB
– Stand: ab 1. Januar 2009 –
– Organe –
Rat der Staats- und Regierungschefs der EU
– Organe –
ERNENNUNG
DIREKTORIUM
CHEF
VIZE
Trichet (Frankreich)
Papademos (Griechenland)
Stark (Deutschl.)
Tumpel-Gugerell (Österreich)
Smaghi (Italien)
González-Páramo (Spanien)
Rat der EZB
Bundesbank-präsident
Weber
ZB-Präsidenten der 16 Euro-Länder
Sitz = Frankfurt/Main
CHEF = EZB-Präsident
VIZE = EZB-Vizepräsident
ZB = Zentralbank

DIE BESCHLUSSORGANE DER EZB

EZB-DIREKTORIUM

Präsident

Vizepräsident

Vier weitere Mitglieder

Aufgaben

- Vorbereitung der Sitzungen des EZB-Rats
- Ausführung der Geldpolitik gemäß den Leitlinien und Entscheidungen des EZB-Rats + hierzu Weisungserteilung an NZBen
- Führung der laufenden Geschäfte der EZB
- Ausübung bestimmter, vom EZB-Rat übertragener Befugnisse

EZB-RAT

Präsident

Vizepräsident

Vier weitere Mitglieder des Direktoriums

Präsidenten der NZBen des **Euro-Währungsgebiets** (16)

Aufgaben

- Erlässt Leitlinien und Entscheidungen, die notwendig sind, um die Erfüllung der dem Eurosystem übertragenen Aufgaben zu gewährleisten
- Festlegung der Geldpolitik

ERWEITERTER EZB-RAT

Präsident

Vizepräsident

Präsidenten der NZBen **aller EU-Mitgliedstaaten** (27)

Aufgaben

Auflösung des Erweiterten EZB-Rats, wenn alle EU-Länder den Euro eingeführt haben; keine Verantwortung für geldpolitische Entscheidungen

Mitwirkung bei:

- Koordinierung der Geldpolitik „Nicht-Euro-EU-Staaten" + EZB zwecks Aufrechterhaltung der Preisstabilität
- Erhebung statistischer Daten
- Berichtstätigkeiten der EZB
- Vorarbeit für Wechselkursfestlegung der „Nicht-Euro-EU-Staaten"

DIE AUFGABEN DER EZB

– **Vorrangig:**

Preisstabilität

sichern („Hüterin der Eurowährung")

–> Quantitative Definition der Preisstabilität: s. u.

– einheitliche **Währungs- (Geld-) politik:** Leitzinsen festlegen, Geldmenge steuern...

– **Devisengeschäfte** durchführen

– Verwaltung der **Währungsreserven** der Mitgliedstaaten

– reibungslosen **Zahlungsverkehr** im Euroland organisieren

– **Banknotenausgabe** (Eurogeld)

– Höhe der **Münzausgabe** steuern

– **Überwachung** des Kreditwesens

– **Unterstützung der Wirtschaftspolitik** der Euroländerregierungen, sofern hierdurch **keine Gefährdung der Preisstabilität**

= Beitrag zur Verwirklichung u. a. folgender

Ziele:

- hohes **Beschäftigungsniveau**
- beständiges **Wachstum**
- hohes Maß an **sozialem Schutz**
- hoher Grad an **Wettbewerbsfähigkeit** und Konvergenz der Wirtschaftsleistungen
- hohes Maß an **Umweltschutz** und Verbesserung der **Umweltqualität**
- Hebung der **Lebenshaltung** und der **Lebensqualität**
- Förderung des wirtschaftlichen und sozialen **Zusammenhalts** und der **Solidarität** zwischen den Mitgliedstaaten
- **Gleichstellung** von Mann und Frau

DIE QUANTITATIVE DEFINITION VON PREISSTABILITÄT DER EZB

Vorrangiges Ziel der EZB: Gewährleistung der **Preisstabilität**

Definiton der Preisstabilität durch die EZB:

Mittelfristiges Ziel des EZB-Rates beim Streben nach Preisstabilität:

Preissteigerungsrate unter, aber nahe der 2 %-Marke

Zur Vermeidung von **Inflationsrisiken**

Zur Vermeidung von **Deflationsrisiken**

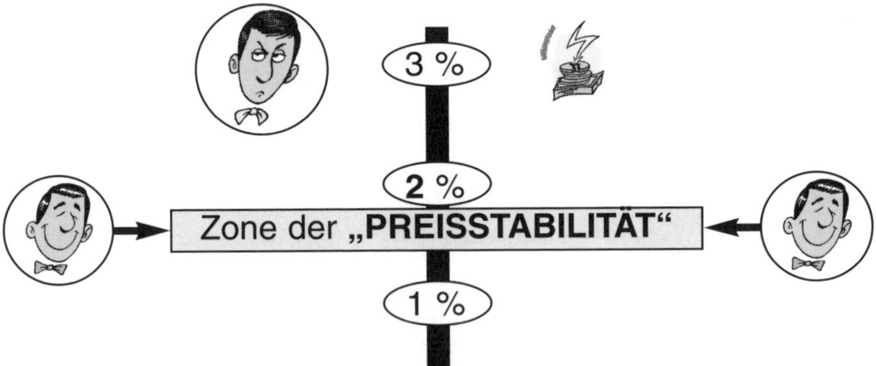

Aufgaben

1. Was versteht man unter dem Europäischen Zentralbanksystem (ESZB)?
2. Nennen Sie die wesentlichen Aufgaben der Europäischen Zentralbank (EZB).
3. Was versteht man unter „Föderalismus" der Europäischen Zentralbank?
4. Die Europäische Zentralbank ist **unabhängig**. Wie ist dies zu verstehen?
5. Nennen Sie die Organe der Europäischen Zentralbank.

6.5 Währungspolitik der EZB

Wichtiger Hinweis: Der Lehrplan sagt nicht eindeutig, wie tiefgehend das oben stehende Thema zu behandeln und damit Bestandteil der Prüfung ist. Bitte halten Sie daher Rücksprache mit Ihrem Lehrer, ob unten stehende Ausführungen in diesem Umfang auch wichtig für die Prüfung sind.

Geldpolitische Instrumente der EZB

- Offenmarktgeschäfte
- Ständige Fazilitäten
- Mindestreservepolitik

6.5.1 Offenmarktgeschäfte der EZB (Aufgaben vgl. Kapitel 6.5.6)

Stofftelegramm

Hinweis: **Tender** = Ausschreibungs- u. Zuteilungsverfahren des ESZB zum Kauf und Verkauf von Wertpapieren

Übersicht: Offenmarktgeschäfte

- Initiative zur Refinanzierung liegt beim ESZB
- Durchführung: nationale Zentralbanken

Hauptrefinanzierungsgeschäfte

- regelmäßige wöchentliche Tender (Laufzeit je 1 Woche)
- entspricht bisherigem **Wertpapierpensionsgeschäft** der Bundesbank
- Zinssatz = entscheidender **Leitzins** des ESZB

Längerfristige Refinanzierungsgeschäfte

- Laufzeit: je drei Monate
- i. d. R. Erneuerung im monatlichen Rhythmus

Feinsteuerungsoperationen

- mit begrenztem Kreis von Geschäftspartnern
- ohne standardisierte Laufzeit
- insbesondere bei unerwarteten Liquiditätsschwankungen am Markt
- **zur Liquiditätsbereitstellung:**
  - befristete Tendergeschäfte (Schnelltender: zeitlich stark verkürzt)
  - direkte Käufe von Wertpapieren bzw. sonstigen Aktiva
- **zur Liquiditätsabschöpfung:**
  - Hereinnahme von Termineinlagen für feste Laufzeit bei fester Verzinsung
  - Wertpapierpensionsgeschäfte
  - Verkauf + Rückkauf von Wertpapieren aus Eigenbestand der Bundesbank
  - definitive Verkäufe

Strukturelle Operationen

- ohne standardisierte Laufzeit
- situationsbedingte Durchführung
- **zur Liquiditätsbereitstellung:**
  - befristete Tendergeschäfte
  - direkte Käufe von Wertpapieren
- **zur Liquiditätsabschöpfung:**
  - Emission kurzlaufender Schuldverschreibungen der EZB im Tenderverfahren
  - definitive Verkäufe

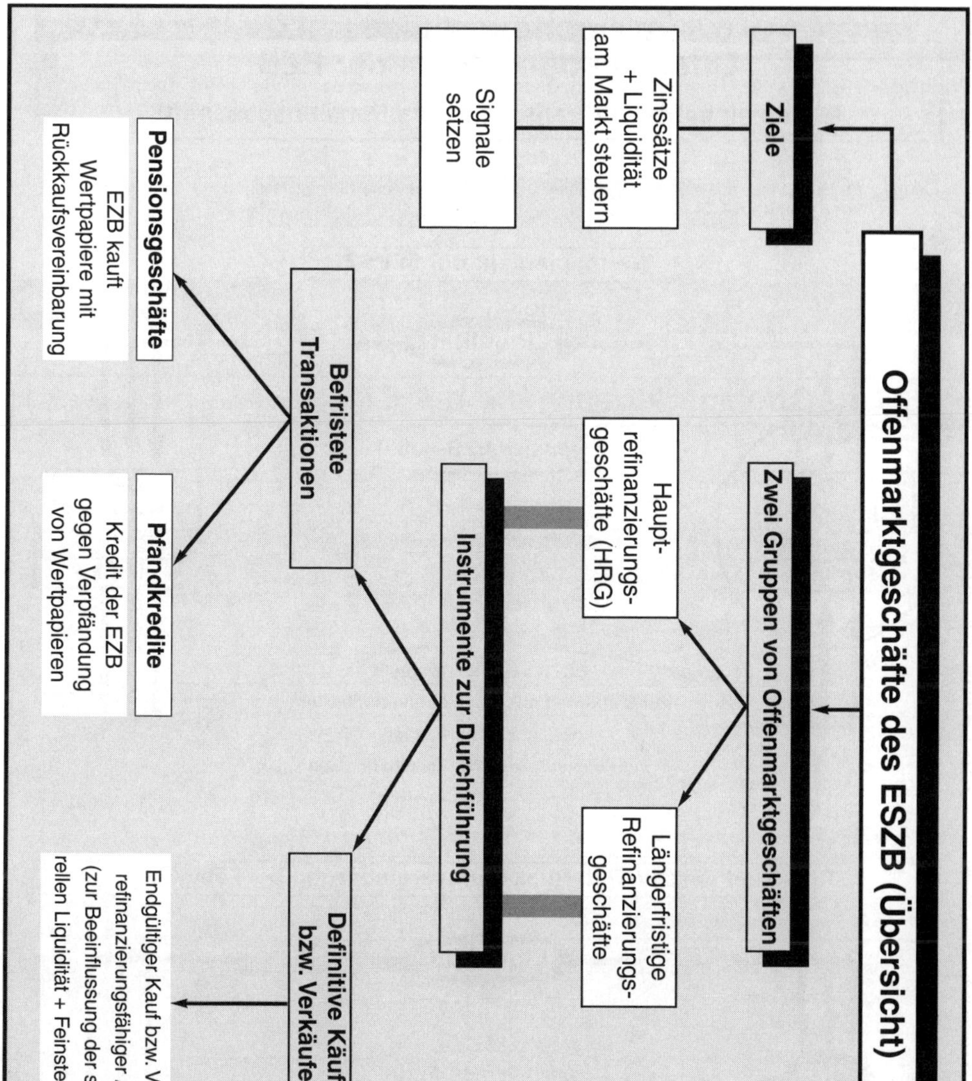
Offenmarktgeschäfte des ESZB (Übersicht)
Ziele
Zinssätze + Liquidität am Markt steuern
Signale setzen
Zwei Gruppen von Offenmarktgeschäften
Haupt-refinanzierungs-geschäfte (HRG)
Längerfristige Refinanzierungs-geschäfte
Instrumente zur Durchführung
Befristete Transaktionen
Pensionsgeschäfte
EZB kauft Wertpapiere mit Rückkaufsvereinbarung
Pfandkredite
Kredit der EZB gegen Verpfändung von Wertpapieren
Definitive Käufe bzw. Verkäufe
Endgültiger Kauf bzw. Verkauf refinanzierungsfähiger Aktiva (zur Beeinflussung der strukturellen Liquidität + Feinsteuerung)
Sonstiges
OM-Geschäfte = wichtigstes EZB-Instrument
hauptsächlich befristete Transaktionen

Offenmarktgeschäfte der EZB

(Beispiel: befristete Transaktion als Pensionsgeschäft)

Abkürz.: **ESZB** = Europäisches System der Zentralbanken; **NZB** = nationale Zentralbank; **GP** = Geschäftspartner; **WP** = Wertpapier

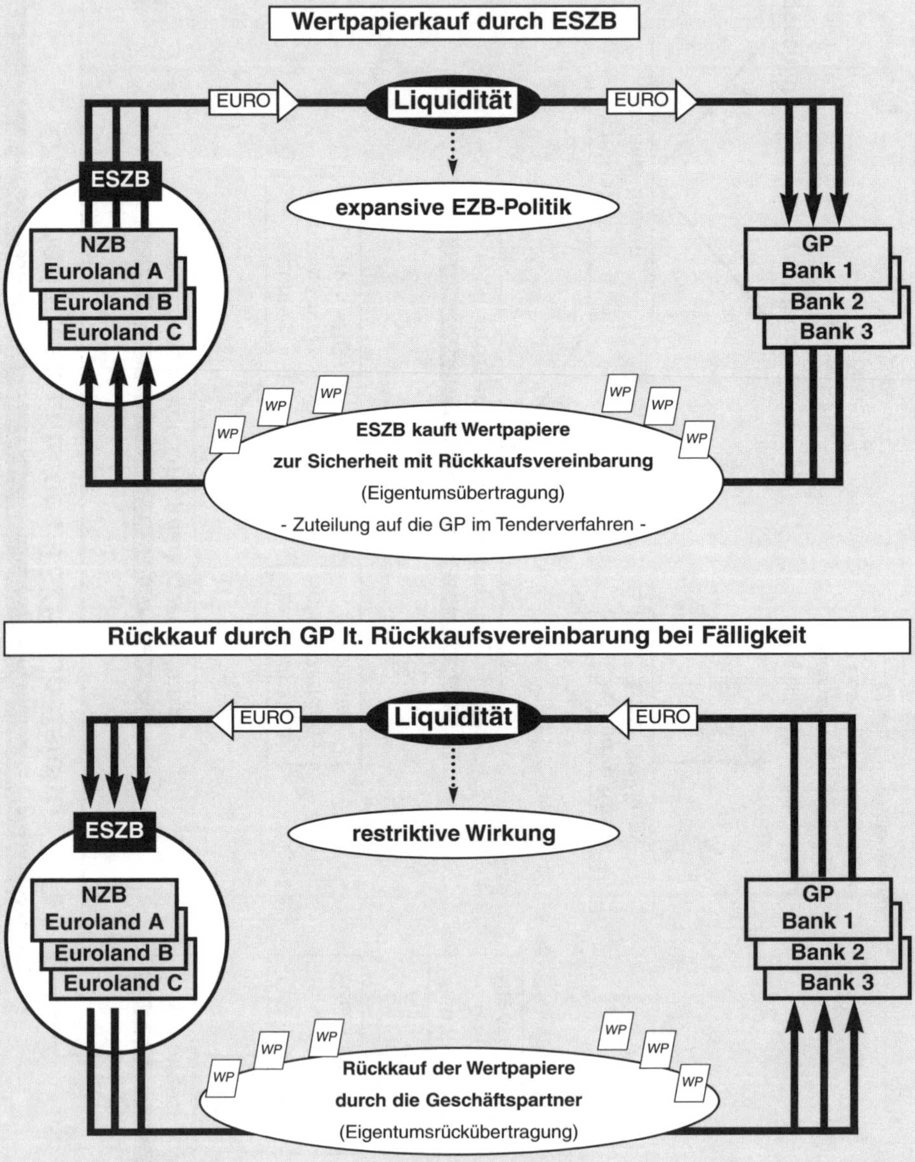

6.5.2 Ständige Fazilitäten (Aufgaben: vgl. Kapitel 6.5.6)

Stofftelegramm

Ständige Fazilitäten

Initiative zum Geschäftsabschluss liegt bei den Geschäftsbanken

Spitzenrefinanzierungsfazilität („Übernachtkredit")

- **„Übernachtkredit"**
- Nachfolger des bisherigen **Lombardkredits**
- Laufzeit: ein Geschäftstag

  –> über Nacht Liquidität in beantragter Höhe zu einem vorgegebenen Zinssatz

  –> eine am Ende eines Geschäftstages bestehende

  Kontoüberziehung = Antrag auf Inanspruchnahme eines Übernachtkredits in Höhe der Überziehung

  –> ein am Ende eines Geschäftstages

  offener Sollsaldo –> Überleitung in den Übernachtkredit
- Kurzfristige Deckung von Liquiditätsbedarf über Nacht

Bank A

Tagesende:
Kontoüberziehung bzw. offener Sollsaldo bei der Bundesbank

↑ **Übernachtkredit** – Liquidität

Zentralbank
Kontoüberziehung/offener Sollsaldo Bank A

Einlagefazilität („Übernachtanlage")

- **„Übernachtanlage"**
- Laufzeit: ein Geschäftstag

  –> über Nacht Liquiditätsanlage zu einem vorgegebenen Zinssatz

  –> eine am Ende eines Geschäftstages bestehender überschüssiger

  Habensaldo = Antrag auf Übernachtanlage in Höhe des Habensaldos
- Anlage überschüssiger Habensalden bei der Bundesbank jeweils über Nacht bis Beginn des nächsten Geschäftstages als Einlage zum vorgegebenen Zinssatz
- Kurzfristige Anlage von Liquiditätsüberschüssen bei der Zentralbank über Nacht

Bank B

Tagesende:
Habensaldo bei der Bundesbank

Übernachtanlage – Liquidität ↓

Zentralbank
Habensaldo der Bank A

Zinssatz

Übernachtkredit-Zinssatz — **Obergrenze** des Tagesgeldsatzes des Interbankengeldmarktes

Zinskanal
- Schwankungsbereich Tagesgeldzinssatz (TGZ)
- Schwankungsbereich **Leitzins** (Tendenz zum TGZ)

Einlagefazilitäts-Zinssatz — **Untergrenze** des Tagesgeldsatzes des Interbankengeldmarktes

6.5.3 Mindestreservepolitik der EZB (Aufgaben: vgl. Kap. 6.5.6)

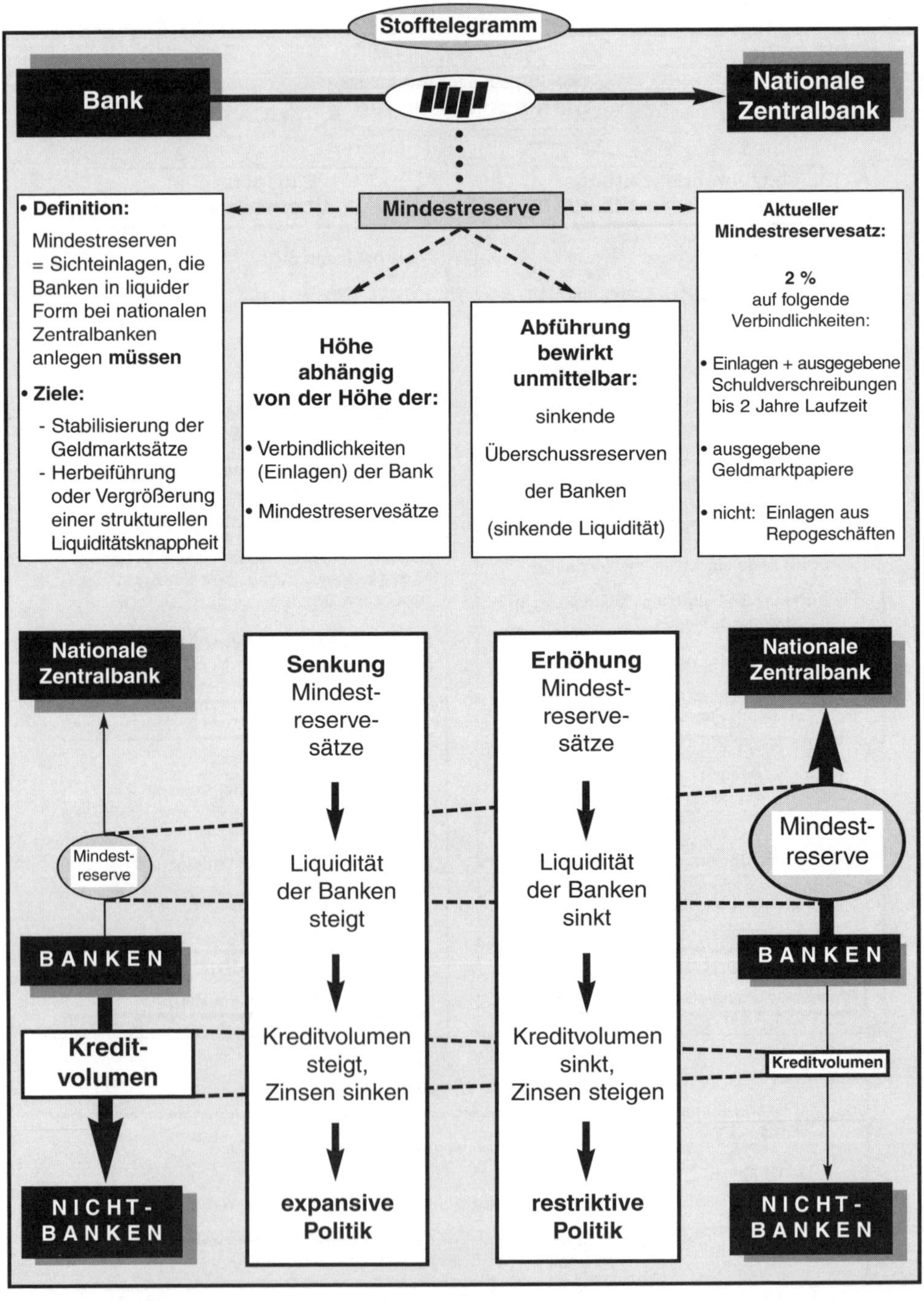

6.5.4 Kreditsicherheiten bei der EZB (Aufgaben: vgl. Kap. 6.5.6)

Stofftelegramm

Kreditsicherheiten bei der Notenbank

Für alle Kredite der Notenbank an Banken müssen die Banken ausreichende Sicherheiten stellen.

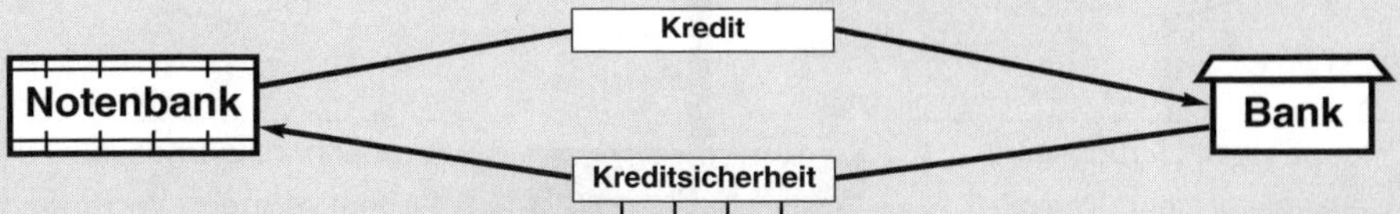

Arten der Kreditsicherheiten

- von EZB aufgelistete **Wertpapiere**
- **Kreditforderungen** der Geschäftsbanken gegenüber notenbankfähigen Kreditschuldnern (Nichtbank-Unternehmen oder Selbstständige)
  - **Namen** „kreditwürdiger" Unternehmen erhältlich bei der Bundesbank
  - Durch Hereinnahme dieser Sicherheiten: Der Notenbankkredit wird auf eine **realwirtschaftliche Grundlage** gestellt.

	Bruttowerte	Wertpapiere	0 bis 5 %
./.	Bewertungsabschläge (risikoabhängig)		
=	**Gesamtbeleihungswert**	Kreditforderungen	20 %

↓ Gutschrift auf „Pfandkonto"

Zusätzliche Maßnahmen zur Risikoabsicherung **(Sicherheitsmargen):**
- Übernachtkredit: + 1 %
- Offenmarktkredit: + 2 %

- Sämtliche von einer Bank bei der Bundesbank hinterlegten Sicherheiten bilden den sog. **„Pfand-Pool = Sicherheitenpool"** dieser Bank, der „en bloc" der Besicherung aller Notenbankkredite dient.

  –> Vorteil: Die einzelnen Pfänder brauchen substantiell und zeitlich nicht bestimmten Refinanzierungsgeschäften zugeordnet werden.

- Verpfändung von Wertpapieren:
  - Aufnahme der Wertpapiere in den für den Geschäftspartner bei der zuständigen Hauptverwaltung geführte Dispositionsdepot oder
  - Einbeziehung der Wertpapiere in das Sicherheitenverwahrsystem der Deutschen Börse Clearing AG.
- Verpfändung von Kreditforderungen:
  - Anzeige der Verpfändung an Kreditschuldner durch Bundesbank

6.5.5 Übersichten: Instrumente ... der EZB

Stofftelegramm

Strategien + Instrumente der EZB (Übersicht)

Ausgangslage: **Rezession (Arbeitslose!)**		Ausgangslage: **Boom + Inflation**
Hauptrefinanzierungssatz senken; vermehrt Wertpapierkäufe durch das ESZB	**Offenmarktgeschäfte**	Hauptrefinanzierungssatz erhöhen; vermehrt Wertpapierverkäufe durch ESZB
Fazilitätssätze senken	**Ständige Fazilitäten**	Fazilitätssätze erhöhen
Mindestreservesätze senken	**Mindestreservepolitik**	Mindestreservesätze erhöhen

erhoffte Wirkungen:

- Zinsen sinken
- Kreditnachfrage steigt
- Geldmenge steigt
- Nachfrage steigt
- Konjunkturbelebung
- Arbeitslosigkeit sinkt

= „Politik des billigen Geldes"
= expansive Politik (Gas geben!!)

erhoffte Wirkungen:

- Zinsen steigen
- Kreditnachfrage sinkt
- Geldmenge sinkt
- Nachfrage sinkt
- Konjunkturdämpfung
- stabile Preise

= „Politik des knappen Geldes"
= restriktive Politik (Bremsen!!)

Die Leitzinsen der EZB (vgl. auch die vorigen Kapitel) **[Stand: ....]**

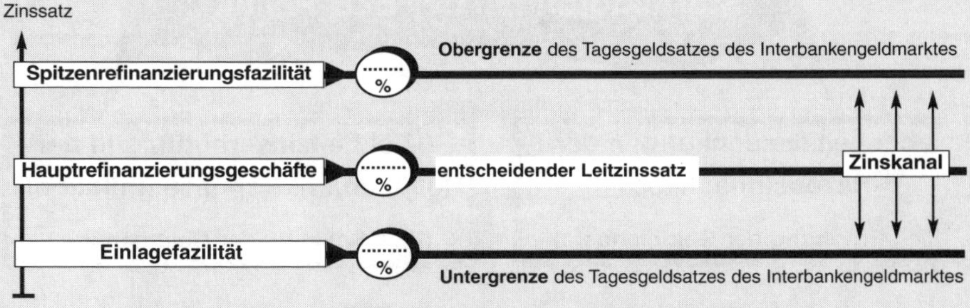

Leitzinspolitik der EZB (Übersicht)

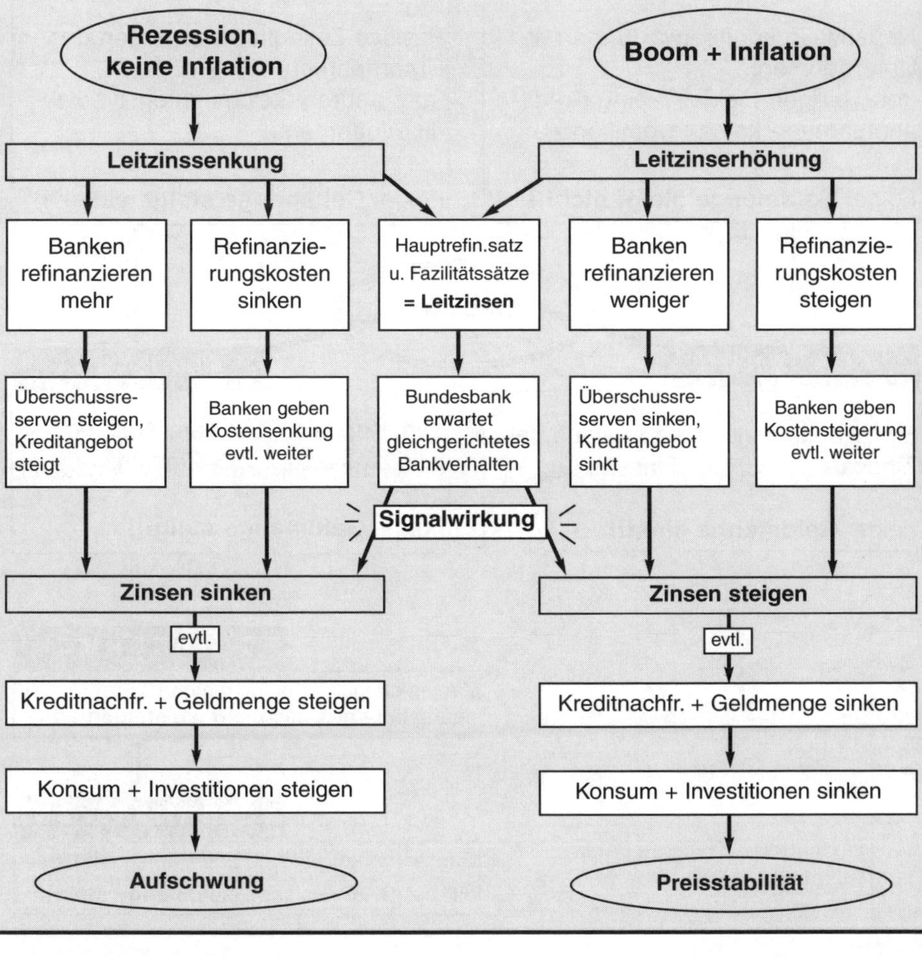

Störfaktoren bei der EZB-Politik ...

... bei Leitzinssenkung in der Rezessionsphase

(Ziel: Erhöhung der Geldmenge...)

PESSIMISMUS!

Negative Zukunftserwartungen der Unternehmen:
trotz „billigen Geldes" keine Kreditaufnahmen - keine Investitionen.

Folge: **Geldmenge steigt nicht!!**

AUSLAND!

Evtl. Kapitalabfluss ins Ausland, falls $Zinssatz_{Ausland} > Zinssatz_{Inland}$.

Folge: **Geldmenge sinkt!!**

... bei Leitzinserhöhung in der Hochkonjunkturphase (Inflation!)

(Ziel: Senkung der Geldmenge...)

OPTIMISMUS!

Positive Zukunftserwartungen der Unternehmen:
trotz „teuren Geldes" intensive Kreditaufnahmen.

Folge: **Geldmenge steigt weiter!!**

Euroland

AUSLAND!

Evtl. Kapitalzufluss vom Ausland, falls $Zinssatz_{Inland} > Zinssatz_{Ausland}$

Folge: **Geldmenge steigt!!**

KOSTENDRUCK!

Zinsen steigen - Kosten steigen - Berücksichtigung bei Kalkulation: **Preise steigen!!**

ALTERNATIVEN!

Banken versorgen sich anderweitig mit Liquidität (z. B. im Ausland): **Geldmenge steigt!!**

6.5.6 Aufgaben zum Kapitel 6.5

Aufgaben

1. Nennen Sie die drei geldpolitischen Instrumente der EZB.

2. Nennen und beschreiben Sie kurz die vier Gruppen von Offenmarktgeschäften der EZB.

3. Welche allgemeinen Ziele verfolgt die EZB speziell mit ihren Offenmarktgeschäften?

4. Nennen und beschreiben Sie kurz die Instrumente zur Durchführung von Offenmarktgeschäften.

5. Erklären Sie folgende Begriffe:

   - **Mindestreserve**
   - **Leitzinsen**
   - **Signalwirkung**
   - **Spitzenrefinanzierungsfazilität**
   - **Einlagefazilität**
   - **Pfand-Pool**

6. Welche geldpolitischen Maßnahmen der EZB würden evtl. mithelfen, Boom und Inflation zu **bremsen?**

   Beschreiben Sie stichpunktartig die Wirkungen der Maßnahmen.

7. Welche geldpolitischen Maßnahmen der EZB würden evtl. mithelfen, die **Arbeitslosigkeit zu beseitigen?**

   Beschreiben Sie stichpunktartig die Wirkungen der Maßnahmen.

8. Welche **Störfaktoren** stellen die Erreichung der Ziele einer Leitzinserhöhung in Frage?

9. a) Wie hoch ist der aktuelle **Mindestreservesatz** der EZB?

   b) Wie wird die Höhe der Mindestreserve einer Bank ermittelt?

   c) Welche Ziele verfolgt die EZB mit der Mindestreservepolitik?

10. Welche Arten von **Kreditsicherheiten** können die Banken für die Kredite von der Notenbank stellen?

11. Welchen Vorteil hat der sog. **„Pfand-Pool"?**

6.6 Die Europäische Integration: Binnenmarkt – EWWU

Stofftelegramm

Binnenmarkt → **keine Grenzen für ...**

Menschen	**Waren**	**Dienstleistungen**	**Kapital**
Schengener Abkommen!			

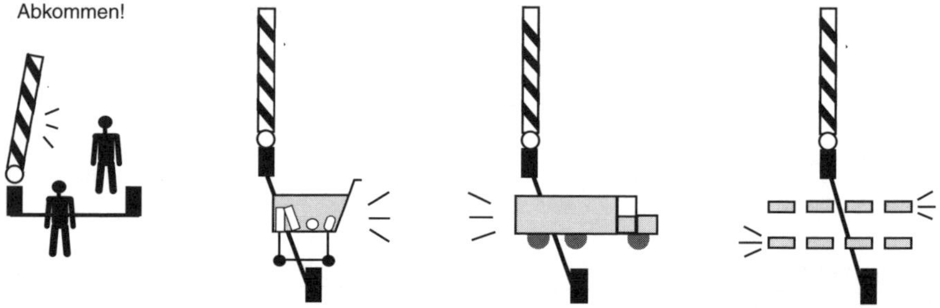

Menschen	Waren	Dienstleistungen	Kapital
• keine Grenzkontrollen • Aufenthalts- und Niederlassungsfreiheit • freie Arbeitsplatzwahl • gegenseitige Anerkennung von Diplomen und Zeugnissen	• keine Grenzkontrollen • Harmonisierung technischer Normen • Harmonisierung der Mehrwert- und Verbrauchssteuern	• Liberalisierung des Güterverkehrs • freier Markt für Banken, Versicherungen.. • Liberalisierung des Fernmeldewesens	freier Geldverkehr + freier Kapitalverkehr + freier Zahlungsverkehr

Die Entwicklung zum **Binnenmarkt** führte nicht gleichzeitig zur Angleichung der **Wirtschaftspolitik.**

Maastricht-Vertrag: Verpflichtung der EG-Staaten, ihre nationale Wirtschaftspolitik zu koordinieren. Letzteres ist entscheidend für eine **Wirtschafts- u. Währungsunion (WWU).**

Wirtschafts- und Währungsunion

↓

= Binnenmarkt (s. o.)

+

Abstimmung der Wirtschaftspolitik	unabhängige **europ. Zentralbank** mit einheitlicher Geldpolitik (Hauptziel: Geldwertstabilität)	einheitliche Währung

Übersicht zur Europäischen Integration:

Der Weg zur Europäischen Wirtschafts- u. Währungsunion (EWWU = WWU)

1951 — **Montanunion** = Europ. Gemeinschaft für Kohle u. Stahl **(EGKS)** — EGKS

Mitglieder: Deutschland, Frankreich, Italien, Belgien, Luxemburg, Niederlande

Ziele:
- Bildung eines gemeinsamen Marktes für Kohle u. Stahl
- Grundstein legen zur Errichtung einer wirtschaftl. Gemeinschaft

1957 — EWG
- Europäische Wirtschaftsgemeinschaft **(EWG)** (Mitglieder: s. o.)
- Europäische Atomgemeinschaft **(EURATOM)** (Mitglieder: s. o.)

EWG:
- Beschluss, auf Europ. **Binnenmarkt** hinzuarbeiten
- **Ausdehnung** der **gemeinsamen Politik** im Bereich Kohle/Stahl auf weitere Bereiche der **Wirtschaft,** z. B. Landwirtschaft, Fischerei, Verkehr, Wettbewewerbsrecht, Außenhandel.

1967 — Zusammenlegung von EWG + EURATOM + EGKS = **Europäische Gemeinschaft (EG)** — EG

1968 — **Zollunion** vollendet — Zollunion

Ab jetzt: zollfreier Im- und Export von einem EWG-Staat in einen anderen **(Freihandel)**

1972 — **Europäische „Währungsschlange"** — Schlange

Relativ feste Wechselkurse unter den Partnerländern

1979 — **Europäisches Währungssystem (EWS)** — EWS

Relativ feste Wechselkurse unter den Partnerländern ...

Erste Direktwahl zum Europäischen Parlament

1987 — **Einheitliche Europäische Akte** — Eur. Akte

- Schaffung von Voraussetzungen für Vollendung des Europ. **Binnenmarktes**
- Intensivierung der politischen Zusammenarbeit
- Inzwischen 12 Mitgliedstaaten

1992 — Maastricht

Maastrichter Vertrag

- Beschluss EG-Länder: Gründung der Europäischen Union **(EU)**
- Europäische Gemeinschaften = „Europäische Union" **(EU)**
- 27 **Mitgliedsländer** der EU **(2009)**:

– Deutschland	– Spanien	– Luxemburg
– Österreich	– Portugal	– Schweden
– Frankreich	– Griechenland	– Finnland
– Großbrit.	– Belgien	– Dänemark
– Italien	– Niederlande	– Irland
– Estland	– Lettland	– Litauen
– Polen	– Tschechien	– Slowakei
– Ungarn	– Slowenien	– Malta
– Zypern (griech. Teil)	– Rumänien	– Bulgarien

- **Seit 1. Januar 1999** Europäische Wirtschafts- und Währungsunion **(EWWU)** – (s. u.).
- **Voraussetzungen** für **Aufnahme** in die EWWU **(Konvergenzkriterien):** siehe unten!

1993 — EU

Beginn des **Europäischen Binnenmarktes (s. o.)** sowie der **EU**

Die drei Säulen der EU

- Europäische Gemeinschaften **(EG)** inkl. **EWWU**
- Gemeinsame Außen- und Sicherheitspolitik
- Zusammenarbeit bei Innen- und Rechtspolitik

1994 — EWI

Europäisches Währungsinstitut (EWI)

Vorläufer der Europ. Zentralbank: Beginn 2. Stufe von Maastricht

1998 — Wer?

Entscheidung über EWWU-Beginn und Teilnehmer:
Dabei sind **(Stand 2009):**

• **Deutschland**	• Spanien	• Österreich	• Irland
• Frankreich	• Niederlande	• Finnland	• Luxemburg
• Italien	• Belgien	• Portugal	• Griechenland (2001)
• Slowenien (07)	• Malta (08)	• Zypern (08)	• Slowakei (2009)

2004 — Neue EU'ler

Neue EU-Länder:

• Ungarn	• Polen	• Slowakei	• Tschechien	• Slowenien
• Malta	• Zypern	• Litauen	• Estland	• Lettland

Der Stufenplan von Maastricht zur Errichtung der Europ. Währungsunion (WWU)

1. Stufe: 1990–93

- Liberalisierung des Kapitalverkehrs
- Realisierung des Europ. Binnenmarktes

2. Stufe: 1994–98

- Annäherung **(Konvergenz)** in der Wirtschafts-, Finanz- und Geldpolitik
- Jedes Land muss bestimmte Konvergenzkriterien erfüllen zwecks Aufnahme in die WWU:

Konvergenzkriterien

Stabiles Preisniveau	gesunde Staatsfinanzen	Stabile Wechselkurse	nicht zu hohes Zinsniveau
Inflationsrate max. **1,5 %** über Durchschnitt der drei stabilsten Länder	jährliche **Neuverschuldung** max. **3 %** des Bruttoinlandsprodukts (BIP) **Staatsschulden** insgesamt max. **60 %** des BIP	**EWS-Teilnahme** seit mindestens 2 Jahren ohne große Kursschwankungen	durchschnittl. lfr. **Zinssatz** im Jahr vor der Prüfung max. **2 %** über dem Satz der drei preisstabilsten Länder

- **Europäischer Stabilitäts- und Wachstumspakt:**

1996 verständigte sich der ECOFIN-Rat (Rat der Wirtschafts- und Finanzminister), einen „Stabilitäts- und Wachstumspakt" zu beschließen.

Bestimmungen:
- Verpflichtung der EU-Mitglieder zu **solider Haushaltspolitik**
- Mittelfristig: **ausgeglichener Haushalt** bzw. Haushaltsüberschuss
- **Annäherung** an das Haushaltsziel: jährliche Defizitsenkung um mindestens 0,5 % des Bruttoinlandsprodukts (BIP)
- Vorlage von **Stabilitäts- und Konvergenzprogrammen**
- **Frühwarnsystem** soll Defizit > 3 % des BIP verhindern; höhere Defizite nur ausnahmsweise erlaubt (z. B. starker Abschwung)
- **Sanktionen** bei Verfehlung der Bestimmungen

- Errichtung des **Europäischen Währungsinstituts (EWI)**
- Ausschluss der Finanzierung öffentlicher Haushalte durch Notenbanken
- Überführung der nationalen **Notenbanken** in die **Unabhängigkeit**
- **Entscheidung** über **Beginn** der WWU und die **Teilnehmer**
- Errichtung des **Europäischen Systems der Zentralbanken (ESZB)**

3. Stufe: 1999–02

- **Start** der Währungsunion am **1. Januar 1999**
- Festlegung der **Wechselkurse** der Teilnehmerwährungen
- Einheitliche Geldpolitik durch das Europäische Zentralbanksystem **(ESZB)**
- Noten-, Münzausgabe in **Euro**, seit 2002 Ersatz nationaler Geldzeichen

Vorteile einer Europäischen Währungsunion

- Keine **Wechselkursschwankungen** innerhalb der Währungsunion:
  - Wegfall des Wechselkursrisikos fördert den Außenhandel (mehr Planungssicherheit für die Wirtschaft)
  - keine Wechselkursspekulationen mehr mit negativen Auswirkungen auf innergemeinschaftlichen Handel
- **Transaktionskosten** (Währungsumtauschkosten, Versicherungskosten ...) entfallen
- Verbesserte Preisvergleiche **(Preistransparenz)** möglich
- **Größeres Angebot** von Waren und Dienstleistungen, größere Finanzierungsmöglichkeiten ..
- Belebung des innergemeinschaftlichen Handels ... Folge: evtl. **Wachstumsschub**
- Entstehung eines **starken Währungsblocks** als Gegenstück zu Yen und $
- **Stabilität** der Gemeinschaftswährung evtl. höher als durchschnittliche Stabilität der EU-Mitgliedsstaaten
- Verstärkung des **Zusammengehörigkeitsgefühls** durch gemeinsame Währung (Völkerverständigung!)
- Einhaltung von **Stabilitätskriterien** (Konvergenz!)

  –> positive Wirkungen bereits im Vorfeld der Währungsunion und danach (Sanktionen gegen Länder, die Stabilitätskriterien nicht erfüllen)

  –> **europäische Stabilitätsgemeinschaft**
- Konkurrenzvergrößerung bei Unternehmen und Gewerkschaften führt zu **Preis- und Lohndisziplin**
- Fortsetzung des europäischen **Einigungsprozesses**; Vorarbeiten für politische und soziale Integration.
- Verhinderung nationaler Alleingänge und **Rivalitäten** in Europa
- Stärkung der **Wettbewerbsfähigkeit** gegenüber anderen Regionen der Welt
- Strenge und glaubwürdige **Antiinflationspolitik** der **EZB** führt zu Preisstabilität und langfristig niedrigen Zinsen.

  Die Zinsen sinken zudem aufgrund der wegfallenden Wechselkursgebühren sowie größerer Liquidität eines europäischen Finanzeinheitsmarktes.

  Folge: Investitionen und Wachstum werden gefördert.

Nachteile (Probleme) einer Europäischen Währungsunion

- Nicht alle EU-Staaten von Anfang an in Währungsunion aufgenommen (mangelnde Konvergenz)

  –> Gefahr: Spaltung Europas in **„Ins"** und **„Outs"** (Europa mit mehreren Geschwindigkeiten)

- Nicht aufgenommene Länder: evtl. Abwertungstendenz ihrer Währungen („Abwertungswettläufe")

  –> Nachteile für Exportwirtschaft der Mitgliedsländer –> **Währungskonflikte** zwischen Ins und Outs.

- Unterschiedliche Bevölkerungen: **Akzeptanz** der Gemeinschaftswährung evtl. fraglich.

- Währungsunion evtl. **verfrüht** (Währungsunion ohne vorherige Schaffung einer politischen Union)

- Fraglich, ob Euro so **stabil** ist wie die DM (weicher Euro insbesondere befürchtet, wenn Konvergenzkriterien „weich" angewendet werden, also auch weniger stabile Länder aufgenommen werden).

- Währungsunion zum **falschen Zeitpunkt:**

  In **Konjunkturflaute** bewirkt Anstreben der Konvergenzkriterien eine Verschärfung der Situation: Verhinderung konjunkturfördernder Staatsausgaben und Steuersenkungen ...

  –> Widerspruch zu „antizyklischer Fiskalpolitik".

  Einige Wirtschaftsexperten sind der Ansicht, die momentan **schwache Konjunktur** resultiere z. T. aus europaweiten Ausgabenkürzungen zwecks Erfüllung des 3 % - Kriteriums.
  „Wir sparen und machen damit den Aufschwung kaputt."

- Billiges **Arbeitskräfteangebot** aus anderen EU-Ländern drückt evtl. Löhne und Gehälter in Deutschland

- **Deutsche Bundesbank** verliert Kompetenzen für die Geldpolitik (zuständig = EZB); evtl. bürgerfern

- Höhere **Inflationsraten** in Partnerländern wirken evtl. negativ auf das deutsche Preisniveau

- Finanzpolitisches **Fehlverhalten** eines Mitgliedslandes wirkt evtl. negativ auf andere Länder

- **Verschärfter Wettbewerb** für manche Unternehmen innerhalb der EU

- Evtl. Subventionszahlungen an unterentwickelte Länder **(Kosten** für best. Länder)

- Fraglich, ob Ausgleich zwischen Ländern mit unterschiedlicher Wirtschaftskraft stattfindet; Gefahr der Entstehung zweier Blöcke.

EZB, ESZB, Euroland, EU-Länder

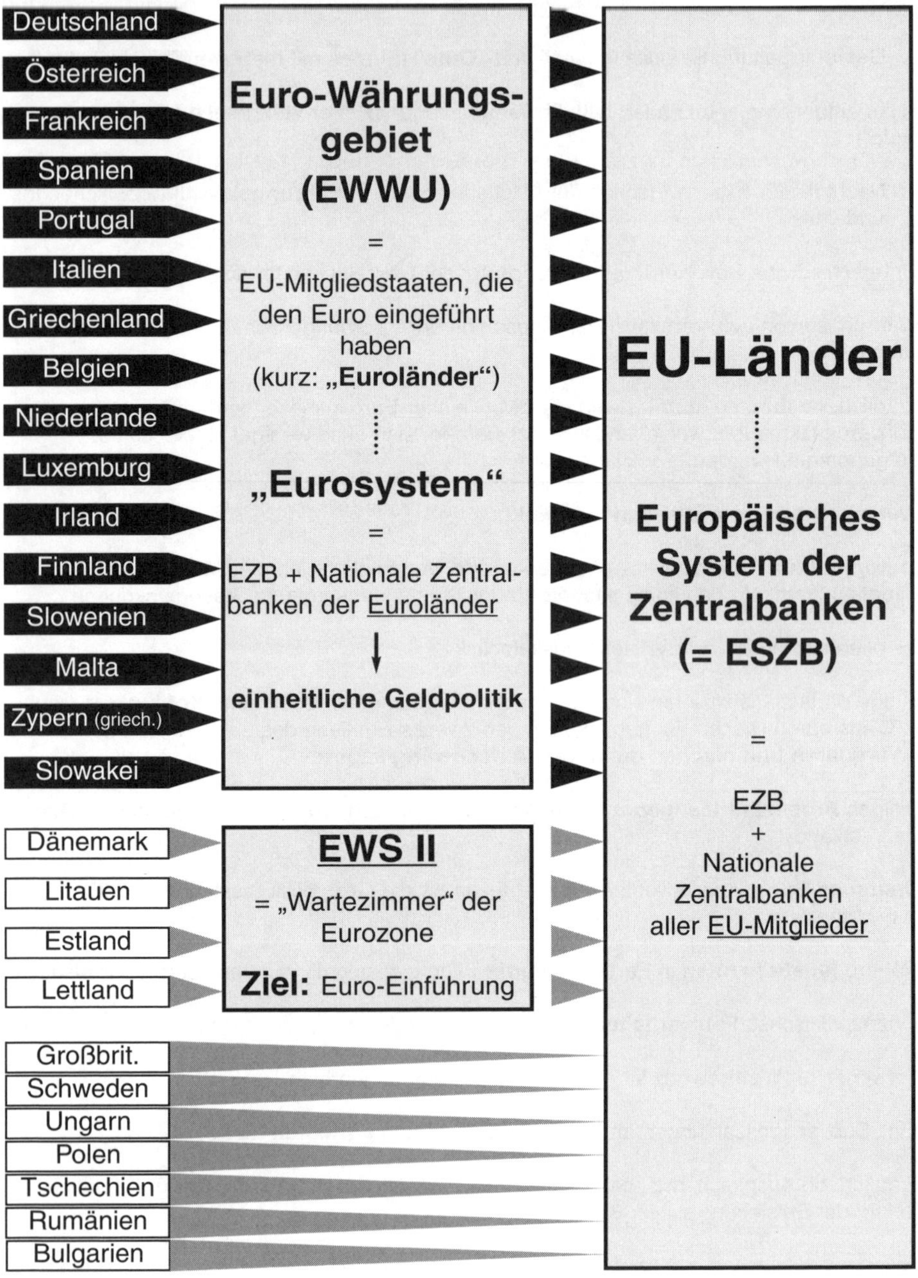

Aufgaben

1. Was versteht man unter einem **Binnenmarkt?**

2. Wodurch unterscheidet sich der **Binnenmarkt** von einer **Wirtschafts- u. Währungsunion?**

3. Nennen Sie kurz die einzelnen **Stationen** auf dem Weg zur Europäischen Union **(EU).**

4. Welche wesentlichen wirtschaftspolitischen Punkte beinhaltet der **Maastrichter Vertrag?**

5. Welche wesentlichen Inhalte hat der **Drei-Stufenplan** von Maastricht?

6. Was versteht man unter **„Konvergenz"?**

7. Nennen Sie die im Maastricht - Vertrag fixierten **Konvergenzkriterien.**

8. „Bedeutender als die einmalige Konvergenz ist die nachhaltige Konvergenz."

   a) Erklären Sie diese Aussage.

   b) Wie wird erreicht, dass sich die EWWU-Staaten um nachhaltige Konvergenz bemühen?

9. Welche wirtschaftspolitischen **Chancen** und **Risiken** könnten aus der Errichtung einer Europäischen Wirtschafts- und Währungsunion **(EWWS)** resultieren?

10. Nennen Sie Vor- und Nachteile einer an **Konvergenzkriterien** orientierten Wirtschafts- und Finanzpolitik des Staates.

11. Erklären Sie die Aussage:

    „Wir sparen für die Konvergenz und machen den Aufschwung kaputt."

12. Verfolgen Sie die aktuelle Entwicklung in der **Tagespresse!**

6.7 Wirtschaftspolit. Einflussmöglichkeiten des Staates

6.7.1 Außenwirtschaftspolitik

6.7.1.1 Gründe, Vor- und Nachteile des Außenhandels

Stofftelegramm

Gründe für Ex- und Importe

- Produktionskostenunterschiede (absolute Kostenvorteile)
- Klimaabhängigkeit (Südfrüchte, Kakao...), Qualitätsunterschiede
- Geologische Bedingungen (Erdöl, Eisenerze...)
- Geschmackspräferenzen (Urlaub, französische Weine...)
- Marktaufnahmefähigkeit Inland evtl. begrenzt, also Exporte

Vorteile des Außenhandels

- Exporte bewirken bessere Beschäftigungslage
- Verbesserung Lebensstandard durch internat. Arbeitsteilung
- Verbesserung der internationalen Beziehungen
- Stärkung des Wettbewerbs (Auslandskonkurrenz beflügelt – breitere Auswahl an preiswerten Qualitätswaren)
- bei z. B. Missernten Rückgriff auf Auslandswaren möglich

Nachteile des Außenhandels

- wirtschaftliche und politische Abhängigkeit vom Ausland
- evtl. Risiko der importierten Inflation

6.7.1.2 Wechselkurse und Wechselkurspolitik

Stofftelegramm

Wechselkurs

- Austauschverhältnis zwischen zwei Währungen
- Die Menge ausländischer Währungseinheiten, die man für einen € erhält. (Wie viele ausländische Währungseinheiten erhält man für einen €?)
- Bsp.: **$-Kurs 1,03 –> Kursgleichung: 1 € = 1,03 $**

Aufwertung

= Außenwerterhöhung einer Währung = steigender Wechselkurs

- Beispiel: Aufwertung des € gegenüber dem $:
  $-Kurs vor Aufwertung: 1,03 - nach Aufwertung: 1,10
- Folgen: 1. US-Produkte werden für Euroländer billiger: **Importe steigen**
  2. Eurolandprodukte für US-Bürger teurer: **Exporte sinken**

Abwertung

= Außenwertsenkung einer Währung = sinkender Wechselkurs

- Beispiel: Abwertung des € gegenüber dem $:
  $-Kurs vor Abwertung: 1,10 - nach Abwertung: 1,03
- Folgen: 1. US-Produkte werden für Euroländer teurer: **Importe sinken**
  2. Eurolandprodukte für US-Bürger billiger: **Exporte steigen**

Geldmenge steigt! Evtl. Inflationsgefahr!

Hinweis: Aus dem Lehrplan geht nicht eindeutig hervor, wie tief gehend das Thema „Wechselkurse" zu behandeln ist. Halten Sie daher Rücksprache mit Ihrem Lehrer. Unsere Darstellung ist relativ ausführlich.

Freie (flexible) Wechselkurse (= Floating)

WK = Wechselkurs (z. B. 1,00 € = x $)
EN = Nachfrage nach €
EA = Angebot an €
GK = Gleichgewichtskurs

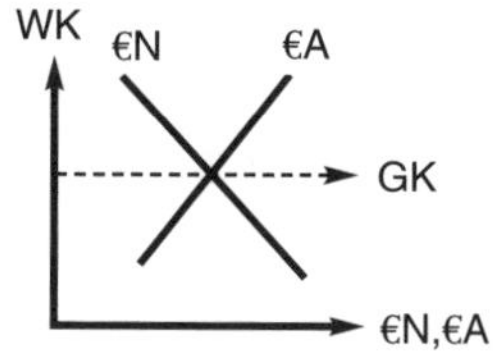

Merkmal: Völlig freie Wechselkursbildung

Problem: Unkalkulierbare Wechselkursschwankungen (Risiko; Spekulationen)

Beispiel: Euro-Währungen floaten gegenüber dem $

Importe steigen: → $-Nachfrage steigt ↓ €A steigt ↓ WK sinkt ↓ **Abwertung €**

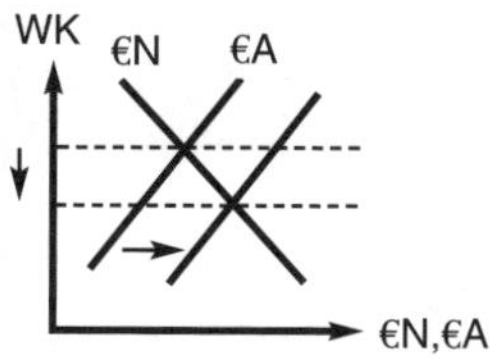

Importe sinken: → $-Nachfrage sinkt ↓ €A sinkt ↓ WK steigt ↓ **Aufwertung €**

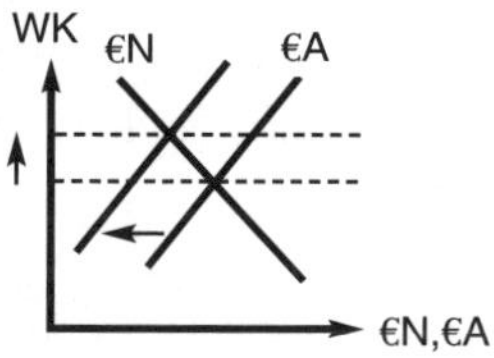

Exporte steigen: → €N steigt ↓ WK steigt ↓ **Aufwertung €**

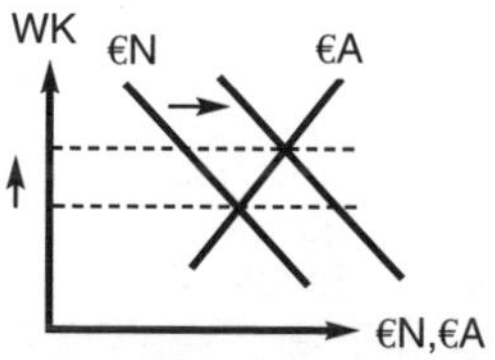

Exporte sinken: → €N sinkt ↓ WK sinkt ↓ **Abwertung €**

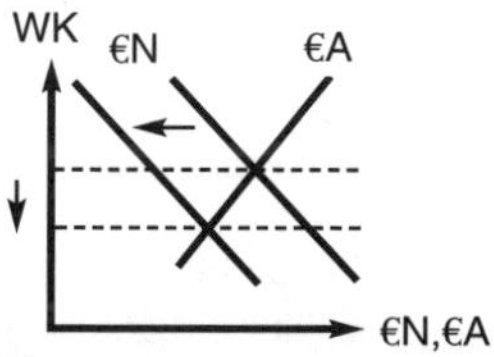

Vorteile flexibler Wechselkurse:

- Importpreise bleiben im Wesentlichen konstant. Begründung: Preise Ausland steigen – Importe Inland sinken – Euroangebot sinkt – Wechselkurs steigt (Aufwertung €) – Preise Auslandswaren für Inländer sinken praktisch wieder.
- Tendenz zum Ausgleich von Handelsüberschüssen und -defiziten (= wirtschaftspolitisches Ziel) = **Wechselkursmechanismus**
- keine inflatorische Wirkung von Außenhandelsüberschüssen (keine importierte Inflation)
- keine großen Gold- und Devisenreserven notwendig, da keine Eingriffe in Devisenmarkt

Nachteile flexibler Wechselkurse: unkalkulierbare Wechselkursschwankungen (Risiken!)

Relativ feste Wechselkurse

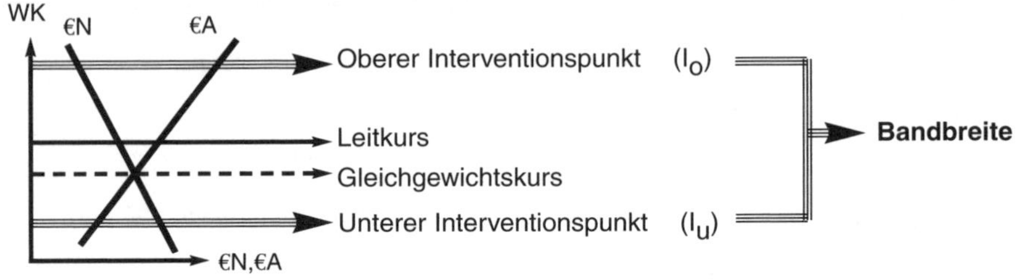

Merkmal: Wechselkursschwankungen nur innerhalb der Bandbreite

Leitkurs: Zwischen Regierungen vereinbarter fester Wechselkurs (Parität), von dem der marktmäßig sich ergebende Wechselkurs lediglich innerhalb der Bandbreite abweichen darf.

Vorteil: Geringes Wechselkursrisiko, sichere Kalkulationsgrundlage

Fall 1: Gleichgewichtskurs liegt über I_o

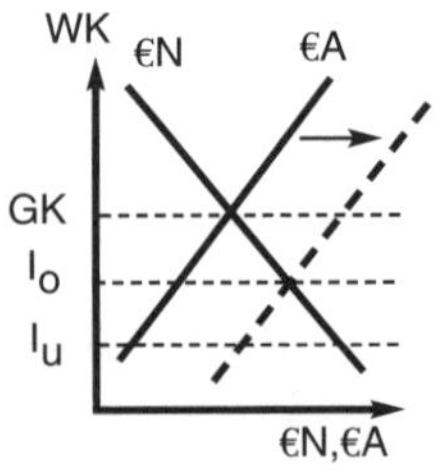

Maßnahme EZB: Angebotslücke durch Euroverkauf schließen (€A-Verschiebung nach rechts)

Bei langfristigem Ungleichgewicht: Aufwertung des € (Leitkurserhöhung)

Fall 2: Gleichgewichtskurs liegt unter I_u

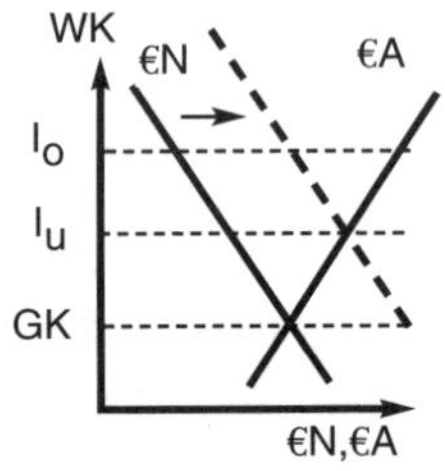

Maßnahme EZB: Nachfragelücke durch Eurokauf schließen (€N-Verschiebung nach rechts)

Bei langfristigem Ungleichgewicht: Abwertung des € (Leitkurssenkung)

Beispiel: Euro-Währungen gegenüber den restlichen EU-Währungen (Stand Juli 2003: nur gegenüber Dänemark) = EWS II

Weiche Währungen: Währungen, die laufend abgewertet werden müssen.

Harte Währungen: Währungen, die laufend aufgewertet werden müssen.

Aufgaben (Grundwissen)

1. Nennen Sie fünf Gründe, die für den Außenhandel sprechen.

2. Nennen Sie Vor- und Nachteile des Außenhandels.

3. Erklären Sie die Begriffe Wechselkurs, Aufwertung und Abwertung.

4. Wie wirkt eine

   a) Aufwertung
   b) Abwertung einer Währung auf Im- und Exporte? Begründung.

5. Erklären Sie den Begriff Floating.

6. Was versteht man unter Gleichgewichtskurs?

7. Welche Im- bzw. Exportänderungen bewirken bei flexiblen Wechselkursen eine

   a) Abwertung
   b) Aufwertung der Inlandswährung?

8. Nennen Sie die Vor- und Nachteile flexibler Wechselkurse.

9. Begründen Sie, welchen Einfluss folgende Änderungen jeweils auf den Wechselkurs haben:

   a) Importerhöhungen
   b) Importsenkungen
   c) Exporterhöhungen
   d) Exportsenkungen

10. Welche Wirkungen hat ein

    a) hoher
    b) niedriger Dollarkurs

    auf den Außenhandel Deutschlands?

11. Nennen Sie - abgesehen von Wechselkursänderungen - Gründe für

    a) Importsteigerungen
    b) Exportsteigerungen eines Landes.

12. Nennen Sie Gründe für

    a) steigendes Euroangebot
    b) steigende Euronachfrage.

13. Der Dollarkurs steigt. Welche Bedeutung hat dies für einen

    a) deutschen Exporteur
    b) Reisenden in die USA?

14. Mit welchen Maßnahmen kann die Notenbank einem

    a) Steigen
    b) Sinken des Dollarkurses entgegenwirken?

15. a) Welche Nachteile hat eine Aufwertung der Inlandswährung?

    b) Können sich aus einer Aufwertung für die Inlandswirtschaft auch Vorteile ergeben? Begründung.

16. Beurteilen Sie folgende Aussage: „Die Aufwertung des Euro dämpfte die Inflationsrate."

17. Erklären und skizzieren Sie das System relativ fester Wechselkurse.

18. Erklären Sie die Begriffe:

    a) Leitkurs
    b) Bandbreite

19. Wie muss die Europäische Zentralbank intervenieren, wenn der Gleichgewichtskurs einer Währung innerhalb des EWS II

    a) den oberen Interventionspunkt überschreitet

    b) den unteren Interventionspunkt unterschreitet? Begründungen und Skizze.

20. Welche Entscheidung wird die Regierung treffen, wenn sich der Gleichgewichtskurs einer EWS-II-Währung langfristig

    a) über dem oberen Interventionspunkt

    b) unter dem unteren Interventionspunkt befindet?

21. Erklären Sie kurz die Begriffe weiche und harte Währungen.

22. Welchen Einfluss können

    a) sinkende
    b) steigende Wechselkurse

    auf eine momentan aktive Leistungsbilanz haben?

23. Welchen Einfluss können

    a) sinkende
    b) steigende Wechselkurse

    auf eine momentane Hochkonjunktur mit hoher Inflation haben?

24. Zitat: „Die Europäische Zentralbank verkaufte massiv Dollar." Warum?

6.7.1.3 Zollpolitik (= preispolitische Maßnahmen)

Stofftelegramm

Zölle: Abgaben des Staates beim grenzüberschreitenden Warenverkehr (marktkonform)

Zollarten:
- Importzölle, Exportzölle
- Finanzzölle (zur Erhöhung der Staatseinnahmen)
  Schutzzölle (Schutz vor ausländischer Konkurrenz)

Ziel Konjunkturbelebung:

- Importzölle erhöhen –> Importpreise steigen –> Importe sinken –> Inlandsnachfrage steigt
- Exportzölle senken –> Exportpreise sinken –> Exporte steigen

Ziel Konjunkturdrosselung: • Importzölle senken, Exportzölle erhöhen (Wirkungen analog)

Kritik an Zollpolitik: Wettbewerbsverzerrung durch Abschirmung ausländischer Konkurrenz bei Importzöllen; Widerspruch zur Liberalisierung des Außenhandels.

MERKE: Innerhalb der **EU** sind diese Maßnahmen **nicht** mehr aktuell!

Aufgaben

1. a) Welchen Zweck haben Zölle im Im- und Exportbereich?
   b) Was spricht gegen Zölle?
   c) Um welche Art des Markteingriffs (marktkonträr oder marktkonform) handelt es sich?

6.7.1.4 Kontingent- und Verbotspolitik (= mengenpolitische Maßnahmen)

Stofftelegramm

Kontingentierung: Mengenmäßige staatl. Import- bzw. Exportbeschränkung (marktkonträr)

Ziel Konjunkturbelebung:
- Importkontingente einführen
- Importverbote
- Exportkontingente aufheben

–> Schutz der inländischen Wirtschaft

Ziel Konjunkturdrosselung:
- Importkontingente aufheben
- Exportkontingente einführen
- Exportverbote

–> Versorgungssicherung der inländ. Wirtschaft mit Rohstoffen ...

Kritik: Völlige Wettbewerbsverzerrung; Widerspruch zur Liberalisierung des Außenhandels.

Aufgaben

1. a) Welchen Zweck haben Kontingente bzw. Verbote im Im- und Exportbereich?

   b) Was spricht gegen Kontingente bzw. Verbote?

   c) Um welche Art des Markteingriffs (marktkonträr oder marktkonform) handelt es sich?

2. Welche Bedeutung hat die Kontingentpolitik innerhalb der **EWWU**?

6.7.1.5 Sonstige außenwirtschaftliche Staatsmaßnahmen

Stofftelegramm

Steuer- u. Subventionspolitik:	• Steuerliche Vergünstigungen für Exporteure • Exportsubventionen einführen bzw. verringern
Kreditpolitik:	• Krediterleichterungen (-erschwerung) für Exporteure • **Ausfuhrbürgschaften** des Staates (Abdeckung des Forderungsausfallrisikos bei Exportgeschäften mit ausländischen Regierungen durch Bürgschaft der Bundesregierung; Hermes-Deckung): Bedingungen variieren
Ausfuhrgarantien:	Abdeckung des wirtschaftlichen und politischen Risikos bei Exporten an privatwirtschaftliche ausländische Besteller (Deckung des Kreditrisikos durch staatliche Ausfuhrkreditversicherungen, z. B. Hermes-Kreditversicherungs-AG): Bedingungen variieren
Devisenbewirtschaftung:	Beschränkung der Möglichkeiten des Devisenkaufs für Importe
Marktintervention:	z. B. Aufkauf von Überschüssen durch den Staat (vgl. marktkonträre Maßnahmen des Staates, Kapitel 4.2)

Aufgaben

1. Unterscheiden Sie die Begriffe **Ausfuhrbürgschaft** und **Ausfuhrgarantie.**

2. Welche Bedeutung haben Ausfuhrbürgschaften, Ausfuhrgarantien, Devisenbewirtschaftungsmaßnahmen bzw. Marktinterventionen innerhalb der zukünftigen Europäischen Wirtschafts- und Währungsunion **EWWU**)?

6.7.2 Strukturpolitische Maßnahmen

6.7.2.1 Infrastrukturpolitik

Stofftelegramm

Infrastruktur = Gesamtheit aller öffentlichen und wirtschaftlichen Einrichtungen eines Wirtschaftsraumes, z. B. Schulen, Theater, Krankenhäuser, Sportplätze, Verkehrseinrichtungen, Verkehrsverbindungen, Kommunikationswege, Rechtsordnung, Ausbildungsstand + Gesundheit der Bevölkerung...

Regionale Strukturpolitik: Förderung strukturschwacher Gebiete

Sektorale Strukturpolitik: Förderung bestimmter Branchen

Maßnahmen des Staates:

- Ausgabenpolitik:
  - Subventionen
  - Vergabe öffentlicher Aufträge,
  - Darlehenszuschüsse
  - Investitionszulagen
- Einnahmenpolitik:
  - Steuervergünstigungen
  - Darlehensstundung
  - Abschreibungserleichterungen

Probleme von Subventionen:

- Wettbewerbsverzerrung
- Gefahr von Mitnahmeeffekten (die Investition wäre evtl. auch ohne Subvention vorgenommen worden)
- Hemmung von Anpassungs- und Innovationsmaßnahmen
- Bevölkerung zahlt letztlich das unternehmerische Risiko
- Wirtschaftswachstum evtl. gebremst, wenn Mittel in „marode" Branchen anstatt in Aufbaubranchen investiert werden
- Kostensenkungsgedanke gerät evtl. in den Hintergrund

Aufgaben

1. Erklären Sie kurz die Begriffe Infrastruktur, regionale und sektorale Strukturpolitik
2. Nennen Sie Argumente der Gegner staatlicher Subventionspolitik.
3. Welche Art von Markteingriffen liegt bei der Infrastrukturpolitik vor?

6.7.2.2 Umweltschutzpolitik

Stofftelegramm

- **Aufklärung + Aufrufe,** umweltfreundlich zu handeln
- **gesetzliche Rahmenbedingungen** schaffen, z. B.
  - Umwelthaftungsgesetz
  - Abfallbeseitigungsgesetz
  - Bundesimmissionsschutzgesetz
  - Verkehrslärmschutzgesetz
  - Benzinbleigesetz
- **Auflagen:** z. B. Grenzwerte einhalten
- **Verbote:** z. B. FCKW
- **Gebote:** z. B. Kat-Vorschriften
- **Umweltabgaben:** z. B. Regelungen über Abwasserabgaben
- **Verursacherprinzip:** Verursacher der Umweltschäden trägt Umweltschutzkosten
- **Gemeinlastprinzip:** Gesellschaft trägt Kosten:
  - Verursacher nicht ermittelbar; Bsp. Straßenreinigung
  - Umweltschutzkosten aus Wachstumsgründen nicht überwälzbar; Bsp. neue Bundesländer
- vgl. auch **Kapitel 6.1** (Alternativenergien, Recycling, verkehrspolitische Maßnahmen...)

6.7.2.3 Entwicklungspolitik

Stofftelegramm

Entwicklungspolitik: Maßnahmen zur Förderung der Zusammenarbeit mit Entwicklungsländern

Hauptbereiche:

- **Kapitalhilfe:** Geldmittel für Entwicklungsvorhaben
- **Technische Hilfe:** Maschinen und Geräte
- **Personelle Hilfe:** Entsendung von Fachkräften und Beratern

Nebenbereiche:

- Bildungshilfe: Bildungssystem und Bildungsstand verbessern
- Nahrungshilfe: Hungersnöte beseitigen
- Gesundheitshilfe: Volksgesundheit verbessern
- Handelshilfe: Devisensituation im Entwicklungsland verbessern
- Agrarhilfe: Nahrungsmittelproduktion steigern
- Strukturhilfe: notwendige Strukturveränderungen organisieren

Ziele:

- Voraussetzungen für den Aufbau von Produktionsstätten schaffen
- Aufbau der Infrastruktur
- Verbesserung der Wirtschaftsstruktur (Produktivitätserhöhung)
- Verbesserung der Sozialstruktur
- Vermittlung des notwendigen Know-how
- Reduzierung der Armut durch Wachstumsmaßnahmen
- Verbesserung der Lebensbedingungen der Bevölkerung
- Förderung der Beziehungen zur Dritten Welt
- Verbesserung des Umweltschutzes
- Lösung des Problems der Überbevölkerung
- Lösung des drohenden Konflikts zwischen Entwicklungs- und Industrieländern: Abbau des Wohlstandsgefälles (politisches u. humanitäres Ziel)
- Gewinnung neuer Rohstofflieferanten
- Erschließung neuer Exportmärkte

Probleme:

- Werden die „Gelder” im Entwicklungsland richtig eingesetzt? (Gefahr der Bereicherung lediglich einer Oberschicht)
- evtl. wird Selbstinitiative gebremst, wenn man sich auf die „Geber” verlässt
- hohe Schuldenlast der meisten Entwicklungsländer
- Kulturhemmnisse und politische Probleme in einzelnen Entwicklungsländern

6.8 PRÜFUNGSAUFGABEN

Prüfungsaufgabe 2005/2006 (Aufgabe 2)

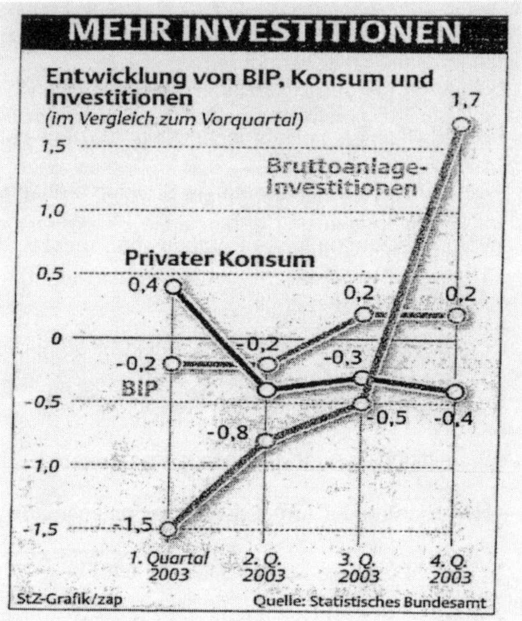

2.1 Beschreiben Sie die Grafik.

2.2 Lesen Sie den Text der **Anlage 4**.

2.2.1 Zeigen Sie in vier Schritten, wie es nach Ansicht des Autors zu einem langanhaltenden, soliden Konjunkturaufschwung kommt.

2.2.2 Erläutern Sie, weshalb der Autor diesen langanhaltenden Konjunkturaufschwung gefährdet sieht.

2.3 Erläutern Sie zwei Maßnahmen, wie die Regierung konjunkturfördernd in das Wirtschaftsgeschehen eingreifen kann.

2.4 Begründen Sie, warum die Regierung die in 2.3 genannten Maßnahmen nicht durchführt.

2.5 Erklären Sie den im Text genannten Begriff Globalisierung.

2.6 Nennen Sie je einen Vorteil und Nachteil der Globalisierung:

2.6.1 aus Unternehmersicht und

2.6.2 aus Arbeitnehmersicht.

Anlage 4

Den Aufschwung sehen viele Ökonomen noch nicht

Von Holger Paul

Auf dem Papier sieht es so aus, als stehe Deutschland am Beginn eines neuen Wirtschaftsaufschwungs. Das stimmt aber nur, wenn die Muster der früheren Konjunkturzyklen noch gelten und der private Konsum jetzt endlich anspringt.

Überraschungen stecken auch bei den Botschaften des Statistischen Bundesamtes häufig im Detail. Die überraschend positive Nachricht, die die Statistiker nun bei der Detailanalyse des vierten Quartals überbrachten, lautet: Die deutsche Wirtschaft hat wieder damit begonnen, zu investieren. [...]

„Das Konjunkturmuster, das wir aus der Vergangenheit kennen, sieht so aus, dass Impulse immer zuerst aus dem Export kamen und dadurch die Investitionstätigkeit angeregt wurde", erläutert Michael Grömling, Konjunkturexperte beim Kölner Institut der Deutschen Wirtschaft (IW). Je kräftiger die Unternehmen dann investierten, desto mehr Arbeitsplätze wurden anschließend geschaffen und desto stärker sprang schließlich auch der private Konsum wieder an. Das wiederum verpasste der Wirtschaft einen weiteren Schub.

Der Haken dabei ist nur: „Wir wissen nicht genau, ob die Konjunktur noch immer diesem Muster folgt", wendet Grömling ein. Denn seit der Wiedervereinigung habe es keinen solchen mehrjährigen Aufschwung mehr gegeben, sondern nur noch kurze Auf-und-Ab-Bewegungen. Hinzu kommen die Veränderungen durch die Globalisierung, die den Unternehmen eine Produktionsverlagerung ins Ausland immer einfacher macht. [...]

Damit ist allerdings die große Sorge um den privaten Konsum, der rund 60 Prozent des Bruttoinlandsprodukts ausmacht, noch längst nicht gebannt. Eine Besserung ist schon deshalb nicht in Sicht, weil das verfügbare Einkommen der Bürger in den Schlussmonaten 2003 sogar deutlich gegenüber dem Sommer zurückgegangen ist, betont Andreas Cors, Ökonom beim Deutschen Institut für Wirtschaftsforschung (DIW) in Berlin. Zwar gibt es immer noch leise Hoffnungen, dass die Steuererleichterungen, die zu Beginn des Jahres in Kraft traten, die Bürger wieder zu mehr Kauflust anregen. „Aber der Verbraucher ist nach wie vor verunsichert über seine Einkommensentwicklung. Das ist ein großes Risiko für die wirtschaftliche Entwicklung", sagt Cors.

Quelle: Stuttgarter Zeitung, 20.02.2004

Prüfungsaufgabe 2006 (Aufgabe 2)

Im Januar 2005 wurde vom Bundesministerium für Wirtschaft und Arbeit in verschiedenen Tageszeitungen eine Information zur Arbeitsmarktreform veröffentlicht. **(Anlage 1)**

1.1 Welches wirtschaftspolitische Ziel wird in der Anzeige des Ministeriums angesprochen?

1.2 Mit welchen Messgrößen kann die Verwirklichung dieses Ziels erfasst werden? (2 Beispiele)

1.3 Worauf führen Sie die langjährig anhaltend hohe Arbeitslosigkeit zurück? (2 Beispiele)

2 Im Januar 2005 wurde die Arbeitslosenstatistik geändert.

2.1 Worauf führt die Anzeige **(Anlage 1)** die Erhöhung der Zahl der Arbeitslosen im Januar zurück?

2.2 Welche drei grundsätzlichen Unterschiede gibt es zwischen Arbeitslosengeld und Arbeitslosengeld II?

2.3 Erläutern Sie in diesem Zusammenhang den so genannten „Hartz-IV-Effekt". **(Anlage 2)**

2.4 Welcher Sachverhalt wird in der Statistik **(Anlage 2)** mit „normaler“ saisonbedingter Anstieg umschrieben?

3 Wird Ihrer Meinung nach die Zahl der Arbeitslosen nach der Veränderung der Arbeitslosenstatistik vollständig erfasst? (Mit Begründung)

4 Das Bundesministerium für Wirtschaft und Arbeit schlägt eine Reihe von Maßnahmen zur Bekämpfung der Arbeitslosigkeit durch Arbeitsmarktreformen vor.

4.1 Erläutern Sie drei der angeführten Maßnahmen. **(Anlage 1)**

4.2 Welche Gefahren sind mit diesen staatlich geförderten Programmen verbunden? (3 Beispiele)

4.3 Daneben sollen auch noch andere Organisationen „anpacken“. Mit welchen Maßnahmen könnten

4.3.1 Unternehmen

4.3.2 Gewerkschaften

4.3.3 Verwaltungen, Sozialverbände und Kirchen
zur Bekämpfung der Arbeitslosigkeit beitragen? (je 2 Beispiele)

Anlage 2

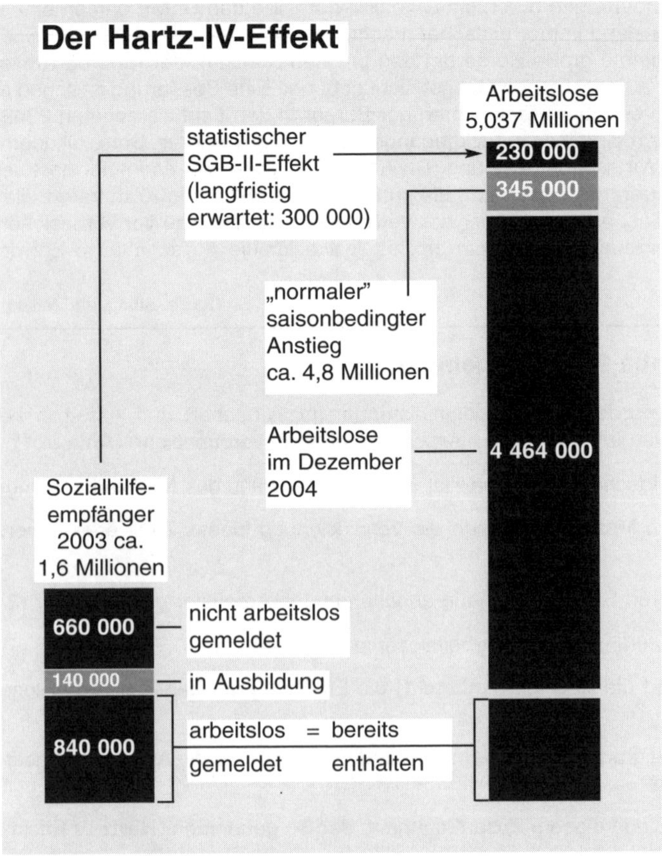

Quelle: Bundesagentur für Arbeit/FAZ-Grafik Niebel

Anlage 1

5 Millionen Arbeitslose: 5 Millionen Gründe für die Arbeitsmarktreform

5 Millionen Arbeitslose sind eine erschreckende Zahl. Tatsache ist aber: Seit Januar wird neu gerechnet. Hunderttausende arbeitsuchende Menschen, die bisher nicht gezählt und nicht unterstützt wurden, werden jetzt in den neuen Jobcentern intensiv und besser betreut.

Durch die Zusammenlegung von Arbeitslosen- und Sozialhilfe (Hartz IV) werden zum ersten Mal alle Hilfeempfänger von der Statistik erfasst, die arbeiten können. Neu erfasst werden dabei vor allem frühere Empfänger von Sozialhilfe sowie die Angehörigen ehemaliger Bezieher von Arbeitslosenhilfe.

Mit den Arbeitsmarktreformen werden neue Wege in den Job möglich: Lohnkostenzuschüsse, erleichterte Existenzgründungen, Zusatzjobs, Mini- und Midi-Jobs sowie Qualifizierungsangebote bieten neue Chancen am Arbeitsmarkt.

Rund 1,4 Millionen Menschen arbeiten oder qualifizieren sich derzeit mit Hilfe öffentlicher Unterstützung und sind deshalb nicht arbeitslos.

Künftig müssen noch mehr Menschen Angebote für eine Arbeit oder Qualifizierung bekommen. Als Erstes alle jungen Menschen, damit nicht ständig neue Arbeitslose nachwachsen. Das haben wir gesetzlich festgelegt. Jetzt kommt es darauf an, dass alle mit anpacken: Unternehmen, Gewerkschaften, Kammern, Verwaltungen, Sozialverbände und Kirchen.

Mehr Infos unter: www.arbeitsmarktreform.de

Arbeitslosenstatistik

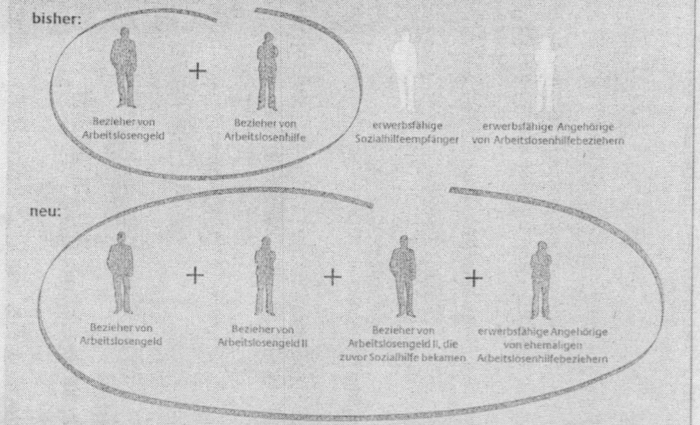

Machen Sie mit! Wir haben 5 Millionen Gründe, Menschen in Arbeit zu bringen.

Prüfungsaufgabe 2006/2007 (Aufgabe 2)

Lesen Sie den Artikel aus der Frankfurter Allgemeinen Zeitung vom 20. Oktober 2005 (**Anlage**)

2.1 Welche Prognosen (mindestens vier) zur wirtschaftlichen Entwicklung in Deutschland machen die führenden Wirtschaftsforschungsinstitute in diesem Artikel?

2.2 Erklären Sie die Begriffe „reales BIP" und „Wachstum".

2.3 Welche Bedeutung hat Wachstum für eine Volkswirtschaft (3 Aspekte)?

2.4 Welche negativen Auswirkungen (mindestens zwei) kann Wachstum haben?

2.5 Bestimmte Personengruppen fordern, über erhöhte Staatsausgaben die Konjunktur anzukurbeln und damit das Wachstum zu fördern.

Wäre diese Maßnahme in der gegenwärtigen Situation in Deutschland angebracht (4 Argumente)?

2.6 Die Wirtschaftsforschungsinstitute haben in dem Artikel „... ihre Inflationsprognose deutlich angehoben".
Was ist mit diesem Hinweis gemeint?

2.7 Ein bedeutendes Ziel der EZB-Geldpolitik ist die Stabilität des Preisniveaus in der Europäischen Währungsunion.

Welches Instrument wird die EZB zur Stabilisierung des Preisniveaus nach Einschätzung der Wirtschaftsforschungsinstitute einsetzen?

2.8 Beurteilen Sie, inwieweit die Leitzinserhöhung der Konjunkturbelebung in Deutschland entgegensteht.

2.9 Im Zeitungsartikel wird über die Probleme in Deutschland berichtet.
Beschreiben Sie, ob die EZB mit ihren geldpolitischen Instrumenten die beschriebenen Probleme in Deutschland lösen kann.

Anlage

Wirtschaft

Institute senken Wachstumsprognose
Nur noch 1,2 Prozent im kommenden Jahr / Inflation höher als erwartet

ami./mas./pwe. BERLIN/FRANKFURT, 19. Oktober. Die großen deutschen Wirtschaftsforschungsinstitute haben ihre Wachstumsprognose für das kommende Jahr gesenkt. Nach Informationen dieser Zeitung erwarten die Institute nur noch ein Wachstum des realen Bruttoinlandsprodukts (BIP) von 1,2 Prozent. Im Frühjahr waren sie noch von 1,5 Prozent ausgegangen. In diesem Jahr werde die deutsche Wirtschaft um 0,8 Prozent wachsen, geht aus der Gemeinschaftsdiagnose hervor, die die Institute an diesem Donnerstag in Berlin vorstellen werden.

... Der Deutsche Industrie- und Handelskammertag und der Bundesverband der Deutschen Industrie hatten zuletzt ein Wachstum „von bis zu 1,5 Prozent" für möglich erachtet. Wie die Wirt schaftsverbände sehen die Konjunkturforscher für das kommende Jahr ein allmähliches Anziehen der Binnenkonjunktur, bei einem weiterhin starken Export. Die Arbeitslosigkeit wird nach der Institutsprognose weiter hoch bleiben. Hier rechnen die Forscher für dieses Jahr mit einer Quote von 11,2 Prozent, die 2006 nur leicht auf 10,9 Prozent sinken werde. Die Zahl der registrierten Arbeitslosen soll im Jahresdurchschnitt von 4,875 auf 4,755 Millionen fallen.

Die Institute prognostizieren, dass Deutschland 2006 abermals gegen den europäischen Stabilitäts- und Wachstumspakt verstoßen werde. Mit einer Nettoneuverschuldung in Höhe von 3,1 Prozent des Bruttoinlandsproduktes würde Deutschland zum fünften Mal nacheinander über der zulässigen Obergrenze von 3 Prozent liegen. Für dieses Jahr erwarten die Ökonomen ein Defizit von 3,5 Prozent. ...

Als Folge des hohen Ölpreises haben die Institute ihre Inflationsprognose für Deutschland deutlich angehoben. Für dieses Jahr rechnen sie im Jahresdurchschnitt mit einer Teuerungsrate von 2,1 Prozent (bisher: 1,7 Prozent). Im kommenden Jahr werde die Inflationsrate rund 2 Prozent betragen. Bisher waren die Institute für 2006 von 1,5 Prozent ausgegangen. Die Europäische Zentralbank werde ihren Leitzins im kommenden Jahr um 0,5 Prozentpunkte auf 2,5 Prozent anheben, heißt es. ...

Quelle: Frankfurter Allgemeine Zeitung, 20.10.2005, Nr. 244, S. 11

Prüfungsaufgabe 2007 (Aufgabe 2)

Das Herbstgutachten der sechs führenden deutschen Wirtschaftsinstitute von Oktober 2005 beinhaltet eine Prognose für die wichtigsten Konjunktureckdaten 2006 (**Anlage**).

2.1 Ordnen Sie jeweils zu, welche der in der Grafik aufgeführten vier Größen in § 1 des Gesetzes zur Förderung der Stabilität und des Wachstums der Wirtschaft (Stabilitätsgesetz) als Ziele genannt sind bzw. welche Inhalt des EU-Stabilitätspaktes sind.

2.2 Für jede der in der Grafik aufgeführten Größen gibt es Soll-Werte (in %), bei denen die Ziele als erreicht gelten.
Ermitteln Sie die Abweichung für 2005. Verwenden Sie dazu folgendes Schema:

Ziele	Soll-Werte (in %)	Ist-Werte (in %)	Ziel erreicht / verfehlt
Wirtschaftswachstum			
Preisanstieg			
Arbeitslose			
Staatsdefizit			

Beurteilen Sie, ob und in welchem Maß die Ziele erreicht bzw. verfehlt werden.

2.3 Das Stabilitätsgesetz (auch „Magisches Viereck“ genannt) wird häufig auf vier Ziele beschränkt. Welche weiteren erstrebenswerte Ziele lassen sich noch anführen?

2.4 Die Arbeitslosenstatistik wird für das Jahr 2006 laut Prognose nahezu 5 Millionen Arbeitslose ausweisen.

2.4.1 Erläutern Sie vier mögliche Ursachen für die anhaltend hohe Arbeitslosenquote in Gesamtdeutschland.

2.4.2 Erläutern Sie, welche Folgen sich aus anhaltend hoher Arbeitslosigkeit für die Betroffenen und für den Staat ergeben können.

2.4.3 Beschreiben Sie vier geeignete Maßnahmen zur Bekämpfung der Arbeitslosigkeit.

2.4.4 Baden-Württemberg hat insbesondere im Vergleich zu den neuen Bundesländern eine niedrigere Arbeitslosenquote.
Wie lässt sich diese Tatsache erklären?

2.5 Zwischen den in der Grafik aufgeführten Größen kann Zielharmonie, aber auch ein Zielkonflikt bestehen.
Erläutern Sie dies jeweils an einem selbst gewählten Beispiel.

Anlage

Herbstgutachten der sechs führenden Wirtschaftsforschungsinstitute

	2004	2005*	2006*
Wirtschaftswachstum in %	**+ 1,6**	**+ 0,8**	**+ 1,2**
Preisanstieg in %	**+ 1,6**	**+ 2,1**	**+ 2,0**
Arbeitslose in Mio.	**4,38**	**4,88**	**4,76**
Staatsdefizit in % des Bruttoinlandsprodukts	**– 3,7**	**– 3,5**	**– 3,1**

Prüfungsaufgabe 2008
(Aufgabe 2)

* Prognose

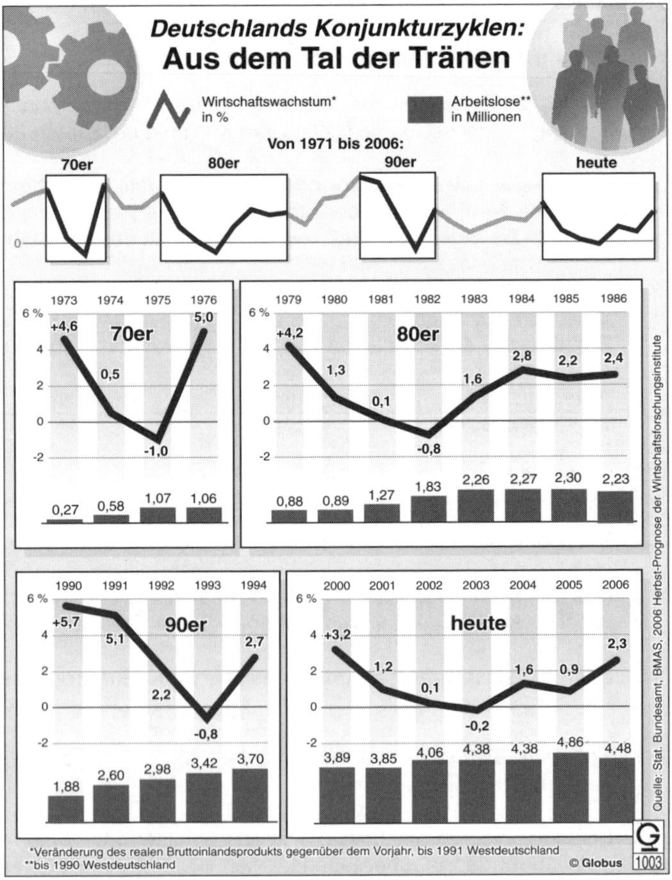

1 Beschreiben Sie die in der Grafik dargestellte wirtschaftliche Entwicklung ab dem Jahr 2000.

2 Die Konjunkturzyklen in der Realität weichen vom idealtypischen Modell ab.

2.1 Skizzieren Sie das idealtypische Modell und benennen Sie die einzelnen Phasen.

2.2 Beschreiben Sie mithilfe der obigen Grafik zwei Abweichungen vom Modell.

2.3 Schildern Sie, wie sich Unternehmen und Haushalte im Verlauf einer konjunkturellen Erholung verhalten.

3 Häufig wird behauptet, dass ein Großteil der gegenwärtigen Arbeitslosigkeit nicht konjunkturell, sondern strukturell bedingt ist.

3.1 Erklären Sie zwei mögliche Gründe für strukturelle Arbeitslosigkeit.

3.2 Geben Sie zwei mögliche Maßnahmen an, mit denen der Staat diese Art der Arbeitslosigkeit bekämpfen könnte.

4 Neben der Förderung eines angemessenen Wirtschaftswachstums und der Bekämpfung der Arbeitslosigkeit ist die Stabilität des Preisniveaus ein weiteres Ziel der Wirtschaftspolitik.

4.1 Erklären Sie, wann dieses Ziel als erreicht gilt.

4.2 Nennen und beschreiben Sie ein geldpolitisches Instrument der EZB.

4.3 Wie muss dieses Instrument im Fall einer steigenden Inflationsrate eingesetzt werden? Schildern Sie auch die Wirkungsweise dieser Maßnahme.

Prüfungsaufgabe 2009/2010 (Aufgabe 2)

1 **EZB erwartet schwächere Konjunktur**

FRANKFURT AM MAIN dpa/ap/rtr Die Finanzmarktkrise wird nach Einschätzung der Europäischen Zentralbank (EZB) die Konjunktur im Euro-Raum in einen Abschwung drücken. „Jüngste Daten belegen, dass sich die wirtschaftlichen Aktivitäten im Euro-Raum abschwächen", schreibt die Notenbank in ihrem Monatsbericht [September 2008]. Die heimische Nachfrage lasse nach und die Kreditbedingungen verschlechterten sich. Um das deutsche Bankensystem zu stützen wurde von der Regierung der Finanzmarktstabilisierungsfond beschlossen. Er beinhaltet unter anderem eine Eigenkapitalhilfe in Höhe von 80 Mrd. Euro und Bürgschaften für die Kreditvergabe zwischen den Banken von maximal 400 Mrd. Euro.

Quelle: in Anlehnung an: www.taz.de vom 09.10.2008; Focus vom 20.10.2008

1.1 Skizzieren Sie den idealtypischen Konjunkturzyklus und benennen Sie die einzelnen Phasen.

1.2 Beschreiben Sie die im Text genannte Konjunkturphase mithilfe von vier selbst gewählten Indikatoren.

1.3 Beurteilen Sie die Maßnahme der Regierung anhand von je einem Pro- und Contra-Argument.

2 Die EZB hat im Kampf gegen eine Weltrezession gemeinsam mit fünf anderen führenden Notenbanken der Welt den Leitzins um 0,5 Prozentpunkte gesenkt. Der wichtigste Zins zur Versorgung der Kreditwirtschaft liegt jetzt bei 3,75 %, Volkswirte erwarten weitere Zinssenkungen bis zum Jahresende.

2.1 Begründen Sie, wie eine Leitzinssenkung einem drohenden Abschwung entgegenwirken kann.

2.2 Beurteilen Sie die Leitzinssenkung im Hinblick auf das Ziel der Preisniveaustabilität. Berücksichtigen Sie dabei die folgende Grafik.

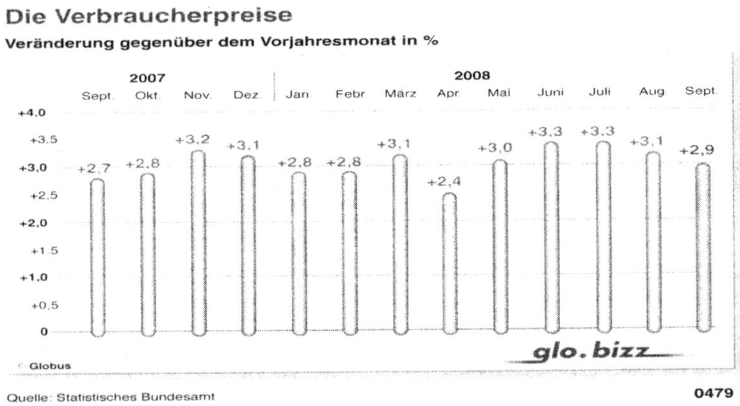

2.3 Führen Sie zwei Argumente an, warum diese Leitzinssenkung möglicherweise nicht die gewünschte Wirkung erzielt.

3

> Die Bundesregierung hat angesichts der sich verschärfenden Bankenkrise erstmals eine Komplettgarantie des Staates für private Spareinlagen abgegeben.
> „Wir sagen den Sparerinnen und Sparern, dass ihre Einlagen sicher sind", sagte Bundeskanzlerin Angela Merkel.
> Quelle: www.focus.de vom 05.10.2008

3.1 Führen Sie zwei mögliche Gründe an, die die Regierung veranlasst haben, diese Garantie abzugeben.

3.2 Einige Finanzmarktexperten lehnen diese staatlichen Garantien und finanzielle Unterstützungen der Banken ab. Vielmehr sollte auf die „Selbstheilungskräfte des Marktes" gebaut werden.

3.2.1 Erläutern Sie, was in diesem Fall unter den „Selbstheilungskräften des Marktes" verstanden wird.

3.2.2 Beurteilen Sie, ob diese Aussage mit dem Grundgedanken der Wirtschaftsordnung in Deutschland vereinbar ist.

GEMEINSCHAFTSKUNDE

1 Leben in der Gesellschaft

1.1 Neue Anforderungen in Beruf und Privatleben

STOFFTELEGRAMM

START IN DEN BERUF

GESICHTSPUNKTE FÜR DIE AUSBILDUNGSPLATZ- UND BERUFSWAHL

Persönliche Eignung ⟷	Wirtschaftliche Situation
• Spaß an praktischen und/oder theoretischen Tätigkeiten • eigene Vorbildung, Fertigkeiten • Vorstellung von einem „Traumberuf" • Einfluss von Eltern und Freunden	• Angebot an Ausbildungsplätzen regional sehr unterschiedlich, in „Traumberufen" zu gering • Verdienstmöglichkeiten in Lehre / danach • Zukunftsaussichten

→ Es bestehen große regionale Unterschiede bei den Lehrstellenangeboten, z. B. für Einzelhandels-, Bank-, Industriekaufleute
→ Flexibilität und Mobilität bei der Auswahl der Ausbildungsstätte gefordert
→ Berufsausbildung erfolgt meist im dualen System

ANFORDERUNGEN VON BETRIEB UND BERUFSSCHULE

FORMEN BERUFLICHER TÄTIGKEIT

Produktionstätigkeiten	Primäre Dienstleistungen	Sekundäre Dienstleistungen
Rohstoffe gewinnen, Güter herstellen, Maschinen, Anlagen steuern und reparieren	Allgemeine Dienstleistungen, Transport und Verkaufen, Bürotätigkeiten, Kundenbetreuung, Qualitätskontrolle	Organisation, Management, Ausbilden, Beraten, Informieren, Recht anwenden, Forschung und Entwicklung

Weltweiter Trend bei modernen Gesellschaften:
- weniger Arbeitsplätze in der Produktion
- immer mehr Dienstleistungen (z. B. Service bei teuren Industrieprodukten)

ERWARTUNGEN VON JUGENDLICHEN AM AUSBILDUNGSPLATZ

- Erfüllung des Ausbildungsplans mittels qualifizierter Ausbilder
- Ausbildungsvergütung nach Tarifvertrag
- Bereitstellung aller Arbeitsmittel (i. d. R. kostenlos)
- Bestmöglicher Arbeitsschutz
- Kollegialität
- Sozialleistungen

ZIEL DER AUSBILDUNG: ERWERB VON SCHLÜSSELQUALIFIKATIONEN

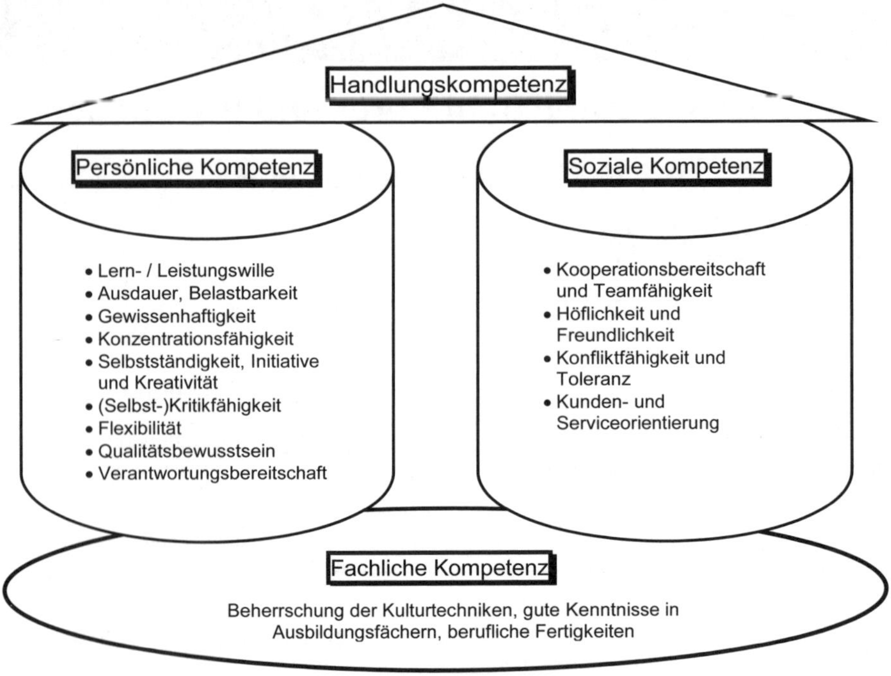

ERWARTUNGEN IN DER BERUFSSCHULE

Erwartungen ***des*** Jugendlichen (d.h. das darf er/sie von der Schule erwarten):
- theoretische + praktische Ausbildung (nötige Kenntnisse, Fähigkeiten, Fertigkeiten)
- Hilfe bei der Persönlichkeitsentwicklung und Krisen
- Erziehung zu selbstständigem Denken und Handeln

Erwartungen ***an den*** Jugendlichen (d.h. das erwarten die meisten Lehrkräfte):
- Einhaltung der Schulordnung
- Lernbereitschaft, um die Prüfungen zu bestehen
- Teilnahme an besonderen schulischen Aktivitäten und der SMV

AUSBILDUNG ALS HERAUSFORDERUNG

* **Berufsbilder mit höheren Anforderungen** (→ Schlüsselqualifikationen) entstehen, manche traditionelle Berufe sterben aus, ohne Berufsausbildung Arbeitslosigkeit wahrscheinlich, Facharbeiter und Spezialisten gesucht
* Wer - wie 1/5 aller Auszubildenden - eine Berufsausbildung abbricht, muss lernen Konflikte besser zu lösen und anderweitig eine Qualifikation für die Zukunft zu erhalten.

KONFLIKTE IN BETRIEB UND SCHULE

Ursachen

- **Entwicklungsprozess des Jugendlichen**: Gefühle der Unsicherheit auf dem Weg des Erwachsenwerdens, Ausbruch in Übermut oder Aggression
- **Generationenkonflikt**: Jugendliche unterscheiden sich oft stark in ihrem Benehmen, Erscheinungsbild und ihren Wertvorstellungen von den (älteren) Erwachsenen.
- **Autoritätskonflikt:** Da Jugendliche gegen Ende der Ausbildungszeit möglichst selbstständig arbeiten wollen und sollen, erscheint ihnen die Anpassung an betriebliche und schulische Zwänge (Betriebsordnung, Schulordnung) oft sinnwidrig, insbesondere die Beschäftigung mit Hilfs- und Nebenarbeiten ungerecht.
- **Ausbildungskrisenkonflikt**: Anwendung des erworbenen Wissens nach der Lehre ist ungewiss. (Von 100 jungen Männern sind drei Jahre nach Berufsabschluss 42 im erlernten Beruf tätig, 15 in einem anderen, 14 arbeitslos oder befristet beschäftigt, 11 leisten Wehrdienst oder Zivildienst.)

Lösungsmöglichkeiten

In der Berufsschule:
- Gespräch mit dem Klassenlehrer (zusammen mit Klassensprecher) außerhalb der regulären Unterrichtszeit
- Einbeziehung des Vertrauenslehrers, evtl. mit SMV-Vertretung

Im Betrieb:
- Sachliches **Gespräch** mit Kollegen und Ausbilder über die Streitpunkte
- Interessenvertretung durch **Jugendvertretung** und Betriebsrat
- Besprechung mit dem Ausbildungsberater der zuständigen Kammer als **Schlichtungsstelle**

Notfalls bei schweren Verstößen gegen den Ausbildungsvertrag Klage vor dem **Arbeitsgericht!**

BERUFLICHE PERSPEKTIVEN

ERFÜLLUNG IM BERUF AUS MITARBEITERSICHT

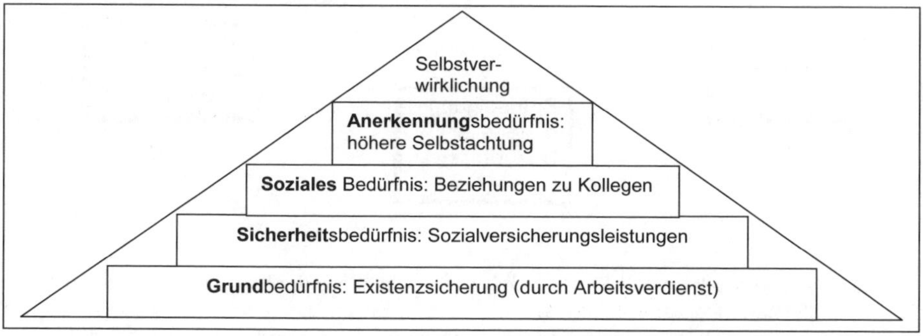

ERWARTUNGEN AN DIE MITARBEITER AUS UNTERNEHMERSICHT

* Jeder Mitarbeiter muss so arbeiten, dass seine Leistung beim Kunden höchste Zufriedenheit auslöst.
* Gute Leistungen sind nur bei Team- und Kommunikationsfähigkeit aller möglich.
* Entscheidungen müssen an gute Mitarbeiter delegiert werden können, jeder soll eigenverantwortlich und kreativ für die gemeinsamen Unternehmensziele arbeiten.

LEBENSLANGES LERNEN – FÜR ARBEITSPLATZERHALT UND KARRIERE

- Neue Tätigkeitsmerkmale vieler Berufe fordern zunehmend verantwortungsvolle geistige Tätigkeit, Fortbildung (z. B. DV ist notwendig zum Erhalt des Arbeitsplatzes)
- Aufstiegsmöglichkeiten in Industrie, bei Banken und im Handel nach Weiterbildung (z. B. von der Verkäuferin zur Filialleiterin)
- Fachliche Weiterbildungsmöglichkeiten
  - betriebsintern, z. B. Handelsassistentin
  - extern, z. B. Handelsfachwirt, Bankbetriebswirt, Techniker, Meister
- Erweiterung der Allgemeinbildung, Stärkung der Schlüsselqualifikationen: Vertiefung der Fremdsprachenkenntnisse, Kennenlernen fremder Kulturen als Voraussetzung für erfolgreiche internationale Wirtschaftsbeziehungen im Globalisierungsprozess, Moderations- und Konfliktmanagementtraining

FAMILIE UND GESELLSCHAFT

BEDEUTUNG DER FAMILIE

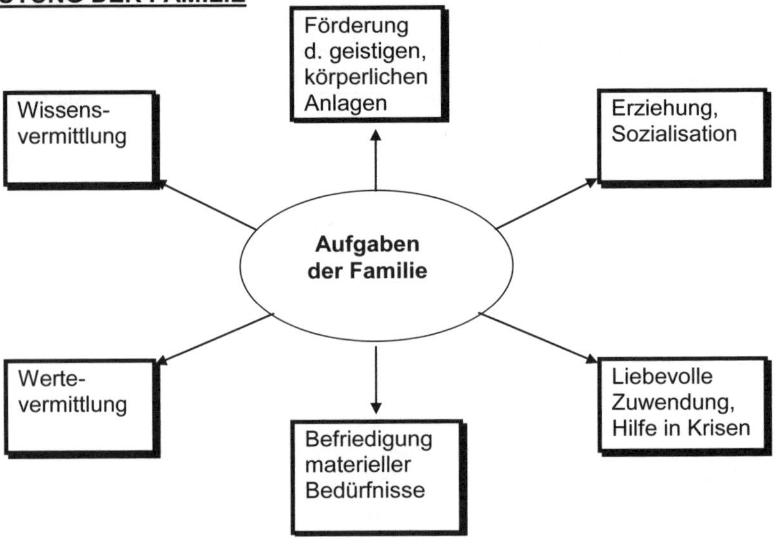

- Die Familie spielt bei der Eingliederung (Sozialisation) der jungen Menschen in die Gesellschaft eine zentrale Rolle.
- Verhalten der Eltern prägt Wertvorstellungen der Kinder und Jugendlichen, d. h. die Einschätzung und Beurteilung von sittlichen und pragmatischen Werten:
  - „klassische Tugenden" wie Ehrlichkeit, Fleiß, Höflichkeit, Zuverlässigkeit
  - Schlüsselqualifikationen wie Gesprächsfähigkeit, Teamfähigkeit, Toleranz, Kreativität
- Die Gesellschaft benötigt ausreichend Nachwuchs zum Erhalt des Bevölkerungsbestandes, zur Altersversorgung und für den Erhalt wirtschaftlicher Dynamik.

DIE FAMILIE- RECHTLICHE SITUATION IN DEUTSCHLAND

GG, Artikel 6 → Ehe und Familie stehen unter besonderem Schutz des Staates

BGB, § 1626 → Kinder haben (bis 18. , evtl. 27. Lebensjahr) ein Recht auf
- **Pflege** (körperliches, geistiges, seelisches Wohlergehen (d. h. Sorge um Kleidung, Nahrung, Hygiene, Aufsicht und Bestimmung des Aufenthaltsortes sowie Unterhalt)
- **Erziehung** zu altersangemessen selbstständigem und verantwortlichem Handeln
- Verwaltung des Vermögens nicht geschäftsfähiger Kinder

Die **elterliche Sorge** wird **von beiden Elternteilen gleichberechtigt** ausgeübt.

Die Eltern können staatliche Einrichtungen wie das **Jugendamt** in Anspruch nehmen, wenn sie Hilfe bei der Ausübung ihrer Pflichten benötigen.
Der **Staat muss** in die Freiheit der elterlichen Erziehung **eingreifen** bei
- Misshandlung (schwerer körperlicher Züchtigung, sexuellem Missbrauch)
- Vernachlässigung des Kindes
- unverschuldetem Versagen der Eltern (geistiger Unfähigkeit)

STAATLICHE FÖRDERUNG DER FAMILIEN

Finanzielle Hilfen:
- **Mutterschaftsgeld** (Mutterschaftsleistungen der Krankenkassen)
- **Kindergeld**
- **Elterngeld** (einkommensabhängig) für **Elternzeit** (Kinderbetreuung u Hause)
- Steuerersparnis durch „Erziehungsfreibetrag"
- Höherer Betrag bei Arbeitslosengeld I und II im Bedarfsfall, Wohngeld
- Anrechnung der Kindererziehungszeit bei der Rentenversicherung (3 Jahre/Kind)
- BAföG-Darlehen und finanzielle Zuschüsse für (Hoch-)Schüler
- Zuschüsse bei Riester-Renten-Sparplan

Rechtliche Vorteile auf dem Arbeitsmarkt:
- **Elternzeit**: 3 Jahre Freistellung für Väter oder Mütter, auch im Wechsel / parallel
- **Sonderurlaub** zur Betreuung kranker Kinder 10 Tage im Jahr

Beratungsangebote:
- Schwangerschafts- und Familienberatung/Erziehungsberatung
- Schuldnerberatung

Soziale Einrichtungen:
- Kinderhort, Kindertagesstätten
- Kindergarten (vermehrt in Ganztagesform)

DIE EHE

Eheschließung ist eine persönliche, gleichzeitige, öffentliche Erklärung der Verlobten, die Ehe miteinander eingehen zu wollen. Erklärung erfolgt vor einem Standesbeamten/ einer Standesbeamtin und zwei Trauzeugen.

Voraussetzungen:
- Partner sind **volljährig** (oder ein mindestens 16-jähriger Partner hat die Zustimmung des gesetzlichen Vertreters, notfalls des Jugendamtes / Vormundschaftsgerichts) **und geschäftsfähig**.
- Partner sind keine Geschwister, nicht in gerader Linie verwandt und nicht bereits mit einem anderen Partner verheiratet.

Die Rechtsstellung der Ehepartner

regelt ↓

Nach GG, Artikel 3 **gleichberechtigt**

1) Namensrecht

Ehe- / Familienname wählbar:
- Geburtsname d. Frau
- Geburtsname d. Mannes

← oder →

Partner behalten alte Namen

Nachname der Kinder aus dieser Ehe: nur einer der beiden Namen!

Der Partner, dessen Name nicht Familienname wird, kann seinen Namen dazusetzen, also voranstellen oder hintansetzen (und damit einen Doppelnamen tragen).

2) Berufstätigkeit

Beide dürfen **erwerbstätig** sein und den Haushalt führen.
Jeder kann notwendige Alltagsgeschäfte abschließen (z. B. einkaufen), die auch den Partner zur Zahlung verpflichten.

3) Vermögensverhältnisse

Standardsituation **gesetzliches Güterrecht**: **Zugewinngemeinschaft**.
Jeder verwaltet und nutzt sein Vermögen selbst, aber bei einer Scheidung (oder neuen Güterstandsvereinbarung) wird das in der Ehe dazu erworbene Vermögen auf die Partner verteilt - ausgenommen davon nur persönliche Schenkungen und Erbschaften.

Bei der Heirat oder während der Ehe kann auch **mit einem notariell beurkundeten Vertrag** wahlweise Folgendes vereinbart werden (→ Vertragliches Güterrecht):
- **Gütertrennung:** jeder verwaltet sein Vermögen selbst und haftet nur für eigene Schulden
- **Gütergemeinschaft:** gemeinsame Verwaltung des Vermögens und Halbierung im Falle der Scheidung

DIE EHESCHEIDUNG

- Die Scheidung ist ein gerichtliches Verfahren zur Beendigung der Ehe. Zuständig ist der **Familienrichter** beim **Amtsgericht**.
- Rechtsanwälte müssen **Scheidungsantrag** für ihre scheidungswilligen Mandanten stellen (**Anwaltszwang!**).
- Einzig möglicher **Scheidungsgrund** ist die **Zerrüttung,** d. h. die eheliche Lebensgemeinschaft besteht nicht mehr, ihre Wiederherstellung ist nicht zu erwarten. Erkennbar ist dies an der Zeit des **Getrenntlebens** (Ex-Partner sind „von Tisch und Bett getrennt"). Für die Scheidungsmöglichkeit gelten die **Trennungsfristen:**
  - ∗ weniger als 1 Jahr, wenn die Fortsetzung der Ehe für den Antragsteller unzumutbar ist und eine soziale Härte darstellen würde
  - ∗ 1 bis maximal 3 Jahre, wenn beide Ehepartner die Scheidung wollen
  - ∗ mindestens 3 Jahre, wenn nur ein Ehepartner die Scheidung will (Regelfall!)

FOLGEN EINER EHESCHEIDUNG

Gerichtsurteil - Folgen am Ende eines Scheidungsprozesses:

∗ **Vermögensaufteilung** inkl. Aufteilung des Hausrates, **Zugewinnausgleich** bei Verheirateten mit gesetzlichem Güterstand

∗ Ein Partner - im Regelfall der Partner, welcher die Kinder versorgt - behält die bisherige Wohnung (Mietwohnung, Eigentumswohnung oder Haus), der andere zieht aus.

∗ Höhe der **Unterhaltszahlungen** für den **Einkommensschwächeren** wird festgelegt.

∗ **Versorgungsausgleich** (Aufteilung der in der Ehezeit entstandenen Rentenansprüche)

Zusätzliche Folgen für Ehepaare mit unterhaltsberechtigten Kindern:

∗ **Unterhaltszahlungen** für vorhandene (sorgeberechtigte) **Kinder**

∗ Festlegung, ob statt des seit 1998 im Regelfall auch nach der Scheidung geltenden **gemeinsamen Sorgerechts** einem Ex-Partner das **alleinige Sorgerecht** übertragen wird zum Wohle des Kindes (bzw. der Kinder). Außerdem entscheidet das Familiengericht, bei wem das Kind (die Kinder) leben soll.

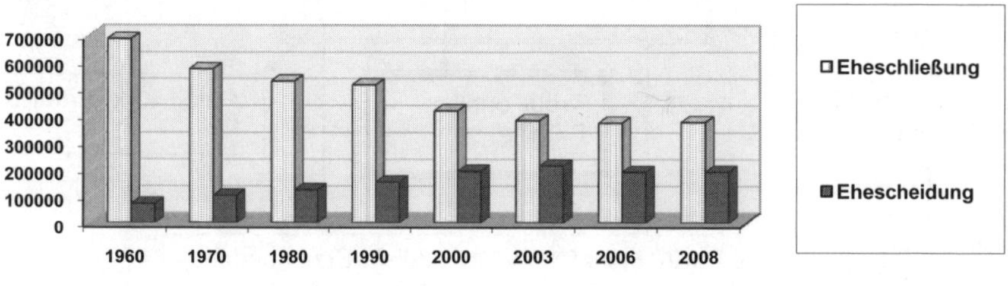

Trend: steigende Zahl der Ehescheidungen bis 2003, danach leichter Rückgang

EHE UND FAMILIE IM WANDEL

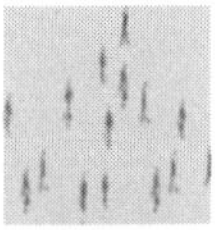

Merkmal	*Früher (bis ca. 1900)*	*Heute (= Trend seit 70er Jahre)*
Ehe als anerkannte Lebensform	Selbstverständliches Ziel ohne Alternative	Ca. 40% Singles und nicht eheliche Lebensgemeinschaften
Rollenverteilung	Frau: Mutter und Hausfrau Mann: Absolutes Oberhaupt	Frau: Berufsausbildung üblich, Berufstätigkeit insgesamt 65 %
Kinderzahl	Mindestens 4 Kinder	Meist nur 1 Kind; Durchschnitt: 1,3 Kinder je Frau
Kindererziehung	Kinder wurden autoritär erzogen mit körperlichen Strafen	Zunehmend liberal-partnerschaftliche Erziehung
Ehedauer	Lebenszeit (Vor dem 20. Jhdt. oft nur 15 – 20 Ehejahre !)	„Erträglichkeit" ist entscheidend. Jede 3. Ehe wird geschieden!
Außereheliche sexuelle Beziehungen	Tabu; Frauen wurden schnell als „Huren" missachtet. Uneheliche Kinder waren eine Schande und benachteiligt.	Sex vor und außerhalb der Ehe kaum noch ein Tabu. Nichteheliche Kinder werden akzeptiert und sind rechtlich gleichgestellt.

Gründe für den Verzicht auf ein Kind / mehrere Kinder

- Empfängnisverhütung (v. a. Antibabypille), Geburtenplanung
- Individualisierung, Scheu vor langfristigen Bindungen
- längere Ausbildungszeiten, veränderte Arbeitsverhältnisse (befristet, Teilzeit)
- Gehaltseinbußen, Angst vor Verarmung, Wohnsituation
- Empfindung von Kindern als Last, Konkurrenz oder Störung in Zweierbeziehung
- Erziehungsunsicherheiten wegen gestiegener Ansprüche an Elternrolle
- zunehmendes Zerbrechen von Beziehungen / Ehen
- gesellschaftliche Akzeptanz von Kinderlosigkeit
- zunehmende Unfruchtbarkeit
- Emanzipation mit zunehmender Frauenberufstätigkeit und Karrierestreben

Moderne Familien-Vielfalt (durch Mix verschiedener Merkmale)

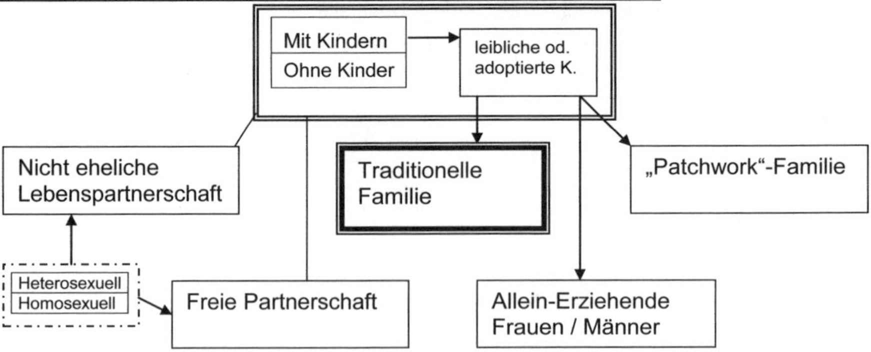

Die Hälfte aller Lebensgemeinschaften ist bzw. bleibt kinderlos.

VERSCHIEDENE ZWISCHENMENSCHLICHE BEZIEHUNGEN

ALTERNATIVE LEBENSFORMEN NEBEN DER EHE

Nicht eheliche Lebensgemeinschaft für Frau und Mann

In der Altersgruppe zwischen 25 und 35 leben in der Bundesrepublik etwa 10% in nicht ehelichen Lebensgemeinschaften.

Die wichtigsten Merkmale:

- **keine gegenseitigen Verpflichtungen** wie sie in einer Ehe (lt. BGB) sonst üblich sind
- **Sorgerecht für Kinder** hat **meist** (aktuell zu 74 %) die **Mutter;** gemeinsames Sorgerecht ist seit 1998 möglich, aber nur mit Zustimmung der Mutter (Anteil aktuell 15 %)
- „Kinder, deren Eltern nicht miteinander verheiratet sind“, sind seit 1998 rechtlich völlig den ehelichen Kindern gleichgestellt. (Begriff „uneheliches Kind“ entfällt!)
- Für viele Angelegenheiten, z. B. Erbe, Vertretungsrecht, braucht man extra Verträge.

Nachteile:

- keine Steuervorteile wie Ehegattensplittingtarif bei der Lohn- und Einkommensteuer
- eingeschränkte Rechtsansprüche des finanziell Schwächeren → i. d. R. keine Rentenansprüche oder Unterhaltszahlungen für den Fall der Trennung oder des Todes eines Partners
- keine automatische Familienmitversicherung in der gesetzlichen Krankenkasse
- kein Auskunftsrecht bzw. besonderes Besuchsrecht in Notfällen (z. B. in Krankenhäusern auf der Intensivstation, bei der Geburt eines Kindes)
- kein Erbrecht; bei Erbschaft vom Ex-Partner hohe Erbschaftssteuer fällig
- Rechtliche Behandlung bei Sozialhilfe (Arbeitslosenhilfe) erfolgt aber wie bei einem Ehepaar, d. h. Einkommen und Vermögen des Partners werden angerechnet.

Alleinerziehende Mütter und Väter

* Die Zahl der „unvollständigen Familien“ ist auf ca. 13 % gestiegen.
* Ursachen: „Flucht“ oder Tod des Partners, Scheidung, Scheitern einer nicht ehelichen Beziehung
* Bedingt durch Sorgepflicht und mangelnde Gelegenheiten zu ausreichender Erwerbstätigkeit sind viele Alleinerziehende, insbesondere Frauen, auf Sozialhilfe angewiesen.

Gleichgeschlechtliche Lebensgemeinschaft

* Das „Lebenspartnerschaftsgesetz“ von 2001 / 2005 für die so genannte „Homo-Ehe“ regelt Namensrecht, Güterstand, Unterhaltspflicht, Sorgerecht, Angehörigenstatus und Erbrecht – weitgehend wie bei heterosexuellen Ehen. Vertrag wird beim Standesamt oder Notar (wie im jeweiligen Wohnsitz-Bundesland geregelt) geschlossen.

DIE „ROLLE DER FRAU“ IN UNSERER GESELLSCHAFT

Lebensbereich	*Häufige Situation:*	*So könnte es sein:*
Ehe	Frau ist allein für Haushalt und Kindererziehung zuständig.	Mann und Frau kümmern sich gleich viel um „Zuhause“.
Beruf	Teilzeitjobs, die weniger einbringen, werden v. a. von Frauen ausgeübt.	Männer arbeiten auch in Teilzeit, um ihren Ehefrauen gleichermaßen Erwerbstätigkeit zu ermöglichen.
Gesellschaft	Frauen sind in wirtschaftlichen und politischen Führungspositionen unterrepräsentiert.	Durch vermehrte Berufstätigkeit hätten Frauen auch mehr Karrierechancen.

Modelle der Vereinbarkeit von Beruf und Familie

- Klassisches Ein-Karriere-Modell→ Frau übernimmt Familienarbeit, Mann bleibt voll erwerbstätig
- Umgekehrtes Karriere-Modell→ Mann wird Hausmann/Hausvater, Frau macht Karriere
- Klassisches Teilzeitmodell→ Frau kehrt nach Erziehungsurlaub bzw. verlängerter Familienpause teilzeitbeschäftigt ins Berufsleben zurück
- Zwei-Karrieren-Modell→ Frau unterbricht Erwerbstätigkeit nur für die gesetzliche Mutterschutzfrist (6 Wochen vor + 8 Wochen nach der Entbindung), das Kleinkind wird von „Tagesmutter", in einer Kindertagesstätte oder von Verwandten betreut
- Partnerschaftsmodell→ Beide Elternteile reduzieren ihre Berufstätigkeit nach der Geburt eines Kindes oder wechseln sich mit „Elternzeit" (Erziehungsurlaub) in den ersten 3 Jahren und danach mit Teilzeitarbeit phasenweise ab.

VERANTWORTUNG FÜR SICH SELBST UND ANDERE

Liebevolle **Partnerschaft** fordert und bringt → Treue, Solidarität,Hilfsbereitschaft, Vertrauen, Hingabe, Lebensglück

gesundheitsbewusst

Kinder → wertorientierte Erziehung (zu Selbstständigkeit, Verantwortungsbewusstsein ...); Weitergabe von Liebe, Vertrauen, Lebensglück

Ver- ant- wor- tung

kommunikativ, sozial

finanziell vorsorgend

Eltern übernehmen oft Großelternrolle, können im Alter bei Hilfsbedürftigkeit Hilfe erwarten (gesetzlich geregelt / moralisch)

gesetzestreu

Gesellschaft / Staat → positives Verhalten in allen sozialen Gruppen (Wohnhaus, Kollegium ...); Beteiligung am politischen, gesellschaftlichen Leben

FREIZEIT – GESTALTUNG, ANGEBOTE, GEFAHREN

Möglichkeiten sinnvoller Freizeitgestaltung

- Erholung, Entspannung, Wiederherstellung der „Leistungskraft"
- Pflege zwischenmenschlicher Kontakte / Kommunikation
- Befriedigung der sportlichen, musischen, bastlerischen Bedürfnisse (→ Selbstverwirklichung im Ausüben von Hobbys)
- Erweiterung des geistigen Horizonts / (unterhaltsame) Weiterbildung
- soziales, karitatives oder politisches Engagement (z. B. in Vereinen und Parteien)

Ansprüche an die Freizeitgestaltung

Einflussfaktoren:

- Zeit
- Geld
- Bildung, Erziehung
- Hobbys
- Wohnort
- Geschlecht

Freizeitangebotsalternativen:

- Nichtkommerziell: Privat-Treffs, Freizeitsport, Musikkapelle...

- Kommerziell: Disco, Kino, PC-Spiele, Kneipe, Fitnessstudio, Konzerte, Urlaubsreise...

PROBLEMATISCHER UMGANG MIT DER FREIZEIT

Hauptursachen von Fehlverhalten:

Langeweile und Einsamkeit	Rollenunsicherheit (beim Erwachsenwerden)
Leistungsdruck im Alltag	Konflikthäufungen in Schule und Betrieb
Geldmangel (im Vergleich zu Reicheren)	Unerträgliche Streitigkeiten zu Hause

Gefährliche / schädliche Verhaltensweisen:

Konsum um jeden Preis als Lebenszweck	Übermäßiger Disco- und Partybesuch
Flucht in legale und illegale Drogen	Aggressives Verhalten, Vandalismus
Anschluss bei radikalen Gruppen u. Sekten	Zwanghafter Medienkonsum, Spielsucht

Mögliche Folgen für die Einzelnen:

Abhängigkeit / Psychische Probleme	Finanzielle Probleme
Gesundheitsschäden	Sozialer Abstieg
Schwindende Realitätswahrnehmung	Strafrechtliche Konsequenzen

Süchte

- Computersucht
- Kaufsucht
- Drogensucht
- Alkoholsucht
- Fresssucht
- Magersucht

Drogenabhängigkeit zeichnet sich durch mindestens drei dieser Merkmale aus:

- Droge wird häufig in größeren Mengen oder länger als geplant genommen
- Toleranzentwicklung
- Hoher Zeitaufwand / Geldaufwand zur Beschaffung
- Anhaltender Wunsch oder erfolglose Versuche, den Drogenkonsum zu vermindern
- Vergiftungserscheinungen / Entzug
- Einschränkung beruflicher oder sozialer Aktivitäten

GEFAHREN DURCH DROGENKONSUM

* **Drogen** sind Stoffe, die chemische Prozesse im Gehirn (Zentralnervensystem) auslösen, das Bewusstsein (Gefühle, Wahrnehmungen) verändern und süchtig machen können.
* **Legale** Alltagsdrogen sind v.a. Alkohol, Nikotin, Aufputschmedikamente, aber auch Schlaf- und Beruhigungsmittel
  Folgen: Millionen Abhängige, ca. 100 000 Tote jedes Jahr in der BRD allein infolge des Alkohol- und Nikotinkonsums; Gehirn- und Nervenschäden, Leber-, Lungen-, Magen-, Nierenerkrankungen

* **Illegale** Drogen, deren Besitz und Verkauf i.d.R. **strafbar** ist, sind v. a.: **Halluzinogene** wie LSD, Kokain, Crack; Marihuana, Haschisch (nur bei privatem Kleinstmengenverbrauch kann ein Richter auf die Strafverfolgung verzichten); ständig neu zusammengesetzte Designerdrogen wie Ecstasy (XTC) und **Opiate** wie Opium, Morphium, Heroin
  Folgen: Je nach Stärke der Dosen und Dauer der Einnahme: Halluzinationen, Leistungsabfall, Depressionen, Reizbarkeit, Leber-, Magen-, Nieren-, Darmerkrankungen; körperlicher Zerfall, im Extremfall →Tod (1 500 – 2 000 Tote jährlich in der BRD).

Warum nehmen Jugendliche illegale Drogen?

* In der Einstiegsphase: Probieren aus Neugier; Suche nach Anerkennung in der Clique; Flucht aus dem Leistungsdruck in Schule und Betrieb; gestörte Familienbeziehungen; Orientierung an schlechten „Vorbildern"
* In der Abhängigkeitsphase: Angst vor der Auseinandersetzung mit den verdrängten Problemen, Vermeidung der sonst folgenden schmerzhaften Entzugserscheinungen!

GEWALTTÄTIGKEIT- JUGENDKRIMINALITÄT

- Jugendkriminalität in Deutschland: ca. 140 000 Tatverdächtige pro Jahr
- Anwachsen der Kinderkriminalität (8 – 13 Jahre) und der Kriminalitätsrate bei Heranwachsenden (18 – 20 Jahre) und Jungerwachsenen (bis 24)

Formen der kriminellen Taten:

- Diebstahl, Sachbeschädigung, Einbruch, Erpressung, Raub, Verkehrsdelikte, Rauschgiftdelikte, Körperverletzung, fahrlässige Tötung, Totschlag, Mord

Ursachen für kriminelles Verhalten von Jugendlichen:

- personengebundene Gründe:
  Egoismus, Mutprobe, Nachahmungstrieb, Geltungssucht, Angeberei, Versagen in Schul- und Berufsausbildung, mangelndes Unrechtsbewusstsein (Gewissen)
- familiäre Gründe:
  mangelnde Geborgenheit, mangelnde Erziehungsfähigkeit und -zeit der Eltern bzw. des alleinerziehenden Elternteils, Flucht in Alkohol, Fernsehen, Überbewertung des materiellen Wohlstands, brutale Auseinandersetzungen zu Hause
- umweltbedingte Gründe:
  Leistungsdruck und Überforderung, kontaktfeindliche Wohnverhältnisse, fehlende Freizeiteinrichtungen, keine Integration in gesellschaftliche Gruppen (Vereine), Bandenbildung, Verherrlichung von Prestigekonsum in der Werbung und Gewalt in vielen Medien

Maßnahmen zur Verringerung der Jugendkriminalität:

- in der Familie: positives Vorbild der Eltern, Vermittlung positiver Wertvorstellungen, Zeit füreinander haben, Konfliktlösungen ohne Drohungen und Gewaltausübung
- durch den Jugendlichen selbst: sinnvolle Freizeitgestaltung, Distanz zu Jugendgangs
- durch den Staat: besseres Freizeitangebot, Einsatz von „Streetworkern", Abschreckung

PSYCHOKULTE UND SEKTEN

* In Deutschland ca. 300 Sekten, Kulte und Sondergemeinschaften, Mitglieder und Sympathisanten ca. 1,5 Millionen

* **Merkmale von Psychokulten / Sekten**:
- Verkündigung einer absoluten Wahrheit, Versprechung der alleinigen Rettung
- zentrale Kultfigur, mächtiger Führungsapparat (auch nach dem Tod des Gründers)
- Unterwerfung gegenüber der Sektenleitung und ihrer „Glaubenslehre"
- Propagierung eines neuen Lebensstils mit extremem Gemeinschaftsgefühl
- Einsatz bewusstseinsverändernder Techniken → „Gehirnwäsche"
- manipulativ angelegte Werbe- und Missionierungsmethoden
- Abkapselung der Gruppe, Abbruch sozialer Kontakte nach außen
- Bekämpfung von Kritikern und „Aussteigern"

* Die Suche vieler junger Menschen nach Selbstbewusstsein, Freiheit, Geborgenheit wird von Sekten meist gnadenlos ausgenutzt und führt häufig zu totaler seelischer und finanzieller Abhängigkeit. Die Verbreitung ihrer Lehren erfolgt bei den einzelnen Sekten unterschiedlich, der „Psychoterror" ist am stärksten bei den Psycho-Unternehmen.

* **Einteilung der Sekten**:
- Psychogruppen (z. B. Scientology-Organisation, Mun-/Vereinigungskirche)
- Christlich-fundamentalistische Sekten (z. B. Zeugen Jehovas, Universelles Leben)
- Fernöstlich-mythologische Sekten (z. B. Transzendentale Meditation, Hare Krishna)

VERANTWORTLICHE MITGESTALTUNG DES LEBENSRAUMS

Mitwirkungsmöglichkeiten für Jugendliche und junge Erwachsene

Rund 23 % der unter 25-Jährigen engagieren sich für andere ihrer Altersklasse, z. B. als
- Klassensprecher, SMV-Vertreter, Schülerzeitungsredakteur
- Jugendvertreter im Betrieb
- Mitglied in der Jugendorganisation einer Partei
- Abgeordnete in Parlamenten sowie speziellen Beratungsgremien für Jugendliche (z. B. in einem Jugendforum oder einem Jugendbeirat)
- Träger von Ehrenämtern in Vereinen / Verbänden (z. B. Übungsleiter in Sportvereinen)
- Mitarbeiter in Institutionen oder locker organisierten Aktionsgemeinschaften

Außerdem engagieren sich jährlich 20 – 30 000 Jugendliche zwischen 17 und 27 im Freiwilligen Sozialen Jahr (FSJ) oder dem Freiwilligen Ökologischen Jahr (FÖJ).

Bedeutung der ehrenamtlichen gesellschaftlichen Arbeit

- Lernfeld für das Organisieren von Veranstaltungen, Abstimmungsregeln, Versammlungsrituale und Interessenkämpfe
- Sprechen vor größerem Publikum und Übernahme von Verantwortung bringt Lebenserfahrung
- Fünf Millionen 16- bis 25-Jährige sind in rund 250 Jugendverbänden organisiert.
- Viele soziale Dienstleistungen in unserer Gesellschaft wären ohne ehrenamtliches Engagement nicht vorhanden, weil nicht bezahlbar (z. B. DLRG, Freiwillige Feuerwehr).

AUFGABEN

1. Welche Form beruflicher Tätigkeit gewinnt immer mehr an Bedeutung?
2. Welche Bedeutung haben Flexibilität und Mobilität bei der Suche nach einem Ausbildungsplatz bzw. Arbeitsplatz?
3. Nennen Sie die drei Oberbegriffe für Schlüsselqualifikationen, welche moderne Unternehmen als Handlungskompetenz von ihren Mitarbeitern erwarten.
4. Nennen Sie drei Erwartungen, die Sie als Auszubildender gegenüber Ihrem Betrieb und den Mitarbeitern haben dürfen.
5. Welche Bedeutung hat die Familie noch in unserer Gesellschaft?
6. Nennen Sie sechs Leistungen, mit denen der Staat das Erziehen und den Unterhalt von Kindern unterstützt.
7. Welche Eherechtsbestimmungen sorgen dafür, dass Frau und Mann gleichberechtigt sind?
8. Durch welche Gesetzesänderungen hat sich 1998 die Situation für Kinder, deren Eltern nicht miteinander verheiratet sind, wesentlich verändert?
9. Vor welchen Problemen stehen ungeregelte, nicht eheliche Lebensgemeinschaften?
10. Wozu kann Freizeit sinnvoll genutzt werden? Geben Sie vier grundsätzlich verschiedene Aufgaben der Freizeitgestaltung und je ein Beispiel dazu an.
11. Nennen Sie acht illegale (d.h. gesetzlich verbotene) Drogen.
12. Nennen Sie drei verschiedenartige Ursachen für kriminelles Verhalten Jugendlicher.
13. Wie kann man sich vor Psychokulten und Sekten schützen?
14. Welchen Gewinn hat das ehrenamtliche Engagement für die Jugendlichen selbst und die ganze Gesellschaft?

1.2 Gesellschaft im Wandel

STOFFTELEGRAMM

STRUKTURWANDEL

NEUE MEDIEN UND TECHNOLOGIEN – ERFAHRUNGEN

- Wandel der bestehenden Wirtschaftsstrukturen durch technologischen Fortschritt
- Hauptursache: flexible Automatisierung in Produktion und Dienstleistung
- Entwicklung und massenhafte Verbreitung neuer Werkstoffe, Produkte, Ideen
- Verteuerung der fossilen Energieträger (v. a. Erdöl)

Die Zukunftstechnologien:

- Informations- und Kommunikationstechnologien
- Nano-Technik, neue Werkstoffe
- Biotechnologie mit dem Spezialgebiet Gentechnik

Der Einsatz der Mikroelektronik in der Informationstechnik prägt alle Lebensbereiche:

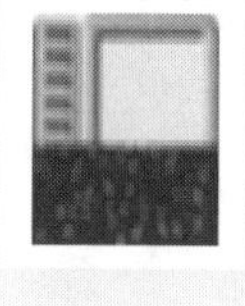

- Kommunikation → Satellitenkommunikation, Mobilfunkgeräte, Internet …
- Handel und Büro → Verkaufsterminals, Geldausgabeautomaten, Electronic Banking
- Industrie → Industrieroboter, CIM (Computer Integrated Manufactoring) …
- Verkehr → Telematik (Elektron. Steuerung von Verkehrssystemen), Autopilot
- Medizin → Ultraschall-Diagnosesystem, Teleoperation …
- Haushalt → Multimedia-PC, Videospiele, Hausüberwachung …

Zahlen aus Deutschland, als Beispiele für die Bedeutung der Kommunikationstechnik:
- Mehr als 20 Millionen Deutsche arbeiten an Computerbildschirmen
- 4 von 5 erwachsenen Deutschen haben einen Internetzugang
- 80 % aller Deutschen nutzen das Internet
- Pro Jahr werden 2 – 3 Mio. PC / Notebooks an Privatleute verkauft
- Handys wurden vom Statussymbol zum Massenartikel (über 100 Mio. verkauft)
- „Info-Branche" zweitgrößter Wirtschaftszweig → 900 deutsche Multimedia-Unternehmen (mind. 250 Mrd. € Jahresumsatz)

HERAUSFORDERUNGEN DES TECHNOLOGISCHEN WANDELS

NEUE BERUFE / VERÄNDERUNGEN IN DER ARBEITSWELT

- Anforderungen in der Wirtschaft ändern sich ständig
- neue Tätigkeitsfelder entstehen
- Entwicklung neuer Ausbildungsberufe:
  z. B. Fachangestellte für Medien- u. Informationsdienste, Fachkräfte für Veranstaltungstechnik, Fotomedienlaboranten, Kaufleute für audiovisuelle Medien, Mechatroniker, Mikrotechnologen, Mediengestalter.

AUSWIRKUNGEN DER NEUEN TECHNOLOGIEN IM BETRIEBLICHEN BEREICH

Verbesserung der Fertigungstechnologien
→ Produktivitätssteigerung mit Einsparung an Arbeitszeit
→ Arbeitsplatzabbau (falls keine Produktionsausweitung / Innovation stattfindet)

Komplexe PC-gestützte Arbeit → Wegfall von Routinearbeiten, v. a. von Fließbandarbeit
→ Entwertung traditioneller Arbeitsinhalte, beschleunigte Lernprozesse

Hauptmerkmale der Informationsgesellschaft im Kontrast zur Industriegesellschaft:

Früher		Zukünftig
Hardware im Vordergrund des Wirtschaftens	↔	Software
Nachfrage vorrangig nach traditionellen Konsumgütern	↔	Nachfrage v. a. für informationelle Produkte und Dienste
Investitionen v. a. für Maschinen und Bauten	↔	Informationstechnische Systeme
Zentrale, hierarchische Führung	↔	Dezentralisierung, weniger Führungsebenen, mehr Mehrheitsentscheidungen
Informationsmacht der Unternehmensleitung	↔	Intensiver Informationsaustausch auf allen und zwischen den Untern.ebenen
Taylorismus (totale Arbeitsschrittezerlegung, Spezialisierung der Arbeiter auf Handgriffe)	↔	Leanproduction und Gruppenarbeit, Arbeitsintegration, Mitarbeitereinfluss
Muskelkraft und handwerkliche Fähigkeiten sind von großer Bedeutung	↔	Theoretische und technisch-praktische Kenntnisse sowie soziale und kommunikative Kompetenz sind am wichtigsten

ÖKONOMISCHER WANDEL IM VERBUND MIT DEM TECHNOLOGISCHEN WANDEL

→ **Unternehmenskonzentration** nimmt an Häufigkeit und Kapital-/Umsatzhöhe zu

→ **Globalisierung**: zur Erschließung neuer Märkte, Behauptung im internationalen Konkurrenzkampf. Arbeit kann – v. a. per Internet – in lohnkostengünstigere Länder verlagert werden oder Entwicklungsarbeit kann gemeinsam von Mitarbeitern in europäischen, amerikanischen und asiatischen Tochterfirmen und Werken rund um die Uhr geleistet werden. Technologisch möglich und ökonomisch optimal erfolgen Zulieferungen für Industriebetriebe „just in time" anstelle teurer Einkaufslagerhaltung.

→ Einzelfertigung und Produktzusammenstellung nach Kundenwunsch durch computerunterstützte Betriebs- und Ablauforganisation gewinnt immer mehr an Bedeutung.

→ Im Gegenzug zum Konzentrationsprozess gibt es durch **Marktöffnungen** neue Konkurrenz:
* 1998 Liberalisierung des bundesdeutschen Telekommunikationsmarktes
* 1999 Liberalisierung des Strommarktes
* 2006 Liberalisierung des Erdgasmarktes

NEUE ARBEITSZEITEN-REGELUNGEN

- **Flexible Arbeitszeiten** mit Kernarbeitszeit auch bei mittelständischen und kleinen Unternehmen
- Großfirmen fahren **Zwei**- oder **Drei-Schicht-Produktion** (Früh-, Spät- und Nachtschicht), um mit möglichst hohen Maschinenlaufzeiten die Stückkosten zu minimieren
- Vermehrt **Nacht- und Wochenendschichten** (rund 30 % aller Berufstätigen).
- Immer mehr Arbeitnehmer müssen ihre Arbeitskraft – zumindest gelegentlich - zeitlich flexibel zur Verfügung stellen (ca. 17 Mio. Erwerbstätige).
- **Arbeitszeitkonten** ermöglichen das Anhäufen von Überstunden bei Hochkonjunktur und das „Abfeiern" bei schlechterer Auftragslage
- Trend zu **Teilzeit-Arbeitsplätzen** und „400-€-Jobs"
- Zunehmende Beschäftigung von „Zeit-Arbeitskräften"
- Zunehmende Beschäftigung „freier Mitarbeitern" (deren Arbeitszeit unbegrenzt ist)

ARBEITSLOSIGKEIT UND GESELLSCHAFT

Internationalisierung / Globalisierung

- Am „Wirtschaftsstandort Deutschland" muss trotz hoher Löhne, Steuern und Sozialabgaben kostengünstig produziert werden – um gegen internationale Konkurrenz zu bestehen.
- Wo dies nicht gelingt, erfolgt eine Verlagerung von Produktionsbereichen – vor allem nach Osteuropa und Fernost (so z. B. bei der Textilindustrie).
- Zum Teil Import billiger Arbeitskräfte nach Deutschland (z. B. Erntehelfer, Bauarbeiter, Dienstleistungskräfte im Reinigungs- und Gaststättengewerbe).

Finanzielle und psychosoziale Folgen der Arbeitslosigkeit

- Abhängigkeit von Arbeitsamtbesuchen und -zahlungen (die meist mit Verzug erfolgen) → Lebensunterhalt kann nicht selbst verdient werden!
- Lebensgewohnheiten müssen geändert werden (z. B. Verzicht auf liebgewordene kostenintensive Hobbys, da Arbeitslosengeld meist nicht einmal 2/3 des vorherigen Lohns beträgt)
- Auszug aus schöner, aber teurer Wohnung (weil nicht mehr bezahlbar)
- Wegfall des Kontaktes zu anderen Menschen (z. B. Arbeitskollegen)
- mangelnde soziale Anerkennung, z. T. Missachtung durch Nachbarn und Freunde
- weniger Chancen zur beruflichen Karriere oder gar Selbstverwirklichung
- zunehmende Gereiztheit, Aggressionsbereitschaft und erhöhte familiäre Spannungen
- seelische Schäden (Depression, Selbstzweifel, Selbstmordgefahr)

Folgen für die Wirtschaft, Gesellschaft und Staatsordnung

- Nachfrage nach Gütern sinkt (wegen geringerer Einkommen / Kaufkraft der Arbeitslosen)
- Ausfall von Steuereinnahmen und Sozialversicherungsbeitragszahlungen
- erhöhte Ausgaben der Bundesagentur für Arbeit / Arbeitsämter
- erhöhte Ausgaben der Sozialämter (Kosten belasten die Städte und Gemeinden)
- politische Radikalisierung (Wählerzulauf bei radikalen Parteien ist wahrscheinlich)

Maßnahmen gegen Arbeitslosigkeit

- **persönliche**: geistige Mobilität > Fortbildung oder Umschulung (Anpassung an den Strukturwandel!) und örtliche Mobilität (d. h. Bereitschaft zum Umzug wegen neuem Arbeitsplatz)
- **tarifpolitische**: Tarifverträge, die Arbeitszeitverkürzung oder Lohnerhöhungen möglich machen, weil aus Produktivitätsfortschritt und Gewinnen finanzierbar
- **unternehmerische**: vermehrtes Angebot an Teilzeitarbeitsplätzen („Jobsharing", bei dem sich 2 Mitarbeiter einen Arbeitsplatz teilen), Angebot an Niedriglohn-Jobs f. einfache Arbeiten
- **staatliche**: „Verschiedene Beschäftigungsprogramme" mit Lohnkostenzuschüssen und Steuervorteile bei Investitionen, Senkung der Lohnnebenkosten (also auch der Sozialversicherungsbeitragssätze)

UMGANG MIT NEUEN MEDIEN UND TECHNOLOGIEN

Was versteht man unter „neue Medien" und Multimedia?

Privatfernsehen und Rundfunk über Kabel und Satellit, Mobilfunk (Handys), Multimedia-PC (Personal-Computer in Verbindung mit CD-ROM/DVD und Telefonanschluss als integriertes Empfangs-, Verarbeitungs- und Sendegerät für Schrift und Grafik, Ton und Film bzw. Video, z. T. auch mit TV-Anschluss), Computernetze: Informationsbeschaffung aus internationalen Datenbanken; Kommunikation im Internet: Mailbox, Chatroom, Multimedia-Messenger

Wie wird das Internet genutzt?

- Aktuellste Nachrichten holen
- Datenbanken mit aktuellen und historischen Texten, Bildern, Tönen nutzen
- Bankkonten führen
- Einkauf und Verkauf von Waren und Dienstleistungen, u. a. bei Auktionen
- Post (E-Mails) weltweit versenden und empfangen (Text, Bild und Ton),Telefonieren
- in Diskussionsforen sich weltweit mit Gleichgesinnten austauschen
- Ausbildung und Fortbildung
- Computerspiele

Wie verändert das Internet Arbeitsplätze?

In Deutschland gibt es bis zu 2 Mio. Menschen, die daheim, an wechselnden Einsatzorten oder in ausgelagerten Büros mit ihrem Arbeitgeber per Computer verbunden sind → Trend zu Tele-Arbeitsplätzen.
Die Zukunft von Multimedia ermöglicht neue Arbeitsplätze und Berufe:
Multimedia-Produzenten (mit Erfahrung in Informatik, Foto, Film, Grafik, Audio, Journalismus), Multimedia-Konzeptionisten, -Autoren, -Didaktiker; Screen-Designer, Netzwerkadministratoren.

Beurteilung des INTERNET

CHANCEN	RISIKEN
Zugang zu einer bisher nicht gekannten „unbegrenzten“ Informationsfülle	Überflutung mit Daten → Datenmüll
Jeder Nutzer wählt selbst aus, was für ihn wissenswert / interessant ist > Autonomie statt Abhängigkeit von Wissensmonopolen	Gefahr des „gläsernen Menschen", über den alle Daten, die in irgendwelchen Computern gespeichert sind, bekannt werden können
Größtmögliche Aktualität bei der Verbreitung von Neuigkeiten und Angeboten	Gefahr des Süchtigwerdens, zwanghaftes „Computerspielen"
Viele Tätigkeiten können bequem von zu Hause aus erledigt werden (Banking, Bestellungen, Heimarbeit am PC für die Firma > Telearbeit)	Verlust zwischenmenschlicher Kontakte, Vereinsamungsgefahr
Interaktivität = Rückfragemöglichkeiten mit „hypertext links“ und Zugriff auf Hilfe bietendes Datenmaterial	Hohe Kosten bei ausgiebiger Nutzung von Internet und verschiedensten Computerservicediensten
Weltweite Kommunikationspartner	Kriminelle Missbrauchsmöglichkeiten

Missbrauch und Datenschutz

* **Hauptprobleme im Internet:**
  - Fälschung von Informationen
  - Computerviren
  - mangelnder Schutz der Jugend
  - Anstiftung zu Radikalismus und Terrorismus
* **Bundes**datenschutzgesetz und **Landes**datenschutzgesetz - die immer wieder der technischen Entwicklung angepasst werden müssen - wollen den einzelnen **Bürger vor** eventuellen **Nachteilen** durch Datenverarbeitung **schützen**. Datenverarbeitung ist nur zulässig, wenn Datenschutzgesetze sie erlauben bzw. die Betroffenen zustimmen.
* **Datenschutzgesetze regeln:**
  - die **Zulässigkeit** von Datenverarbeitung
  - die Einräumung von **Rechten** für die Betroffenen
  - die **Überwachung** durch Kontrollinstanzen (wie Datenschutzbeauftragte)
  - die Ahndung von Gesetzesverletzungen (Bußgeldvorschriften und **Strafbestimmungen**)

Chancen und Gefahren in der zukünftigen „Internet-Gesellschaft"

- Information ist der wichtigste „Rohstoff" für die Zukunft von Gesellschaft und Wirtschaft.
- Multimediale Serviceangebot werden immer größer, aber auch teurer.
- Über das Internet könnten Volksbefragungen und Volksabstimmungen schnell und preiswert durchgeführt werden
- „**Teledemokratie**" könnte den politischen Willensbildungsprozess beschleunigen, die „Volksherrschaft" stärken
- Veränderung der Lernsituation in Schulen und Hochschulen (E-Learning) mit interaktiven Lernprogrammen, Projekten mit anderen Schulen und das weltweit, meist in englischer Sprache
- globaler Wissensaustausch macht Welt zum „**Global Village**"
- Verständnis für fremde Länder und Kulturen könnte wachsen, Bildung wirklich weltumfassend werden

Aber je individueller die Menschen die neuen Medien nutzen, zum Amüsieren oder zum Weiterbilden, umso mehr gehen **Gemeinschaft und Gemeinsinn verloren**:

- Gefahr einer **Zweiklassengesellschaft**: Medienexperten ⟷ Multimedia-Analphabeten
- → Neue Oberschicht kann Informationen beruflich wie privat gezielt und schnell verarbeiten
- → Neues Proletariat geht in **Informationsflut** unter, weil es wichtige Informationen von „Daten-Müll" nicht unterscheiden kann.
- → Abnahme der Chancengleichheit in unserer Gesellschaft

HANDELN IM SPANNUNGSFELD VON ÖKONOMIE UND ÖKOLOGIE

Was mutet das reichste Menschheitszehntel der Umwelt auf diesem Globus zu?

Geschätzte Daten: Pro Sekunde blasen wir rund 1 000 Tonnen Treibhausgase in die Luft, lassen den Waldbestand der Erde um 3 000 km^2 schrumpfen, lassen 1000 Tonnen Erdreich abtragen oder wegschwemmen; so sterben pro Tag mindestens 10 Tier- oder Pflanzenarten.

Was ist Ökologie?

→ Lehre von der **Umwelt** = Erde (Boden), Wasser, Luft, Lebewesen in ihren vielfältigen Wechselbeziehungen

→ **Umweltgefährdung** und **-verschmutzung** = **Störung des ökologischen Gleichgewichts** mit erkennbaren **Folgen**: Beeinträchtigung der Lebensprozesse bei Menschen, Tieren und Pflanzen durch **Krankheiten** (z. B. „Waldsterben"!) oder **Ausrottung**.

Welche Ursachen gibt es für die Umweltzerstörung?

→ Umwelt ist Grundlage für alle Produktion, aber natürliche Ökokreisläufe werden zerstört durch die Wünsche vieler Menschen nach immer größerem materiellen **Wohlstand**, durch ständiges Streben nach Neuerungen („Wegwerfgesellschaft") und deshalb **Steigerung** der **Güterproduktion** (des Bruttoinlandsprodukts) und des **Energieverbrauchs**.

→ Mengensteigerung bei Produktion und Konsum verhindert durch die **Abgase**, **Abwässer**, **Abfälle und Müllablagerungen** (darunter viele giftige, biologisch nicht abbaubare Chemikalien) die Regenerierung der Natur.

Welche Umweltverschmutzergruppen gibt es?

- Private Haushalte (v. a. Heizungs- und PKW-Abgase -> Luftverschmutzung)
- Industriebetriebe (z. B. Störfälle bei Chemikalienproduktion -> Luft- und Wasserbelastung)
- Transportbetriebe (z. B. Öltransport per Schiff und LKW -> Wasser- u. Bodenverschmutzung)
- Landwirtschaft (z. B. Überdüngung der Böden wegen Massentierhaltung)
- Kraftwerke (z. B. Kohlekraftwerke ohne neue Filtertechnologie -> Luftverschmutzung)
- Mülldeponien (Sickerwässer aus unerkannt gelagertem Giftmüll -> Grundwasserschäden)

Gefährdete Umweltfaktoren	**Hauptursachen für Umweltschäden** und → ***Folgen***
- **Ruhe** in der Natur, am Wohn- und Arbeitsort	Ständig zunehmender Straßen- und Luftverkehr → *Gesundheitsstörungen durch Lärmbelästigung*
- **Klima** (Atmosphäre)	**Treibhauseffekt** durch Abgase wie CO_2 (durch Verbrennung von Kohle, Öl, Gas [BRD ist 5. größter Energieverbraucher in der Welt], Methan, Ozon, N_2O, FCKW → *Verschiebung der Klimazonen, Zunahme von Überschwemmungen und Wirbelstürmen, andererseits in südlichen Ländern Ausbreitung der Wüsten --> Millionen „Umweltflüchtlinge"*
- **Ozonschicht** in der Stratosphäre	FCKW (Fluorchlorkohlenwasserstoffe), aus Spraydosen, Schaumstoffen, Kühlschränken, Klimaanlagen freigesetzt → *Pflanzenschädigung und Hautkrebs durch UV-Strahlung*
- **Luft**	Belastung durch giftigen Staub und Ruß, Schwefeldioxid, Stickoxide, Kohlenwasserstoffe, Ozon in der Atemluft → *Smog; Atemwegserkrankungen, Krebs u. a. Krankheiten*
- **Wasser**	Organische u. anorganische Abwässer mit Schwermetallen: Zink, Kupfer, Blei, Quecksilber, Cadmium, Phosphate; Mineralöle; Überwärmung der Gewässer durch Kühlwasser; Sickerwasser aus Mülldeponien; Übersäuerung → *Grund- und Trinkwasserbelastung, Fischsterben, steigende Radioaktivität*
- **Boden**	Bodenvergiftung durch Überdüngung, Herbizide, Pestizide, Schwermetalle und „Sauren Regen"; „Altlasten" aus Giftmüllablagerungen auf ungesicherten Deponien und früheren Fabrikstandorten; Humusvernichtung und Bodenerosion durch Abholzung und Asphaltierung/Betonierung → *Pflanzensterben („Waldsterben")*

Umweltbewusstsein

- Ertragreicher Boden, gesunde Luft und sauberes Trinkwasser sind nicht mehr überall ausreichend verfügbar. Kurzfristige Umweltkatastrophen und langfristige Umweltschädigungen (wie die Klimaerwärmung) nehmen zu.
- Knapper werdende Ressourcen erhöhen den „Gesunde-Umwelt-Wert".
- Die **ökologisch verträgliche,** die Umwelt schonende **Produktion wird** langfristig **zur einzig verantwortbaren Produktionsweise – ökonomisch.**

Entwicklung von Bruttoinlandsprodukt und Lebensqualität bei traditioneller Wirtschaftsweise

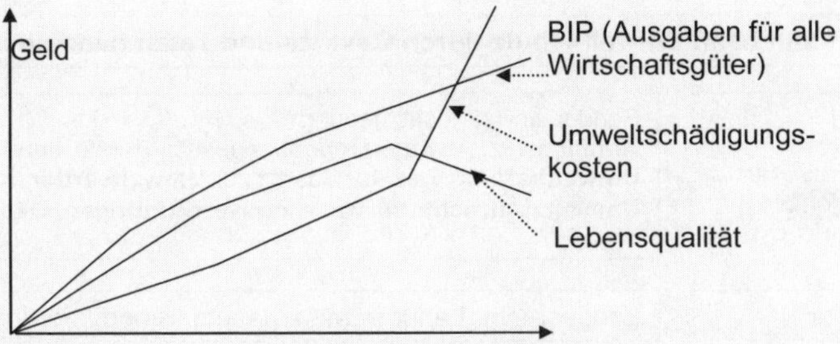

Industrialisierungsjahre

Begründung für ökologisch – ökonomisches Handeln

- *Wirtschaftlich*: Die jährlichen Umweltschäden (nötige „Reparaturen" und Wertverlust an Produkten und Natur) allein in der BRD werden auf 150 Mrd. € geschätzt, aber die realen Umweltschutzausgaben liegen bei max. 1,5 % vom Bruttoinlandsprodukt ≅ 30 Mrd. € p. a.
- *Ethisch*: Ohne wirksame Umweltpolitik ist Überlebensfähigkeit der Menschheit bedroht.

Welche ökologischen Ziele gibt es?

- Erhaltung einer möglichst großen Vielfalt von Pflanzen und Tieren (z. B. durch Biotope, Nationalparks, Verbot giftiger Stoffe)
- Verminderung aller Arten von Umweltbelastung- und verschmutzung
- Verringerung umweltbelastenden Energieverbrauchs (v. a. Reduktion von CO_2)
- Zurückgewinnung neuer Rohstoffe aus Abfallstoffen (Recycling)
- Verminderung und Verhinderung von (Gift-) Müllexport

Mit welchen Maßnahmen kann der Staat die ökologischen Ziele verfolgen?

Wenn Umwelt-Verschmutzer nicht zu fassen sind und zur Risikovorsorge wird gehandelt nach dem ***Gemeinlastprinzip***:

- Schaffung von **Entsorgungseinrichtungen** (z. B. Recycling-Anlagen)
- **Beseitigung der Schäden** (z. B. Reparatur von öffentlichen Gebäuden, Bau und Verbesserung von Klärwerken zur Trinkwasseraufbereitung, Bodenrekultivierung)
- **Finanzierungsanreize** für umweltschonende Investitionen (z. B. Steuerrückerstattung)
- Staatliche (geförderte) Umweltforschung, Informations- und Beratungsleistungen

Wenn Umweltverschmutzer – Unternehmen oder Privatleute – zu identifizieren sind, greift das ***Verursacherprinzip***:

- **Gebote** für Unternehmen und Privathaushalte (Vorschriften über Einsatz von Schadstoffbeseitigungstechniken wie Entschwefelungsanlagen, Katalysatoren)
- **Verbote** für stark umweltbelastende Produktionsverfahren, bei Nichtbeachtung **Bußgelder**
- **Steuern** auf Energieverbrauch (z. B. Mineralölsteuer)
- **Abgabenerhöhung** für Müllproduzenten (z. B. Gebühren für Rücknahme und Verwertung von Kunststoffverpackungen: → Duales System „Der Grüne Punkt")
- **Abgabenzwang** für Schadstoffproduktion oder anfallenden „Sondermüll" (z. B. Abwasserabgabe für Einleitung von Phosphor, Stickstoff)

Seit der UN-Konferenz 1992 in Rio de Janeiro mit der Agenda 21 für das 21. Jahrhundert soll Politik ausgerichtet werden auf „nachhaltige Entwicklung" (= sustainable development):
→ Ressourcenverbrauch nur entsprechend der Leistungsfähigkeit der Natur
→ Umweltschutz soll aber auch wirtschaftlich und sozial verträglich sein.

Wer kann beim Umweltschutz durch Gesetze und Taten handeln?

Bund	Bundesumweltgesetzgebung: **Abfall**gesetz, **Abwasser**abgabengesetz, Bundes**immission**sschutzgesetz, **Umwelthaftung**sgesetz, Gesetz zur **Umweltverträglichkeitsprüfung**, **Umweltstrafrecht**, **Verpackungsverordnungen**, **Ökosteuer ...**
Länder	Landesrecht: Landeswassergesetz, Smogverordnung...
Landkreise	Organisation von Müllabfuhr, Mülldeponien, Recycling...
Unternehmen	Umweltgerechte Produktentwicklung, Umweltbilanzen, Öko-Audits...
Bürger	• **sparsam Energie verbrauchen** (beim Auto fahren, Heizen, Waschen...) • **umweltbewusst einkaufen** (Mehrwegprodukte, Nachfüllpackungen, Produkte mit „Umweltengel", aus Recyclingstoffen, ohne Verpackung ...) • **Hausmüll trennen** in kompostierfähigen Abfall sowie recyclingfähige Wertstoffe (Glas, Metall...) und Sondermüll • **sich umweltpolitisch** innerhalb und außerhalb von Parteien e**ngagieren**

Vor welchen Problemen steht die Energie-Politik?

- In den vergangenen Jahrzehnten ist der Verbrauch der fossilen Energieträger Kohle, Erdöl, Erdgas, Uran weltweit (v. a. in China, Indien) immer stärker gestiegen.
- Preis für Rohöl erreichte 2008 an den Weltbörsen ständig historische Höchstmarken.
- In den vergangenen Jahrzehnten wurde in den Industriestaaten im Hinblick auf Rohstoff- und Energieverbrauch zwar effizienter gewirtschaftet, aber die absoluten jährlichen Umweltbelastungen (und Naturkatastrophen) nahmen – weltweit – zu.
- Ziel: Primärenergieverbrauch in BRD soll nicht mehr ansteigen, sondern sinken.
- Energieträger-Bedeutung in Deutschland: (Ca.-Werte für das Jahr 2007)

Mineralöl	Erdgas	Steinkohle	Braunkohle	Atomenergie	Erneuerbare
33 %	23 %	14 %	12 %	11 %	7 %

- Die globalen Vorräte an fossiler Energie reichen nur noch Jahrzehnte: Erdöl 45 Jahre, Erdgas 65 Jahre, Steinkohle 175 Jahre, Uran 50 Jahre.
- Alternative, erneuerbare Energie (v. a. Solar, Wind) muss weiter ausgebaut werden.

Magisches Energie-Viereck als Aufgabenstellung für Politik und Wirtschaft:

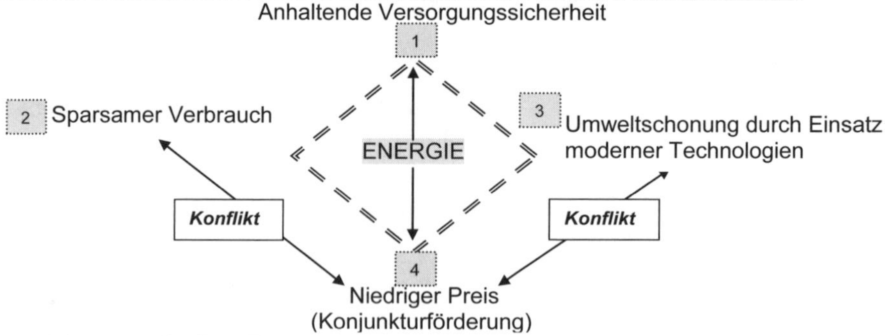

Auswirkungen der Umweltschutzpolitik auf Arbeitsplätze in Deutschland

Jobkiller-Wirkung

- Umweltkostenintensive Branchen wie Energieversorgung, Mineralölverarbeitung, Chemische Industrie, Eisenschaffende Industrie stehen vor dem Problem, dass ihre Produktionskosten durch staatlich vorgeschriebene Umweltschutzmaßnahmen / Abgaben (z. B. für Abwasser) höher sind als in den meisten anderen Staaten – v. a. außerhalb der Europäischen Union.
- Wenn die Kosten nicht durch entsprechend höhere Preise beim Verkauf der Produkte aufgefangen werden können, weil der internationale Wettbewerb dies verhindert, droht der heimischen Produktion das Ende → **Produktionsverlagerung** ins Ausland, weil die Betriebe dort i. d. R. geringeren umwelttechnischen Standard aufweisen und die Produktion Gewinn bringt.

Jobknüller-Wirkung

- Umweltschonende Produkte werden vermehrt nachgefragt.
- Die Umweltpolitik hat Innovationsprozesse bei der Produktion ausgelöst, sodass die international modernste Technik in den umweltintensiven Branchen angewendet wird.
- Deutsche Hersteller von Umweltschutzgütern exportieren jährlich Technologie (z. B. Windkraft- und Solartechnik) im Wert von mehr als 20 Mrd. € und sind mit rund 20 % Welthandelsanteil an der Weltspitze.
- Durch Umweltschutz sind ca. 1,4 Mio. Arbeitsplätze entstanden, z. B. bei den Herstellern von Umweltschutzgütern wie Katalysatoren, Abwasser- und Abfalltechnik, Messgeräten. Außerdem gibt es Arbeitsplätze im Umweltschutz-Dienstleistungsbereich.
- Zukunftsmarkt Umweltschutz-Technologie: jährliche Wachstumsraten bis zu 8 % sind möglich.

PERSPEKTIVEN SOZIALER SICHERHEIT

SOZIALE SICHERHEIT DES EINZELNEN

Fragen zur Ermittlung der eigenen Absicherung

Wovon lebe ich zurzeit?

- Ausbildungsvergütung
- Elterliche Unterstützung, Kindergeld
- Hinzuverdienst durch Nebenjob...
- BAföG
- Arbeitslosengeld I, Arbeitslosengeld II (Hartz IV; Sozialhilfe, Wohngeld ...)

Welche Risiken könnten auf mich zukommen?

- Unfälle und Krankheiten
- Verlust der Gesundheit und / oder Erwerbsfähigkeit
- Einschränkung der Unterstützung durch Eltern
- Verlust des Ausbildungsplatzes, Arbeitsplatzes
- Verpflichtung zur Beseitigung von selbst verursachten Schäden
- Verschuldung durch zu hohe Konsumausgaben, Verlust von Wertgegenständen...

Gegen welche Risiken bin ich gesichert, wogegen muss ich mich absichern?

Schutz durch Pflichtversicherungen	**Freiwilliger Risikoschutz** (Beispiele)
Beruflicher Unfall → Unfallversicherung	Private Unfälle → Privatunfallversicherung
Krankheit → Krankenversicherung	Wegen Lohnausfall bei längerer Krankheit, Krankheit im Ausland, GKV-Leistungskürzungen → Zusatzkrankenversicherung
Arbeitslosigkeit → Arbeitslosenversicherung	
Altersarmut → Rentenversicherung	Zu geringe Rente → Zusatzrentenvers.
Hilflosigkeit → Pflegeversicherung	Schädenverursachung → Haftpflichtvers.
Schädenverursachung durch Kfz am Körper oder Vermögen anderer → Fahrzeug-Haftpflichtversicherung.	Schäden am eigenen Fahrzeug → Vollkaskoversicherung

ABSICHERUNG DURCH DEN STAAT

Rechtliche Grundlage des Sozialstaates

- **Grundgesetz**, Artikel 20: BRD ist ein demokratischer und sozialer Bundesstaat!
- **Sozialgesetzbuch** und **Sozialgesetze** (z. B. Mutterschutzgesetz)!
- **Bundesverfassungsgerichtsurteil**: Staat hat die Pflicht, für einen **Ausgleich der sozialen Gegensätze** und damit für eine **gerechte Sozialordnung** zu sorgen!

Aufgabenfelder der Sozialpolitik

- **Sozialversicherung** (z. B. Altersrentenversicherung, Arbeitslosenversicherung, seit 1995 auch Pflegeversicherung)
- Soziale **Fürsorge** (z. B. Sozialhilfe, Arbeitslosengeld II)
- **Familienförderung** (z. B. Kindergeld, geringere Lohn-/Einkommensteuer)
- Ausbildungsförderung (z. B. BAföG)
- Förderung der **Eigentumsbildung** (z. B. Prämien für vermögenswirksames Sparen)
- **Schutz am Arbeitsplatz** (z. B. Arbeitszeitschutz, Mitbestimmung)

Die gesetzlich geregelten Sozialversicherungen

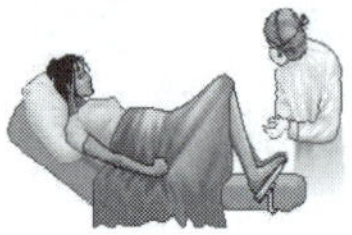				
Krankenversicherung	Unfallversicherung	Pflegeversicherung	Arbeitslosenversicherung	Rentenversicherung
Schutz vor unbezahlbaren Krankheitsbehandlungskosten	Finanzielle und medizinische Hilfe bei Arbeitsunfällen u. „Wegeunfällen“	Finanzielle Leistungen für ambulante und stationäre Pflege	Finanzielle Unterstützung bei Arbeitslosigkeit; Vermittlung von Arbeitsplätzen	Grundabsicherung im Alter durch Rentenzahlung

Diese **5 Versicherungsarten** gelten als **„Säulen der sozialen Sicherung“**.

Wer entscheidet über die Beitragssätze und Leistungen der Sozialversicherung?

- Der Bundestag entscheidet über die Höhe der Beitragssätze bei Renten-, Arbeitslosen- und Pflegeversicherung sowie Maßnahmen zur Veränderung der Rentenhöhe, z. B. Anrechnung von Kindererziehungszeiten (Babyjahre) oder Absenkung des Rentenniveaus. Auch den Leistungskatalog der Krankenversicherung bestimmt der Bundestag.
- Die Sozialversicherungen unterliegen der Selbstverwaltung durch Arbeitgeber- und Arbeitnehmervertreter, die alle 6 Jahre (zuletzt 2005) durch „Sozialwahlen" bestimmt werden.

Wie teuer ist das „soziale Netz"?

- Die Bundesregierung gibt jährlich für Rente, Arbeit und Soziales ca. 130 Milliarden € (weit mehr als 40 % des Bundeshaushaltes) aus.
- Die Sozialversicherungen geben jährlich ca. 500 Mrd. € aus.
- Zusätzlich gab es die Leistungen der privaten Versicherungen (z. B. Krankenversicherungen) und der Arbeitgeber (z. B. Lohnfortzahlung).
- Das „Sozialbudget" für alle in der BRD in einem Jahr erbrachten Leistungen beträgt mind. 700 Mrd. €. Das entspricht 1/3 des Bruttoinlandsprodukts.

→ Jeder dritte in der BRD erwirtschaftete Euro wird also für Soziales ausgegeben.

Wer finanziert das „soziale Netz"?

* **Arbeitgeber** und **Arbeitnehmer** mit ihren **Sozialversicherungsabgaben**
* **Privatversicherte mit Beiträgen** zu Kranken-, Unfall-, Rentenversicherungen
* **Bund, Länder und Gemeinden** (aus Steuern und Krediten finanziert → ca. 40 %)

PROBLEME DER STAATLICH ORGANISIERTEN RENTENVERSICHERUNG

Der Generationenvertrag (d. h. das „Umlageverfahren") wird in Frage gestellt:

Als **Rentner** erhalten wir **Altersruhegeld**
→ z. B. von 2045 bis 2065

→ Die Lebenserwartung und damit Rentenbezugsdauer ist gestiegen.

Als **Erwerbstätige finanzieren** wir den Unterhalt der Kinder + Renten über Lohn, Sozialversich.-Beiträge u. Steuern → z. B. 2000 bis 2045

→ Die Zahl der Sozialversicherungspflichtigen und ihrer Berufstätigenjahre ist gesunken.

Als **Kinder / Jugendliche** erhalten wir Unterhalt und Pflege durch die Eltern
→ z. B. von 1985 bis 2000

→ Die Berufstätigkeit beginnt wegen längerer Schulzeit immer später.

Situation 2030 – 2050 ?

⇕ ?

Situation 1990

Die Finanzierung der Altersversorgung wird bei zunehmender Rentnerzahl immer schwieriger!

Diskutierte Lösungsansätze für die Probleme des Rentenversicherungssystems

Fortsetzung der Reform für die jetzige Rentenversicherung ⟷	**Alternativ**-Modell: Staatliche Grundsicherung + private Absicherung
* Weniger Frührentner bzw. „flexible Rente" nur mit Rentenkürzung * Senkung der regulären Rentenansprüche * Kürzung der Hinterbliebenenrenten * Verringerte Anrechnung von Ausbildungszeiten * Erhöhung der Lebensarbeitszeit * Keine Belastung der Rentenkassen durch versicherungsfremde Leistungen (wie Anrechnung von Kindererziehungszeiten)	* Grundrente / Bürgergeld zur Sicherung des Existenzminimums * Finanzierung dieser Grundsicherung aus Steuermitteln (zzt. betragen die Zuschüsse zur Rentenversicherung 75 Mrd. € jährlich) * Versicherungspflicht für zusätzliche private Absicherung und dadurch Aufbau eines privaten Vermögens * Freie Wahl des privaten Rentenversicherers * Beteiligung an Unternehmensvermögen

Aktuelle Entwicklung der Rentenversicherungspolitik

- 2001 wurde das Altersvermögensgesetz geschaffen und das Rentensystem reformiert: mit einer Mischung einiger der oben genannten Vorschläge → „Riester-Rente", seit 2008 zahlen Arbeitnehmer 4 % vom Bruttolohn für diese private Vorsorge
- Seit 2002 Aufbau einer privaten Altersrente staatlich gefördert mit Zuschüssen
- Grundsicherung auf Sozialhilfeniveau eingeführt
- Seit 2005 neues Alterseinkünftegesetz (neue Besteuerung); → „Rürup-Rente": Einzahlungen steuerlich absetzbar, Auszahlungen im Alter dann steuerpflichtig
- Rentenanpassung mit „Nachhaltigkeitsfaktor" seit 01.07.2005
- Standardrentenniveau (für „Eckrenten") soll auf 67 % des Nettolohns sinken
- Anstieg des Beitragssatzes zur Rentenversicherung soll auf 22 % begrenzt werden
- Aufbau betrieblicher Altersvorsorgesysteme wird staatlich gefördert
- Altersrente ohne Abschlag ab dem Jahr 2029 i. d. R. erst ab Lebensalter 67

Konflikt sozialpolitischer Zielvorstellungen / Streitpunkt zwischen den Parteien

Marktwirtschaft ist der Garant für hohe Sozialleistungen und hat Vorrang ⟺	**Soziale Gerechtigkeit, Armutsbekämpfung hat Vorrang**
Leistungsfähigkeit der deutschen Wirtschaft, Wirtschaftsstandort Deutschland darf nicht gefährdet werden → Unternehmen müssen von einem Teil hoher Personalzusatzkosten befreit werden, Beiträge zur Sozialversicherung müssten sinken, um EU-weit und weltweit konkurrenzfähig produzieren zu können und damit Arbeitsplätze zu sichern. Nur dann gibt es genug Steuerzahler und Beitragszahler für die Sozialversicherungen. Staat soll Sozialleistungen verringern.	Recht auf menschenwürdiges Leben hat Vorrang vor Wirtschaftsinteressen und ist nur zu verwirklichen, indem die Armut weitgehend beseitigt oder wenigstens die Kluft zwischen Reichen und Armen durch staatlich organisierte Einkommensübertragungen von den Reichen auf die Armen verringert wird. Ohne staatliche Hilfe haben die ärmeren Gesellschaftsschichten keine Chance zur Wohlstandsmehrung, d. h. Staat muss viele soziale Dienstleistungen anbieten.

Soziale Selbsthilfe – durch 12 Millionen Bürger

* Wo der Staat nicht (genug) helfen kann, braucht man die „**Mitmachgesellschaft**" → Selbsthilfe durch **Familie**, **Nachbarschaft**, **Verbände der freien Wohlfahrtspflege**...
* 50 000 **Selbsthilfegruppen** (z. B. Müttergruppen, Anonyme Alkoholiker) wollen bestimmte Probleme oder Leiden selbstständig und gemeinsam bewältigen.
* **Verbraucherschutzorganisationen** versuchen durch Veröffentlichungen od. Musterprozesse Bürger vor möglichen materiellen oder gesundheitlichen Schäden beim Konsum von Waren oder Dienstleistungen zu bewahren.

Sozialer Frieden ↔ soziales Elend in Deutschland

* System der sozialen Sicherung im Kaiserreich aufgebaut mit der Krankenversicherung 1883, Unfallversicherung 1884, Alters- und Invalidenversicherung 1889.
  - Ergänzt 1927: Arbeitslosenversicherung
  - 1957 „Dynamische Rente" mit überproportionalen Rentenzuwächsen in den „Wirtschaftswunderjahren"
  - Seit Mitte der 90er Jahre Leistungsabbau, z. B. durch mehrere „Gesundheitsreformgesetze", welche die Krankenkassen entlasten und den Missbrauch von Sozialleistungen eindämmen sollten. Seit 1993 erhalten Asylbewerber Leistungen nach dem Asylbewerbergesetz anstatt Sozialhilfe.
* Deutschland hat im Vergleich mit vielen anderen Industriestaaten nur einen geringen Verlust an Arbeitstagen durch Streiks, was als Zeichen für sozialen Frieden gilt.
* Andererseits leben rund 150 000 Menschen auf der Straße und 800 000 in Notunterkünften. Nach Ansicht des Paritätischen Wohlfahrtsverbandes lebt jeder zehnte Bürger in Armut. Beim Kampf um den „Wohlstandskuchen" scheinen die Nichtorganisierten, Mütter mit Kindern, Arbeitslose und nicht mehr Erwerbsfähige zu unterliegen. Es stellt sich die „Neue Soziale Frage".

PRIVATE VORSORGE FÜR DAS 21. JAHRHUNDERT

Offene Frage: Wie sieht die Zukunft des Sozialstaats aus?

* Der Staat darf zur Finanzierung von Sozialleistungen keine weitere Schulden machen, zumal die Währungsunion von den „Euro-Staaten" sparsame Haushaltsführung verlangt. (BRD überschreitet trotzdem die 3 % - Neuverschuldungsobergrenze!)
* Die Belastung der Bürger mit Steuern und Sozialabgaben verringert den verfügbaren Lohn (die wirkliche Kaufkraft) auf fast die Hälfte. Eine weitere Belastung würde die Arbeitsmotivation zerstören und der Wirtschaftsentwicklung schaden.
* Die Zahl der Sozialhilfeempfänger bleibt auf hohem Niveau → 2,1 bis 2,5 Mio. Bürger erhalten Anfang des 21. Jahrhunderts jährlich zusammen mehr als 25 Mrd. €.
* Der technische Fortschritt ermöglicht in der medizinischen Behandlung immer neue Behandlungs- und Operationsmethoden, „Apparatemedizin" treibt aber die Kosten im Gesundheitswesen weiter in die Höhe. Das Lebensalter wird weiter zunehmen.
* Wenn der Anteil der über 65-Jährigen wie erwartet bis zum Jahr 2040 auf 30 % steigt, müssten beim jetzigen Rentenversicherungssystem ein bis zwei Erwerbstätige einen Rentner finanziell versorgen. Die „Riester-Rente" und „Rürup-Rente" bringen Zusatzrenten im Alter, gleichen zukünftige Rentenkürzungen aber nur teilweise aus. Weitere Reformen des Sozialversicherungssystems sind notwendig!

Private Vorsorgemöglichkeiten fürs 21. Jahrhundert

- An die Stelle des „Wohlfahrtsstaates“ wird zunehmend der „aktivierende Sozialstaat“ treten, der eine neue Form von sozialer Gerechtigkeit herstellen will, mit Forderung und Förderung von Eigenverantwortung, Leistung und Gemeinsinn.
- Basis des Lebensunterhalts sollte eigenes Einkommen sein. Gute Chancen auf dem Arbeitsmarkt sind abhängig von Ausbildung, Schlüsselqualifikationen sowie großer Mobilität und Flexibilität bezüglich der Arbeitsaufgaben.
- Für die große Mehrheit der heutigen und zukünftigen Rentenversicherungsbeitragszahler wird die Altersrente keine zufriedenstellende Höhe erreichen. Deshalb sollte jeder schon in jungen Jahren mit dem Aufbau von Vermögen beginnen, z. B. über staatlich geförderte Vermögensbildung → Bausparen, Investmentfonds, Pensionsfonds, direkte Unternehmensbeteiligungen.
- Da es keinen sozialen „Vollkaskoschutz“ mehr geben wird, ist Absicherung über private Versicherungen (für Berufsunfähigkeit, Unfall, Zusatzrente ...) nötig. Dazu kann noch der Immobilienbesitz kommen mit dem Ziel fast kostenfreien Wohnens im Alter.

AUFGABEN

1. Nennen Sie vier Zukunftstechnologien.
2. Welche Faktoren bestimmen den aktuellen „revolutionären Wandel“ in der Wirtschaft?
3. Welche Folgen hat die anhaltend hohe Arbeitslosenzahl für Staat und Gesellschaft?
4. Nennen Sie typische Merkmale der heutigen Informationsgesellschaft.
5. Was versteht man unter „neuen Medien“?
6. Nennen Sie drei persönliche Vorteile, die mit dem Zugang zum Internet verbunden sind.
7. Warum wird Datenschutz in unserer modernen Gesellschaft immer wichtiger?
8. Erläutern Sie den Begriff „Globalisierung“ in zwei verschiedenen Zusammenhängen.
9. Erläutern Sie den Satz: „Umweltverschmutzung ist eine Folge der Industrialisierung.“
10. Geben Sie je zwei Beispiele, wie Staat, Unternehmen und Bürger zum Umweltschutz beitragen können.
11. Erläutern Sie, warum die Energiepolitik vor größeren Problemen steht.

12. Nennen Sie die fünf „Säulen der sozialen Sicherung".
13. Nennen Sie vier Leistungen, die der Staat nach dem Fürsorgeprinzip aus Steuermitteln zur Sicherung einer menschenwürdigen Existenz für Bedürftige erbringt.
14. Der ehemalige Bundespräsident Roman Herzog sagte 1995, wir bräuchten eine „Mitmachgesellschaft und keine Zuschauerkulisse." Warum forderte er soziales Engagement?
15. Welche Gedanken sind für den aktivierenden Sozialstaat im Kontrast zur Idee des klassischen Wohlfahrtsstaats typisch?
16. Warum muss das Rentenversicherungssystem weiter reformiert werden? Nennen Sie drei Gründe.
17. Ökonomen und Politiker fordern zunehmend den „Umbau des Sozialstaates" hin zu vermehrter Eigenvorsorge. Wie würde das Sozialsystem dadurch entlastet?
18. Durch das 5. Vermögensbeteiligungsgesetz werden Arbeitnehmer seit 1999 bei der Vermögensbildung in Form von Kapitalanlagen wie Investmentfonds unterstützt. Außerdem wird seit 2002 durch Altersvermögensergänzungsgesetz („Riester-Rente") der Aufbau einer kapitalgedeckten Altersvorsorge gefördert.
    Erkundigen Sie sich nach den aktuellen Fördermöglichkeiten für Sie als Arbeitnehmer!

Prüfungsaufgaben

Prüfung 2005, Aufgabe 1

LPE 1.2 Gesellschaft im Wandel von der Industriegesellschaft zur Dienstleistungs- und Informationsgesellschaft

1 Die gesetzliche Rentenversicherung gilt als eine der fünf Säulen des Sozialversicherungssystems. Beschreiben Sie das System der gesetzlichen Rentenversicherung.
2 Erläutern Sie ein grundsätzliches Problem der Rentenversicherung,
3 Zeigen Sie auf, wie der Autor des unten stehenden Textes dieses grundsätzliche Problem beurteilt. Stellen Sie seine Argumente dar. (Anlage)
4 Setzen Sie sich mit vier der genannten Argumente kritisch auseinander. (Anlage)

Anlage

Plädoyer gegen den Kampf der Generationen

[...] Schon seit mehr als einem Jahrzehnt sind die Propagandisten eines „Kriegs der Generationen" am Werke, Dass die Angstmache bei so vielen Jüngeren überhaupt verfängt, hat vor allem einen Grund: Weil Kinder ein knappes Gut geworden sind und die Alten immer länger leben, altert die Gesellschaft. Folglich müssen im Rentensystem immer weniger Berufstätige für immer mehr Ruheständler aufkommen. Schon jeder Lehrling, jeder Student kennt die furchteinflößende Kennzahl: dass in drei Jahrzehnten ein Beitragszahler einen Rentner zu versorgen hat, während heute das Verhältnis zwei zu eins ist.

Tatsächlich sind die Bevölkerungsprognosen das einzig Sichere in diesen Katastrophenszenarien. Dabei sagt die Altersstruktur nichts über den Wohlstand gegenwärtiger und künftiger Generationen aus.

„Eigentlich müssten wir nach der Kopfzahltheorie verhungert sein", schrieb der ehemalige Sozialminister Norbert Blüm (CDU), weil 1900 ein Bauer drei Konsumenten ernährt habe, heute aber auf einen Landwirt über achtzig Verbraucher kämen. In diesem Punkt hat Blüm Recht. Entscheidend ist die Produktivität.

Wer den Jüngeren weismacht, sie seien die Armen und Entrechteten, vernachlässigt eindeutige Fakten und ökonomische Zusammenhänge. Denn jede Generation baut auf den Fundamenten auf, die ihr die Vorgänger hinterlassen. Ich neide doch nicht den Jüngeren, dass sie heute mehr verdienen, kürzere Arbeitszeiten und mehr Urlaub haben, in größeren Wohnungen wohnen als meine Generation oder die meiner Eltern. Aber die Wirtschaft ist doch jetzt weitaus produktiver als in den fünfziger, sechziger und siebziger Jahren, weil die Senioren von heute in ihrer aktiven Zeit gespart und das Kapital investiert haben. [...]

Die Grauhaarigen, die es sich auf Kreuzfahrtschiffen und in Luxushotels unter südlicher Sonne gut gehen lassen, sind nicht diejenigen. die ausschließlich auf ihre Sozialrenten angewiesen sind. Ein „Eckrentner", so der Fachjargon für einen Ruheständler, der 45 Jahre lang exakt das Durchschnittseinkommen verdient hat, bekommt im Westen eine Rente von netto 1072 und im Osten von gerade einmal 941 Euro. Altersarmut ist zum Glück selten geworden, aber mit den meisten Renten lassen sich wahrlich keine großen Sprünge machen. Ich kann mich nur wundern, wie leicht sich Junge ins Bockshorn jagen lassen und glauben, dass sie statt privater Milliardenvermögen nur einen staatlichen Schuldenberg erben. [...]

Das macht deutlich: Es geht nicht um einen Verteilungsstreit zwischen Alt und Jung, sondern es ist das uralte Problem der gerechten Verteilung zwischen Arm und Reich - unabhängig von der Generation. Doch jenseits aller Finanzierungsmodelle können die Älteren die Jungen entlasten - wenn es die Jungen zulassen. Die Senioren müssten länger arbeiten und dürften nicht - so der seit Jahrzehnten nahezu unveränderte Durchschnitt mit sechzig in Rente gehen. Sie würden dann nicht nur länger Beiträge zahlen, sie wären zugleich auch kürzere Zeit Kostgänger der Rentenversicherung. Wer sich in seinem Berufsleben schon immer an das Wort vom lebenslangen Lernen gehalten hat, ist auch mit sechzig plus fit genug, um im Arbeitsprozess mitzuhalten. Eine generell verminderte Leistungsfähigkeit der Älteren ist, abgesehen bei harter körperlicher Arbeit, eine von Medizinern widerlegte Mär. [...]

Quelle: Wilfried Herz: Ich bin kein Ausbeuter, in: DIE ZEIT, 16.4.2003, S.26

Prüfung 2005, Aufgabe 2

LPE 1.3 Strukturmerkmale unserer Gesellschaft

1 Ein bislang ungelöstes Problem in unserem Land ist die hohe Arbeitslosigkeit.
1.1 Vergleichen Sie die Arbeitslosigkeit in den Bundesländern anhand der Statistik. (Anlage 1)
1.2 Worauf führen Sie mögliche Unterschiede zurück?

1.3 Die Zahl der tatsächlichen Arbeitslosen ist wesentlich höher. Welche Gruppen werden von der Arbeitslosenstatistik nicht erfasst? (3 Beispiele)

2 Die Badische Zeitung vom 13.04.2004 setzt sich mit dem Thema „Arbeitslosigkeit“ auseinander. (Anlage 2)

2.1 Der Bamberger Soziologe Gerhard Schulze kritisiert, wie unsere Gesellschaft mit dem Problem „Abbau der Arbeitslosigkeit“ umgeht. Was vermisst er in der öffentlichen Diskussion? (3 Aspekte)

2.2 Warum ist nach Ansicht des Verfassers jede Regierung auf „Gedeih oder Verderb“ genötigt, Arbeit zu fördern?

3 Neben gesellschaftlichen spielen auch individuelle Faktoren eine Rolle bei der Arbeitslosigkeit.

3.1 In jüngster Zeit häufen sich die Klagen von Unternehmern über die mangelnde Allgemeinbildung von Bewerbern, selbst von solchen mit einer akademischen Bildung. Erläutern Sie, wieso in einer modernen Informationsgesellschaft neben einer guten fachlichen Bildung auch eine breite Allgemeinbildung unverzichtbar ist. (2 Gründe)

3.2 In dem Text (Anlage 3) geht es um die Haltung und das Auftreten vieler junger Leute bei Bewerbungen. Welche Fehler macht die Bewerberin?

Anlage 1

Arbeitslosenquoten der Bundesländer, Februar 2004
(Quelle: Aktuelle Zahlen aus der Volkswirtschaft, HOT 1/2004)

1.	Baden-Württemberg	6,5 %
2.	Bayern	7,9 %
3.	Berlin	18,1 %
4.	Brandenburg	19,9 %
5.	Bremen	13,5 %
6.	Hamburg	10,0 %
7.	Hessen	8,5 %
8.	Mecklenburg-Vorpommern	21,8 %
9.	Niedersachsen	10,2 %

11.	Rheinland-Pfalz	8,1 %
12.	Sachsen	18,9 %
13.	Sachsen-Anhalt	21,3 %
14.	Saarland	9,3 %
15.	Schleswig-Holstein	10,6 %
16.	Thüringen	18,0 %

Anlage 2

„Katastrophenfolklore" betitelt die Süddeutsche Zeitung einen bemerkenswerten Essay des Bamberger Soziologen Gerhard Schulze vom 5. April. Dieser reflektiert den Sachverhalt, dass zum ersten Mal nach dem 2. Weltkrieg Staat, Gesellschaft, die Parteien, Tarifpartner und Verbände in ihrer Orientierung einig seien. Das Scharmützel ginge nur um den zweckmäßigsten Weg, das gemeinsame Ziel zu erreichen: den Abbau der Arbeitslosigkeit. Die ganze Gesellschaft macht das Erfinden von Arbeit zu einem sakrosankten Staatsziel, das weder der Legitimation, nicht einmal des erklärenden Nachdenkens bedarf. Von der gesellschaftlichen Organisation des Arbeitsprozesses ist nicht oder nur am Rande die Rede. Das „Notstandsdenken", das bedenkenlose Denken triumphiert. Arbeit um jeden und zu jedem Preis also? Die Sache läuft in diese Richtung - und damit läuft etwas schief. Wer die heutige Debatte über die Arbeitslosigkeit verfolgt, vermisst Wert- und Sinnbezüge: Die Schaffung von Arbeitsplätzen wird wie ein Selbstzweck behandelt. Es regieren eben die Verhältnisse. Die Arbeit trägt gegenwärtig die ganze Last der sozialen Sicherungssysteme. Das nötigt jede Regierung, auf Gedeih und Verderb Arbeit zu fördern. „Ohne Arbeit ist alles andere nichts." So gesehen kann die Politik gar nichts anderes tun. Politik, hier verstanden als Entscheidungshandeln, kann nicht mit Ambivalenzen umgehen. Aber für eine nachdenkliche Öffentlichkeit ist diese Eindimensionalität des Denkens ein Rückfall.
Worterklärung: sakrosankt = unantastbar
(aus: Gert Keil, Heute regiert der Notstand, in Badische Zeitung, 13.04.2004)

Anlage 3

Neulich in Hamburg. Hinter der riesigen Glasfront der Nobelboutique Windsor wartet Filialleiter Oliver Burmeister auf den nächsten Kandidaten. Ein 18-jähriges Mädchen betritt den Laden. Wortlos. „Guten Tag!" Burmeister sagt das leicht gereizt. „Warum wollen Sie sich als Textilkauffrau bewerben?“ - Achselzucken. Im Schaufenster hängen feine Anzüge, keiner unter 399 Euro. Burmeister starrt auf Jeans und Turnschuhe, übt sich in Geduld: „Was interessiert Sie denn?" - Äh, eigentlich Gartenbau.“ Burmeister gibt auf. Bewerbungsalltag in Deutschland.
(aus: Generation Flop, in FOCUS 17/2004)

Prüfung 2005/06, Aufgabe 1

LPE 1.1 Neue Anforderungen in Beruf und Privatleben

1.1 Beschreiben Sie die geschlechtsspezifischen Formen des Freizeitverhaltens der Jugendlichen. (Anlage 1)
1.2 Wählen Sie aus den oben genannten Freizeitaktivitäten zwei aus und erläutern Sie die Ursachen für diese typisch „männlichen" bzw. typisch „weiblichen" Verhaltensweisen.
1.3 Freizeitgestaltung in Vereinen verliert zunehmend an Attraktivität. Geben Sie zwei Gründe für diese Entwicklung an.
2 Für viele Jugendliche ist Freizeit mit Stress verbunden. Erläutern Sie zwei Gründe hierfür.
3 Der Jugendforscher Professor Klaus Hurrelmann kommt in einer Untersuchung u. a. zu dem Ergebnis, dass die deutschen Jugendlichen „Europameister" beim Rauchen und Trinken sind.
3.1 Der CSU-Generalsekretär unterbreitet in diesem Zusammenhang einen Vorschlag (Anlage 2). Beurteilen Sie diesen Vorschlag.
3.2 Zur Umsetzung des Vorschlags wäre eine Änderung des Jugendschutzgesetzes notwendig. Beschreiben Sie das dafür notwendige Gesetzgebungsverfahren.

Anlage 1

Globus-Grafik 8231, Quelle: Shell Jugendstudie 2002

Anlage 2

Ausgehverbot für Kinder gefordert
Frankfurt/Main (AP/dpa). Mit einem abendlichen Ausgehverbot für Jugendliche unter 14 Jahren will CSU-Generalsekretär Markus Söder Verwahrlosung und Drogenmissbrauch eindämmen. Dem Vorschlag zufolge sollen diese Jugendlichen nach 20:000 Uhr nur noch in Begleitung Erwachsener das Haus verlassen dürfen. Dafür müsse das Jugendschutzgesetz um einen entsprechenden Paragrafen erweitert werden, sagte Söder der „Bild am Sonntag". (Badische Neueste Nachrichten, 05.01.2004)

Prüfung 2005/06, Aufgabe 2

LPE 1.4 Gesellschaft unter dem Einfluss weltweiter wirtschaftlicher Vernetzung

1.1 Beschreiben Sie die Attraktivität Deutschlands im internationalen Wettbewerb. (Siehe Anlage)
1.2 Erläutern Sie drei Gründe für diese Position Deutschlands.
2 Die Unternehmen sind zunehmend international orientiert.
2.1 Nennen Sie drei Qualifikationen, über die Mitarbeiter dieser Unternehmen verfügen sollten.

2.2 Beschreiben Sie je eine positive und negative Auswirkung für diese Mitarbeiter.

3 Südostasien und Osteuropa hatten im vergangenen Jahr höhere Wachstumsraten als die Bundesrepublik Deutschland. Erläutern Sie drei Gründe hierfür.

Anlage

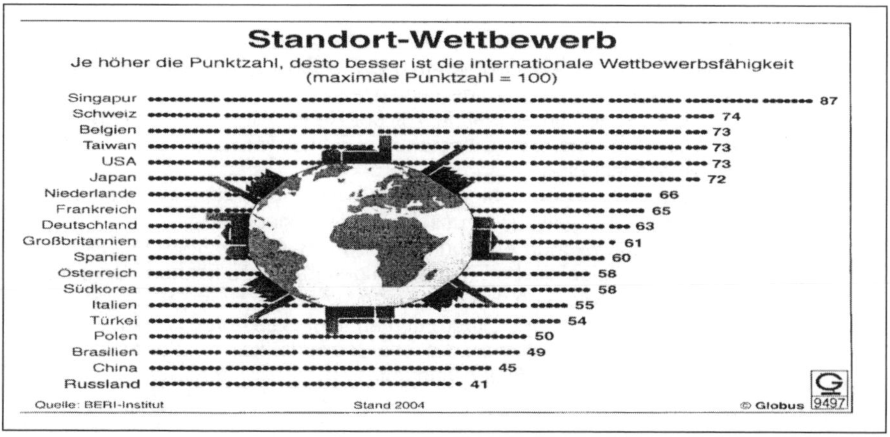

Prüfung 2006, Aufgabe **1**

LPE 1.2 Gesellschaft im Wandel

1 Das Kreisdiagramm (Anlage) zeigt die Entwicklung der Beschäftigtenzahlen in den verschiedenen Wirtschaftsbereichen.

1.1 Geben Sie eine kurze Beschreibung dieser Entwicklung.

1.2 Erläutern Sie für den jeweiligen Bereich kurz die Ursachen für diese Entwicklung.

2 Neue Kommunikationstechnologien führen zu neuen Arbeitsformen.

2.1 Telearbeit ist ein Beispiel für eine neue Arbeitsform. Beschreiben Sie diese kurz.

2.2 Für den einzelnen Arbeitnehmer, aber auch für den Arbeitgeber hat Telearbeit Vor- und Nachteile. Erläutern Sie für beide Seiten jeweils zwei Vor- und Nachteile.

3 Die neuen Informationstechnologien führen auch zu Veränderungen in der Gesellschaft. Beurteilen Sie diese Veränderungen (mit je zwei Gesichtspunkten).

Anlage

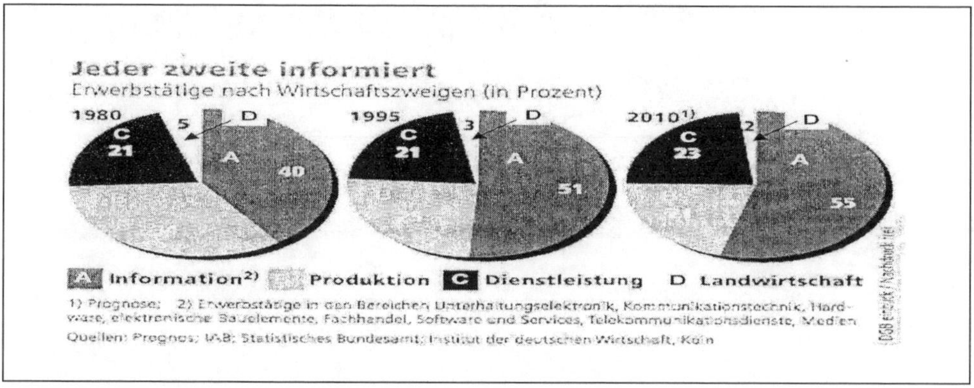

Prüfung 2006, Aufgabe **2**

LPE 1.3 Strukturmerkmale unserer Gesellschaft

1 Vor 100 Jahren lebten durchschnittlich 5,5 Personen in einem privaten Haushalt, während dies heute (2001) 2,1 Personen tun. Damals lebten in 44 % der privaten Haushalte fünf und mehr Personen, jeweils 17 % bestanden aus drei und vier Personen. In 15 % lebten zwei Personen und 7 % der Haushalte bestanden aus einer Person. Heute liegen hierzu folgende Zahlen vor:
Fünf und mehr Personen findet man in 4 % der Haushalte. In 11 % leben vier und in 14 % sind es drei Personen. 34 % bestehen aus zwei Personen und in 37 % aller privaten Haushalte lebt eine Person.

1.1 Erstellen Sie aus den obigen Zahlen das Schaubild „Haushaltsgrößen im Vergleich".

1.2 Formulieren Sie die wesentlichen Aussagen Ihres Schaubildes.

1.3 Welche weiteren statistischen Angaben außer der Haushaltsgröße müssten vorliegen, um familien- und sozialpolitische Entscheidungen treffen zu können? Begründen Sie Ihre Entscheidung anhand von drei Beispielen.

2.1 Beschreiben Sie die Karikatur (Anlage) und erläutern Sie deren Aussage.

2.2 Erläutern Sie, was die Wirtschaft zur Lösung des in der Karikatur angesprochenen Problems beitragen könnte. (Zwei Argumente)

Anlage

Zeichnung: Mester

Aus: Politik & Unterricht 3/2004

Prüfung 2006/07, Aufgabe **1**

LPE 1.2 Gesellschaft im Wandel von der Industriegesellschaft zur Dienstleistungs- und Informationsgesellschaft

1 Der Strukturwandel hat auch erhebliche Auswirkungen auf den Arbeitsmarkt. Erläutern Sie den Begriff „strukturelle Arbeitslosigkeit" anhand von drei Beispielen aus der Anlage.

2 Auch durch Verlagerung ins Ausland gehen zahlreiche Arbeitsplätze verloren.

2.1 Erläutern Sie zwei mögliche Gründe hierfür.

2.2 Nennen Sie zwei Faktoren, die für den Standort Deutschland sprechen.

3 Zu den wichtigsten Reformen der letzten Bundesregierung gehörten die Hartz IV-Gesetze.

3.1 Zeigen Sie, was mit dem Motto „Fördern und Fordern" in diesem Zusammenhang gemeint ist.

3.2 Erläutern Sie einen kritischen Einwand gegen diese Gesetze.

4 Auch das soziale Netz leidet unter der anhaltend großen Arbeitslosigkeit. Erläutern Sie dies an zwei Beispielen.

<u>Anlage</u>

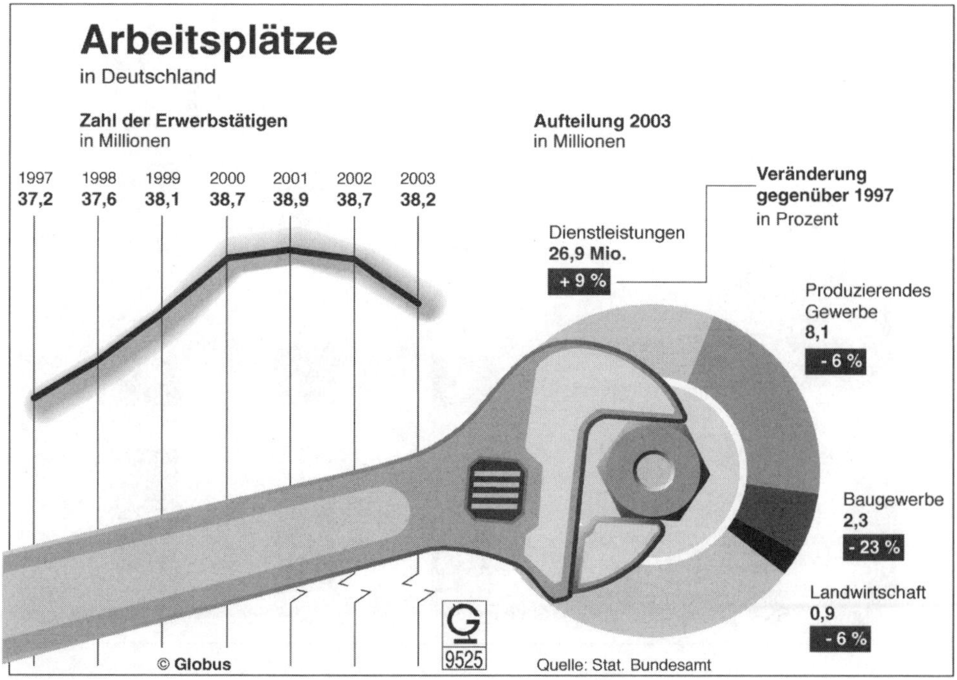

Quelle: Infografik GmbH, 18. Oktober 2004

Prüfung 2006/07, Aufgabe **2**

LPE 1.3 Strukturmerkmale unserer Gesellschaft

1.1 Zeigen Sie auf, wie sich die Aufstiegschancen von Frauen ins mittlere und ins Topmanagement laut Schaubild darstellen. (Anlage)
1.2 Erläutern Sie je einen Grund für die unterschiedlichen Aufstiegschancen in
1.2.1 Großunternehmen
1.2.2 mittelständischen Unternehmen
1.2.3 Behörden.

1.3 Beschreiben Sie drei Maßnahmen, wie der Staat heute schon die vom Grundgesetz geforderte Gleichstellung der Frau fördert.

1.4 Nicht in allen Kulturkreisen hat die Gleichberechtigung der Frau den gleichen Stellenwert wie bei uns.
1.4.1 Nennen Sie drei Probleme, die dadurch für die Frauen eventuell entstehen könnten.
1.4.2 Beschreiben Sie eine staatliche Maßnahme, wie solchen Frauen, die bei uns leben, geholfen werden kann.

Anlage

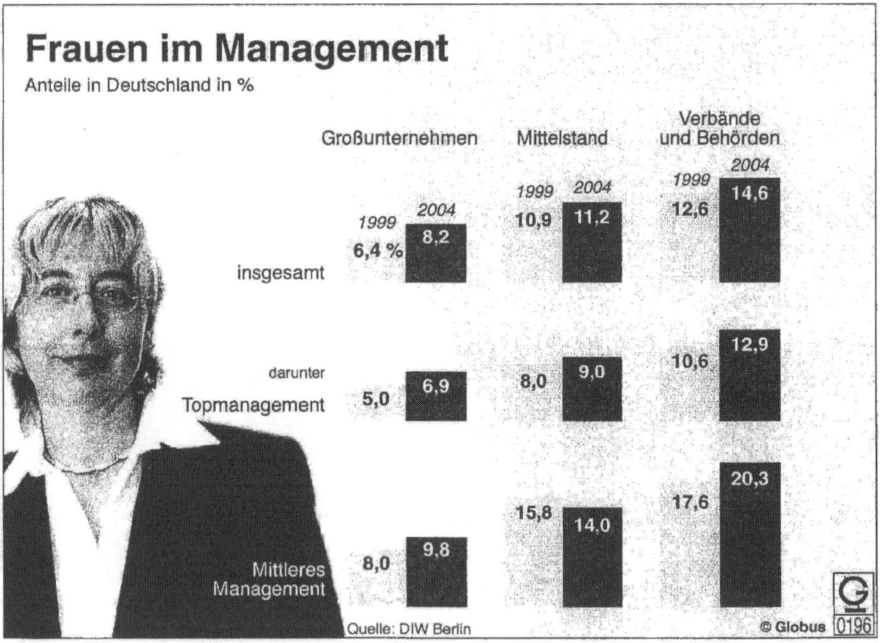

Quelle: Infografik GmbH, 26. September 2005

Prüfung 2007, Aufgabe **1**

LPE 1.2 Gesellschaft im Wandel

1 Das Schaubild (Anlage 1) zeigt, wie sich der Altersaufbau der deutschen Bevölkerung verändert.
1.1 Beschreiben Sie die dargestellte Entwicklung.
1.2 Zeigen Sie drei Probleme auf, die sich dadurch für den Sozialstaat im Bereich Gesundheit ergeben.
1.3 Beschreiben Sie den derzeit aktuellen Lösungsansatz, mit dem die Koalition dieses Problem im Bereich Gesundheit lösen möchte.
2 Die gesetzliche Rente wird in Zukunft als alleinige Form der Alterssicherung nicht ausreichen.
2.1 Nennen Sie drei Gründe für diesen Sachverhalt.
2.2 Erläutern Sie in diesem Zusammenhang die Begriffe Generationenvertrag und Generationengerechtigkeit.
2.3 Eine Möglichkeit der privaten Vorsorge ist die Riester-Rente. Erläutern Sie, was unter Riester-Rente zu verstehen ist (Anlage 2).
2.4 Erläutern Sie eine weitere Möglichkeit, wie Sie sich für Ihr Alter absichern können.

Anlage 1

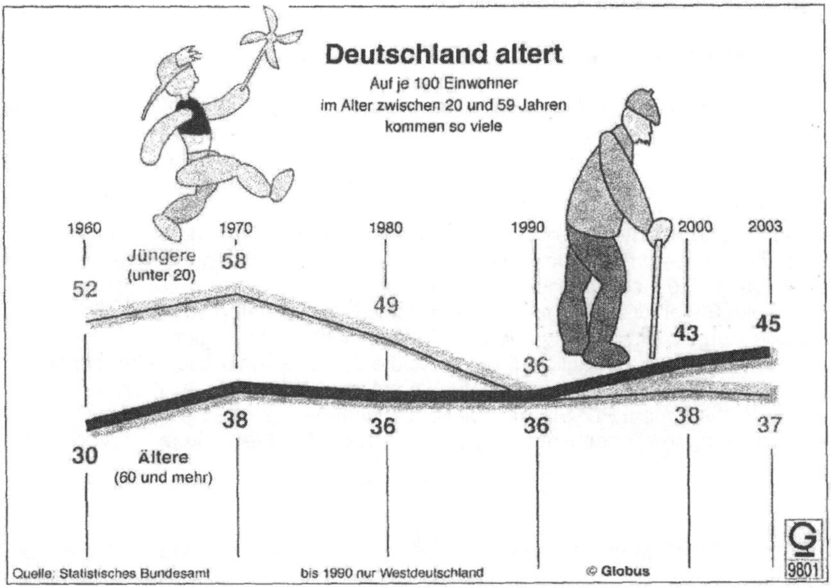

Anlage 2

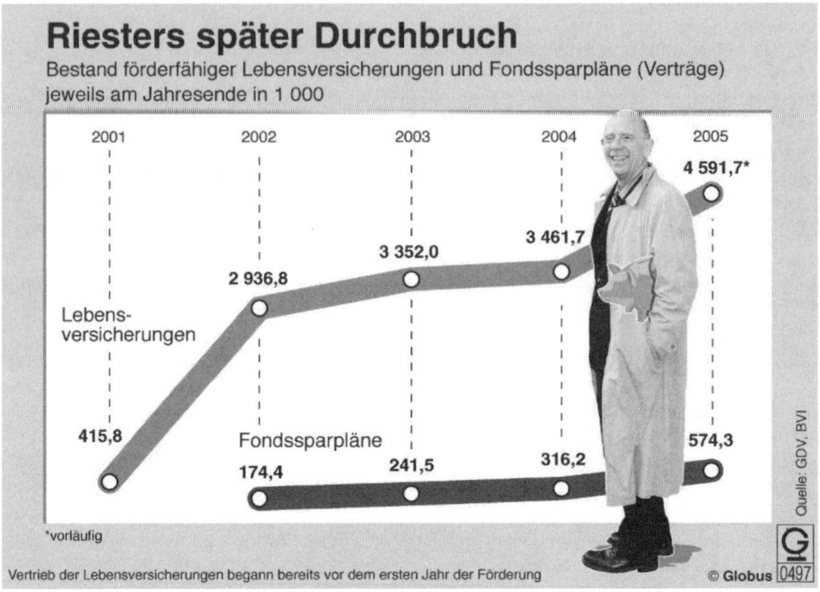

Prüfung 2007, Aufgabe 2

LPE 1.4 Gesellschaft unter dem Einfluss weltweiter Vernetzung

1 Die Zahl der Mobiltelefon-Nutzer in Deutschland betrug laut der Zeitschrift „Der Spiegel" im Jahr 2003 fast 65 Millionen. „Studien zeigen, dass selbst die heftigsten Nutzer sich der Nachteile gewahr sind (...). Dennoch führt kein Weg zurück, zumal die jungen Leute sich ein Leben ohne Mobiltelefon gar nicht vorstellen können." (Der Spiegel 12/2004)

1.1 Nennen Sie drei Nachteile, die das Mobilfunk-Telefon mit sich bringen kann.

1.2 Begründen Sie, warum gerade junge Menschen sich ein Leben ohne Mobiltelefon nicht mehr vorstellen können (2 Argumente).

1.3 Beschreiben Sie an drei weiteren Beispielen aus Ihrem privaten oder beruflichen Lebensbereich die Anwendung und den Nutzen neuer Technologien.

2 Die moderne Technik ermöglicht problemlos die Speicherung persönlicher Daten.

2.1 Nennen Sie drei Möglichkeiten der Datensammlung (siehe Anlage).

2.2 Welche Gefahren sieht Pär Ström in diesem Zusammenhang? (3 Argumente)

3 Datensammlungen können weltweit vernetzt werden. Erläutern Sie je einen Vor- und Nachteil.

Anlage

SZ-Interview mit Pär Ström: „Computer vergessen nie"

SZ: Wer weiß denn alles etwas über mich?

Ström: Das fängt mit den Telefongesellschaften an. Ihr Mobilfunkanbieter weiß, dass Sie hier sind - oder zumindest, welchem Sendemasten Sie am nächsten sind. Er weiß es, wenn Sie nach Frankfurt reisen, er kennt Ihre Freunde und Geschäftskontakte. Ihr Internet-Provider weiß, welche Websites Sie besuchen und wer Ihnen E-

Mails schickt. Und dann gibt es die Spyware: Software, die auf Ihrem Rechner installiert ist und Sie ausspioniert. Dadurch erhalten Sie beispielsweise Werbung, die genau auf Sie zugeschnitten ist. Wenn Sie häufig Auto-Websites besuchen, bekommen Sie dann auch Autowerbung auf den Bildschirm...
SZ: Ist der Weiterverkauf von persönlichen Daten ein großes Geschäft?
Ström: Ja. Vor allem in den Vereinigten Staaten gibt es Firmen, die riesige Datenmengen sammeln, von medizinischen Informationen bis zum Vorstrafenregister. Das verkaufen sie an jeden, der bereit ist, dafür zu zahlen. Auch in Europa gibt es Bemühungen, das zu erlauben. Es ist schwer, diese Entwicklung aufzuhalten. Es geht um sehr viel Geld.
SZ: Wer kauft denn die Informationen?
Ström: Zum Beispiel Unternehmen, die Stellenbewerber oder Mitarbeiter unter die Lupe nehmen. Manche holen auch Informationen über Konkurrenten ein. Regierungen machen sich über ihre Bürger schlau. Kriminelle sind ebenfalls an sensiblen Daten interessiert. Und dazu gehören auch Informationen, die auf den ersten Blick nicht brisant erscheinen.
SZ: Wie groß ist die Gefahr, dass Daten in falsche Hände geraten?
Ström: Groß. Computer vergessen nie, und Information hat Flügel - sie kommt weit herum und landet dort, wo man es nicht erwartet. In Schweden haben sogar Polizisten Daten aus den Polizeicomputern verkauft.
SZ: Wenn Kaufhäuser und Supermärkte alle Einkäufe per Kundenkarte speichern, ist das sicher auch für viele interessant.
Ström: Ja, vor allem dank der Möglichkeit, mit Software Profile zu erstellen. Anhand der Kleidergrößen lässt sich herausfinden, ob jemand zunimmt; anhand der Lebensmittel, ob er ein Diabetiker sein könnte. In den Vereinigten Staaten kaufen medizinische Firmen solche Informationen und schicken dann gezielte Werbung für Medikamente. Ein absoluter Albtraum wäre es, wenn Versicherungen sich solche Daten besorgen könnten und wüssten, wer sich schlecht ernährt, also beispielsweise viel Cola und Chips kauft. Wir müssen aufpassen, dass so etwas nicht passiert. Heute überwachen ja sogar schon Handys den Herzrhythmus. Stellen Sie sich vor, dass Versicherungen diese Daten kaufen und ihre Prämien entsprechend kalkulieren.
SZ: Aber das wäre doch kaum legal.
Ström: So etwas kann schleichend eingeführt werden. Da gibt es etwa günstigere Prämien für Versicherte, die ihre Daten zur Verfügung stellen - und irgendwann, wenn kaum mehr jemand den teueren Tarif wählt, wird der abgeschafft... und irgendwann werden auch andere die Daten nutzen, die Polizei etwa oder das Finanzamt.
SZ: Kommt das heute auch schon vor?
Ström: Ja, in den USA beispielsweise gab es einen Fall, wo ein Haus brannte und ein Anzünder gefunden wurde. Die Polizei ließ sich von Safeway (Kaufhauskette) die Kundendaten des Besitzers geben und fand heraus, dass er genau solche Anzünder gekauft hatte. Der Mann saß daraufhin fünf Monate in Untersuchungshaft, bis ein anderer die Brandstiftung gestand...

Interview: Antonie Bauer, Süddeutsche Zeitung 28.06.05

Prüfung 2007/08, Aufgabe **1**

LPE 1.1 Neue Anforderungen in Beruf und Privatleben

1 Der Bundestag hat die Einführung der Rente mit 67 beschlossen. Der Bundesminister für Arbeit und Soziales, Franz Müntefering, begründet diese Maßnahme mit den zukünftigen Auswirkungen des „demographischen Faktors", so auch in seiner Rede vom 17.11.2006. (Anlage 2)

1.1 Erläutern Sie den demographischen Wandel und die Entwicklung in unserer Gesellschaft, die dieser Veränderung zugrunde liegt. Belegen Sie Ihre Angaben mit den entsprechenden Zahlen (aus Anlage 2).

1.2 Die Deutschen sehen diese Entwicklung als großes Problem. Warum ist diese Entwicklung eine Gefährdung des Generationenvertrags (Anlage 1) ? Erklären Sie die Befürchtungen sowohl der älteren als auch die der jüngeren Generation.

1.3 Erklären Sie den Begriff Altersquotient (Anlage 2).

1.4 Beurteilen Sie die drei in Umfragen vorgeschlagenen Lösungsmöglichkeiten.

1.5 Warum wird die Rente mit 67 von den Kritikern als heimliche Rentenkürzung bezeichnet? Was müsste sich ändern, dass es nicht dazu kommt?

2 Die Rente soll bis 2010 stabil bleiben. Inwiefern gilt hier die folgende Aussage: Stillstand ist Rückschritt (Anlage 1)?

Anlage 1

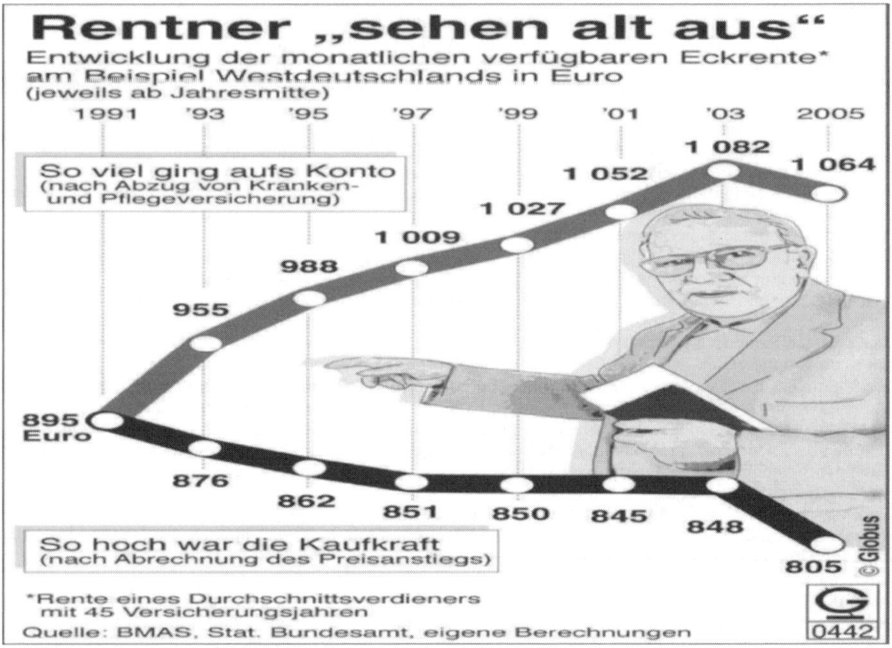

Anlage 2

„Herausforderung und Chance"

Auszüge aus der Rede von Franz Müntefering, Bundesminister für Arbeit und Soziales, am 17.11.2006 in Frankfurt beim DEKA-Personalforum „Der demografische Faktor: Alles halb so schlimm oder doch ein Problem?"

Sehr geehrte Damen und Herren,
der demografische Wandel ist eine Tatsache. Auch, dass er die sozialen Sicherungssysteme und die gesamte Gesellschaft vor große Herausforderungen stellt.
Die Aufgabe betrifft uns alle. Doch auch wenn es gelingt, die Geburtenrate von zurzeit 1,4 Kindern pro Frau zu steigern, wird unsere Gesellschaft weiter altern – nur weniger schnell.
Fest steht: Das Thema bewegt: Bücher, die den angeblich bevorstehenden „Krieg der Generationen" heraufbeschwören, haben hohe Auflagen. Nach Umfragen sehen 86 % der Deutschen die demografische Entwicklung als Problem – 65 % sogar als sehr großes. Nur 9 % haben zu dieser Frage keine Meinung.

Problem erkannt, Problem gebannt gilt in diesem Fall aber nicht: Auf die Frage, was der Staat tun sollte, konnten sich im Jahr 2004 48 % der Befragten nicht entscheiden oder hatten keine Meinung. 15 % schlugen vor, länger zu arbeiten, 17 % wollten höhere Rentenbeiträge und 20 % wollten die Renten senken.

Zunächst ein Blick auf die Fakten. Es ist richtig: Deutschland steckt bereits mitten im demografischen Wandel, auch wenn uns die ganz großen Auswirkungen erst mittel- und langfristig begegnen. Die Altersstruktur unserer Gesellschaft verändert sich rapide: Erstens, weil wir alle länger leben - im Schnitt kommen alle 10 Jahre rund 2 Jahre dazu. Wir leben 6 bis 8 Jahre länger als die, die 1960 oder 1970 vergleichbar alt waren. Das ist gut – uneingeschränkt. Zweitens, weil zu wenige Kinder geboren werden. Und drittens – und das gehört auch in diesen Komplex –, weil es Teil des Problems ist: Wir leben immer länger, arbeiten aber immer kürzer. Im Schnitt noch gerade 39 Jahre.

1960 wurde im Durchschnitt zehn Jahre Rente gezahlt, heute siebzehn, im Jahr 2030 werden es zwanzig Jahre sein. Das führt dazu, dass sich nicht nur die Altersgewichtung der Gesellschaft verschiebt, sondern auch die zwischen denen, die arbeiten, und denen, die nicht arbeiten.

Ein Blick auf die Entwicklung des so genannten Altersquotienten macht deutlich, worum es geht. Der Quotient beschreibt das zahlenmäßige Verhältnis der 65-Jährigen zu den 15- bis 64-Jährigen. In Deutschland sieht die Situation so aus: 100 Menschen zwischen 15 und 64 Jahren stehen 28 Menschen über 65 gegenüber. 2050 wird das Verhältnis 100 zu 50 betragen. Das heißt: Dann kommen zwei potenzielle Beitragszahler auf einen Rentner.

In der Rentenversicherung haben wir die Weichen bereits gestellt. Wir erhalten die Leistungskraft der gesetzlichen Rentenversicherung und fördern die private und betriebliche Vorsorge. Wir wollen, dass die gesetzliche Rentenversicherung auch zukünftig das Kernstück der Alterssicherung bleibt. Um das für alle Generationen zu gewährleisten, ist es notwendig an der einen oder anderen Schraube zu drehen. Wir tun das mit der Einführung der Rente mit 67. Wir werden das Gesetz noch in diesem Monat auf den Weg bringen. Obwohl es erst ab 2012 zu wirken beginnt. Damit ist klar: Die gesetzliche Rentenversicherung bleibt der Kern. Doch private und betriebliche Vorsorge werden sie zunehmend ergänzen.

Wenn wir die Renten erhöhen können, werden wir es tun. Was wir aber schon jetzt sagen können, ist, dass es bis 2010 keine Rentenkürzungen geben wird. In Deutschland sind heute nur noch 45 % der 55-Jährigen berufstätig, 55 % sind es nicht mehr.

© Bundesministerium für Arbeit und Soziales; http://www.bmas.bund.de

Prüfung 2007/08, Aufgabe **2**

LPE 1.4 Gesellschaft unter dem Einfluss weltweiter wirtschaftlicher Vernetzung

1 Die Frage, wie ausländische Investoren den Standort Deutschland bewerten, wird darüber entscheiden, ob sie in Deutschland investieren werden und somit Arbeitsplätze schaffen bzw. sichern werden.

1.1 Arbeiten Sie je vier positive bzw. negative Kriterien aus dem Zeitungsartikel (Anlage) heraus.

1.2 Konkretisieren Sie mit jeweils zwei Beispielen, was man unter einem „hohen Regulierungsgrad", einem „unflexiblen Arbeitsmarkt“ und unter „hohen Sozialstandards“ versteht.

2 Herausforderungen an den Sozialstaat

2.1 Seit vielen Jahren stellt die Finanzierung der Renten ein großes Problem dar. Noch gründet die gesetzliche Rentenversicherung auf dem so genannten Generationenvertrag. Erläutern Sie, wie dieser Vertrag funktioniert.

2.2 Erläutern Sie drei Gründe, weshalb dieser Vertrag immer mehr in Frage gestellt wird.

Anlage

Der Standort D schneidet gut ab

STUTTGART (dpa) - Deutschland gehört für ausländische Unternehmer zu den attraktivsten Standorten der Welt. Das ergab eine Studie des Wirtschaftsprüfungsunternehmens Ernst & Young. In Europa habe sich nur Polen höherer Beliebtheit erfreut, teilten die Prüfer gestern in Stuttgart mit.

Beliebtester Standort weltweit sei China vor den USA und Indien. Insgesamt landete Deutschland in der Standortstatistik 2005 auf Platz fünf. Abschläge in der Bewertung gab es vor allem wegen der Arbeitskosten und Steuerlasten. An der Umfrage nahmen 672 ausländische, international tätige Firmen teil.

Fast 90 Prozent der Befragten bemängelten an der Bundesrepublik hohe Arbeitskosten, etwa 80 Prozent sahen die Steuerlasten als großes Problem für Investoren. Auch eine mangelnde Flexibilität des Arbeitsrechts kritisierten die ausländischen Unternehmer. Dem sozialen Klima und der Lebensqualität in Deutschland erteilten sie im Vergleich zum Vorjahr deutlich schlechtere Noten.

Die Konkurrenz holt auf

„Der hohe Regulierungsgrad, ein unflexibler Arbeitsmarkt und hohe Sozialstandards bleiben für Investoren neben den Arbeitskosten in Deutschland ein Ärgernis", sagte Peter Englisch von Ernst & Young. Die Studie zeige, dass daher Länder, die noch vor wenigen Jahren keine Rolle spielten, zu Konkurrenten im weltweiten Standortwettbewerb würden. „China, Indien und die osteuropäischen Länder drohen, Deutschland den Rang abzulaufen", warnte Englisch.

Gute Noten, die besten in Europa, erteilten knapp 90 Prozent der Firmen dem Standort Deutschland für seine Infrastruktur und die Ausbildung der Arbeitskräfte. Auch bei der Qualität von Forschung und Entwicklung nimmt Deutschland in der Einschätzung der Befragten die Spitzenposition auf dem Kontinent ein. Der Zugang zu Finanzinvestoren sei in der Bundesrepublik gut; hinsichtlich der Rechtssicherheit und der politischen Stabilität sind die Firmen zuversichtlich. Die Attraktivität des deutschen Binnenmarktes und die geografische Lage in der Mitte Europas wurden als Vorteile hervorgehoben.

Deutschlands Zukunft liegt nach Ansicht der potenziellen Investoren vor allem in den High-Tech-Branchen. Eine wichtige Rolle würden dabei künftig die Telekommunikationsbranche sowie die Chemie- und die Automobilindustrie spielen. Keine besondere Bedeutung messen die Firmen der Pharmaindustrie und den deutschen Banken bei.

„Deutschlands Ingenieure genießen Weltruf", resümierte Englisch. Deutschlands Zukunft liege in der Forschung und Entwicklung. Daher müssten vor allem die Bildung und die Ausbildung von Arbeitskräften im Fokus der Öffentlichkeit stehen. „Wir können nicht billiger sein als Polen und Chinesen", sagte Englisch. „Aber wir können besser sein."

SZ vom 05.02.2006

Prüfung 2008, Aufgabe **1**

LPE 1.1 Neue Anforderungen in Beruf und Privatleben

1 Motor wirtschaftlicher Veränderungen sind technische Neuentwicklungen, die die Herstellung neuer Produkte ermöglichen und neue Industriezweige entstehen lassen. Betrachten Sie die beiden Zeichnungen (Anlage 1), die unterschiedliche Produktionsweisen darstellen und beschreiben Sie

1.1 die jeweils eingesetzte Technik zur Herstellung von Produkten,

1.2 die Arbeitsbedingungen und

1.3 wie sich die Veränderung auf die Produktivität auswirkt.

1.4 Welche körperlichen und geistigen Anforderungen werden jeweils an die gezeigten Personen gestellt?

2 Mit dem Einsatz von Mikrochips und computergesteuerten Maschinen in der Fertigung ergeben sich neue Anforderungen im Arbeitsalltag.

2.1 Erklären Sie am Beispiel der Anlage 2, welche Anforderungen diese neue Technologie zukünftig an die Qualifikation der Arbeitnehmer stellt.

2.2 Zeigen Sie an einem selbst gewählten Beispiel aus dem kaufmännischen Bereich, wie durch den Einsatz von Mikrochips eine Veränderung der Arbeitsbedingungen erfolgt und beurteilen Sie dabei positive und negative Veränderungen (je ein Gesichtspunkt).

3 Der Strukturwandel vollzieht sich nicht nur in der Arbeitswelt, sondern hat auch Auswirkungen auf die Familie.

3.1 Beschreiben Sie mit Hilfe der vorliegenden Grafik (Anlage 3), wie sich das Familienbild in den letzten 100 Jahren verändert hat.

3.2 Erläutern Sie Gründe dafür (2 Beispiele).

3.3 Welche familienpolitischen Maßnahmen sollten nach Ihrer Meinung Staat und Wirtschaft für eine moderne Familienpolitik ergreifen (2 Argumente)?

Anlage 1

Fertigung um ca. 1960

Fertigung um ca. 1850

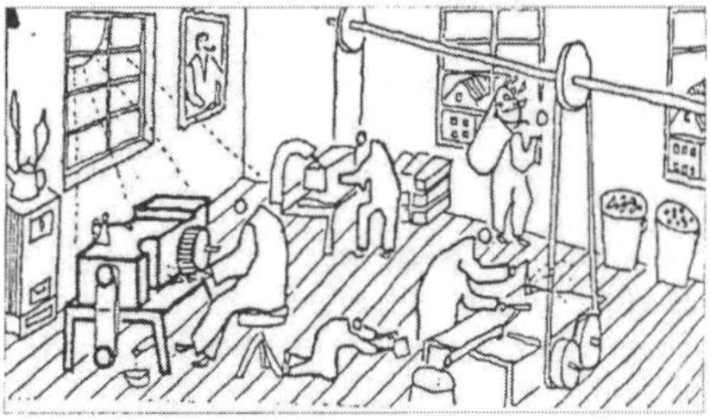

Anlage 2

Verpackungsroboter 2007

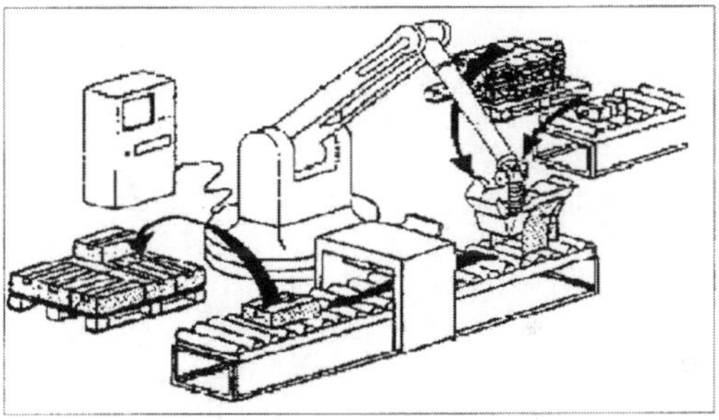

Anlage 3

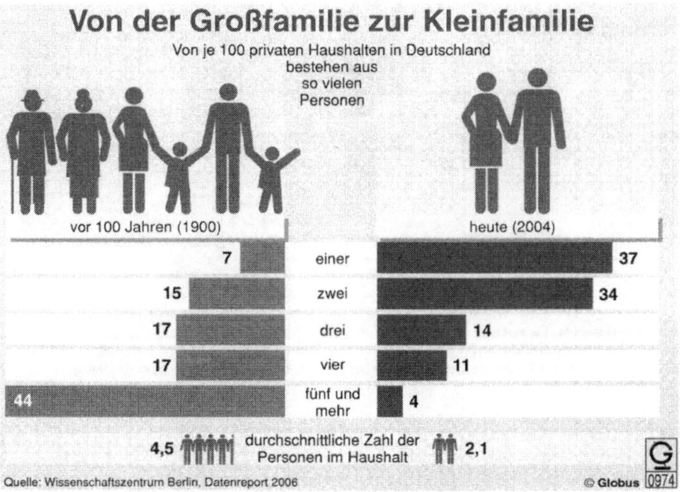

Prüfung 2008, Aufgabe **2**

LPE 1.3 Strukturmerkmale unserer Gesellschaft

1 Betrachtet man die traditionelle Aufgliederung der Wirtschafsbereiche in primären, sekundären und tertiären Sektor, werden tiefgreifende Veränderungen im Zeitablauf offenkundig.

1.1 Erläutern Sie die Begriffe primärer, sekundärer und tertiärer Sektor.

1.2 Zeigen Sie die Veränderungen in den einzelnen Sektoren auf (siehe Anlage).

1.3 Beschreiben Sie zwei Ursachen, die einen Strukturwandel in der Wirtschaft herbeiführen können.

2 Heute wird oftmals von einer neuen „Industriellen Revolution" gesprochen.

2.1 Welche Veränderungen kennzeichnen diese neue „Industrielle Revolution" (3 Beispiele)?

2.2 Beschreiben Sie anhand der Beispiele die Bedeutung dieser Entwicklung für den Arbeitsmarkt.

2.3 Nennen Sie drei Möglichkeiten, wie ein Arbeitnehmer auf die damit verbundenen Anforderungen reagieren kann.

<u>Anlage</u>

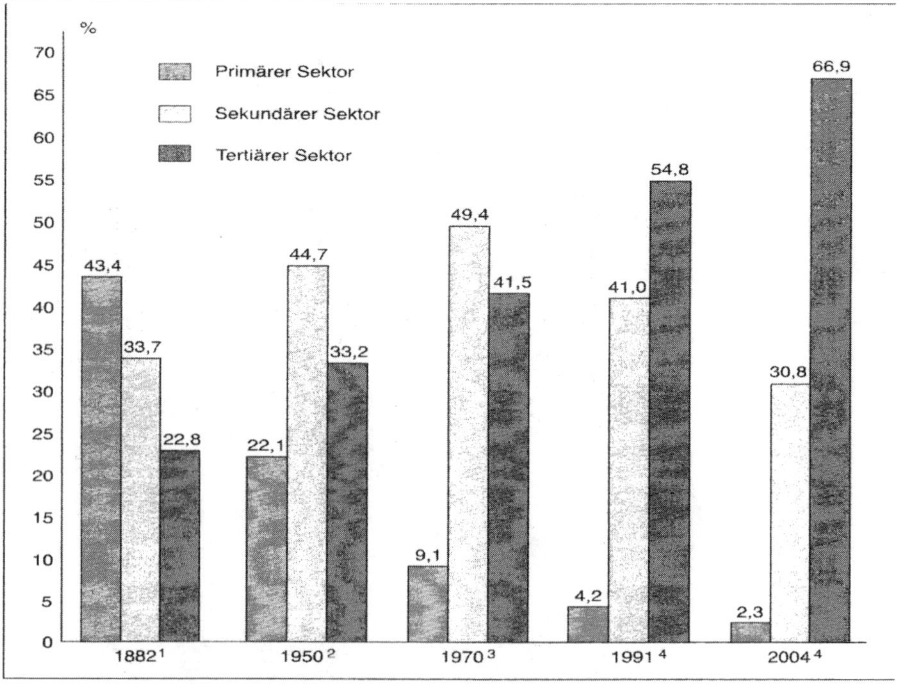

1 Ergebnisse der Berufszählung im Reichsgebiet – Erwerbspersonen.
2 Ergebnisse der Berufszählung im früheren Bundesgebiet.
3 Ergebnisse des Mikrozensus April 1970 im früheren Bundesgebiet.
4 Ergebnisse des Mikrozensus April 1991 und März 2004 in Deutschland.

Quelle: Statistisches Bundesamt (Hrsg.): Datenreport 2006, Zahlen und Fakten über die Bundesrepublik Deutschland

Prüfung 2008/2009, Aufgabe **1**

LPE 1.1 Neue Anforderungen in Beruf und Privatleben

1.1 Erklären Sie anhand des Auszuges aus Schillers „Glocke“, welche traditionellen Rollenbilder von Mann und Frau zur damaligen Zeit herrschten.

Auszug aus dem Gedicht „Die Glocke" von F. Schiller (1759-1805)
„Der Mann muss hinaus
ins feindliche Leben,
muss wirken und streben
und pflanzen und schaffen,
erlisten, erraffen,
muss wetten und wagen,
das Glück zu erjagen ...
Und drinnen waltet die züchtige Hausfrau
die Mutter der Kinder und herrschet weise
im häuslichen Kreise
und lehret den Knaben,
und reget ohn' Ende
die fleißigen Hände,
und mehret den Gewinn
mit ordnendem Sinn.

1.2 Stellen Sie diesem traditionellen Bild die heutige, moderne Rollenverteilung von Mann und Frau entgegen.

2 Die Grafik zeigt das Ergebnis des Familienberichts 2006.

2.1 Geben Sie das Thema der Grafik (Anlage) in eigenen Worten wieder.

2.2 Fassen Sie die wichtigsten Ergebnisse der Grafik zusammen.

3 Die Familie ist nicht mehr die einzige übliche Lebensform.

3.1 Nennen Sie drei Beispiele für andere, neue Formen des Zusammenlebens.

3.2 Erläutern Sie drei Ursachen für das Entstehen solcher Lebensformen.

Anlage

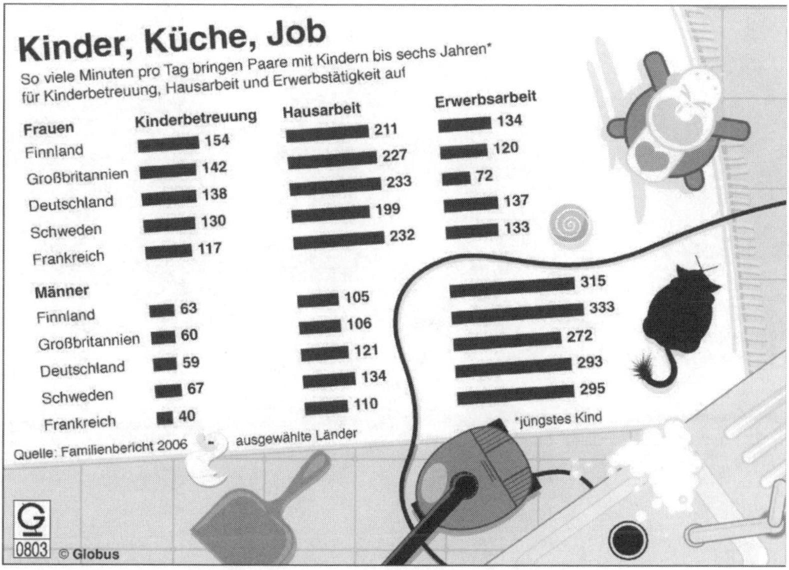

Prüfung 2009, Aufgabe **1**

LPE 1.1 Neue Anforderungen in Beruf und Privatleben

1 Die Institution der Ehe scheint infrage gestellt.
1.1 Beschreiben Sie die in dem vorliegenden Schaubild (Anlage 1) dargestellten Trends.
1.2 Auf welche Ursachen führen Sie die von Ihnen beschriebenen Entwicklungen zurück? (4 Aspekte)
1.3 Womit könnte man die dem generellen Trend zuwiderlaufenden Kurvenausschläge bei den Eheschließungen in der zweiten Hälfte der 1950er-Jahre sowie zwischen 1985 und 1988 jeweils erklären?
1.4 Welche juristischen Probleme müssen im Zuge einer Ehescheidung geregelt werden? (4 Nennungen)

2.1 Beschreiben Sie das Schaubild „Gebildet und kinderlos“ (Anlage 2) und führen Sie Gründe für die darin erkennbaren Trends an.
2.2 Erläutern Sie, mit welcher Maßnahme der Gesetzgeber versucht, der Kinderlosigkeit qualifizierter Frauen entgegenzuwirken.

Anlage 1

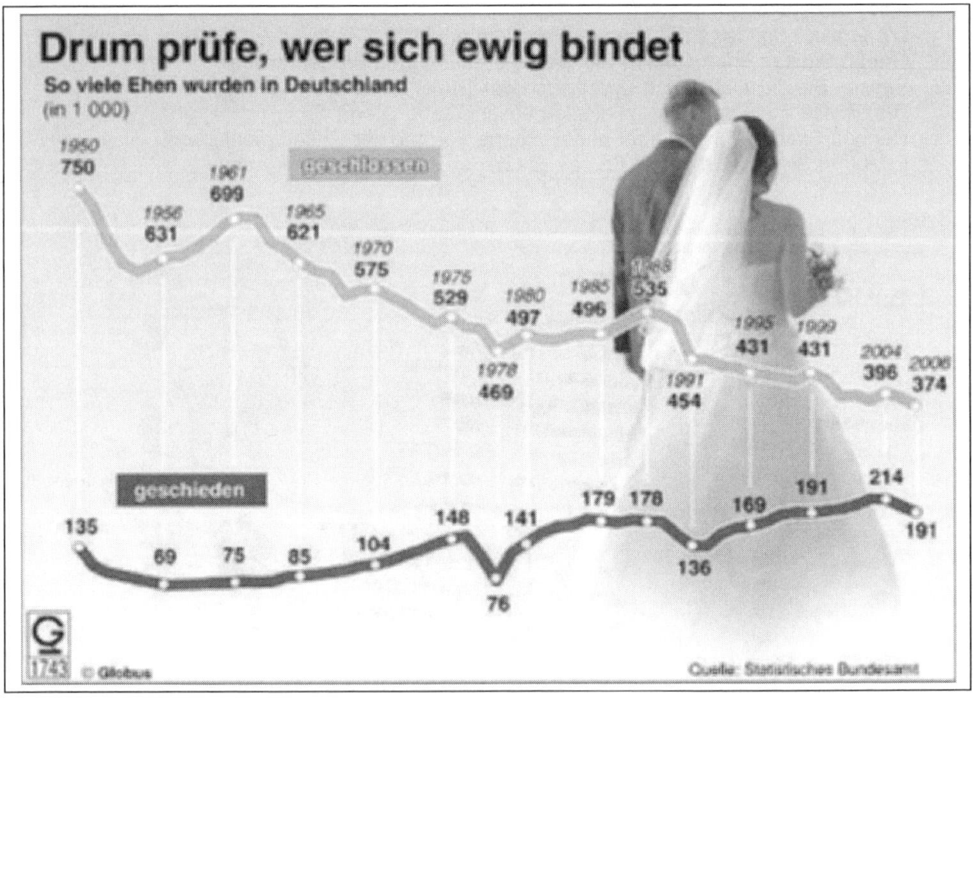

Anlage 2

Prüfung 2009, Aufgabe 2

LPE 1.3 Strukturmerkmale unserer Gesellschaft

1 Die traditionelle Rollenaufteilung von Mann und Frau verliert immer mehr an Bedeutung.
1.1 Erläutern Sie, was unter der traditionellen Rollenverteilung verstanden wird.
1.2 Stellen Sie drei Gründe für die angesprochenen Veränderungen dar.
1.3 Nennen Sie zwei Maßnahmen, mit denen der Staat diesen gesellschaftlichen Veränderungen Rechnung trägt.
1.4 Begründen Sie, weshalb in anderen europäischen Staaten die Beschäftigungsquote von Müttern erheblich höher als in Deutschland ist (Anlage). (2 Gründe)

2 Wir leben heute in einer Informationsgesellschaft.
2.1 Erläutern Sie den Begriff Informationsgesellschaft.
2.2 Welche Anforderungen an Arbeitnehmer und Arbeitnehmerinnen sind damit verbunden? (3 Nennungen)
2.3 Die erforderlichen Qualifikationen, um in einer Informationsgesellschaft erfolgreich bestehen zu können, müssen im Elternhaus, in Schulen und Betrieben vermittelt werden. Machen Sie zwei Vorschläge, wie dies erfolgreich umgesetzt werden kann.

Anlage

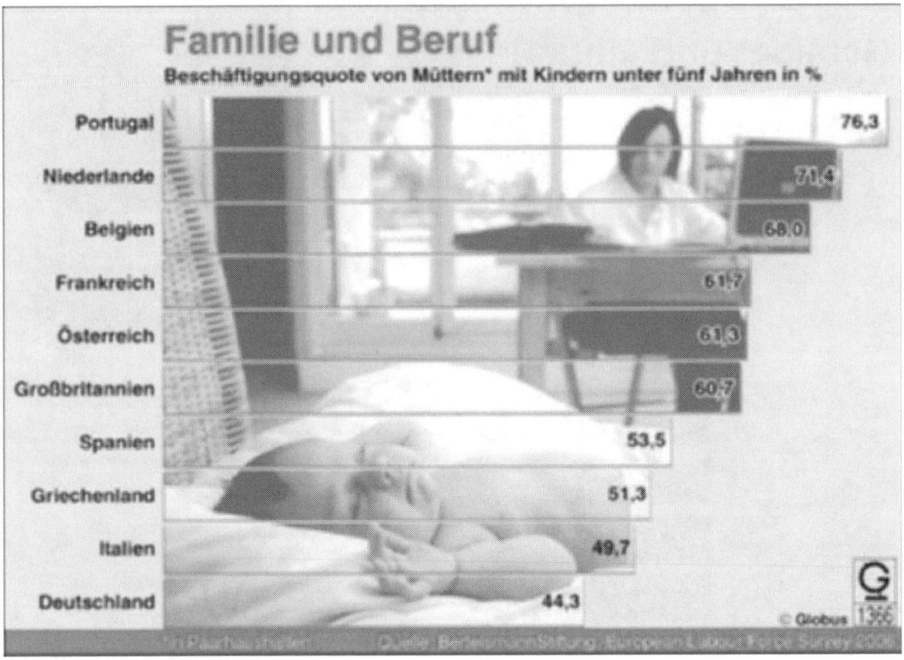

Prüfung 2009/10, Aufgabe **1**

LPE 1.1 Neue Anforderungen in Beruf und Privatleben

1 Junge Familien tun sich schwer mit der Entscheidung, ob bzw. wann sie Kinder bekommen möchten. Die Geburt des ersten Kindes erfolgt immer später, ein zweites oder gar drittes Kind ist nicht mehr selbstverständlich.

1.1 Vergleichen Sie die Geburtenzahl von Deutschland mit derjenigen der USA. (Anlage) Formulieren Sie eine Prognose für die demografische Entwicklung dieser Länder.

1.2 Beschreiben Sie drei Folgen dieser Entwicklung für Deutschland.

1.3 In Europa ist eine sehr unterschiedliche Entwicklung der Geburtenrate zu beobachten. Nennen Sie vier Faktoren, die möglicherweise eine höhere Geburtenrate begünstigen.

2 Das Elterngeld ersetzt seit 1. Januar 2007 das bisherige Erziehungsgeld.

2.1 Nennen Sie drei familienpolitische Ziele, welche die Bundesregierung mit der Einführung des Elterngeldes erreichen möchte.

2.2 Für welche Bevölkerungsgruppen ergeben sich Nachteile, verglichen mit den Leistungen des bisherigen Erziehungsgeldes? (2 Beispiele)

2.3 In der Öffentlichkeit wird diskutiert, dass die für das Elterngeld verwendeten Summen besser für Kindergärten und Ganztagsschulen ausgegeben werden sollten. Nehmen Sie Stellung dazu und begründen Sie Ihre Ansicht.

Anlage

Geburtenzahlen im Vergleich

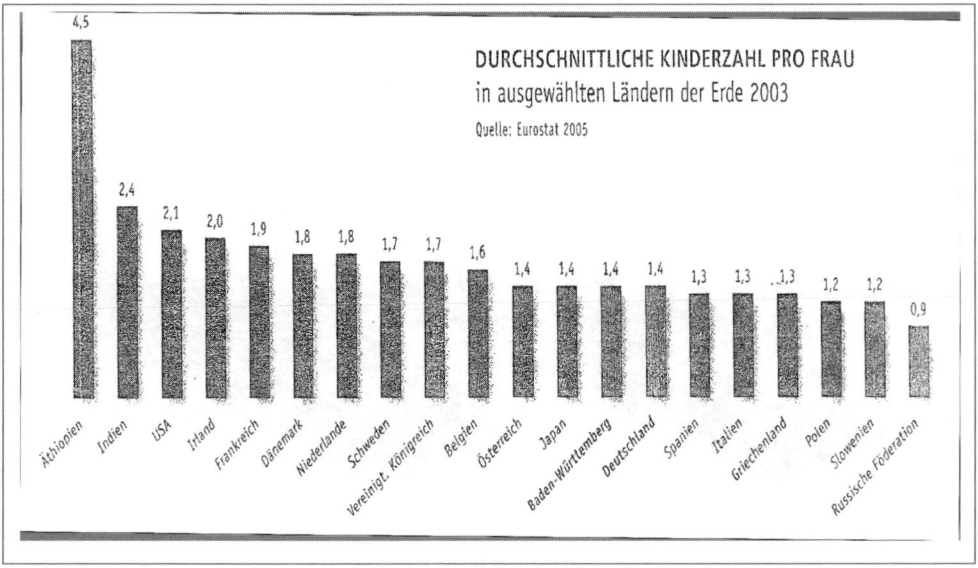

Prüfung 2009/10, Aufgabe **2**

LPE 1.4 Gesellschaft unter dem Einfluss weltweiter Vernetzung

1.1 Beschreiben Sie die Karikatur (Anlage 1). Worauf will der Zeichner aufmerksam machen?

1.2 Was wirft der (damalige) Ministerpräsident von NRW, J. Rüttgers, dem Handy-Hersteller Nokia vor? (Anlage 2)

1.3 Welche Folgen könnte das Handeln des Unternehmens nach Ansicht von J. Rüttgers für das Unternehmen haben?

1.4 Erläutern Sie drei wirtschaftliche Faktoren, die Unternehmen bei ihrer Standortwahl berücksichtigen. Führen Sie auch jeweils ein Beispiel an.

2.1 Ein Großteil der betroffenen Arbeitnehmer bei Nokia kann nur schwer einen neuen Arbeitsplatz finden. Erläutern Sie, was Arbeitslosigkeit für die betroffenen Arbeitnehmer bedeuten kann. (3 Aspekte)

2.2 Was kann der einzelne Arbeitnehmer tun, um sich vor Arbeitslosigkeit zu schützen? Nennen Sie drei Beispiele.

Anlage 1

Zeichnung: Klaus Stuttmann (18.01.2008)

Anlage 2

Die Süddeutsche Zeitung berichtet am 16.01.2008:

„[...] **NRW-Ministerpräsident Jürgen Rüttgers (CDU) hat den Handy-Hersteller Nokia wegen der Schließungspläne für das Bochumer Werk scharf kritisiert. Das sei »unverständlich, unangemessen und nicht in Ordnung«, sagte er im WDR-Fernsehen. Er sei empört, weil in dem Werk Gewinne gemacht und beträchtliche Subventionsmittel gezahlt worden seien.**
'Die Wahrheit ist, dass da bis 1999 erhebliche öffentliche Mittel, 60 Millionen vom Land, mindestens 23 Millionen vom Bund geflossen sind.' Angesichts der geplanten Schließung des Nokia-Standortes lässt die NRW-Landesregierung nach einem Bericht der Westdeutschen Allgemeinen Zeitung (WAZ) Rückzahlungsforderungen gegen das Unternehmen prüfen. Wirtschaftsministerin Christa Thoben (CDU) habe damit die NRW-Bank beauftragt. Die Subvention war 1999 mit der Verpflichtung an Nokia überwiesen worden, mindestens 2856 Arbeitsplätze in Bochum sicherzustellen. Die Verpflichtung lief am 15. September 2006 aus. Das Ministerium schließt nicht aus, dass vor Ablauf der Frist die Zahl der Stellen darunter gelegen hat. Dann hätte Nokia gegen die Förderbedingung verstoßen.
Rüttgers hat den Handykonzern Nokia indirekt vor Absatzverlusten in Deutschland gewarnt, wenn er das Werk in Bochum schließen sollte. 'Nokia muss sich überlegen, dass es weiter auf dem deutschen Markt präsent sein will', sagte der CDU-Politiker dem ZDF.
Deutschland sei einer der größten Handymärkte der Welt. Sollte hier aber der Eindruck entstehen, dass der finnische Konzern eine Art »Subventionsheuschrecke« sei, die zuerst in Deutschland und dann nach dem Umzug möglicherweise noch einmal in Rumänien Fördermittel kassiere, könne dies einen erheblichen Imageschaden auslösen."

Quelle: Internet-Angebot der SZ v.16.01.2008; www.sueddeutsche.de/wirtschaft/artikel/98/152710 (Zugriff: 14.08.2008)

Prüfung 2010, Aufgabe **1**

LPE 1.1 Neue Anforderungen in Beruf und Privatleben

1 Anlage 1 zeigt die Grafik „Weniger Arbeit - mehr Freizeit".
1.1 Beschreiben Sie die Veränderungen, die in dieser Grafik dargestellt werden.
1.2 Erläutern Sie zwei Ursachen, die zu diesen Veränderungen geführt haben.
1.3 Erläutern Sie die Notwendigkeit von Freizeit. (2 Argumente)

2 Viele Jugendliche konsumieren in ihrer Freizeit exzessiv Alkohol. Dieses Phänomen ist auch als „Komasaufen" bekannt.
2.1 Beschreiben Sie zwei mögliche Folgen dieser Entwicklung.
2.2 Das Bundesfamilienministerium wollte in diesem Zusammenhang bereits im Jahr 2007 Maßnahmen ergreifen, um das Jugendschutzgesetz wirksam anzuwenden (Anlage 2). Beurteilen Sie diesen Vorschlag.
2.3 Nennen Sie zwei weitere Maßnahmen, die getroffen werden könnten, um Kinder und Jugendliche vor Alkoholmissbrauch zu schützen.

Anlage 1

Anlage 2

Alkohol-Missbrauch
Minister uneins über jugendliche Testkäufer

Die Innenminister der Länder haben sich im Kampf gegen Alkoholmissbrauch nicht auf eine gemeinsame Linie geeinigt. Vor allem der Einsatz jugendlicher Testkäufer ist umstritten. Über das Ziel sind sich alle einig: An Kinder und Jugendliche soll kein Alkohol ausgeschenkt oder verkauft werden. Umstritten ist dagegen die Wahl der Mittel. Vor zwei Jahren schon hatte das Bundesfamilienministerium vorgeschlagen, jugendliche Testkäufer als Lockvögel in Geschäfte zu schicken, um damit Händler zu ertappen, die Hochprozentiges an Jugendliche verkaufen und damit gegen das Jugendschutzgesetz verstoßen. Der Vorstoß scheiterte allerdings an heftigen Protesten und dem Vorwurf, man höhle mit

solchen Methoden den Jugendschutz aus. Ganz vom Tisch ist die Idee aber noch nicht. Auf ihrer Konferenz in Bremerhaven berieten die Innenminister der Länder erneut über den Vorschlag. Eine einheitliche Linie sei aber auch diesmal nicht erreicht worden, [...]. Niedersachsen und Bremen sind die einzigen beiden Bundesländer, in denen bereits Jugendliche als „Lockvögel" losgeschickt werden. [...] Zum Abschluss der Innenministerkonferenz wurde die Empfehlung ausgesprochen, Testkäufe im Einzelfall als geeignetes Instrument zu prüfen. Trotz der Bemühungen der Drogenbeauftragten der Bundesregierung, Sabine Bätzing (SPD), um ein nationales Alkoholprogramm sind Alkoholverbote Sache der Bundesländer. Baden-Württemberg hat inzwischen ein nächtliches Alkoholverbot beschlossen. Tankstellen, Kioske und Supermärkte dürfen danach ab dem kommenden Jahr zwischen 22 und fünf Uhr weder Bier noch Schnaps verkaufen, [...]
Aus: ZEIT ONLINE, on, dpa 5.6.2009

Prüfung 2010, Aufgabe **2**

LPE 1.4 Gesellschaft unter dem Einfluss weltweiter wirtschaftlicher Vernetzung

1 Der Export ist ein wesentlicher Indikator für die internationale Wirtschaftslage.
Das Schaubild „Die größten Exporteure der Welt" zeigt das Exportvolumen verschiedener Nationen im Jahr 2008.

1.1 Welche Bedeutung hat Deutschland im internationalen Handel? (Anlage)

1.2 Beschreiben Sie mit Hilfe zweier selbst gewählter Beispiele, wie die Globalisierung durch technische Entwicklungen gefördert wurde.

1.3 Nennen Sie je zwei Vor- und Nachteile der zunehmenden Globalisierung.

2 Mit Blick auf so genannte „Billiglohnländer" wird behauptet, Deutschland gehöre zu den Verlierern der Globalisierung.

2.1 Beurteilen Sie diese Aussage unter Beachtung der Anlage. (2 Gesichtspunkte)

2.2 Erläutern Sie je zwei Aspekte, die für bzw. gegen den Produktionsstandort Deutschland sprechen.

2.3 Nennen Sie drei Möglichkeiten, wie sich deutsche Arbeitnehmer vor den negativen Folgen der Globalisierung schützen können.

Anlage

2 Demokratie in Deutschland

2.1 Willensbildung und Entscheidung in der parlamentarischen Demokratie

STOFFTELEGRAMM

JUGENDLICHE UND POLITIK

JUGEND - BEGRIFF

JUGENDVERSTÄNDNIS IN DER GESELLSCHAFT

- Sozialgruppe Jugend = Lebensaltersgruppe zwischen Kindheit und Erwachsensein, Phasen der Pubertät und Ablösung von der Herkunftsfamilie
- Jugend als eigene Lebensphase ohne Arbeitszwang Jahrhunderte lang Privileg des Bürgertums im Gegensatz zur Arbeiterschaft
- Hauptzweck heute: Hineinwachsen in das Leben als Erwachsener, Aufbau einer stabilen Persönlichkeit, Qualifizieren für erfolgreiche Berufstätigkeit, Erwerb umfassender sozialer Kompetenzen

JUGEND – SELBSTVERSTÄNDNIS UND ENGAGEMENT

JUGENDSELBSTVERSTÄNDNIS IN MEINUNGSUMFRAGEN

- Zielorientierung, Flexibilität, Einsatzbereitschaft
- Wunsch nach Mitbestimmung, aber nur wenn Ziele des Engagements selbst festgelegt werden können
- Hohe Werte: Zivilcourage und Ehrlichkeit
- Hang zur Individualisierung
- Verpflichtungen sollten möglichst gleichzeitig auch Spaß machen
- Als unverzichtbar für ein Leben in Deutschland gelten:
  - Demokratische Wahlen
  - Meinungsfreiheit
  - soziale Marktwirtschaft

Probleme Jugendlicher mit der Politik

* **Politikinteresse** → ca. 25 % (im Vergleich aller Altersgruppen sehr gering)
* **Wahlbeteiligung** → Die jungen Erstwähler (18 bis 25) wählen am seltensten. Ihr Glaube an gute Interessenvertretung und Veränderungen durch Wahlen scheint gering.

Engagementmöglichkeiten für politisch Interessierte, die genutzt werden:

- Parteimitglied, Delegierte(r)
- Jugendgemeinderat
- Gemeinderat
- Landtagsabgeordnete(r)
- Bundestagsabgeordnete(r)

ENTSCHEIDUNGSWEGE IN DER DEMOKRATIE

Politische Organe, für die wir unsere Repräsentanten wählen können:

Gemeindeebene	Kreisebene	Landesebene	Bundesebene	Europaebene
Gemeinderat, Bürgermeister	Kreistag	Landtag	Bundestag	Europäisches Parlament
Ca. 60 Millionen Bürger (für Bundestag und Europaparlament) sind wahlberechtigt. Bei Kommunalwahlen sind auch EU-Bürger der anderen Staaten wahlberechtigt.				

Die deutschen Staatsorgane in der Übersicht:

GG, Artikel 20: Staatliche Gewaltenteilung ist unantastbar! → Die Macht / Gewalt muss auf einzelne Staatsorgane aufgeteilt sein. Das Recht zur Machtausübung kommt vom wahlberechtigten Volk.

	Gesetzgebende Gewalt = Legislative	**Vollziehende Gewalt = Exekutive**	**Rechtsprechende Gewalt = Judikative**
auf **Bund**esebene	Bundestag Bundesrat	Bundesregierung Bundesverwaltung	Bundesverfassungsgericht; Oberste Gerichtshöfe (Z. B. Bundesgerichtshof)
auf **Land**esebene	Landtag von Baden-Württemberg	Landesregierungen Landesverwaltungen	Staatsgerichtshof; Landesgerichte (Z. B. Oberlandesgericht)
auf **Gemeinde**ebene	Kreistag Gemeinderat mit Bürgermeister	Landrat + Kreisverwalt. Bürgermeister + Gemeindeverwaltung	Amtsgerichte

Wahlberechtigte Bürgerinnen und Bürger (= Wahlvolk)

Die Staatsgewalt geht vom Volk aus durch **Wahlen** zu den gesetzgebenden Organen. Durch den föderativen Staatsaufbau besteht in der Bundesrepublik **doppelte Gewaltenteilung:**
- **horizontal** (Legislative, Exekutive, Judikative)
- **vertikal** (Bund, Länder, eingeschränkt auch die Gemeinden).

Die **Judikative** hat besondere Bedeutung in der Parteiendemokratie, da die jeweils amtierende Regierung durch Parlamentsmehrheit (von einer Partei oder einer Koalition) gewählt wird und am Machterhalt interessiert ist, sodass wirkliche und öffentlichkeitswirksame **Regierungskontrolle** meist nur **durch** die **Minderheit im Parlament = Opposition** erfolgt.

Modell der Abhängigkeiten und gegenseitigen **Kontrolle** der deutschen **Staatsorgane**

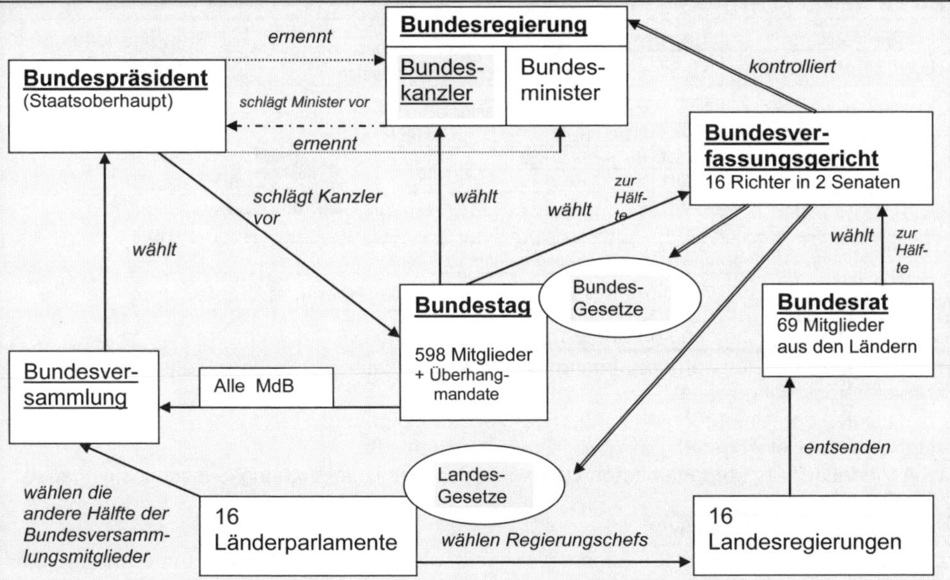

Entscheidungen auf Gemeindeebene

Rechtsgrundlage: Grundgesetz, Artikel 28: „...In den Ländern, Kreisen und Gemeinden muss das Volk eine Vertretung haben, die aus allgemeinen, unmittelbaren, freien, gleichen und geheimen Wahlen hervorgegangen ist...Den Gemeinden muss das Recht gewährleistet sein, alle Angelegenheiten der örtlichen Gemeinschaft im Rahmen der Gesetze in eigener Verantwortung zu regeln..."
Die Gemeinden haben zwar im Rahmen der Selbstverwaltung eigene Zuständigkeiten, gehören aber zur Ebene der Länder. Die Landtage bestimmen die Kommunalverfassungen und die Gemeindegrenzen.

Gemeindeverfassung in Baden-Württemberg

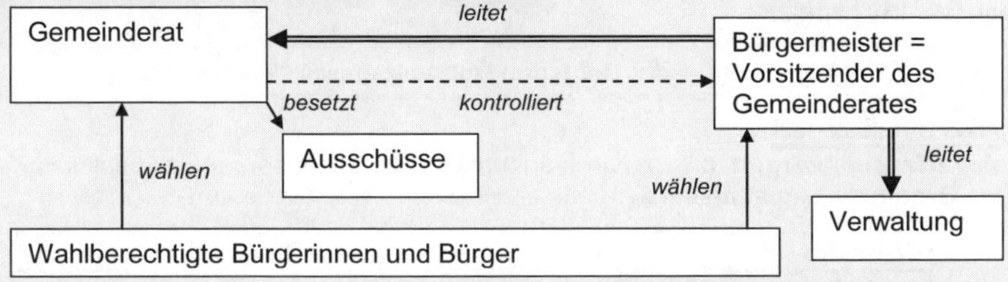

Haushalt einer Gemeinde

Ausgaben-Seite	Einnahmen-Seite
Verwaltung, Soziales, Öffentliche Ordnung, Schulen, Gesundheit u. Sport, Bauwesen, Öffentliche Einrichtungen, Wirtschaftsförderung	Steuern (z. B. Grundsteuer), Gebühren (z. B. Müllabfuhr, Kanalisation), Erschließungsbeiträge (Straßen), Zuschüsse von Bund u. Ländern (z. B. für Schulbau)

Entscheidungen auf Länderebene – **Landtag** von Baden-Württemberg

Landesregierung
(Koalitionsregierung)

Ministerpräsident
(Mappus / CDU)
+
Minister/innen
(z. B. Goll / FDP)

Landtag
(in Stuttgart)

Landes-gesetze

	Koalition		Opposition		
	CDU	**FDP**	SPD	Grüne	*REP*
1996	69	14	39	19	14
2001	63	10	45	10	0
2006	69	15	38	17	0

Staatsgerichtshof
(9 Mitglieder)

wählt
auf 9 Jahre

wählen alle 5 Jahre

7 Millionen wahlberechtigte Bürgerinnen und Bürger

Wer kann was entscheiden im Landtag?

* Mit der absoluten Abgeordnetenmehrheit (50 % + mindestens 1 Abgeordnete/r) wird der Ministerpräsident gewählt.
* Zwei Drittel der Abgeordneten können die Verfassung ändern.
* Die Mehrheit der Abgeordneten kann Gesetze beschließen.
* Ein Viertel der Abgeordneten kann verlangen, dass ein Untersuchungsausschuss eingesetzt wird.

Wie wird der Landtag gewählt?

Zur Wahl der (mindestens) 120 Landtagsabgeordneten hat der Wähler **nur eine Stimme,** die aber **doppelt gezählt** wird, und zwar in zwei Verfahren:

1. Mehrheitswahl

Aus jedem der 70 Wahlkreise des Landes kommt der Kandidat mit der höchsten Stimmenzahl in den Landtag (**Erstauszählung**)

2. Verhältniswahl

Aus der Gesamtzahl der Stimmen für eine Partei (**Zweitauszählung**) wird errechnet, wie viele Sitze jede Partei insgesamt im Landtag erhält. Davon werden erhaltene Direktmandate abgezogen und die restlichen Sitze an die übrigen Parteikandidaten mit den absolut höchsten Stimmenzahlen vergeben.

Da eine Partei (wie z. B. die CDU seit mehreren Wahlperioden) die meisten Wahlkreise direkt gewinnen kann und damit mehr Sitze (**Überhangmandate**) erhält, als ihr nach dem prozentualen Ergebnis der Zweitauszählung zustünden, erhalten die anderen Parteien entsprechende **Ausgleichsmandate**, sodass die Abgeordnetenzahl i. d. R. weit mehr als 120 beträgt, zzt. 139 Mandate!

Entscheidungen auf Bundesebene – der **Deutsche Bundestag** (seit 1999 Sitz in Berlin)

Bedeutung des Bundestages

→ **höchstes Verfassungsorgan** mit Befugnis, andere oberste Bundesorgane zu bestellen
→ wichtigstes **Organ** der **Legislative** (weil höchste Instanz auf der deutschen Gesetzgebungsebene!)

Wahltermin	CDU/CSU	F.D.P.	SPD	Bü.90 / Grüne	Die Linke	Σ Mandate
1994 →	**294**	**47**	252	49	30	672
1998 →	245	44	**298**	**47**	35	669
2002 →	248	47	**251**	**55**	2	603
2005 →	**226**	61	**222**	51	54	614
2009 →	**239**	**93**	146	68	76	**622**

Regierungskoalitionen (Regierungswechsel) ergeben sich durch (neue) Abgeordneten-**Mehrheiten**!

Zum Bundestagswahlsystem vgl. Seite Gk 2-19 ff

Welche **Aufgaben** hat der Bundestag?

→ **Wahl**funktionen:
Wahl des **Bundeskanzlers** (+ indirekte Mitwirkung bei der Auswahl der Regierungsmitglieder)
Wahl des **Wehrbeauftragten**
Wahl der Hälfte der Mitglieder des **Bundesverfassungsgerichts**
Mitwirkung bei der **Wahl des Bundespräsidenten** über die **Bundesversammlung**

→ **Gesetzgebung**sfunktionen:
Gesetzesinitiative
Beschlussfassung über Bundesgesetze, evtl. Einberufung des Vermittlungsausschusses

→ **Regierungskontrolle:**
Herbeirufung eines Regierungsmitglieds vor das Bundestagsplenum (= Zitierrecht), Verlangen von Regierungsauskünften, Untersuchungsausschüsse
Genehmigung des **Bundeshaushalts** nach vorheriger Beratung, Rechnungskontrolle
Konstruktives Misstrauensvotum gegenüber dem Bundeskanzler

→ **Ratifizierung** völkerrechtlicher Verträge (= verbindliche Zustimmung zu Verträgen, welche die Regierung mit anderen Staaten geschlossen hat)

Welche Rolle spielen die **Fraktionen** im Bundestag?

Fraktionen sind i. d. R. **Vereinigungen von Abgeordneten derselben Partei**. Im Bundestag gab es in der Legislaturperiode 2005-2009 **Fraktionen** von **CDU/CSU** sowie **SPD, Bündnis 90-Die Grünen, FDP und „Die Linke"** *[vgl. Gk 2-21]*.
(*PDS/Linke Liste* hatte 1994 bis 1998 und 2002 bis 2005 wegen zu geringer Abgeordnetenzahl, nämlich weniger als 5 % aller Mandate, nur *Gruppenstatus*.)

→ Fraktionen **entscheiden über Bildung von Regierungskoalitionen.**
→ Initiativen im Bundestag (z. B. **Gesetzentwürfe**) oder Stimmrecht in Ausschüssen sind abhängig vom Fraktionsstatus.
→ Abgeordnete können sich auf bestimmte Politikfelder spezialisieren und in **Arbeitskreisen** Entscheidungen der Fraktion bei aktuellen Gesetzgebungsverfahren vorbereiten.
→ Fraktionen entscheiden, wer für sie im Parlament debattiert.
→ **Fraktionen legen vor wichtigen Entscheidungen** (bis auf wenige Ausnahmen) **das Abstimmungsverhalten ihrer Mitglieder fest** (d. h. es herrscht „**Fraktionszwang**"!). Das funktioniert trotz der Gewissensfreiheit der Abgeordneten (nach Art. 38 GG), weil sowohl Regierungs- wie auch Oppositionsfraktionen ihre Einigkeit und damit Handlungsfähigkeit demonstrieren wollen. Außerdem verdanken Abgeordnete ihr Mandat der Kandidatur für eine Partei und erhoffen meist eine Wiederempfehlung ihrer Fraktion bei der nächsten Wahl.

Welche Rechtsposition haben die **Abgeordneten** des Deutschen Bundestags?

Abgeordnete sind Vertreter des ganzen Volkes.
Sie sind nur ihrem Gewissen unterworfen,
an **keinen** Wählerauftrag gebunden = haben **kein imperatives Mandat** = sie sind an **keine** Parteianweisung gebunden

↓ Wähler können Abgeordnete nicht absetzen, wenn diese nicht wunschgemäß abstimmen.

↓ Abgeordnete können aus ihrer Partei austreten, aber trotzdem ihr Mandat behalten, aber

Abgeordnete halten sich meist an Fraktionsdisziplin

Sonderrechte der Abgeordneten
→ Zweck: Parlament soll funktionsfähig bleiben
- **Immunität** = Schutz vor Strafverfolgung, Unverletzlichkeit der persönlichen Freiheit (Aufhebung der Immunität ist jedoch mit Parlamentsmehrheitsbeschluss möglich)
- **Indemnität** = keine Bestrafbarkeit für beleidigende Äußerungen im Parlament

Für welche Gesetze ist der Bundestag in unserem Bundesstaat zuständig?

Grundgesetz, Art. 20 → Bundesrepublik ist ein **Bundesstaat**
GG, Art. 30 → **staatliche Aufgabenerfüllung ist Sache der Länder,** sofern das Grundgesetz keine andere Regelung kennt

***Merkmale des Bundesstaates**
- Teilung der Staatsgewalt zwischen Bund und Gliedstaaten
- Beteiligung der Gliedstaaten an der Willensbildung des Bundes
- Souveränität liegt beim Bund

***Verteilung der Gesetzgebungsbefugnisse (nach der Föderalismusreform 2006):**

BUND

Ausschließliche Gesetzgebung für
- Auswärtige Angelegenheiten
- Verteidigung, Terrorismusabwehr
- Staatsangehörigkeit, Passwesen
- Währungs- und Geldwesen
- Zölle u. Außenhandel
- Bundesbahn u. Luftverkehr
- Post- u. Fernmeldewesen
- Atomenergie
- Bundeskriminalamt

LÄNDER

Ausschließliche Gesetzgebung für
- Kultur
- Polizeiwesen (aber nicht Bundeskriminalamt!)
- Bildungswesen
- Gesundheitswesen
- Gaststättenrecht
- Ladenschluss
- Versammlungsrecht
- Strafvollzug

Konkurrierende Gesetzgebung bei
- Strafrecht
- Ausländerrecht
- Umweltschutz ...

Bundesrecht bricht Landesrecht

Vor der Föderalismusreform waren ca. 60 %, jetzt sind maximal 40 % der Bundesgesetze im Bundesrat zustimmungspflichtig. Die Zustimmung ist nur noch erforderlich, wenn die Länder in den Gesetzen zu Leistungen gegenüber Dritten verpflichtet werden. Gesamtziel der Reform: **weniger Blockademöglichkeit** bei der Gesetzgebung!

Bundestag ist demnach zuständig für
- ausschließliche Bundesgesetzgebung
- konkurrierende Gesetzgebung

BEURTEILUNG DES FÖDERALISMUS

Vorteile	***Nachteile***
Machtverteilung (vertikale Gewaltenteilung)	Uneinheitliche Lebensverhältnisse z. B. beim Schulsystem: Ganztagesschulen
Demokratiestärkung durch zusätzliche Wahlen, mehr Möglichkeiten für politisches Engagement der Bürger	Zuständigkeitsstreit zwischen Bund und Ländern bei Entscheidungen und deren Finanzierung (z. B. Kindergärten ab 3. L.jahr)
Führungsalternativen (durch überzeugendes Handeln auf Länderebene Chancen für Partei- und Kanzlerkandidaten-Profilierung)	zeitraubende Entscheidungsprozesse mit Blockade-Möglichkeiten (Situation durch Reform von 2006 allerdings verbessert!)
Bürgernähe (Ansprechpartner in politischen Gremien und Behörden sind leichter erreichbar und meist vertrauter)	16-fache Regierung und Verwaltung bringen durch vervielfachte Behörden und politische Ämter auch ein Vielfaches an Kosten
Interessenausgleich (Schutz vor extremen politischen Entscheidungen)	

Wie ist die Macht in den Bundesländern und im **Bundesrat** verteilt? (Stand Juli 2010)

1 Schleswig-Holstein
CDU / FDP
4 Stimmen

2 Mecklenburg-Vorpommern
SPD / CDU
3 Stimmen

3 Hamburg
CDU / GAL (Grüne)
3 Stimmen

4 Bremen
SPD / Grüne
3 Stimmen

5 Berlin
SPD / Die Linke
4 Stimmen

6 Niedersachsen
CDU / FDP
6 Stimmen

7 Sachsen-Anhalt
CDU / SPD
4 Stimmen

8 Brandenburg
SPD / Die Linke
4 Stimmen

9 Nordrhein-Westfalen
Minderheitsregier.
SPD / Grüne
6 Stimmen

10 Hessen
CDU / FDP
5 Stimmen

11 Thüringen
CDU / SPD
4 Stimmen

12 Sachsen
CDU / FDP
4 Stimmen

13 Rheinland-Pfalz
SPD
4 Stimmen

14 Saarland
CDU / Grüne
3 Stimmen

15 Baden-Württemberg
CDU / FDP
6 Stimmen

16 Bayern
CSU / FDP
6 Stimmen

Gesamtstimmen im Bundesrat: 69, Absolute Mehrheit: 35, Zweidrittel-Mehrheit: 46

Eine „rot-grüne" Mehrheit im Bundesrat als Stütze für eine „rot-grüne" Bundesregierung gab es nur 1998 bis 1999. Vom Mai 2002 bis Juni 2010 hatten CDU/CSU und FDP eine „schwarz-gelbe" Mehrheit. Seit der Wahl in NRW verfügt Schwarz-Gelb nur noch über 31 Stimmen. Die Parteien der Opposition im 17. Bundestag (seit 2009 „rot-rot-grün") könnten nun über den Bundesrat eine Blockadepolitik betreiben, d. h. zustimmungspflichtige Gesetze verhindern.

Wie wirken Bundestag und Bundesrat bei der **Bundesgesetzgebung** zusammen?

Einspruchsgesetze

Bundestag kann sie allein verabschieden bzw. Einspruch des B.rates überstimmen in einer nochmaligen „3. Lesung“

Zustimmungsgesetze kommen nur mit **Zustimmung** des **Bundesrates** zustande:

föderative Gesetze
betreffen Bund-Länder-angelegenheiten (z.B. MWST-Verteilung), neben einer Bundestags-mehrheit ist noch eine **Stimmenmehrheit** im **Bundesrat** nötig (35 Stim.)

verfassungsändernde Gesetze
müssen **B.tag und B.rat** jeweils mit **2/3 Mehrheit** der Mitglieder beschließen, wobei Bundesländerprinzip und GG-Artikel 1 + 20 unantastbar (= nicht änderungsfähig) sind !

Auf welchem Weg kommt ein Bundesgesetz zustande?

> **Gesetzentwurf** (meistens durch Bundesregierung, aber auch von B.tag oder B.rat)
> 1. **Lesung** im **B.tag** (Begründung und Aussprache oder Überweisung an Fachausschüsse wie z.B. Verteidigungsausschuss)
> 2. L. + 3. Lesung = Abstimmung (Zustimmung mit einfacher oder qualifizierter Mehrheit)
> **Beteiligung des B.rates**, (evtl. Einberufung des Vermittlungsausschusses, der Konflikte zwischen B.tag und B.rat lösen soll, meist über einen Kompromiss)
> Unterschrift von **Bundeskanzler** und zuständigem Minister
> Ausfertigung durch **Bundespräsidenten** (wenn nach seiner persönlichen Prüfung das Gesetz verfassungsgemäß ist)
> Verkündigung im **Bundesgesetzblatt**

Welche Rolle übernimmt die **Opposition** im Bundestag und bei der Gesetzgebung?

Abgeordnete der Partei(en), die in der **Minderheitsposition** sind (=Oppositionsfraktionen),
→ **kritisieren Fehler** und Unzulänglichkeiten **der Regierung**
→ versuchen (über die Ausschüsse) Gesetzgebung zu beeinflussen
→ entwerfen alternative Handlungskonzepte (= **Gesetzentwürfe!)**
→ **verhindern Machtmissbrauch der Regierung**
→ **demonstrieren ihre Bereitschaft zur Regierungsübernahme** (z. B. vor Wahlen)

Wie kann der Bundestag die **Regierung kontrollieren**?

Plenum des **Parlament**s (= Vollversammlung des **Bundestag**s)

in der 16. Legislaturperiode 2005 - 2009: [*Vgl. Seite GK 2- 4 zur aktuellen Verteilung*]

Regierungsfraktionen ← – – – **Opposition**sfraktionen

CDU/CSU + SPD („Große Koalition“) | Bündnis 90/Die Grünen + FDP + Die Linke (PDS)

Ständig einsetzbare **Kontrollmittel** des Parlaments (v. a. der Opposition)				
Zitierrecht	Fragestunde	Aktuelle Stunde	Große Anfrage	Kleine Anfrage

Die ständigen Kontrollmittel zwingen die Regierung, in bestimmten Politikbereichen
→Auskünfte über ihre Handlungen und eventuelle Unterlassungen zu geben,
→ihre Entscheidungen zu begründen und öffentlich zur Diskussion zu stellen.

Weitere **außergewöhnliche Kontrollmittel** sind:

> **Untersuchungsausschüsse** (Antrag durch ¼ der Abgeordneten = MdBs)
> Verweigerung des vom B.kanzler geforderten Vertrauens (bei einer Vertrauensfrage)
> **konstruktives Misstrauensvotum** (Kanzlerwahl mit Mehrheit der MdBs)
> Verfassungsklage (Klage gegen Bundesregierung wegen verfassungswidrigen Handelns, Antrag durch ein Drittel der MdBs möglich)

Der Bundesrat – die „Länderkammer“

Welche Rolle spielt der Bundesrat als „2. Kammer“?

→ **Mitwirkung der Bundesländer bei Gesetzgebung** und Verwaltung **des Bundes**
→ Politisches Gegengewicht zu Bundestag u. Bundesregierung
→ **Bundesratspräsident** (jeweils **Regierungschef** eines **Bundeslandes** - mit jährlichem Wechsel) ist **Stellvertreter des Bundespräsidenten**

Welche Hauptfunktionen hat der Bundesrat bei der Gesetzgebung?

→ **Gesetzentwürfe** in den Bundestag einbringen (wenn Länder Veränderungen wollen)
→ **Stellungnahme zu allen Gesetzentwürfen der B.regierung abgeben**
→ **Beschluss über vom B.tag** mit der 3. Lesung **verabschiedete Gesetze (= G.-entwürfe)**
→ **Zustimmung zu Rechtsverordnungen** und **Verwaltungsvorschriften**
→ Arbeit im **Vermittlungsausschuss** (gemeinsames Organ von B.tag + B.rat, welche jeweils 16 Mitglieder in diesen Ausschuss entsenden)

Wie setzt sich der Bundesrat zusammen?

[*Vgl. Karte auf Seite GK 2 - 7*]

69 Stimmen für die **Mitglieder** aus **16 Landesregierungen**: Ministerpräsidenten u. Minister der Länder (Bürgermeister und Senatoren bei den Stadtstaaten Berlin, Bremen, Hamburg).

- Stimmenverteilung ist (unproportional !) bevölkerungsgrößenabhängig: zur Zeit gibt es je
- 3 Stimmen für **Bremen**, **Hamburg**, **Mecklenburg-Vorpommern**, **Saarland**
- 4 Stimmen für **Berlin**, **Brandenburg**, **Rheinland-Pfalz**, **Sachsen**, **Sachsen-Anhalt**, **Thüringen**, **Schleswig-Holstein**
- 5 Stimmen für **Hessen**
- 6 Stimmen für **Baden-Württemberg**, **Bayern**, **Niedersachsen**, **Nordrhein-Westfalen**

Wie werden die Stimmen im Bundesrat abgegeben?

Stimmen eines Landes können nur einheitlich, entsprechend den Beschlüssen der einzelnen Landesregierungen **abgegeben werden**, die Bundesratsmitglieder haben also ein „imperatives Mandat“ → Baden-Württemberg kann also einem Gesetz mit 6 Stimmen (von insgesamt 69) entweder zustimmen oder es ablehnen oder sich der Stimme enthalten. Probleme für die bundespolitische Entscheidungsfähigkeit entstehen, wenn die jeweiligen Oppositionsparteien des Bundestages gleichzeitig im Bundesrat über eine Stimmenmehrheit verfügen → Gefahr, dass Parteiinteressen insbesondere in Wahlkampfzeiten über Länderinteressen gestellt werden: sogenannte „Blockade-Politik“ im Bundesrat zur Bekämpfung der politisch anders orientierten Bundesregierung (1994 - 1998 gegen Kohl, 2003 - 2005 gegen Schröder).

Die Bundesregierung – unsere politische Führung

Bundeskanzleramt

Amtierende Bundeskanzlerin: Angela Merkel

Presse- und Informationsamt der Bundesregierung

Bundeskabinett = **Bundesminister/innen** | **Bundeskanzler/in**

Wahl, Vertrauen

Verantwortung

Bundestag

Welche Hauptaufgaben hat die Bundesregierung?

→ Politischen Willen der Bundestagsmehrheit in Taten/Entscheidungen umsetzen (Exekutive!)
→ Gesellschaftliche Verhältnisse und auswärtige Beziehungen gestalten (Führung!)
→ Verantwortung für die Ausführung von Gesetzen durch die Bundesbehörden

Wie kommt eine neue Regierung ins Amt?

1) Kanzlerkandidatenbenennung durch Parteien bereits vor einer Bundestagswahl
2) Wahlergebnis bringt eine absolute Mehrheit für eine Partei oder für eine Koalition
3) **Bundespräsident** führt Gespräche mit Parteien und **schlägt** daraufhin **dem Bundestag einen aussichtsreichen (= mehrheitsfähigen) Kanzlerkandidaten vor**
4) **Wahl durch den Bundestag mit absoluter Mehrheit** (sonst Wahlwiederholungen, bei Scheitern Auflösung des Bundestags durch den Bundespräsidenten innerhalb drei Wochen)
5) **Eidesleistung des gewählten Kanzlers vor dem Bundestag**
6) **Kanzler schlägt** dem Bundespräsidenten **Minister zur Ernennung vor** (meist nach Vereinbarungen zwischen den koalitionswilligen Fraktionen über Regierungsprogramm und Ministerposten)

Nach welchen Prinzipien ist die Regierungsarbeit aufgeteilt?

- **Kanzlerprinzip: B.kanzler bestimmt die Richtlinien der Politik** und trägt Verantwortung gegenüber dem Parlament (Parlament kann ihn stürzen mit konstruktivem Misstrauensvotum)
- **Ressortprinzip**: innerhalb der Richtlinien handeln Minister selbstständig
- **Kollegialprinzip**: gemeinsame Beratung von Gesetzentwürfen und bei schwer wiegenden Meinungsverschiedenheiten zwischen Ministerien

Woran ist die Regierungsarbeit erkennbar?

- Einbringung von **Gesetzesvorlagen** in den Bundestag (→ **Gesetzesinitiative**)
- Erlass von **Rechtsverordnungen** (die gesetzähnliche Wirkung haben)
- Erlass von Verwaltungsvorschriften, **Ausführung von Bundesgesetzen**
- **Abschluss und Durchführung von Verträgen mit anderen Staaten** (z. B. auch **Ministerratstätigkeit** in der Europäischen Union)

Welche verschiedenen Wege gibt es zu einem Regierungswechsel?

1) Bundestagswahl ergibt eine **Mehrheit** (nötig mindestens 50 % + 1 Sitz) für bisherige Opposition → Bsp.: 2009 bleibt CDU Regierungspartei, Merkel (CDU) bleibt Kanzlerin einer Koalition aus einer bisherigen Regierungspartei und einer bisherigen Oppositionspartei (FDP), da CDU/CSU + FDP 332 von 622 Mandaten = 53,4 % erhielten [*Vgl. Seite GK 2-4*]

2) Konstruktives Misstrauensvotum:

Bundestag — Aussprache des Misstrauens an ⟶ bisherigen Bundeskanzler
durch die gleichzeitige Wahl des ⟶ neuen Bundeskanzlers mit absoluter Mehrheit

(Beispiel: Kohl/CDU wurde durch dieses Verfahren im Oktober 1982 Nachfolger von Schmidt/SPD als Kanzler)

3) Scheitern eines Bundeskanzlers an der von ihm gestellten Vertrauensfrage:

Bundeskanzler ---------- stellt Antrag ------------an---------> Bundestag
ihm das Vertrauen auszusprechen

Bundestag stimmt nicht mit absoluter Mehrheit zu und wählt ⟶ **neuen B.kanzler**

oder

der Bundestag wird selbst aufgelöst und **auf Kanzlervorschlag durch den Bundespräsidenten Bundestagsneuwahl angesetzt (spätestens nach 60 Tagen)**

Anwendung der **Vertrauensfrage** in der Geschichte der BRD:

1972 durch B.kanzler **Brandt** (nach Übertritt von SPD-Abgeordneten zu anderen Parteien besaßen die Regierungsparteien keine Mehrheit im Bundestag mehr, Zweck der Vertrauensfrage war eine B.tagsneuwahl)
1982 durch B.kanzler **Schmidt** (Parlament sprach ihm das Vertrauen aus, er konnte trotz Krise weiter regieren)
1982 durch B.kanzler **Kohl** (Ziel: Niederlage bei Abstimmung, Parlamentsauflösung wegen angestrebter Bundestagsneuwahl 1983, um die 1982 durch *konstruktives Misstrauensvotum* erreichte Regierungsübernahme nachträglich vom Volk mit einem Wahlsieg bestätigen zu lassen)
2001 durch B.kanzler **Schröder** (um rot-grüne Mehrheit für Bundeswehr-Anti-Terror-Auslandseinsatz zu sichern)
2005 durch B.kanzler **Schröder** (Ziel: Niederlage bei Abstimmung, Parlamentsauflösung, Bundestagsneuwahlen)

Der Bundespräsident – unser Staatsoberhaupt

→ Er ist **Repräsentant** des deutschen Volkes gegenüber anderen Staaten.
→ Der Präsident hat im Gegensatz zur Weimarer Republik und dem Nationalsozialismus seine <u>Stellung außerhalb der Bundesregierung und der Parteien</u>, er ist **neutral**!

Wie wird der Bundespräsident gewählt?

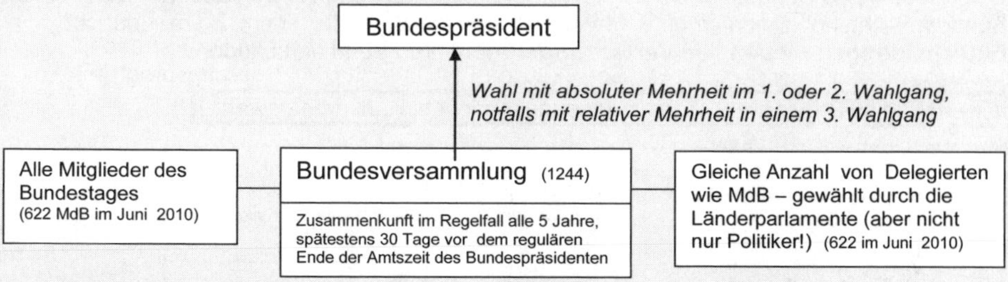

Jedes Mitglied der Bundesversammlung kann einen Kandidaten vorschlagen.
Wählbar ist jede(r) Deutsche mit Wahlrecht zum Bundestag, die (der) mindestens 40 Jahre alt ist.
Die Wahl findet i. d. R. am 23. Mai ohne vorherige Aussprache und in geheimer Wahl statt.
Wiederwahl ist **nach 5-jähriger Amtszeit einmal** möglich.

Wer wurde in der Geschichte der Bundesrepublik bisher zum Bundespräsidenten gewählt?

Theodor <u>Heuss</u> (FDP)	1949, Wiederwahl 1954
Heinrich <u>Lübke</u> (CDU)	1959, Wiederwahl 1964
Gustav <u>Heinemann</u> (SPD)	1969
Walter <u>Scheel</u> (FDP)	1974
Karl <u>Carstens</u> (CDU)	1979
Richard von <u>Weizsäcker</u> (CDU)	1984, Wiederwahl 1989
Roman <u>Herzog</u> (CDU)	1994
Johannes <u>Rau</u> (SPD)	1999
Horst <u>Köhler</u>	2004, Wiederwahl 2009, Rücktritt 2010
Christian <u>Wulff</u> (CDU)	2010

Welche Aufgaben muss ein Bundespräsident erfüllen?

- ***völkerrechtlich***: **Vertretung des Bundes**, z. B. bei **Staatsbesuchen**, Beglaubigung und Empfang von Botschaftern, **Abschluss von Verträgen mit anderen Staaten**
- ***innenpolitisch***: **Ernennung u. Entlassung** von **Bundeskanzler u. Bundesministern**, **Unterschreiben verfassungsgemäßer Gesetze**, Ernennung und Entlassung von Bundesrichtern und Bundesbeamten, Begnadigung (für von Bundesgerichten verurteilte Straftäter); **Auflösung des Bundestages**; evtl. Verkündung des Gesetzgebungsnotstands oder Verteidigungsfalles
- ***repräsentativ***: Empfang von Staatsoberhäuptern und Diplomaten, Teilnahme an National - feiern und wichtigen Veranstaltungen

Wann endet das Amt für einen Bundespräsidenten?

- Tod oder Amtsverzicht
- Ablauf von maximal 2 Amtszeiten hintereinander
- Verlust des Amts durch Bundesverfassungsgerichtsurteil (nach einer Anklage des Bundespräsidenten wegen GG-Verletzung, eingeleitet durch Bundestag oder Bundesrat)

Das Bundesverfassungsgericht – „Hüter" der Verfassung

→ Die Richterinnen und Richter am BVG sind **nur an das Grundgesetz gebunden**, sie unterstehen keiner Dienstaufsicht.
→ Die aktuelle Auslegung des Grundgesetzes unter sich wandelnden gesellschaftlichen Verhältnissen, aber getreu den Zielen der „Verfassungsväter" im Parlamentarischen Rat führte zu der Bezeichung des BVG als **Hüter der Verfassung**.
→ BVG ist oberstes Bundesgericht mit hervorgehobener Stellung vor den anderen B.gerichten: Bundesgerichtshof, B.finanzhof, B.verwaltungsgericht, B.arbeitsgericht, B.sozialgericht.
→ **Entscheidungen binden alle Verfassungsorgane** von Bund und Ländern.

Wie werden die Richter am Bundesverfassungsgericht in Karlsruhe gewählt?

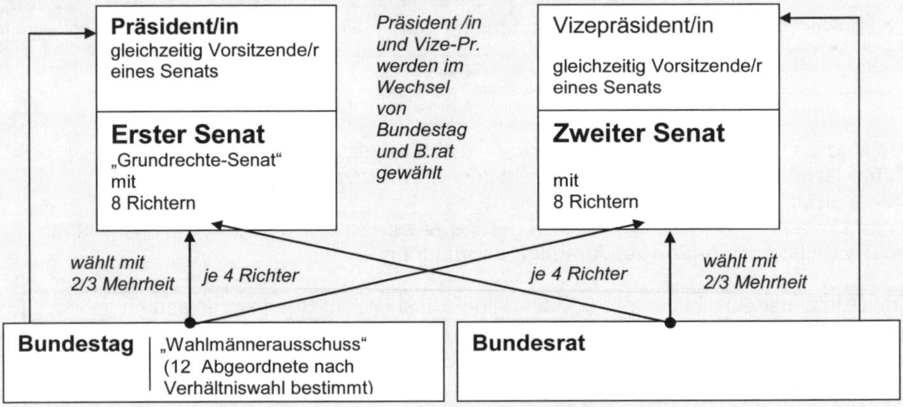

- Voraussetzungen für **Wählbarkeit** als Richter am Bundesverfassungsgericht: 40. Lebensjahr, Wählbarkeit zum B.tag, Befähigung zum Richteramt (je 3 Richter im I. u. II. Senat müssen mindestens 3 Jahre an einem obersten Bundesgericht tätig gewesen sein)
- **Wahl erfolgt für 12 Jahre**, maximal bis zum 68. Lebensjahr (Wiederwahl ist nicht möglich)

Wofür ist das Bundesverfassungsgericht zuständig?

→ **Auslegung des Grundgesetzes**, insbesondere von Grundrechten
Das Gericht wird nie von selbst tätig, sondern muss von einer Person oder Institution wegen Zweifeln an der Verfassungsmäßigkeit einer Handlung angerufen werden.

Das Gericht wird tätig bei
→ **Verfassungsbeschwerden** für jedermann, der sich in einem seiner Grundrechte durch Staatsorgane/Behörden verletzt fühlt, egal ob Verwaltungsakt, Gerichtsentscheidung oder gar ein Gesetz. Verfassungsbeschwerde kann allerdings erst „eingelegt" werden, wenn der Rechtsweg erschöpft ist -> alle Instanzen des zuständigen Gerichts angerufen wurden.
→ **Normenkontrollverfahren**:
- Konkrete Normenkontrolle: Ein Gericht ist bei der Verhandlung eines konkreten Falles der Überzeugung, dass ein anzuwendendes Gesetz nicht mit dem GG vereinbar ist.
- Abstrakte Normenkontrolle:
Entscheidungen über **Vereinbarkeit von Bundes- und Landesgesetzen mit dem GG** auf Antrag der Bundesregierung oder einer Landesregierung oder 1/3 der B.tagsabgeordn., Rechtsstreitigkeiten zwischen Staatsorganen (z. B. Bundesregierung u. Landesregierung) (Politik-Problem: Bei schwierigen Entscheidungen -> „Gang nach Karlsruhe")
→ **Verwirkung von Grundrechten**
→ **Verbot von Parteien** bei Verfassungswidrigkeit
→ Beschwerden zu Bundestagswahlangelegenheiten

Entscheidungen auf Europaebene – Beteiligung Deutschlands an der **Europäischen Union**

Welches sind die wichtigsten Organe der Europäischen Union?

- Europäischer Rat (Regierungschefs) + Ministerrat
- Europäische Kommission
- Europäisches Parlament
- Europäischer Gerichtshof
- Europäischer Rechnungshof
- Europäische Zentralbank

Europäisches Parlament – einziges von uns direkt gewähltes Organ:

- Jeder Bürger der EU hat wahlweise an seinem Wohnsitz oder in seinem Herkunftsland das aktive und passive Wahlrecht bei den „Europa-Wahlen“.
- Gewählt wird alle 5 Jahre, seit 2004 nur in Verhältniswahl, aber ansonsten nach unterschiedlichem nationalen Wahlrecht und an verschiedenen Tagen!
- In Deutschland waren zuletzt 62 Mio., in der EU 375 Mio. Bürger wahlberechtigt.
- Die Wahlbeteiligung in Deutschland sank in 40 Jahren von 62 % auf 43 %.

Das Parlament gliedert sich in **überstaatliche Fraktionen**. Seit 1994 gibt es 7- 8 solcher Fraktionen und eine fraktionslose Gruppe. Die 99 deutschen Europa-Abgeordneten sind seit der Wahl im Juni 2009 in folgenden 5 Fraktionen Mitglied:

Europäische Volkspartei (Christlich-Demokrat.) (265 Mitglieder)	Sozialisten und Demokraten (184 Mitglieder)	Liberale (84 Mitglieder)	Die Grünen (55 Mitglieder)	Europäische Linke (35 Mitglieder)
42 → gewählt mit 37,9 % für CDU/CSU-Listen	**23** → gew. mit 20,8% für SPD-Listen	**12** → gew. mit 11 % für FDP - Listen	**14** → gew. mit 12,1 % für Grüne - Listen	**8** → gew. mit 7,5 % für PDS - Listen

[Vgl. Seite GK 3-5]

Entscheidungswege in der Europäischen Union

(Vereinfachtes Modell, *vgl. Seite GK 3–3 bis 3–5*)

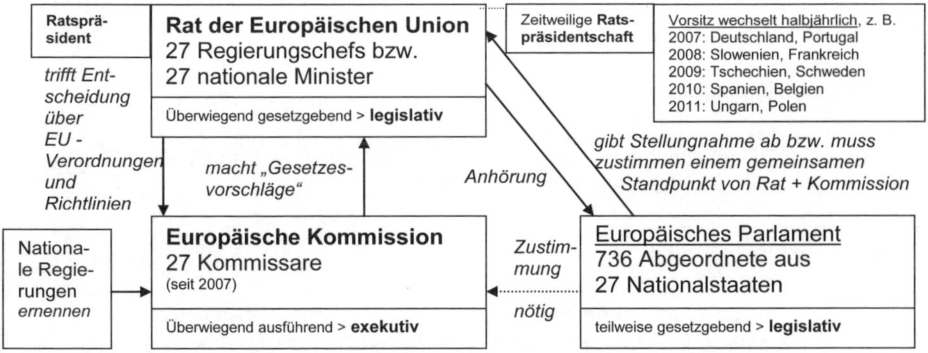

Rechte des Europäischen Parlaments: Mitentscheidung bei „Gesetzen“ der EU, Zustimmung zum EU-Haushalt (Vetorecht!), zur Erweiterung der EU und bei allen internationalen Verträgen.

Das EU-Recht (EU-Verträge, Verordnungen und Richtlinien) hat Vorrang vor dem deutschen Recht. Andererseits dürfen dadurch nicht die Grundsätze unserer Verfassung verändert werden, z. B. die Beteiligung der Bundesländer an der Gesetzgebung. Das Bundesverfassungsgericht hat 2009 die Bundesländerrechte bestätigt (Lissabonvertrag!), es kann aber nicht über EU-Recht entscheiden → Konflikte wegen der Zuständigkeit sind wahrscheinlich.

Die Medien in der Demokratie

Das **Grundgesetz** betont die **Meinungsfreiheit** als hohen Wert im **Artikel 5**:
→ Recht auf
- **freie Meinungsäußerung**
- **ungehinderte Unterrichtung** aus allgemein zugänglichen Quellen

→ **Freiheit der Berichterstattung** in Presse, Hörfunk und Film, d. h. **keine Zensur**
→ Beschränkung der Meinungsfreiheit nach Art. 5, Abs. 2 nur möglich wegen Verletzung der Grundrechte anderer Menschen (daraus abgeleitet liegt eine Grenze im „Recht der persönlichen Ehre") und Verletzung allgemeiner Gesetze (z. B. Jugendschutzgesetz)

Welche Arten von Massenmedien lassen sich unterscheiden?
- private Druckmedien (Zeitungen, Zeitschriften, z. T. Sachbücher)
- private Bild- und Tonmedien (Privatfernsehen, Privathörfunk)
- öffentlich-rechtliche Bild- und Tonmedien (ARD, ZDF, Regionalsender, Phoenix, Arte, 3sat...)
- Internet als Text-, Bild- und Tonmedium sowohl von privaten (kommerziellen) wie auch öffentlich-rechtlichen Anbietern

Welche Medien eignen sich zur Information über politische Sachverhalte besonders?
- seriöse Tageszeitungen und Wochenzeitungen
- Wochenzeitschriften mit großem Politikanteil
- Hörfunknachrichten und aktuelle Reportagen, Magazine
- Fernsehnachrichten u. -Reportagen, -Dokumentationen, -Magazine

Wie verläuft der Informations- und Meinungsbildungsprozess über die Medien?

Ereignisse, Vorgänge, Erklärungen von Personen, Institutionen auf der ganzen Welt

↓ *Filter 1* — *Korrespondenten, Reporter wählen aus und geben Information weiter.*

Ausgewählte Informationen über Ereignisse...

↓ *Filter 2* — *Nachrichtenagenturen (dpa, ddp, upi, ap, rtr ...) wählen Meldungen aus und bearbeiten sie redaktionell.*

Ausgewählte Informationen

↓ *Filter 3* — *Redakteure bei Presse, Rundfunk- und Fernsehanstalten wählen je nach verfügbarem Seiten- oder Sendezeitumfang die eingegangen Meldungen (oft mit Bild und Ton)aus, redigieren sie und bereiten Druck und Sendung vor. Außerdem werden Kommentare verfasst.*

„Rest-Informationen"

↓ *Filter 4* — *Der Empfänger (Leser, Hörer, Zuschauer) wählt je nach Vorlieben, Vorurteilen oder unvoreingenommen Informationen aus und sucht Meinungsbestätigung oder lässt sich auf Meinungsänderung ein.*

Mit welchen Methoden können die Medien manipulieren?

- Weglassen von wichtigen Informationen (die bei Nachrichtenagenturen vorliegen)
- Hervorhebung oder absichtlich schlechte Platzierung von Meldungen / Nachrichten
- Art und Inhalt der Schlagzeilen
- einseitige Darstellung
- bewusste Nachrichtenfälschung (Verbreitung von Unwahrheiten)

Wie kann man sich vor Manipulation schützen und zum „mündigen Bürger" machen?

- verschiedene Medienangebote nutzen
- kritisches Vergleichen, Beachten unterschiedlicher Darstellungen in Zeitungen, Zeitschriften, Radio- und Fernsehberichten
- Diskussionen mit anderen Menschen über empfangene Informationen
- Gespräche im Familien- und Freundeskreis
- Besuch politischer Veranstaltungen mit Diskussionsmöglichkeit

Welche Aufgaben haben die Medien bei der politischen Meinungsbildung?

Das Bundesverfassungsgericht hat 1961 die Medien als unentbehrlich für die öffentliche Meinungsbildung charakterisiert.
Die Medien haben dementsprechend folgende Aufgaben:

→ objektive **Information** durch Berichterstattung über innen- und weltpolitisch wichtige Tatsachen sowie Entscheidungen von Politikern

→ **Mitwirkung an der Meinungsbildung der Bürger** durch Auswahl, Analyse und **Kommentierung** (persönliche Bewertung) von Nachrichten

→ Beitrag zum Pluralismus, aber auch zur Integration der Gesellschaft durch bundesweite Verbreitung vielfältiger Angebote, Spiegelung möglichst aller weltanschaulicher und politischer Positionen, die verfassungskonform sind

→ **Kritik** und damit **Kontrolle** der Politiker (Volksvertreter) in den Parlamenten und Regierungen (Medien sind somit eine Art „4. Gewalt im Staat", Politiker brauchen eine „gute Presse")

Welche Merkmale sind charakteristisch für die privaten Sendeanstalten?

- Finanzierung nur über **Werbeeinnahmen**
- **keine Kontrolle** durch ein demokratisch gewähltes Gremium (wie z. B. Rundfunkrat), sondern nur lockere Überwachung (Jugendschutz, Werberahmen) durch Landesmedienanstalten
- **keine Verpflichtung zu ausgewogenem** und bildendem **Programm**

Welche Gefahren gibt es für die Möglichkeit zu pluralistischer Meinungsbildung?

- Abhängigkeit der Zeitungen von wichtigen Anzeigenkunden
- Abhängigkeit der Journalisten von kapitalstarken Verlegern
- Einschränkung der Meinungsvielfalt durch
  - Pressekonzentration (Zusammenschluss oder Aufkauf konkurrierender Zeitungen und Zeitschriften) und
  - intermediale Medienkonzentration (wachsende Beteiligung von Zeitungsverlagen an privaten Rundfunk- und Fernsehanstalten)
- Tendenz zu Doppelmonopolen (bei regionaler Zeitung und Lokalfunk)
- Einfluss von Parteipolitikern in Rundfunk-Aufsichtsgremien beim öffentlich-rechtlichen Rundf.
- Abhängigkeit des Privatfunks von Werbeeinnahmen und deshalb Ausdehnung von Unterhaltungssendungen (denn höhere Einschaltquote sichert größere Werbeeinnahmen).

MITWIRKEN UND MITENTSCHEIDEN IM DEMOKRATISCHEN STAAT

Welche Kennzeichen hat unsere **pluralistische** Gesellschaft?

- Bürger, die etwas in der Gesellschaft verändern (oder für sie Gutes erhalten) wollen, schließen sich **Interessengemeinschaften** an.
- **Viele verschiedenartige Interessengruppen** konkurrieren miteinander und versuchen, in der Gesellschaft (Öffentlichkeit) und bei der Gesetzgebung (als „Lobby") **Einfluss** zu **erlangen.**
- **Parteien**, **Verbände**, **Vereine**, **Bürgerinitiativen**, **Kirchen** u. a. nutzen für die Information der Bürger eine Vielzahl von **Massenmedien**.

Welche Ursachen gibt es für Konflikte in unserer Gesellschaft?

- **Vorurteile**: negative, fehlerhafte, gefühlsgesteuerte Verallgemeinerungen über Gruppen von Menschen (z. B. Ausländer, Arbeitslose)
- **Interessengegensätze** verschiedener Gruppen (z. B. zwischen Arbeitgebern und Arbeitnehmern über Tariflohnerhöhung und Wochenarbeitszeiten)
- unterschiedliche religiöse oder gesellschaftspolitische Wertvorstellungen (z. B. bei gesellschaftlichen Werten: Leistung, Freizeitverhalten, Sexualmoral, Alkoholkonsum...)

Welche Gefahren drohen Minderheiten bei Gesellschaftskonflikten?

- Erleiden von Abneigung, Hass, Benachteiligungen in Beruf (z. B. Teilzeit statt Vollzeit) und Privatleben (z. B. bei der Wohnungssuche)
- Erleiden von Vermögensschäden durch Sachbeschädigung
- im Extremfall Körperverletzung oder Mord

Unter welchen Bedingungen ist eine friedliche Lösung von Konflikten möglich?

- Beachtung der Grundrechte (z. B. Freiheit der Meinungsäußerung und -verbreitung)
- Toleranz gegenüber anderen Meinungen
- Bereitschaft zum Kompromiss
- Verantwortungsbewusstsein der Konfliktbeteiligten und Entscheidungen treffenden Politiker für das Gemeinwohl (Nutzen für möglichst viele Bürger)
- Respektierung von Mehrheitsbeschlüssen
- Zumutbarkeit der Entscheidungen für Minderheiten ohne Lobby

Welche Leistungen muss der Staat für das Gelingen pluralistischen Lebens erbringen?

- Die Staatsorgane müssen **verhindern**, dass private **Gewalt** zu einem **Mittel der Konfliktlösung** wird.
- Der demokratische Rechtsstaat hat das legale Gewaltmonopol, er braucht **zeitgemäßes Gesetzesrecht** (beschlossen von **Bundestag, Bundesrat** und **Landtagen**) und **Richterrecht (Rechtsprechung oberster Gerichte)**, das von den allermeisten Bürgern als „**gerecht**" empfunden und beachtet wird.
- **Grundrechte** müssen im Bewusstsein verankert sein, sodass die Gefährdung einzelner Grundrechte – für einzelne Betroffene, aber auch für große gesellschaftliche Gruppen – zu öffentlichen Diskussionen führt und eine zentrale Rolle bei politischen Auseinandersetzungen spielt.

GRUNDRECHTE ALS VORAUSSETZUNG DER DEMOKRATIE

- **Menschenrechte** sind angeborene, unveräußerliche Rechte, die jedem Menschen unabhängig von staatlicher Verleihung zustehen (auch in UN-Charta von 1948 festgelegt)
- **Grundrechte** sind in unserer Verfassung verbürgte fundamentale Rechte mit folgenden besonderen Merkmalen:
  - Sie sind **unantastbar** durch den Staat (Einschränkungen sind nur im Interesse der Allgemeinheit möglich).
  - Sie **dürfen in ihrem Wesensgehalt nicht** durch Gesetze **geändert werden.**
  - **Gegen die Verletzung** der persönlichen Grundrechte **kann** bei ordentlichen Gerichten **geklagt werden** (bis zur **Verfassungsbeschwerde** vor dem Bundesverfassungsgericht).

Mit welchen Grundrechten schützt uns das **Grundgesetz** vor staatlichem Machtmissbrauch?

Zentrales Grundrecht Menschenwürde im Artikel 1:
„Die Würde des Menschen ist unantastbar. Sie zu achten und zu schützen ist Verpflichtung aller staatlichen Gewalt."

Freiheitsrechte	**Gleichheitsrechte**
• Freie Entfaltung der Persönlichkeit (Art. 2) • Freiheit der Person (Art. 2) • Glaubens- und Gewissensfreiheit (Art. 4) • Meinungs-, Informations- und Pressefreiheit • Freiheit von Kunst, Wissenschaft, Forschung und Lehre (Art. 5) • Petitionsrecht (Art. 17)	• Gleichheit aller Menschen vor dem Gesetz (Art. 3) • Gleichberechtigung von Mann und Frau • Chancengleichheit
Unverletzlichkeitsrechte	**Sozialrechte**
• Recht auf Leben und körperliche Unversehrtheit (Art. 2) • Unverletzlichkeit des Brief-, Post- u. Fernmeldegeheimnisses (Art. 10) • Unverletzlichkeit der Wohnung (Art. 13) • Gewährleistung von privatem Eigentum und Erbrecht (Art. 14)	• Schutz von Ehe und Familie, Erziehungsrecht der Eltern (Art. 6) • Versammlungsfreiheit (Art. 8) • Vereinigungsfreiheit (zum Zusammenschluss in Interessengruppen) (Art. 9) • Asylrecht (Art. 16a)

Einige Grundrechte sind **Bürgerrechte**, die als demokratisch-politische Rechte nur für deutsche Staatsbürger (Art. 33) und nur in Deutschland gelten → Versammlungs- und Demonstrationsfreiheit, Freizügigkeit (Art. 11), freie Berufwahl (Art. 12), freie Wahl der Ausbildungsstätte und des Arbeitsplatzes

Grundrechtsähnliche Rechte: Wahlrecht (Art. 38), Freiheit der Parteiengründung (Art. 21), Gewährleistung rechtsstaatlicher Gerichtsverfahren, Widerstandsrecht bei Gefahr für die freiheitlich-demokratische Grundordnung

Welche Grenzen gibt es für den Anspruch jedes Einzelnen auf seine Grundrechte?

- Gleichwertige Rechtsansprüche anderer Menschen
- verfassungsmäßige Ordnung (v. a. der Zusammenhang aller Rechtsnormen im Grundgesetz)
- „Sittengesetz" (anerkannte Wert- und Moralvorstellungen)

Welche Prinzipien sind unverzichtbar für die freiheitlich-demokratische Grundordnung?

Demokratie

- Volkssouveränität mit freien Wahlen und Abstimmungen
- Mehrparteiensystem
- Chancengleichheit für alle demokratischen Parteien
- Opposition in den Parlamenten als Korrektiv zur Regierung

Rechtsstaat

- Schutz der Grundrechte
- Bindung des Gesetzgebers an die Verfassung und Bindung der Verwaltung an die Gesetze
- Unabhängigkeit der Gerichte
- Verantwortlichkeit der Regierung gegenüber dem Parlament
- Verpflichtung auf den Sozialstaat

Gewaltenteilung

- Exekutive (Regierung)
- Legislative (Parlament) → Herrschaftskontrolle
- Judikative (Rechtsprechung) → Herrschaftskontrolle

Föderalstaat

- BRD besteht aus Bundesländern, deren Gebiet und Anzahl nur durch Volksabstimmung geändert werden kann
- Länder wirken an Bundesgesetzgebung mit

- Bei verfassungsändernden Gesetzen muss der **Wortlaut** des **Grundgesetzes** ausdrücklich geändert oder ergänzt werden (→ Veränderungen müssen sichtbar werden).
- Voraussetzung: **2/3-Mehrheit** der **Bundestag**s- und **Bundesrat**smitglieder

→ **Nicht geändert** werden dürfen: Gliederung der Bundesrepublik in Länder, grundsätzliche **Mitwirkung der Länder** bei der Bundesgesetzgebung, die in **Art. 1** und **20 GG** festgelegten Grundsätze

Warum ist 1990 die Präambel (die Zielangabe) des Grundgesetzes geändert worden?

→ 23. Mai 1949: nur Geltung für die westdeutschen Länder inkl. West-Berlin = „alte" BRD

→ 3. Oktober 1990: jetzt Geltung für das gesamte deutsche Volk in 16 Bundesländern, nachdem die Einheit Deutschlands als wiederhergestellt / vollendet gilt

BETEILIGUNGSMÖGLICHKEITEN IN REPRÄSENTATIVER DEMOKRATIE

Politische Willensäußerung durch Beteiligung an Wahlen

Welchen Nutzen hat die Beteiligung an demokratischen Wahlen?

→ Vertretung der unterschiedlichen Interessen bei der Wahlbevölkerung durch die Wahlprogramme der Parteien und Auswahl der Personen, die politisch handeln sollen

→ Entscheidung über die zukünftige Regierungspartei (od. Regier.koalition) und die Opposition

→ Kontrolle der bisher Regierenden („Wahltag ist Zahltag")

Welchen Arten des Wahlrechts stehen dem Staatsbürger zur Verfügung?

Das staatsbürgerliche Grundrecht gibt es in zwei Formen:

aktives Wahlrecht	**passives Wahlrecht**
= man darf wählen	**= man ist wählbar**

Wichtigste Voraussetzungen für das Wahlrecht:

aktives Wahlrecht	passives Wahlrecht
- deutsche Staatsangehörigkeit	- deutsche Staatsangehörigkeit
- 18. Lebensjahr vollendet	**- 18. Lebensjahr vollendet**

Welche **Wahlrechtsgrundsätze** gehören zu den demokratischen Wahlen in Deutschland?

Die Wahlen müssen nach Artikel 38 GG sein:

- **allgemein**, d. h. alle (wahlberechtigten) Bürger dürfen wählen, nicht nur bestimmte Personengruppen (z.B. Männer)
- **unmittelbar**, d. h. Wähler bestimmen **direkt** über ihre Stimmzettel, wer ein Mandat erhält
- **frei**, d. h. Bürger wählen (oder verzichten auf die Ausübung des Wahlrechts) ohne staatliche Beeinflussung bei ihrer Entscheidung
- **gleich**, d. h. jede abgegebene Wählerstimme hat gleichen Zählwert
- **geheim**, d. h. welche Partei und Kandidaten der einzelne Bürger gewählt hat, bleibt geheim

Welche **Wahlsysteme** werden in Demokratien praktiziert?

Mehrheitswahl	**Verhältniswahl**
Persönlichkeitswahl: In jedem Wahlkreis ist der Kandidat gewählt, der – je nach Regelung – die einfache oder absolute Mehrheit der Stimmen erhalten hat. Alle anderen Stimmen bleiben wirkungslos.	**Parteilistenwahl**: Nach dem Verhältnis der auf die einzelnen Parteilisten abgegebenen Stimmen (%-Sätze) werden die Parlamentssitze verteilt. (Zur genauen Sitzberechnung wird z. B. das Hare-Niemeyer-Verfahren angewandt.)
Vorteile	
- meist klare Mehrheiten für eine Partei und deshalb schnelle Regierungsbildung - Bürgernähe der Abgeordneten	- alle abgegebenen Stimmen wirken sich aus und deshalb gerechte Sitzverteilung - Regierungskoalitionen sorgen für kontinuierliche Politik
Nachteile	
- Begünstigung großer Parteien, da Wählerstimmen für kleinere Parteien „verloren" gehen - Kandidaten müssen Wähler mit Äußerlichkeiten beeinflussen, um Stimmenmehrheiten zu erzielen - neue Parteien fast chancenlos	- mögliche Aufspaltung des Parlaments in viele kleine Parteien (Parteienzersplitterung) - schwierige Regierungsbildung meist mittels einer kleineren Partei oder mehreren - Kandidaten brauchen keinen Wählerkontakt

Zur Landtagswahl in Baden-Württemberg wird eine modifizierte Mehrheitswahl angewandt.

Zur Europawahl wird in Deutschland die Verhältniswahl (mit 5 % -Klausel) angewandt.

Bei der Bundestagswahl gilt eine modifizierte Verhältniswahl.

Das Wahlsystem für Bundestagswahlen

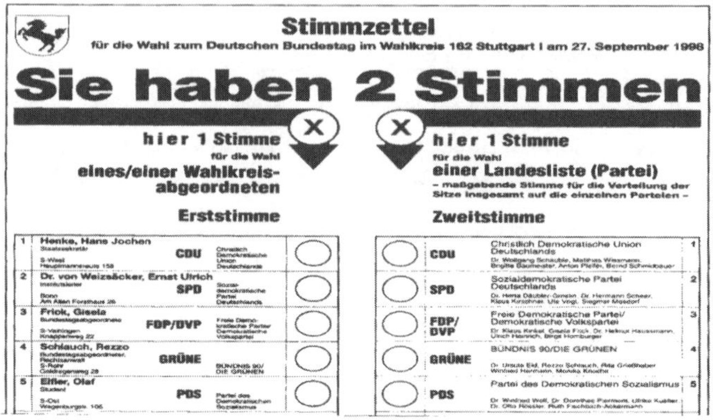

Seit der Bundestagswahl 2002 gibt es wegen der Wahlkreisreduzierung nur **598 Mandate** als Regelfall. Bei den Wahlen 1990, 1994 und 1998 gab es 328 Wahlkreise und 656 Mandate (= Abgeordneten-Sitze).

Die Mandate werden unter die Wahlsieger wie folgt verteilt:

Jede(r) Wähler(in) hat 2 Stimmen:

Erststimme
für eine(n) **Wahlkreisbewerber(in)**

In den **299** Wahlkreisen (seit 2002) ist als **Direktkandidat** gewählt, wer die meisten Erststimmen erhält
(→relative ***Mehrheitswahl***)

Zweitstimme
für die **Liste einer Partei** und die dort Aufgelisteten

Nach der Anzahl erhaltener Zweitstimmen werden 598 Sitze (Mandate) auf die Parteien proportional verteilt.
(→***Verhältniswahl***)
Jede Partei zieht von der so ermittelten Gesamtzahl der gewonnenen Sitze die Direktmandate ab, die restlichen **299** Sitze bekommen die weiteren **Kandidaten auf den Landeslisten**.

Über die Gesamtzahl der Mandate für eine Partei entscheiden folglich die Zweitstimmen.

Überhangmandate gibt es dann, wenn eine Partei in einem Bundesland mehr Direktmandate erhält, als ihr nach dem Anteil an Zweitstimmen insgesamt zustünden.
→ 2002: 5 Überhangmandate, sodass der 15. Deutsche Bundestag 603 Abgeordnete hatte.
→ 2005: 16 Überhangmandate, sodass der 16. Deutsche Bundestag 614 Abgeordnete hatte.
→ 2009: 24 Überhangmandate, sodass der 17. Deutsche Bundestag 622 Abgeordnete hat.

Jeder der Kandidaten brauchte vor Beginn des Wahlkampfes für seine Kandidatur die relative Mehrheit in einer Mitglieder- oder Delegiertenversammlung einer Partei im Wahlkreis oder für die günstige Platzierung auf der Landesliste einer Partei die Mehrheit bei Landesdelegiertenkonferenz oder gar Landesparteitag.

Bei den Wahlen können sich auch partei-unabhängige Kandidatinnen und Kandidaten bewerben, wenn sie 200 Unterschriften von Wahlberechtigten zur Unterstützung ihrer Kandidatur dem Wahlprüfungsausschuss vorlegen können. Ihre Wahl-Chancen sind aber minimal.

Wer darf das aktive Wahlrecht bei der Bundestagswahl ausüben?

- Wahlberechtigte: volljährige Bürger mit deutschem Pass
- Von rund 82 Millionen Einwohnern sind ca. 62 Mio. wahlberechtigt, davon ca. 32 Mio. Frauen. Rund 3,3 Mio. Bürger konnten als „Jungwähler" erstmals wählen.

Wie viele Bürger nutzen ihr Wahlrecht seit Bestehen der Bundesrepublik?

Wahlbeteiligung in % bei den **Bundestagswahlen** (ab 1990 inkl. neue Bundesländer) **sinkt:**

Jahr	1949	1953	1972	1976	1980	1983	1987	1990	1994	1998	2002	2005	2009
Zweitstimmen in %	78,5	86,0	91,1	90,7	88,6	89,1	84,3	77,8	79,1	82,3	79,1	77,7	**70,8**

- Wahlbeteiligung nach 1983 gesunken, 2009 am niedrigsten in der BRD-Geschichte
- Wahlbeteiligung bei **Landtagswahlen** in den 80er Jahren noch bei Ø 77 Prozent, nach 2000 Ø 65 Prozent → Wahlbeteiligung ist auch bei Landtagswahlen gesunken!

Welche Bedeutung hat die 5% - Klausel?

Parteien, die weniger als 5 % der Zweitstimmen erreicht haben, erhalten keine Mandate aus der Auszählung von Zweitstimmen = Listenmandate!
Von dieser 5 % - Klausel gibt es eine Ausnahme: Eine Partei, die mindestens drei Direktmandate erzielt, erhält Mandate gemäß Zweitstimmen-%-Anteil, z.B. 1994 PDS mit 4,4% → 30 Mandate. Da die Linke/PDS im Jahr 2002 nur 2 Direktmandate gewann, gab es keinen weiteren Sitz. Viele sonstige kleinere Parteien erzielen i.d.R. zusammen 3,0 % bis 6 % aller abgegebenen gültigen Zweitstimmen, erhalten dafür aber keine Mandate.
Sitzverteilung nach den letzten vier Bundestagswahlen:

	CDU/CSU	SPD	„Grüne"	FDP	PDS Linke	∑ Mandate
1998	245	298	47	44	35	669
2002	248	251	55	47	2	603
Zweitstimmen	*38,5 %*	*38,5 %*	*8,6 %*	*7,4 %*	*4,0 %*	
2005	226	222	51	61	54	614
Zweitstimmen	*35,2 %*	*34,2 %*	*7,4 %*	*9,8 %*	*8,7 %*	
2009	**239**	**146**	**68**	**93**	**76**	622
Zweitstimmen	*33,8 %*	*23,0 %*	*10,7 %*	*14,6 %*	*11,9 %*	

Welche **Vorteile** bietet das Bundestagswahlverfahren?

- Die Bedeutung der Erststimmen sorgt für nötigen **Kandidatenkontakt zum Wahlkreis.**
- Zweitstimmenanrechnung sorgt für **gerechte Sitzverteilung.**
- **5 % - Sperrklausel wirkt einer Parteienzersplitterung entgegen.**
- Wahlchancen bestehen trotzdem auch für kleinere Parteien v. a. als Protestsammelbecken, wenn sie ausreichend überzeugen.
- **Stimmensplitting** kann vom Wähler bewusst eingesetzt werden, um Koalitionsregierungen zu unterstützen oder zu ermöglichen, z. B. bei Wahlen von 1983 -1998 sowie 2009 Erststimme für CDU-Wahlkreisbewerber (in Bayern CSU), Zweitstimme für FDP-Liste.

Warum werden Wahlkreise verändert?

- Vor jeder Wahl müssen Wahlkreise neu abgegrenzt werden, wenn die Bevölkerungszahl in den alten Wahlkreisen durch Zuzug oder Wegzug inzwischen um rund ein Drittel vom Durchschnitt aller Wahlkreise nach oben oder unten abweicht. Nach dem Bundeswahlgesetz muss die Abweichung kleiner sein!
- Im Jahr 2002 wurden außerdem die Bundestagswahlkreise von 328 auf 299 reduziert.

Warum sind Wahlkämpfe nötig?

Wahlkampf ist Kampf der Parteien um Wählerstimmen mit drei vorrangigen Zielen:
- eigene Stammwählerschaft zu mobilisieren, d. h. zur Stimmabgabe zu bewegen
- Wechselwähler zu gewinnen
- „Stammwählerschaft" des politischen Gegners zu verunsichern (→ dort mehr Nichtwähler)

Wahlkampf ist wegen gesunkener Wahlbeteiligung (Richtung 70 %) und geringerer Stimmenkonzentration auf die „Volksparteien" CDU/CSU + SPD (bei der Bundestagswahl 2009 zusammen unter 57 % !) in den vergangenen 20 Jahren für Parteien noch wichtiger geworden.

Wie viele Nicht-Wähler und „Vergeblich-Wähler" gab es bei der Bundestagswahl 2009?

44 Mio. Wähler	18 Mio. Nichtwähler
davon → 40,7 Mio. gültige + wirksame Zweitstimmen	
→ 0,7 Mio. ungültige Zweitstimmen → 2,6 Mio. unwirksame Zweitstimmen (wegen 5 % - Klausel) ↓	18 Mio. „verschenkte" Stimmen ↓
21,3 Mio. Stimmen blieben ohne Wirkung auf die Zusammensetzung des Bundestages.	

Welche Motive können Nichtwähler haben?

- Allgemeine Unzufriedenheit mit den etablierten Parteien (→ „Parteienverdrossenheit")
- Politische Interesselosigkeit (oder gar „Ahnungslosigkeit")
- Bequemlichkeit
- Unzufriedenheit mit Wahlverfahren (Namen, Listen statt konkreter Programmpunkte-Wahl)
- Überzeugung, dass Wahlen nichts verändern (z. B. an Wirtschaftslage)
- Unzureichende Übereinstimmung mit den aktuellen Parteiprogrammen (denn man ist nicht mit allen wichtigen politischen Forderungen der „Stamm-Partei" oder irgendeiner anderen Partei einverstanden)
- Glaube, dass der Wahlsieger im Voraus feststeht
- Protest (z.B. Ablehnung der Wahlkampfkostenerstattung)

Politische Willensäußerung durch Mitarbeit in Parteien

Welche zentrale Rolle übernehmen Parteien in unserer Demokratie?

Eine repräsentative parlamentarische Demokratie kann ohne Parteien nicht funktionieren. Parteien sind **politische Vereinigungen**, deren Mitglieder aufgrund **gleichgerichteter politischer Ideen und Interessen** Einfluss auf öffentliche Meinung und Staatsgestaltung anstreben. Ihre besondere Bedeutung ergibt sich aus dem Grundgesetz Artikel 21 sowie Parteiengesetz und Bundesverfassungsgerichtsurteilen.

Aufgaben der Parteien nach dem Parteiengesetz:
- **Einflussnahme** auf Gestaltung der **öffentlichen Meinung**
- politische Bildung anregen und vertiefen
- **aktive politische Teilnahme der Bürger fördern**
- Beteiligung mit Kandidaten an politischen **Wahlen**
- **Einflussnahme auf politische Entwicklung in Parlament und Regierung**
- Sorge für lebendige Verbindung zwischen Volk und Staatsorganen

Welche Funktionen haben die Parteien in der BRD wahrgenommen?

- Parteien haben **Programme** und beschließen (bei Parlamentsmehrheiten!) Gesetze → Angebot zur Orientierung und von **alternativen Handlungsmöglichkeiten**!
- Parteien **bündeln** die vielfältigen **Interessen**, sodass sie politisch wirksam werden.
- Parteien haben eine **Elitebildungsfunktion** (innerhalb der Parteien und für Wahlen).
- Parteien ermöglichen den Bürgern eine Teilnahme an der **politischen Willensbildung** und lassen über die Beteiligung an Wahlen dem Volk die Auswahl, wer berechtigt sein soll, den Staat bzw. die einzelnen Bundesländer zu regieren. Auf den Internet-Seiten der Parteien kann sich der politisch Interessierte schnell mit gewünschten Informationen versorgen. Der Wähler kann sich z. B. an Programmschwerpunkten der etablierten Parteien orientieren:
  > **CDU/CSU**: Stärkung der Privatentscheidungen in der sozialen Marktwirtschaft, erst an zweiter Stelle staatliche (Hilfs-)Leistungen
  > **FDP**: persönliche Freiheit und wirtschaftliche Selbstständigkeit
  > **"Grüne"** Parteien: radikaler Umweltschutz und Rüstungsabbau
  > **SPD**: soziale Gerechtigkeit durch staatliche Hilfen innerhalb der sozialen Marktwirtschaft

Welche Entscheidungen verdeutlichen die Macht der Parteien in Deutschland?

- **Auswahl der Kandidaten** bei Wahlen
- **Bildung von (Koalitions-)Regierungen, Wahl der Regierungschefs**
- Verteilung hoher politischer Ämter (je nach Wahlergebnis)
- **Umsetzung von Parteiprogrammen in praktische Politik**
- Wahl des Bundespräsidenten und der Bundesrichter
- Wahl von Rundfunkratsmitgliedern

Wie wird die Demokratieförderung durch die Parteien in Deutschland erreicht?

→ Gesetzliche Sicherung:
- **Parteien müssen nach GG, Art.21 demokratisch aufgebaut sein**: demokratische Wahlen von Orts-, Kreis-, Landes- und Bundesvorstand
- **Parteien**, **die** durch Programm oder Mitgliederverhalten die freiheitlich demokratische Grundordnung gefährden, sind **verfassungswidrig** und können auf Antrag (z.B. der Bundesregierung) **vom Bundesverfassungsgericht verboten werden**.

→ Freiwillige Maßnahmen der Parteien zur Stärkung der innerparteilichen Demokratie:
- Mitgliederbefragung zur Wahl des geeignetsten Kanzlerkandidaten aus der eigenen Partei
- Offene Mitgliederversammlungen zur Auswahl der Wahlkreiskandidaten
- Mitgliederentscheide über Gesetzesvorhaben

Wie finanzieren die Parteien ihre Ausgaben?

- Parteien brauchen für die Erfüllung ihrer gesetzlich vorgeschriebenen Aufgaben (politische Bildungsarbeit, Wahlkampf) Geldmittel.
- **Einnahmequellen** sind: **Mitgliederbeiträge**, Vermögenserträge, Kredite, **Spenden** und **Staatsmittel**: 0,85 € für die ersten 4 Mio. Stimmen einer Partei bei Bundestags-, Landtags- und Europawahlen, 0,70 € für weitere Wählerstimmen. Außerdem gibt es Zuschüsse in Höhe von 50 % für alle Privatspenden (Höhe max. 3.300,00 € pro Jahr und Person.) Die jährl. Obergrenze für alle Staatszuschüsse ist zzt. auf 133 Mio. € jährlich festgelegt. Da die Spender Steuern sparen, bedeutet der Teil eine indirekte staatliche Finanzierung.

Zweck der staatlichen Mitfinanzierung: (maximal erlaubt 50% Staatsmittel!):	Nachteile der staatlichen Förderung:
Mögliche Einflussnahme finanz- und spendenstarker Interessengruppen auf politische Entscheidung, v.a. auf Gesetzgebung soll verhindert werden.	Verschwendung von Steuergeldern, Benachteiligung von Parteineugründungen beim Wahlkampf (denn Staatsmittel gibt es erst ab Stimmenanteil von 0,5 % bei letzter Bundestagswahl oder Europawahl, 1 % bei Landtagswahl)

Politische Willensäußerung durch Mitgliedschaft und Mitarbeit in **Verbänden**

Welche **Rolle** spielen **Verbände** in unserer Demokratie?

- Verbände gehören nach GG, Art. 9 zur demokratischen Gesellschaft. Ein Verband ist eine **Interessengruppe**, deren Mitglieder **gleiche Ziele** haben und diese in der Öffentlichkeit bekannt machen und vertreten. Verbände organisieren die Interessensvertretung.
- Vom Bundestag werden ca. 1500 Interessengruppen registriert, die als **Lobby Einfluss auf das staatliche Handeln nehmen wollen**, zum Nutzen ihrer Mitglieder.

Welche **Arten** von **Verbänden** sind in Deutschland aktiv?

Nach Bereichen des öffentlichen Lebens lassen sich unterscheiden:

- **ökonomische** Verbände (z .B. Bundesverband der Deutschen Industrie - BDI, Deutscher Gewerkschaftsbund - DGB)
- **soziale** Verbände (z. B. Wohlfahrtsverbände, Kriegsopferverband)
- **kulturelle** Verbände (z. B. Sportverbände, Kirchen, Automobilclubs)
- **ökologische** Verbände (z. B. Bund für Umwelt und Naturschutz)
- **politische** Verbände (z. B. staatsbürgerliche Vereinigungen)

Die Mitgliedschaft ist oft abhängig von bestimmten Voraussetzungen, z.B. Berufszugehörigkeit. Die Finanzierung erfolgt über die **Mitgliedsbeiträge**, z.T. auch Spenden.

Wie nehmen die Verbände Einfluss auf den politischen Willensbildungsprozess?

- **Meinung** der Verbandsmitglieder wird **öffentlich gemacht** durch **Pressekonferenzen** für die Massenmedien, **Kundgebungen** und **Demonstrationen**, Anzeigenkampagnen sowie Verbandszeitschriften
- **Information von Parlamentsmitgliedern und Verwaltungsorganen**, um Abhilfe für Probleme der Gruppenmitglieder zu erreichen
- **Stellungnahme im Anhörungsverfahren (Hearing) bei der Gesetzgebung**
- Bestreben, **Mitglieder in wichtige Parteifunktionen** und **Abgeordnetenpositionen** zu bringen
- Aufforderung an die Mitglieder, nur bestimmte Parteien zu wählen, welche die Verbandsinteressen vertreten („**Stimmenpakete**")
- Unterstützung bestimmter Parteien mit **Großspenden** (für Wahlkampf)

Die Verbände sind umso erfolgreicher, je mehr Mitglieder sie vertreten (z. B. ADAC 13 Mio., DGB 6 Mio. Mitglieder) und je unentbehrlicher als Informationslieferant sie durch ihr Fachwissen sind für die politischen Entscheider im Parlament und in der Verwaltung.

Gefährden Verbände die Demokratie?

- Verbände können so großen **Druck auf Verwaltung, Parlament und Regierung** ausüben, dass Parteien und Politiker in Abhängigkeit geraten.
- Wer eine starke **Lobby** hat, kann seine Gruppen-Sonderinteressen im Gesetzgebungsverfahren leichter durchsetzen und **schadet** damit **dem Gemeinwohl.**
- Benachteiligung von Minderheiten, sozialen Randgruppen und Bürgern ohne Lobby kann zu gesellschaftlichen Spannungen, politischem Radikalismus und in besonderen Situationen zu größeren Unruhen führen.

Politische Willensäußerung durch **Bürgerinitiativen**

Welche typischen Merkmale weisen Bürgerinitiativen auf?

- **Vereinigung von Bürgern** (formlos oder in Vereinsform)
- **spontane Entstehung**, meist wegen örtlich begrenzter Probleme
- **Selbsthilfeaktionen**, meist gegen eine unerwünschte staatliche Planung, Entscheidung (z.B. Straßenbau) oder aber Tatenlosigkeit von Behörden
- **Beeinflussung der öffentlichen Meinung** und möglicherweise der Willensbildung bei Politikern und anderen Entscheidungsträgern

Auf welchen Problemfeldern werden örtliche Bürgerinitiativen besonders häufig aktiv?

- **Umweltschutz** (z. B. Bau eines Atomkraftwerks, einer Mülldeponie)
- Stadtentwicklung (z. B. Bebauungsplan für einen Ortsteil)
- **Verkehr** (z. B. Bau einer Umgehungsstraße)
- Jugendfragen (z. B. Planung eines Jugendzentrums)

Die Aktivitäten werden medienwirksam begleitet durch
- Zeitungsanzeigen, Flugblätter, Demonstrationen
- Briefe an Stadtratsfraktionen, Ausschüsse; Anträge an Stadtverwaltung; Unterschriftslisten

Welche gesellschaftlichen Vorteile bringt die Arbeit der Bürgerinitiativen?

- **Probleme** mehrerer oder vieler Bürger, welche die Verwaltung nicht sieht oder wahrhaben will, werden **öffentlich gemacht**.
- **Vorgehensweise von Behörden wird kontrolliert**.
- Bürger haben Gelegenheit, vor Ort an einem demokratischen Willensbildungs- und Entscheidungsprozess mitzuwirken.
- **Einüben demokratischer Spielregeln** statt gewalttätiger Konfliktlösung
- „Mitarbeit" bei staatlichen Planungen sorgt für größere Akzeptanz der Entscheidungen bei den Bürgern.

Welche gesellschaftlichen Nachteile bringt die Arbeit der Bürgerinitiativen?

- Ziel ist oft nur das **Wohl eines relativ kleinen Personenkreises**, aber nicht das Gemeinwohl der großen Mehrheit.
- **Verzögerung oder Verhinderung überregional wichtiger Vorhaben** (z. B. Autobahn)
- Einflussmöglichkeiten für politische Extremisten
- Gefahr der **Frustration**, wenn Bürgerinitiativen ohne Erfolg bleiben (Folgen: politische Resignation, Wut auf vorhandene Staatsordnung)

Politische Willensäußerung durch **Demonstrationen**

- <u>**Rechtsgrundlagen:**</u>

→ GG, Art. 5: Freie Meinungsäußerung + GG, Art. 8: Versammlungsfreiheit;
→ Gesetz über befriedete Bezirke für Verfassungsorgane (B.tag, B.rat, B.Verfassungsgericht)
→ Strafrecht (z. B. § zum Schutz der Würde von Nazi-Opfern)

- <u>**Demonstrationsformen**</u>:

- **Kundgebungen**, **Versammlungen** auf öffentlichen Plätzen und in Gebäuden
- **Demonstrations-Märsche** (auch mit Fahrzeugen wie Traktoren oder LKWs)

- <u>**Einschränkungen des Demonstrationsrechts**</u>:

- Nur **Verbot gewalttätiger und nötigender Demonstrationen** gemäß Strafgesetzbuch, Gesetz über Versammlungen und Aufzüge, Straßenverkehrsordnung

Welche Ziele werden mit Demonstrationen verfolgt?

- Aufmerksamkeit vor Ort und in den Medien erreichen
- **Öffentlichkeit auf** reale oder vermutete **Gefahren hinweisen** (z. B. Umweltgefährdungen)
- **Öffentlichkeit auf soziale Missstände hinweisen** (z. B. baldige Massenentlassungen, Schließungen von Firmen oder Bundeswehrstandorten)
- **Protest gegen politische Entscheidungen** (z. B. Landwirte gegen oder für „Milchquoten")
- Bekanntmachung der eigenen Forderungen (öffentlicher Druck auf Abgeordnete)

Politische Willensäußerung durch **Leserbriefe und offene Briefe**

∗Veröffentlichungsart
- Viele Zeitungen und Zeitschriften haben extra eine Rubrik „Leserbriefe" eingerichtet.
- Die Veröffentlichung von Leserbriefen ist allerdings nicht erzwingbar.
- Kritische Briefe an Politiker werden gleichzeitig als Anzeigen oder Leserbriefe veröffentlicht.
- Im Internet richten immer mehr Programmanbieter „Feedback-Ecken" ein.

∗Anlässe:
- Unzufriedenheit einzelner Bürger mit aktuellen politischen Entscheidungen oder Planungen
- längerfristig ungelöste Probleme (z.B. Gesundheitsreform, Rentenfinanzierung)
- aktuelle Berichte in den Massenmedien

∗Ziele:
- **Beeinflussung der öffentlichen Meinung** durch Bekanntgabe wichtiger **Informationen** sowie **Bewertung** des Verhaltens und der Entscheidungen **von bestimmten Personen oder Gruppen** und Einrichtungen (z.B. Behörden oder Wirtschaftsverbände)
- Anregung zu öffentlichem **Meinungsaustausch**
- **Beseitigung bekannt gewordener Missstände** aufgrund des öffentlichen Drucks

AUFGABEN

1. Wodurch unterscheiden sich die Grundrechtsartikel von anderen Gesetzen?
2. Welchen Schutz gibt es in der BRD vor staatlichem Machtmissbrauch?
3. Wann ist die Würde des Menschen verletzt?
4. Zeigen Sie an einem Beispiel, dass die freiheitlichen Grundrechte nicht grenzenlos sind, sondern Schranken im Wohl der Allgemeinheit oder der Freiheit anderer haben.
5. Nennen Sie drei Arten von Interessengruppen, die typisch für unsere pluralistische Gesellschaft sind, und geben Sie für jede Art den Namen einer (Ihnen bekannten) einzelnen Gruppe an.
6. Nennen Sie vier Möglichkeiten, wie Bürger ihren politischen Willen äußern können.
7. Was versteht man unter öffentlicher Meinung?
8. Wodurch unterscheiden sich Meinungsbildung und Manipulation?
9. Warum ist es oftmals so schwer, sich objektiv und ausreichend zu informieren?
10. Nennen Sie drei wichtige Aufgaben, welche die Parteien wahrnehmen.
11. Welches sind die wichtigsten „Quellen", aus denen die Parteien ihre Arbeit finanzieren?
12. Welchen Zweck hat die 1953 eingeführte 5 %-Klausel?
13. Beschreiben Sie vier Möglichkeiten, wie Sie als Wähler Ihre Wahlentscheidung vorbereiten können.
14. Welches Wahlsystem gilt für die Bundestagswahlen, und welche Nachteile der Mehrheitswahl werden dadurch vermieden?

15. Welche staatliche Einrichtung entscheidet über das Verbot einer Partei?

16. Zeigen Sie an vier Merkmalen, wie sich Bürgerinitiativen von Parteien unterscheiden.

17. Warum engagieren sich mehr Bürger in Bürgerinitiativen als in Parteien?

18. Zählen Sie vier Methoden auf, mit denen Verbände versuchen, politischen Einfluss zu gewinnen.

19. Warum sind für das Funktionieren eines demokratischen Staates mehrere Parteien nötig?

20. Welche politischen Grundrichtungen sind zurzeit in den meisten europäischen National-Parlamenten und im Europa-Parlament vertreten?

21. Geben Sie drei Voraussetzungen für die Durchführung öffentlicher Demonstrationen an.

22. Welche Tatbestände und Entwicklungen gefährden das Grundrecht auf Informationsfreiheit?

23. Welchen Zweck hat die staatliche Gewaltenteilung?

24. Was versteht man unter horizontaler und was unter vertikaler Gewaltenteilung?

25. Nennen Sie die drei grundlegenden Funktionen des Bundestages.

26. Ist ein Bundestag ohne eine Opposition denkbar?

27. Welche Rolle spielen Fraktionen und Arbeitskreise bei der Gesetzgebung?

28. Warum ist das Plenum bei Bundestagsdebatten oft schlecht besetzt?

29. Was versteht man unter dem „imperativen Mandat"?

30. Welchen Konflikt kann es für Bundestagsabgeordnete bei Abstimmungen geben?

31. Im Bundestag und Bundesrat gibt es das „Zitierrecht". Was bedeutet es und welchem Zweck dient es?

32. Der Bundesrat wird manchmal als „Länderparlament" bezeichnet. Ist diese Bezeichnung gerechtfertigt?

33. Welche Bedeutung haben Änderungen der Mehrheitsverhältnisse im Bundesrat?

34. Warum darf der Bundesrat bei EU-Vorhaben ein größeres Mitspracherecht beanspruchen?

35. In der Weimarer Republik gab es insgesamt 20 Regierungen, in der Bundesrepublik dagegen in 55 Jahren nur 17. Worauf ist die politische Stabilität seit 1949 zurückzuführen?

36. Welche Besonderheiten zeichnen die Bundespräsidentenwahl aus?

37. Wie hat der Bundespräsident Einfluss auf die Politik?
38. Warum wird das Bundesverfassungsgericht als „Hüter der Verfassung" bezeichnet?
39. Wie wird die richterliche Unabhängigkeit der Verfassungsrichter gewährleistet, obwohl die meisten vor ihrer Wahl einer parteipolitischen Richtung zugeordnet werden können?
40. Woran kann man erkennen, dass die Bundesrepublik ein föderativer Staat ist?
41. Beschreiben Sie die gegenseitige Machtkontrolle der Bundesorgane.

2.2 Demokratie: Chancen, Entwicklung, Risiken

STOFFTELEGRAMM

TEILUNG DEUTSCHLANDS 1945

VORGESCHICHTE: NATIONALSOZIALISTISCHE DIKTATUR

Belastungen der Weimarer Republik (1919-1939) als Fundament des NS-Staates
→ Kapitulation nach 4 Jahren Krieg, Ende des „imperialen" Kaiserreichs (1871 –1918)
→ Demütigung durch Friedensvertrag von Versailles
→ Anfälligkeit der demokratischen **Weimarer Verfassung** für diktatorischen Missbrauch:

Verfassungsregelung	Auswirkung
Reichspräsident mit zu viel **Macht**:	
Wahl für 7 Jahre durch das Volk	Monarchist und Militarist Hindenburg 1925 u. 1932 gewählt (als nationale Symbolfigur: „Ersatzkaiser")
Eigenmächtige Ernennung und Entlassung des Reichskanzlers	Kanzlerschaft von Launen und Ratgebern des Reichspräsidenten abhängig
Eigenes Recht der **Parlamentsauflösung**	häufige Auflösung des Reichstages Lahmlegung der Parlamentsarbeit
Ausrufung des Ausnahmezustands → **Notverordnungsrecht**	Regierung ohne parlamentarische Kontrolle Außerkraftsetzung von Grundrechten
Oberbefehl über Reichswehr	Zusammenarbeit mit dem Militär gegen Parlament und Regierung
Reichstag und **Reichsregierung**	
reines **Verhältniswahl**system	Parteienzersplitterung (bis zu 39 Parteien) verhindert stabile Koalitionen; Regierungen ohne Parlamentsmehrheit
einfaches Misstrauensvotum	häufiger Sturz von Ministern und Kanzlern → 20 Regierungen in 14 Jahren
Grundrechtsveränderung	
Verfassungsänderung leicht möglich	demokratische Verfassung stückweise beseitigbar, Übergang zur Diktatur unauffällig (1933 Hitlers Ermächtigungsgesetz!)
Verbot von Organisationen nur bei Verstoß gegen Strafgesetze möglich	Bekämpfung der Demokratie durch die Rechtsextremen und Linksextremen

Die nationalsozialistische Diktatur – Hitlers „III. Reich“ 1933 bis 1945

Wie schnell errichtete Hitler die **NS-Diktatur**?

Hitlers Ziele waren:

- Ausschaltung konkurrierender politischer Meinungen, Parteien und Staatsorgane
- Gleichschaltung durch **totale Erfassung** der privaten, beruflichen und politischen Lebensbereiche **aller Menschen**.

Diese **Gleichschaltung** führte er konsequent nach dem 30. Januar 1933 als Reichskanzler durch:

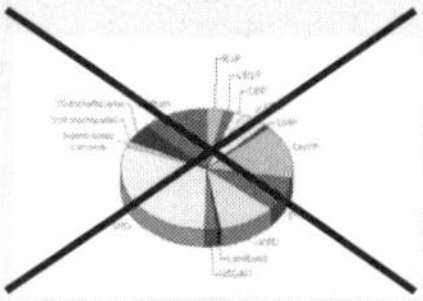

1933

- „**Reichstagsbrandverordnung**“: **Grundrechte** werden **beseitigt**, NSDAP kann willkürlich gegen jeden politischen Gegner vorgehen und die bevorstehende Reichstagswahl zu ihren Gunsten beeinflussen
- „**Gesetz zur Gleichschaltung der Länder** mit dem Reich“: anstelle der gewählten Regierungen treten „Reichsstatthalter“. Bald darauf **Beseitigung der Länderparlamente**!
- „**Ermächtigungsgeset**“: Reichsregierung, d. h. **Hitler** wird **ermächtigt**, **Gesetze ohne Zustimmung des Parlaments** (Reichstags) zu erlassen, **Gewaltenteilung** in Exekutive (= ausführende Gewalt) und Legislative (= gesetzgebende Gewalt) ist damit **aufgehoben**; Gesetze können außerdem von der Reichsverfassung abweichen.
- **Verbot von Gewerkschaften**, Zusammenfassung von Berufgruppen in NS-Berufsverbänden (z. B. „Arbeitsfront“, Bauern im „Reichsnährstand")
- **Verbot** der Arbeiterparteien **KPD** und **SPD**, anschließend erfolgt unter massiver Drohung
- „**Selbstauflösung**“ der übrigen **Konkurrenzparteien**
- „**Gesetz gegen die Neubildung von Parteien**“ → Einparteienherrschaft
- „Gesetz zur Sicherung der Einheit von Partei und Staat" → **NSDAP** wird **Staatsorgan!**

1934

- „Gesetz über die Maßnahmen der **Staatsnotwehr**“: **Ermordung politischer Gegner** (und auch bisheriger „Kameraden“ wie SA-Führer Ernst Röhm und langjähriger Freunde) wird **nachträglich für rechtmäßig erklärt** - wegen angeblicher „Röhm-Putsch“-Gefahr
- „Gesetz über das Staatsoberhaupt“: **Befugnisse des Reichspräsidenten gehen** mit dem Tod Hindenburgs **auf Hitler über**, er wird damit auch **Oberbefehlshaber** der Reichswehr
- **Vereidigung der Wehrmacht auf Hitler persönlich** mit der Verpflichtung, Hitler bedingungslosen Gehorsam zu leisten
- Die Gerichte müssen sich bei Urteilen an „Anordnungen des Führers“ orientieren, ein „**Volksgerichtshof**“ **wird politisches Sondergericht**.

⇒ In 1 ½ Jahren hat Hitler die Demokratie der Weimarer Republik vernichtet!

Deutschland am Ende – 1945, Chance zum Neubeginn

Wie sah das **Ende des II. Weltkrieges** für Deutschland aus?

→ **Deutschlands Städte** sind durch Bomben der Alliierten **zerstört**
→ Truppen von **USA, GB** und **F besetzen** von Westen aus, die **UdSSR** von Osten aus **Deutschland.** (Die Rote Armee hatte bei ihrem Vormarsch Ostdeutschland und Polen militärisch besetzt und unter sowjetische Verwaltung genommen. Schon 1943 hatten sich die Alliierten darauf geeinigt, dass Stalins Beanspruchung ostpolnischer Gebiete durch eine „Westverschiebung Polens“ auf Kosten Deutschlands ausgeglichen werden sollte.)
→ Bedingungslose **Kapitulation der deutschen Wehrmacht am 8. Mai 1945** und damit auch **Ende der deutschen Staatsgewalt:**
- **totale Macht für** Militärregierungen (Oberbefehlshaber) der **vier Besatzungsmächte**
- „Alliierter Kontrollrat" für die Kontrolle ganz Deutschlands
- „Alliierte Kommandantur" für die Verwaltung von Groß-Berlin

Welche Beschlüsse fasste die **Potsdamer Konferenz** im Sommer 1945?

* **Hauptziel der Siegermächte:**
- Sicherung des Weltfriedens durch langfristige Entmachtung Deutschlands
- Dauerhafte Beseitigung der nationalsozialistischen Ideologie

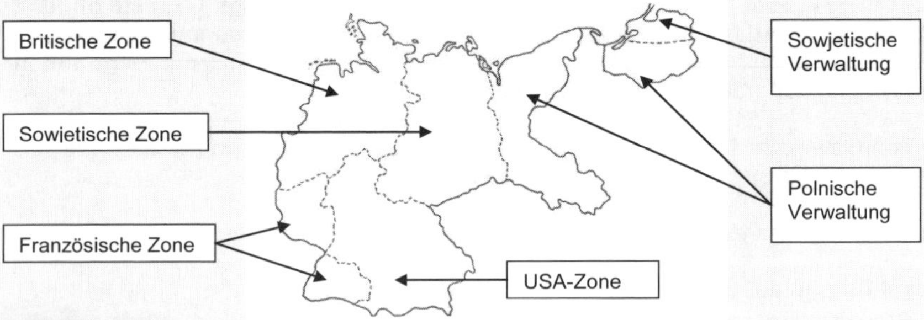

* **Vereinbarungen**:
- **Gebietsabtretungen**: Ostpreußen + Königsberg an UdSSR; Ostdeutschland bis zur Oder-Neiße-Linie an Polen (eigenmächtige Besetzung von UdSSR / Stalin im Voraus durchgeführt)
- **Ausweisung** der Deutschen aus Polen, Tschechoslowakei, Ungarn
- **Dezentralisierung** = Bestätigung der Aufteilung Deutschlands in vier Besatzungszonen (auch extra für Berlin) mit getrennter Regierungsgewalt sowie Dezentralisierung der Wirtschaft
- **Demilitarisierung** = Vernichtung bzw. Abtransport aller deutschen Kriegswaffen
- **Denazifizierung** = Beseitigung aller nationalsozialistischen Organisationen, Aufklärung von NS-Verbrechen, Verurteilung der Kriegsverbrecher
- **Demontage** = Abbau von Industrieanlagen als Reparationen für Kriegsschäden: UdSSR v. a. aus der Sowjetischen Besatzungszone („SBZ“)
- **Demokratisierung** = Wiederaufbau deutscher Selbstverwaltungsorgane (zuerst Behörden) auf demokratischer Grundlage mit demokratischen Parteien (nach sowjetischer Vorstellung allerdings → Führung durch eine kommunistische Partei)

Vor welchen **Problemen** standen die Deutschen seit dem Frühjahr 1945?

- Mindestens 6 Millionen Wohnungen waren zerstört, aber **12 Mio. Vertriebene und Flüchtlinge** aus den „abgetretenen“ Ost-Gebieten mussten untergebracht werden
- Großteil der Industrieanlagen und des Transportwesens war zerstört
- **Millionen Deutsche waren vom Hungertod und / oder Erfrieren bedroht**
- **Schwarzmarkt** mit „Zigarettenwährung" statt **wertloser Reichsmark**

Welche verschiedenartigen **Ziele** hatten die **4 Besatzungsmächte**?

- **Frankreich**: v. a. zukünftige Sicherheit vor deutscher Bedrohung, Zerstückelung Deutschlands, deshalb auch Abtrennung des Saarlands (wegen Kohle und Stahlindustrie)
- **England**: Stopp des sowjetischen Expansionsdrangs, keine wirtschaftliche Vernichtung Deutschlands
- **USA**: erst Morgenthau-Plan zur Umwandlung Dtlds. in ein Agrarland, ab 1946 aber Plan zum wirtschaftlichen Wiederaufbau Deutschlands, und zwar als Prellbock gegen das sowjetische Expansionsstreben (Aufbau von „Satellitenstaaten" in Osteuropa und Südosteuropa)
- **UdSSR**: Ausplünderung der SBZ, Erweiterung ihres Einflussbereichs

Besatzungspolitik 1945 bis 1949 – Entstehung von zwei deutschen Staaten

Westliche Besatzungszonen	Ostzone (SBZ)
1945	
➢ Zulassung antifaschistischer Parteien zur Demokratisierung in ganz Deutschland: SPD, CDU, CSU, KPD	KPD, SPD, CDU, LDPD (in einer „antifaschistischen Einheitsfront"!)
➢ Bildung von **11 Länder**n	Bildung von **5 Länder**n unter kommunistischer Zentralverwaltung!
➢ **Einsetzung von Ministerpräsidenten ohne NS-Vergangenheit** Beginn der Pressefreiheit	Sowjetische Militäradministration plant SBZ nach UdSSR-Vorbild → **Einsetzung von KPD-Funktionären**
1946	
➢ Erste demokratische **Wahlen zu Gemeindeparlamenten**	„Zwangsvereinigung" KPD und SPD zur **SED** (Sozialistische Einheitspartei Deutschlands)
➢ Ausarbeitung von Länderverfassungen	Gemeinde- und Landtagswahlen
➢ **Beendigung der Demontagen in der amerikanischen Zone**	**Radikale Demontagen**, **Enteignung** u. Verteilung **von Großgrundbesitz, Verstaatlichung** (v. a. **VEB)**
1947	
➢ **Marshall**(= US-Außenminister)**Plan** zum Wiederaufbau (Güter und Geld), **Care**-Pakete	Sowjetisch gesteuerte „Volkskongressbewegung" zur Sicherung der SED-Vorherrschaft und Verdrängung parlamentarischer Organe
➢ Wirtschaftliche Vereinigung von US-Zone und britischer Zone zur **Bizone**	Propagierung der marxistisch-leninistischen Ideologie über Presse und Rundfunk
➢ **Bizonen-Organe: Gesetzgebungs- u. Verwaltungsbefugnisse**	
➢ **Wirtschaftsrat** baut **Marktwirtschaft auf**	Vorbereitung einer **zentralen Wirtschaftsplanung**

1948

- **Währungsreform** (100 Reichsmark = 6,50 **D**eutsche **M**ark, 40 DM „Kopfgeld") in den **Westzonen**, 4 Tage später als Reaktion auf Währungsreform in der SBZ auch in **West-Berlin**

Sowjets verweigern Mitarbeit im Alliierten Kontrollrat, dann **Währungsreform** mit dem Versuch, die **Ost-Mark auch in West-Berlin** einzuführen

- West-Alliierte bevollmächtigen die Ministerpräsidenten in der **Trizone** (Beitritt der französ. Zone, 06.07.48) zur **Ausarbeitung einer Verfassung** durch einen „**Parlamentarischen Rat**" aus 65 Landtagsabgeordneten (Vorsitz: Konrad Adenauer, CDU), der das **Grundgesetz** am 8. Mai 1949 mit 53:12 Stimmen verabschiedet

Blockade der Land- u. Wasserwege nach West-Berlin
Spaltung der Berliner Stadtverwaltung

SED wird stalinistisch-kommunistische Partei mit absolutem **Führungsanspruch**

„Volksrat" nimmt einstimmig einen Verfassungsentwurf an

1949

Westdeutschland → BRD

- 12. Mai: Militärgouverneure genehmigen das ausgearbeitete „Grundgesetz"
- 23. Mai: **Grundgesetz** als „provisorische Verfassung" tritt in Kraft (= **Gründung der BRD**)
- 14. August 1949: **Wahlen zum Deutschen Bundestag**

Ostdeutschland → DDR

12. Mai: Ende der Blockade West-Berlins durch die sowjetische Militärverwaltung

7. Oktober 1949: „Provisorische Volkskammer" nimmt **DDR-Verfassung** an

ZEIT DES KALTEN KRIEGS IN DEUTSCHLAND

Berlinblockade 1948/49 – Beginn der Westintegration Westdeutschlands

*** Politische Ausgangslage**

- Berlin, im Mai 1945 von der Sowjetarmee erobert, wurde (im Ausgleich für eine Erweiterung der SBZ auf das Gebiet der späteren DDR) in einen **sowjetischen, amerikanischen, britischen und französischen Sektor** aufgeteilt → „4-Mächte-Status von Berlin".
- Berlin ist **Brennpunkt des entstehenden Ost-West-Konfliktes** wegen des unmittelbaren Aufeinanderprallens von **sowjetisch-kommunistischer und westlich-demokratisch-kapitalistischer Ideologie.**
- **Sowjets wollen Entstehung eines selbstständigen westdeutschen Staates verhindern**, auf den sie keinen Einfluss mehr hätten.
- Seit Jahresanfang sowjetische Behinderung des Güter- und Personenverkehrs zwischen West-Zonen Deutschlands (Trizone) und West-Berlin

*** Konfliktverschärfung und Blockade-Beginn**

- **18.06. 1948: Währungsreform in den Westzonen** ohne Zustimmung der Sowjets (deren Vertreter im Alliierten Kontrollrat die Mitarbeit durch Nichtanwesenheit verweigerte)
- 19.06 **Blockade des Straßenverkehrs nach West-Berlin** durch Sowjetisches Militär
- 23.06 **Abschaltung der Stromlieferungen** nach West-Berlin durch Sowjets
- 24.06. (6 Uhr morgens) **Blockade des Zugverkehrs** nach West-Berlin
- 24.06. **Währungsreform (DM-Ost)** von sowjetischer Militärverwaltung für alle vier Sektoren angeordnet, **Einstellung von Lebensmittellieferungen** aus Ostzone in Westsektoren, Ziel: **West-Berlin „auszuhungern"** und **Westmächte aus Berlin zu vertreiben**
- 01.07. **Sowjets beenden Viermächteverwaltung von Berlin**
- 08.07. Blockade der Wasserwege nach West-Berlin

∗ Reaktionen: Gegenblockade und Luftbrücke
- Gegenblockade: Westmächte verhindern Kohle- u. Stahllieferungen, die bis dahin als Reparationen aus den Westzonen an die UdSSR gingen
- Bewaffnete Gegenwehr würde nun Krieg zwischen den Großmächten bedeuten
- USA und GB organisieren eine **„Luftbrücke“** zur Versorgung von 2,2 Mio. West-Berlinern (v. a. mit Lebensmitteln u. Kohle): ab Juli 1948 gibt es **250 000 Landungen der Versorgungsflugzeuge** = **„Rosinenbomber“,** auf drei „Luftkorridoren“ (wie 1945 vereinbart)

∗ Ergebnisse dieses ersten Kalten Kriegs
- Verhältnis zwischen West-Berliner Bevölkerung und westlichen Besatzungssoldaten bzw. Einstellung zu den westlichen Siegermächten wird freundschaftlich
- **Verwaltung Gesamt-Berlins** (Alliierte Kommandantur, Magistrat) **zerbricht**
- **Aufbau eines Weststaates** durch West-Alliierte vorangetrieben: 11 Tage nach Ende der Blockade, am 23.05.49, wird die **Bundesrepublik** Deutschland gegründet.

Arbeiteraufstand in der DDR – 17. Juni 1953

∗ Ausgangslage
- 1952: Ulbricht verkündet „Aufbau des Sozialismus“
- **verschlechterte wirtschaftliche Situation der Bevölkerung**: Unterversorgung (z. B. Fett, Fleisch, Zucker rationiert), hohe Preise
- SED-Führungsbeschluss zur **Erhöhung der Arbeitsnormen (= Lohnkürzung)** führt zum Streik u. Demonstrationsmarsch von 10 000 Bauarbeitern am 16. Juni 1953 in Ost-Berlin
- Verbreitung dieser Nachricht über RIAS/West in Ost- und West-Dtld.

∗ Arbeiteraufstand am 17. Juni 1953
- Ausbreitung von Massendemonstrationen: ca. 370 000 Beteiligte in 270 Städten verlangen zuerst **Rücknahme der Arbeitsnormen erhöhungen**, dann folgen politische **Forderungen:**
freie Wahlen wie in Westdeutschland,
Rücktritt der SED-Regierung, **Abschaffung der Zonengrenz-sicherung** (1390 km Mauer und Stacheldraht!), damit auch indirekt die **Wiedervereinigung** Deutschlands
- Kasernierte Volkspolizei knüppelt Demonstranten nieder, daraufhin Straßenschlachten, Befreiung politischer Gefangener, SED erscheint hilflos.

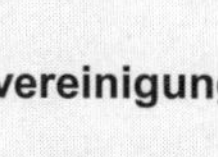

∗ Niederschlagung
- Verhängung des **Ausnahmezustands** in Ost-Berlin (u. über 160 Kreisen) durch sowjetische Besatzungsmacht
- **Sowjet-Panzer** fahren zu den Streikzentren, **schießen** auf versammelte u. flüchtende Arbeiter: mindestens 25 Tote u. 378 Verletzte
- **Volkspolizei und Staatssicherheitsdienst verhaften mindestens 1 000 Arbeiter**
- vermutlich 20 Erschießungen nach Todesurteilen durch sowjetische Militärtribunale

∗ Folgen des missglückten Aufstands
- DDR-Bevölkerung erkannte, dass gegen den Willen der UdSSR keine politischen Veränderungen möglich waren
- **Anpassung** an DDR-Sozialismus oder verbotene, gefährliche **Flucht** als Alternative
- kurzfristige Zugeständnisse der SED-Führung; langfristig Stärkung der stalinistischen Position des SED-Generalsekretärs Ulbricht
- CDU-Bundeskanzler Adenauer lehnt jeden Kontakt mit SED-Regime ab
- Von **1954 bis 1990 war der 17. Juni als „Tag der deutschen Einheit" in der Bundesrepublik und West-Berlin nationaler Feiertag** (als Gedenktag).
- Die Bundesregierung mit Kanzler Adenauer verstärkt durch **Eintritt der BRD in die NATO** und Aufbau der **Bundeswehr** ab 1955 die Spaltung Deutschlands für viele Jahre.

Mauerbau quer durch Berlin ab 13. August 1961

∗ Ausgangslage
- **Seit 1955** nutzten **1,5 Mio. Flüchtlinge** das „Schlupfloch" Berlin,
- rücksichtslose Kollektivierung der Landwirtschaft und ständig fortgesetzte Verstaatlichung von Handel und Gewerbe führte zu neuen **Versorgungskrisen**
- **Zugang nach West-Berlin** („Schaufenster des westlichen Wohlstands") war eine ständige **ideologische Bedrohung für das SED-Regime**
- **Anfang August 1961 fliehen über 47 000 Menschen** („Abstimmung mit den Füßen"): **Massenabwanderung von Arbeitskräften bedroht die wirtschaftliche Existenz der DDR**

∗ Der Mauerbau
- US-Präsident **Kennedy** hatte Ende Juli 1961 drei Fakten als **unantastbar** für Berlin-Status erklärt: Stationierung westlicher Truppen im Westsektor, freier Zugang nach West-Berlin, **politische Freiheit der West-Berliner**
- 05.08.61: **sowjetische Zustimmung (Warschauer Pakt) zur völligen Abgrenzung des Ost-Sektors**
- Nacht vom 12. auf 13. 8. 61: Einheiten der Nationalen Volksarmee (NVA) errichten auf **Anweisungen Honeckers** entlang der innerstädtischen Sektorengrenze Straßensperren, **Stacheldrahtverhaue**, **Stein- und Betonwälle**
- U-Bahn- und S-Bahnverkehr von Ost- nach West-Berlin eingestellt
- Westmächte reagieren nur mit Protesterklärung

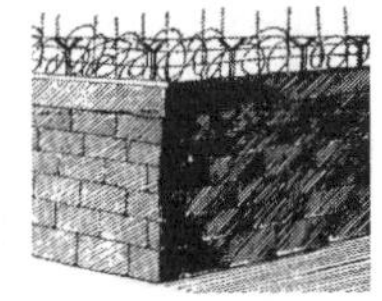

∗ Ergebnisse
- Ulbrichts Begründung des Mauerbaus als *antifaschistischer Schutzwall* war für die Mehrheit der DDR-Bevölkerung eine klare Lüge
- Mauerbau ermöglichte durch erzwungenes Dableiben von Arbeitskräften eine **wirtschaftliche Stabilisierung** der DDR und eine längerfristige Erhöhung des Lebensstandards
- DDR-Bürger mussten mit SED-Diktatur leben lernen, suchten innerhalb des Systems den eigenen Vorteil; wenige leisteten Widerstand
- **Mauer** schien Spaltung Deutschlands zu zementieren, war aber auch ein **weltweit sichtbares Zeichen für brutale Verhinderung der deutschen Einheit**

∗ Abgrenzungspolitik der DDR nach dem Mauerbau
- Ausbau der Grenzbefestigungen, Todesstreifen, Schießbefehl
- West-Berliner Senat musste sich für jeden begrenzten Besuch von West-Berlinern im Osten um **Passierscheinabkommen** bemühen (ab Weihnachten 1963)
- **Zwangsumtausch** von DM (seit 1964) pro Person / Tag, steigender Zwangsumtauschbetrag
- **schikanöse Grenzabfertigung** (bis zu 18 Stunden Wartezeit)
- Reisen in den Westen waren für DDR-Bürger i. d. R. erst ab dem Rentenalter möglich

WESTINTEGRATION UND WIRTSCHAFTSWUNDER

Streit um die Gestaltung der Bonner Deutschlandpolitik ab 1949:

Gegensätzliche Positionen

Vorrang für das Wiedervereinigungsgebot der Präambel des Grundgesetzes mit dem Ziel→ neutrales wiedervereinigtes Deutschland als Brücke zwischen Ost und West	Politik der Stärke zur Bewahrung der politischen Freiheit, d. h. einer repräsentativen Demokratie nach westlichen Vorbildern, bei Inkaufnahme der Teilung Deutschlands → Langfristig Wiedervereinigung über Anziehungskraft der wirtschaftlich erstarkten Bundesrepublik
Souveränität über Neutralität zu erreichen	Souveränität Deutschlands nur über eine Einbindung in ein **westliches Wirtschaftssystem und Militärbündnis** zu erreichen
Kriegsmüdigkeit, mehrheitliche Ablehnung von Waffen und Militär	Verkörperung des Freiheitswillens nur über Wiederbewaffnung, eigenen Verteidigungsbeitrag → Bundeswehr, NATO
	Position von **Adenauer** ↑ (Bundeskanzler 1949 – 1963) setzte sich durch!

Der Ost-West-Konflikt in Europa nach 1945

■ Ursachen

Die westlichen Siegermächte **USA**, **GB** und **Frankreich** einerseits, die **UdSSR** andererseits hatten **verschiedene politische und wirtschaftliche Interessen** an der Nachkriegsentwicklung **in Europa**.

■ Positionskonflikt zwischen Ost und West bezüglich Deutschland

USA: ↔ UdSSR:

USA:
- Demokratisierung
- Aufbau e. westdeutschen Bundesstaates
- wirtschaftliche Überlebensfähigkeit durch wirtschaftliche Starthilfe
- Vorläufigkeit der Oder-Neiße-Grenze

UdSSR:
- Errichtung einer Volksdemokratie
- Kontrolle über ganz Deutschland
- radikale Schwächung durch Demontagen bzw. Reparationen
- Endgültigkeit der Oder-Neiße-Grenze

■ Entwicklung des Ost-West-Konflikts in Europa

- **UdSSR sichert sich ab 1946 Einfluss in Osteuropa** durch Einsetzung kommunistischer Einheitsregierungen und Truppenstationierung in der SBZ, Polen, Tschechoslowakei, Ungarn, Rumänien, Bulgarien
  → Niederschlagung des Arbeiteraufstands am 17. Juni 1953 in der DDR durch UdSSR
  → Niederschlagung des Ungarnaufstands 1956 durch UdSSR
- **USA reagieren mit „Eindämmungspolitik": Marshallplanhilfe** ab 1947 zum Aufbau der kriegszerstörten Wirtschaft, Unterstützung von Regierungen, welche die kommunistischen Aufstände im Inland bekämpfen („Truman-Doktrin"), Hilfe nur **für westliche Staaten** realisiert
- **UdSSR** verbietet den zwangsverbündeten Regierungen die Annahme der Marshallplanhilfe, **unterstützt weltweit** Regierungsstürze zum **Aufbau sozialistisch-kommunistischer Regierungen** (z. B. „Bürgerkrieg" in Griechenland 1947 - 1949 mit Unterstützung der Kommunisten durch UdSSR)
- USA betreiben Antikommunismus, unterstützen weltweit Stalin-Gegner
- **UdSSR sperrt Juni 1948 - Mai 1949 alle Land- und Wasserwege zwischen den Westsektoren Berlins und der Trizone** (aus der 1949 die BRD wird), ganz Berlin soll nach Stalins und Ulbrichts Willen zur SBZ gehören
- USA, Kanada und WEU-Staaten planen unmittelbar danach **nordatlantisches Verteidigungsbündnis (NATO) zur Verhinderung der kommunistischen Macht-Ausdehnung**

Militärbündnisse der Supermächte – Abschreckungspolitik

NORDATLANTIKPAKT-ORGANISATION (NATO)

- **Gründung 1949** durch Kanada, USA sowie Belgien, Dänemark, Frankreich, Großbritannien, Island, Italien, Luxemburg, Niederlande, Norwegen, Portugal
- **Ziele**: Verpflichtung zu gegenseitigem Beistand bei bewaffnetem Angriff auf einen oder mehrere Mitgliedstaaten; wirtschaftlich - politische Zusammenarbeit
- **Sicherheitsstrategie** 1949 -1967 **Kriegsverhinderung durch abschreckende Wirkung** der **atomaren Massenvernichtungswaffen**, Doppel-Strategie seit 1967:

Gesicherte Verteidigungsfähigkeit durch **militärische Stärke, Kriegsverhinderung durch Abschreckung** + **Abbau von Spannungen**, Aufbau fester Beziehungen zwischen Ost-Block und West-Mächten (v. a. USA)

WARSCHAUER PAKT

- **Gründung 1955** durch UdSSR mit DDR, Bulgarien, CSSR, Polen, Ungarn, Rumänien, Albanien (Mitglied bis 1968) als **Reaktion auf Wiederbewaffnung der BRD und deren NATO-Beitritt 1955**
- **Ziel**: Verteidigungsbündnis **gegen** einen (aus UdSSR-Sicht) denkbaren Angriff von **NATO-Staaten**
- **Strategie** bis Ende der 80er Jahre: absolute Sicherheit vor Angriff auf das eigene Staatsgebiet durch **außergewöhnliche konventionelle Militärstärke (v. a. Panzer)**, **„Vorwärtsverteidigung"** und **„Präventivschlag"** mit stärksten Atomwaffen

Wie funktionierte die Abschreckungspolitik?

- Möglicher Angreifer soll davor **zurückschrecken,** Territorium militärisch zu erobern, weil das angegriffene Land militärisch stark ist und ein Angriff mehr Schaden als Nutzen brächte.
- **„Gegenschlag"** muss **glaubwürdig angedroht werden**
- Glaubwürdigkeitsproblem hat bei beiden Militärblöcken zur ständigen Ausweitung der (Atom-)Waffenarsenale und technischen Verbesserungen (**„Rüstungsspirale"** beim **„Gleichgewicht des Schreckens"**) geführt – aber „heißer Krieg" blieb in Europa aus

Wirtschaftswunderjahre in Westdeutschland 1950 – 1965

Daten zum **„Wirtschaftswunder"**:

Wirtschaftswachstum	1950→16,4 %	1955→11,8 %	1960→ 8 %	Durchschnitt:→ 9 %
Durchschnittliche Jahresnettolöhne und Kaufkraft (DM)	1949 → 2.365 → 2.365		1969 → 9.495 → 6.744	*Zum Vergleich: 1989* *Nettolohn → 26.763* *Kaufkraft → 9.089*

- **Ursachen des Wirtschaftsaufschwungs:**

- Fleiß und Aufbauwillen bei Arbeitnehmern und Unternehmern, Marshallplanhilfe, System der sozialen Marktwirtschaft, Gewerkschaften mit maßvoller Tarifpolitik und wenig Streiks;
- Fortschrittsglaube, erstaunliche Leistungen der Wissenschaft und Technik;
- Unterbewertung der DM, Exportboom durch Koreakrieg

- **Ungelöste Probleme:**

- beträchtliche soziale Unterschiede, z. B. 1955 bereits 350 000 PKW für Wohlhabende, aber unzureichende Wohnraumversorgung für die Mehrheit
- soziales Netz schwach ausgeprägt

ENDE DER 60ER JAHRE – UMBRUCHZEIT UND BEGINN DER REFORMEN

■ Politischer Wandel in Bonn:
- Rücktritt der Regierung Erhard (CDU) am 30.11.1966 (Folge der ersten Wirtschaftskrise)
- Beginn einer **Großen Koalition** (Kanzler Kiesinger, Vizekanzler Brandt) aus CDU/CSU und SPD → Im Bundestag stehen der Regierungskoalition, unterstützt von 447 Abgeordneten, nur 49 Abgeordnete der FDP als parlamentarische Opposition gegenüber.

■ **Studentenbewegung – APO (Außerparlamentarische Opposition)**

Antriebskräfte für die öffentlichkeitswirksamen und provokativen Protestformen (Blockade von Lehrveranstaltungen, Sit-ins, Massendemonstrationen, „Besetzungen" von Gebäuden) waren vor allem:
- Unbehagen am politischen und gesellschaftlichen System der Ära Adenauer und Erhard wurde erstmals und lautstark öffentlich in Demonstrationen geäußert: Kritik richtete sich gegen die Leistungs- und Konsumverehrung der „Wiederaufbaugeneration", die sich nach den Erfahrungen der NS-Zeit und der Entnazifierung überwiegend unpolitisch verhielt.
- Das Fehlen einer wirkungsvollen parlamentarischen Opposition 1966 bis 1969 wurde von der politisch stärker engagierten Jugend nicht nur als Funktionsverlust des Parlaments erfasst, sondern als Beweis für Unrechtsherrschaft interpretiert. Hinzu kam die Wut über die NS-Vergangenheit vieler Prominenter in Politik (z. B. Kiesinger) und Wirtschaft.
- Angst vor einer Stärkung der Staatsmacht durch die umstrittenen Notstandsgesetze
- Ohnmachtsgefühl gegenüber dem Axel-Springer-Presseimperium mit seiner einseitigen studentenfeindlichen Berichterstattung
- Bürgerrechtsbewegung in den USA
- Sympathie der Jugendlichen für die leidende vietnamesische Zivilbevölkerung und Wut auf die verlogen erscheinende USA-Kriegspolitik („Kampf für demokratische Werte")
- Hoffnung auf einen freiheitlichen Sozialismus nach dem Experiment „Prager Frühling" 1968
- Notwendigkeit einer Reform der Hochschulen (in Bezug auf Lehrinhalte und Mitbestimmung)

Welche – meist noch heute wirksamen – Folgen hatte die Protestbewegung?

- **Freiheitliche Veränderung der Alltagskultur**:
  - Kleidung und Frisuren der Jugendlichen werden unangepasster, vielfältiger
  - neue Wohnformen wie Kommunen und Wohngemeinschaften entstehen
  - antiautoritäre Erziehungsformen werden erprobt, die Ehe als Lebensform infrage gestellt
- **Verbreiterung des politischen Engagements:**
  - Reformen demokratisieren das Leben an Universitäten und Schulen
  - Bildung von Bürgerinitiativen
  - Entstehung der Partei „Die Grünen" aus der Bürgerinitiativen-Bewegung
  - Friedensbewegung (mit Auswirkung auf kirchliche Basisgruppen in der DDR)
- Erstmals **SPD in Regierungsverantwortung**: Ära der sozialliberalen Koalition (bis 1982) beginnt mit Bundeskanzler Brandt (SPD) und Außenminister Scheel (FDP)
  Regierungsmotto "Mehr Demokratie wagen" führt zu **innenpolitischen Reformen**:
  - > Volljährigkeit ab 18. Lebensjahr (auch das aktive Wahlalter von 21 auf 18 herabgesetzt)
  - > Ehe- und Familienrecht (z. B. Rolle der Frau, Zerrüttungsprinzip bei Scheidung)
  - > Strafrecht (z.B. Reform des § 218)
  - > Soziale Sicherung (z. B. Rentenreformgesetz zur flexiblen Altersrente, Hausfrauenrente)
  - > Mitbestimmungsregelungen (neues Betriebsverfassungsgesetz 1972 und Mitbestimmung auf Unternehmensebene 1976 – nach jahrelanger Kompromisssuche zwischen allen B.tagsfraktionen
- Beginn einer außenpolitischen Reformpolitik -> **Neue Deutschland- und Ost-Politik:** Aussöhnung mit den Staaten Osteuropas als Ergänzung zu Adenauers Westintegration mit der Hoffnung auf Entspannung und "Wandel (der DDR) durch Annäherung":

Moskauer Vertrag (mit der UdSSR) und **Warschauer Vertrag** (mit Polen) 1970
- Gewaltverzichtserklärung / Friedliche Regelung aller Streitfragen
- Anerkennung der osteuropäischen Staatsgrenzen als unverletzlich
- Anerkennung der Oder-Neiße-Linie als West-Grenze Polens

DER WEG ZUR DEUTSCHEN WIEDERVEREINIGUNG

Neue Berlin-Politik der Supermächte – Entspannungspolitik von USA und UdSSR

- **Vier - Mächte - Abkommen über Berlin 1971**
- **Bestätigung der entstandenen Bindungen West-Berlins an die BRD** durch die vier Besatzungsmächte (ehemaligen Siegermächte) in Berlin
- Fortbestand der 4-Mächte-Verantwortung (gültig bis 2.10.1990)
- **Verpflichtung zur Beseitigung von Spannungen**, **Gewaltverzicht**
- **UdSSR sichert unbehinderten Zugang nach West-Berlin**, klare Regelung für schnellere Grenzabfertigung
- **Folgevereinbarungen zwischen BRD und DDR**
- **Transitabkommen** u. **Verkehrsabkommen erleichtern deutsch-deutsche Kontakte**, z. B. West-Berliner können (unabhängig von Verwandtschaft) nach Ost-Berlin und in DDR reisen

Grundlagenvertrag zwischen BRD und DDR 1972

- **Zielkonflikte:**
- DDR: **völkerrechtliche Anerkennung eines eigenen (sozialistischen) Staates** und damit **Bestätigung der deutschen Teilung = Erledigung der deutschen Frage**
- BRD: Normalisierung der Beziehungen, um über zwischenmenschliche Kontakte ein **weiteres Auseinanderleben der deutschen Nation** zu **verhindern**; Konfliktherd in Europas Mitte soll ungefährlicher werden.

- **Hauptinhalte:**
- Entwicklung **gutnachbarlicher Beziehungen** auf Grundlage der **Gleichberechtigung**
- **Unverletzlichkeit der Grenzen**, **Gewaltverzicht**
- **Internationale Vertretung nur für jeweils eigenes Staatsgebiet**
- **„Ständige Vertretungen“** (statt Botschaften) in Bonn und Ost-Berlin zur Förderung der Beziehungen und Interessenvertretung für die jeweils eigenen Staatsbürger
- Förderung der Zusammenarbeit und Abrüstung in Europa

- **Wichtige Nebeninhalte in Zusatzdokumenten:**
- **Arbeitsmöglichkeiten für westliche Journalisten**: Berichterstattung live aus der DDR
- „Brief zur deutschen Einheit" betont Selbstbestimmungsrecht aller Deutschen u. verhindert völkerrechtliche Anerkennung der DDR durch die BRD
- Verbesserungen im Reiseverkehr

- **Folgen des deutsch-deutschen Grundlagenvertrages:**
- **DDR** konnte sich aus internationaler Isolierung lösen, **völkerrechtliche Anerkennung** erfolgt **durch über 130 Staaten**; **1973** werden **DDR und BRD in** die **UNO** aufgenommen
- **Reiseverkehr nahm** (v. a. in die DDR) trotz wiederkehrender Schikanen **zu**
- Vielzahl weiterer Abkommen (z. B. Telefonverkehr, Sport, Kultur) **förderte Kontakte und Zusammenarbeit**
- **Berichte westdeutscher Korrespondenten aus der DDR informierten** DDR-Bürger **über** (bisher verschwiegene) **Missstände** in ihrem Staat (z. B. Umweltverschmutzung)

Reformprozesse in Osteuropa – Annäherung der Supermächte

- **Auswirkungen der KSZE-Schlussakte von Helsinki 1975**
- „Korb 3“ verpflichtete Unterzeichnerstaaten zur Achtung der Menschenrechte und Grundfreiheiten
- in **Osteuropa** entstanden **„Helsinki-Gruppen“**, die trotz Verfolgung immer wieder Rechte wie Reise- und Informationsfreiheit einforderten
- Ende der 80er Jahre größere **Oppositionsbewegung**, v. a. in **Polen** und **Ungarn**

- **Verbesserung des USA-UdSSR-Verhältnisses ab 1985**
- Gemeinsames Interesse an Abrüstungsverträgen
- **Gorbatschow** (neuer KPdSU- u. Staatschef) erhoffte sich wirtschaftliche Hilfe vom Westen, v. a. von den USA zur Bewältigung der schweren Krise in der UdSSR
- **Aufhebung der „Breschnew-Doktrin“**, nach der Reformprozesse im „Ostblock“ von der UdSSR notfalls gewaltsam verhindert werden konnten (wie 1956 in Ungarn, 1968 in CSSR)

Was waren die Hauptziele von **Gorbatschows Reformpolitik?**

Perestroika +
= Umbau von Wirtschaft u. Gesellschaft
> Verringerung der Funktionärsmacht bei Behörden und Abbau der zentralen Wirtschaftsplanung, Beginn von Marktwirtschaft

Glasnost
= Offenheit, Durchschaubarkeit
> Enttabuisierung, freie Diskussionen in Öffentlichkeit, Medien und Staatsorganen
> Kritik und Selbstkritik

= Versuch der Demokratisierung des sozialistischen Gesellschaftssystems

Friedliche Revolution in der DDR

- **40 Jahre Unzufriedenheit der DDR-Bürger: Hauptgründe der Revolution**

➢ Nichterfüllung der kommunistischen Verheißungen: statt Freiheit und Wohlstand für die Arbeiterklasse **Parteidiktatur mit Privilegien für die Funktionärsklasse** (= **Verrat an** sozialistischer **Gleichheitsidee)**

➢ **Versagen der Planwirtschaft**: schlechte Versorgungslage, bei vielen Gütern Warteschlangen, längere Arbeitszeiten bei geringerem Lohn als in Westdeutschland, geringe internationale Wettbewerbsfähigkeit, Zerfall der Bausubstanz, Mangel an Umweltschutzinvestitionen

➢ **Einschränkung wichtigster Grundrechte**: eingeschränkte Freizügigkeit selbst innerhalb der DDR, **fehlende Reisefreiheit** (außer in einige Ostblock-Staaten), **fehlende Meinungs- und Versammlungsfreiheit**

➢ **Allmachtsanspruch des SED-Staatsapparats** mit ständiger Überwachung von Millionen Bürgern durch **„Stasi“-Spitzel** und **Behördenwillkür**, Unterdrückung jeglicher Opposition

1989 **Revolutionärer Wandel**

März: - Demonstrationen von Ausreisewilligen, daraufhin Verhaftungen
Mai: - Erster **Abbau von Grenzsicherungsanlagen** zwischen **Ungarn** und Österreich
- **Kommunalwahl:** öffentliche Auszählung entlarvt **Wahlergebnisfälschung**
Juli: - **Tausende DDR-Bürger flüchten sich in die BRD-Botschaften** in **Budapest, Prag, Warschau** und in die **„Ständige Vertretung“** in **Ost-Berlin**
Aug.: - Beginn von Oppositionspartei-Neugründungen, z. B. SDP (SPD)
Sept.: - **Öffnung der ungarischen Grenze nach Westen für alle DDR-Bürger**
- Täglich flüchten Tausende über Österreich in die BRD
- **Demonstrationen gegen die SED** in Leipzig; Volkspolizei prügelt und verhaftet
Okt.: - Gefahr einer Bürgerkriegssituation (Bürger gegen Volkspolizei und Soldaten)
- **Ständiges Anwachsen der Proteste** und **Demonstrantenzahlen**
- **SED setzt Honecker als Parteichef und Staatsoberhaupt ab**
Nov.: - **Größte Demonstration in der DDR-Geschichte (fast 1 Mio. Bürger in Ost-Berlin)**
- **SED-Politbüro tritt geschlossen zurück**
09.11. - **DDR öffnet ihre Grenzen nach West-Berlin und zur Bundesrepublik**
⟶ Fall der Mauer; „Volksfest“ auf der Mauer am Brandenburger Tor
Dez.: - **Volkskammer streicht SED-Führungsrolle aus der DDR-Verfassung**
- Mehrzahl der Parteien will die Wiederherstellung der staatlichen Einheit
- **„Runder Tisch“** aus **Vertretern** der (nicht demokratisch gewählten) **Volkskammer** und (noch nicht wählbaren) **Opposition berät wichtige Maßnahmen für den Demokratisierungsprozess** in der DDR und **vereinbart Volkskammerwahlen** für den 18. März 1990

Erste Schritte zur deutschen Einheit

▪ **Erste freie Wahlen in der DDR am 18. 03. 1990**

- **Positionen vor der Wahl**: *Allianz für Deutschland (mit **CDU**, DSU, DA)*: **schnelle Einheit** (nach GG Art. 23 Beitritt zur BRD wie 1957 das Saarland nach dortiger Volksabstimmung)
  B**und **F**reier **D**emokraten* (darin ***FDP): Position weitgehend wie CDU
  SPD: Vereinigung erst nach Schaffung einer gesamtdeutschen Verfassung
  ***PDS** (SED-Nachfolgepartei)*: Staatenbund, Bewahrung der „sozialistischen Errungenschaften"
- Wahlbeteiligung: 93,4%, 10 Parteien erhalten Sitze in Volkskammer
- Ergebnisse: CDU 40,6 %, SPD 21,8 %, PDS 16,3 %, DSU 6,3%, BFD 5,3%
- **Wahlanalyse**: **SED hat gegen den Willen der Bevölkerungsmehrheit regiert,** eigenes DDR-Nationalbewusstsein kaum vorhanden, **Mehrheit für schnellen Beitritt zur BRD**

▪ **Letzte Regierung der DDR** (ab 12.04.1990)
- Bildung einer **großen Koalition** aus **CDU**, DSU, DA, BFD, **SPD**, um zielstrebig den Demokratisierungsprozess voranzutreiben und die deutsche Einheit herzustellen
- **Ziele der Regierung** des Ministerpräsidenten **de Maizière** (CDU): Währungs-, Wirtschafts- und Sozialgemeinschaft mit der BRD, dazu Umstellung der Planwirtschaft auf eine **soziale Marktwirtschaft** mit ökologischer Verantwortung, **Sicherung der sozialen Rechte**, **Schaffung** eines **gesamteuropäischen Sicherheitssystem**s, völkerrechtlich verbindliche Anerkennung der Grenze zu Polen (Oder-Neiße-Linie), Wiederherstellung der **Länder**hoheit in der DDR und **Beitritt zum deutschen Bundesstaat**

Staatsvertrag zur Wirtschafts-, Währungs- und Sozialunion ab 1. Juli 1990

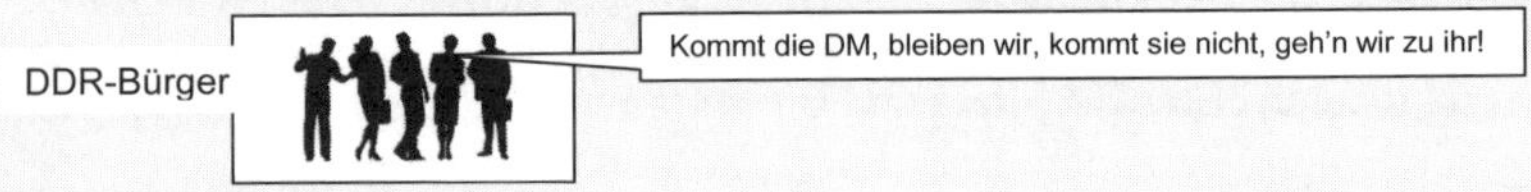

▪ **Zweck der Währungsunion**
- **Einheitliches Währungsgebiet** mit **DM** ab Juli 1990 (Dt. Bundesbank als Währungshüter!), **Umtausch**kurse **DM : DDR-Mark 1:1** für Löhne, Renten, Mieten, kleinere Bankguthaben, **1:2** für höhere Guthaben und **Schulden** von DDR-Bürgern und Betrieben
- Währungsreform für **Wirtschaftsaufschwung** (wie 1948 in West-Zonen) durch erhöhte Kaufkraft → Stopp des Übersiedlungsdrangs

▪ **Zweck der Wirtschaftsunion**
- **Einführung der** sozialen **Marktwirtschaft** mit **Privateigentum** an Unternehmen, Gewerbefreiheit, weitgehend **freie Preisbildung**; Schaffung konkurrenzfähiger Klein- und Mittelbetriebe mit modernen Arbeitsplätzen; **freie Wahl des Arbeitsplatzes**; Anpassung an EG-Agrarmarkt
- **Treuhandanstalt** unter Aufsicht des Bundesfinanzministers sorgt durch **Verkauf** der (staatlichen) **VEB-Betriebe an Privatunternehmer** sowie **Sanierung** / zeitweilige Verwaltung bis 1994 für möglichst viele überlebensfähige Betriebe im marktwirtschaftlichen Wettbewerb.

▪ **Zweck der Sozialunion**
- Aufbau eines Systems der **Sozialversicherung** (z. B. Arbeitslosenversicherung) und **Sozialen Fürsorge** (z. B. Sozialhilfe, Wohngeld) wie in der BRD
- neu entstehende Arbeitsämter sollen auch der **Arbeitsförderung** dienen
- Anpassung der **Arbeitsrechtsordnung** (z. B. Streikrecht, Mitbestimmung)

Ratifizierung des Vertrags am 21./22.6.90 durch **Volkskammer**, **Bundestag** und **Bundesrat**

Außenpolitische Probleme auf dem Weg zur Wiedervereinigung

■ Ängste im Ausland vor der Wiedervereinigung Deutschlands

- **Frankreich, Großbritannien befürchten**: Deutschland mit 80 Mio. Einwohnern übernimmt **politische und wirtschaftliche Vorherrschaft in Europa,** hat zu große Vorteile bei der Erschließung der neuen osteuropäischen Märkte
- **UdSSR**, **Polen**: Aus Angst vor einem 3. Weltkrieg mit Deutschland im 20. Jahrhundert war nach 1955 die DDR wichtigster Partner der Russen im **Warschauer Pakt**; NATO-Truppen mit Atomwaffen an der Grenze zu Polen schienen deshalb äußerst bedrohlich.

■ Weitere außenpolitische Probleme:

- **GG-Präambel von 1949** könnte weitere Deutsche im Reichsgebiet von 1937 zu BRD-Beitrittswünschen veranlassen
- **Vertragliche (wirtschaftliche u. militärische) Bindungen der DDR an die UdSSR**
- **Besatzungsrechte** für Gesamtdeutschland nach Potsdamer Abkommen (1945) und für Berlin nach **Vier-Mächte-Abkommen** (1970)
- Westmächte sind für, **UdSSR gegen eine NATO-Mitgliedschaft Gesamtdeutschlands**

■ Problemlösung durch Verhandlungen zwischen BRD und UdSSR

- Ständige Gespräche über den Weg zur Wiedervereinigung, die Rolle der Bundeswehr in einer veränderten NATO und Vorteile der Einheit für die UdSSR
- **Vereinbarungen** zwischen Kohl und Gorbatschow im Kaukasus, Juli 1990:

▪ **UdSSR** akzeptiert **volle deutsche Souveränität** und **NATO-Mitgliedschaft** ▪ Truppenabzug aus dem Gebiet der **DDR bis Ende 1994**	▪ **BRD** leistet **Finanzhilfe** für geplante sowjetischen Truppenabzug ▪ **Bundeswehr wird auf 370 000 Mann** bis Ende 1994 **reduziert**

+ Vorbereitung eines Vertrages über Partnerschaft und Zusammenarbeit

■ Problemlösung durch „2 + 4" - Konferenzen ab Mai 1990

Teilnehmer: Außenminister und Regierungschefs von:

2 deutschen Staaten:
BRD, DDR

4 Siegermächte des II. Weltkrieges:
UdSSR, USA, F, GB

Vertrag über die abschließende Regelung in Bezug auf Deutschland
12.09.1990

Volle Souveränität

NATO-Mitgliedschaft

Verzicht auf ABC-Waffen

Deutschland hat **endgültig keine weiteren Gebietsansprüche** im Osten

Oder-Neiße-Linie = Ostgrenze der BRD

Einigungsvertrag – Vertrag zur Wiedervereinigung von West- und Ostdeutschland

1990

■ **Zustandekommen des Einigungsvertrages**

- ab 06.07. Verhandlungen zwischen BRD und DDR über **gemeinsam geltendes Recht** (z. B. Strafrecht, Verwaltungsrecht, Umweltschutz) ab dem Tag der Vereinigung
- 23.08. **Volkskammer beschließt** mit 294 (von 400) Stimmen den **Beitritt** zur BRD
- 31.08. Unterzeichnung des Vertrags durch zuständige Regierungsmitglieder
- 20.09. **Volkskammer** und **Bundestag** stimmen zu
- 21.09. **Bundesrat** stimmt zu (einstimmig)

■ **Besondere Inhalte:**

- **Beitritt der DDR zur Bundesrepublik Deutschland am 3. Oktober 1990**
- **Neue Bundesländer: Brandenburg, Mecklenburg-Vorpommern, Sachsen, Sachsen-Anhalt, Thüringen** (außerdem Gesamt-Berlin statt West-Berlin)
- **GG-Präambel**-Änderung: Deutschlands **Einheit vollendet**
- **Einheitliches Rechtssystem** (Übergangsregelungen bis Ende 1992)
- **Berlin** ist neue **Hauptstadt** der Bundesrepublik Deutschland
- Neuregelung der Stimmenverteilung im **Bundesrat:** 19 Stimmen mehr
- **3. Oktober** als **„Tag der deutschen Einheit"** neuer jährlicher Nationalfeiertagstermin

Auswirkungen der Wiedervereinigung

1990 bis heute

Welche **Folgen** für das **Staatswesen** und die **Staatsfinanzen** hat die deutsche Einheit?

■ **Negativ:**

- **Staatshaushalt** wird wegen Investitionen in den **Ausbau der Infrastruktur** (z. B. Verkehrsnetz) und **Umweltsanierung in Ost-D. belastet** → Transfer über 1.300 Mrd. €
  → Anwachsen der gesamten Staatsschulden (von Bund und Ländern) auf Rekordwerte
- **Steuer-** und **Gebührenerhöhungen**, z. B. Solidaritätszuschlag (zzt. 5,5%) zur Lohnsteuer als Folge der Finanzierungsprobleme
- **Sozialversicherungssystem** für Übergangszeit v. a. durch den Verlust von ca. 3 Millionen Arbeitsplätzen in Ost-Deutschland **belastet**: → **Beitragserhöhungen** oder Leistungskürzungen sind nötig (daraufhin Parteien-**Streit um „Solidarpakt"**)
- **Justiz** braucht viele Jahre zur Bewältigung von SED-Unrechtsentscheidungen (bis 2005)

■ **Positiv:**

- **Wegfall der militärischen Konfrontation auf deutschem Gebiet,** neue **Sicherheit**
- **Souveränität**, (Aufhebung aller seit 1945 geltenden Besatzungsrechte)
- **Bevölkerungs- und Staatsgebietsvergrößerung** verändern außenpolitische Rolle, z. B. **Deutschland als Mittler zwischen Ost und West, gewachsene politische Bedeutung**
  → Verantwortung in EG/EU, KSZE, WEU, NATO und UNO

Welche **Folgen** hat die Einheit für die **Volkswirtschaft** der BRD?

■ **Negativ:**

- **In Ost-D.** Verlust von 3 Mio. Arbeitsplätzen, Währungsreform zerstörte bisherige gesicherte Exportmöglichkeiten in Staatshandelsländer (UdSSR, Polen...)
- Konjunkturbelebung durch Investitionen in Ostdeutschland wird teilweise durch unklare Eigentumsverhältnisse an Grundstücken und Gebäuden verhindert
- nach Vereinigungsboom auch Konjunktureinbruch in Westdeutschland, höhere Arbeitslosigkeit

■ **Positiv:**

- **Westdeutsche Unternehmen** haben seit der Währungsreform **höhere Umsätze** und **Gewinne** durch den **neu entstandenen Absatzmarkt**
- Großer **Bedarf an Privatinvestitionen** (Hausbau, Handwerk, Industrie, Dienstleistung) bietet langfristig große Chancen für (auch ökologisch sinnvolles) Wirtschaftswachstum

Welche Belastungen brachte die Einheit für die Gesellschaft?

- **„Mauer in den Köpfen“** (Vorurteile von „Ossis“ und „Wessis“) kann verhindern, dass sich die Deutschen wieder wirklich als eine Nation verstehen und **politische Radikalisierung** (Links- oder Rechtsextremismus innerhalb des Parteienspektrums und außerparlamentarisch) begünstigen
- **SED-Karrieristen und Mitläufer in Verwaltungen und Betrieben** verhindern (als „Wendehälse“ / „Seilschaften“) demokratische, marktwirtschaftliche Erneuerung Ost-Deutschlands
- Offenlegung der Akten des Staatssicherheitsdienstes der DDR („**STASI**“) zeigte die millionenfach betriebene Bespitzelung und Denunziation, oft unter Beteiligung von Verwandten und Bekannten→ Zerbrechen vieler Beziehungen und anhaltendes Misstrauen.
- Die Aufarbeitung der DDR-Vergangenheit kann – je nach persönlicher Vergangenheit – als überflüssig und bei strafrechtlicher Verfolgung ungerecht („Siegerjustiz“) erscheinen oder aber gar nicht sorgfältig genug sein, um alle Verantwortlichen für das Unrecht in der DDR moralisch bzw. juristisch zu belangen.

GEFAHREN FÜR DIE DEMOKRATIE

Werteverfall, Egoismus	Soziale Ungerechtigkeit	Organisierte Kriminalität

+

Rechtsextremismus

∗**Parteien:**
DVU, REP, NPD (Ein Parteienverbot ist nur durch das Bundesverfassungsgericht möglich, wie z. B. 1952 auf die Sozialistische Reichspartei / SRP oder 1956 auf die KPD angewandt.)

∗**Neonazistische Kameradschaften und Freundeskreise, Skinhead-Gruppen**
Lockere Personenzusammenschlüsse traten anstelle verbotener Organisationen.

∗**Beispiele für seit 1992 verbotene rechtsextreme Organisationen:**
„Nationalistische Front“, „Deutsche Alternative“, „Wiking Jugend“, „Freiheitliche Deutsche Arbeiterpartei“, „Nationale Liste“, „Verein Skinheads Allgäu e.V.“
(Bei Vereinigungen ist ein Verbot durch Innenminister der Länder oder des Bundes möglich!)

Ideologische Kennzeichen rechtsextremer Gruppen und Parteien	Politische Ziele und Aktivitäten der rechtsextremen Szene
Nationalismus (Verherrlichung der eigenen Nation - Chauvinismus)	Militärisch und politisch starkes Deutschland gegen Völkergemeinschaften
Ausländerfeindlichkeit (Hass auf Ausländer)	Ausweisung aller Ausländer (Asylanten und Gastarbeiter)
Rassismus (Glaube an Herrenrasse); Antisemitismus	Demütigung und Verfolgung von Juden und Schwarzen
Demokratiebekämpfung (Hass auf Andersdenkende, Verleumdung demokratischer Institutionen und Repräsentanten)	Suche nach einem neuen „Führer", Aufhebung des NS-Verbots, Beseitigung allgemeingültiger Grundrechte
Gewaltbereitschaft	Sachbeschädigung (z.B. Friedhof- und Kirchenschändung), Einschüchterung oder Tötung der gehassten Opfer

Welche äußeren Kennzeichen sind typisch für Rechtsextreme?

- NS-Symbole auf Fahnen, Jacken, Stickern, Flugblättern, in Zeitschriften und Internet-Seiten
- Parolen (wie „Deutschland den Deutschen!", „Rotfront verrecke!")
- Uniformierte Kleidung (z.B. Arbeits- / Springerstiefel, Lederjacken)
- Militärische Grußzeremonien
- Kollektiver Alkoholkonsum mit Randaliererei, Gewalttätigkeiten

Welche Ursachen kann es für den neuen Rechtsradikalismus geben?

- Modisches Mitläufertum bei orientierungslosen Jugendlichen und jungen Erwachsenen
- Verlust von verbindenden Werten in unserer Gesellschaft (Leistung u. Konsum reichen nicht!)
- Existenzangst wegen schlechter Chancen auf dem Arbeitsmarkt bzw. Arbeitslosigkeit
- Rechtsradikale Propaganda (auch von Musikgruppen und im Internet)

Welche Methoden und Kommunikationsmittel werden von Rechtsextremen eingesetzt?

- Demonstrationen, Flugblattaktionen, Aufkleber/ -näher, Wahlkampfparolen, Gewalttaten
- Organisation von Treffen und Aktionen über Mobiltelefone, außerdem verstärkte Nutzung des Internet und von Mailboxen zum Informationsaustausch unter Mitgliedern sowie zur Propaganda und damit auch Erweiterung des Sympathisantenkreises

Sonstige verfassungsfeindliche Gruppierungen

* Linksextremismus: Marxistisch-leninistische und autonom-anarchistische Gruppen
* Extremistische Gruppen bestimmter ausländischer Organisationen
* Scientology-Organisation

AUFGABEN

1. In welcher Situation befand sich die deutsche Bevölkerung im Frühjahr 1945?

2. Welche Bedeutung hat das Potsdamer Abkommen für die Grenzen Deutschlands bis heute gehabt?

3. Welches waren die grundlegenden Ursachen für die Spaltung Deutschlands nach 1945?

4. Wie und warum kam es zur Entstehung der SED (heutige PDS / Linke) in der SBZ?

5. Warum änderten die USA ab 1946 ihre Besatzungspolitik?

6. Beschreiben Sie in Kurzform die Entstehung der DDR.

7. Warum heißt die BRD-Verfassung seit 1949 Grund-Gesetz statt Verfassung?

8. Warum waren die Startbedingungen für den Wirtschaftsaufbau in Westdeutschland wesentlich günstiger als in Ostdeutschland?

9. Warum war ausgerechnet Berlin oftmals Austragungsort des Ost-West-Konfliktes?

10. Seit SED-Generalsekretär Ulbricht wurde in der DDR die Mauer als „antifaschistischer Schutzwall“ bezeichnet. Was sollte dieses Schlagwort der Bevölkerung einreden?

11. Was waren die wirklichen Gründe für den Bau der Mauer quer durch Berlin?

12. Welche Botschaft formulierte 1985 der damalige Bundespräsident Richard von Weizsäcker mit dem Satz: „Die Deutsche Frage ist so lange offen, wie das Brandenburger Tor zugemauert ist.“?

13. Erläutern Sie Adenauers Politik der „Westintegration“.

14. Warum wurde Mitte der 50-er Jahre die Wehrpflicht ins Grundgesetz aufgenommen?

15. Welches waren die entscheidenden Ursachen des Ost-West-Konflikts?

16. Was verbirgt sich hinter dem westdeutschen Begriff „Wirtschaftswunder“?

17. Nennen Sie vier Ursachen für das Entstehen der APO.

18. Geben Sie drei Beispiele für bis heute anhaltende Nachwirkungen der Studentenbewegung.

19. Nennen Sie sechs wichtige Ereignisse aus den Jahren 1989 und 1990, die zur deutschen Einheit geführt haben.

20. War die Währungsreform in der DDR 1990 vergleichbar mit der 1949 in den Westzonen?

21. Warum verlangte die Vereinigung Deutschlands der UdSSR die meisten Zugeständnisse ab?

22. Welche vorteilhaften und nachteiligen Auswirkungen hat die deutsche Einigung mit sich gebracht?

23. Mit welchem Ereignis sind 45 Jahre deutsche Teilung beendet worden?

24. Wie änderte sich die Zusammensetzung von Bundestag und Bundesrat durch die Vereinigung der beiden deutschen Staaten?

25. Nennen Sie drei an Hitler orientierte ideologische Kennzeichen der Rechtsextremen.

26. Unterscheiden Sie mittels fünf Merkmalen eine Demokratie von einer Diktatur.

Prüfungsaufgaben

Prüfung 2005, Aufgabe 3
LPE 2.2 Demokratie: Chancen, Entwicklung, Risiken

1 Auf der Potsdamer Konferenz haben die Siegermächte unter anderem über die Aufteilung Deutschlands entschieden. (Siehe Anlage)
1.1 Tragen Sie in einer Tabelle zu den Ziffern 1-8 die jeweilige Besatzungsmacht bzw. den Staat ein, unter dessen Verwaltung das Gebiet gestellt wurde.
1.2 Für Berlin galt eine Sonderregelung. Beschreiben Sie den Status Berlins.
1.3 Erläutern Sie drei weitere Beschlüsse der Potsdamer Konferenz.
2 Beschreiben Sie den Weg zur Entstehung der Bundesrepublik Deutschland unter Berücksichtigung folgender Schlagworte:
- Marshall-Plan
- Trizone
- Währungsreform
- Parlamentarischer Rat

Anlage

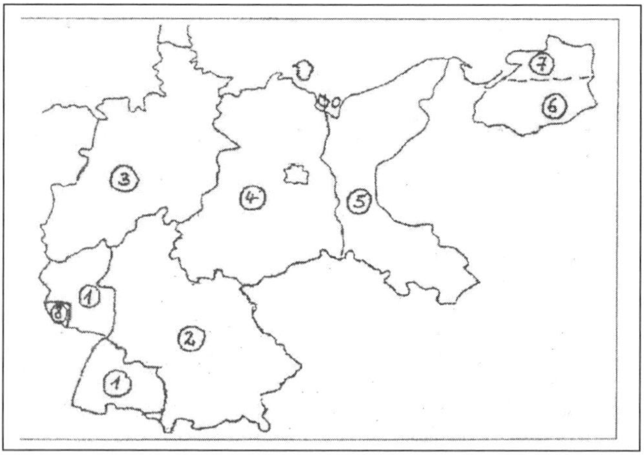

Prüfung 2005, Aufgabe 4
LPE 2.4 Chancen im wiedervereinten Deutschland

1 In der Zeitung „Neues Deutschland“ (Anlage 1) wird von einer Krise gesprochen.
1.1 Beschreiben Sie die damalige Krisensituation. (Drei Aspekte)
1.2 Welche beiden grundsätzlichen Möglichkeiten zur Überwindung der Krise wurden damals diskutiert?

2 Zur Vereinigung Deutschlands waren wirtschafts-, finanz- und sozialpolitische Regelungen notwendig. Nennen Sie die wichtigsten Bestimmungen.

3 Deutschland 14 Jahre nach der Wiedervereinigung. (Anlage 2)
3.1 Beschreiben Sie die Karikatur.
3.2 Erläutern Sie die Aussage des Karikaturisten.

3.3 Beschreiben Sie zwei mögliche Ursachen für den in der Karikatur (Anlage 2) dargestellten Sachverhalt.

Anlage 1

Neues Deutschland vom 29. November 1989:

Für unser Land
Unser Land steckt in einer tiefen Krise. Wie wir bisher gelebt haben, können und wollen wir nicht mehr leben. [...] Uns bleibt nur wenig Zeit, auf die verschiedenen Möglichkeiten Einfluss zu nehmen, die sich als Auswege aus der Krise anbieten.

Anlage 2

Karikatur: Bruns, Die Lage der Nation, April 2004

Prüfung 2005/06, Aufgabe 3

LPE 2.2 Demokratie: Chancen, Entwicklung, Risiken

1 Die Bilder und Begriffe in der Anlage stehen für wichtige Ereignisse der deutschen Geschichte nach dem Zweiten Weltkrieg.
1.1 Tragen Sie die Begriffe (Mauerfall, Potsdamer Abkommen, Ostverträge, Mauerbau) und die Jahreszahlen (1945, 1961, 1970, 1989) in die dafür vorgesehene Tabelle ein (Anlage).
1.2 Beschreiben Sie zwei der genannten Ereignisse genauer in ihrem historischen Zusammenhang.

2 Der 3. Oktober ist unser Nationalfeiertag. Aus welchen Gründen (zwei Nennungen) wurde der 3. Oktober gewählt?

3 Die Wiedervereinigung Deutschlands wird als Ergebnis einer „friedlichen Revolution" bezeichnet.
3.1 Erläutern Sie den Begriff „friedliche Revolution".
3.2 Nennen Sie vier Ereignisse dieser „friedlichen Revolution".
3.3 Nach über 15 Jahren Einheit gibt es laut Umfragen sowohl im Osten als auch im Westen eine Minderheit von Bürgern, die sich wieder eine Trennung wünschen. Nennen Sie je zwei Gründe aus östlicher und westlicher Sicht für diese Einstellung.

Anlage

Ereignis:

Jahr:

Ereignis:

Jahr:

Ereignis:

Jahr:

Ereignis:

Jahr:

Prüfung 2005/06, Aufgabe 4

LPE 2.3 Partizipation in einem repräsentativ verfassten demokratischen und sozialen Bundesstaat

1 Art. 5 GG garantiert u. a. Meinungs-, Informations- und Pressefreiheit.

1.1 Aus welchen Gründen wurden diese Rechte im Grundgesetz verankert? (zwei Argumente)

1.2 Erläutern Sie anhand von zwei Beispielen Grenzen der Meinungs-, Informations- und Pressefreiheit.

1.3 Die Zahl der unabhängigen Tageszeitungen ist seit Jahren rückläufig.
1.3.1 Nennen Sie zwei Gründe für diese Entwicklung.
1.3.2 Welche Gefahr ist damit verbunden?
2 Die Veröffentlichung demoskopischer Ergebnisse ist ein wichtiges Mittel der Politik.
2.1 Welche Auswirkungen auf die Willensbildung und Entscheidung in der parlamentarischen Demokratie hat die Demoskopie?
2.2 Stellen Sie dar, wie Richard von Weizsäcker (Anlage) die Rolle der Demoskopie beurteilt.
2.3 Demoskopische Umfragen können zu falschen Ergebnissen führen. Erläutern Sie zwei mögliche Fehlerquellen.

Anlage

Leben wir in einer „Demoskopiedemokratie"?

Der ehemalige Bundespräsident Richard von Weizsäcker schreibt über die Parteien:

Mandate aufgrund von Wahlergebnissen sollen doch nur die Voraussetzung für die eigentliche Aufgabe der Politik sein, nämlich die Herausforderung der Zeit zu erkennen und mit ihren Risiken und Chancen fertig zu werden. Doch diese werden allzu rasch im Lichte der nächste Wahlkämpfe gesehen. [...] Wir leben in einer Demoskopiedemokratie. Sie verführt die Parteien dazu, in die Gesellschaft hineinzuhorchen, dort die erkennbaren Wünsche zu ermitteln, daraus ein Programm zu machen, dieses dann in die Gesellschaft zurückzufunken und sich dafür durch das Mandat für die nächste Legislaturperiode belohnen zu lassen. So ist es zwar nicht immer, aber zu oft. Und es handelt sich um einen Kreislauf, bei dem die politische Aufgabe der Führung und Konzeption zu kurz kommt.

Die Zeit, 19. Juni 1992

Prüfung 2006, Aufgabe **3**

LPE 2.1 Willensbildung und Entscheidung in der parlamentarischen Demokratie

1 Beschreiben Sie die Karikatur (Anlage 1) und erläutern Sie Ihre Aussage.
2 Bei Jugendlichen ist Politikverdrossenheit weit verbreitet. Nennen und erläutern Sie drei Gründe dafür.
3 Mit der Bildung von Jugend(gemeinde)räten soll auf kommunaler Ebene der Politikverdrossenheit von Jugendlichen entgegengewirkt werden.
3.1 Beurteilen Sie den Erfolg dieser Maßnahme (Anlage 2).
3.2 Welche anderen Möglichkeiten der politischen Beteiligung Jugendlicher erscheinen Ihnen Erfolg versprechend (drei Nennungen)? Begründen Sie Ihre Meinung.

Anlage 1

Aus: Politik & Unterricht 4-2004, S. 35

Anlage 2

Seit im Herbst vergangenen Jahres der Freiburger Jugendrat den Gemeinderat um seine Auflösung ersuchte, rankt sich eine lebhafte Diskussion um die Zukunft des Engagements junger Menschen in der Stadt. Die Arbeitsgemeinschaft (AG) „Kommunale Jugendbeteiligung“ wurde installiert, in der Jugendvertreter wie Gemeinderäte mitwirken. Am Donnerstag diskutierten Vertreter der AG und Interessierte mit Fachleuten im Rieselfelder Glashaus über Jugendbeteiligung.
Ein Beispiel dafür, „wie manche Jugendräte an der Lebenswirklichkeit der jungen Menschen vorbeiarbeiten“, nannte da Michael Hermann, Wissenschaftler an der Pädagogischen Hochschule Weingarten. Der hatte 38-mal die Frage auf der Tagesordnung: „Wie viele städtische Haartrockner gibt es in den Hallenbädern der Gemeinde?“ Hermann beschäftigt sich seit geraumer Zeit mit Fragen der Jugendbeteiligung auf kommunaler Ebene in Baden-Württemberg und kommt zu dem Schluss: „Junge Menschen interessieren sich wenig für das, was auf der großen politischen Bühne in Berlin passiert.“ Jugendliche bevorzugen heute unverbindliche und spontane Beteiligungsmöglichkeiten. „Geht es um drängende Probleme, sind sie dabei", so Michael Hermann.
Ähnliches stellte der Freiburger Stadtjugendring bei einer Umfrage an sechs Freiburger Schulen vor drei Jahren fest. „Bei Demonstrationen, Projekten und spontanen Aktionen sind junge Freiburger zeitlich befristet gern dabei“, resümiert Hubert Wagner, Vorsitzender des Stadtjugendrings. Dass es viele Defizite im Umgang mit der Beteiligung Jugendlicher bei den Kommunen gibt, stellte Michael Hermann fest. Viele Themen werden von den Kommunalverwaltungen abgelehnt, weil sie nicht in den Kompetenzbereich einer Stadt fallen. „Das ist ein Fehler, man hält Jugendliche gerne von Themen ab, für die man selbst keine Lösung hat“, meinte Hermann.
Badische Zeitung, 19.03.2005

Prüfung 2006, Aufgabe **4**

LPE 2.4 Chancen im wiedervereinten Deutschland

Stufe 1

Stufe 2

Stufe 3

1 Ordnen Sie jeder der drei Stufen den entsprechenden Zeitpunkt bzw. Zeitraum zu.
2 Beschreiben Sie jede der drei Stufen hinsichtlich ihres geschichtlichen bzw. politischen Hintergrundes.
3.1 Erläutern Sie drei wirtschaftliche Ursachen der dargestellten Situation in Stufe 3.
3.2 Nennen Sie drei Vorschläge zur Verbesserung und begründen Sie zwei davon.

Prüfung 2006/07, Aufgabe **3**

LPE 2.2 Demokratie: Chancen, Entwicklung, Risiken

1 Der Staatssicherheitsdienst (Stasi) der DDR war für viele Maßnahmen verantwortlich, die nach den Gesetzen der Bundesrepublik Deutschland als illegal gelten.
1.1 Nennen Sie vier Grundrechte, gegen die die Aktivitäten der Stasi verstoßen haben.
1.2 Nennen Sie zwei Maßnahmen, mit welchen von staatlicher Seite nach der Wiedervereinigung auf die Aktivitäten der Stasi reagiert wurde.
1.3 Die Aufarbeitung der Stasi-Vergangenheit bringt Probleme mit sich. Erläutern Sie zwei Aspekte.
1.4 Wie sieht der Schriftsteller Christoph Hein (Anlage) die Stasi-Tätigkeit und die Aufarbeitung der Stasi-Vergangenheit?
2 Die Wirtschafts- und Sozialordnung der DDR wurde durch die soziale Marktwirtschaft ersetzt.
2.1 Nennen Sie zwei Maßnahmen, die dafür erforderlich waren.
2.2 Erläutern Sie zwei Probleme, die sich daraus ergeben.

Anlage

Aus der Rede des Schriftstellers Christoph Hein:

Ich verachte den Geheimdienst, ich verachte seine Spitzel, aber ich weiß auch, der Stasi-Spitzel, das war nur die spezielle Form eines politischen Opportunismus in der DDR. Und ich denke, es wäre zur Aufarbeitung der Geschichte in ganz Deutschland hilfreich, auch diesen Aspekt mit dem Namen Stasi und Stasi-Spitzel unter das übergreifende Thema Anpassung, Anpassungsdruck, Anpassungsbereitschaft oder Verweigerung zu stellen.
Stasi-Spitzel, das ist nur der spezielle DDR-Name dieser Anpassung. Nach dem Zusammenbruch der DDR sollten wir um unserer Zukunft willen nicht allein über die Willfährigkeit, für die Stasi zu arbeiten, sprechen, denn dieses Problem hat sich als aktuelle Bedrohung für uns erledigt. Wir sollten vielmehr grundsätzlich über Anpassung sprechen, über die vergangene wie über die vorhandene, denn diese bedroht uns und die Demokratie unverändert. Es wäre zudem hilfreicher für das Verstehen von Ost und West, denn daß es eine spezielle DDR-Form der Anpassung in Westdeutschland nicht gab, besagt nicht, daß es dort keine oder eine geringe Anpassungsbereitschaft gab, auch nicht, daß es dort keine moralisch verwerfliche und verbrecherische Anpassung gab.

Quelle: Süddeutsche Zeitung vom 07.03.1992, Beilage S. 1

Worterläuterung
Opportunismus, hier: Anpassungsbereitschaft; Bereitschaft, einen Zweck (Nutzen) über ein Gesetz zu stellen.

Prüfung 2006/07, Aufgabe **4**

LPE 2.3 Partizipation in einem repräsentativ verfassten demokratischen und sozialen Bundesstaat

1 Am 18. September 2005 fanden vorgezogene Neuwahlen zum Deutschen Bundestag statt. Diese hatte Bundeskanzler Schröder nach der verlorenen Landtagswahl in Nordrhein-Westfalen am 22. Mai 2005 völlig überraschend angekündigt.
1.1 Beschreiben Sie den weiteren Ablauf der Ereignisse zwischen Mai und September 2005, indem Sie die Rolle erläutern, die dabei
- der Bundespräsident,
- das Bundesverfassungsgericht
- und die Vertrauensfrage gespielt haben.

1.2 Beschreiben Sie kurz für jedes der unter 1.1 genannte Staatsorgane, welche Stellung dieses Staatsorgan in unserer staatlichen Ordnung einnimmt und benennen Sie für jedes dieser Staatsorgane eine weitere Aufgabe.

2 Die Neuwahlen des Deutschen Bundestages brachten folgende Sitzverteilung:

CDU/CSU	226
SPD	222
FDP	61
Linke/ PDS	54
Grüne	51
Parlament	614

2.1 Erläutern Sie die Grundzüge des Wahlsystems zum Deutschen Bundestag.
2.2 Erklären Sie die Gesamtzahl von 614 Abgeordneten im neu gewählten Bundestag. Der 2002 gewählte Bundestag hatte nur 603 Abgeordnete.

3 Die Haitzinger-Karikatur bezieht sich auf die nach der Wahl gebildete Koalition. Beschreiben und interpretieren Sie die Karikatur in der Anlage.

Anlage

„Zu neuen Ufern!“

Quelle: Stuttgarter Nachrichten vom 19.11.2005

Prüfung 2007, Aufgabe **3**

LPE 2.2 Demokratie: Chancen, Entwicklung, Risiken

1.1 Nennen Sie drei Vorgaben, welche die Alliierten der Verfassungsgebenden Versammlung machten(siehe Anlage).
1.2 Zeigen Sie, inwieweit das Grundgesetz diesen Vorgaben Rechnung trägt. Welche Bedingungen (zwei Nennungen) mussten erfüllt sein, damit die Verfassung in Kraft treten konnte (siehe Anlage)?

2 Bevor Deutschland in zwei Staaten geteilt wurde, zerfiel es als Folge des Ost-West-Konfliktes in zwei unterschiedliche Wirtschafts- und Gesellschaftssysteme.

2.1 Erklären Sie, warum die Auseinanderentwicklung der östlichen und westlichen Besatzungszonen im Widerspruch zum Potsdamer Abkommen steht.

2.2 Der Marshallplan war ein Angebot an alle europäischen Staaten.
Erläutern Sie,

2.2.1 was man unter dem Marshallplan versteht,

2.2.2 welche Absichten die Amerikaner damit verfolgten,

2.2.3 welche Auswirkungen er hatte.

2.3 Die Währungsreform führte zu einer sehr ernsten Ost-West-Krise um Berlin. Erläutern Sie das Vorgehen der Sowjetunion und die Gegenmaßnahmen der westlichen Besatzungsmächte während der Berlinkrise.

Anlage

„Frankfurter Dokumente"
Ausschnitt aus einem der von den Militärgouverneuren den elf deutschen Ministerpräsidenten in Frankfurt am Main übergebenen Dokumenten
vom 1.Juli 1948
Dokument Nr. I (Grundlinien für die Verfassung)

In Übereinstimmung mit den Beschlüssen ihrer Regierungen autorisieren[1] die Militärgouverneure der Amerikanischen, Britischen und Französischen Besatzungszone in Deutschland die Ministerpräsidenten der Länder ihrer Zonen, eine Verfassungsgebende Versammlung einzuberufen, die spätestens am 1. September 1948 zusammentreten sollte. ...
Die Verfassungsgebende Versammlung wird eine demokratische Verfassung ausarbeiten, die für die beteiligten Länder eine Regierungsform des föderalistischen Typs schafft, die am besten geeignet ist, die gegenwärtig zerrissene deutsche Einheit schließlich wieder herzustellen, und die Rechte der beteiligten Länder schützt, eine angemessene Zentral-Instanz schafft und die Garantien der individuellen Rechte und Freiheiten enthält. Wenn die Verfassung in der von der Verfassungsgebenden Versammlung ausgearbeiteten Form mit diesen allgemeinen Grundsätzen nicht in Widerspruch steht, werden die Militärgouverneure ihre Vorlage zur Ratifizierung[2] genehmigen. Die Verfassungsgebende Versammlung wird daraufhin aufgelöst. Die Ratifizierung in jedem beteiligten Land erfolgt durch ein Referendum[3], das eine einfache Mehrheit der Abstimmenden in jedem Land erfordert, nach von jedem Land jeweils anzunehmenden Regeln und Verfahren. Sobald die Verfassung von zwei Dritteln der Länder ratifiziert ist, tritt sie in Kraft und ist für alle Länder bindend. Jede Abänderung der Verfassung muss künftig von einer gleichen Mehrheit der Länder ratifiziert werden. Innerhalb von 30 Tagen nach dem Inkrafttreten der Verfassung sollen die darin vorgesehenen Einrichtungen geschaffen sein.

„Frankfurter Dokumente" (01.07.1948), in: documentArchiv.de [Hrsg.], URL: http://www.documentArchiv.de/brd/frftdok.html, Stand: 26.05.2006.

Worterklärungen:
1 ermächtigen
2 Zustimmung durch Volk oder Parlament (Verb: ratifizieren)
3 Volksabstimmung

Prüfung 2007, Aufgabe **4**

LPE 2.3 Partizipation in einem repräsentativ verfassten demokratischen und sozialem Bundesstaat

1 Die Interessen der Arbeitnehmer werden durch Gewerkschaften und Berufsverbände wahrgenommen. Bei einem Tarifkonflikt können die Arbeitnehmer ihren Forderungen durch einen Streik Nachdruck verleihen.

1.1 Nennen Sie vier große Verbände aus unterschiedlichen Wirkungsbereichen.

1.2 Beschreiben Sie vier Möglichkeiten der Interessenverbände, ihre Vorstellungen durchzusetzen.

1.3 Erklären Sie drei Unterschiede zwischen politischen Parteien und Interessenverbänden.

2 Die Öffentlichkeit und die Medien reagieren auf Tarifkonflikte und Streiks von Arbeitnehmern in besonderer Weise.

2.1 Arbeiten Sie die Positionen der Journalisten in den Kommentaren der Badischen Zeitung (siehe Anlage) heraus.

2.2 Beurteilen Sie eine dieser Positionen.

Anlage

Öffentlicher Dienst
Sinnloser Konflikt

Es wird Zeit, dass sich die Tarifparteien im öffentlichen Dienst eines externen Schlichters bedienen. Denn aus eigener Kraft scheinen die Streithähne mal wieder nicht in der Lage zu sein, ihren Konflikt zu lösen. Im Gegenteil: Es sieht derzeit eher so aus, als ob das bekannt schlechte Krisenmanagement dieses Tarifbereichs Kommunen, Länder und Gewerkschaft in einen Großkonflikt schlittern lässt. Wenn Räum- und Streufahrzeuge sich mit Polizeihilfe ihren Weg bahnen müssen, Notdienstvereinbarungen gekündigt werden, dann spätestens sollte man nach der Verhältnismäßigkeit der Mittel fragen. Gewiss, es ist frustrierend, wenn Arbeitnehmer wochenlang streiken, dies aber so recht niemanden interessiert. Und es ist eine Provokation, wenn Arbeitgeber den Streik durch den Einsatz von Leiharbeitern unterlaufen. Aber in Aktionen wie denen in Stuttgart wird auch die Verzweiflung der Protestierenden spürbar, die zu ahnen beginnen, dass sie von ihrer Gewerkschaft letztlich in einen sinnlosen Konflikt getrieben wurden, dass der vermeintliche Kampf um den Erhalt von Arbeitsplätzen am Ende zur Privatisierung einer größeren Zahl öffentlicher Dienstleistungen führen könnte. Arbeitgeber und Gewerkschafter jagen nämlich in diesem Streit einer Illusion nach. Im öffentlichen Dienst entscheidet letztlich nicht die Wochenarbeitszeit über die Zahl der Stellen, sondern die Kassenlage und der politische Wille. Doch dies will derzeit offensichtlich niemand zur Kenntnis nehmen.

Thomas Hauser, Badische Zeitung vom 04.03.2006

Sacherklärung : Erhöhung der Wochenarbeitszeit von 36,5 auf 40 Stunden war Anlass des Streiks

Bundesweite Ärztestreiks
Nur die Zahl irritiert

Ab heute ist in vielen Kliniken Sonntag. Denn die Ärzte streiken und absolvieren nur das Notprogramm wie am Wochenende. Das war zu erwarten. Denn die Mediziner sind in Streitlaune, sie fühlen sich stark für den Arbeitskampf. Der Zeitpunkt für den Protest ist klug gewählt. Denn es stehen mehrere Landtagswahlen an und da lässt es sich gut Druck machen. Und die Ärzte wissen, dass viele Patienten längst Verständnis für Ihren Unmut haben. Viele Kranke kennen die miesen Arbeitsbedingungen der Klinikärzte aus nächster Anschauung und fürchten um ihre Gesundheit - nicht wegen der Streiktage, sondern weil um sie herum seit langem unausgeschlafene oder entmutigte Mediziner umherschwirren. Manche Klinikärzte arbeiten bis zu 60 Standen, machen Bereitschaftsdienste rund um die Uhr und schieben Überstundenberge vor sich her. Die Kliniken als Arbeitgeber werden eingestehen müssen, dass dieses System so nicht mehr aufrechtzuerhalten ist. Doch noch stellen sie die Ärzte in die Raffke-Ecke und verweisen darauf, dass die Forderung nach 30 Prozent mehr Gehalt eine Frechheit ist. In der Tat haben die Ärzte sich mit dieser Zahl eher geschadet. Sie wissen doch, dass diese Forderung eher ein Lächeln erzeugt - auch in der Öffentlichkeit. Gedacht war diese Zahl als ein Fingerzeig auf die vielen Einbußen in den vergangenen Jahren. Aber in Zeiten der fehlenden Jobs bleibt sie unrealistisch. Solange die 30 stehen bleibt, werden die Fronten nicht wanken.

Michael Neubauer, Badische Zeitung vom 16.03.2006

Worterklärung: Raffke - umgangssprachlich für raffgieriger Mensch

Prüfung 2007/08, Aufgabe 3

LPE 2.1 Willensbildung und Entscheidung in der parlamentarischen Demokratie

Zu den Aufgaben des Bundespräsidenten gehört die Unterzeichnung von Bundesgesetzen. Im Oktober 2006 hat Bundespräsident Köhler seine Unterschrift unter ein Gesetz zur Privatisierung der Deutschen Flugsicherung verweigert und damit ein Inkrafttreten des Gesetzes verhindert.

1 Zeigen Sie anhand der unten angeführten Zeitungsmeldung (Anlage) auf, in welchem Falle der Bundespräsident ein Gesetz verhindern kann.
2 Bereits ein paar Wochen später verweigerte Bundespräsident Köhler seine Unterschrift unter ein weiteres Gesetz. Einige Journalisten und Politiker meinten daraufhin, der Bundespräsident überschreite seine Kompetenzen. – Nehmen Sie Stellung zu dieser These (vgl. auch Anlage).
3 Zeigen Sie an vier Beispielen, was das „Rechtsstaatsprinzip" (vgl. Anlage) im Alltag für den Bürger bedeutet.
4 Weshalb könnte nach Meinung von Ibsen das „Gesetz zur Privatisierung der Flugsicherung" gegen die Verfassung verstoßen?
5 Beschreiben Sie die Kompetenzen der anderen Verfassungsorgane (Bundestag, Bundesrat, Bundesregierung) im Gesetzgebungsprozess.
6 Nennen Sie das Verfassungsorgan, das für die verfassungsrechtliche Bewertung und Kontrolle von Gesetzen zuständig ist.
7 Als Alternative zur Durchsetzung des geplanten Gesetzes nennt Bundespräsident Köhler die Möglichkeit einer Verfassungsänderung. Beschreiben Sie den Entscheidungsweg, den das Grundgesetz für eine Verfassungsänderung vorgibt.

<u>Anlage</u>

Sicherheit bleibt Sache des Staates
Dass der Bundespräsident ein Gesetz nicht unterschreibt, ist bisher sieben Mal vorgekommen

FREIBURG (cra/dpa). Der Verkauf der Deutschen Flugsicherung GmbH (DFS) an private Investoren ist vorerst gescheitert, da Bundespräsident Köhler die Unterschrift unter ein entsprechendes Gesetz verweigert hat. Köhler beruft sich bei seinem Veto auf Artikel 87d des Grundgesetzes: „Die Luftverkehrsverwaltung wird in bundeseigener Verwaltung geführt." Ein Verkauf der Flugsicherungsgesellschaft sei daher verfassungswidrig.
Ein generelles Urteil über die Zulässigkeit derartiger Privatisierungen wollte der Bundespräsident damit aber nicht abgeben. Eine Änderung der Verfassung sei durchaus möglich, betonte Köhler deshalb zugleich. Der Osnabrücker Staatsrechtsprofessor Jörn Ibsen wies allerdings darauf hin, dass es auch für Grundgesetzänderungen Grenzen gebe (...) Zum Rechtsstaatsprinzip gehört für Ibsen auch, dass der Staat selbst für Sicherheit sorgen müsse und dies nicht an Private delegieren dürfe.
Der Bundespräsident darf seine Unterschrift nur verweigern, wenn er ein Gesetz für verfassungswidrig hält, seine politische Einschätzung des Vorhabens darf dabei keine Rolle spielen. Seit 1949 wurden nur sieben Gesetze vom jeweiligen Bundespräsidenten gestoppt. In weiteren neun Fällen äußerten die Präsidenten rechtliche Kritik, überließen die Prüfung aber dem Bundesverfassungsgericht.

(Badische Zeitung, 25.10.2006 - Text gekürzt und leicht verändert)

[1] Veto: Einspruch
[2] delegieren: übertragen

Prüfung 2007/08, Aufgabe **4**

LPE 2.4 Chancen im wiedervereinten Deutschland

1 Ein wichtiger Schritt auf dem Weg zur deutschen Einheit war der Erste Staatsvertrag vom 1. Juli 1990.
1.1 Formulieren Sie aus den drei Bereichen des Ersten Staatsvertrages jeweils zwei wesentliche Inhalte (Anlage).
1.2 Welche Ziele sollen nach Helmut Kohl in einem gemeinsamen Deutschland erreicht werden (Anlage)?
2 18 Jahre nach dem Fall der Berliner Mauer bleibt beim Aufbau Ost noch viel zu tun. Ein großes Problem ist der Rechtsextremismus.
2.1 Beschreiben Sie, welche Ursachen dafür verantwortlich sind (2 Gründe).
2.2 Nennen Sie weitere drei Probleme, mit denen die neuen Bundesländer zu kämpfen haben.
2.3 Nennen Sie fünf Maßnahmen zur Behebung dieser Probleme.

Anlage

Fernsehansprache von Bundeskanzler Kohl am 1. Juli 1990

Liebe Landsleute, vor wenigen Wochen wurde der Staatsvertrag über die Währungs-, Wirtschafts- und Sozialunion zwischen der Bundesrepublik Deutschland und der Deutschen Demokratischen Republik unterzeichnet. (...) Seit heute ist er in Kraft. (...)
Der Staatsvertrag dokumentiert den Willen aller Deutschen, in eine gemeinsame Zukunft zu gehen, in einem vereinten und freien Deutschland. Es wird harte Arbeit erfordern, bis wir Einheit und Freiheit, Wohlstand und sozialen Ausgleich für alle Deutschen verwirklicht haben. Viele unserer Landsleute in der DDR werden sich auf neue und ungewohnte Lebensbedingungen einstellen müssen – und auch auf eine gewiss nicht einfache Zeit des Übergangs. Aber niemandem werden dabei unbillige Härten zugemutet. Den Deutschen in der DDR kann ich sagen, was auch Ministerpräsident de Maizière betont hat: Es wird niemandem schlechter gehen als zuvor – dafür vielen besser. (...)

Auszug: Fernsehansprache von Bundeskanzler Helmut Kohl am 1. Juli 1990, Konrad Adenauer Stiftung, www.kas.de

Prüfung 2008, Aufgabe **3**

LPE 2.2 Demokratie: Chancen, Entwicklung, Risiken

1 Die Karikatur (Anlage 1) stammt aus dem Jahr 1989.
1.1 Erläutern Sie die Karikatur und nennen Sie die Ereignisse des Jahres 1989, auf die der Zeichner Bezug nimmt.
1.2 Warum verhielten sich die Menschen in der dargestellten Art und Weise? Nennen Sie drei Gründe (jeweils mit einem Beispiel).
2 Der Tag des Falls der Berliner Mauer war der Beginn einer Entwicklung, an deren Ende die Wiedervereinigung Deutschlands stand.
2.1 Nennen Sie das Datum des Mauerfalls.
2.2 Die Wiedervereinigung Deutschlands war jedoch nicht nur eine Angelegenheit der Deutschen alleine. In Anlage 2 finden Sie die Aussagen verschiedener Staats- und Regierungschefs zur deutschen Einheit. Welche Standpunkte vertraten ...

2.2.1 der französische Staatspräsident François Mitterand?
2.2.2 die britische Premierministerin Margaret Thatcher?
2.2.3 der sowjetische Präsident Michail Gorbatschow?

3 Am 12. September 1990 wurde in Moskau der Vertrag unterzeichnet, der die äußeren Aspekte der deutschen Einigung verbindlich regelt.
3.1 Wie heißt dieser Vertrag?
3.2 Welche Regelungen hinsichtlich der Vereinigung Deutschlands trifft dieser Vertrag (3 Nennungen)?

Anlage 1

Quelle: Le Quintrec, Guilliaume; Geiss, Peter: Europa und die Welt seit 1945, Klett Verlag, Stuttgart 2006

Anlage 2

Der französische Staatspräsident François Mitterrand
Der demokratische Prozess ist kinderleicht: Die Ostdeutschen und die Westdeutschen werden wählen. [Es] werden sich Mehrheiten abzeichnen, aus diesen Mehrheiten werden Regierungen entstehen, die Programme haben, Botschaften. Wenn diese Botschaft auf beiden Seiten „sofortige Vereinigung“ heißt, wird sich das Problem demokratisch gestellt haben. Ich habe von Anfang an die Bedingung genannt – das war Anfang November, [...], am 3. November in Bonn im Anschluss an die deutsch-französischen Konsultationen. Ich habe gesagt: „Der demokratische Weg und der friedliche Weg.“ Nun, der demokratische Weg wäre damit erfüllt. Was den friedlichen Weg angeht, so muss er festgelegt werden.
Pressekonferenz am 22. Dezember 1989, in: Europa-Archiv, Folge 4/1990, S. 97

Man muss sich jedes Mal freuen, wenn ein demokratisch konsultiertes Volk sich für die Einheit entscheidet. Deswegen habe ich hier keine Vorbehalte. [...] Die Konsequenzen (der deutschen) Einigung bestehen darin, dass die Deutschen sich für die Achtung der Grenzen in Europa einsetzen müssen. [...] Zweitens muss Deutschland – und dazu ist es im Übrigen Kanzler Kohl zufolge auch vorbehaltlos bereit – sich in der Europäischen Gemeinschaft ganz klar für die politische Union und die Wirtschafts- und Währungsunion engagieren [...]. Das deutsche Problem darf nicht an die Stelle des Gemeinschaftsproblems treten. [...]
Rundfunkinterview vom 25. März 1990

Die britische Premierministerin Margaret Thatcher

Es ist doch wahrscheinlich, dass Deutschland in einem solchen Gefüge die Führungsrolle einnehmen würde, denn ein wiedervereinigtes Deutschland ist schlichtweg viel zu groß und zu mächtig, als dass es nur einer von vielen Mitstreitern auf dem europäischen Spielfeld wäre. Überdies hat Deutschland sich immer auch nach Osten hin orientiert, nicht nur in Richtung Westen, obwohl die moderne Version solcher Tendenzen eher auf wirtschaftliche denn auf kriegerische territoriale Expansion abzielt. Daher ist Deutschland vom Wesen her eher eine destabilisierende als eine stabilisierende Kraft im europäischen Gefüge. Nur das militärische und politische Engagement der USA in Europa und die engen Beziehungen zwischen den beiden anderen starken, souveränen Staaten Europas, nämlich Großbritannien und Frankreich, können ein Gegengewicht zur Stärke der Deutschen bilden. In einem europäischen Superstaat wäre dergleichen niemals möglich.
Margaret Thatcher, Downing Street No. 10. Die Erinnerungen, 2. Auflage, Düsseldorf 1993, S. 1095 f.

Der sowjetische Präsident Michail Gorbatschow

[...] Auf keinen Fall darf man die Interessen der Deutschen schmälern, denn ich bin für einen realistischen Prozess. Wenn wir sagen, die Geschichte wird die Dinge entscheiden, und ich habe das viele Male getan, dann wird das auch so sein, und ich glaube, dass sie bereits ihre Korrekturen einbringt.
Rundfunkinterview am 30. Januar 1990, In: Deutschland Archiv 3/1990, S. 468

Prüfung 2008, Aufgabe **4**

LPE 2.3 Partizipation in einem repräsentativ verfassten demokratischen und sozialen Bundesstaat

1 Beschreiben Sie die Entwicklung der direkten Demokratie, wie sie vom Verband „Mehr Demokratie e.V.“ (Anlage) dargestellt wird.

2 Ein Ausbau der direkten Demokratie in der Bundesrepublik Deutschland ist umstritten. Erläutern Sie, aus welchen Gründen direkte Bürgerbeteiligung bei politischen Entscheidungen problematisch ist (2 Gründe).

3 In einer repräsentativen Demokratie erfüllen Parteien und Verbände wichtige Aufgaben.

3.1 Welche Aufgaben erfüllen Parteien in einer Demokratie (4 Nennungen)?

3.2 Für ihre Tätigkeit brauchen die Parteien Mittel. Nennen Sie vier Möglichkeiten der Parteienfinanzierung.

3.3 Wodurch unterscheiden sich Verbände von Parteien (2 Merkmale)?

4 Erörtern Sie, welche Auswirkungen eine Stärkung der direkten Demokratie auf Parteien haben könnte.

Anlage

Momentaufnahme: Langsame Weiterentwicklung der direkten Demokratie

Winter 2006/2007: Deutschlands direkte Demokratie entwickelt sich ständig weiter und zwar hin zu mehr Bürgerfreundlichkeit, doch in einem sehr langsamen Tempo. Dabei überwiegen die positiven Tendenzen: Immer mehr Bundesländer etablieren oder diskutieren bürger-freundlichere Regelungen der Volksgesetzgebung. Zuletzt sorgte Berlin für Aufsehen, als der Stadtstaat innerhalb kürzester Zeit die Volksrechte in den Bezirken Berlins etablierte und sie auf Stadtstaatenebene bürgerfreundlich reformierte.
Auch die praktischen Erfahrungen mit dem oft noch unbekannten Instrument „Volksbegehren" nehmen ständig zu, da die Zahl von Volksinitiativen und Volksbegehren stetig wächst. Auf kommunaler Ebene wachsen die Erfahrungen sogar in den meisten Bundesländern noch schneller: In Bayern zum Beispiel wird demnächst der 1000. Bürgerentscheid stattfinden.
Aber auch einige negative Tendenzen sind zu beobachten:
Zunächst gibt es da einige recht resistente Bundesländer, die sich durch eine jahrelange Reformunfähigkeit auszeichnen und offenbar nicht erkennen, wie wertvoll direkte Bürgermitsprache für die Demokratie und das Vertrauen in die Politik ist. Gleichzeitig wurden in Hamburg in den letzten Jahren direktdemokratische Regelungen verschlechtert und Ergebnisse von Volksentscheiden ausgehebelt, verändert oder ignoriert. Die allein regierende Hamburger CDU agiert alles andere als bürgerfreundlich. Doch ihr weht der Gegenwind bereits ins Gesicht: Klagen laufen und im Frühjahr 2007 finden zwei Volksbegehren statt, die sich für eine erneute Verbesserung der Volksrechte in der Hansestadt einsetzen.
Quelle: ***http://www.mehr-demokratie.de/ranking.html***

Prüfung 2008/09 Aufgabe 4

LPE 2.3 Partizipation in einem repräsentativ verfassten und sozialen Bundesstaat

1 Am 18. September 2005 fanden Wahlen zum Bundestag statt.
Die Verteilung der Wählerstimmen brachte folgende Sitzverteilung:

Partei	**Prozente**		**Sitze**	
	2005	**2002**	**2005**	**2002**
CDU/CSU	**35.2**	38.5	**226**	248
SPD	**34.2**	38.5	**222**	251
FDP	**9.8**	7.4	**61**	47
Linke.PDS*	**8.7**	4.0	**54**	2
Grüne	**8.1**	8.6	**51**	55
Sonstige	**4.0**	3.0	**0**	0

*Linke.PDS: Bündnis Linkspartei und WASG, 2002 nur PDS

1.1 In welchen Zeitabständen sind (regelmäßige) Bundestagswahlen vorgesehen?
1.2 Erläutern Sie die Schwierigkeiten, die dieses Wahlergebnis (s. Tabelle oben) für eine Regierungsbildung mit sich brachte.
1.3 Der Bundestag von 2002 hatte insgesamt 603 Abgeordnete, der jetzige Bundestag 614. Erklären Sie, wie die Differenz zustande kommt.

2 Ergebnis Westdeutschland

SPD	Union	Grüne	FDP	Linke	Andere
35,1	37,5	8,8	10,2	4,9	3,5

Ergebnis Ostdeutschland

SPD	Union	Grüne	FDP	Linke	Andere
30,4	25,3	5,2	8,0	25,3	5,8

2.1 Fassen Sie die wichtigsten Unterschiede im Wählerverhalten von West- und Ostdeutschen bei der Bundestagswahl von 2005 zusammen.

2.2 Erklären Sie zwei dieser Unterschiede.

3 „Die Tatsache, dass die Gruppe der 18-25-Jährigen bei den letzten Bundestagswahlen die geringste Wahlbeteiligung von allen Altersgruppen aufwies, ist ein Beweis für das politische Desinteresse der heutigen Jugend.“
Formulieren Sie ein Argument für und ein Argument gegen diese Behauptung.

Prüfung 2009, Aufgabe **3**

LPE 2.1 Willensbildung und Entscheidung in der parlamentarischen Demokratie

1 Ordnen Sie die Prinzipien des allgemeinen Wahlrechts (fünf Wahlgrundsätze) zu, indem Sie die Aussagen in Anlage 1 vervollständigen.

2 Am 07.06.2009 finden in Baden-Württemberg Kommunalwahlen statt.
2.1 Erklären Sie anhand des Informationsblattes der erfundenen Gemeinde Bad Wurzenried (Anlage 2) die Begriffe Listenwahl, Panaschieren und Kumulieren.

2.2 Welcher Wahlzettel (Anlage 3) ist ungültig? Begründen Sie.

3 Die Gemeinden bilden die unterste politische Ebene. Zeigen Sie an vier Beispielen, inwiefern die Kommunalpolitik Sie persönlich betrifft.

4 Beschreiben und erläutern Sie die Aussage der Karikatur. (Anlage 4)

Anlage 1

Wenn ...		... dann ist die Wahl....
A)	Frauen nicht wahlberechtigt sind, ...	
B)	nur ich weiß, wie ich abgestimmt habe, ...	
C)	ich an der Stimmabgabe durch Soldaten gehindert werde, ...	
D)	die Stimme von Familienoberhäuptern doppelt gewertet wird, ...	

Anlage 2

Merkblatt für die Wahl des Gemeinderats
in Bad Wurzenried

am 13. Juni 2004

Wichtige Hinweise für die Stimmabgabe

Bitte vor der Stimmabgabe sorgfältig lesen!

Wie viele Stimmen haben Sie?

Zu wählen sind
18 Mitglieder des Gemeinderats.
▸ Sie haben somit 18 Stimmen.

Wem können Sie Ihre Stimmen geben?

Sie können
- denjenigen Bewerbern/Bewerberinnen, die auf einem der Stimmzettel stehen,
- Bewerbern/Bewerberinnen aus verschiedenen Stimmzetteln

Stimmen geben.

Wie geben Sie Ihre Stimmen ab?

Sie können

entweder **einen der Stimmzettel ohne jede Art von Kennzeichnung (unverändert)** abgeben; dann erhält jeder/jede in diesem Stimmzettel aufgeführte Bewerber/Bewerberin eine Stimme; dasselbe gilt, wenn Sie **einen der Stimmzettel im Ganzen kennzeichnen;**

> **Wichtig:**
> Unterlassen Sie in diesen Fällen die Streichung einzelner Bewerber/Bewerberinnen, weil Ihr Stimmzettel dann nicht mehr als *unverändert*, sondern als *verändert* gilt.
> In einem veränderten Stimmzettel zählen nur die von Ihnen ausdrücklich für Bewerber/Bewerberinnen abgegebenen Stimmen als gültige Stimmen.

oder **auf einem oder mehreren Stimmzetteln die Bewerber/Bewerberinnen ausdrücklich als gewählt kennzeichnen, denen Sie Stimmen geben wollen.**
Diese Kennzeichnung erfolgt, indem Sie in das Kästchen hinter dem vorgedruckten Namen jeweils
- ein Kreuz oder die Zahl 1 setzen, wenn Sie dem Bewerber/der Bewerberin **eine** Stimme geben wollen, oder
- die Zahl 2 oder die Zahl 3 setzen, wenn Sie ihm/ihr **zwei** oder **drei** Stimmen geben wollen.

Bewerber/Bewerberinnen, deren vorgedruckter Name von Ihnen nicht ausdrücklich gekennzeichnet ist, erhalten keine Stimme; es genügt deshalb nicht, etwa nur die Bewerber/Bewerberinnen zu streichen, die keine Stimme erhalten sollen.
Sofern Sie **nur einen Stimmzettel benutzen** und dabei auch Bewerbern/Bewerberinnen **aus anderen Stimmzetteln** Stimmen geben wollen, so tragen Sie deren Namen in die freien Zeilen des Stimmzettels ein, den Sie für Ihre Stimmabgabe verwenden. Durch die Eintragung erhält der Bewerber/die Bewerberin **eine** Stimme; wollen Sie ihm/ihr **zwei** oder **drei** Stimmen geben, so setzen Sie in das Kästchen hinter dem eingetragenen Namen die Zahl 2 oder 3.

> **Wichtig:**
> Kein Bewerber/keine Bewerberin darf mehr als drei Stimmen erhalten.

Bitte beachten Sie:

Ihre Stimmabgabe ist ungültig
▸ wenn Sie auf den von Ihnen verwendeten Stimmzetteln insgesamt mehr als **18** gültige Stimmen abgeben,
▸ wenn Sie den/die verwendeten Stimmzettel ganz durchstreichen, durchreißen oder durchschneiden.

Anlage 3

Amtlicher Stimmzettel
für die Wahl des Gemeinderats in Bad Wurzenried

Sozialdemokratische Partei Deutschland (SPD)

101	**Mathiessen-Felber, Erika** Hauptschullehrerin, Saarstraße 36	3
102	**Holderich, Frank-Thomas,** Verwaltungsjurist, Beethovenweg 37	
103	**Scholz, Franziska,** Studiendirektorin, Am Albblick 7	2
104	**Geisel, Anton,** Angestellter, Münzgasse 9	
105	**Gutholz, Jörg,** Betriebsleiter, Münzgasse 18	
106	**Hohlweck, Susanna,** Technische Assistentin, Eichendorffweg 38	
107	**Lang, Hilde,** Studentin, Marktplatz 3	
108	**Dold, Sven,** Anwendungsentwickler, Amselweg 10	
109	**Weber, Udo,** Journalist, Albert-Schweitzer-Str. 3	3
110	**Kerber, Inge,** Dipl.-Pädagogin, Reußenbachstr. 38	
111	**Weßer, Robert,** Grafiker, Obertorstr. 18	1
112	**Junge, Herbert,** Pfarrer, Kastelstr. 53	2
113	**Dr. Berger, Gerhard,** Arzt, Lussstraße 8	1
114	**Hörsch, Jürgen,** Krankenpfleger, Wiesengrund 102	
115	**Junge, Jürgen,** Dreher, Haydnweg 22	
116	**Klein, Martin,** Schlosser, Oberziegelbacher Str. 16	
117	**Wilhelm, Bernd Christian,** Bäcker, Am Rohrbach 27	
118	**Lang, Hilde,** Referentin, Franzstr. 10	
303	Otto Weber	3
307	Sonja Dürr	3

Amtlicher Stimmzettel
für die Wahl des Gemeinderats in Bad Wurzenried

Christlich Demokratische Union Deutschlands (CDU)

201	**Dr. Werner, Hans,** Studiendirektor, Bühlstr. 21	1
202	**Maier, Bernd,** Kaufmann, Jordanstr. 2	
203	**Maier-Scholz, Franziska,** Betriebswirtin im Handwerk, Kromerstraße 43	3
204	**Rak, Theo,** Lokomotivbetriebsinsp. a.D., Schmiedsgasse 17	
205	**Stoll, Jutta,** Hausfrau, Johann-Sebastian-Bach-Str. 12	3
206	**Schäufele, Otto,** Richter, Oberriedweg 16	
207	**Maier, Klemens,** Landwirt, Ehrensberg 6	
208	**Wild, Angela,** Diplomverwaltungswirtin (FH), Orffstr. 17	2
209	**Arens, Karl,** Gartenbauarchitekt, Mühlwiesenstr. 9	
210	**Dr. Seeger, Wilfrid,** Intenist, Schillerstr. 46	
211	**Kiefer, Wilhelm,** Zahntechniker, Eichenweg 11	
212	**Kulisch, Frieder,** Einzelhandelskaufmann, Marktplatz 3	
213	**Harlebis, Barbara,** Studentin, Junkergasse 24	
214	**Klink, Wilhelm,** Schlosser, Schlossgasse 2	
215	**Schinder, Ernst,** Lehrer, Merowingerweg 7	
216	**Winzer, Heidi,** Erzieherin, Stadthausweg 10	3
217	**Woller, Willi,** Kriminalbeamter, Lindenstr. 26	
218	**Kotz, Stephan,** Elektriker, Kernerstr. 6	
105	Schulz, Franziska	3
304	Schettler, Franziska	3
	[illegible], Heidi	3

Amtlicher Stimmzettel
für die Wahl des Gemeinderats in Bad Wurzenried

Unabhängige Wähler Bad Wurzenried (UW)

301	**Lichtenberger, Reinhold,** Einzelhandelskaufmann, Buchhalde 17	X
302	**Dr. Steinhilber, Peter,** Arzt, Kollegiengasse 14	X
303	**Weber, Otto,** Buchhändler, Mittelstr. 26	X
304	**Schettler, Franziska,** Bankangestellte, Frischweid 16	X
305	**Zabel, Wilfried,** Gastwirt, Hohe Str. 9	X
306	**Helle, Andreas,** Unternehmensberater, Konrad-Adenauer-Str. 1	X
307	**Dürr, Sonja,** Fotografin, Edith-Stein-Str. 10	X
308	**Fischer, Jochen,** Studienrat, Fuchsbrühl 3	X
309	**Fetzer, Holger,** Krankenpfleger, Schalmenweg 30	X
310	**Faulmüller, Gerhard,** Industriemeister, Ellerbachstr. 15	X
311	**Marquardt, Christina,** Hausfrau, Hauptstr. 7	X
312	**Herrgoth, Peter,** Malermeister, Ellerbachstr. 15	X
313	**Marx, Melanie,** Kunsttherapeutin, Kennerweg 11	X
314	**Brenneisen, Jochen,** Schreinermeister, Riedstr. 18	X
315	**Fritz, Holger,** Musikalien-Händler, Irisweg 2	X
316	**Weigel, Gilbert,** Diplom-Ingenieur, Bücklestr. 86	X
~~317~~	~~**Sondershausen, Hans-Joachim,** Buchhändler, Eichbühlstr. 11~~	
318	**Müller, Eleonora,** Sonderschullehrerin, Bismarcksteig 13	X
107	Lang, Hilde	X

Anlage 4

Zeichnung: Mester

Quelle: Politik & Unterricht: aktuell, Heft 13, April 2004

Prüfung 2009, Aufgabe **4**

LPE 2.3 Partizipation in einem repräsentativ verfassten, demokratischen und sozialen Bundesstaat

1 Unmittelbar vor der letzten Bundestagswahl im Jahre 2005 waren knapp zehn Millionen Wählerinnen und Wähler unentschlossen, welche Partei sie wählen oder ob sie überhaupt zur Wahl gehen sollten.

1.1 Werten Sie die Grafik „Gründe für die Nichtwahl" aus. (Anlage)

1.2 Stellen Sie den Gründen der Nichtwähler zwei Gründe gegenüber, warum es wichtig ist, zur Wahl zu gehen und erläutern Sie diese.

1.3 In manchen Ländern gibt es eine Wahlpflicht. Wer wahlberechtigt ist, muss zur Wahl gehen und kann nur aus ganz besonderen Gründen fernbleiben. Erörtern Sie das Für und Wider einer Wahlpflicht in Deutschland.

2 In der 14. Shell-Jugendstudie 2002 haben die Jugendforscher ermittelt, dass das Politikinteresse von Jugendlichen seit Anfang der 1990er-Jahre kontinuierlich gesunken ist. Bezeichneten sich 1991 noch 57 Prozent der Jugendlichen im Alter von zwölf bis 25 Jahren als politisch interessiert, waren es im Jahr 2002 nur noch 34 Prozent. Erläutern Sie zwei Gründe, die hinter dieser Entwicklung stecken könnten.

3 Zeigen Sie je zwei positive und negative Auswirkungen des Lobbyismus in der parlamentarischen Demokratie auf.

Anlage

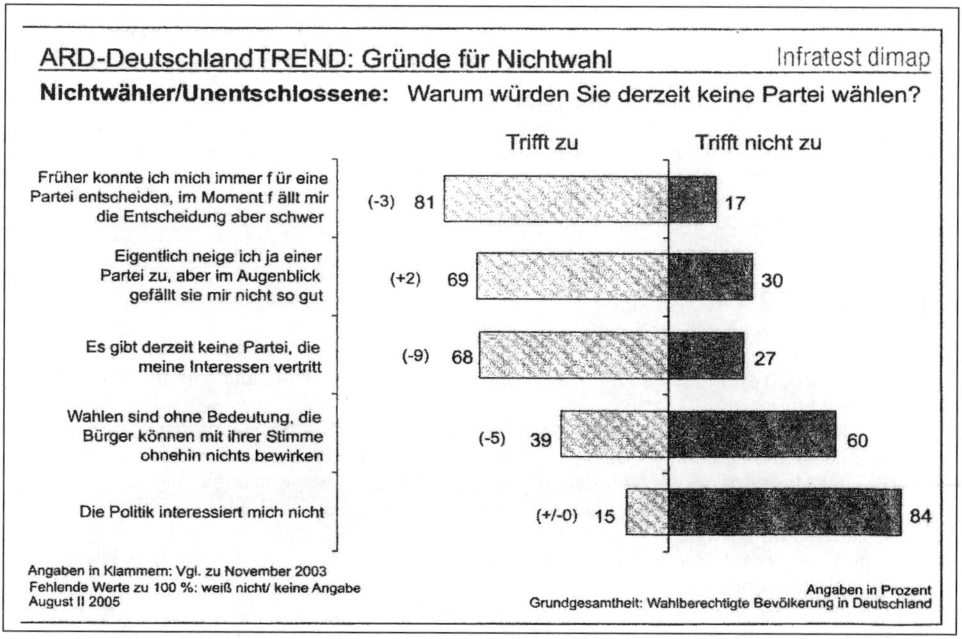

Prüfung 2009/10, Aufgabe **3**

LPE 2.1 Willensbildung und Entscheidung in der parlamentarischen Demokratie

1 In der Anlage wird dargestellt, wie viel Zeit der Bundesbürger durchschnittlich mit Medien verbringt.
1.1 Beschreiben Sie, wie diese Zeit aufgeteilt ist und zu welcher Schlussfolgerung die Studie kommt.
1.2 Erläutern Sie zwei Gefahren, die aus dem Nutzungsschwerpunkt entstehen können.

2.1 Beschreiben Sie zwei Erwartungen an eine Berichterstattung durch Medien.
2.2 Nennen Sie zwei Grundrechte, auf die sich Medien stützen können.

3 Massenmedien werden auch als vierte Gewalt im Staat bezeichnet.
3.1 Nennen Sie die anderen drei Gewalten und führen Sie jeweils ein Beispiel an.
3.2 Erläutern Sie zwei Gründe, weshalb Massenmedien auch als vierte Gewalt im Staat bezeichnet werden.

4 Gewalten müssen demokratisch kontrolliert werden. Welche Möglichkeiten hat der Bürger, die sogenannte vierte Gewalt zu kontrollieren? (3 Nennungen)

Anlage

Berieselung bleibt beliebt
Laut Untersuchung einer ARD/ZDF-Studie hört im Schnitt jeder Erwachsene ab 14 Jahren täglich 3 Stunden und 41 Minuten Radio und sieht 3 Stunden und 40 Minuten fern. Die Nutzungsdauer des Internets habe sich zwar verdreifacht, liege aber hinter den „etablierten Medien".
Mehr passive als aktive Mediennutzung
Gerade einmal 28 Minuten am Tag nähme der Deutsche noch seine Tageszeitung in die Hand. Bücher (25 Minuten) und Zeitschriften (12 Minuten) müssten sich mit noch weniger Zeit begnügen. Der größten Beliebtheit erfreuen sich mit Abstand also weiter „Berieselungs-Medien", die vom Konsumenten relativ wenig aktives Engagement verlangen. Das Fernsehen erfülle der Studie zufolge dabei mit seinem „breiten Angebotsspektrum" Informations- wie auch Unterhaltungsfunktionen, die Tageszeitung bleibe Informationsmedium, das Radio Tagesbegleiter und „Stimmungsmodulator". Das Internet fungiere vor allem als Informationsmedium. Große Teile der Bevölkerung hätten das Internet inzwischen in ihren Medienalltag integriert, ohne ihre bisherigen Nutzungsmuster und Funktionszuweisungen an die Medien grundlegend zu ändern, heißt es in der Untersuchung.

Quelle: SPIEGEL ONLINE vom 11.10.2005, leicht gekürzt

Prüfung 2009/10, Aufgabe **4**

LPE 2.4 Chancen im wiedervereinten Deutschland

1 Im Jahr 2009 erinnern wir Deutschen uns an die friedliche Revolution in der DDR und den Fall der Mauer vor 20 Jahren.
1.1 Beschreiben Sie die Karikatur (Anlage) und formulieren Sie die Hauptaussage.
1.2 Bis Mitte 1989 schien das DDR-Regime stabil zu sein. Kurze Zeit darauf wurde die Berliner Mauer geöffnet. Nennen und erläutern Sie zwei wesentliche Ereignisse oder Bewegungen im Jahr 1989, die den Anfang vom Ende der DDR einläuteten.
1.3 Anzeichen einer Krise in der DDR gab es seit Beginn der achtziger Jahre. Legen Sie Ursachen dar, indem Sie auf je einen wirtschaftlichen und einen politischen Aspekt eingehen.
1.4 In der UdSSR wurde Michail Gorbatschow 1985 zum Generalsekretär der KPdSU gewählt. Er leitete eine Reformpolitik in der Sowjetunion ein, auf die auch viele Bürger in

der DDR ihre Hoffnung setzten.
Erläutern Sie die zwei zentralen Schlagworte seines Reformprogramms.

2 Im Juli und August 1990 fanden die innerdeutschen Verhandlungen zur Herstellung der Einheit Deutschlands (mit dem Ziel eines Einigungsvertrags) statt.
Nennen Sie drei Bestimmungen dieses Einigungsvertrags.

3 Nach dem Mauerfall wurde diskutiert, den 9. November künftig zum Nationalfeiertag zu erklären. Erörtern Sie, weshalb man den 9. November nicht zum Feiertag bestimmt hat, und nehmen Sie kurz Stellung.

Anlage

Karikatur von Horst Haitzinger, 1989 Quelle: Geschichtsbuch 4, Cornelsen Verlag, Berlin 1996, S.216

Prüfung 2010, Aufgabe **3**

LPE 2.1 Willensbildung und Entscheidung in der parlamentarischen Demokratie

1 Am 27. September 2009 fand die Bundestagswahl zum 17. Deutschen Bundestag statt. Dabei hatten die Bürger die Möglichkeit, über die Zusammensetzung des Parlaments für die folgenden vier Jahre mitzubestimmen. Aber nicht jeder der über 80 Mio. Einwohner der BRD durfte wählen.

1.1 Welche Voraussetzungen müssen Menschen in der Bundesrepublik Deutschland erfüllen, um wählen zu dürfen? (3 Nennungen)

1.2 Jeder Wahlberechtigte kann bei Bundestagswahlen zwei Stimmen (Erststimme und Zweitstimme) abgeben. Worin unterscheiden diese sich?

1.3 Der derzeitige Bundestag hat 24 Überhangmandate. Erklären Sie, wie Überhangmandate entstehen.

1.4 Erörtern Sie, ob durch Überhangmandate der Wählerwille verzerrt wird (je 1 Argument).

2 Das Amt des Bundeskanzlers wird durch den Bundestag in einer Wahl besetzt.
2.1 Ordnen Sie die Bundeskanzler/in Helmut Kohl, Willy Brandt, Gerhard Schröder, Kurt Georg Kiesinger, Konrad Adenauer, Helmut Schmidt, Angela Merkel und Ludwig Erhard der jeweiligen Amtszeit zu.
1949 – 1963, 1963 – 1966, 1966 – 1969, 1969 – 1974, 1974 – 1982, 1982 – 1998, 1998 – 2005, 2005 – heute
2.2 Stellen Sie die zwei Möglichkeiten dar, durch welche ein Bundeskanzler/eine Bundeskanzlerin sein/ihr Amt verlieren kann.

Prüfung 2010, Aufgabe **4**

LPE 2.4 Chancen im wiedervereinten Deutschland

1 Durch den Staatsvertrag zur Schaffung einer Wirtschafts-, Währungs- und Sozialunion wurde die Soziale Marktwirtschaft am 1. Juli 1990 zur gemeinsamen Wirtschaftsordnung von BRD und ehemaliger DDR.
1.1 Wie nannte man die Wirtschaftsordnung der DDR?
1.2 Vergleichen Sie die beiden Wirtschaftsordnungen anhand von zwei Merkmalen.
1.3 Erläutern Sie drei wirtschaftliche Probleme der neuen Bundesländer, welche die Angleichung der Produktions- und Lebensverhältnisse des Ostens an den Westen erschweren.
2.1 Fassen Sie die Aussage des Schaubildes (Anlage 1) in eigenen Worten zusammen und begründen Sie die dargestellte Entwicklung.
2.2 Nennen Sie zwei Gründe, die DDR-Bürger vor dem Fall der Mauer zur Flucht in den Westen bewegten.
2.3 Beschreiben Sie die Karikatur. (Anlage 2)
2.4 Erläutern Sie, welche Gefahren der Karikaturist andeutet.

Anlage 1

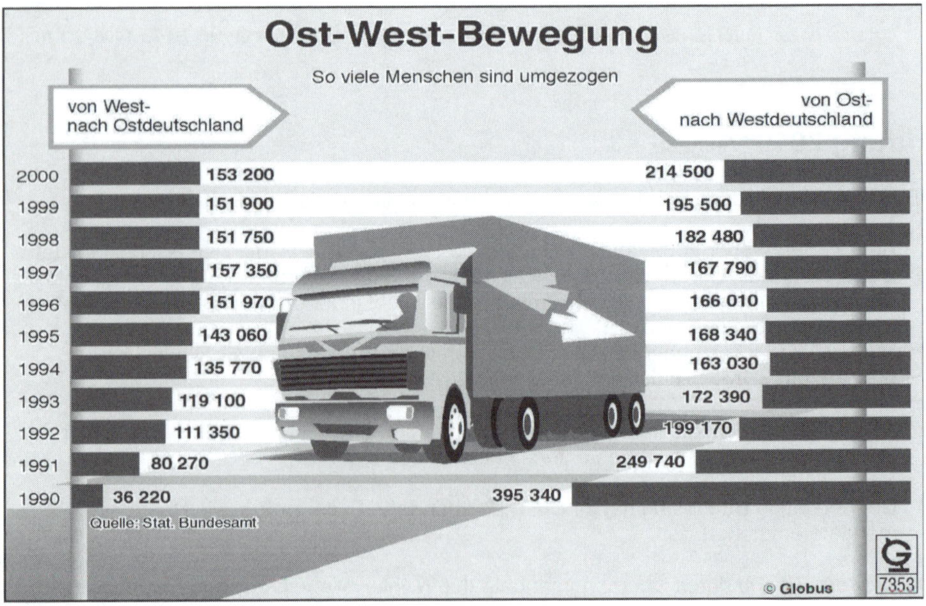

Anlage 2

Klaus Stuttmann, 2007, Quelle: http://www.stuttmann-karikaturen.de/archiv3.php?id=2502

3 Internationale Zusammenarbeit

3.1 Leben und Arbeiten in Europa

STOFFTELEGRAMM

EUROPA-ERFAHRUNGEN: LEBEN UND ARBEIT

Reisefreiheit

- Drei Monate völlige Freizügigkeit, i.d.R. keine Grenzkontrollen und Formalitäten (Schengener Abkommen)
- Wohnsitzwechsel in anderes EU-Land möglich, wenn der Lebensunterhalt selbst bestritten werden kann und eine ausreichende Krankenversicherung vorhanden

Gemeinsame Rechte und politische Teilhabe

- Europäische Staatsbürgerschaft / Europapass
- Wahlen zum Europäischen Parlament
- EU-Führerschein, Europaflagge am Autokennzeichen

Gemeinsame Währung

- Euro zum Barzahlen beim Einkaufen in Deutschland und in 15 weiteren EU-Staaten
- Internationale Börsenkursnotierungen, Devisenreserven

Gemeinsamer Markt für EU-Kraftfahrzeuge

- In der EU produzierte Fahrzeuge erhalten eine EU-Kfz-Betriebserlaubnis, die „Euro-Typengenehmigung", die von allen Zulassungsstellen in der EU anerkannt wird

Gemeinsamer Markt für Lebensmittel

- festgelegte Produktqualitätsmerkmale innerhalb der EU
- Verbraucherschutz auf Einzelstaatenstandard
- europäische Kochkunst und Küchentradition

Europäische Kultur

- gemeinsame abendländische Geschichte
- europäische Musik, europäische Filme, Festivals

Bildung, Ausbildung, Berufstätigkeit

- freie Wahl des Arbeitsplatzes
- Schüler- u. Studentenaustausch, gemeinsame Projekte
- gegenseitige Anerkennung der Berufsausbildungsabschlüsse und Diplome

EUROPÄISCHE INTEGRATION

ZIELE DER INTEGRATIONSBESTREBUNGEN NACH 1945 IN EUROPA

- **Wiederaufbau des zerstörten Europa** mit gemeinsamer Hilfe
- **Abbau nationalistischer Bestrebungen**
- **Friedenserhaltung** und Schutz vor künftigen europäischen Kriegen
- **Verhinderung weiterer kommunistischer Machtausdehnung**
- **Entwicklung einer selbstständigen wirtschaftlich-politischen Rolle** neben den beiden Großmächten USA und UdSSR

Zusammenschluss westeuropäischer Staaten mit gemeinsamen Organisationen

- 1949 **Europarat** (mit Ministerkomitee und Parlamentarischer Versammlung)
- 1951 Europäische Gemeinschaft für Kohle und Stahl (**Montanunion,** Vertrag für 50 Jahre)
- 1957 Gründung der **Europäischen Wirtschaftsgemeinschaft** (EWG) und **Euratom** durch **Belgien, Bundesrepublik Dtld., Frankreich, Italien, Luxemburg, Niederlande**
- 1967 Einsetzung der gemeinsamen **Organe** der Gemeinschaften: (Minister-)Rat und Kommission
- 1968 **Zollunion** erreicht (keine Zölle mehr zwischen EG-Staaten !)
- 1972 Beschluss über außenpolitische Zusammenarbeit (EPZ) /1999 entsteht daraus GASP
- 1973 Beitritt von **Dänemark, Großbritannien, Irland**
- 1979 Europäisches Währungssystem, **erste Direktwahl** für Europäisches **Parlament**
- 1981 Beitritt von **Griechenland**
- 1986 Beitritt von **Portugal** und **Spanien** („12er-Gemeinschaft")
- 1990 Vergrößerung der EG durch Vereinigung Deutschlands (Ost-Deutschland kommt dazu)
- 1992 **Vertrag von Maastricht** über die Errichtung der **<u>Europäischen Union</u>** (**EU**)
- **1993 EU-Binnenmarkt** und besondere Wirtschaftsbeziehungen mit Finnland, Island, Liechtenstein, Norwegen, Österreich, Schweden
- 1995 Beitritt von **Finnland**, **Österreich**, **Schweden** zur EU (→ „15er-Gemeinschaft")
- 1998 Aufnahme von **Beitrittsverhandlungen** mit 5 osteuropäischen Staaten und Zypern
- 1999 Start der **Währungsunion** mit 11 **Euro-**Ländern
  Europäischer Rat beschließt Beitrittsverhandlungen mit weiteren 5 osteuropäischen Staaten und Malta; Türkei erhält Status als Beitrittskandidat
- 2001 **„Vertrag von Nizza"** zur EU-Zukunft (ersetzt Amsterdamer Vertrag, in Kraft ab 2003)
- 2002 **Euro-Bargeld** als gesetzliches Zahlungsmittel in anfangs 12 EU-Staaten
- 2003 Vorstellung der vom EU-Konvent erarbeiteten „EU-Verfassung", Annahme gescheitert
- 2004 Aufnahme der **10 neuen Mitgliedstaaten** Estland, Lettland, Litauen, Polen, Ungarn, Tschechische Republik, Slowakische Republik, Slowenien, Malta, Zypern; Einigung der EU-Staats- und Regierungschefs auf Vertrag für zukünftige „EU-Verfassung"; Bestätigung/Wahl der neuen Europäischen Kommission mit Kommissionspräsident Barroso durch das Europäische Parlament
- 2005 16 EU-Staaten stimmen per Parlamentsbeschluss oder Referendum dem Entwurf einer „EU-Verfassung" zu; Ablehnung in Frankreich und Niederlande in Volksabstimmungen; (Okt.) Aufnahme der Verhandlungen mit Türkei und Kroatien über Mitgliedschaft (Dez.) Mazedonien offizieller Beitrittskandidat
- 2007 Beitritt von Bulgarien und Rumänien → 27 EU-Staaten
  (Juni) EU-Gipfel beschließt Regierungskonferenz zur Erarbeitung eines „EU-Vertrags"
- 2009 Wahl des EU-Parlaments in 27 EU-Staaten
- 2009 Inkrafttreten des Lissabon-Vertrages „über die Arbeitsweise der Europäischen Union"

Wirtschaftliche Ziele und Vorteile seit Beginn der EWG 1957

- **Förderung der Wirtschaftsbeziehungen** (Handelsausweitung) und **Erhöhung des Lebensstandards** sowie Förderung der zwischenstaatlichen Beziehungen durch:
- **Errichtung eines „Gemeinsamen Marktes“**
- **Abschaffung der Zölle zwischen den Mitgliedsstaaten** einerseits und gemeinsamer Außenzoll gegenüber Dritt-Ländern (Zollunion) andererseits
- schrittweise **Annäherung der Wirtschaftspolitik** (später Wirtschafts- und Währungsunion)
- **Angebotsfülle** auf fast allen Gebieten, insbesondere bei Agrarprodukten
- **günstige Preise für Produkte aus anderen EU-Staaten**
- **großer Absatzmarkt** für unsere Industrie (66 % des gesamten deutschen Exports geht in die übrigen 26 EU-Staaten); Exportüberschuss **sichert** ca. 500 000 **Arbeitsplätze in der BRD**
- **Freizügigkeit** für EU-Bürger innerhalb der EU-Staaten (= freie Wahl des Aufenthaltsortes, aber für Arbeitnehmer der Neu-Mitglieder-Staaten komplett erst ab 2011)
- **Niederlassungsfreiheit** für Unternehmer, Handwerker, Dienstleistungsberufe

DIE ORGANE DER EUROPÄISCHEN UNION (EU)

Europäischer Rat (Sondertagungen der Staats- und Regierungschefs)

- Einrichtung seit 1975, tagt 2-3-mal jährlich („Gipfeltreffen“), legt politische Leitlinien zur europäischen Einigung fest, beschließt gemeinsame Standpunkte zu internationalen Fragen.

Ministerrat Rat der Europäischen Union

- Tagung der Außenminister und/oder zuständigen Fachminister (in 9 verschiedenen Zusammensetzungen), in der Praxis abhängig von Entscheidungen der nationalen Regierungen bzw. des Europäischen Rats (Der Vorsitz im Rat wechselt halbjährlich.) *[Vgl. Seite Gk 2-13]*
- Funktion: „**Gesetzgeber der EU**“ (*LEGISLATIVE*!),
  - ➢ **Verordnungen** gelten in allen EU-Staaten als Gesetze, stehen über nationalem Recht
  - ➢ **Richtlinien** verpflichten die EU-Staaten, entsprechende nationale Gesetze zu erlassen
  - ➢ **Entscheidungen** regeln Einzelfälle verbindlich (z. B. für einen Staat, ein Unternehmen)

Kommission

- Gremium in ***Brüssel*** aus 27 unabhängigen Kommissaren, die von den 27 Nationalstaaten (offiziell vom Außenminister-Rat) ernannt und vom Europa-Parlament bestätigt werden.
- Als „**Motor der EU**“ macht die Kommission **Vorschläge für Verordnungen und Richtlinien** an den Ministerrat und übergibt sie dem E. Parlament zur Beratung.
- **Ausführung** der Ministerratsentscheidungen (*EXEKUTIVE*!), z. B. Durchführungsverordnung
- Überwachung der Einhaltung von EU-Verträgen in der Praxis (u. a. auch Entgegennahme von Firmen- und Bürgerbeschwerden)

Europäisches Parlament

- **736 Abgeordnete** bei der letzten „Europawahl“ 2009 gewählt, davon 99 aus Deutschland (Wahlperiode 5 Jahre), Vollversammlung (= Plenarversammlung) ist stets in ***Straßburg,*** sonstige Arbeit in ***Brüssel***; Sitzgruppierung länderübergreifend nach politischen Fraktionen, z. B. volksparteilich/christdemokratisch oder sozialdemokratisch)

Hauptaufgaben:

- **Beratung und Verabschiedung des EU-Haushalts** (Mitentscheidung über Ausgabenseite)
- **Stellungnahme** zu Vorschlägen der Kommission
- **Anfragen an Kommission und Ministerrat (= Kontrolle)**
- volle Beteiligung an der Gesetzgebung in Teilbereichen (verstärkt seit Lissabon-Vertrag)

Außerdem hat das **Parlament** folgende Rechte:
- Untersuchungsausschüsse zur Klärung von Verstößen gegen das EU-Gemeinschaftsrecht
- Überprüfung von Kommissionskandidaten, Misstrauensantrag gegenüber der Kommission
- Zustimmungsrecht für weitere EU-Beitrittsverträge
- **Bürgerbeauftragter** ist zuständig für das Petitionsrecht bei Missständen in EU-Institutionen

Europäischer Gerichtshof

- **Verfassungs- und Rechtsschutzorgan mit 27 Richtern in *Luxemburg***
- **Zuständigkeit für alle EU-Organe**, **Mitgliedstaaten** und betroffenen Personen (durch EU-Rechtsakte), z. B. bei
- Klagen der Kommission gegen einzelne EU-Staaten oder EU-Staaten gegeneinander
- Klagen von EU-Bürgern gegen EU-Organe oder den eigenen National-Staat

→ **Entscheidungen des Gerichtshofs sind unanfechtbar und von Nationalstaaten zu beachten,** das EU-Recht ist auch von den nationalen Gerichten durchzusetzen.

Machtverteilung und Zusammenarbeit in der EU (nach dem Vertrag v. Lissabon 2009)

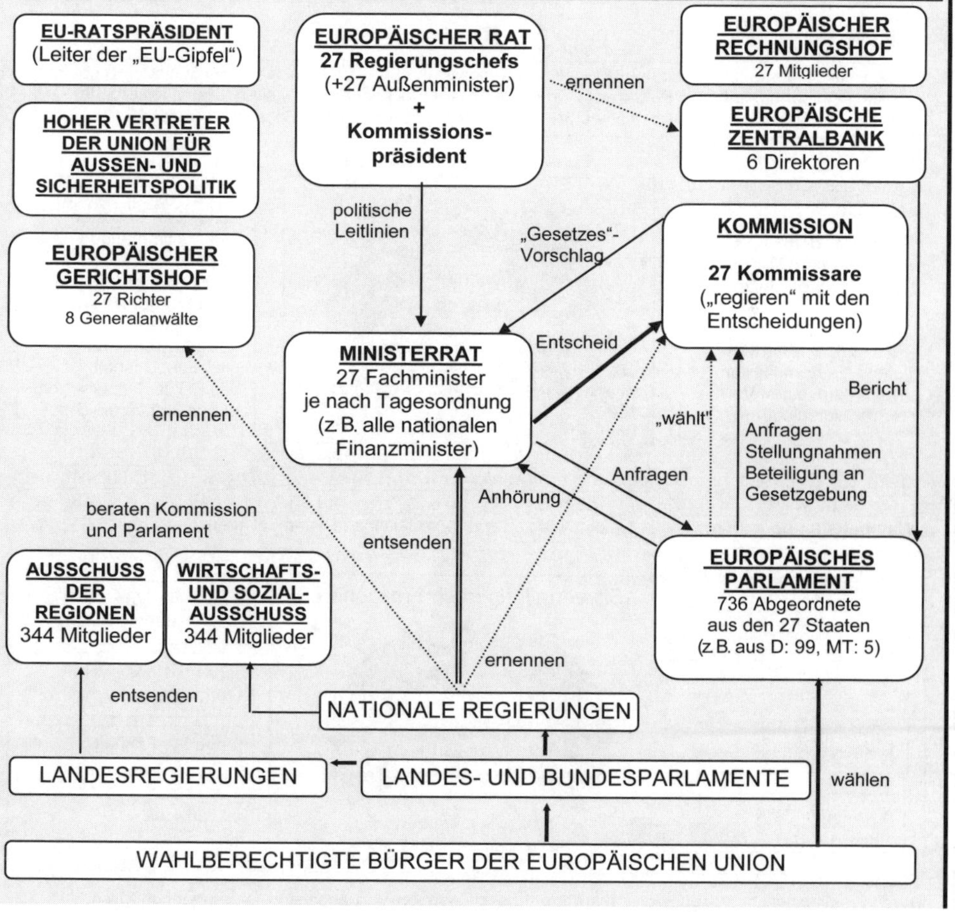

Stimmen und Sitze in den EU-Organen, Bedeutung der Mitgliedstaaten

EU-Mitglieder (beispielhaft für unterschiedliche Größe)	Internat. Abkürzung	Einwohner in Mio.	% der EU-Bevölkerung	Sitze im **Europa-Parlament**	% Anteil an Sitzen im Europa-Parlament	Stimmen im **Ministerrat**	Stimmen in der **Kommission**
Deutschland	DE	82,4	16,7	99	13,4	29	1
Großbritannien	UK / GB	62,8	12,8	72	9,8	29	1
Frankreich	FR	59,2	12,0	72	9,9	29	1
Italien	IT	58,7	11,9	72	9,9	29	1
Spanien	ES	43,7	8,8	50	6,8	27	1
Polen	PL	38,2	7,8	50	6,8	27	1
Österreich	AT	8,2	1,7	17	2,3	10	1
Bulgarien	BG	7,7	1,6	17	2,3	10	1
Lettland	LV	2,3	0,5	8	1,0	4	1
Slowenien	SL	2,0	0,4	7	0,9	4	1
Luxemburg	LU	0,4	0,08	6	0,8	4	1
Malta	MT	0,4	0,08	5	0,6	3	1

Wie viele Stimmen und Mandate die einzelnen Nationen in den EU-Organen (z.B. im Ministerrat) haben sollen, ist sehr umstritten in Bezug auf Gerechtigkeit und Blockademöglichkeiten. Die bevölkerungsmäßig **kleineren Staaten** sind relativ **stärker vertreten,** um nicht bedeutungslos zu werden.

Das EP teilt sich die Funktion der „Gesetzgebung" mit dem Ministerrat (= Rat der Europäischen Union). Das EP kann keine „Gesetzesvorschläge" einbringen, aber wenigstens die Kommission auffordern, einen Vorschlag vorzulegen.

Europa-Parlament in Straßburg

Das EP kennt wie der Bundestag Debatten und Abstimmungen nach 3 Lesungen. Aber die EU ist eine **überstaatliche Organisation** und der Ministerrat ist das letzte Entscheidungsgremium. Deshalb ist das EP nur teilweise mit Bundestag vergleichbar.

1979	1984	1989	1994	1999	2004	2009
62 %	61 %	58,5 %	56,8 %	49,8 %	**45,5 %**	**43,1 %**

Wahlbeteiligung in Europa sinkt bei den Wahlen zum europäischen Parlament kontinuierlich!

Sitzverteilung nach Fraktionen:

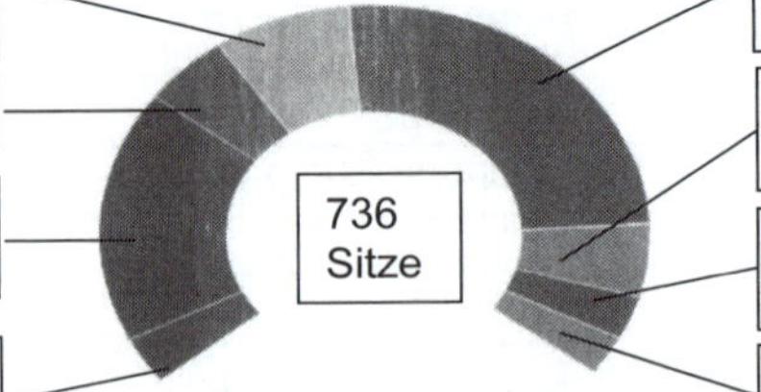

Stand nach der Wahl 2009

Durch Fraktionswechsel, Todesfälle, Inkrafttreten des Lissabon-Vertrages sind Änderungen möglich.

Europäische Zentralbank (EZB) in ***Frankfurt (am Main)***

- Unabhängiges Organ mit Zuständigkeit für die Geldpolitik in den 16 „Euro"-Staaten (2010)
- Aufgaben: Einheitliche Währungspolitik mit dem Oberziel Preisstabilität; Eurogeld in Umlauf bringen; Zahlungsverkehr in der EU organisieren; Devisenreserven verwalten

Rat der EZB

Direktorium mit 6 Mitgliedern: EZB-Präsident, Vizepräsident und 4 weit. Mitglieder (Amtszeit zwischen 5 u. 8 Jahren)	Zentralbank-Präsidenten der 16 Euro-Länder: AT, BE, CY, DE, ES, FI, FR, GR, IR, IT, MT, LU, NL, PT; SL, SK, Estland 2011

Sonstige ORGANE:

- Der Europäische **Rechnungshof** überprüft die Ausführung des Haushaltsplans der Europäischen Gemeinschaft, kontrolliert die Ausgaben insbesondere auf mögliche Verschwendung und Missbrauch der Gelder.
- Die **Europäische Investitionsbank** hat die Aufgabe, auf finanziellem Gebiet zu einer ausgewogenen Entwicklung der Gemeinschaft beizutragen.
- Der Europäische Gerichtshof wird ergänzt durch ein **Gericht erster Instanz** (27 Richter, die von den nationalen Regierungen im Einvernehmen auf 6 Jahre ernannt werden), das z. B. tätig wird bei Schadenersatzklagen gegen die EU, Untätigkeitsklagen gegen die Kommission.
- Vermittlungsausschuss (zur Kompromisssuche zwischen Ministerrat und Europa-Parlament)

Wie ist das Staatssystem der EU einzuordnen?

Die Europäische Union ist kein Bundesstaat, sondern ein Staatenbund. 1993 war mit der Ratifizierung der „Maastrichter Verträge" die EU entstanden. Die Rechtsgrundlage der EU besteht v. a. aus dem EU-Vertrag 1992 und dem EG-Vertrag (mit Veränderungen seit 1957) sowie den Veränderungen mehrerer Folge-Verträge bis hin zum Vertrag von Lissabon 2009.

Säulen des „Europäischen Hauses" nach **Maastrichter, Amsterdamer und Nizza- Vertrag**

Erste Säule: Europäische Gemeinschaft	Zweite Säule: Gemeinsame Außen- und Sicherheitspolitik	Dritte Säule: Zusammenarbeit in der Innen- und Rechtspolitik
Ausgangsbereiche: * Zollunion, Binnenmarkt * Agrarpolitik * Strukturpolitik Neues Gemeinschaftsrecht: * Wirtschaft- u. Währungsunion * Unionsbürgerschaft * Bildung und Kultur * Verbraucherschutz * Forschung, Umwelt * Industriepolitik * Sozialpolitik...	Außenpolitische Kooperation im Hinblick auf * Friedenserhaltung * Demokratie * Hilfe für Drittstaaten Kooperation in der Sicherheitspolitik: * Rüstungswirtschaft und Abrüstung * Planung Europäischer Sicherheitsordnung, evtl. gestützt auf WEU	Ziel: Gemeinsame Entscheidungen in der Asyl-, Flüchtlings-, Einwanderungs- und Visapolitik; Kooperation bei der Bekämpfung organisierter Kriminalität; Koordinierung von Polizei- u. Justizbehörden bleibt Angelegenheit der Mitgliedstaaten
Weitgehend übernational unter Mitwirkung des Europäischen Parlaments	Grundsätzliche Entscheidungen nur einstimmig im Europäischen Rat	Europäischer Rat oder einzelne nationale Regierungen

Die **Europäische Union** ist ein Verbund von selbstständigen Staaten, die aber durch Verträge mehr oder weniger aneinander gekoppelt sind:
Im Politikbereich der 1. Säule handeln wir Europäer, als ob wir ein einziger Staat wären.
Im 2. Bereich muss sich jeder Einzelstaat an gemeinsam gefasste Beschlüsse halten, bleibt aber für sich allein in der Umsetzung (durch nationale Gesetze) verantwortlich. In den restlichen Politikbereichen entscheidet weiterhin jeder Staat selbst, sucht höchstens freiwillig nach Koordinierung mit anderen EU-Staaten. So sind auch nach dem Vertrag von Amsterdam 1997 (in Kraft seit 1999) – einer Weiterentwicklung des Maastrichter Vertrags durch die 15 Staats- und Regierungschefs der EU-Mitgliedstaaten – die Einzelstaaten für die Beschäftigungspolitik zuständig. Seit dem Vertrag von Nizza 2003 und insbesondere dem Vertrag von Lissabon 2009 gilt: Zunahme verbindlicher Mehrheitsentscheidungen (mit qualifizierter Mehrheit) im Rat der EU und gestärkte Antrags- und Klagebefugnisse im EU-Parlament, Vetorecht der Staaten stark eingeschränkt, europäische Volksabstimmungen!

Der **Maastrichter Vertrag** zur Errichtung der EUROPÄISCHEN UNION (1992 / 1993)

- Ziele: **Vollständige Wirtschafts- und Währungsunion**, gemeinsame Außen- und Sicherheits-Politik, verstärkte Zusammenarbeit in der Innen- und Rechtspolitik und dabei Erweiterung der EU-Kompetenzen, Schaffung der Unionsbürgerschaft
- Mit dem € - Start 1999 sind die **Wechselkurse** (Wert der beteiligten **Landeswährungen** im Verhältnis zum **Euro**) **endgültig festgeschrieben,** z.B. 1 € = 1,95583 DM.
- EU-Staaten, die der Währungsunion beitreten wollen, müssen am EWS II teilnehmen, d. h. **bestimmte finanzpolitische Merkmale erfüllen**:

Stabiles Preisniveau	**Gesunde Staatsfinanzen**	**Stabile Wechselkurse**	Nicht zu hohes Zinsniveau
Inflationsrate höchstens 1,5% über dem Durchschnitt der drei preisstabilsten Länder	Neuverschuldung höchstens 3%, Staatsschulden höchstens 60% des Bruttoinlandsprodukts	EWS - Teilnahme seit zwei Jahren ohne große Wechselkursschwankungen (maximal +/- 15 %)	Langfristige Zinssätze höchstens 2% - Punkte über dem Durchschnitt der Preisstabilsten

Konflikt: Sogar Gründer-Staaten (wie DE, FR, IT) überschritten die Neuverschuldungsmarke. Finanzminister beschlossen 2005 Reform zur Lockerung des Stabilitätspaktes! Weltfinanzkrise 2008/09 führt zu extremer Neuverschuldung, auch in „Euro-Staaten".

STREITFELDER DER EU-POLITIK

Binnenmarkt und Währungsunion

Streitfall **Europäische Agrarpolitik**

***Ziele laut EWG-Vertrag (von 1957):**
- **Produktivitätssteigerung** in der Landwirtschaft
- Erhöhung des Lebensstandards(Pro-Kopf-Einkommens) in der Landwirtschaft
- **Stabilisierung** von Angebot und Nachfrage auf dem **Agrarmarkt**
- Sicherstellung der Versorgung bei **angemessenen Verbraucherpreisen**

***Methoden der „Agrarmarktordnung":**
- **Preisgarantie** beim **Aufkauf der Überschüsse** an landwirtschaftlichen Produkten
- Außenschutz (**Zölle** für Agrar-Importe aus Nicht-EU-Staaten) für ca. 25 % aller Produkte
- **Subventionen** für Erzeuger und Verarbeiter landwirtschaftlicher Produkte
- Garantiepreis- u. Mengenbegrenzung (z.B. Milch**quoten**) seit 1984

∗Merkmale der europäischen Landwirtschaft:
- Entscheidungen über **Preise** und **Produktionsmengen** werden von EU-**Kommission** und **Ministerrat** getroffen.
- Nationale Regierungen können nicht mehr selbstständig entscheiden.
- **Finanziert** wird die **Preisstützungs- und Lagerhaltungspolitik** aus dem **Gemeinschaftshaushalt der EU** (z.B. über die Zolleinnahmen und MwSt.-Anteile aus den Nationalstaaten).

∗Negative Folgen der langjährig praktizierten EU-Agrarpolitik:
- Sicherung oder Erhöhung der Agrarpreise führte zu Massentierhaltung, Monokulturen und **Überproduktion** (Zucker, Fleisch, Milch, Getreide, Wein...→ „Butterberge", „Milchseen").
- **Aufkauf, Lagerung und Beseitigung der Überschüsse** (inkl. Vernichtung, Schenkung an bedürftige Drittstaaten) kosten mind. 10 Milliarden € jährlich.
- Dritte-Welt-Staaten vernachlässigen eigene Agrar-Produktion.
- Die **EU brauchte wegen der hohen Agrar-Ausgaben** (fast 1/2 des EU-Haushalts) **immer mehr Geld** (d.h. auch Steuereinnahmen aus den Mitgliedstaaten).
- Subventionspolitik führte mehrfach zu „Handelskriegen" mit den USA.
- Kaum Abbau der Überschüsse, weil immer wieder Verbraucher-Boykott (z. B. bei Rindfleisch)

Streitfall **EU-Haushalt – Höhe und Finanzierung**

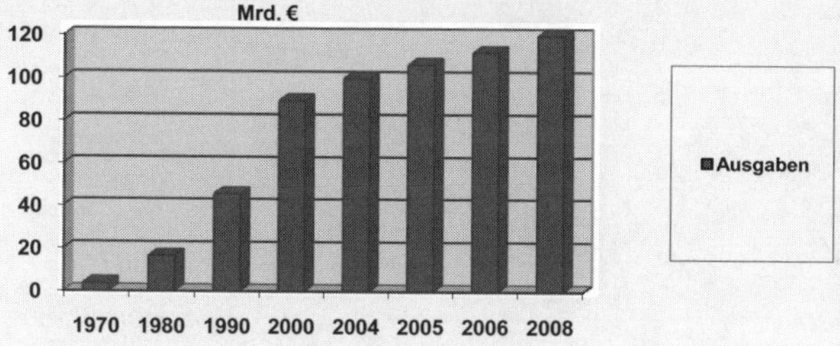

Verteilung der Ausgaben:
- Agrarpolitik 45 %
- Struktur- / Regionalpolitik 35 %
- Außen- / Sicherheitspolitik 5 %
- Verwaltung 6 %
- Sonstiges 9 %

BRD hat an EU-Wirtschaftsleistung (= BIP) Anteil von 30 % und an der EU-Finanzierung von ca. 22 % → „wirtschaftlicher Riese" in Europa. BRD ist mit ca. 8 Mrd. € größter „Nettozahler" → zahlt mehr in den EU-Haushalt, als es Subventionen erhält

EU-Finanzplan 2007 – 2013 der Kommission: ↑ 864 Mrd. € (ursprünglich ca. 1.000 Mrd. €)
Vorstellungen der Bundesregierung: maximal ↓ 825 Mrd. €

Streitfall **Abkommen von Schengen (Luxemburg 1985 / Erweiterungsabkommen 2007)**

Inzwischen 23 EU-Staaten + Island + Schweiz (2009) haben sich bezüglich des „Grenzen- und Staatsschutzes" auf praktische Regelungen geeinigt:
- Einreise: Keine Personenkontrollen an den EU-Binnengrenzen (nur Stichproben bei Kriminalitätsverdacht, z. B. Steuerhinterziehung, Drogenschmuggel oder Verdacht auf illegale Einwanderung)
- Polizeiliche Zusammenarbeit (Europol): Gemeinsames Computer-Fahndungs- und Informationssystem SIS; Verfolgung von Straftätern über die Binnengrenzen hinweg

■ Negatives:
- Behinderung bei der praktischen Arbeit, z. T. inkompatible Computersysteme
- Angleichung der Visumspolitik nur angestrebt
- Asylverfahren innerhalb Europas durch nur einen betroffenen EU-Staat bleibt eine Vision

EURO-ZONE und EU-Staaten nach der „SÜDOST-ERWEITERUNG“ 2004 und 2007

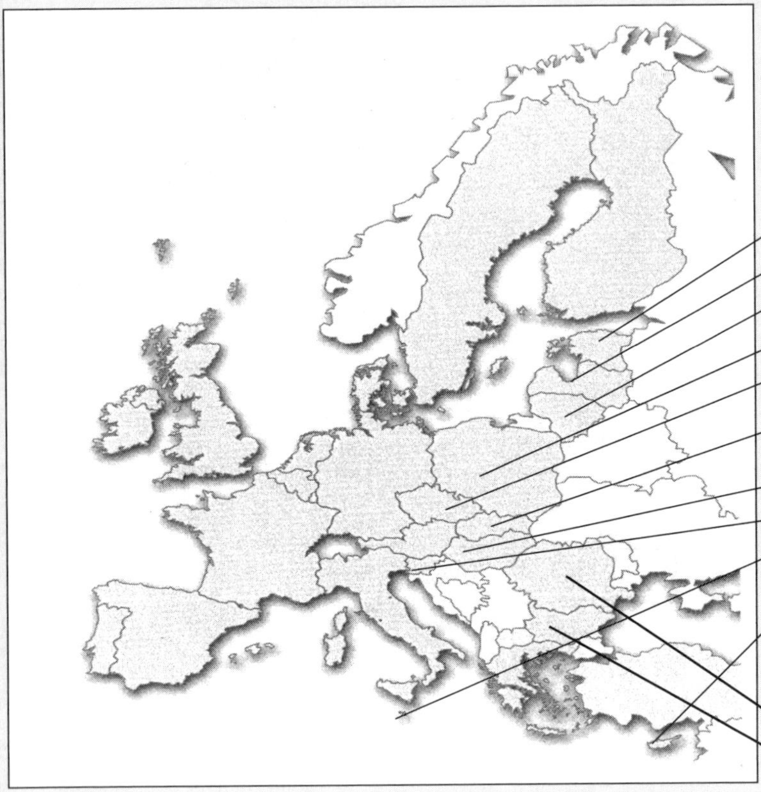

Neue EU-Mitglieder seit 2004:

Estland
Lettland
Litauen
Polen
Tschechien
Slowakische Republik
Ungarn
Slowenien
Malta
Zypern (West)

2007:

Rumänien
Bulgarien

Belgien
Deutschland
Finnland
Frankreich
Griechenland
Irland
Italien
Luxemburg
Malta
Niederlande
Österreich
Portugal
Slowenien
Spanien
Zypern
Slowakei (16)

EU-Alt-Mitglieder **ohne** Euro-Währung

Dänemark
Großbritannien
Schweden

Gemeinsames Symbol aller EU-Staaten:

12 goldene Sterne im Kreis auf blauem Grund

Kopenhagener Beitrittskriterien (1993)

a) politische Voraussetzungen:
- Stabile Demokratie
- Menschenrechte in Verfassung garantiert

b) wirtschaftliche Voraussetzungen:
- Marktwirtschaft
- Wirtschaftliche Leistungsfähigkeit muss dem Wettbewerb des Binnenmarktes gewachsen sein

c) gemeinschaftsrechtliche Voraussetz.: EU-Recht (Verträge, Verordnungen) muss in das nationale Recht übernommen werden (können)

PERSPEKTIVEN DES VEREINTEN EUROPA

DER EUROPAGEDANKE

- **Leitmotive** unverändert: **politische Stabilität** auf dem Kontinent und **Friedenssicherung**
- Glaube an Europas Zukunft ist abhängig von wirkungsvoller Zusammenarbeit zwischen den EU-Staaten und EU-Organen und bürgernaher Politik, welche die Vorteile der EU den Bürgern einsichtig machen kann

Seit dem Vertrag von Amsterdam 1997 sind die Rechte des einzelnen EU-Bürgers gestärkt:

- ► Schutz der Grundrechte: Jeder, der sich durch EU-Institutionen beeinträchtigt fühlt, kann vor dem Europäischen Gerichtshof klagen.
- ► Unionsbürgerschaft: Die Staatsangehörigen jedes Mitgliedstaates sind **„Unionsbürger"**
- ► Petitionsrecht: Beschwerderecht beim Bürgerbeauftragten des Europäischen Parlaments
- ► Freizügigkeit in allen Ländern der EU (Aufenthaltsrecht kaum eingeschränkt)
- ► Wahlrecht: bei Europa- und Kommunalwahlen für alle EU-Bürger in jedem EU-Land

In welcher Form kann sich Europa **weiterentwickeln**?

* Vertiefung

Der Währungsunion müsste theoretisch die Verwirklichung der politischen Union folgen (ähnlich dem USA-Modell), da nationale Finanz- und Beschäftigungspolitik nicht mehr frei von Entscheidungen der EZB-Geldpolitik betrieben werden kann.
Die Entscheidungswege und Machtverhältnisse müssen reformiert werden, aber wie (weit), das ist umstritten, genauso wie eine gemeinsame Wirtschafts- und Finanzpolitik.

Übertragung vieler Politikbereiche auf die EU ⟷	Interessen der Einzelstaaten
Aufwertung des Europäischen Parlaments, weil nur so eine demokratische Kontrolle der EU-Regierung (Kommission + Rat) möglich ist	Bewahrung der Rechte der einzelnen Parlamente, im Föderalstaat BRD also von Bundestag und Länderparlamenten
„Gerechtere" Stimmenverteilung im Ministerrat und mehr Mehrheitsentscheidungen statt Zwang zur Einstimmigkeit	Interessenwahrnehmung kleinerer Staaten und der jeweiligen Minderheit bei Abstimmungen

* Erweiterung

EWG/EU war nie eine „Festung Europa", hat fast alle beitrittswilligen Staaten integriert.
Der Zusammenbruch des Kommunismus in Osteuropa und das Ende des Ost-West-Konflikts brachte zwangsläufig den Wunsch der Ostblockstaaten nach Aufnahme in das „Kern-Europa".
Beitrittsanträge wurden seit 1990 von 12 Staaten gestellt, von der Türkei sogar schon 1987.
Die Osterweiterung ist die größte Herausforderung in der Geschichte Europas wegen der Fülle der **Probleme**:

- Aufnahme von 12 Staaten aus früherem Ostblock *[siehe Karte Seite Gk 3 - 9]*
- Die Vorstellungen über Ziele, Fortschritte und Ausgestaltung der EU wurden vielfältiger.
- Das Verständnis von Demokratie und Marktwirtschaft im Westen, welche die wichtigsten Aufnahmevoraussetzungen darstellen, hat nur kurze Tradition in Osteuropa.
- Die Neumitglieder Osteuropas erwarten große finanzielle Hilfe aus den Strukturfonds der EU. Der Europäische Rechnungshof geht von 30 Mrd. € Zusatzkosten jährlich aus. Allein Polen soll laut EU-Haushalt bis 2013 rund 70 Mrd. € Strukturhilfen erhalten.

Einige der neuen Mitgliedstaaten haben nämlich die typischen Probleme der hilfsbedürftigen Regionen: großer Landwirtschaftssektor, niedriges Bruttoinlandsprodukt, hohe offizielle oder verdeckte Arbeitslosigkeit.
→ Ohne eine Änderung der bisherigen Agrarpreisunterstützung würde das Finanzierungssystem des Agrarhaushaltes und damit der ganzen EU zusammenbrechen.

Wie ist das Beitrittsverfahren geregelt?

Antrag des Bewerberstaates → Beitrittsverhandlungen → Beitrittsakte (Unterzeichnung durch Mitgliedstaaten und Bewerber)

Ratifizierungsprozess:

EU	Bewerberstaaten	bisherige EU-Mitglieder
- Rat (einstimmig)	- Parlament	- Parlamente
- Parlament (mehrheitlich)	- Referendum	- Referenden

Wie steht es um einen „**Vertrag über eine Verfassung für Europa**"?

- ▶ EU-Gipfel im Juni 2007 beschließt, dass eine Regierungskonferenz bis Jahresende einen neuen EU-Vertrag erarbeitet. Denn die Einigung der 25 Regierungschefs im Juni 2004 auf eine „EU-Verfassung" scheiterte hinterher an Volksabstimmungen in F und NL.
- ▶ Hauptziele seit 2004: Stärkung der politischen Union, um gemeinsam wirtschaftspolitisch, außen- und sicherheitspolitisch agieren zu können; Verbesserung des Abstimmungs- und Beschlussverfahrens, klarere Verteilung der Zuständigkeiten
- ▶ Planungen seit 2007 / Ziel: Vertrag von Lissabon
- Einführung eines hauptamtlichen EU-Ratspräsidenten und eines „EU-Außenministers"
- Stärkung der Rechte des EU-Parlaments
- Blockaden sollten zukünftig mit Abstimmung nach neuem Mehrheitsprinzip weitgehend vermieden werden; weniger Veto-Möglichkeiten bei Ratsabstimmungen
- Verkleinerung der Kommissionsmitgliederzahl auf 2/3 der Mitgliedstaaten
- Der Lissabon-Vertrag tritt im Dezember 2009 in Kraft. Es ist keine „Verfassung", sondern ein „Vertrag über die Arbeitsweise der Europäischen Union", der die bisherigen Verträge einbezieht und um Neuregelungen ergänzt.

WIRTSCHAFTLICHES UND POLITISCHES GEWICHT EUROPAS

- Die Europäische Union hat größtes weltwirtschaftliches Gewicht: (Daten gerundet, z.T. geschätzt)

Staaten	Bevölkerung in Mio.	BIN/Pers. in € (in KKS)	Anteil am Weltexport	Staatl. Entwicklungshilfe
EU-27	497	25.900	**38 %**	35 Mrd. $
USA	304	38.900	13 %	20 Mrd. $

- **Die 7 % der Weltbevölkerung in der EU leben im wichtigsten Wirtschaftsraum der Welt.** D, F, GB, IT sind neben USA, Kanada, Japan und Russland an den Weltwirtschaftsgipfeltreffen der G-8-Staaten beteiligt. Die G8-Staaten bestreiten mehr als die Hälfte des gesamten Welthandels. Die EU ist zusätzlich zu den Nationalstaaten D, F, GB, IT als Staatenbündnis bei den G-8-Treffen vertreten. Die G-8 sind dominierender Teil der G-20-Staatengruppe.

- EU als stabilisierender Faktor in Europa (z.B. in der Offenheit für ehemaligen Ostblock)

- Zusammenarbeit mit Europarat, OSZE, NATO, UNO kann weltpolitische Rolle stärken: bei Verhinderung militärischer Konflikte, Friedenssicherung, Bekämpfung der internationalen Kriminalität, Bekämpfung von Rassismus und Fremdenfeindlichkeit; Armutsminderung auf anderen Kontinenten, z.B. durch Entscheidung für Schuldenerlass in Höhe von zig Mrd. € für die ärmsten Entwicklungsländer – beschlossen auf EU-, G8-, G-20-Gipfeltreffen.

ZUKUNFT FÜR EUROPA?!

Vor welchen anhaltenden politischen **Problemen / offenen Fragen** steht die EU?

- Regierungen der Nationalstaaten wollen Machtverlust verhindern und haben sehr verschiedene Interessen, wie die Wirtschafts- und Euro-/Finanzkrise gezeigt haben
- **Europäisches Parlament braucht mehr Rechte**, um die entscheidende gesetzgebende Gewalt (= Legislative) in Europa werden zu können, z.B. mit echtem Gesetzesinitiativrecht.
- **Bevölkerung in den Nationalstaaten muss** davon **überzeugt werden können**, dass EU-Erweiterung und EU-Machtzuwachs auch für die Bürger selbst von **Nutzen** ist. (Wahlbeteiligung auf niedrigstem Niveau deutet eher auf Enttäuschung hin.)
- Wie weit darf die Souveränität eines Nationalstaates überhaupt eingeschränkt werden, ohne nationale Verfassungen wie das Grundgesetz der BRD zu brechen? (Zuständigkeit des Bundesverfassungsgerichts oder des Europäischen Gerichtshofs umstritten!)
- Wie sollte der € stabilisiert werden? Wie weit sollten alle EU-Bürger für zu hohe Schulden anderer Staaten haften? Wie sollte der Stabilitätspakt wirkungsvoll reformiert werden?
- Ist es möglich, die **unterschiedlichen Steuer- und Sozialsysteme, Wirtschaftspolitiken und Arbeitsmarktbedingungen** zu harmonisieren, evtl. mit Hilfe einer gemeinsamen „Wirtschaftsregierung“?
- Ist ein starker Abbau der Agrarsubventionen durchsetzbar?
- Wo sind die (geografischen und finanziellen) Grenzen für die **Aufnahme weiterer Staaten** (von Kroatien über Bosnien und Herzegowina, Montenegro, Albanien bis zur Türkei...)?

AUFGABEN

1. Welche Motive für den Prozess der europäischen Einigung haben seit 1945 bis heute ihre Gültigkeit?
2. Welche Staaten haben mit der Gründung der Montanunion 1951/52 den Anstoß zur Entwicklung eines europäischen Binnenmarktes gegeben?
3. Nennen Sie die Staaten, die seit 1957 in die EU aufgenommen wurden.
4. Welche Vorteile bringen uns Europäern als Reisende und Arbeitskräfte der Binnenmarkt und das Schengener Abkommen?
5. Nennen Sie die fünf wichtigsten Organe der EU und je eine ihrer Hauptaufgaben.
6. Warum kann man sagen, dass die EU-Agrarpolitik einem Teufelskreis gleicht?
7. Wodurch unterscheidet sich die Währungsunion vom EWS?
8. Wovon ist es abhängig, ob die Währungsunion erfolgreich sein wird, das heißt der Euro so stabil sein wird wie die DM von 1949 bis 1999?
9. Zeigen Sie im Vergleich zum Bundestag, dass dem Europäischen Parlament bisher selbstverständliche demokratische Rechte fehlen.
10. Welches sind die größten Hindernisse für ein vollständiges „Zusammenwachsen“ europäischer Staaten zu einem „Vereinigten Europa“?
11. Welche negativen und positiven wirtschaftlichen und gesellschaftlichen Konsequenzen können die EU-Erweiterungen für die früheren EU-15 und die 12 Beitrittsländer haben?

3.2 Globalisierung und Friedenssicherung

STOFFTELEGRAMM

GLOBALISIERUNGSERFAHRUNGEN

Was besagt der Begriff **Globalisierung**?

Zu Beginn des 3. Jahrtausends ist das Leben auf diesem Globus geprägt von weltweitem Austausch von Informationen, Gütern und Dienstleistungen. Betroffene Lebensbereiche:

Wirtschaft („Weltbinnenmarkt"):

⇒ Alle an irgendeinem Ort der Welt produzierten Güter oder Informationen sind innerhalb kürzester Zeit – Bezahlung vorausgesetzt – an vielen anderen Orten für Firmen und Privatleute verfügbar, v. a. mittels Satelliten, Internet, Telefonen, Fernsehen, Flugzeug.

⇒ Globalisierung = internationale Verflechtung der Finanzmärkte (z. B. 24 h Finanzgeschäfte an den „Welt-Börsen"), internationaler Unternehmenswettbewerb um Marktanteile und Know-how, Standortwettbewerb um Kapital (Direktinvestitionen von Firmen)

⇒ Globale Fusionen häufen sich; Beispiele mit deutscher Beteiligung: 1998: Daimler-Benz und Chrysler, 2000: Vodafone-Airtouch und Mannesmann, 2005 Hypovereinsbank u. UniCredito

⇒ weltweite Arbeitsteilung kann den „Wohlstand der Nationen" mehren.

⇒ Gefahr, dass durch gegenseitige Unterbietung von Sozial- und Umweltstandards die Wohlfahrt der Arbeitnehmer nicht nur in den „reichen Ländern" stark beeinträchtigt wird. Deutsche Unternehmen und Arbeitnehmer haben neue Konkurrenten mit Dumping-Löhnen und -preisen: südostasiatische und lateinamerikanische Schwellenländer sowie Staaten in Mittel- und Osteuropa („Emerging Markets").

⇒ Ausländer investierten in den letzten 10 Jahren in Deutschland weit weniger als deutsche Unternehmen im Ausland → Gefahr für den Wirtschaftsstandort Deutschland allgemein!

⇒ Die Strategie transnationaler „global handelnder" Konzerne, Arbeitskräfte dort „einzukaufen", wo sie am billigsten sind, Produktionsstätten dorthin zu verlagern, wo die Umweltstandards und die Steuerbelastung am niedrigsten sind und möglichst auch am Firmen-Stammsitz keine oder wenig Steuern zu bezahlen, zeigt die Grenzen nationalstaatlicher Politik.

Eine **globale Wirtschafts- und Sozial-Politik** kann nur in Ansätzen entwickelt werden. Firmen wie VW versuchen inzwischen allerdings Mindeststandards für alle über den Globus verteilten Werke zu setzen und einzuhalten und haben insofern Vorbild-Charakter für andere „global players". Nicht-Regierungs-Organisationen (NGOs) gewinnen zunehmend an Einfluss und finden bei WTO-Gipfeln und auch in den (westlichen) Medien zunehmend Beachtung.
Die Bedeutung der ILO (International Labor Organisation, UNO-Sonderorganisation) müsste gestärkt werden.

Kommunikation („Vernetzte Welt"):

⇒ Weltumspannende Information über Nachrichtenagenturen und Email-Austausch, z. B. von Globalisierungsgegnern wie der NGO „attac"

Gesellschaft und Kultur („globales Dorf"):

⇒ Lebensweisen, Kleidung, Musikstile, Sprachen werden weltweit angeglichen, standardisiert

Sicherheit („Weltrisikogemeinschaft"):

⇒ Krisen, Kriege, Seuchen, Umweltzerstörung haben häufig weltweite Ursachen und Auswirkungen (z. B. Wassermangel, CO_2 – Ausstoß, Streit um Rohölquellen und -transportwege)

GLOBALISIERUNG - CHANCE ODER FALLE?

URSACHEN:
- Technischer Fortschritt, v. a. bei der Informationstechnik
- Abbau von Zöllen und anderen Handelsschranken durch GATT, WTO
- Entstehung gemeinsamer Märkte wie EWG, NAFTA, Mercosur
- Schnellere und billigere Transportmittel
- Weitgehend freier Kapitalverkehr
- Ende des Ost-West-Konfliktes und des kommunistischen „Ostblocks“

MERKMALE:
- Internationale Arbeitsteilung
- Wettbewerb von Staaten und Regionen um Direktinvestitionen (Firmenansiedlung) multinationaler Konzerne (= Standortwettbewerb)
- Weltweite Integration der Finanzmärkte
- Welthandelsvolumen steigt stark (und stärker als die Weltproduktion!)
- Sinkender Einfluss von Staaten auf die Wirtschafts- und Gesellschaftspolitik

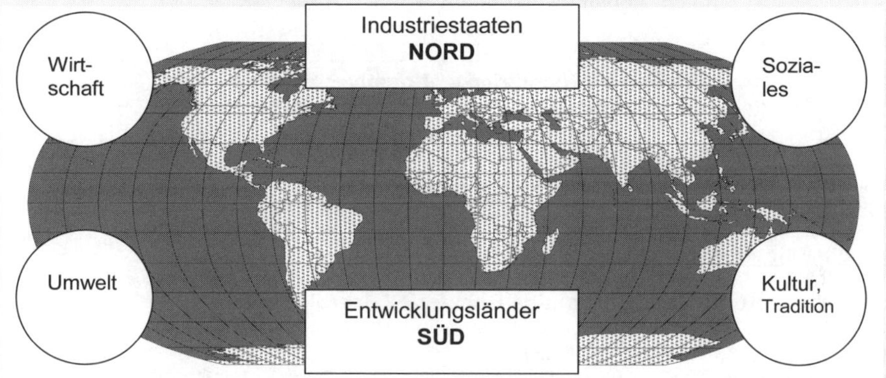

CHANCEN:
- Unternehmen können weltweit produzieren, investieren, einkaufen, dort, wo es für sie am günstigsten ist, und deshalb auf dem Weltmarkt preisgünstig Produkte anbieten
- Größeres Warenangebot
- Freier Welthandel, erweiterte Exportchancen
- Steigende Einkommen für Unternehmer und Arbeitnehmer in bestimmten Branchen und Weltregionen
- Steigendes Weltsozialprodukt

GEFAHREN:
- Verlust von Arbeitsplätzen in den „Hochlohn-Staaten" durch die internationale Konkurrenz
- Abbau des „sozialen Netzes“ (von Sozialstaatsleistungen)
- Produktion an Standorten ohne Umweltschutzvorschriften
- Auslösung von Wirtschaftskrisen durch Spekulationen an den Aktien- und Devisenbörsen
- Ohnmacht der Politik gegenüber den „global players“ an Investitions- und Finanzmärkten
- Verlust der kulturellen Vielfalt
- Förderung des Terrorismus
- globale Krankheitsverbreitung

FRIEDENSSICHERUNG

■ Krieg und Frieden zu Beginn des 21. Jahrhunderts

Realität: weltweit jährlich ca. 45 Kriege und schwere „Bürgerkriege“

■ Frieden – Vorstellungen von Friedensrealität und Zielen

höchstes Friedensziel: ein Leben in einer Weltgesellschaft mit sozialer Gerechtigkeit, ohne jede strukturelle Gewalt, mit gewaltfreier Konfliktregelung im privaten und gesellschaftlichen Leben und mit einer Natur im ökologischen Gleichgewicht

Idealzustand „positiver Frieden“
Abwesenheit aller Gewaltauslöser

Friedensprozess „Dynamischer Frieden“
Abbau von sozialer Ungerechtigkeit, struktureller Gewalt

Frieden als Nichtkrieg – „Negativer Frieden“
keine direkte personelle Gewalt durch Krieg od. Bürgerkrieg
Situation des Waffenstillstands

Welches sind die häufigsten **Ursachen** für **Kriege**?

► Wirtschaftsinteressen

- Wirtschaftliche **Kontrolle über wichtige Rohstoffe / Energieträger** (z. B. Öl im Krieg Irak gegen Kuwait, z. T. auch im UNO-Golfkrieg und im „USA-GB-Anti-Irak-Krieg“ 2003)
- **Sicherung ökonomisch wichtiger Verkehrswege** (z. B. Suez-Kanal-Krieg)
- **Rüstungsverkäufe** (v.a. der Großmächte) in „Spannungsgebiete“, gegenseitige Aufrüstung (z. B. Iran ↔ Irak, Indien ↔ Pakistan)
- Beibehaltung der extremen soziale Unterschiede zwischen Welt- und Landesregionen zugunsten der Wohlhabenderen, Regierenden

► Militärstrategie + Machtpolitik

- **Besetzung von strategisch wichtigen Gebieten** (z. B. China ↔ Tibet, Israel ↔ Syrien (Golan), Großbritannien ↔ Argentinien (um die Falkland-Inseln)
- **Ausdehnung des Herrschaftsbereichs** (z. B. UdSSR ↔ Afghanistan)

► Totalitäre Ideologie + Religion

- **Ausbreitung einer politischen Weltanschauung** (z. B. Vordringen der kommunistischen Ideologie in Korea, Vietnam, andererseits Abwehrversuch durch demokratisch-kapitalistische Staaten, v. a. USA)
- **Missionarische Ausbreitung einer Religion / Religionsgruppe** (z. B. politisierter Islam: Milizen in afghanischen Provinzen, zuvor Taliban-Regime, Untergrundkämpfer in Algerien)

► **Gebietsansprüche**

- **Volksgruppen** (mit gleicher Sprache, Kultur, Tradition) **wehren sich gegen kolonialzeitliche / imperialistische Grenzziehungen** (z. B. im Kosovo, Tschad, Bergkarabach) oder kulturelle bzw. wirtschaftliche Benachteiligung
- **Völker leiten aus verschiedenen Traditionen (**z. B. **religiösen) und Schicksalen** (z. B. Zwangsvertreibung, Kolonialmachtsentscheidung) ihr **Besiedelungsrecht ab** (z. B. Israel ↔ Palästina, Iran ↔ Irak, Irak ↔ Kuwait, Kroatien ↔ Serbien)

► **Wahnvorstellungen / Feindbilder**

- **Diktatoren**, deren Macht im eigenen Staat nicht begrenzt ist, suchen weitere **Selbstbestätigung in der Niederwerfung anderer Völker**
- Verherrlichung der Leistungen u. kämpferischen Natur der eigenen Nation (**Nationalismus**), Verächtlichmachung anderer Völker u. Rassen (**Rassismus**)
- Schuldzuweisung für eigenes (wirtschaftliches) Elend an fremde Staaten („Sündenböcke"!), **Propaganda**darstellung von **Nachbarvölkern → bedrohliche Feinde**

POLITISCHE UND MILITÄRISCHE FRIEDENSSICHERUNG

*** Beiträge zur Friedenssicherung durch sicherheitspolitische Verträge (Beispiele):**

1967 Weltraumvertrag: Verbot der dortigen Stationierung von Atomwaffen
1987 **INF**: **Beseitigung aller landgestützten Mittelstreckenraketen von USA** (Pershing II, Marschflugkörper) **und UdSSR** (v.a. SS-20 Raketen),
1990 **KSE**: **Höchstgrenzen für konventionelle Waffensysteme in Europa** / KSZE-Staaten
1991 / 1993 **START**: Verringerung der strategischen Atomwaffen
1996 **Atomwaffenteststoppvertrag**
1997 **Antichemiewaffenvertrag** (Verbot von Produktion, Lagerung, Weitergabe und Verwendung von Chemiewaffen)
1999 **KSE-II**: weitere Reduzierung konventioneller Waffensysteme in Europa
2002 NATO-Russland-Rat
2003 Reduzierung der strategischen Nuklearwaffen der USA und Russlands auf ca. 2000

*** KSZE-PROZESS als Grundlage einer neuen Sicherheitsordnung in Europa**

► ***K**onferenz über **S**icherheit und **Z**usammenarbeit in **E**uropa* (1973 - 75)
- Schlussakte von Helsinki 1975 legte 10 Prinzipien für das friedliche Zusammenleben der Staaten fest (Beginn vertrauensbildender Maßnahmen, z. B. Militärbeobachter-Austausch)
- KSZE-Vereinbarungen und Folgekonferenzen 1977 - 89 waren „Motor der Annäherung"
- November **1990: KSZE-Konferenz** (darin **NATO** und **Warschauer Pakt**) erklärt **Ende des Kalten Krieges**
- April **1991: Auflösung des Warschauer Paktes**, stattdessen Streben nach sicherheitspolitischer Zusammenarbeit durch neue KSZE-Einrichtungen
- **KSZE soll zur Festigung rechtsstaatlich-demokratischer Verhältnisse und Aufbau marktwirtschaftlicher Strukturen in Ost-Europa beitragen**
- Seit 1991 **Kooperation zwischen den (damals) 16 NATO-Staaten und ehemaligen Warschauer-Pakt-Staaten**, z. B. 22 Oststaaten im **„NATO-Kooperationsrat"** von Albanien bis Weißrussland, Hauptziele → Demokratischen Wandel im Osten stabilisieren und gemeinsame Sicherheitspolitik fördern
  Seit 1994 **NATO-Programm: „Partnerschaft für den Frieden"** verbindet ganz Europa.
- **OSZE 1995: 54 Mitglieder, alle europäischen Staaten gleichberechtigt** (Mitgliedschaft Jugoslawiens ruhte bis zur Demokratisierung) mit Hauptaufgaben: Einsatz für Menschenrechte, Sicherheitspolitik, Rüstungskontrolle, Krisenbewältigung in Europa

∗ Historische Veränderungen als Grundlage neuer Sicherheitspolitik

- 1989: Revolutionen in Osteuropa, **Ende des Kommunismus in Europa**
- 1990: **Überwindung der Teilung Deutschlands**, Ende des Kalten Kriegs
- 1991: Auflösung des Warschauer Paktes und **Auseinanderbrechen der Sowjetunion** in 18 unabhängige Republiken, dann wieder Teilzusammenschluss von 15 Staaten in **G**emeinschaft **U**nabhängiger **S**taaten (= GUS), Golfkrieg (USA u. a. Staaten im Auftrag der UNO gegen Irak) nach UNO-Beschluss
- **seit 1991 zunehmender Nationalismus** in **Ost- und Südosteuropa**, Nahost / Mittelost, Nordafrika, **verstärkt von islamischem Fundamentalismus**, **Bürgerkriege** und Teilstaaten-Kriege (z. B. Serbien ↔ Kroatien; Serbien ↔ Kosovo) wie im ehemaligen Jugoslawien.
- seit 1997 Sicherheitsabkommen zwischen Russland und der NATO mit der Einrichtung eines gemeinsamen Gremiums: „Ständiger Gemeinsamer NATO-Russland-Rat";
- **1999**: Neue NATO-Mitglieder: Polen, Tschechische Republik, Ungarn (nun 19 Mitglieder)
- 2002 Mit dem neuen NATO-Russland-Rat (Rat der 20) wurde Russland zum gleichberechtigten Partner, z. B. bei der Rüstungskontrolle und der Terrorismus-Bekämpfung. Über den „Bündnisfall" und die Nato-Erweiterung entscheiden aber die NATO-Mitglieder einzeln.
- **2004 / 2009: Der europäische Teil der NATO vergrößert sich nach Osten**:

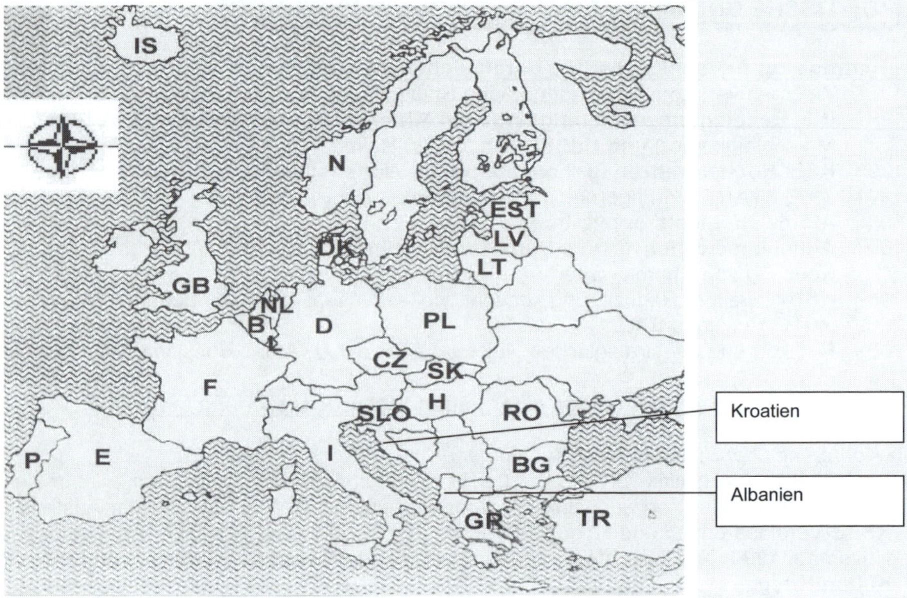

28 NATO-Mitglieder: Entwicklung in 60 Jahren

seit 1949		seit 1952	seit 1955	seit 1982	seit 1999	seit 2004	seit 2009
Belgien Dänemark Frankreich Großbritannien Island Italien	Kanada Luxemburg Niederlande Norwegen Portugal USA	Griechenland Türkei	Deutschland (BRD)	Spanien	Polen Tschechien Ungarn	Bulgarien Estland Litauen Lettland Rumänien Slowakei Slowenien	Albanien Kroatien

NATO-Generalsekretär seit 1.7.2009: Rasmussen (Dänemark)

∗ Änderung der NATO-Sicherheitspolitik

- **Politische und wirtschaftliche Kooperation mit Osteuropa dringend notwendig**
- Weiterentwicklung der Konflikt- und Kriegsverhütung
- **Risikovorsorge** (auch gegen Hochtechnologie-Aufrüstung der „Dritten Welt") mit schnell verlegbaren und sofort einsetzbaren multinationalen Truppen (Bundeswehr daran beteiligt mit speziellen **Krisenreaktionskräften**; seit 1993 deutsch-französisches „Eurokorps")
- Bereitschaft zur **Übernahme von UNO-** (und OSZE-) **Aufträgen** (z. B. in „Ex-Jugoslawien")
- Grundprinzip bleibt: Abschreckung jeder Aggressionsdrohung und Bereitschaft zur Abwehr jedes Angriffs auf das NATO-Gebiet
- Vorbereitung auf Abwehr des weltweiten Terrorismus (seit den Ereignissen des 11.09.2001)

Welche Rolle spielen die Vereinten Nationen (UNO) bei der Friedenssicherung?

- Gründung der UNO **1945**, Sitz **New York**
- Jährlicher Gesamthaushalt ca. 3 Mrd. $, finanziert aus Mitgliedsländerbeiträgen
- bekannteste Organe:

>**Internationaler Gerichtshof** in Den Haag
>Sekretariat mit **UN-Generalsekretär** (Kofi Annan 1997-2007, Ban Ki-moon seit 2007)
>jährliche **Generalversammlung** (192 Staaten, gleichberechtigt mit je 1 Stimme: Nordamerika 2, Süd- und Mittelamerika 33, Europa 41, Afrika 53, Asien 48, Ozeanien 15)

>**Sicherheitsrat**

- **Maßnahmen des Sicherheitsrats** (mit 15 Staaten als Mitgliedern): Untersuchung internationaler Streitigkeiten, Empfehlungen zur friedlichen Beilegung; Feststellung, ob eine Bedrohung des Friedens oder eine Angriffshandlung vorliegt (wie z. B. Irak gegen Kuwait); **Beschluss** gewaltloser Bestrafungsmaßnahmen (wirtschaftlicher Sanktionen) oder **militärischer Zwangsmaßnahmen** (mittels **UN-Friedenstruppen**, die von den UN-Mitgliedsländern zur Verfügung gestellt werden → „Blauhelme")
- **Zustandekommen von Beschlüssen**: Resolutionen brauchen ein Mehrheit von 9/15 einschließlich der Stimmen aller 5 permanenten Mitglieder (→ Vetorecht). Abstimmungen sind öffentlich (Handzeichen).

Vor welchen organisatorischen und globalen **Problemen** steht die UNO?

- Behauptungsfähigkeit gegenüber militärischen Weltmächten wie den USA
- Reformierung des Sicherheitsrates (Erweiterung um Mitglieder wie Japan, Deutschland und Aufhebung des Vetorechts) und der Kriterien für ein Eingreifen der UNO
- Erhöhung der Handlungsfähigkeit (statt Versagen wie in Afrika: Kongo, Ruanda, Sudan)
- Schutz der globalen Umwelt, Friedenserhaltung oder -schaffung, v. a. bei absehbaren Konflikten um wichtige Rohstoffe (wie Erdöl) oder Lebensgrundlagen (v. a. Trinkwasser)
- Eindämmung ethnischer und religiöser Konflikte und der Flüchtlingsbewegungen
- Kampf gegen den Terrorismus in vielen Teilen der Welt und die unkontrollierte Verbreitung von atomaren und chemischen Massenvernichtungswaffen
- Armutsbekämpfung

Bundeswehr – Beiträge zur Friedenssicherung

* **Präambel** des Grundgesetzes (GG): Bundesrepublik Deutschland hat das Ziel, „dem Frieden der Welt zu dienen"
* **GG, Art. 12a:** **Wehrpflicht** und Ersatzdienst
* GG, Art. 24: Beitritt zu einem kollektiven Sicherheitssystem (z.B. NATO, UNO, EU)
* GG, Art. 26: **Führung eines Angriffskrieges verfassungswidrig**
* GG, Art. 87a: Streitkräfte nur zur **Verteidigung**

∗Klassische militärische Aufgaben:

- im **Frieden**: Friedenssicherung durch Abschreckung, seit 1991 auch durch militärische Kooperation mit Ost-Europa-Staaten (inkl. technisch. Hilfe bei Abrüstung)
- im **Spannungsfall** und in Krisenzeiten: Sicherung der Handlungsfreiheit von Bundestag und Bundesregierung, Schaffung von Verhandlungsspielraum
- im **Verteidigungsfall**: Schutz der Bundesrepublik u./o. anderer NATO-Staaten **gemeinsam mit den NATO-Verbündeten** durch Zurückschlagung/Vernichtung angreifender Streitkräfte bis zur Beendigung des Krieges

∗Nicht-militärische Aufgaben:

- im **Frieden**: Hilfe bei Naturkatastrophen (im In- oder Ausland) und besonders schweren Unglücksfällen, Unterstützung humanitärer Aktionen weltweit
- im **Spannungs- u. Verteidigungsfall**: Schutz ziviler Objekte, Unterstützung polizeilicher Maßnahmen
- bei **Notstand** innerhalb der BRD (Gefahr für freiheitlich demokratische Grundordnung): Unterstützung der Polizei und des Bundesgrenzschutzes bei der Bekämpfung organisierter und militärisch bewaffneter Aufständischer

∗Erweiterte neue Aufgaben:

- **Einsatz im Rahmen der UNO-Friedenstruppen („Blauhelme"),** Konflikteindämmung in Spannungsgebieten (z.B. Südosteuropa) durch polizeiartige Anwesenheit, **Kontrolle von Waffenstillstandsabkommen**
- **Militärische Zwangsmaßnahmen** nach UN-Sicherheitsratsbeschluss: „friedensschaffende Maßnahmen" = UNO-Kampfeinsätze, evtl. auch **NATO-Einsätze** „out of area" wie beim Eingriff in den Serbien-Kosovo-Krieg 1999, **EU-Einsätze** seit 2003, Mitwirkung am Aufbau spezieller EU-Kampfverbände seit 2005 (13 EU-battle groups mit je 1.500 Soldaten)

Abhängigkeit der Bundeswehr vom Rechtsstaat = Primat der Politik

Verteidigungsausschuss des B.tages *kontrolliert* → **Verteidigungsminister** *ist verantwortlich* → **Bundestag**

Verteidigungsminister (ein Zivilist) *hat Befehlsgewalt über* → **Bundeswehr**-Soldaten

Bundestag *beschließt* → **GG-Änderung** (mit 2/3-Mehrheit auch im **Bundesrat**) zu Fragen der Wehrpflicht (1956 beschlossen) sowie Gesetze zur Dauer des Wehr- und Ersatzdienstes

Bundestag *wählt* → **Bundeswehrbeauftragte(r)**

Bundeswehrbeauftragte(r) *gibt jährlich Rechenschaftsbericht über Bundeswehr* → **Bundestag**

Bundeswehrbeauftragte(r) *schützt die Rechte der Soldaten* → **Bundeswehr**-Soldaten

Als Hilfsorgan des Bundestages darf der **Wehrbeauftragte** selbstständig Untersuchungen einleiten, wenn Verletzungen der Grundrechte der Soldaten oder der Grundsätze über die innere Führung der Bundeswehr vorliegen. Die Bundeswehr ist letztlich immer vom **Parlament** abhängig, weil Umfang und Ausstattung der Streitkräfte vom Bundeshaushalt, also den zufließenden Geldern abhängen.

Wer entscheidet über den Einsatz der Bundeswehr?

***UNO-Einsatzfall:**
Bundesregierung nur mit **Zustimmung** des **Bundestages** (mit einfacher Mehrheit)

***NATO-Bündnisfall**, d. h. bewaffneter **Angriff auf einen NATO-Bündnispartner:**
NATO-RAT muss einstimmig Verteidigungsfall feststellen, nötig ist also auch die deutsche Zustimmung durch die **BUNDESREGIERUNG**, die danach über die Art des Beistands und des Bundeswehreinsatzes entscheiden kann.

***Verteidigungsfall:**
- Voraussetzung: **BRD wird mit Waffengewalt** (voraussichtlich) **angegriffen**
- Ablauf:

BUNDESREGIERUNG		GESETZGEBENDE BUNDESORGANE
beantragt Feststellung des Verteidigungsfalls	→	**Bundestag** mit 2/3 Mehrheit + **B.rat** (notfalls der Gemeinsame Ausschuss)
Befehlsgewalt geht auf **B.kanzler** über (→ Verteidigungskrieg)	← (von Bundestag) / →	**Bundestag** kann Verteidigungsfall für beendet erklären
Ende der Kampfhandlungen zur Verteidigung durch Befehl des B.kanzlers an die Generäle	←	

Beispiele für Auslandseinsätze der Bundeswehr

Seit 1992	Ex-Jugoslawien	Beteiligung an Friedenstruppen IFOR und SFOR in Bosnien, an **KFOR**-Truppen im Kosovo (seit 1999)
Seit 2004		**EUFOR** (7000 EU-Soldaten in Bosnien-Herzegowina, Übernahme des bisherigen SFOR-Kommandos der NATO
Seit 2001/2002	Afghanistan	Beteiligung an Afghanistan-Schutztruppe, seit Febr. 2003 von BRD + NL geführte **ISAF**
Seit 2006	Libanon	Beteiligung an UNIFIL, Auftrag: Absicherung der seeseitigen Grenze

Insgesamt sind ca. 7000 deutsche Soldaten im NATO- und UNO-Auslandseinsatz.

Was bedeutet **Wehrpflicht**?

***Bestimmungen des GG, Art. 12a und des Wehrpflichtgesetzes seit 1956**
Grundsätzliche Verpflichtung **volljähriger (tauglicher) deutscher Männer** zum Dienst bei den Streitkräften (Frauen dürfen nicht zum Dienst mit der Waffe zwangsverpflichtet werden!)

Welche Argumente gibt es für und gegen die **Wehrpflicht**?

***Argumente für die Wehrpflicht**:
- Soldat = „**Staatsbürger in Uniform**", ständige Verbindung zwischen Volk und Soldaten, kein „Staat im Staat" (wie z. B. im Kaiserreich)
- Schutzbedürfnis des demokratischen Staates wird durch **Lastenverteilung auf möglichst viele Bürger mit Verteidigungswillen** am besten erfüllt
- Bundeswehr braucht bestimmte **Mindeststärke**, die durch Anwerbung von Freiwilligen allein nicht erreicht wird und findet fähige Zeitsoldaten unter den Wehrdienstleistenden

***Argumente gegen die Beibehaltung der Wehrpflicht**:
- Zunehmende Wehrungerechtigkeit: nur noch 25- 35 % der Wehrpflichtigen leisten Dienst. Wer 23 Jahre als ist, verheiratet oder nur T3 - tauglich, ist befreit. Auslandseinsätze werden immer wichtiger, Soldaten müssen dafür professionell ausgebildet sein und dafür langen 6 Monate „Grundausbildung" nicht.

∗ Wehrpflichtige in der Bundeswehr

	Ende 20. Jhd.	seit 2002	seit 2006
Grundwehrdienstleistende	130 000	53 000	53 000
Freiwillig zusätzlichen Wehrdienst Leistende	-	27 000	
Wehrübende	5 000	2 600	2 000
Berufs- u. Zeitsoldaten	200 000	200 000	195 000

Bis 2010 werden die ca. 250.000 Soldaten in 3 Kategorien eingesetzt: 35.000 Eingreifkräfte, 70.000 Stabilisierungskräfte, 147.500 Unterstützungskräfte. Eine Reduzierung um 40.000 Soldaten ab 2011 ist geplant. Außerdem ist Aussetzung der Wehrpflicht denkbar.

∗ Wehrdienstdauer
- Seit 2002 9 Monate Grundwehrdienst, ab 1.7.2010 nur noch **6 Monate Grundwehrdienst**
- unbefristeter Wehrdienst im Verteidigungsfall (= Kriegsdienst)
- Freiwillige Verlängerung der Wehrdienstdauer auf maximal 23 Monate (bei erhöhtem Sold ab dem 7. Monat). Für diese Wehrpflichtigen ist ein Einsatz bei internationalen Friedensmissionen (Eingreifkräfte, Stabilisierungskräfte) außerhalb des NATO-Gebiets möglich.

∗ Pflichten des Soldaten:
- Grundpflicht: Bereitschaft, **Recht und Freiheit des deutsches Volkes tapfer zu verteidigen**
- Pflicht zum **Eintreten für die freiheitlich demokratische Grundordnung**
- **Gehorsamspflicht** (ausgenommen aber: Menschenwürdeverletzung, Privatzweck, Straftat)

∗ Rechte des Soldaten:
- **Grundsätzlich gleiche Rechte wie jeder Staatsbürger, Einschränkung** ist jedoch wegen dienstlicher Erfordernisse möglich (z. B. bei der Meinungs- und Versammlungsfreiheit), statt völliger Freizügigkeit → Kasernierung während der Dienstzeit und beim Wachdienst)
- **Beschwerderecht** bei jedem Vorgesetzten (Überprüfung von Rechtsverletzungen durch unabhängige Gerichte gesichert)
- **Petition an die (den) Wehrbeauftragte(n)**

Wie ist der Friedensdienst der **Kriegsdienstverweigerer** in Deutschland geregelt?

∗ Bestimmungen des GG, Art.4 u. 12
- **Niemand** darf gegen sein Gewissen **zum Kriegsdienst** (= **Wehrdienst** laut B.Verf.Gericht) mit der Waffe **gezwungen** werden. (Jährlich werden ca. 170 000 Verweigerer anerkannt!)
- **Wer den Kriegsdienst verweigert**, weil ihm sein **Gewissen ausnahmslos das Töten eines Menschen verbietet**, hat einen (zivilen) **Ersatzdienst** zu leisten. Seit 2005 Dauer 9 Monate, ab Juli 2010 nur noch 6 Monate.

∗ Anerkennungsverfahren (für ungediente Wehrpflichtige)
- Antrag an das **Bundesamt für Zivildienst** mit **persönlicher schriftlicher Darlegung des Verweigerungsgrundes** und Lebenslauf, polizeilichem Führungszeugnis
- bei Zweifeln an der Gewissensbegründung Verfahren vor einem Prüfungsausschuss beim Kreiswehrersatzamt

∗ Aufgabenbereiche für anerkannte Kriegsdienstverweigerer
- **sozialer Ersatzdienst**, z. B. in **Krankenhäusern**, Alten-/Pflegeheimen
- sonstige dem Allgemeinwohl dienende Dienste, z. B. im **Naturschutz**

GLOBALE PROBLEME - LÖSUNGSSUCHE

- Auf der Welt leben ca. 6,8 Mrd. Menschen, davon in der **„Entwicklungsländern“** (3./4. Welt) ca. 80 % = 5,5 Mrd. Menschen. In diesen ärmeren Staaten nimmt die Bevölkerung jährlich um insgesamt 70 Millionen zu.
- **Hauptmaßstab** für die Einteilung eines Staates als Entwicklungsland ist seit den 50er Jahren das **Brutto-Sozialprodukt** (BSP pro Kopf der Bevölkerung), neuerdings ergänzt durch den Grad der Säuglingssterblichkeit und Bildungschancen.
- 1/5 der Menschheit in der **Ersten Welt** - den relativ reichen westlichen Industriestaaten - und der **Zweiten Welt** verfügen über ca. 83 % des Welteinkommens!
- Die meisten Entwicklungsländer befinden sich auf der **Südhalbkugel**.
- **Besonders arme Staaten** ohne vermarktbare Energieträger/Bodenschätze bezeichnet man als **Vierte Welt**, die Entwicklungsländer mit vermarktbaren Rohstoffvorkommen als **Dritte Welt** (allerdings inklusive einiger wohlhabender OPEC-Staaten wie Saudi-Arabien, Kuwait), die im **Norden** gelegenen teilindustrialisierten Osteuropastaaten (bis Ende d. Ost-West-Konflikts) als **Zweite Welt,** die relativ reichen westlichen Industriestaaten als **Erste Welt**.
- Beispiele für bekannte „Entwicklungsländer“ (von über 140) auf verschiedenen Kontinenten:
  Europa: Serbien, Türkei
  Afrika: Äthiopien, Eritrea... → alle Länder außer Republik Südafrika! *(siehe Landkarte)*
  Asien: Afghanistan, Indien...
  Amerika: Brasilien, Haiti (→ alle Länder außer USA und Kanada!), wobei es in Asien und Amerika ca. 20 - 30 **Schwellenländer** gibt – wirtschaftlich gesehen schon Industrieländer wie z. B. Korea, Singapur, Brasilien, die auf dem Weltmarkt mit USA, Europa konkurrieren!
- Mit dem **Nord-Süd-Konflikt** ist v. a. der Kampf um eine Verringerung des Nord-Süd-Wohlstandsgefälles und vorhandener Ausbeutungssituationen gemeint.

Beispielhafte Staaten für das „Armenhaus“ Afrika

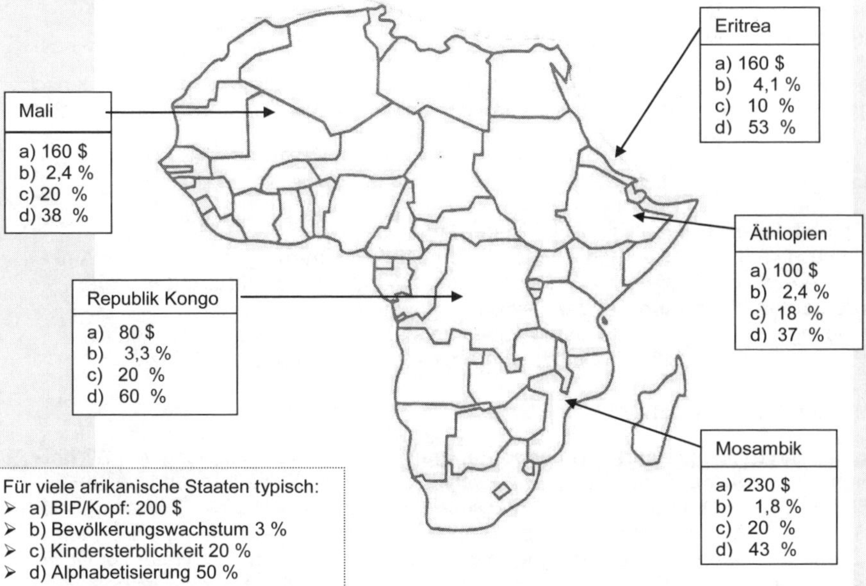

Für viele afrikanische Staaten typisch:
- a) BIP/Kopf: 200 $
- b) Bevölkerungswachstum 3 %
- c) Kindersterblichkeit 20 %
- d) Alphabetisierung 50 %

Welches sind die **Hauptprobleme** der **Entwicklungsländer**?

► **Geringe wirtschaftliche Leistungsfähigkeit**

- extrem **niedriges Pro-Kopf-Einkommen** (ca. 1 Mrd. Menschen leben mit einem Pro-Kopf-Einkommen von täglich maximal 1 $; in Südasien 37%, in Afrika bis zu 50% der Menschen)
- großer **Mangel an Kapital und technischem Know-how**
- geringe Spar- und Investitionsrate
- **hohe Inflationsrate** (mehr als 1000% Inflation für bestimmte Produkte sind möglich!)
- **hohe Verschuldung im Ausland** (bei Industriestaaten, Privatbanken und Weltbank)
- **Export von Monokulturen/Rohstoffen** wie Kaffee oder Kupfer oder wenig verarbeiteten Produkten (Folge ehemaliger Kolonialpolitik!) kann wegen der längerfristig zu niedrigen Preise nicht helfen, die Auslandsverschuldung abzubauen

► **Schlechtes Bildungssystem**

- **fehlende oder unzureichende Schulpflicht,** wenig organisierte Berufsausbildung
- **Mangel an gutem Ausbildungsgerät und fachkundigen Ausbildern**

► **Bevölkerungswachstum**

- **Vermehrungsrate 1,8 - 3,5 % jährlich** (Verdoppelung der Bevölkerung durchschnittlich in ca. 35 Jahren) wegen Mangel an Kenntnis und Möglichkeiten der Familienplanung, aus Tradition und zur Altersabsicherung (wegen fehlender Sozialversicherung);
- Bevölkerung der 49 ärmsten Länder könnte sich auf 1,8 Mrd. Menschen im Jahr 2050 fast verdreifachen
- Anteil der Armen in den armen Ländern wird größer (jährlich bis zu 80 Millionen weltweit)

► **Schlechte Gesundheitslage**

- **unzureichende medizinische Versorgung**
- hohe Kindersterblichkeit, geringere Lebenserwartung (ca. 50 Jahre)
- **Mangel an nutzbaren Wasserquellen** für Land- und Slumbevölkerung (1,2 Mrd. Menschen)
- **Mangel an Nahrungsmitteln**, wiederkehrende Hungerkatastrophen (etwa 800 Millionen Menschen sind unterernährt, 40 Mio. verhungern jährlich)

► **Soziale Ungerechtigkeit**

- **hohe Arbeitslosenquote** (regional bis zu 80%)
- Erwerbsbevölkerung ist größtenteils **ohne** jede **soziale Sicherung** (bis zu 84% in Afrika)
- wachsende Kluft innerhalb eines Landes mit zunehmender **Verelendung der breiten Unterschichten**, **Reichtum bei den Großgrundbesitzern**
- Verdrängung von Kleinbauern, zunehmende Landflucht und Ausweitung der Slums (Unregierbarkeit der ca. 150 Weltstädte mit insgesamt ca. 500 Mio. Menschen)

► **Schwierige Umweltsituation**

- geographische Lage in **klimatisch benachteiligten Regionen** mit Häufung von **Wirbelstürmen, Überflutung, Erdbeben** (z. B. im Jahr 2008 in Birma/Myanmar und China ca. 180.000 Tote, Hunderttausende Obdachlose), andererseits extremen **Trockenperioden** (Ausdehnung der Wüstengebiete um ca. 6 Mio. ha. jährlich) -> Vernichtung der Ernten
- **Zerstörung des ökologischen Gleichgewichts** durch Raubbau an der Natur zur Devisenerwirtschaftung im Export (z. B. Tropenholz), aber auch wegen des Energiemangels (statt Strom und Öl gibt es nur Brennholz)

► **Militärische Konflikte**

- überproportional **hohe Ausgaben der (oft diktatorischen) Regierung für (modernste) Waffen**, weil sich viele Regierungen nur mithilfe des Militärs an der Macht halten können
- zunehmende soziale und politische (ideologisch, religiös oder stammesmäßig bedingt) Spannungen, die zu „**Bürgerkriegen**“ führen und die Entwicklung des Landes verhindern (z. B. Folgen im Kongo mindestens 4 Mio. Tote, im Sudan min. 2 Mio. Tote)

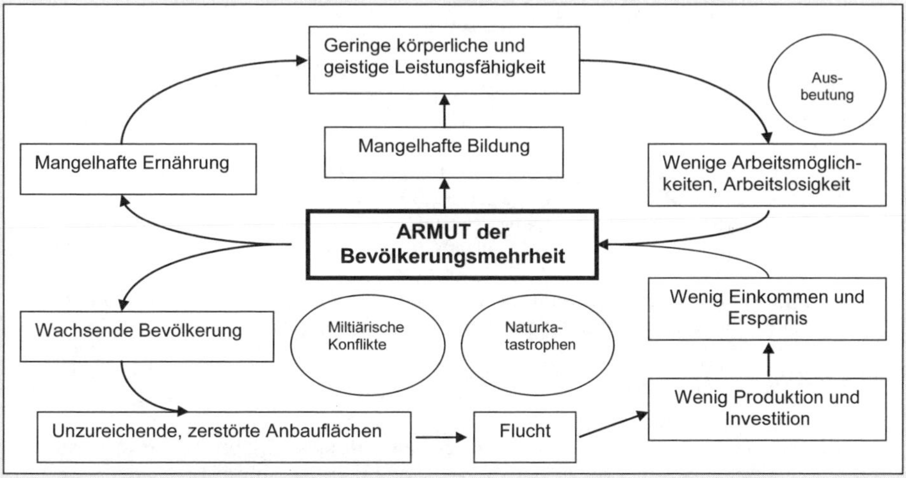

Welche vielfältigen **Ursachen** gibt es für die schwierige Lage der „Süd-Halbkugel“?

► **Bedingungen der Natur:**

- **Rohstoffmangel** macht importabhängig, verhindert Deviseneinnahmen
- **ungünstiges Klima** (anhaltende Trockenperioden, Grundwassermangel, geringere Bodenfruchtbarkeit, leistungsbremsende Temperaturen)
- **empfindliche Ökosysteme** (z. B. Prozess der „Verwüstung“ der Sahel-Zone)
- **Häufung von Naturkatastrophen** (z. B. Überschwemmung, Vulkanausbruch)

► **Innerstaatliche Ursachen:**

- **ständiger starker Bevölkerungszuwachs** (z. B. ca. 4 % in Kenia, d. h. „Bevölkerungsexplosion“ von 23 Mio. auf 83 Mio. im Jahr 2025)
- **traditionelle Wert- und Verhaltensmuster** (z. B. in Afrika weit verbreitete Ansicht, dass der Wert einer Frau von ihrer Fruchtbarkeit abhängt)
- **extrem ungerechte Verteilung von Besitz, Einkommen und Macht** (z. B. besitzt eine kleine Oberschicht den Großteil des nutzbaren Landes) **führt zu häufigen Spannungen**, z. T. zu Aufständen oder Bürgerkriegen
- **Oberschichten leben auf Kosten des Volkes**, sorgen für den Import von Luxusgütern und schaffen damit Devisenprobleme (**Verschuldung**!)
- enge Verflechtung der Regierung mit der wirtschaftlichen Oberschicht (**„Vetternwirtschaft“, Korruption)** und Militärführung
- **Misswirtschaft, Fehlplanung, fehlendes Verantwortungsgefühl**
- **Versagen bei der Agrarpolitik** (= Nahrungsmittelanbau, Agrarreformen)
- **Umweltzerstörung** und Rohstoffplünderung aus privater Profitgier
- Mentalität des „Treibenlassens“ (Ergebenheit in „Schicksal“)

► **Kolonialismus:**

- **willkürliche Grenzziehungen** der Kolonialmächte (quer durch uralte Stammesgebiete)
- **Zerstörung einheimischer Wirtschaftssysteme** (z. B. Anbau traditioneller Nahrungsmittel)
- **Errichtung wirtschaftlicher Abhängigkeit** durch **Rohstoffausbeutung** und Anbau von **Monokulturen** für den Export in die Kolonialstaaten
- Verhinderung des Aufbaus einer verarbeitenden Industrie

► **Beherrschung des Weltwirtschaftssystems durch die Wirtschaftsmächte:**

- Entwicklungsländer sind meist Rohstofflieferanten und oft **abhängig vom Export weniger Produkte** (z. B. Uganda: Kaffee bringt 95% der Exporterlöse)
- **Preisverfall** bei vielen **Rohstoffen** (in den 80er Jahren bei Kaffeebohnen und Baumwolle auf das niedrigste Niveau seit dem 2. Weltkrieg)
- Einfuhrpreise für Industriegüter steigen dagegen jährlich (→ Preisverhältnis Rohstoffe zu Industriegütern = **Terms of trade** hat sich **verschlechtert**)
- **Welthandel ist kein System freier Marktwirtschaft**, denn westliche Industriestaaten geben jährlich ca. 200 Mrd. $ für Stützung ihrer Landwirtschaft aus (5-mal soviel wie für die Entwicklungshilfe)
- **Zölle u. technische Handelsschranken** behindern den Warenexport in die Industriestaaten (120 ärmste Entwicklungsländer haben nur einen Anteil von 3% am Weltexport)

► **Schuldenkrise:**

- Kredite bei der UN-Weltbank betragen insgesamt ca. 400 Mrd. $
- Viele **Entwicklungsländer** sind **nicht in der Lage, vereinbarte Zinsen u. Tilgungsraten zu zahlen** (jährliche Rückzahlungspflicht evtl. 3-mal so hoch wie Entwicklungshilfe!), weil sie seit ca. 20 Jahren großzügig erscheinende **Kreditangebote europäischer und nordamerikanischer Banken annahmen und auch für unproduktive Staatsausgaben und Luxusgüterimporte verwendeten,** obwohl damit **keine Devisen für** die Kreditrückzahlung und die **gestiegenen Zinsen erwirtschaftet** werden konnten.
- Nun fehlt das Geld für lebenswichtige Einfuhren wie Nahrungsmittel, Erdöl, Maschinen, Fahrzeuge, Ersatzteile.
- Devisenspekulationen trieben 1997 – 1998 selbst asiatische „Tigerstaaten“ Malaysia, Südkorea, Singapur, Taiwan in eine schwere Wirtschaftskrise (Währungsverfall über 40%).

► **Militarisierung der Entwicklungsländer:**

- **Industriestaaten** der Ersten und Zweiten Welt **beliefern** die Regierungen der **Dritten Welt** mit fast allen von Machthabern **gewünschten Waffen** (für mindestens 20 Mrd. $ jährlich) und steigern damit Bereitschaft zur Kriegführung und Auslandsverschuldung
- über **160 bewaffnete Konflikte und Kriege** seit 1945 in der Dritten / Vierten Welt
- **An fast jedem dritten zwischenstaatlichen Krieg** (z. B. Korea-Krieg, Vietnam-Krieg, Falkland-Krieg, Irak-Iran-Krieg, Golf-Krieg) waren **Industriestaaten beteiligt**, allerdings seit Ende des Ost-West-Konflikts eher selten.
- Industriestaaten wirken indirekt über Vermittlung rüstungstechnischen Know-hows mit
- Dauerbelastung der Entwicklungsländer – mit gewalttätigem Hintergrund: **innerstaatliche Konflikte**: Regierungssturz (z. B. Äthiopien), **Beseitigung von Fremdherrschaft** (z. B. Afghanistan - anschließend aber weiterer Krieg zwischen den Clans), **Unabhängigkeit für Volksgruppen** (z. B. in Jugoslawien, Türkei, Sri Lanka), **Religionsausbreitung** (z. B. Armenien, Indien), **Kampf um die Vorherrschaft zwischen verschiedenen Stammesführern** oder Volksgruppen in der Vorbereitung auf mögliche Regierungsübernahme (z. B. Afghanistan, vielfach in Afrika)
- **Millionen von Flüchtlingen (Asylanten) aus Nachbarstaaten** behindern zusätzlich die wirtschaftliche Entwicklung (z. B. aus dem Sudan, aus Burundi in die Nachbarstaaten)

Welche **internationalen Aktivitäten** tragen zur **Problemlösung** bei?

∗**Abbau der Schuldenkrise** durch Hilfe der Weltbank/UNO, G-8 und EU-Staaten
- **Schuldenerlass** für die ärmsten, zahlungsunfähigen Länder
- **Senkung der Kreditzinssätze**, Ausdehnung der Laufzeiten
- **Kreditvergabe nur projektgebunden und abhängig von militärischer Abrüstung**
- Förderung freiwilliger privater Kredite und Direktinvestitionen

∗**Internationale Zusammenarbeit** der G-8 und G-20-Staaten, UNO-Staaten
- Bekämpfung von Weltwirtschaftskrisen durch abgestimmtes Verhalten
- Verpflichtungen wie die Vereinbarung der Millenniumsziele, z. B. zur Armutsbekämpfung Ziel: Halbierung der Zahl der Armen, Verringerung der Kindersterblichkeit um zwei Drittel …

∗**Veränderung der Weltwirtschaftsordnung** (angeregt von UN-Organisationen, z. B. WTO)
- Abbau von Handelshindernissen (Zöllen, Normen) in den hoch entwickelten Staaten → bessere Öffnung dieser Märkte für Produkte der Entwicklungsländer und Förderung von Landwirtschaftsprojekten
- Bezahlung gerechterer Preise an Rohstoffbörsen (Beseitigung der Übermacht multinationaler Konzerne, auch „Multis“ genannt)

∗**Unterstützung von Nicht-Regierungs-Organisationen** (**N**on **G**overnmental **O**rganizations)
- NGOs sind im Prinzip Bürgerinitiativen auf internationaler Ebene (z. B. „Ärzte ohne Grenzen“, „Greenpeace“, „amnesty international“, die sich als Lobbyisten fürs „Überleben“, d.h. für Menschenrechte, Umwelt,...verstehen. Hilfe durch NGOs ist meist schneller, oft effektiver.
- 1500 NGOs sind bei der UNO registriert. Ihre Arbeit müsste aber globaler bekannt werden.

∗**Verhaltensänderung der Konsumenten im „reichen Norden“**
- Verbraucher sollten vermehrt Dritte Welt-Projekte fördern (durch entsprechenden Einkauf!)
- Wenn wir unseren Fleischkonsum reduzieren, muss weniger Getreide verfüttert werden und kann dafür menschlichen Hunger stillen. (Denn fast 40 % der Weltgetreideernte wird als Viehfutter zur Fleischerzeugung eingesetzt.)

AUFGABEN

1. Zeigen Sie an einem Beispiel (z. B. Jugoslawien), dass der Ausbruch eines Krieges meist auf mehrere Ursachen zurückzuführen ist.
2. Warum wurde der Warschauer Pakt aufgelöst?
3. Nennen Sie drei bedeutsame Abrüstungsverhandlungen, die erfolgreich abgeschlossen wurden.
4. Welche Risiken bedrohen voraussichtlich noch viele Jahre den Weltfrieden?
5. Welche Veränderungen haben sich für die NATO und die Bundeswehr aus der neuen weltpolitischen Lage ergeben?
6. Warum ist rein militärische Friedenssicherung völlig unzureichend?
7. Welches sind die Hauptaufgaben der Bundeswehr seit 1956 gewesen?
8. Worin zeigt sich die Abhängigkeit der Bundeswehr von den demokratischen Entscheidungsträgern Parlament und Regierung?

9. Welche neuen globalen Aufgabenbereiche hat die Bundeswehr erhalten?
10. Wodurch unterscheiden sich Wehrdienst und Ersatzdienst?
11. Welche Aufgaben hat die/der Wehrbeauftragte?
12. Welche Gründe sprechen für die Schaffung einer Berufsarmee ähnlich der anderer NATO-Staaten wie Belgien, Frankreich, Großbritannien, Irland, Niederlande, Spanien?
13. Was spricht trotzdem für die Wehrpflichtarmee anstelle einer Berufsarmee?
14. Welche Probleme ergeben sich aus der Verkleinerung der Bundeswehr?
15. Warum war die Ersatzdienstzeit bisher immer länger als der Grundwehrdienst?
16. Kann nach der bestehenden Rechtslage jeder Wehrpflichtige den Wehrdienst verweigern?
17. Welche Argumente sprechen für die Einführung einer freien Wahl zwischen Wehrdienst und Zivildienst?
18. Was versteht man unter dem Nord-Süd-Konflikt?
19. Nennen Sie fünf wesentliche innerstaatliche Faktoren für wirtschaftliche Unterentwicklung und erläutern Sie daran den „Teufelskreis der Armut“.
20. Inwiefern sind Industriestaaten für die Armut auf der Südhalbkugel mitverantwortlich?
21. Das Konzept der Entwicklung durch Finanzhilfen und Industrialisierung wird nach über 30 Jahren Anwendung zunehmend in Zweifel gezogen. Welches sind die Gründe dafür?
22. Nennen Sie vier ehemalige südostasiatische Entwicklungsländer, welche die Globalisierung bis 1997 erfolgreich bewältigt haben und durch Devisenspekulationen in eine schwere Krise gestürzt wurden.
23. Welche Vorteile einerseits, Gefahren andererseits kann das Ende des Ost-West-Konfliktes für die Entwicklungsländer zur Folge haben?
24. Warum können auch wir Bundesbürger kein Interesse an einer Verschärfung des Nord-Süd-Konfliktes haben?
25. Warum kann Nahrungsmittelhilfe (z. B. aus EU-Überschüssen) unter Umständen mehr schaden als nützen?
26. Nennen Sie sechs nicht staatliche Entwicklungshilfe-Organisationen.
27. Warum wird die Zusammensetzung des UN-Sicherheitsrates häufig kritisiert?
28. Welche Ursachen gibt es für die unfreiwillige Migration von weltweit 30 - 50 Millionen Menschen?
29. Welche Staaten gehören zur G-8-Gruppe? Welche weltpolitische Bedeutung haben G-8 und G-20?
30. Zeigen Sie an zwei Beispielen Erfolg und Misserfolg bei den von der UN für 2015 angestrebten Millenniumszielen.

Prüfungsaufgaben

Prüfung 2005, Aufgabe 5

LPE 3.1 Leben und Arbeiten in Europa

1 Am 1. Mai 2004 traten der Europäischen Union zehn Staaten bei.
1.1 Beschreiben Sie anhand des Schaubildes (Anlage) eine positive und eine problematische Folge der EU-Erweiterung.
1.2 Nennen Sie weitere Befürchtungen der alten und neuen Mitgliedstaaten. (Je zwei Argumente)
1.3 Führen Sie vier Schritte seit Beginn der europäischen Einigung an und beschreiben Sie ihre Bedeutung.
2 Die Erweiterung der EU erforderte Reformen, die Bestandteil der „EU-Verfassung“ sind.
2.1 Das bisher im Wesentlichen praktizierte Einstimmigkeitsprinzip im Ministerrat kann nicht mehr aufrecht erhalten werden. Erklären Sie die neue Abstimmungsregelung (Prinzip der doppelten Mehrheit).
2.2 Gegenwärtig wird diskutiert, den EU-Verfassungsentwurf den EU-Bürgern der einzelnen Staaten zur Abstimmung vorzulegen. Führen Sie zwei Argumente für und zwei gegen dieses Vorhaben an.

Anlage

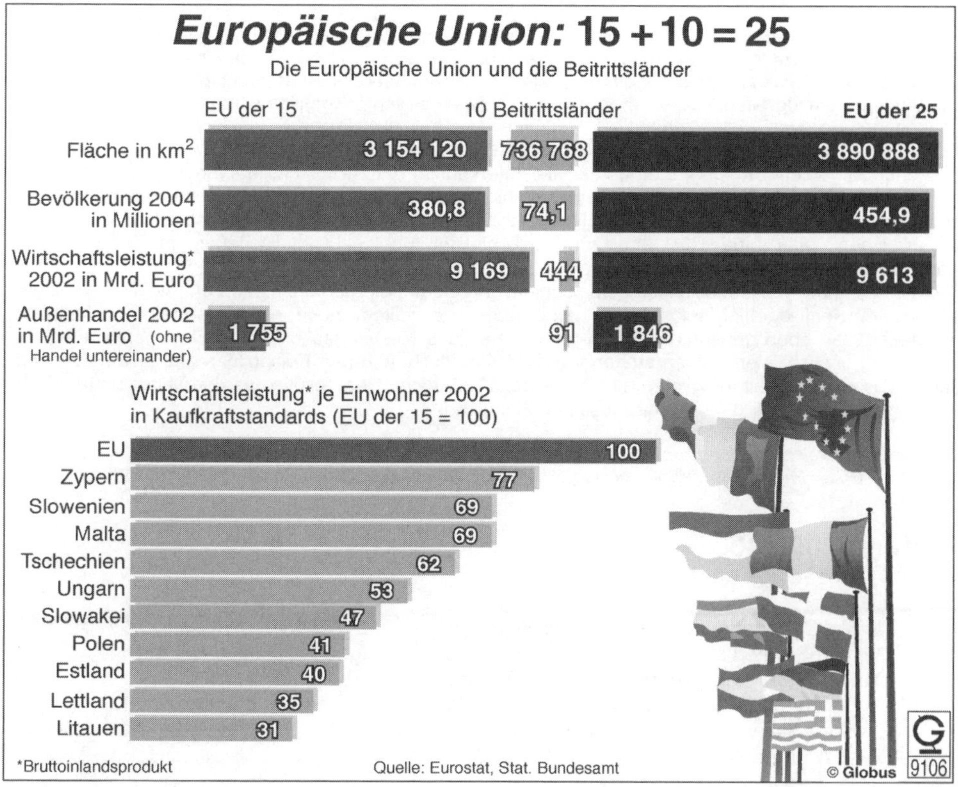

Prüfung 2005, Aufgabe **6**

LPE 3.4 Perspektiven der Globalisierung und Friedenssicherung

1.1 Erarbeiten Sie aus dem Text von A. Buro (Anlage) Ziele und Maßnahmen ziviler Konfliktbearbeitung.
Beachten Sie dabei die Gesichtspunkte Vorbeugung, Schlichtung und Überwindung von Konflikten.

1.2 Im Kosovo wird versucht, diese Form der Konfliktbearbeitung umzusetzen. Nennen Sie vier konkrete Maßnahmen.

2 Als Instrument der Friedenssicherung wurde nach 1945 die UNO gegründet. Das entscheidende Organ ist der Sicherheitsrat.

2.1 Beschreiben Sie seine Zusammensetzung.

2.2 Erklären Sie die Entscheidungsfindung im Sicherheitsrat.

2.3 Einerseits wird von der UNO erwartet, weltweit friedenssichernd und friedensstiftend tätig zu werden, andererseits sind ihre Möglichkeiten auch begrenzt. Erläutern Sie drei Gründe hierfür.

Anlage

„Das Ziel ziviler Konfliktbearbeitung ist nicht Sieg und Niederlage der anderen Seite. Es lässt sich vielleicht beschreiben als Verführung zur Gewaltfreiheit, zu mehr Gerechtigkeit, zu Versöhnungs- und Kooperationsbereitschaft, durch die Feindbilder und erstarrte Denkfiguren überwunden werden können. Die Bereiche, in denen zivile Konfliktbearbeitung sich abspielt, lassen sich in den der vorbeugenden Konfliktbearbeitung, den der Schlichtung schon ausgebrochener Konflikte und den der Nachsorge unterteilen. Der Vorbeugung kommt eine besonders große Verantwortung zu, sind doch in aller Regel gesellschaftliche und zwischenmenschliche Konflikte langfristig angelegt und deshalb bei genauer Beobachtung frühzeitig zu erkennen, ehe sie eine Eigendynamik bekommen haben, die über die ursprünglichen Anlässe oftmals weit hinaustreibt. Vorbeugend heißt dementsprechend, rechtzeitig vermittelnd einzugreifen, alternative Wege des zivilen Konfliktaustrags anzubieten und Lösungsperspektiven aufzuzeigen.
Bei der Konfliktschlichtung sind Instrumente anzuwenden, die auf Zwänge (Embargo), Androhung politischer Folgen, Elemente ziviler Intervention (Öffentlichkeitsintervention), aber auch auf „verlockende“ Angebote perspektivreicher Hilfen nicht verzichten können. Konfliktschlichtung soll darauf abzielen, eine politisch-gesellschaftliche Resozialisation, z. B. nationalistisch verhetzter Gesellschaften zu erreichen, also eine Rückkehr zum zivilen Umgang der Gesellschaften in ihren inneren Verhältnissen oder im Konfliktaustrag nach außen.
Das Interesse der Weltöffentlichkeit geht schnell verloren, sobald Schießen, Morden und Vergewaltigen enden. Im Konfliktgebiet selbst sind damit aber bei weitem noch nicht 'normale' Verhältnisse eingekehrt. Die oben genannte politisch-gesellschaftliche Resozialisation sowie die Überwindung der materiellen und sozialen Folgen stehen noch an. Feindschaften und Feindbilder sind zu überwinden, damit Zusammenarbeit möglich und Versöhnung zu einer Perspektive werden. Das dritte große Arbeitsgebiet der Konfliktnachsorge muss hier einsetzen.“

Andreas Buro: Weichenstellung zu ziviler Konfliktbearbeitung in Europa.
In: W. Vogt (Hrs.): Frieden als Zivilisierungsprojekt. Nomos Verlagsgesellschaft Baden-Baden 1994/95, S. 74

Prüfung 2005/06, Aufgabe **5**

LPE 3.1 Leben und Arbeiten in Europa

1 Im Mai 2004 fand die bislang letzte Erweiterung der EU statt.

1.1 Welche Staaten sind zu diesem Zeitpunkt der EU beigetreten? (Vgl. Anlage)

1.2 Diese Länder konkurrieren nun mit dem deutschen Arbeitsmarkt.

1.2.1 Vergleichen Sie die Arbeitskosten Deutschlands mit denen der Beitrittsländer.

1.2.2 Erklären Sie, welche Auswirkungen dies auf den deutschen Arbeitsmarkt haben könnte. (Zwei Argumente)

2 Badische Neueste Nachrichten vom 19.11.2004:
Straßburg (AP). Nach wochenlangem Machtkampf hat das Europäische Parlament der neuen EU-Kommission unter Präsident José Manuel Barroso das Vertrauen ausgesprochen. Im zweiten Anlauf stimmten die Straßburger Abgeordneten gestern mit großer Mehrheit für das auf drei Positionen geänderte Kollegium. Barroso dankte dem Parlament und erklärte: „Die Kommission ist stärker aus dem Prozess hervorgegangen, die EU und die europäische Demokratie sind gereift."

2.1 Wie wird die EU-Kommission gebildet und welche Aufgaben hat sie? (Zwei Nennungen)
2.2 Nehmen Sie Stellung zu der These Barrosos, die europäische Demokratie sei „gereift".
2.3 Wie wird das Europäische Parlament gebildet?

Anlage

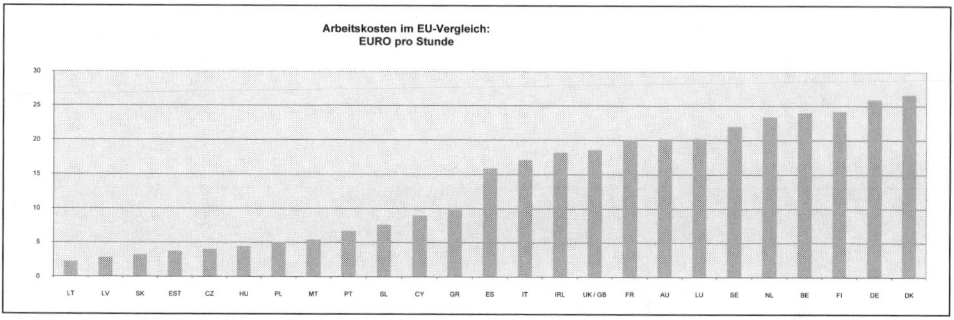

Arbeitskosten 2003 pro Stunde in € im EU-Vergleich

Prüfung 2005/06, Aufgabe 6

LPE 3.4 Perspektiven der Globalisierung und Friedenssicherung

1.1 Grenzen Sie die Begriffe „positiver" und „negativer" Frieden gegeneinander ab. (Anlage)
1.2 Beschreiben Sie zwei gegenwärtige Konfliktherde und erläutern Sie an einem der Beispiele, was getan werden muss oder getan wird, um einen positiven Frieden herzustellen.
2 Art. 1 der Charta der Vereinten Nationen definiert als wesentliches Ziel der UNO die Sicherung des „positiven" Weltfriedens.
2.1 Wie heißt der Generalsekretär der UNO und welche Funktion hat er?
2.2 Weitere Organe der UNO sind der Sicherheitsrat und die Vollversammlung. Beschreiben Sie die Zusammensetzung dieser Organe und erläutern Sie je eine Aufgabe.
2.3 Welche Möglichkeiten haben die Vereinten Nationen zur Umsetzung ihrer Ziele? (Vier Nennungen)

Anlage

Martin Luther King zum Frieden

Eines Tages fragte ein einflussreicher weißer Bürger von Montgomery Martin Luther King Folgendes: „Jahrelang hatten wir hier so friedliche und harmonische Beziehungen zwischen unseren beiden Rassen. Warum haben Sie und Ihre Anhänger sie zerstört?" King antwortete: „Mein Herr, Sie haben niemals wirklich Frieden in Montgomery gehabt. Sie hatten eine Art negativen Frieden, bei dem der Neger meist seine untergeordnete Stellung einfach hinnahm. Aber das ist kein wirklicher Frieden. Nicht dann ist Frieden, wenn man nichts von Spannungen merkt, sondern wenn Gerechtigkeit herrscht. Wenn heute in Montgomery die Unterdrückten aufstehen und anfangen, sich um einen dauernden positiven Frieden zu bemühen, so ist diese Spannung notwendig."

Martin Luther King: Freiheit, Kassel 1964, S. 29 f.

Prüfung 2006, Aufgabe **5**

LPE 3.1 Leben und Arbeiten in Europa

1 Am 19. September 1946 sagte Winston Churchill: „Wenn Europa einmal einträchtig sein gemeinsames Erbe verwaltet haben würde, dann könnten seine drei- oder vierhundert Millionen Einwohner ein Glück, einen Wohlstand und einen Ruhm ohne Grenzen genießen..."
Nennen und erläutern Sie drei Motive, die den Beginn des europäischen Einigungsprozesses bestimmten.

2 Die EU bietet ihren Mitgliedstaaten viele politische und ökonomische Chancen, denen aber auch Risiken und Probleme gegenüberstehen.

2.1 Nennen und erläutern Sie zwei Vorteile, welche die EU-Mitgliedschaft hat.

2.2 Beschreiben Sie die Karikatur (Anlage) und geben Sie ihre zentrale Aussage wieder.

2.3 Nennen und erläutern Sie darüber hinaus drei aktuelle Probleme der EU.

Anlage

Zeichnung: Mester

Prüfung 2006, Aufgabe **6**

LPE 3.4 Perspektiven der Globalisierung und Friedenssicherung

1 Nach dem Ende des Ost-West-Konflikts (1989) war die Hoffnung groß, die Welt werde nun einen dauerhaften Frieden erleben. Diese Erwartungen haben sich nicht erfüllt. Es gab seither über 200 regional begrenzte Kriege und Bürgerkriege. Der Anteil von Bürgerkriegen und bürgerkriegsähnlichen Zuständen hat stark zugenommen.

1.1 Nennen Sie drei Beispiele von Bürgerkriegen in jüngster Zeit.

1.2 Nennen Sie zwei Beispiele für kriegsführende Parteien.

1.3 Welche Ursachen können zu solchen Bürgerkriegen führen? (Zwei Gründe anhand von Beispielen erläutern)

2 Erklären Sie die Aussage (Anlage), „für den Profit des Warlords wäre eine heile Gesellschaft eher hinderlich".

3.1 Aus welchen Gründen muss die internationale Staatengemeinschaft nach Auffassung des Autors (Anlage) intervenieren? (Drei Nennungen)

3.2 Welche Institution darf im Namen der internationalen Staatengemeinschaft intervenieren?

3.3 Viele solcher Interventionen scheitern. Nennen Sie zwei Beispiele dafür und jeweils einen Grund für das Scheitern.

Anlage

Bürgerkrieg und Intervention

Der Warlord des 21. Jahrhundert, der, für seinen privaten Profit und um seine Söldner zu bezahlen, den Handel mit Diamanten oder Coltan[1] monopolisiert, den Anbau von Mohn fördert oder einen Vertrag mit einem Konzern über die Ausbeutung von Ölfeldern abschließt, braucht sich um den Rest des Landes nicht zu kümmern: Er benötigt ihn nicht, und vor dem Verhungern bewahrt die Menschen die internationale Nothilfe.

Für den Profit des Warlords wäre eine „heile" Gesellschaft eher hinderlich. Da die Bürgerkriege aber beträchtliche Auswirkungen nach außen haben und für die betroffenen Bevölkerungen zu unerträglichem Elend führen, können diese Länder nicht einfach sich selbst überlassen werden. Die internationale Staatengemeinschaft muss eingreifen und friedliche Zustände herstellen. Sie ist es, die das Gewaltmonopol übernehmen muss, wenn es den Staat an Ort und Stelle nicht gibt....

Das Ziel der Intervention muss daher sein, funktionierende Institutionen und eine tragfähige Ökonomie herzustellen. Das bedeutet aber, dass die Intervention auf lange Frist angelegt sein und über mehr als nur militärische Mittel verfügen muss (...) Auch die Mittel für den Wiederaufbau der Gesellschaft müssen bereitgestellt werden. Frieden, das sehen wir in Afghanistan und Irak, wird nicht durch kämpfende und besetzende Truppen hergestellt. Wodurch er hergestellt werden kann, wissen wir noch nicht. Aber die Versuche, beim friedlichen Aufbau zu helfen und eine eigene Verantwortung der Bevölkerung zuzulassen, gehen in die richtige Richtung.

Quelle: Reinold E. Thiel, Bürgerkrieg und Intervention. In E + Z 12/2003

[1] Rohstoff, der insbesondere zur Herstellung von Mikroelektronik, vor allem bei Handys, verwendet wird.

Prüfung 2006/07, Aufgabe **5**

LPE 3.2 Globalisierung und Friedenssicherung

1 Entwicklungsländer gelten als „unterentwickelt“. Nennen Sie vier Merkmale von Unterentwicklung.

2 Beschreiben Sie an einem Beispiel das Abhängigkeitsverhältnis der Entwicklungsländer von den Industrienationen.

3 Zur Überwindung der Unterentwicklung werden im Interview (siehe Anlage) verschiedene Maßnahmen diskutiert.

3.1 Wie bewertet de Soto die traditionelle Entwicklungshilfe in Form von Geldzuwendungen?

3.2 Welche Alternativen zeigt de Soto auf?

3.3 Waran könnte die Zielvorstellung de Sotos scheitern

3.3.1 bedingt durch die Situation in den Entwicklungsländern?

3.3.2 bedingt durch die Situation in den Industrieländern?

4 Nennen Sie drei Organisationen, die sich um die Verbesserung der Lage in den Entwicklungsländern bemühen.

Anlage

H. de Soto: „Globalisierung ist das Beste für Entwicklungsländer"
(Der renommierte Wirtschaftsberater Hernando de Soto äußert sich in einem Interview über die Fehler der Entwicklungshilfe und seine Ideen, wie sich die Armen der Welt selbst helfen können.)

Tony Blair will Afrika die Schulden erlassen, Popstar Bono sammelt Spendengelder, und der Ökonom Jeffrey Sachs ruft die Industrieländer zu mehr Hilfe für die Armen auf. Erleben wir eine Renaissance (= Wiedergeburt) der Entwicklungshilfe?
Ja, es geht wieder darum, den Armen Geld zu spenden - mit guten Argumenten... Wenn Bill Clinton hunderttausend Menschen in Afrika mit billigeren Aids-Medikamenten das Leben retten kann, dann ist das zweifellos eine gute Sache. Doch Wohltätigkeit und Entwicklung sind zwei verschiedene Dinge. Denn eine längerfristige Lösung für die Probleme der Entwicklungsländer bringen solche Aktionen natürlich nicht, Afrika hat bis heute siebenmal so viel Hilfe bekommen wie Deutschland mit dem Marshall-Plan (nach Ende des 2. Weltkriegs). Doch die Ergebnisse sind bescheiden. Ich halte deswegen die Idee ..., dass mehr Entwicklungshilfe die Armut verringern wird, für den völlig falschen Weg.

Warum?
Weil Entwicklungshilfe die falschen Anreize setzt. ...
Zum Beispiel China. Dort wurden schrittweise Eigentumsrechte und Marktmechanismen eingeführt - und es funktioniert dort, das funktioniert in Indien und in einer ganzen Reihe von ehemals armen Ländern. Darauf soll man sich konzentrieren. Deswegen bin ich frustriert, wenn jetzt wieder die Rezepte der simplen Armutslinderung diskutiert werden. Deren langfristige Folgen sind schädlich...

Kann Entwicklungshilfe die Folgen der Globalisierung für die armen Länder mildern?
Ihre Frage geht von einer falschen Annahme aus. Globalisierung ist das Beste, was den Entwicklungsländern passieren kann. .... Den Armen in China und Indien, die noch viel ärmer sind als die Armen Lateinamerikas, hat die Globalisierung weit mehr Wohlstand gebracht als alle ausländische Hilfe vorher.

Aus: Handelsblatt, 07.11.2005, S. 2

Prüfung 2006/07, Aufgabe **6**

LPE 3.4 Perspektiven der Globalisierung und Friedenssicherung

1 Die in der Anlage formulierten Aufgabenstellungen für die Bundeswehr stammen aus den Jahren 1981, 1994 und 2003.

1.1 Bringen Sie die Texte in eine zeitliche Reihenfolge und begründen Sie ihre Entscheidung.

1.2 Zu welcher Definition passt die Aussage des Verteidigungsministers Struck „Deutschland muss am Hindukusch (Gebirge in Afghanistan) verteidigt werden"?

1.3 Zunehmende Auslandseinsätze der Bundeswehr sind nicht unumstritten.

1.3.1 Formulieren Sie jeweils zwei Argumente für und gegen Auslandseinsätze.

1.3.2 Welches Staatsorgan muss den Auslandseinsätzen zwingend zustimmen?

1.3.3 Nennen Sie zwei Beispiele für Auslandseinsätze der Bundeswehr.

1.3.4 Nennen Sie zwei konkrete Tätigkeiten der Bundeswehr bei diesen Auslandseinsätzen.

2 Die neuen Anforderungen an die Bundeswehr stellen die allgemeine Wehrpflicht in Frage.

2.1 Inwieweit hätte eine Berufsarmee Vorteile für die neue Aufgabenstellung? (Drei Argumente)

2.2 Nennen Sie drei Gründe, die weiterhin für die allgemeine Wehrpflicht sprechen.

Anlage

Text 1:

„Die Bundeswehr hat folgende Aufgaben:

- „Die herkömmliche Landesverteidigung kann nicht mehr vorrangig die Strukturen und Fähigkeiten der Bundeswehr bestimmen, denn eine Gefährdung deutschen Territoriums durch einen Angriff mit konventionellen Streitkräften ist derzeit und auf absehbare Zeit nicht mehr gegeben."
- „Die internationale Konfliktverhütung und Krisenbewältigung einschließlich des Kampfs gegen den internationalen Terrorismus ist an die erste Stelle des Aufgabenspektrums gerückt."
- „Wir erweitern die Aufgabe der herkömmlichen Landesverteidigung durch den umfassenderen Begriff des Schutzes Deutschlands und seiner Bürger"

Text 2:

„Die Bundeswehr als Instrument der Friedenssicherung: Ihr Auftrag:

- Im Frieden: in Zusammenarbeit mit den NATO-Truppen einen Gegner davon abhalten, militärische Gewalt anzudrohen oder anzuwenden.
- In Krisen: Sicherung der Handlungsfreiheit von Regierung und Parlament.
- Im Verteidigungsfall: Sicherung oder Wiederherstellung der Unversehrtheit des Territoriums der Bundesrepublik."

Text 3:

„Die Bundeswehr

- schützt Deutschland und seine Staatsbürger gegen politische Erpressung und äußere Gefahr,
- fördert die militärische Stabilität und die Integration Europas,
- verteidigt Deutschland und seine Verbündeten,
- dient dem Weltfrieden und der internationalen Sicherheit im Einklang mit der Charta der Vereinten Nationen,
- hilft bei Katastrophen, rettet aus Notlagen und unterstützt humanitäre Aktionen."

Quellen: Über Friedenssicherung 1981, Frieden und Sicherheit 1994, http://www.bmvg.de

Prüfung 2007, Aufgabe 5

LPE 3.2 Globalisierung und Friedenssicherung

1 Im Juni 2006 begann der umstrittene Kongo-Einsatz der Bundeswehr. Im Rahmen einer 2.000 Mann starken EU-Truppe (Eufor) ist die Bundeswehr mit einem Kontingent von 770 Soldaten beteiligt. Die EU-geführte Operation soll die Friedensmission der Vereinten Nationen im Kongo (MONUC) militärisch unterstützen.

1.1 Nennen Sie das Staatsorgan, welches grundsätzlich über Auslandseinsätze der Bundeswehr entscheidet.

1.2 Wer ist in Friedenszeiten oberster Dienstherr der Bundeswehr und wer im Verteidigungsfall?

1.3 Welche Aufgabe haben die Einsatzkräfte aus den EU-Mitgliedstaaten bei dieser Mission zu erfüllen?

2 Der Einsatz im Kongo stellt ein Beispiel für die gewandelte Rolle der Bundeswehr seit ihrer Gründung 1955 dar.
Zeigen Sie an drei Beispielen, wie sich die Rolle bzw. der Auftrag der Bundeswehr zwischen 1955 und heute geändert hat (Anlage 1).

3 Laut Zeitungsartikel (Anlage 2) ist die Bundeswehr fest in der Gesellschaft verankert. Für dieses Bestreben steht auch der Begriff „Staatsbürger in Uniform".

3.1 Erklären Sie den Begriff „Staatsbürger in Uniform".

3.2 Erklären Sie, warum die Politik bzw. der Staat ein Interesse daran hat, dass die Bundeswehr in die Gesellschaft integriert ist.

3.3 Im Text ist von einer „Wehr-Ungerechtigkeit" die Rede. Erläutern Sie, was damit gemeint ist.

3.4 Die meisten NATO-Länder verfügen heute über eine Berufsarmee.
Nennen Sie drei Vorteile einer Berufsarmee.

Anlage 1

Neue Prioritäten
50 Jahre Bundeswehr

Berlin. [...] Erst zweimal hat sich die Bundeswehr bisher an Kampfeinsätzen beteiligt: an den Luftangriffen im Kosovokrieg 1999 und mit dem Einsatz des Kommandos Spezialkräfte (KSK) in Afghanistan. [...] Viele Male half die Bundeswehr, Frieden in anderen Ländern zu sichern und Demokratie zu stabilisieren. Derzeit sind rund 7.500 Soldaten in Auslandseinsätzen - vorwiegend auf dem Balkan und in Afghanistan. Die Landesverteidigung hat 50 Jahre nach Gründung der Armee nicht mehr oberste Priorität.
Bundeskanzler Schröder betont bei dem Festakt im Historischen Museum in Berlin, deutsche Sicherheitspolitik sei in erster Linie die Vermeidung von Konflikten. „Aber wir übernehmen auch, Seite an Seite mit unseren Partnern in der Nato und in der Europäischen Union, militärische Verantwortung dort, wo das zur Sicherung des Friedens und zum Schutz der Menschen unumgänglich ist." Verteidigungsminister Struck spricht zum Jubiläum der Streitkräfte schonungslos: Die Bundeswehr werde sich an Kampfeinsätzen in der ganzen Welt beteiligen - und vermutlich den Tod von Soldaten zu beklagen haben. [...]

Quelle: Acher und Bühler Bote, 08.06.2005

Anlage 2

Die Bundeswehr ist in der Gesellschaft fest verankert
50 Jahre nach ihrer Gründung stellt sich die Armee neuen Herausforderungen / Auslandseinsätze nehmen zu

Berlin. 50 Jahre nach ihrer Gründung ist die Bundeswehr so unumstritten wie nie. Als Parlamentsarmee und Armee im Einsatz hat sie sich im Inland wie im Ausland Vertrauen und Anerkennung erworben. [...]
Nach den Terroranschlägen auf die USA schickte Deutschland Soldaten nach Afghanistan. Mit dem Kommando

Spezialkräfte stand die Bundeswehr erstmals vor einem Kampfeinsatz außerhalb Europas. Im Januar 2001 konnten erstmals Frauen die Grundausbildung an der Waffe machen. Ein Dauerthema ist die Wehrpflicht. Schon beim Start der rot-grünen Koalition 1998 verlangten die Grünen von der SPD, gemeinsam die Abschaffung des Zwangsdienstes für Männer auf den Weg zu bringen - erfolglos. In der zweiten Amtsperiode machten sie einen neuen Anlauf. Struck hielt und hält aber an der Wehrpflicht fest, weil sie die Verankerung der Bundeswehr in die Gesellschaft garantiere. Allerdings wird nur noch ein kleinerer Teil der wehrpflichtigen Männer eines Jahrgangs einberufen. Die Grünen und die jüngere SPD-Mitglieder beklagen deswegen eine „Wehr-Ungerechtigkeit". Im November wollte die SPD entscheiden. Die vorgezogene Bundestagswahl macht jetzt einen Strich durch die Rechnung.
Quelle: Acher und Bühler Bote, 04.06.2005

Prüfung 2007, Aufgabe **6**

LPE 3.4 Perspektiven der Globalisierung und Friedenssicherung

1 Im Jahr 2005 lebten nach Angaben der von der UNO eingesetzten Weltkommission für Internationale Migration fast 200 Millionen Menschen - das sind etwa drei Prozent der Weltbevölkerung - länger als ein Jahr nicht in dem Land, in dem sie geboren wurden. Im Zeitraum zwischen 1970 und 2000 ist die Zahl internationaler Migranten von 82 Millionen auf 175 Millionen gestiegen.

1.1 Erklären Sie den Begriff „Migration".

1.2 Nennen Sie vier Gründe, die für die deutliche Zunahme internationaler Migration verantwortlich sind.

1.3 Beschreiben Sie, welcher positive Aspekt der Migration im Text (Anlage) angesprochen wird.

1.4 Beschreiben Sie, auf welchen negativen Aspekt im Text (Anlage) aufmerksam gemacht wird und welche Auswirkung dieser Aspekt hat.

2 Aufgrund der zunehmenden Zahl internationaler Migranten muss sich die Bundesregierung verstärkt mit dem Thema der Integration von Ausländern auseinandersetzen. Im Rahmen des Zuwanderungsgesetzes, das am 1. Januar 2005 in Kraft trat, werden so genannte „Integrationskurse" angeboten.

2.1 Mit welchen Inhalten befassen sich diese Kurse (2 Nennungen)?

2.2 Zeigen Sie an zwei Beispielen, warum es so wichtig ist, Ausländer zu integrieren.

2.3 Ein Ziel vieler Migranten ist die Einbürgerung in das jeweilige Aufnehmerland. Die Bundesrepublik Deutschland hat in diesem Zusammenhang Standards für die Einbürgerung festgelegt. Zählen Sie zwei Punkte auf, die erfüllt sein müssen, um in der BRD eingebürgert werden zu können.

Anlage

Immer mehr Menschen verlassen ihre Heimat
191 Millionen Migranten – Wegen Auswanderung droht Gesundheitskrise in der Dritten Welt

Berlin/New York (BNN/dpa). Mit 191 Millionen Menschen leben heute weltweit mehr Menschen außerhalb ihres Heimatlandes als jemals zuvor. 12,7 Millionen davon waren im vergangenen Jahr auf der Flucht, wie der Bevölkerungsfonds der Vereinten Nationen (Unfpa) in seinem gestern in Berlin vorgestellten Weltbevölkerungsbericht schreibt.
Aus wirtschaftlicher Sicht hätten Migranten im vergangenen Jahr rund 232 Milliarden US-Dollar (193,3 Milliarden Euro) in ihre Heimatländer überwiesen. Davon seien 167 Milliarden US-Dollar (139,2 Milliarden Euro) in Entwicklungsländer geflossen. Diese Summe, mit denen die Migranten die Lebensverhältnisse ihrer Familien in den Heimatländern verbessert hätten, sei höher als die weltweiten Ausgaben für Entwicklungshilfe. Deutschland ist dem Weltbevölkerungsbericht zufolge hinter den USA (38,4 Millionen Migranten) und Russland (12,1 Millionen) mit rund 10,1 Millionen Migranten das drittwichtigste Aufnehmerland. [...]
Wegen der massenhaften Auswanderung von Ärzten und Pflegern droht vielen Entwicklungsländern eine „in der modernen Welt beispiellose Gesundheitskrise". Diese Warnung enthält der Weltbevölkerungsbericht des UN-Bevölkerungsfonds. Das frappierendste Beispiel: In der englischen Stadt Manchester arbeiten mehr malawische Ärzte als in ganz Malawi, einem Land in Südostafrika mit elf Millionen Einwohnern. [...]
Quelle: Acher und Bühler Bote, 07.09.2006

Prüfung 2007/08, Aufgabe **5**

LPE 3.1 Leben und Arbeiten in Europa

1 Ordnen Sie den Beschreibungen die passenden EU-Organe zu, indem Sie die entsprechenden Buchstaben a) – e) einsetzen

a) Europäisches Parlament
b) Europäische Kommission
c) Rat der EU (Ministerrat)
d) Europäischer Gerichtshof
e) Europäischer Rat

Kenn-Buchstabe	Beschreibung
	„Gipfeltreffen" der Staats- und Regierungschefs, mindestens viermal jährlich
	zentrales Beschlussorgan, fachliche Zusammensetzung wechselt je nach Thema
	von den EU-Bürgern gewählte Abgeordnete, die bei vielen Gesetzen mitentscheiden
	regt neue Gemeinschaftsbeschlüsse an und führt sie anschließend aus
	hat bei Streitigkeiten zwischen EU-Organen und / oder Mitgliedstaaten das letzte Wort

2 Beschreiben Sie, was in der Abbildung (Anlage) zu sehen ist, und erläutern Sie, was der Karikaturist ausdrücken will.

3 Von 2004 bis 2007 hat die EU zwölf neue Mitgliedsländer aufgenommen.

3.1 Nennen Sie sechs der im Jahr 2004 neu aufgenommenen Staaten.

3.2 Über keinen Beitritt wird so heftig gestritten wie über eine mögliche Aufnahme der Türkei. Legen Sie zwei Einwände dar, die eine EU-Mitgliedschaft der Türkei kritisch bewerten.

3.3 Führen Sie zwei Argumente aus, die für einen Türkei-Beitritt sprechen.

Anlage

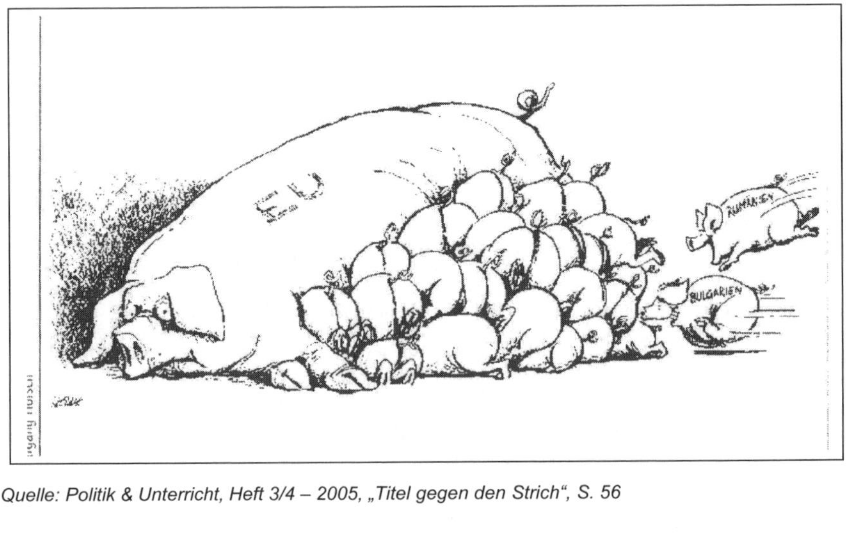

Quelle: Politik & Unterricht, Heft 3/4 – 2005, „Titel gegen den Strich", S. 56

Prüfung 2007/08, Aufgabe **6**

LPE 3.4 Perspektiven der Globalisierung und Friedenssicherung

1 Geben Sie anhand des Textes (Anlage) wieder, inwiefern sich Deutschlands Bedrohungslage in den letzten Jahren gewandelt hat.

2.1 Nennen Sie drei Länder, in denen zurzeit deutsche Soldaten eingesetzt sind oder in der jüngeren Vergangenheit eingesetzt waren.

2.2 Zeigen Sie je zwei Risiken auf, mit denen Auslandseinsätze der Bundeswehr verbunden sind:
a) für die Soldaten
b) politisch für Deutschland

2.3 Erläutern Sie zwei Gründe, die trotz der Risiken für einen solchen Einsatz sprechen könnten.

3 Multinationale Militäreinsätze finden meist unter der Leitung oder im Auftrag der UNO statt.

3.1 Nennen Sie drei mögliche Aufgaben, die UN-Friedenstruppen („Blauhelme“) wahrnehmen können.

3.2 Legen Sie dar, inwieweit von der UNO beauftragte Soldaten Waffengewalt anwenden dürfen.

<u>Anlage</u>

Die eine Binsenweisheit deutscher Sicherheitspolitik ist längst Allgemeingut geworden: Gegen einen massiven Angriff aus dem Osten müssen wir uns nicht mehr wappnen. Die andere Binsenweisheit tritt erst allmählich zutage: In einer globalisierten Welt ist auch die Unsicherheit globalisiert - und noch sind wir erst am Anfang, dagegen Vorkehrungen zu treffen. [...]
Was globalisierte Unsicherheit bedeutet, hat der 11. September 2001 überdeutlich offenbart: Ausgebildet im fernen Afghanistan, von einem internationalen Netzwerk gesteuert und finanziert, führt eine kleine Schar von Terroristen einen militärischen Schlag gegen das politische und [...] finanzielle Nervenzentrum der westlichen Welt. [...]
Wirtschaft, Kapital und Kommunikation operieren seit langem global, aber auch Mafia und Terror tun es. Geografie gewährt keinen Schutz mehr. Was in den Krisengebieten des Nahen Ostens, Zentral- und Südasiens geschieht, kann das stabile Europa wie das bisher so unverwundbare Amerika in ihrer Sicherheit unmittelbar berühren. Und viele der neuen Gefährdungen werden mit ähnlicher Überraschung über uns kommen wie die Angriffe auf das World Trade Center - anders als der Aufmarsch feindlicher Heere oder die Aufstellung feindlicher Raketen, die rechtzeitig von Spionen und Aufklärungssatelliten ausgemacht werden können. Darauf muss deutsche Sicherheitspolitik sich künftig einstellen.
Quelle: Christoph Bertram: Agenda Deutschland, in: DIE ZEIT 24/2002, S. 11.

Prüfung 2008, Aufgabe **5**

LPE 3.1 Leben und Arbeiten in Europa

1 Ordnen Sie folgende Staaten zu:
Norwegen, Frankreich, Bulgarien, Türkei, Großbritannien, Rumänien, Kroatien, Island

EU-Mitglieder vor 2007	EU-Mitglieder seit 2007	Bewerberländer um eine Mitgliedschaft	Nicht-Mitglieder

2 Um neues Mitglied der EU zu werden, müssen die Kandidaten die Kopenhagener Kriterien erfüllen. Nennen Sie vier dieser Kriterien.

3 Symbole der EU
3.1 Beschreiben Sie die Flagge der EU und erläutern Sie die Bedeutung.
3.2 Das Motto der EU lautet: In Vielfalt geeint. Erklären Sie die Bedeutung dieses Mottos.
3.3 Vielfalt bedeutet nicht immer Einigkeit. Erläutern Sie diese Tatsache an einem Beispiel.

4 Die Karikatur „Haus der offenen Türen“ (Anlage) erschien zum Inkrafttreten des Schengener Abkommens.
4.1 Erläutern Sie, auf welche Inhalte des Schengener Abkommens die Karikatur abzielt.
4.2 Erklären Sie die Aussage der Karikatur.
4.3 Die Schweizer haben in einer Volksabstimmung im Jahr 2005 ihren Beitrittswunsch zum Schengener Abkommen erklärt. Erklären Sie, warum die Schweiz ein Interesse hat, dem Schengener Abkommen beizutreten.

Anlage

„Haus der offenen Türen“

Quelle: Nik Ebert, Karikatur vom 25.03.1995, Haus der Geschichte, Bonn

Prüfung 2008, Aufgabe **6**

LPE 3.4 Perspektiven der Globalisierung und Friedenssicherung

1 Im März 2003 marschierten US-Truppen in den Irak ein.
1.1 Nennen Sie vier von den USA vorgebrachte Gründe für den Krieg gegen den Irak.
1.2 Beschreiben und erläutern Sie die Karikatur (Anlage).
1.3 Es ist strittig, ob der Krieg gegen den Irak rechtmäßig war. Erklären Sie die Voraussetzungen, die nach der UN-Charta erfüllt sein müssen, damit ein Land zu den Waffen greifen darf.

2 In der Charta der UNO heißt es in Artikel 1:
„Die Vereinten Nationen setzen sich folgende Ziele:
1. den Weltfrieden und die internationale Sicherheit zu wahren ...“

2.1 Nennen Sie zwei weitere aktuelle Konfliktherde.

2.2 Beschreiben Sie zwei Problembereiche der UNO, die es der Organisation in der Realität erschweren, dem in Artikel 1 genannten Anspruch gerecht zu werden.

2.3 Auch die Bundeswehr wird zur Bekämpfung internationaler Konflikte eingesetzt. Welche rechtlichen Voraussetzungen müssen für einen Einsatz gegeben sein (3 Nennungen)?

Anlage

Horst Haitzinger, Bild NR. 173/1690, Quelle: http://www.c5.net

Prüfung 2008/09, Aufgabe **5**

LPE 3.2 Globalisierung und Friedenssicherung

1 Der Klimawandel ist ein weltweit diskutiertes Thema. Ökonomische und ökologische Ziele scheinen oft nicht vereinbar. Im Zeitungsartikel (Anlage) geht es um dieses Spannungsverhältnis.

1.1 Erklären Sie die Begriffe Ökonomie und Ökologie.

1.2 Zeigen Sie anhand des Artikels je zwei positive und negative Auswirkungen der Globalisierung auf.

1.3 Beschreiben Sie zwei weitere, nicht im Artikel genannte Auswirkungen der Globalisierung auf die Weltgemeinschaft.

1.4 Beurteilen Sie den Vorschlag, „[...] Industriestaaten sollten Geld für den Erhalt des Waldes zahlen." (letzter Absatz).

2 Um die Treibhausgasemissionen zu verringern, hat die EU für Industriebetriebe und Kraftwerke Emissionsobergrenzen festgelegt. Betriebe, die unter ihrer Grenze bleiben, können ihre Emissionsrechte verkaufen, andere können sie kaufen.
Halten Sie eine solche Regelung für Erfolg versprechend? Begründen Sie Ihre Meinung anhand von zwei Argumenten.

Anlage

Der Artikel beschreibt die Zustände auf Riau, einer zu Indonesien gehörenden Insel in den Subtropen.

[...] Arbeiter schlugen Schneisen in den Regenwald. Sie hoben Kanäle aus, um saftigen Torfboden zu entwässern. Danach wurden alle großen Bäume abgesägt und weggeschafft. Dann hat man den Rest angezündet. Als alles abgefackelt war, kamen die Ölpalm-Setzlinge. Die Palmen, bis zum Horizont in Reihe und Glied, ragen gerade mal 30 Zentimeter aus der Erde und sehen aus wie unschuldige Topfpflanzen. Das daraus gepresste Pflanzenöl landet in Margarine auf einem Frühstückstisch in Köln, in einer Seife in einem Badezimmer in New York oder in einem Wok in Peking. [...]
Tiere haben hier nichts mehr zu suchen. Der Himmel ist verhangen, die Luft schwer, ab und an nieselt es. In der Ferne stehen dunkle Wände. [...] Dann folgen Holzhütten mit Wellblechdächern wie in einem Slum. Einer der Plantagenarbeiter, die hier hausen, heißt Briyanto, ein dünner Junge, barfuß, nackter Oberkörper, in Jeans, 14 Jahre alt – sagt er. Briyanto zählt auf: „Sechstagewoche. 30.000 Rupiah Taglohn. Alle drei Monate dürfen wir nach Hause." 30.000 Rupiah, gut zwei Euro – für knapp 10 Stunden schuften. „Die weißen Kanister? Da ist Flüssigkeit drin, die wir versprühen. Ich weiß nicht, was das ist", meint Briyanto. Björn Jetta [Anm.: von Greenpeace] schaut aufs Etikett: „Herbizide [Pflanzenschutzmittel]. Sie landen im Boden und fließen über die Kanäle in Flüsse", seufzt er. [...]
Wird Regenwald durch Plantagen, also durch Monokulturen, ersetzt, vermindert sich die Speicherkapazität. Am schlimmsten ist die CO_2-Bilanz, wenn Plantagen, wie hier, auf Torfboden entstehen. Intaktes Torfland, weltweit rar, speichert bis zu 1400 Tonnen CO_2 pro Hektar. Laut Greenpeace stecken allein im Torfland der Riau-Provinz 14,6 Gigatonnen CO_2. Das entspräche fast dem globalen Treibhausgasausstoß eines ganzen Jahres. Im Torfmilieu gedeihen Palmen nicht gut, erklärt Hapsoro, ein indonesischer Greenpeace-Waldexperte. „Bei der Bodenentwässerung oder spätestens bei der Brandrodung kommt Sauerstoff an den Torf, Kohlenstorf zersetzt sich, so wird massenhaft CO_2 frei. Danach fühlen sich die Palmen wohl." [...] Martin findet, Industriestaaten sollten Indonesien Geld für den Erhalt des Regenwaldes zahlen. Darüber wird in Bali verhandelt werden. [...] Er [Martin] hat messen lassen, wie tief der Torfboden unter der Plantage steht. „Acht Meter. Damit ist das illegal hier." Ein Präsidialdekret verbietet Entwicklung von Land mit Torf, der tiefer als drei Meter ist. Laut Greenpeace sind vier Tochterfirmen des Palmölunternehmens Dutapalma für die Plantage verantwortlich. „Wir haben Konzessionen", zitierte die Online-Publikation der Provinz Riau den Dutapalma-Sprecher [...]

Moritz Kleine-Brockhoff, in: Stuttgarter Zeitung vom 04. Dezember 2007, S. 4

Prüfung 2008/09, Aufgabe **6**

LPE 3.3 Europa im 21. Jahrhundert

1 2007 wurden Bulgarien und Rumänien als neue Mitglieder in die EU aufgenommen. Beschreiben Sie in diesem Zusammenhang die Karikatur und erläutern Sie ihre Aussage (Anlage 1).

2 In einer Erweiterungsrunde 2004 wurden 10 Staaten neue EU-Mitglieder, davon acht osteuropäische Staaten. Nennen Sie diese acht osteuropäischen Staaten.

3 In ihrem Kommentar „Grenzen für Europa" hat Anja Ingenrieth zur mehrfachen Erweiterung der EU Stellung genommen (Anlage 2).

3.1 Erarbeiten Sie die Probleme, die Ingenrieth für die EU durch die Erweiterungsrunden 2004 und 2007 sieht.

3.2 Erläutern Sie drei Argumente, die trotz der Bedenken von Ingenrieth für die Aufnahme Rumäniens und Bulgariens in die EU sprechen.

Anlage 1

Badische Neueste Nachrichten vom 02.01.2007

Prüfung 2009, Aufgabe **5**

LPE 3.2 Globalisierung und Friedenssicherung

1 Die Karikatur (Anlage 1) befasst sich mit der Rolle der G-8-Staaten.
1.1 Beschreiben und deuten Sie die Karikatur (Anlage 1).
1.2 Nennen Sie die G-8-Staaten.
1.3 Erläutern Sie die zentrale Aufgabe des G-8-Wirtschaftsgipfels.

2 Der Autor des Textes (Anlage 2) setzt sich kritisch mit der Rolle der G-8-Staaten auseinander.
2.1 Erarbeiten Sie aus dem Text die wesentlichen Kritikpunkte des Autors.
2.2 Der Autor spricht von dem „vorsintflutlichen Sicherheitsrat" der UNO.
2.2.1 Wie ist der Sicherheitsrat zusammengesetzt?
2.2.2 Wie könnte der UN-Sicherheitsrat reformiert werden? Führen Sie einen Vorschlag an.

3 Die Vereinten Nationen hatten sich zum Ziel gesetzt, die Lebensbedingungen der Länder Asiens, Afrikas und Lateinamerikas bis zum Jahr 2015 deutlich zu verbessern. Nennen Sie drei Maßnahmen, um dieses Ziel zu erreichen.

Anlage 1

„Aber erst, wenn ich so vollgefressen bin wie du!"

Zeichnung: Haitzinger

Anlage 2

Die Grenzen der G8

(...)
Die G8-Gruppe gilt vielen Globalisierungskritikern weiterhin als Sinnbild für die Hybris* einer kleinen Clique mächtiger Staaten, die herrisch die Geschicke der Welt zu lenken versucht. (...) Sofern sich eine demokratisch nicht legitimierte Runde Entscheidungen anmaßt, ist das problematisch. Wenn sie aber immer weniger zu sagen hat, wirkt das irgendwann nur noch peinlich.
So weit heruntergekommen ist die G8 noch lange nicht. Wohl aber hat der Kreis an Exklusivität eingebüßt. Gemessen an der Wirtschaftskraft, müsste längst China anstelle von Kanada oder Italien in der Gruppe der führenden Industrienationen vertreten sein. Umgekehrt liegt Russland, das man Ende der neunziger Jahre ein wenig gönnerhaft zum G8-Juniormitglied ernannt hat, bis heute hinter Indien oder auch Mexiko zurück. Andere Schwellenländer wie Brasilien oder Südafrika fehlen ebenfalls. Das hat Folgen, die weit über die jeweiligen Gipfelbeschlüsse hinausreichen. Zwar enthielten diese früher schon eher Absichtserklärungen und Zusammenfassungen von Diskussionsständen als Handlungsanweisungen und Verpflichtungen.
Heute allerdings könnten die Damen und Herren Staats- und Regierungschefs selbst dann nichts Verbindliches mehr vereinbaren, wenn sie es denn wollen: Die Probleme – man denke nur an die Ernährungskrise, die explodierenden Energiepreise und den Klimawandel – sind für die Gipfelrunde schlicht zu groß geworden. Bisher behilft sich die G8 mit Gästen. Mal werden ein paar Repräsentanten aus Afrika hinzugebeten, dann wieder die Vertreter einiger Schwellenländer. (...)
Allerdings sind auch die G8-Ad-hoc-Varianten nicht frei von Beliebigkeit und Willkür – und sie lösen das Grunddilemma nicht auf: dass nämlich angesichts der globalen Herausforderungen eine globale politische Führung immer dringlicher wäre, dass aber die existierenden Zirkel diese Führung nicht leisten können. Die G8 wurde – als G7 – vor Jahrzehnten ins Leben gerufen, damit sich die politischen Spitzen der reichsten Industrienationen informell austauschen konnten. Daraus wurden Mammutveranstaltungen, an die sich regelmäßig übersteigerte Erwartungen knüpfen, die von den Teilnehmern selbst, aber auch von Medien geschürt werden. Über eine einflussreiche Lobbyistenvereinigung des Westens ist der Kreis in dieser Ausprägung niemals hinausgekommen. Würde man ihn einfach nur erweitern, wie mit Blick auf die aufstrebenden Staaten verlangt wird, bildete er die globalen Machtverhältnisse des 21. Jahrhunderts zwar realistischer ab. Ein Instrument für eine Art gute Weltregierung wäre damit aber noch lange nicht geschaffen. Dies könnte – der Theorie nach – nur unter dem Dach der Vereinten Nationen entstehen. In der Praxis ist allerdings gerade die UNO mit ihrem vorsintflutlichen Sicherheitsrat diesem Anspruch bis heute nicht gerecht geworden.
Eine Reform der Vereinten Nationen als Bedingung dafür, dass die internationale Gemeinschaft die Organisation nutzen könnte, um globale Probleme tatsächlich gemeinsam anzugehen, haben bisher auch ein paar von den Staaten hintertrieben, die in Japan leise an der abnehmenden Gestaltungskraft der G8 leiden.

Artikel von Thomas Fricker, in: Badische Zeitung, 8. Juli 2008, S. 4

*Hybris = Selbstüberhebung, Selbstüberschätzung

Prüfung 2009, Aufgabe **6**

LPE 3.3 Europa im 21. Jahrhundert

1 Nach der Unterzeichnung des Vertrags von Lissabon durch die Staats- und Regierungschefs hat Ende 2007 das Ratifizierungsverfahren in den einzelnen Mitgliedsstaaten begonnen. Nachdem die Iren den Vertrag in einem Referendum im Juni 2008 abgelehnt haben, ist derzeit offen, ob er wie geplant 2009 in Kraft treten kann.

1.1 Welche Ziele werden mit dem Vertrag von Lissabon verfolgt und wodurch sollen sie erreicht werden? (Anlage)

1.2 Welche Organe der Bundesrepublik Deutschland mussten mit welchen Mehrheiten dem Lissabon-Vertrag zustimmen?

2 Der Vertrag über die Europäische Union (Vertrag von Maastricht 1992) stellte fest, dass die Staatsangehörigen der EU-Mitgliedsstaaten zugleich Unionsbürger sind.

2.1 Beschreiben Sie drei Rechte der Bürger in der EU.

2.2 Der Maastrichtvertrag galt auch als Grundlage für die Wirtschafts- und Währungsunion. Beschreiben Sie zwei Gründe, warum die Einführung des Euro auch heute noch von vielen Menschen der BRD kritisch angesehen wird.

3 Um als Mitglied in die EU aufgenommen zu werden, muss ein Staat bestimmte Bedingungen erfüllen. Nennen Sie zwei Bedingungen und erläutern Sie, warum sie unerlässlich für die EU sind.

Anlage

Der **Vertrag von Lissabon** will die Europäische Union mit 27 Mitgliedstaaten handlungsfähiger, transparenter und demokratischer machen. Zu diesem Zweck wurden wichtige institutionelle Reformen verabschiedet. Diese sind praktisch vollständig aus der gescheiterten Europäischen Verfassung in EU- und EG-Vertrag übernommen worden. Der Name des EG-Vertrags wird dabei in „Vertrag über die Arbeitsweise der Europäischen Union“ geändert. Nachstehend die wichtigsten Vereinbarungen:

- Ein **Ratspräsident** soll den Vorsitz im Rat der Staats- und Regierungschefs übernehmen. Er wird für zweieinhalb Jahre gewählt und führt die Geschäfte des Europäischen Rates. Damit entfällt in diesem Gremium die halbjährliche Rotation der Vorsitzenden. Im Ministerrat bleibt sie in Form einer 18-monatigen Teampräsidentschaft von drei Mitgliedsländern in anderer Form erhalten.
- Ein **Hoher Vertreter für die Außen- und Sicherheitspolitik** wird bestellt. Mit Rücksicht auf nationale Befindlichkeiten wird er aber nicht mehr Außenminister heißen. Er wird zugleich Vizepräsident der Kommission und leitet den Rat der Außenminister. Ihm zugeordnet wird ein diplomatischer Dienst der EU.
- **Mehrheitsentscheidungen** mit der doppelten Mehrheit werden erst ab 2014 mit einer Übergangszeit bis 2017 eingeführt. Dann gilt: Für eine qualifizierte Mehrheitsentscheidung im Ministerrat sind 55 Prozent der Stimmen erforderlich, die gleichzeitig 65 Prozent der Bevölkerung darstellen müssen. Dies stärkt Deutschlands Einfluss als größtes EU-Land.
- Im Gesetzgebungsverfahren wird das **Mitentscheidungsverfahren zum Regelfall**. Damit ist das Europäische Parlament als Vertreterin der Bürgerinnen und Bürger Europas gleichberechtigt mit dem Ministerrat.
- Das **Mitspracherecht der nationalen Parlamente** im europäischen Gesetzgebungsverfahren wird verbessert. Sie müssen seitens der EU über die anstehenden Gesetzesvorhaben informiert werden. Dann können sie dazu Stellung

nehmen. Sofern sich eine Mehrheit der nationalen Parlamente gegen ein Vorhaben ausspricht, wird es von der EU-Kommission zurückgenommen. Damit soll insbesondere das Subsidiaritätsprinzip gestärkt werden.

- Die **Gesetzgebungskompetenzen** von Union und Mitgliedsländern werden eindeutig festgelegt.
- Die **Zusammenarbeit bei der Bekämpfung von Terrorismus und Kriminalität**, sowie bei der **Energiepolitik** wird verstärkt. Zusätzlich werden neue Bestimmungen für Klimaschutz und Energiesolidarität aufgenommen. Die Möglichkeiten für eine verstärkte Zusammenarbeit einer Gruppe von Mitgliedstaaten, die vorangehen möchten, wird erleichtert.
- Die **Grundrechtecharta** wird in 25 Ländern (nicht in Großbritannien und Polen) geltendes Recht.
- Das **Bürgerbegehren** wird eingeführt. Eine Million Bürgerinnen und Bürger der EU können verlangen, dass sich Ministerrat und Parlament mit einem Vorhaben befassen.
- Erstmals wird vertraglich die Möglichkeit des **Austritts aus der Union** festgeschrieben.
- Mit Rücksicht auf nationale Befindlichkeiten und der Sorge in manchen Ländern vor einem europäischen Superstaat werden die **europäischen Symbole** nicht mehr in dem Reformvertrag erwähnt.

Quelle: Regierung online
http://www.bundesregierung.de/Content/DE/Artikel/2007/11/2007-11-07-die-wichtigsten-Reformen-der-eu,layoutVariant=Druckansicht.html

Prüfung 2009/10, Aufgabe **5**

LPE 3.1 Leben und Arbeiten in Europa

1 Mitgliedschaft in der EU
1.1 Von den folgenden Staaten sind vier Staaten keine Mitglieder der EU. Nennen Sie diese Nicht-Mitglieder.
Niederlande – Norwegen – Schweden – Slowakei – Slowenien – Serbien – Österreich – Schweiz – Ungarn – Ukraine – Bulgarien
1.2 Manche europäische Staaten lehnen die Mitgliedschaft in der EU noch ab. Erläutern Sie zwei Gründe für diese ablehnende Haltung.
1.3 Nennen Sie vier Argumente für die Mitgliedschaft in der EU.

2 Im Juni 2009 wurde das Europaparlament gewählt.
2.1 Vergleichen Sie das Wahlverhalten in Großbritannien und Deutschland bei den Wahlen von 1979 bis 2004 (Anlage) und interpretieren Sie dieses Wahlverhalten.
2.2 Nennen Sie zwei Aufgaben bzw. Kompetenzen des EU-Parlaments.

3 Angesichts der Schwierigkeiten der EU, mit einer Stimme zu sprechen, sehen manche die Lösung in einem „Europa der zwei Geschwindigkeiten“.
3.1 Erklären Sie diesen Begriff.
3.2 Nehmen Sie zu diesem Lösungsvorschlag Stellung.

Anlage

Beteiligung an Wahlen zum Europäischen Parlament im Vergleich (1979 – 2004; Anteil an der Gesamtzahl der Wahlberechtigten in %)

	1979	1984	1989	1994	1999	2004
Großbritannien	32,7	32,9	38,6	36,5	24,0	38,4
Deutschland	65,7	56,8	62,4	60,0	45,2	43,0
EU-Durchschnitt	63,0	61,0	58,5	56,5	49,4	46,0

Quelle: www.europarl.org., gekürzt (Zugriff: 27.06.2008)

Prüfung 2009/10, Aufgabe **6**

LPE 3.4 Perspektiven der Globalisierung und Friedenssicherung

1 Im Rahmen der Europäischen Außen- und Sicherheitspolitik startete die EU im Dezember 2008 die Anti-Piraterie-Mission Atalanta. Deutschland beteiligt sich daran mit bis zu 1.400 Soldatinnen und Soldaten der Bundeswehr.

1.1 Beschreiben Sie die Karikatur (Anlage 1) und erläutern Sie ihre Aussage.

1.2 Beschreiben Sie vier Ziele der Anti-Piraterie-Mission Atalanta, die der Rat der Europäischen Union am 10. November 2008 beschlossen hat. (Anlage 2)

1.3.1 Legen Sie die vier Fälle dar, in denen das Grundgesetz den Einsatz der Bundeswehr erlaubt.

1.3.2 Welche rechtlichen Voraussetzungen müssen für einen Bundeswehreinsatz außerhalb des Geltungsbereiches des Grundgesetzes – wie z. B. vor der Küste Somalias – gegeben sein?

1.4 Ist es richtig, deutsche Soldaten und Soldatinnen in den Kampf gegen somalische Piraten zu schicken? Nennen Sie zwei Argumente, die für einen Einsatz sprechen, und zwei Argumente, die dagegen sprechen, und nehmen Sie Stellung.

1.5 Nennen Sie drei weitere Missionen, in denen die Bundeswehr – neben dem Einsatz der Bundesmarine vor der Küste Somalias – mit bewaffneten Streitkräften vor Ort ist.

Anlage 1

Karikatur von Horst Haitzinger: „Horn von Afrika“

Quelle: Schwäbische Post, 20.12.2008

Anlage 2

„Die Operation Atalanta soll die vor der Küste von Somalia operierenden Piraten abschrecken und bekämpfen. Dabei soll zum einen die durch Piratenüberfälle gefährdete humanitäre Hilfe für die Not leidende somalische Bevölkerung sichergestellt werden. Zum anderen soll die Operation den zivilen Schiffsverkehr auf den dortigen Handelswegen sichern, Geiselnahmen und Lösegelderpressungen unterbinden und das Völkerrecht durchsetzen. [...]
Die humanitäre Hilfe durch Lieferungen des Welternährungsprogramms erfolgt überwiegend auf dem Seeweg. Der Schutz durch die Operation Atalanta ist daher für die Versorgung der somalischen Bevölkerung mit Lebensmitteln von zentraler Bedeutung.“

*Quelle: http://www.bundeswehr.de/portal/a/bwde/kexml/04_SiQSpykssyOxPLMnMzOvMOY ...
(Zugriff: 05.01.2009)*

Prüfung 2010, Aufgabe **5**

LPE 3.2 Globalisierung und Friedenssicherung

1 Nach dem Ende des Kalten Krieges hat sich die Bedrohungssituation weltweit fundamental verändert. Auch für die Bundesrepublik Deutschland (BRD) gelten mittlerweile neue Bedrohungsszenarien.
1.1 Stellen Sie die Bedrohungslage der BRD während des Kalten Krieges dar.
1.2 Wie hat der damalige Bundesverteidigungsminister Peter Struck die veränderte Bedrohungslage im Jahr 2003 beschrieben? (Anlage 1)

2 Die damalige Bundesregierung hat 2001 erstmals Soldaten der Bundeswehr nach Afghanistan entsandt, die bis heute dort stationiert sind.
2.1 Nennen Sie das Organ der BRD und die internationale Organisation, die einem solchen Einsatz zustimmen müssen.
2.2 Anlage 2 beschreibt die Motivation der Bundesregierung für das Engagement der Bundeswehr in Afghanistan. Arbeiten Sie drei Motive aus dem Text heraus.
2.3 Nach Meinung der Bundesregierung (Anlage 2) trägt ein Engagement in Afghanistan auch wesentlich zur Sicherheit in Deutschland bei. Erörtern Sie diesen Standpunkt mit zwei Argumenten.

3 Weltweit sind Millionen Menschen wegen Hunger und/oder Kriegen auf der Flucht.
3.1 Beschreiben und interpretieren Sie die Karikatur. (Anlage 3)
3.2 Welche Lösungsmöglichkeiten sehen Sie für das dargestellte Problem?

Anlage 1

„Die herkömmliche Landesverteidigung kann nicht mehr vorrangig die Strukturen und Fähigkeiten der Bundeswehr bestimmen, denn eine Gefährdung deutschen Territoriums durch einen Angriff mit konventionellen Streitkräften ist derzeit und auf absehbare Zeit nicht mehr gegeben. [...]
Die internationale Konfliktverhütung und Krisenbewältigung einschließlich des Kampfs gegen den internationalen Terrorismus ist an die erste Stelle des Aufgabenspektrums gerückt. [...]
Wir erweitern die Aufgabe der herkömmlichen Landesverteidigung durch den umfassenderen Begriff des Schutzes Deutschlands und seiner Bürger. [...]“

(Verteidigungsminister Dr. Peter Struck bei der Erläuterung der neuen verteidigungspolitischen Richtlinien am 21. Mai 2003)

Anlage 2

„Warum sind wir in Afghanistan?
Die internationale Gemeinschaft hat in Afghanistan interveniert, um die Gewaltherrschaft der Taliban zu beenden. Das Land war bis zum Jahr 2001 die wichtigste Operations- und Trainingsbasis des internationalen Terrorismus: Die Anschläge vom 11. September 2001 sind in Afghanistan geplant worden. Das damalige Regime hat Menschenrechte in schlimmster Art und Weise missachtet. Hinrichtungen wurden als öffentliches Spektakel inszeniert, Frauen und Mädchen hatten praktisch keinen Zugang zu Bildung, Berufen oder medizinischer Versorgung. Über 40 Länder sind dem Aufruf der Vereinten Nationen gefolgt und helfen nach Beendigung der Schreckensherrschaft beim Wiederaufbau Afghanistans mit.
Auch Deutschland hat sich von Anfang an engagiert. Es geht im Kern um zwei Dinge: um die Zukunft Afghanistans und um unsere eigene Sicherheit. Afghanistan muss sich mittelfristig selbst helfen und seine junge Demokratie gegen Extremisten verteidigen können. Dies trägt auch wesentlich zur Sicherheit in Deutschland bei. Deswegen hilft die Bundesregierung besonders beim Aufbau der afghanischen Polizei und der Armee."

http://www.bundesregierung.de/Content/DE/Artikel/Afghanistan/FragenAntworten/2007-08-23-faq-afghanistan.html (Zugriff: 23. Juni 2009)

Anlage 3

Karikatur von Horst Haitzinger: „Hilfe! ... Oder wir kommen!!!"

Prüfung 2010, Aufgabe **6**

LPE 3.3 Europa im 21. Jahrhundert

1.1 Die Geschichte der Europäischen Union reicht bis in die Zeit nach dem Zweiten Weltkrieg zurück. Nennen Sie die drei Teilgemeinschaften.

1.2 Der Soziologe Ulrich Beck bezeichnet die Europäische Union in seinem Kommentar „Bürger, rettet Europa!“ als „ein Wunder“ (Anlage, Z. 2). Erläutern Sie diese Aussage. Berücksichtigen Sie dabei zwei zentrale Motive des europäischen Einigungsprozesses.

2.1 Die Beteiligung bei den Wahlen zum Europäischen Parlament im Juni 2009 sank auf ein Rekordtief von 43,1 Prozent. Welche Defizite führt Ulrich Beck (Anlage) als Erklärung für das mangelnde Interesse der EU-Bürger/innen an der Europäischen Union an?

2.2 Beschreiben Sie drei Maßnahmen, die Ihrer Ansicht nach geeignet sind, das Interesse der EU-Bürger/innen an der Europapolitik zu erhöhen.

3 Der Soziologe Beck stellt unter anderem fest: „Europa ist kein Staat, keine Nation, keine internationale Organisation, keine Miniversion der UN, keine, keine, keine“ (Anlage, Z. 7). Erläutern Sie unter Verwendung der Begriffe *Staatenbund, Bundesstaat, Souveränität* und *supranational,* was die EU ihrem Wesen nach ist. Erklären Sie dabei kurz die genannten Begriffe.

Anlage

Ulrich Beck: „Bürger, rettet Europa!“

„Aus Feinden wurden Nachbarn – das ist der Europäischen Union gelungen! In diesem Sinne ist Europa ein Wunder. Zugleich ist heute die Gefahr groß wie nie, dass Europa entzaubert wird. Die Weltwirtschaftskrise beutelt den Kontinent. [...] Das Interesse der Bürger an Europa scheint zu schwinden. Diese Entfremdung der Bürger von Europa hat mindestens vier Gründe, die nicht länger hingenommen werden können.
Erstens: Die Bürger verstehen Europa nicht. Europa ist kein Staat, keine Nation, keine internationale Organisation, keine Miniversion der UN[1], keine, keine, keine. Wir verwenden stets Kategorien, die zur Beschreibung und zum Verständnis des spektakulären Neuen, das mit der EU geschaffen wurde, nicht taugen. Kann man wählen, was man nicht versteht?
Zweitens: Die Regierungen Europas versäumen es, die existenzielle Bedeutung der EU durch ihre Politik für die Bürger verständlich zu machen. Anders gesagt: Die Europäische Union krankt an der inneren Verantwortungslosigkeit ihrer nationalen Regierungschefs. Zum Beispiel: globale[2] Risiken – Klimawandel, Wirtschaftskrise, Terrorismus – verfinstern die Zukunft. Aber globale Risiken öffnen zugleich Fenster für die transnationale Erneuerung der Politik. Nationale Politik, das ist nun für alle evident geworden, ist den globalen Problemen hilflos ausgeliefert. [...] Wie würde die EU dastehen, gerade auch im Ansehen ihrer Bürger, wenn Angela Merkel, Gordon Brown und Nicolas Sarkozy[3] das Naheliegende täten, die Europäische Union als Modell für mögliche Antworten auf die Probleme des 21. Jahrhunderts nicht nur mit Lippenbekenntnissen zu preisen, sondern entsprechend zu handeln. Aber das Gegenteil geschieht: Die Regierungen in Europa bekämpfen die globale Finanzkrise am liebsten im nationalen Alleingang. Die Botschaft der Regierungschefs Europas an die Bürger Europas ist auf diese Weise eindeutig: Wenn es um wirklich Existenzielles[4] geht, ist die EU nutzlos.
Drittens: Die globale Finanz- und Wirtschaftskrise macht den neoliberalen[5] Geburtsfehler der EU bewusst. [...] Die Schaffung eines europäischen Marktes setzt eben das Ideal der Bürgernähe (Subsidiarität genannt) außer Kraft und löst dadurch eine Fülle nationalistischer Abwehrreflexe[6] aus.

Wenn die neoliberale EU ihre Glaubwürdigkeit verloren hat, dann ist die Vision[7] eines sozialen Europas unabdingbar. Das Anrecht auf soziale Solidarität[8] – auf 'Brüderlichkeit' – gehört ebenso zum Bestand unverzichtbarer europäischer Werte wie Freiheit und Gleichheit. [...]
Viertens: Die Europawahl ist keine Europawahl. Der Rechtsbürger Europas ist immer noch kein Wahlbürger. Europa zerfällt in 27 nationale Wahlordnungen und 27 nationale Wahlkämpfe. Es gibt keine europäische Wahlordnung, keinen europäischen Wahlkampf, in dem europäische Themen dominieren. Es gibt noch nicht einmal transnationale[9] Wahllisten in und für Europa, die die nationalen Parteien dazu zwängen, grenzen-übergreifend über europäische Themen zu debattieren. [...] Der europäische Wähler weiß nicht, wen er wählt, was er wählt. Also wählt er nicht. [...]"

Quelle: Beck, Ulrich: Bürger, rettet Europa!
http://www.fronline.de/top_news/?em_cnt=1786802&em_loc=2091 (Zugriff: 05.06.2009)

[1] United Nations = Vereinte Nationen
[2] weltweit, die ganze Welt betreffend
[3] Brown: ehemaliger britischer Regierungschef; Sarkozy: französischer Staatspräsident
[4] (Über-)Lebenswichtiges
[5] politische Denkrichtung, welche auf möglichst viel Freiheit für Banken und Unternehmen und möglichst wenig Einfluss des Staates auf die Wirtschaft abzielt
[6] Überbewertung der eigenen Nation, Abwertung und/oder Abgrenzung gegen andere Nationen
[7] Zukunftsvorstellung
[8] Zusammengehörigkeitsgefühl und Bereitschaft zur gegenseitigen Unterstützung
[9] überstaatlich, Nationen übergreifend

DEUTSCH

Aufgabentyp 1: Inhaltsangabe und Interpretation (Den Inhalt eines literarischen Textes wiedergeben und eine Zusatzaufgabe bearbeiten)

1. Begriffe

(A) Inhaltsangabe:
kurze, wertungsfreie Information über den wesentlichen Inhalt (z. B. Personen, Handlung, Ort, Zeit ...) eines Textes, Filmes etc., eine Textbeschreibung

(B) Zusatzfragen:
Fragen, deren Antwort man durch eine Interpretation erhält. D. h. man wird aufgefordert zu einer Textauslegung, mit dem Ziel, durch Deutung von Mehrdeutigem und Hintergründigem ein genaueres Verständnis zu erlangen. I. d. R. gibt die Frage eine bestimmte Richtung bzw. einzelne Aspekte zur Interpretation vor (z. B. Charakter, Beziehung, Konfliktbewältigung ...).

2. Vorgehen - (A) Inhaltsangabe

2.1 Textbearbeitung

(immer ein literarischer Text, z. B. Erzählung, Kurzgeschichte, Fabel, Anekdote)

Sinnabschnitt – Unterstreichungsmethode

a) Text gründlich lesen
b) beim wiederholten Lesen Text in Abschnitte einteilen (z. B. Handlungsabschnitt, Sinnabschnitt, Personenwechsel ...)
c) pro Abschnitt (nicht Absatz) 1 – 3 Worte als Gedächtnisstütze unterstreichen *oder* pro Abschnitt eine Überschrift formulieren
d) das Wesentliche vom Nebensächlichen trennen
e) unsachliche Formulierungen sachlich ausdrücken (versachlichen)

2.2 Textzusammenfassung (Hauptteil)

f) mithilfe der unterstrichenen Stichpunkte (einer Stichwortsammlung) in überwiegend eigenen Worten kurz das Wesentliche wiedergeben

oder

g) die formulierten Überschriften pro (Sinn-)Abschnitt zusammenfügen, überarbeiten, evtl. knapp ergänzen

Alternative: **W-Fragen-Methode**

Die wichtigsten Fragen zum Text in Stichworten beantworten. Daraus eine Zusammenfassung formulieren (z. B. Wer? Wo? Wann? Was? Wie? Warum? …).

2.3 Einleitung

Ziel: Sie soll zum Hauptteil hinführen, nützliche Informationen geben, soll Neugierde / Interesse beim Leser wecken

Inhalt: Verfasser, Titel, Textsorte, Quelle, Kernsatz (Zusammenfassung des Hauptproblems / der Kerninformation in einem Satz)

2.4 Schluss

Ziel: Er soll ein abruptes / offenes Ende verhindern, soll abrunden

Inhalt: Aussageabsicht des Autors, Wichtigkeit / Bedeutung des Textes bzw. Themas, eigene Meinung zum Text (sprachliche und inhaltliche Qualität)

2.5 Schreibweise / Stil

+ möglichst eigene Worte verwenden + sachlich ausdrücken (keine Wertung) + im Präsens schreiben, Vergangenes im Perfekt	+ Wiedergabe von direkter Rede in indirekter ➔ vgl. Ergänzung 2, Konjunktiv + ausnahmsweise verwendete wörtliche Textstellen kennzeichnen ➔ vgl. Ergänzung 1, Zitieren

3. Vorgehen - (B) Zusatzfrage

3.1 Analyse der Frage

→ spontane Eindrücke, Fragen zum Text, erstes Verständnis der Aufgabe auf separatem Blatt notieren
→ Schlüsselwörter markieren / unterstreichen

z. B. Aufgabe: Charakterisieren Sie die Beziehung der beiden Personen.

	Charakterisieren	Beziehung der beiden Personen
	Schlüsselwort für Arbeitsanweisung	Schlüsselwort für den Inhalt der Interpretation

z. B. Zusatzfrage: Wie ließe sich das Verhalten des Mannes interpretieren?

Spontane Ideen: Welche Verhaltensweisen sind gemeint (aktive Handlungen o. Reaktionen o. unbewusstes Benehmen ...)? Warum hat er das alles getan? Wie hat er es getan? In welchen Situationen? Gegenüber welchen Personen? usw.

3.2 Stoffsammlung

a) Notizen zu Schlüsselwörtern (Begriffsdefinition o. Brainstorming)
b) die in der Frage angesprochenen Bereiche „zerlegen“, z. B. Beziehung d. Personen→ lässt sich deuten aus Verhalten bei Begegnungen, mitgeteilten Gedanken etc.
c) im Text Verschlüsselungen (Chiffren) suchen, anstreichen
d) diese durch Randbemerkungen o. auf separatem Blatt entschlüsseln

→ Textstelle (als Beleg) und zugehörige Deutung / Auslegung gehören zusammen!

3.3 Stil / Schreibweise

+ → vgl. 2.5
+ Aufbau: Reißverschlussprinzip, d. h. jeweils Textbeleg* und Deutung zusammen

*Zeilenangabe in Klammern dahinter erforderlich

4. Fehler

(A) Inhaltsangabe:

- unsachlich, wertend
- zu lang (nahezu vollständige Textwiedergabe → Nacherzählung)
- Zitate ohne Kennzeichnung
- falsche Zeitform (nicht Gegenwart)
- wörtliche Rede statt indirekte Wiedergabe (Konjunktiv)
- bei Ich-Erzähler (im literarischen Text) auch Inhaltsangabe im Ich-Stil

(B) Zusatzfrage:

- Deutung ohne Textbelege (subjektive Fehlinterpretation „aus dem Bauch heraus“)
- keine Quellenangabe (z. B. Zeilennummer)
- Fragestellung nicht genügend beachtet (ungenaue Antwort)

5. Beispiel - (A) Inhaltsangabe

Text

Kurt Tucholsky: Interview mit sich selbst

„Herr Panter lassen bitten!“, sagte der Diener.
Ich trat näher.
Die hohe Tür zum Arbeitszimmer des Meisters öffnete sich, der Diener schlug die Portiere zurück – ich ging hinein, die Tür schloss sich hinter mir. _|

Da saß der Meister massig am Schreibtisch: ein fast dick zu nennender Mann, er trug ein gepflegtes Cäsarenprofil zur Schau, an dem nur die Doppelkinne etwas störten. Borstig stachen die Haare in die Luft, in den blanken Knopfaugen lag wohlig-zufriedenes Behagen. Er erhob sich.
„Ich begrüße Sie, junger Mann“, sagte er zu mir. „Nehmen Sie Platz und erörtern Sie mir Ihren merkwürdigen Brief!“
Befangen setzte ich mich.
„Sie fragen mich da“, sagte der Meister und legte seine dicke Hand mit den blankpolierten Nagelschildchen so, dass ich sie sehen musste, „ob ich Ihnen einen Rat für Ihre Zukunft zu geben vermag. Sie fügen hinzu, Sie seien von dem hohen Streben nach einem Ideal durchdrungen. Sie stießen sich am Leben, das Ihnen kantig erscheine – das war Ihr Wort –, und Sie wollten sich bei mir Rats holen. Nun, junger Mann, der kann Ihnen werden!“
Ich verbeugte mich dankend. _|

„Zunächst“, sprach der Meister, „was sind Sie von Beruf?“
„Ich bin gar nichts“, sagte ich und schämte mich.
„Hm-“, machte der Meister und wiegte bedenklich das Haupt. „Wozu brauchen Sie da noch Rat? Nun immerhin ... ich bin zu Ihrer Verfügung.“
„Meister“, sagte ich und fasste mir ein Herz, „lehren Sie mich, wie man zu Erfolg kommt. Wie haben Sie Erfolg gehabt? Diesen Erfolg?“ Und ich wies auf das komfortabel hergerichtete Gemach: Bücher mit goldverzierten Pergamentrücken standen in wuchtigen Regalen, eine bronzene Stehlampe strahlte behaglich gedämpftes Licht aus, und der breit ausladende Aschenbecher, der vor mir stand, war aus schwarzgeädertem Marmor. „Woher das alles?“, sagte ich fragend. _|

Der Meister lächelte seltsam.
„Erfolg? Sie wollen wissen, wie ich Erfolg gehabt habe, junger Mann? Junger, junger Brausekopf! Nun: ich habe mich gebeugt.“
usw.

Inhaltsangabe
(kurze Zusammenfassung pro Sinnabschnitt)

Ein Diener geleitet den Ich-Erzähler in das Arbeitszimmer des Herrn Panter.

Der „Meister“ begrüßt seinen Gast und bietet ihm einen Platz an. Er spricht den jungen Mann auf dessen Brief an, in dem er um Rat gebeten hatte.

Der junge Mann, der selbst ohne Beruf ist, fragt Herrn Panter nach seinem Erfolgsrezept. Er meint damit auch die luxuriöse Ausstattung des Arbeitszimmers.

usw.

Beispiel (B) Zusatzfrage ➔ vgl. 3.1

Ergänzung 1: Zitieren

1. Begriffe

Zitieren (Definition)**:**
Übernahme und Kennzeichnung fremder (schriftlicher oder mündlicher) Aussagen in den eigenen Text.

2. Vorgehen	Äußere Kennzeichen
grundsätzlich: vollständig + wörtlich (originalgetreu) wiedergeben	Anführungszeichen an Anfang und Ende
abweichend davon: - Auslassung / Kürzung - Ergänzung - Fehler im Original	 - [...] oder (...) - [*ergänztes Wort*, d.V.] - übernehmen und mit (!) versehen
Quellenangabe: bei wörtlicher und bei sinngemäßer Wiedergabe!	
Zitat aus Einzeltext: Zeilenangabe	- in Klammern hinter dem Zitat
Zitat aus Buch: Name, Vorname: Titel, Verlag, Erscheinungsort, Jahr, Seite	- als Fußnote auf der Seite oder - Anmerkung am Textende oder - Klammer im Text

3. Beispiele

z. B. Kürzung

Original: Aufgrund der Witterung, die durch ausgedehnte Tiefdruckgebiete geprägt war, gab es erhebliche Ernteausfälle.
Zitat: „Aufgrund der Witterung (...) gab es erhebliche Ernteausfälle.“

z. B. Ergänzung

Original: Für diese saisonalen Einbußen sollten sie Vorsorge treffen.
Zitat: „Für diese saisonalen Einbußen sollten sie [die Landwirte, d.V.*] Vorsorge treffen.“
*d.V. = der Verfasser

z. B. Quellenangabe Buchzitat

Müller, Harald: Der Prüfling. Die Geschichte von Fleiß und Lohn, Kaufmann Verlag, Hameln 1997, S. 12.

Ergänzung 2: Indirekte Rede / Konjunktiv

Regel	Beispiel	Einschränkung
Konjunktiv I ➔ verwenden	Sie sagte, sie habe Zeit. ➔ Wir sagten, wir ***haben*** Zeit ➔	Konj. I oft nur in der 3. Person Singular (er, sie, es) deutlich zu unterscheiden, andere Personen: Indikativ (*Wirklichkeitsform)* nicht zu unterscheiden von Konj. I
dann Konjunktiv II ➔	Wir hätten Zeit. Wir sängen. Ich ***meinte***. Sie ***kauften***. ➔ wir flögen ➔	aber: oft Konj. II nicht zu unterscheiden vom ***Präteritum (Vergangenheit)*** oder Konj. II wirkt altmodisch
dann Konditional ➔	Ich würde meinen. Sie würden kaufen.	
Aufforderungssätze: Konj. mit „sollen“ bilden ➔	Er sagte, sie solle ihm helfen.	
Fragesätze: Konj. mit „ob“ bilden ➔	Er fragte, ob sie ihm böse sei.	
wörtliche Rede➔ indirekte Rede ➔ grundsätzlich mit Konjunktiv bzw. Konditional bilden	„Ich komme gleich“, sagte er. Er sagte, er komme gleich. Er sagte, dass er kommt. ➔	Leitet man die indirekte Rede mit einer Konjunktion (Bindewort) ein, kann auch der Indikativ stehen.

Aufgabentyp 2 / 1: Kreatives Schreiben
(Variante A: Weiter erzählen, Variante B: Umschreiben)

1. Begriff

(A) Erzählen:
Eine Erzählung verfassen / schreiben, d. h. einen epischen Text, den ein Autor mit der Absicht schreibt, Leser zu unterhalten, zu belehren oder aufzuklären. Unter gezieltem Einsatz der Sprache wird tatsächliches (reales) oder erfundenes (fiktives) Geschehen erzählt. Erzählungen sind länger als Anekdoten und Kurzgeschichten, aber kürzer als Romane.

(B) Textsorte:
Umschreiben eines Textes von einer Textsorte in eine andere! Innerhalb der literarischen Texte (= fiktionale / erdachte Texte) werden drei Gruppen unterschieden: lyrische Texte (z. B. Gedichte, Balladen), epische Texte (z. B. Kurzgeschichten, Fabeln, Romane), dramatische Texte (z. B. Schauspiel, Komödie, Tragödie).

2. Vorgehen

2.1 Themenanalyse

a) Vorlage (literarischen Text) gründlich lesen

b) Aufgabenstellung lesen

c) Schlüsselwörter finden, die hinweisen auf ➔Inhalt und ➔Arbeitsrichtung

d) vorgegebene Fakten festhalten, die laut Thema eine Rolle spielen, oder dem Ausgangstext die vorgegebenen Erzählbausteine entnehmen (vgl. 2.2)

2.2 Stoffsammlung / Erzählplan

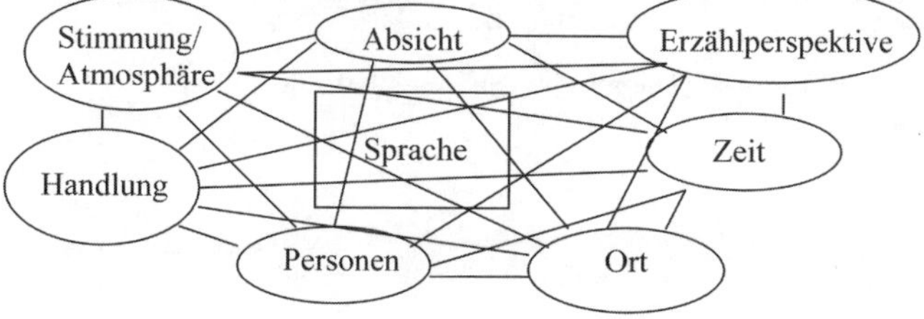

Zusammenwirken der Erzähl-Bausteine

Erzählplan

→ Welche Wirkung / Aussage soll die Erzählung beim Leser vermitteln?
→ **Absicht**

→ In welcher Stimmung gelingt dies am besten?
→ **Atmosphäre**

→ Wer soll handeln / etwas erleben / zu Wort kommen / betrachtet werden ...?
→ **Personen*** (Aussehen, Charakter, Verhalten, Umfeld, Beweggründe, Sprachebene ...)
*Handlungsträger müssen nicht Menschen sein

→ Wie sollen die Personen aktiv werden? Treten außerdem Ereignisse ein? ...
→ **Handlung** (äußere + innere Vorgänge möglich)

→ Wo soll die Erzählung spielen?
→ **Ort(e)** (abgestimmt auf Absicht, Atmosphäre, Personen)

→ Wann soll sich alles abspielen?
→ **Zeit(en)** (dargestellte Zeitspanne festlegen, zeitliche Reihenfolge des Geschehens einhalten oder vorgreifen oder zurückblenden, ausdehnen oder raffen)

→ Aus welcher Sicht soll erzählt werden?
→ **Erzählperspektive** **

<u>**Mögliche Erzählperspektiven:</u>

A: Ich-Erzähler / personaler Erzähler (beteiligte Person)

= „fingierte Wahrheitsaussagen“, keine inneren Vorgänge dritter Personen, begrenzt auf Gedanken u. Gefühle der „Ich-Person“, subjektive Sicht!

B: auktorialer Erzähler

= „allwissender Autor“, der wertet, sich einmischt, den Leser evtl. anredet, die Innenperspektive der Personen kennt; Innensicht!

C: neutraler Erzähler

= anscheinend neutrale Wirklichkeitsschilderung, nur äußere Vorgänge, direkte Rede; Außensicht!

3. Aufbau

Überschrift (passend, neugierig machend, andeutend ...)

Anfang	Interesse / Erwartungen wecken
Erzählung Hinführung	Ereignisse auswählen, ordnen Schwerpunkte setzen* „Knaller“ andeuten, herausarbeiten
Höhepunkt	überraschende Pointe, Wende vgl. 4.2 Methoden
Schluss	vergnüglich, nachdenklich ... beenden

*Was soll dominieren? Handlung (Action), szenische Darstellung, Beschreibung, Stimmung oder Reflexionen …

4. Sprache / Stil

4.1 Ziele

Abwechslung, Farbigkeit, Anschaulichkeit, Spannung, Genauigkeit, Lebendigkeit, Denkanregung, Unterhaltung, Belehrung ...

4.2 Methoden

A: **Detaillieren** (= ins Detail gehen, in Einzelheiten zergliedern)

Was?	Personen, Dinge, Ereignisse in Nahaufnahme darstellen	**Warum?**	Leser einbezogen, identifiziert sich	**Wie?**	Metaphern, Vergleiche, treffende Adjektive, ausführlich schildern

B: Dramatisieren

(= übertreibend als schlimm darstellen, erregend, mitreißend, spannend)

Was?	Spannung erzeugen	**Warum?**	Leser langweilt sich nicht, liest weiter	**Wie?**	Wechsel der Zeitform, Aktionsreichtum (leichter) o. innere Vorgänge (schwerer), äußere Erscheinungen starker Gefühle, Höhepunkt gegen Schluss, Sinne ansprechen, zuerst kleinere Ereignisse, rhetorische Fragen

C: Personalisieren

Was?	Geschehen aus der Perspektive der Figur („Innenleben" eröffnet)	**Warum?**	Leser gewinnt Einblick in Gefühle, Denken u. Blickwinkel der Figur	**Wie?**	Nicht ausgesprochene Gedanken („erlebte Rede", „innerer Monolog") innere Vorgänge / Gefühle mitteilen

4.3 Weitere Gestaltungsmittel

+ rhetorische Fragen stellen + Überraschungen / Unerwartetes einbauen + wörtliche Rede + Symbole einbauen, „sprechen" lassen + Hauptwörter wechseln	+ handlungskräftige Verben + urteilende, schmückende, beschreibende Adjektive + eher kurze Sätze + Frage- und Ausrufesätze + abweichen von Satzbauregeln

4.4 Zeitform

- grundsätzlich Vergangenheit (es sei denn, der Ausgangstext ist im Präsens geschrieben)
- evtl. Erlebnisse in Gegenwart
- evtl. Übergang zu Gegenwart beim Hauptereignis → steigert Spannung

5. Probleme / Fehler

- vorgegebene Inhalte nicht berücksichtigt (→ vgl. 2.1) - keine eindeutige Erzählperspektive (→ vgl. 2.2) - vorhersehbare Pointe bzw. keine Hinführung zum Höhepunkt - wenig individuelle produktive Leistung - nicht originell + kreativ	- Abbruch nach der Pointe (kein Schluss) - langweilig (→ vgl. 4.1 + 4.2) - unbegründete Sprünge zwischen den Zeitformen (→ vgl. 4.4) - Merkmale der Textsorte nicht beachtet - nicht genügend in Personen / Handlungen eingefühlt

6. Beispiel

→ vgl. 2.1 Themenanalyse

Text: *Heike ging seit vielen Wochen nur noch ungern ins Büro. Sie war verzweifelt über die ständigen Misserfolge und Blamagen. Langsam gelangte sie zu der Erkenntnis, dass jemand „an ihrem Stuhl sägt". Da waren ihre Termine verschoben oder abgesagt worden, Bestellungen verschwanden oder Zahlen stimmten nicht mehr. Was nützte ihr aber ein Verdacht? Heike dachte ernsthaft an Kündigung. ...*

Aufgabe: Erzählen Sie die begonnene Geschichte zu Ende.

vorgegebene Inhalte festhalten:	Personen	→	Heike, Mobbingopfer
	Ort	→	Büro, Firma
	Handlung	→	Mobbing, Bürotätigkeiten (Termine, Bestellungen ...)

→ vgl. 2.2 Erzählplan

- **Aussageabsicht:** nicht unterkriegen lassen, kämpfen, eine Lösung finden
- **Stimmung / Atmosphäre**: Übergang, Wechsel...
  verzweifelt → wütend → beherrscht, taktisch → befreit, froh
- **Personen**: Heike, ihre Freundin, der Chef, 2 Kolleginnen **usw.**

→ vgl. 4. Methoden

A: Detaillieren*: Heike stützte sich aufs Waschbecken und starrte in den Spiegel. „Oh je, wer ist das?" Aus den verquollenen Augenschlitzen musterte sie ihre Haut. An einen schrumpeligen weißen Luftballon erinnert, entdeckte sie auch auf den Lippen keine nennenswerte Farbe. Schmale Linien ohne jeden Schwung begrenzten ihren Mund. „Lächeln!", fauchte Heike gegen das Glas. ...

B: Dramatisieren*: „Heute oder nie!", ertönte ihr Schlachtruf in der Tiefgarage. Heike warf sich in ihr Auto, drehte den Zündschlüssel und ließ den Motor aufheulen. Mit quietschenden Reifen umrundete sie die Pfeiler vom untersten hinauf in den ersten Keller, schaltete in den zweiten Gang, beschleunigte auf der kurzen Geraden. Das Radio dröhnte laut, sodass das Herz der jungen Frau im Rhythmus der Musik zu schlagen begann. Sie schlug den Takt erst mit einer, dann mit beiden Händen auf den Lenker, auf die Schenkel, auf das Armaturenbrett. Schon oben! „Was blendet da? Ist der wahnsinnig?"...

C: Personalisieren*: Heike saß in der ersten Reihe und wartete auf ihren Auftritt vor der gesamten Belegschaft. „Ich bin doch komplett übergeschnappt. Wie konnte ich mich nur dazu anstiften lassen. Die Müller wollte ich fertig machen, aber nicht das Mobbing-Problem der ganzen Firma lösen. Schön hat er sich das ausgedacht, mein lieber Chef. Steht selber da vorn, verkündet frohe Botschaften und Dankesworte, und ich soll alles aussprechen, worüber bisher jeder geschwiegen hat. Gerüchte, Verdächtigungen, Vertrauliches, geheime Beobachtungen ... Ich kann das nicht! Keiner wird zu mir halten. Wahrscheinlich kommt nicht einmal eine Diskussion zustande ..." Ihre Hände wurden feucht und zitterten. ...

*A, B und C lassen sich nicht trennen. Oft werden die Methoden gleichzeitig angewendet.

Aufgabentyp 2 / 2: Kreatives Schreiben
(Variante A: Privater Brief, E-Mail Variante B: Tagebucheintrag)

1. Begriffe

(A) Privater Brief / E-Mail:
Schreiben, das einem Adressaten Fakten, Beobachtungen, Erlebnisse, Gedanken, Meinungen usw. mitteilt. Im gesamten Text herrscht die subjektive Sichtweise des Schreibers vor, die Interessen von Absender und Empfänger stehen im Mittelpunkt.
Briefe können mit einem 4-Augen-Gespräch verglichen werden, der Austausch findet allerdings mit zeitlicher Verschiebung statt.

(B) Tagebucheintrag:
Schriftliche Mitteilung des Verfassers an sich selbst; oft regelmäßige / chronologische Eintragung in ein Tagebuch; die persönlichste Form des Schreibens, da grundsätzlich nicht Einblicke von anderen Personen erwartet werden bzw. erwünscht sind. Erlebnis- und Ereignisschilderungen werden i. d. R. knapper ausfallen als Äußerungen zu Wünschen, Hoffnungen, Ängsten oder Gedanken zur eigenen Person und anderen Menschen.

2. Vorgehen

2.1 Themenanalyse

→ Wozu fordert die Aufgabe auf?
→ Welche Figur stellt das „Ich" dar? Den Briefschreiber?
→ Welche Ausgangssituation finde ich vor (literarischer Text o. geschilderte Situation)?

2.2 Vorüberlegungen

(A) Privater Brief:

→ Warum schreibe ich den Brief? (Welchen Anlass gibt die Aufgabenstellung vor?)
→ Was ist dem Schreiben vorausgegangen? (Welches Wissen kann ich vom Empfänger erwarten, worüber muss ich ihn noch informieren, damit er meinen Ausführungen folgen kann ...?)
→ Welche Beziehung besteht zwischen mir und dem Empfänger? (Will ich ihm meine Gedanken und Gefühle offen mitteilen oder ein bestimmtes Bild von mir erzeugen/ bewahren? Kennt und versteht er mich oder muss ich viel erklären? ...)

(B) Tagebucheintrag:

→ Planung entfällt grundsätzlich, da spontan u. Privatsache
→ Ausnahme: Prüfung / Klassenarbeit ➔ dann vgl. Aufgabentyp 2 / 1, Erzählen + 2 / 2 Brief

3. Schreibweise / Stil

+ kurze, klare Sätze (sind besser verständlich) + freundliche Zurückhaltung eher als mutig / draufgängerischer Stil (Die Reaktion des Empfängers kann nicht direkt beobachtet und beeinflusst werden. Er liest den Text u. U. mehrmals, was die Wirkung verstärken kann.) + Fragen an den Leser (regen an zum Nachdenken und Antworten) + „Brücken bauen“ (Beim Schreiben merken, wo der Leser Gefühls- oder Verständnisprobleme haben könnte, eine sprachliche Hilfe einbauen: abschwächen, erklären ...) + passender Gruß / Abschluss (Tschüs ..., Bis bald ..., Viele Grüße ... In Liebe ... – der Empfänger wird die Bedeutung der gewählten Worte wahrnehmen)	+ ausdrucksstarke Wörter (erhöhen das Lesevergnügen und die Vorstellungskraft) + Absätze (erlauben Gedankenpausen, ordnen den Inhalt zu Blöcken, erhöhen die Übersichtlichkeit) + Ausrufesätze (machen Gefühle und Appelle deutlich) + angemessene Anrede (Liebe/r ..., Hallo ... – hängt vom Verhältnis und der Absicht ab) + alte Regel: Man fängt nie mit „ich“ an. + gut lesbare Handschrift (Maschinegeschriebene Briefe werden oft als förmlich, kalt und wenig persönlich empfunden. Eine unsaubere Schrift erschwert das Lesen bzw. mindert das Vergnügen, wirkt u. U. nachlässig oder gleichgültig.

<u>**Aufbau**</u> (vgl. Privater Geschäftsbrief) oft sind drei Abschnitte sinnvoll:

A Einleitung (Vorangegangenes, Grund für den Brief)
B Hauptteil (gegenwärtige Situation aus Sicht des Schreibers, vergangenes Geschehen + innerer Monolog, d. h. Gedanken und Gefühle)
C Schluss (in die Zukunft / an den Leser gerichtete Fragen, Bitten, Aufforderungen ...)

4. Probleme / Fehler

(A) <u>Privater Brief / E-Mail:</u>

Grundsätzlich gibt es keine Vorschriften für private Briefe. Folglich kann man auch keine Fehler machen. Der Schreiber hat jedoch ein Interesse daran, dass das, was er ausdrücken möchte, auch so verstanden wird. Er will außerdem keinen unbeabsichtigten Eindruck erwecken. I. d. R. möchte man mit dem Brief eine Antwort bewirken oder z. B. die Erfüllung einer Bitte.
Deshalb sind eine Kontrolle des Geschriebenen und ein Perspektivenwechsel wichtig (sich in die Person des Lesers hineinversetzen).
Wenn als Schreibanlass ein literarischer Text vorliegt, wird erwartet, dass der Briefschreiber (das Ich) sich in die Figur einfühlt, ihre Gedanken und Handlungen versteht.

- Anrede / Gruß unpassend (zu vertraulich / zu nüchtern)
- ungeordnete Gedanken
- unvermittelter Anfang ohne Einleitung / ohne Bezug zum Vorangegangenen

- für den Leser uninteressante Fakten / Details / Gefühle / zu langatmig ...
- zu große Offenheit, die den Leser verunsichern, überfordern, abstoßen ... könnte
- unverschämte/überzogene Bitten / Forderungen, die der Leser nicht erfüllen kann oder will
- keine Absätze
- durchgängig subjektive Schilderung, kein Einbeziehen des Lesers

(B) Tagebucheintrag:

Entfällt i. d. R., da kein Empfänger berücksichtigt werden muss, aber Themenstellung beachten (Prüfung!):
- nicht genügend in die Personen / Handlungen des Vorlagetextes eingefühlt
- kaum eine individuelle produktive Leistung
- wenig originell und kreativ

5. Beispiel

Schülertext zur Erzählung „Masken“ von Max von der Grün *(Inhalt: Renate und Erich treffen sich nach 15 Jahren zufällig in Köln auf dem Bahnhof wieder. Sie gehen in ein Lokal und erzählen sich von ihrem Leben. Die Frau und der Mann lügen, was ihre berufliche Stellung angeht. Keiner von beiden hat den Mut, die wahren Gedanken und Gefühle zu gestehen, obwohl in beiden das Gleiche vorgeht. So trennen sich Renate und Erich an diesem Tag wieder auf dem Bahnhof.)*	
Lieber Erich! Sicher bist Du verwundert darüber, so schnell einen Brief von mir zu erhalten. Dies war nicht vereinbart, und wir hatten ja nicht einmal unsere Adressen getauscht. Aber gleich nachdem mein Zug abgefahren war, plagten mich Vorwürfe, weil ich dich so nicht hätte verlassen dürfen. Also rief ich Deine Mutter an. Sie wohnt ja zum Glück noch dort, wo ich Euch früher immer besuchte. Sie war so freundlich, mir Deine neue Adresse zu geben, sodass ich meinem Herzen etwas Luft machen kann.	Einleitung: Warum schreibe ich? Was hat mich dazu bewegt? Was ist bisher vorgefallen?
Es war so schön, dich wiederzusehen. Wir haben uns so angeregt unterhalten, gelacht, uns beobachtet und sind dann einfach wieder auseinandergegangen! Was war falsch gelaufen? Für meinen Teil glaube ich die Antwort zu wissen. Ich war nicht ehrlich zu Dir, was meine berufliche Laufbahn angeht. Das Geständnis fällt mir sehr schwer, aber nichts ist wahr. Ich bin immer noch die kleine Verkäuferin, wie damals! Natürlich bin ich schuld an diesem Komplex, denn damals, bei unserer Trennung wollte ich hoch hinaus.	Hauptteil: Was möchte ich sagen / ausdrücken? Welche offenen Fragen sollen beantwortet werden? Sind Erklärungen nötig, damit man mich versteht?

Und Du warst mir als einfacher Schlosser nicht gut genug. Ich war auch noch so arrogant, Dir dies alles ins Gesicht zu schreien. Wie dumm von mir! Entschuldige bitte! Unverheiratet und kinderlos bin ich tatsächlich. Dass ich in all den Jahren keine Familie gegründet habe, hängt sicher auch damit zusammen, dass ich jeden Mann mit Dir verglich. Und auch jetzt spüre ich wieder, was ich all die Jahre für Dich empfunden habe: Du gefällst mir wie kein anderer. Ich habe Dich sehr gern!	
Ich musste Dir einfach schreiben, was ich Dir eigentlich hätte sagen sollen, im Lokal oder spätestens bei der Abfahrt. Meine Unehrlichkeit bereue ich zutiefst.	Überleitung / Zusammenfassung
Was auch immer Du jetzt über mich und mein Geständnis denkst: Bitte schreibe es mir oder rufe mich an! Es wäre sehr schlimm für mich, wenn Du gar nicht reagierst.	Schluss: Bitte; begründete Aufforderung
Herzliche Grüße Deine Renate	angemessener Gruß

Aufgabentyp 3: Einen privaten Geschäftsbrief entwerfen

1. Begriff

Privater Geschäftsbrief:

Schreiben von Privatpersonen an ein Unternehmen oder eine Behörde. Es wird vom Empfänger erwartet, dass bestimmte Normen für äußere **Form** (DIN 5008), inhaltliche und sprachliche **Gestaltung** eingehalten werden.
Da der Absender mit dem Brief bestimmte Ziele erreichen will (Informationen, Hilfe, Gewährung von Rechtsansprüchen ...), akzeptiert er die Regeln und ist sich des „Visitenkarten-Charakters" eines solchen halbprivaten Schreibens bewusst.

Ein Brief bietet folgende **Vorteile** (gegenüber mündlichen oder telefonischen Gesprächen): Beweisfunktion, keine Gleichzeitigkeit für Sender u. Empfänger notwendig, Nachlesen u. Transport möglich, Zeit für Formulierungen / überlegte Argumentation, Konzentration auf die Sache, da zwischenmenschliche Einflüsse weitgehend entfallen.

2. Vorgehen

2.1 Brieftext

a) Aufbau (drei Abschnitte)

Einleitung – *Vergangenheit*

Was ist bisher gewesen?
(die Sachlage darstellen, Informationen geben für eine gemeinsame Ausgangslage von Absender und Empfänger, Grund des Briefes)

Hauptteil – *Gegenwart*

Wie stellt sich der Fall für mich (Absender) momentan dar?
(Stellung nehmen, Bewertung der Situation aus eigener Sicht)

Schluss – *Zukunft*

Was erwarte ich (Absender) zukünftig vom Empfänger?
(bitten, auffordern ... zu handeln, etwas mitzuteilen ...)

b) Schreibweise (Stil)

+ kurze, vollständige Sätze	+ weniger Substantive, eher Verben
+ logische Bezüge der Sätze/Satzteile zueinander	+ sachlich, aber persönlich
+ keine überflüssigen Floskeln	+ wenn angemessen, auch humorvoll
+ klarer, deutlicher Ausdruck	+ höflich, natürlich
+ Positives auch positiv formulieren	+ nicht passiv ausdrücken, sondern aktiv
+ treffende Worte (evtl. Fachbegriffe, aussagekräftige Adjektive)	+ sauber, fehlerfrei
+ konkrete Angaben machen, nicht unbestimmte Ausdrücke (z. B. Zeiten)	+ Konjunktiv vermeiden
+ blaue Unterschrift	+ Ansprechpartner nennen
+ Wichtiges hervorheben (fett, unterstrichen, aber maximal ½ Zeile lang)	+ Absätze nicht zu lang (der erste Absatz sollte der kürzeste sein, nie mehr als 7 Zeilen pro Absatz)
+ mit Vor- und Nachnamen unterschreiben (schafft Vertrauen)	+ (am PC) Schrift wählen, die zum Image des Unternehmens passt
	+ (am PC) lesbare Schrift, i. d. R. 12-Punkt

2.2. Schreibanlass / Betreff- / Bezug-Zeile

Warum? Der Empfänger (z. B. Sachbearbeiter, Sekretärin ...) soll schnell erkennen, wer für die Angelegenheit zuständig ist, wie dringlich sie ist, zu welcher Akte sie gehört usw., ohne den ganzen Brief lesen zu müssen.

Was? Das Anliegen des Briefes ist in einer Wortgruppe / einem kurzen Satz zusammenzufassen. Man muss Daten auflisten, die eine Zuordnung des Briefes zu einem bestimmten Geschäftsvorgang ermöglichen (letztes Schreiben, Geschäftszeichen, Kundennummer ...).

Wie? Zwischen Adresse und Anrede (ca. auf der Hälfte des Blattes) erscheint die sogenannte Betreffzeile. Die Worte „Bezug" oder „Betreff" werden heute nicht mehr verwendet. Dafür ist es erlaubt und erwünscht, diese 1 bis 2 Zeilen durch Fettdruck, größere Buchstaben und / oder Unterstreichen besonders zu markieren.

Hinweis: In der Prüfung wird eine Situation vorgegeben, d. h. ausführlich beschrieben. Man erfährt also Namen, Adressen, Vorkommnisse usw., wenn nötig, werden der Aufgabe auch fiktive Unterlagen beigelegt. Damit ist der Schreibanlass vorgegeben. Die Prüfungsleistung besteht im Ordnen der Fakten, in der sprachlichen Gestaltung (Ausdruck, Rechtschreibung, Grammatik ...) und in der Argumentationsstärke (vgl. 3. Fehler).

2.3 Anrede

→ höflich, angemessen, situationsgerecht !

→ möglich: z. B. **Lieber Herr ..., Verehrte Frau ..., Guten Tag Herr ..., Hallo Frau ...**

→ üblich: **Sehr geehrte Frau ..., Sehr geehrter Herr ...,**
(wenn man den Namen bereits kennt oder extra in Erfahrung gebracht hat → oft vorteilhaft!);
sonst
Sehr geehrte Damen und Herren,

2.4 Grußformel

→ höflich, abhängig vom Verhältnis zum Empfänger u. vom Anliegen (Situation)
→ möglich: z. B. Hochachtungsvoll ...; Herzlichst ...; Liebe Grüße ...
→ üblich: Mit freundlichen Grüßen; Mit freundlichem Gruß (niemals „MfG" abkürzen!)

2.5 Anlagen

Was? Hinweis auf weitere Schriftstücke, Kopien, Waren ..., die dem Brief beigefügt werden

Warum? ermöglicht Absender und Empfänger Kontrolle und Nachweis der Vollständigkeit

Wie? a) einzeln aufgelistet, z. B. Anlagen: Zeugnis (Duplikat)
Lebenslauf
b) beziffert: z. B. 2 Anlagen

Wo? unter oder neben der Grußformel

3. Fehler

- äußere Form nicht DIN-gerecht (erschwert Sachbearbeitung + Absender blamiert sich evtl.) - Wort „Betreff" o. „Bezug" vor der Betreffzeile - inhaltliche Vorgaben nicht genügend berücksichtigt	- Betreffzeile zu lang / nicht aussagekräftig - Formulierungen unangemessen (➔ vgl. Aufgabentyp 2 / 2, Privater Brief, 4.) - keine adressatengerechte Argumentation, d. h. überzeugende Begründungen und Belege, die beim Empfänger das bewirken, was wir (Absender) erreichen wollen (vgl. Aufgabentyp 5)

4. Äußere Form, Anordnung (DIN 5008) — Beispiel / Musterbrief

*
*
*
*
Elke Raich *2)* Lindau, 2009-03-10
1) Braugasse 5
88131 Lindau
*
*
*
*
Sportwelt Klein
3) Schillerweg 12
88239 Wangen im Allgäu
*
*
*
*
*
*
*
4) **Mängel des Tennisschlägers – Marke xy / Reklamation**
*
*
5) Sehr geehrte Damen und Herren,
*
am 2. März dieses Jahres kaufte ich bei Ihnen einen Tennisschläger der Marke xy für ... Euro. Gleich am darauffolgenden Wochenende probierte ich ihn aus.
6) *
Schon nach kurzer Spieldauer bemerkte ich jedoch, dass die Bespannung sich gelockert hatte. Ob ein Material- oder Verarbeitungsfehler vorliegt, kann ich nicht feststellen.
*
Da ich in Zukunft nicht mehr nach Wangen kommen werde, möchte ich vom Kauf zurücktreten und bitte Sie, mir den Kaufpreis und die Ausgaben für die Rücksendung des Schlägers zu erstatten.
*
7) Mit freundlichen Grüßen
*
* `Elke Raich`
*
Elke Raich

8) **Anlagen**
Tennisschläger
Kopie des Kassenbeleges

Erklärungen
1 vollständige Adresse des Absenders
2 Absendeort und –datum
3 vollständige Adresse d. Empfängers
4 kurzer, deutlicher Betreff (Anlass des Briefes in Kurzform)
5 situationsgerechte Anrede
6 sinnvoll gegliederte Texteinteilung (Abschnitte, Einrückungen)
7 situationsgerechte Grußformel
8 Auflistung aller Anlagen (auch neben d. Grußformel möglich)

* *Leerzeilen*

Aufgabentyp 4: Schaubild
beschreiben, auswerten, kommentieren

1. Begriffe

(A) **beschreiben:**
darstellen mit Worten, erklären

(B) **auswerten:**
aufbereiten, vorliegende Zahlen /Angaben vergleichen, bewerten ...

(C) **kommentieren:**
erläutern, auslegen, kritisch Stellung nehmen

(D) Schaubild:
Diagramm, Mindmap, Tabelle; zeichnerische Darstellung, bei der wichtige Begriffe und Zahlen in Beziehung zueinander gesetzt werden, wobei ihre Größenverhältnisse durch ein geeignetes Gestaltungsmittel zum Ausdruck kommen sollen.
(Grafik = Zeichnung) Dabei kommt es auf Anschaulichkeit und Überschaubarkeit an.

Grundformen der Diagramme z. B.

Säulen- / Stabdiagramm Balkendiagramm	**Kreisdiagramm**	**Kurvendiagramm**
verschieden lange Strecken oder Rechtecke senkrecht o. waagerecht nebeneinander gestellt; eignet sich für **Vergleiche**	Kreis eingeteilt in Sektoren*** unterschiedlicher Größe; eignet sich zur Darstellung von **Anteilen an einem gemeinsamen Ganzen**	Linien / Kurven durch verbundene Punkte im Koordinatensystem*, Abhängigkeit der Daten** von 2 Einflussgrößen wird verdeutlicht; eignet sich zur Darstellung von **Entwicklungen**

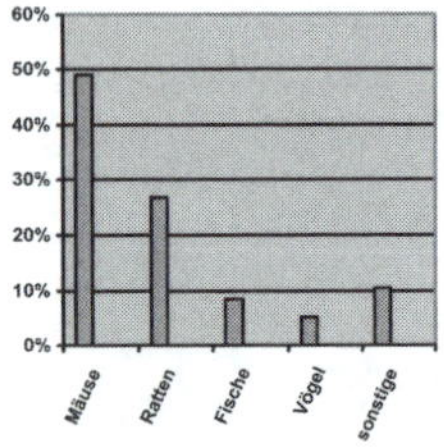

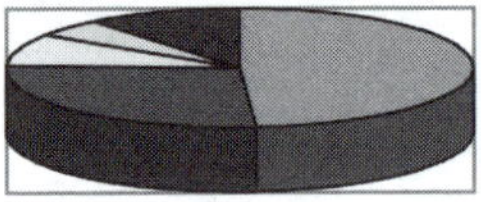

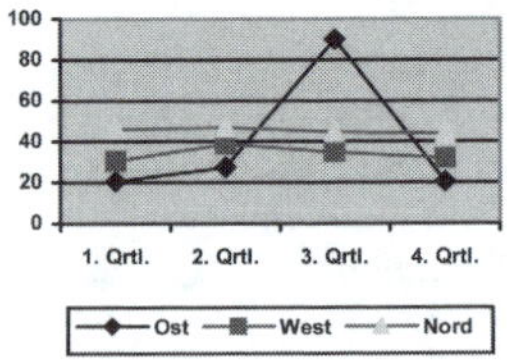

* Koordinatenachsen = Zahlengeraden
** Daten = Koordinaten, Zahlen, die die Lage eines Punktes im Raum bestimmen (Abszisse + Ordinate)
*** Sektoren = Gebiet, Abschnitt, Bezirk

2. Vorgehen

2.1 Einleitung

→ Titel, Quelle, Erscheinungsdatum, Thematik / Intention (Absicht) des Schaubildes
→ vgl. Aufgabentyp 1: 2.3

2.2 Hauptteil / Beschreibung

→ Denkmuster / Aufbau:

Vom Allgemeinen zum Speziellen
Vom Gesamtbild zur Detailinformation

a) Beschreiben der Darstellungsform + der Gestaltungsmittel des Schaubildes: Gruppe? (→ vgl. 1., Tabelle) Formen? Farben? Symbole? Besonderheiten? ...

b) Nennen der Bereiche / Begriffe, die in Beziehung zueinander gesetzt wurden (z. B. Benennung und Einteilung der Zahlengeraden o. der Sektoren), Anordnung, Aufbau

c) Zuordnen der Zahlen, die genaue Informationen liefern (z. B. Koordinatenpaar eines Punktes zwischen Zahlengeraden, Prozentsatz im Sektor eines Kreises ...)

d) Vergleichen der Größenverhältnisse, Inhalte der Einzeldarstellungen

e) Ableiten einzelner Aussagen, Auswertung, Schlussfolgerungen

2.3 Schluss

→ Zusammenfassung der Einzelaussagen (e) und der Vergleiche (d) zu einem Gesamteindruck / Ergebnis; **wesentliche Aussagen erläutern (z. B. auffällige Veränderungsprozesse / Gegenüberstellungen)**

→ dabei Bezug zur Thematik herstellen (vgl. Benennung / Titel / Unterschrift des Schaubildes), Ausblick geben, Vorschläge zur Lösung des angesprochenen Problems, **Schlussfolgerungen ziehen**

→ kurze subjektive (persönliche) Einschätzung, Bewertung:
Wie ist die Darstellung gelungen?
- klar, überschaubar?
- informativ, interessant?
- sinnvolle, geeignete Form?

→ Bedeutung des Themas einschätzen.

3. Schreibweise / Stil

+ dem Zweck angepasst	+ Zeit: Gegenwart (Präsens)
+ sachlich, informativ	+ treffende Ausdrücke (Adjektive, Verben)
+ Fachbezeichnungen	+ nur wesentliche Informationen

4. Fehler

- falscher Aufbau (mit Details beginnen erschwert Nachvollziehbarkeit)
- ungenaue Ausdrücke (z. B. „Dreiecke", „Tortenstücke" im Kreis anstatt „Sektoren" wäre falsch u. missverständlich)
- unvollständige Beschreibung (nicht alle Balken / Säulen erwähnt)
- wesentliche Inhalte fehlen (Gegenstandsteile bzw. Tätigkeitsabschnitte)
- keine sinnvolle Gliederung
- Substantive, Adjektive, Verben nicht konkret / treffend
- unsachliche, wertende Sprache
- Prozentangaben mit absoluten Einheiten verwechselt („von je 100 Befragten ...")

5. Beispiel

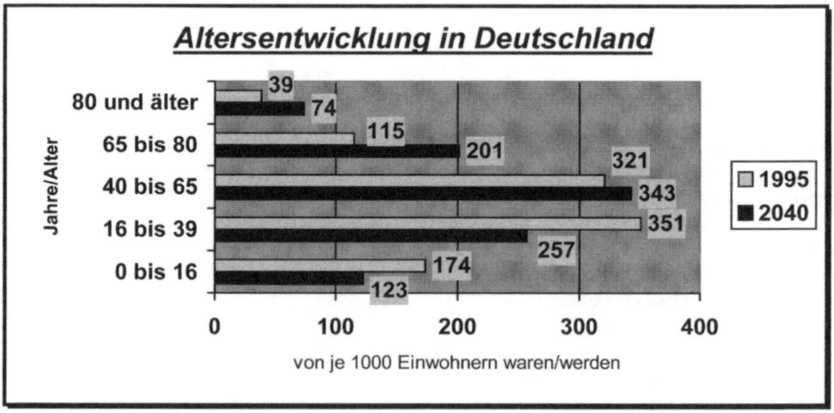

Quelle: Statistisches Bundesamt

Beschreibung des Schaubildes

Die vorliegende Grafik wurde in der Zeitschrift ... / Ausgabe ... vom ... abgedruckt. Sie trägt den Titel „Altersentwicklung in Deutschland" und soll verdeutlichen, wie sich der Anteil der Altersgruppen in der Bevölkerung von 1995 bis 2040 verschieben wird. Als Quelle der dargestellten Zahlen wird das Statistische Bundesamt genannt.

In dem Balkendiagramm sind fünf Rechteckpaare waagerecht auf gepunktetem Hintergrund dargestellt. Der helle Balken soll jeweils die Altersstruktur der Bevölkerung im Jahre '95 verdeutlichen. Der dunkle Balken veranschaulicht die prognostizierten Daten für das Jahr 2040. Auf der waagerechten Achse des Koordinatensystems ist die Zahl der Einwohner von je 1000 abzulesen. Sie ist in die vier Abschnitte 0-100, 100-200, 200-300, 300-400 eingeteilt. Die senkrechte Achse gibt das Alter der Bevölkerung an, welches in fünf Gruppen zusammengefasst wurde (0-16, 16-39, 40-65, 65-80, 80 und älter). Zusätzlich steht rechts neben jedem Balken die genaue Zahl der Einwohner je 1000, die es in der jeweiligen Altersgruppe gab bzw. voraussichtlich geben wird.

Wertet der Betrachter die Darstellung aus, kann er ablesen, dass es 1995 von 1000 Einwohnern 174 Kinder und Jugendliche (0-16 Jahre) gab, 2040 sollen es nur 123 sein. Auch die nächste Altersgruppe, die man junge Erwachsene nennen könnte, ist 1995 wesentlich größer (351) als 2040 (257). Dann, bei den 40- bis 65-Jährigen, ändert sich die Bevölkerungsentwicklung: 1995 gab es 321 (von 1000) in diesem Alter, 2040 sollen es 343 sein. Der Unterschied wird bei den 65- bis 80-Jährigen noch größer. Waren es 1995 noch 115 ältere Menschen (von 1000), sollen es 2040 schon 201 sein. Die letzte Gruppe (80 Jahre und älter) setzt diesen Trend fort. Auf 1000 Einwohner kamen 1995 39 alte Menschen, für 2040 wird eine Zahl von 74 erwartet.

Neben der genauen Statistik von 1995 und der Vorhersage für das Jahr 2040 ist der Grafik eine Aussage über die zukünftige Entwicklung zu entnehmen. Kinder und junge Menschen wird es anteilig immer weniger geben. Ab einem Alter von 40 Jahren, der scheinbaren Lebensmitte, soll es mehr Menschen geben als heute. Betrachtet man nur die hellen Balken, kann man z. B. ablesen, dass 1995 672 Erwerbstätige (16 bis 65 Jahre) 328 Kindern und Rentnern gegenüberstehen. Die gleichen Gruppen für 2040 zusammengerechnet, erhält man ein Verhältnis von 600 zu 398.

Die Darstellungsform ist für dieses Zahlenmaterial geeignet, denn das Balkendiagramm wirkt überschaubar und verständlich. Mann muss der Legende lediglich die Zuordnung der Balkenfarben entnehmen, alle anderen Informationen sind in der Grafik enthalten, die trotzdem nicht überladen wirkt.
Eine Auswertung solcher Statistiken und Prognosen ist für viele Bereiche unserer Gesellschaft wichtig. Politiker können z. B. Maßnahmen im Bereich der Familienförderung, Sozialversicherung / Rentenpolitik oder Schulwesen beschließen. Die Wirtschaft richtet ihre Produktion, den Handel, die Werbung auf spezielle Zielgruppen aus. In Forschung und Medizin ergeben sich neue Betätigungsfelder, weil die Menschen immer älter werden und ihre Gruppe im Verhältnis zu jüngeren an Bedeutung gewinnt.
Mir persönlich ist vor ein paar Jahren bei der Einführung der Pflegeversicherung das Problem der sich wandelnden Altersstruktur bewusst geworden. Ich finde es beängstigend, dass Paare bei uns immer weniger Kinder bekommen. Alt werden und dabei aktiv und gesund bleiben möchte ich natürlich auch.

Aufgabentyp 5: Eine Stellungnahme verfassen

1. Begriff

Stellung nehmen:
Zu einem vorgegebenen Thema die eigene Meinung überzeugend zum Ausdruck bringen, indem man sich zu den Problemen logisch, sachlich und anschaulich äußert. Der eigene Standpunkt sollte dargelegt (These), stichhaltig begründet (Argumente) und durch Belege (Beispiele, Beweise) gestützt werden.

2. Vorgehen

2.1 Themenanalyse	
Im Thema Schlüsselwörter finden, die hinweisen auf: 1. geforderte Tätigkeit, z. B. begründen, darstellen 2. Inhalt der geforderten Argumentation, z. B. Partnerschaft, politische Aktivität 3. Gliederung des Aufsatzes ==>vgl. 5. (B) dialektisch (kontrovers, diskutierend), d. h. es gibt Pro und Contra, z. B. ja/nein, für/gegen, Vorteile/Nachteile ==>vgl. 5. (A) linear (erläuternd), d. h. es wird in eine Richtung argumentiert, z. B. warum ... nicht, welche Gründe ...	Thema groß auf ein Blatt schreiben Schlüsselwörter / Leitbegriffe unterstreichen bzw. einkreisen mit Farben arbeiten Teilfragen stellen

2.2 Stoffsammlung

a) möglichst das Problem aus verschiedenen Richtungen betrachten
b) gute **Argumente finden**

→ **Assoziationsmethode** („Brainstorming“, „Geistesblitze einfangen“), d. h. alle spontanen Einfälle zum Thema aufschreiben

→ **W-Fragen-Methode**, d. h. Unterfragen zum Thema stellen:
Was? ➔ Sache, Wer? ➔ Personen, Wo? ➔ Ort, Wann? ➔ Zeit,
Wie? ➔ Bedingungen / Formen, Warum? ➔ Ursachen, Anlässe,
Welche? ➔ Vor- u. Nachteile / Wirkungen.

c) jede Begründung mit Belegen stützen, z. B. konkretes, anschauliches Beispiel

d) bei dialektischem Thema Pro und Contra unterscheiden (Tabelle anlegen)

e) die einzelnen Argumente nach ihrer Wichtigkeit / Bedeutsamkeit ordnen (z. B. farbig durchnummerieren)

→ steigern, d. h. Wichtigstes zum Schluss

f) möglichst auch Unterthesen und Folgerungen finden

g) Stoffsammlung ordnen und ergänzen

3. Allgemeines Argumentationsschema / Aufbau eines Argumentes

Behauptung (These)	**Begründung** (Argument)	**Beleg** (Beispiel o. Beweis)	**Folgerung**	→ *Vollständigkeit sollte angestrebt werden, die Reihenfolge ist nicht zwingend, Folgerung meist erst am Schluss des Aufsatzes möglich*
	weil, da, denn ...	wie, z. B., beispielsweise ...	daher, folglich, somit, also ...	→ *geeignete Bindewörter*

4. Einleitung

Ziel: Sie soll **<u>zum Thema hinführen</u>**, die Klärung des Problems / der Frage als notwendig darstellen, soll Neugierde / **<u>Interesse beim Leser wecken</u>**.

Inhalt:

Möglichkeiten:

- aktuelles Ereignis
- Zeitungsmeldung
- Sprichwort / Zitat
- Worterklärung / Begriffsdeutung
- Rückschau in die Vergangenheit
- erlebtes Beispiel

Überleitung zum Hauptteil formulieren (nochmals Thema erwähnen)
einen **Absatz** lassen

5. Hauptteil

(A) Lineares Thema

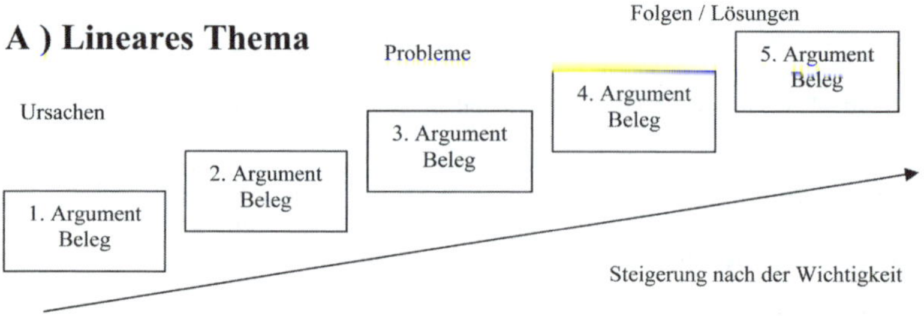

(B) Dialektisches (kontroverses) Thema

(I) Blockprinzip

* Einleitung
* Hauptteil

Pro o. Contra (Argumentation, die man selbst weniger vertritt)

These
1. Argument
2. Argument
3. Argument

↓ *abnehmende*

Überleitung

Contra o. Pro (Argumentation, von der man selbst mehr überzeugt ist)

Gegen- (Anti-)These
1. Argument
2. Argument
3. Argument

↓ *zunehmende Wichtigkeit der Argumente*

* Synthese° ... / Lösung
* Schluss

°Synthese: These und Gegenthese abwägen: im Regelfall ein Kompromiss aus These und Gegenthese

(II) Reißverschlussprinzip

* Einleitung
* Hauptteil

These
1. Pro°-Argument

Gegenthese
1. Contra°-Argument

2. Pro-Argument

2. Contra-Argument

3. Pro-Argument

3. Contra-Argument

...

↓ *Steigerung nach der Wichtigkeit*

* Synthese

* Schluss

°Beginnend mit dem Standpunkt, den man selbst weniger vertritt, sodass die Argumentation mit dem stärksten Gesichtspunkt endet, von dem man selbst am meisten überzeugt ist.

(C) Stellungnahme aufgrund eines Meinungstextes

Textanalyse	Texterschließung
a) Inhalt / Struktur / Argumentationsschritte herausfinden • Meinung / These? • Begründungen? • Belege / Beispiele? • Ursachen / Folgen? • Maßnahmen / Vorschläge? b) sprachliche Besonderheiten erkennen, z. B. rhetorische Fragen (Fragen, auf die keine Antwort erwartet wird), Ironie (das Gegenteil des Gemeinten gesagt), Übertreibung, Metaphern (Sprachbilder), Fremdwörter, Sprachebene, direkte Anrede des Lesers, Wir-Form	- gründlich lesen - unterstreichen / einkreisen (farbig) - Randnotizen - Pfeile, die Zusammenhänge zeigen - Sinnabschnitte einteilen

Stellungnahme

- Bezug nehmen auf den Text. Möglich sind:
  * Zustimmung
  * Widerspruch
  * Ergänzungen

  } ganz oder zu einzelnen Textabschnitten / Argumentationsteilen

- d. h. einzelne Aussagen / Gedankenschritte nacheinander, einzeln bewerten
  → vgl. Block- u. Reißverschlussprinzip

- eigene Überlegungen darlegen + begründen + stützen

- eigene Lösungsentwürfe

6. Schluss

Ziel: Er soll ein abruptes / offenes Ende verhindern, abrunden.

Inhalt: Möglichkeiten

- zur Einleitung zurückführen
- Ausblick geben
- Aufforderung zum Handeln geben
- Einschränkung o. Aufhebung eines Gegensatzes (dialektisches Thema)
- ...

7. Schreibweise

+ Überzeugung des Lesers durch Anordnung + Steigerung + Vollständigkeit der Argumente + Argumente verknüpfen, an These (Antithese) anschließen, darauf hinweisen, überleiten	+ bei neuen Gedanken Absätze machen + Formulierung sachlich, im Hauptteil nicht wertende Sprache (z. B. abfällige o. bildhafte Ausdrücke) + Zeit: Präsens (Gegenwart) + „roten Faden“ halten

8. Fehler

- Standpunkt nicht klar formuliert - Argumente (Begründungen) nicht überzeugend, unlogisch ... - Beispiele / Belege fehlen oder sind nicht geeignet, das jeweilige Argument zu stützen	- wertende / beeinflussende Sprache (➔ vgl. 7.) - falsche Zeitform - Thema verfehlt, Aufgabenstellung nicht erkannt (➔ vgl. 2.1) - Einleitung bzw. Schluss fehlt o. zu kurz (➔ vgl. 4. + 6.)

9. Beispiele

==> vgl. 2.1 Themenanalyse

Thema (Schlüsselwörter unterstrichen)	Notizen
Viele Verbraucher sind überschuldet. →	*Inhalt / Problem*
Worin liegen Ihrer Meinung nach die Gründe dafür? →	*lineare / erläuternde Argumentation*
Was könnte unternommen werden, um dieser Entwicklung entgegenzuwirken? →	*Lösungsvorschläge*

==> vgl. 2.2 Stoffsammlung, z. B. W-Fragen-Methode

Wer ist überschuldet?	Verbraucher (Familien, Singles, Jugendliche, Frauen, Männer ...)
Was für Schulden?	- Haus-/Wohnungsbau (langfristige Darlehen) - Möbel, Geräte, Auto (Ratenkauf) - allgemeine Lebenskosten
Was ist Überschuldung? → vgl. Einleitung (Begriffserklärung)	mit Schulden übermäßig belastet sein
Wann entsteht das Problem?	- erster eigener Haushalt - Arbeitslosigkeit - mit zunehmender Zahl der Ratenkäufe

Wie überschuldet man sich?	- vermeintlich günstige Kreditangebote von Banken, Einzelhandel, Geldverleihern - falsche Berechnung von Einkommen, Zins- und Tilgungsraten (Unwissenheit ...) - unvorhergesehene Kosten oder Einkommenseinbußen
Warum macht man Schulden? | | *Gründe = Thema = Schwerpunkt*	- laufende Einkünfte reichen nicht aus - Kreditkauf erscheint wirtschaftlich günstiger als Barkauf - Anschaffungen aus Prestigegründen (andere als Maßstab, nicht das Einkommen)
usw. **zuletzt nummerieren (ordnen) nach der Wichtigkeit**	- Notlage (Unfall ohne ausreichenden Versicherungsschutz, misslungene Unternehmensgründung)

→ vgl. 3. Ein Argument

Besonders für junge Familien besteht die Gefahr einer Überschuldung,	*Behauptung*
denn auf sie kommen bei der Haushaltsgründung und Kindererziehung	*Begründung*
unvermeidbare Ausgaben zu. Zum Beispiel brauchen Paare, die eine Familie gründen, oft eine größere Wohnung, ein anderes oder zusätzliches Auto, weitere Möbel und mehr Geld für Kleidung und Lebensmittel.	*Beleg (Beispiel)*
Gerade wegen der Kinder, für die viele Anschaffungen gemacht werden müssen, kann meist nur noch der Mann arbeiten gehen und verdienen. Folglich gelingt es den Familien kaum, von ihrem Einkommen größere Summen zu	*Folgerung*
sparen und sie entschließen sich, teure Gegenstände in Raten bzw. mit einem Darlehen zu bezahlen. Überschätzen sie hierbei ihre finanzielle Belastbarkeit, kommt es zu einer Überschuldung.	*(zurück zur Behauptung)*

Aufgabentyp 6: Visualisierung (Das Strukturbild eines Sachtextes entwerfen sowie eine Stellungnahme zum Thema / zur Aussage des Textes verfassen)

1. Begriffe

(A) Sachtext:
Text, der möglichst **wahr** und **objektiv** gestaltet ist, der Rechtschreib-, Grammatik- und Form-**Regeln** der Sprache einhält, der eine bestimmte Absicht verfolgt (berichten, beschreiben ...), **ohne** direkte **Beeinflussung** / Wertung
dagegen literarischer Text / fiktionaler Text:
hat erdachte Elemente, ist oft subjektiv, nutzt relative Regelfreiheit, verfolgt verschiedene Ziele (unterhalten, belehren, beeinflussen ...)

(B) Strukturbild:

Die Aussage eines Textes bildlich darstellen, in ein Bild aus Worten umsetzen, sodass die **wichtigsten Begriffe** hervorgehoben, in **Beziehung** zueinander gesetzt, anders dargestellt werden (z. B. Größen / Zahlen als Säule)
und **Strukturen** / Zusammenhänge verdeutlicht werden. (Mind-Map, Diagramm, Tabelle ...)
Ziele: Inhalte leichter erfassen und einprägen durch optische Signale (Symbole, Pfeile, Rahmen ...), reduzieren auf das Wesentliche

(C) Visualisieren

optisch darstellen, grafisch gestalten

2. Vorgehen (Schaubild / Visualisierung)

a) Text ganz lesen (→ Überblick erhalten, Zusammenhänge ermitteln)

b) beim 2./3. Lesen den Text bearbeiten

Hilfsmittel:
* Stift + Lineal zum Unterstreichen
* u./o. Textmarker zum Anstreichen
* u./o. Stift für Randnotizen, Pfeile etc.
* mehrere Konzeptblätter

c) angestrichene / unterstrichene Begriffe + Zahlen auf separates Blatt schreiben

d)
- überlegen, was zusammengehört, auf einer Ebene steht usw.
- markieren (mit gleicher Farbe anstreichen / einkreisen / einrahmen, nummerieren ...), dadurch Gruppen bilden

e)
- ordnen der Begriffe in eine Rangfolge (Über-, Unter-, Nebenordnung)
- logische Abhängigkeit verdeutlichen (Pfeile ...)
- evtl. Beschriftung
- Hervorhebung (Rahmen, Kreise ...)
- Symbole verwenden

→ geeignete Darstellungsform finden, z. B. Mind-Map, Flussdiagramm, Tabelle
- von oben nach unten und von links nach rechts aufbauen!

f) Schaubild sauber auf ein leeres Blatt zeichnen / schreiben

3. Beispiel

Prüfungsaufgabe Sommer 2000:

(Text:) **Arnd Bäucker: Die Wut der Vandalen**

Erst kamen Telefonhäuschen dran, dann S-Bahn-Sitze, Briefkästen, Geräte auf Kinderspielplätzen. Spuren der Zerstörung ziehen sich durch Deutschland, von mit Glassplittern übersäten Fußgängerüberwegen bis hin zu zerkratztem Autolack. Die Vandalen sind unter uns: Zerstörungswütige Zeitgenossen, die sich vor allem an öffentlichem Eigentum, aber auch an Privatbesitz austoben ... Etwa jede zehnte registrierte Straftat in Deutschland fällt unter die Rubrik „Sachbeschädigung". Die Kosten in Millionenhöhe können nur geschätzt werden; unzweifelhaft gibt es eine hohe Dunkelziffer. Die Täter sind meist jung und eher männlich. ... Mitunter stehen die Polizeibeamten vor Menschen aus sogenannten „guten Häusern". Die bei Zerstörungsdelikten rasch keimende Vermutung, hier tobten Asoziale und andere Angehörige von Unterschichten ihre Aggressivität aus, geht oft fehl. Die fehlende körperliche Herausforderung in der technisierten Umwelt von heute oder die Langeweile übersättigter Jungtäter werden als Erklärung bemüht. Wenn dem so ist, dann läuft einiges in der Gesellschaft schief. ...

Die modernen Vandalen schlagen auf das ein, was am verwundbarsten ist, was nicht oder nur schlecht geschützt wird. Das ist das öffentliche Eigentum, und somit sind die Opfer zuerst jene, die auf öffentliches Eigentum angewiesen sind: Bahnfahrer, die vor aufgeschlitzten Sitzen stehen, Kinder, die von Scherbensplittern im Sand bedroht werden, der Bürger ohne Handy, der hoffte, an der unbrauchbar gemachten Telefonzelle anrufen zu können. Opfer sind eher die Schwächeren. Das ist der Grund, warum Vandalismus und seine Folgen nicht geduldet werden dürfen. Der andere liegt in seiner psychologischen Wirkung. Es herrscht eine andere Stimmung, es ist ein anderes Land, wenn Menschen an bestimmte Plätze nur noch mit dem ältesten Fahrrad fahren, weil ihnen dort schon mehrmals die Reifen zerschnitten worden sind. Das Sicherheitsgefühl verändert sich. Das Grundvertrauen, sich in einer Gesellschaft gleich berechenbarer Menschen zu bewegen, schwindet. Die Folgen sind zunächst nicht äußerlich sichtbar, doch Ärger und Angst wachsen in den Seelen wie Messer.

Kann dem Vandalismus Einhalt geboten werden? Im Vorfeld vielleicht mit sensibler Jugendarbeit. Wie heilsam harte Strafen dann für die Täter sind, darüber gehen die Meinungen auseinander. In Leipzig hat man überführte Zerstörer schon die Straßenbahn gründlich säubern lassen – vielleicht ist das ein Weg, um so etwas wie ein „Wertebewusstsein" wachsen zu lassen. Es ist allerdings zu vermuten, dass in dieser Umbruchzeit Vandalismus weiter ein Problem bleibt. Man muss sich ihm stellen. Vandalismus gibt einen Blick in sonst verdeckte Untiefen der scheinbar geordneten Welt frei. Dass viele Menschen Lust an blinder Zerstörung haben, ist eine oft verdrängte Realität.

(Aus: Stuttgarter Nachrichten vom 15.11.1999)

Aufgabe: Veranschaulichen Sie die Struktur des Textes in Form eines Strukturbildes, in dem die wichtigsten Informationen klar und übersichtlich grafisch angeordnet sind. (Beispiel:)

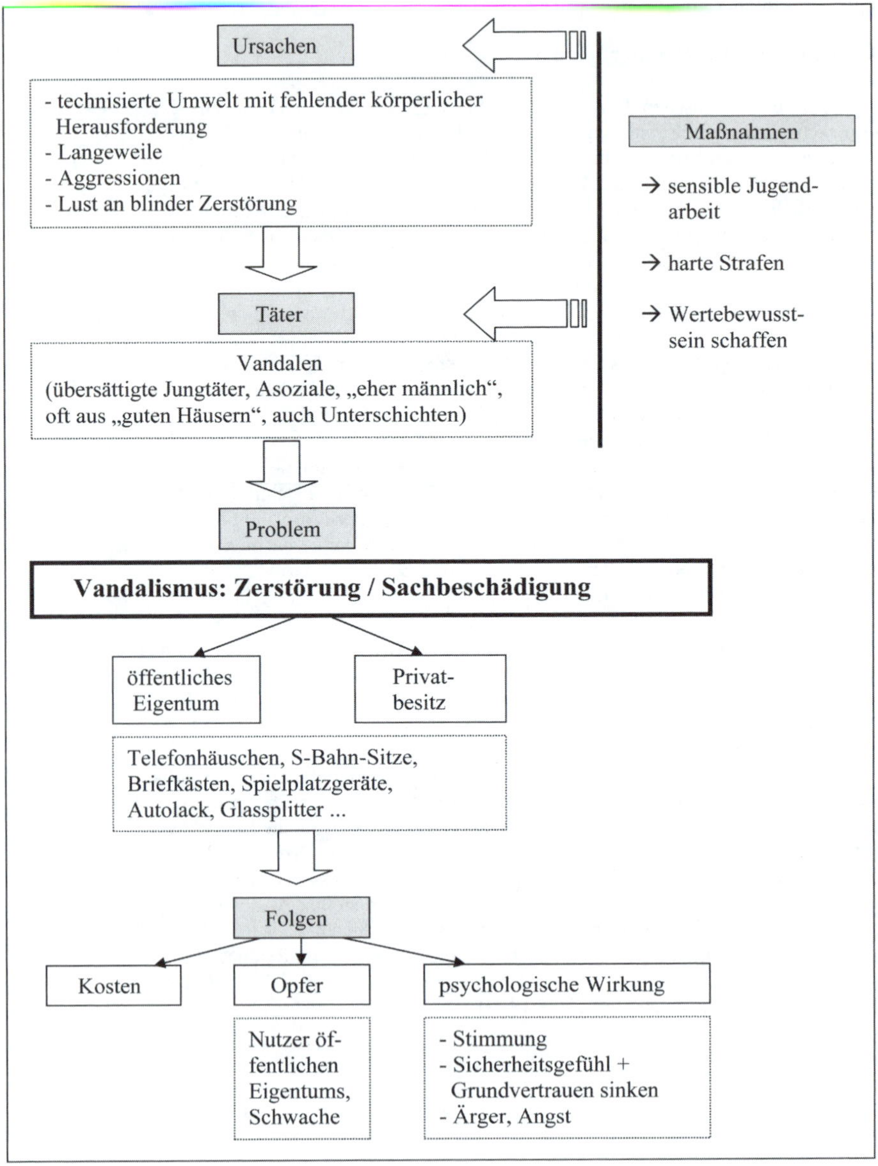

Zusatzaufgabe: Wie beurteilen Sie die Wirkung harter Strafen bei Vandalismus? (Beispiel:)

Ob man Vandalen mit harten Strafen von zukünftigen Taten abbringen kann, ist sicherlich schon ausprobiert worden. Vermutlich fallen die Ergebnisse sehr unterschiedlich aus, denn man hat es doch auch hier immer mit Einzelschicksalen und individuellen Problemen zu tun. Ich habe im Schaubild die Maßnahmen zur Bekämpfung dieser Kriminalität bewusst nach oben geschrieben. Hat man die Ursachen oder Motive des Täters erkannt, kann man an dem Punkt einwirken, um die Zerstörungswut einzudämmen, z. B. mit einer Therapie. Das klingt vernünftig und unrealistisch zugleich, denn so einen Aufwand kann sich auch unsere Gesellschaft kaum leisten.

Bei den Ursachen anzusetzen würde bedeuten, für Jugendliche körperliche Herausforderungen zu schaffen, etwas gegen Langeweile anzubieten oder zum Abbau von Aggressionen. Ich habe schon von Boxclubs und Jugendhäusern in Großstädten gehört, die sich dieses Ziel setzen. Dort fängt man vielleicht auch Jugendliche auf, die schon hart bestraft worden sind, sich dadurch aber nicht grundlegend geändert haben. Möglicherweise bekommen manche Täter durch eine harte Strafe weitere Aggressionen und Rachegefühle. Man sollte dieser Lösung also skeptisch gegenüberstehen.

In jedem Bereich von Erziehung gibt es Strafen, und manchmal wirken sie tatsächlich abschreckend, wie z. B. ein drohender Gefängnisaufenthalt. Oder sie bringen einen zum Nachdenken, wie z. B. ein zeitweiliger Führerscheinentzug. Idealerweise ist die Strafe eine „gute Tat", die wirklich einer Wiedergutmachung entspricht, z. B. gemeinnützige Arbeiten. Versuchen muss man es immer wieder, denn die Folgen des Vandalismus betreffen viele unschuldige Mitmenschen und verändern unsere Gesellschaft negativ.

4. Fehler

- Bild nicht anschaulich, nicht logisch, unstrukturiert	- dem Text zu viele Details (Unwesentliches) entnommen
- unübersichtliche Darstellung	- wichtige Informationen aus dem Text fehlen
- Darstellung im Schaubild verfälscht die vorgegebene Textaussage	- eigene „Ideen" hinzu gefügt (z. B. Ursachen, Lösungen)
- Oberbegriffe / Rangordnung fehlerhaft	- keine sinnvolle Verwendung von Pfeilen, Rahmen, Farben, Gestaltungsmitteln …
- bildhafte, zweideutige, unpräzise Ausdrücke mit „Nebenwirkung"	- wertende, dramatisierende, emotionale Worte
- ganze Sätze, zu viel Text	

DEUTSCH – PRÜFUNGSAUFGABEN

Hinweis:
Auf den Abdruck der umfangreichen **Texte** wurde aus Platzgründen verzichtet. Im Folgenden sind daher meist lediglich die Aufgaben bzw. Fragestellungen aufgeführt.
Seit Winter 2002 / 03 gibt es sechs Aufgabentypen. Der Prüfling erhält den vollständigen Aufgabensatz und bearbeitet ein Thema.
Im Sommer 2004 gab es erstmalig eine separate Deutschprüfung für Industriekaufleute. In der Regel gleichen die Aufgaben denen der anderen Kaufmannsberufe. Inzwischen schreiben die Industriekaufleute wieder dieselbe Prüfung wie alle anderen Kaufleute.

Aufgabentyp 1: Inhaltsangabe. Den Inhalt eines literarischen Textes wiedergeben und eine Zusatzaufgabe bearbeiten (vgl. Seite 1 ff.)

Aufgabe: **Prüfung Sommer 2006 (Industriekaufleute)**

- Geben Sie den Inhalt der Geschichte wieder (Text: „Bist du eine Hexe?" von Doris Dörrie).
- Charakterisieren Sie die Beziehungen zwischen den Personen.

Aufgabe: **Prüfung Winter 2006 / 07 (auch Industriekaufleute)**

- Verfassen Sie eine Inhaltsangabe (Text: „Eine kleine Herde von Maschinen" von Axel Hacke).
- Welche Probleme spricht die Geschichte an?

Aufgabe: **Prüfung Sommer 2007 (außer Industriekaufleute)**

- Verfassen Sie eine Inhaltsangabe (Text: „Über Frieden" von Astrid Lindgren).
- Erklären Sie, weshalb die Aussagen des Textes heute noch aktuell sind.

Aufgabe: **Prüfung Sommer 2007 (Industriekaufleute)**

- Verfassen Sie eine Inhaltsangabe (Text: „Steinhausers Schrecksekunde" von Martin Suter).
- Auf welche Probleme weist der Text hin?

Aufgabe: **Prüfung Winter 2007 / 08**

- Geben Sie den Inhalt des Textes wieder (Text: „Das fängt ja gut an" von Martin Suter).
- Charakterisieren Sie Fred Jucker und beurteilen Sie sein Verhalten.

Aufgabe: **Prüfung Sommer 2008**

- Verfassen Sie eine Inhaltsangabe (Text: „Generalvertreter Ellebracht begeht Fahrerflucht“ von Josef Reding).
- Bewerten Sie das Verhalten Ellebrachts.

Aufgabe: **Prüfung Winter 2008 / 09**

- Verfassen Sie eine Inhaltsangabe (Text: „Die Bären und die Affen“ von James Thurber).
- Welche menschlichen Verhaltensweisen werden durch den Text kritisiert?

Aufgabe: **Prüfung Sommer 2009**

- Geben Sie den Inhalt des Textes wieder (Text: „Am frühen Abend“ von Hans Joachim Schädlich).
- Welche Probleme werden in dem Text angesprochen?

Aufgabe: **Prüfung Winter 2009 / 10**

- Verfassen Sie eine Inhaltsangabe (Text: „Hunold, Manager und Familienvater“ von Martin Suter).
- Charakterisieren Sie Hunold und beurteilen Sie seine Beziehung zur Familie.

Aufgabe: **Prüfung Sommer 2010**

- Verfassen Sie eine Inhaltsangabe (Text: „Momente“ von Sabrina Eisele).
- Welche Probleme werden in dem Text angesprochen?

Aufgabentyp 2 / 1: Kreatives Schreiben (vgl. Seite 7 ff.)

Aufgabe: **Prüfung Winter 2006 / 07 (auch Industriekaufleute)**

Erzählen Sie die Geschichte „Merle“ von Andreas Steinhöfel weiter.

Aufgabe: **Prüfung Sommer 2007 (außer Industriekaufleute)**

Führen Sie die Erzählung weiter (Anlage: „Die Blumen“ von Sue Townsend).

Aufgabe: **Prüfung Sommer 2007 (Industriekaufleute)**

Erzählen Sie den Text weiter und finden Sie eine passende Überschrift (Anlage: Text aus „Voll der Wahn“ von Marliese Arold).

Aufgabe: **Prüfung Winter 2007 / 08**

Erzählen Sie die Geschichte „Du Snob!“ von Morley Callaghan weiter.

Aufgabe: **Prüfung Winter 2008 / 09**

Erzählen Sie die Geschichte weiter (Anlage Text: „Der Brief“ von Isabell Cramer).

Aufgabe: **Prüfung Sommer 2010**

Erzählen Sie die Geschichte aus der Sicht des Ich-Erzählers weiter (Text: „Sieh sie nicht an, niemals“ von Mark Spörrle).

Aufgabentyp 2 / 2: Kreatives Schreiben (vgl. Seite 12 ff.)

Aufgabe: **Prüfung Sommer 2006 (außer Industriekaufleute)**

Nach der Beerdigung ihres Vaters schreibt die Tochter an ihre Mutter einen Brief. Verfassen Sie diesen Brief (Text: „Streuselschnecke“ von Julia Franck).

Aufgabe: **Prüfung Sommer 2008**

Gestalten Sie die Zeitungsmeldung zu einer spannenden Erzählung um.

Aufgabe: **Prüfung Sommer 2009**

Sie haben auf eine Kontaktanzeige geantwortet. Sie verabreden sich mit der Person, deren Anzeige Sie sehr angesprochen hat, um 19:00 Uhr im Café. Als Erkennungszeichen vereinbaren Sie eine rote Rose.
Geben Sie die Gedanken und Gefühle der wartenden Person wieder.

Anlage Kontaktanzeige:

Gesucht – gefunden? Das Leben ist zu zweit einfach schöner. Ich, nette Wassermann-Frau, 26/172, sportl., gepfl., NR, suche dich zw. 26 – 35 J., ebenfalls sportl., gepfl., NR, treu, ehrl. u. zuverlässig, für eine Zukunft zu zweit. Melde dich unter…

Aufgabe: **Prüfung Winter 2009 / 10**

Wählen Sie eine der beiden Aufgaben (Text: „Umzug ins Möbelhaus“, Quelle: Esslinger Zeitung von 03.11.2008, S. 1).

- Schildern Sie den Ablauf des ganzen Tages aus der Sicht der Mutter. Gehen Sie dabei auf deren Gefühle und Beweggründe ein.

oder

- Sie sind Mitarbeiter bzw. Mitarbeiterin des Möbelgeschäfts und haben den „Einzug“ hautnah miterlebt. Am Abend erzählen Sie Ihrer Freundin / Ihrem Freund möglichst genau von den Geschehnissen des Tages.

Aufgabentyp 3: Privater Geschäftsbrief (vgl. Seite 15 ff.)

Aufgabe: **Prüfung Sommer 2006 (Industriekaufleute)**

Situation: Sie sind im Juli mit Ihrer Berufsausbildung fertig und werden von Ihrem Betrieb nicht übernommen. Allerdings haben Sie schon einen Arbeitsvertrag in der Tasche: Sie fangen im Oktober bei einem neuen Arbeitgeber an und freuen sich über diese Chance sehr.
Nun möchten Sie die Zeit bis dahin sinnvoll nutzen. Sie haben beim Surfen im Internet entdeckt, dass eine Hilfsorganisation in Hamburg (ProWorld e. V.) Mitarbeiterinnen und Mitarbeiter sucht, die bereit sind, in Gebieten, die von Naturkatastrophen betroffen sind, Aufräumarbeiten zu leisten. Dazu erhält man eine dreiwöchige Schulung und wird dann irgendwo in der Welt eingesetzt.
Auf der Homepage der Organisation (www.proworld.de) lesen Sie, dass man sich für drei Monate verpflichten soll.

Aufgabe: Sie interessieren sich sehr für diese Tätigkeit und schreiben an ProWorld e. V. Legen Sie in Ihrem Brief dar,

- warum Sie sich für diese Tätigkeit interessieren,
- was Sie sich davon versprechen,
- inwiefern Sie besonders dafür geeignet sind,
- welche Einschränkungen Sie machen müssen und
- fordern Sie konkret alle Informationen an, die Sie benötigen, um sich entscheiden zu können.

Hinweis zur Bearbeitung: Alle notwendigen Angaben, die Sie nicht in der Aufgabenstellung finden, müssen von Ihnen ergänzt werden.

Aufgabe: **Prüfung Winter 2006 / 07 (auch Industriekaufleute)**

Situation: Ihre Schule hat vor einem halben Jahr auf Initiative der SMV einen kleinen Raum mit vier Computern und Internetanschluss als „Medienraum" ausgerüstet, um den Schülerinnen und Schülern Arbeits- und Recherche-Möglichkeiten zu bieten. Alle hatten freien Zugang. Nun hat die Schulleitung der SMV mitgeteilt, dass der Raum wieder geschlossen wird. Inzwischen sind nämlich drei der vier Computer kaputt, außerdem wurde eine Tastatur gestohlen und die Reinigungskräfte beklagen die extreme Verschmutzung durch Müll, Essensreste, leere Flaschen und Kritzeleien an den Wänden. Auf einer Sitzung der Schülervertreter wurde beschlossen, der verärgerten Schulleitung einen Brief zu schicken, um die Schließung des Medienraums zu verhindern.

Aussagen in der SMV-Sitzung:
„Das sind doch wieder nur ein paar Schüler, die den anderen alles verderben. Die meisten wollen einfach vernünftig arbeiten."
„Es ist ja klar, dass das passiert, wenn man so was in einem total abgeschiedenen Raum im Keller einrichtet: Da dringt kein Laut nach außen und kein Lehrer kommt vorbei – logisch, dass sich da manche alles trauen!"
„Der Raum ist so eng und trostlos, da kann man schon aggressiv werden."
„Es gibt ja auch überhaupt keine Möglichkeit nachzuvollziehen, wer wann im Raum war."

> „Der Medienraum ist doch zu einem Aufenthaltsort für die geworden, die sich möglichst vor den Lehrern verstecken wollen. Wenn man da hingeht, weil man wirklich arbeiten will, wird man schief angesehen!"

Aufgabe: Schreiben Sie diesen Brief im Namen der SMV unter Berücksichtigung der formalen Anforderungen an einen privaten Geschäftsbrief. Versuchen Sie die Schulleitung von der Notwendigkeit eines Medienraumes zu überzeugen und machen Sie Lösungsvorschläge, wie die beim ersten Versuch entstandenen Probleme in Zukunft vermieden werden könnten. Verwenden Sie dazu die Aussagen der SMV-Mitglieder zu den Ursachen der Probleme.

Aufgabe: **Prüfung Sommer 2007 (außer Industriekaufleute)**

Situation: In Ihrer Firma fand bisher jedes Jahr ein eintägiger Betriebsausflug statt, an dem alle Mitarbeiter teilnehmen konnten. Die Kosten dafür übernahm im Wesentlichen der Betrieb. Bei den Kollegen fand der Ausflug immer großen Anklang, denn er bot die Möglichkeit, dass sich Mitarbeiter, die sonst weniger miteinander zu tun hatten, besser kennenlernten. Außerdem war der Ausflug natürlich eine willkommene Abwechslung zum normalen Geschäftsalltag.
Leider hat sich die Geschäftsleitung „aufgrund der geschäftlichen Situation des Unternehmens" dazu entschlossen, den Betriebsausflug bis auf Weiteres abzusagen. Die Mitarbeiter Ihres Betriebs bedauern das sehr und fordern Sie dazu auf, einen Brief an die Geschäftsleitung zu schreiben.

Aufgabe: Schreiben Sie als Vertreter für die Mitarbeiter Ihres Betriebes einen Brief an die Geschäftsführung. Versuchen Sie, diese dazu zu bewegen, den Betriebsausflug auch weiterhin beizubehalten.

Aufgabe: **Prüfung Sommer 2007 (Industriekaufleute)**

Situation: Sie sind Klassensprecherin oder Klassensprecher und erfahren am Ende des ersten Ausbildungsjahres, dass Sie an Ihrer Schule nach den Sommerferien zusätzlich Spanischunterricht bekommen könnten. Diese zweite Fremdsprache müsste aber an beiden Berufsschultagen mit je zwei Wochenstunden erteilt werden. Sie haben bereits zehn Mitschülerinnen und Mitschüler davon überzeugt, sich für diesen Kurs zu melden. Einer der acht betroffenen Ausbildungsbetriebe will seine Auszubildenden aber von keiner weiteren Arbeitszeit für diesen Zusatzunterricht vom Betrieb freistellen.

Aufgabe: Schreiben Sie einen Brief an die Geschäftsleitung der Firma Metabo, Industriestraße 16-24, 71213 Musterstadt, und zeigen Sie die Vorteile dieses Sprachunterrichts sowohl für den Betrieb als auch für sich auf. Arbeiten Sie einen Kompromissvorschlag aus, der erkennen lässt, dass auch Sie bereit sind, persönliche Opfer für diese zusätzliche Qualifikation zu bringen.
Ergänzen Sie die notwendigen Angaben zu Ort, Zeit und Personen.

Aufgabe: **Prüfung Winter 2007 / 08**

Situation: Sie haben beim Reiseveranstalter „Adria-Reisen", Waldseer Straße 5, 88400 Biberach eine Pauschalreise für sich und Ihre Freundin / Ihren Freund vom 5. August dieses Jahres nach Ancona (Italien) gebucht. Inbegriffen im Pauschalpreis von 350 Euro pro Person: Busfahrt und Vollpension im 3-Sterne-Hotel „Stella Mare“, Doppelzimmer ebenerdig mit kleiner Terrasse und Meerblick. Vor Ort stellen Sie fest, dass das gebuchte Doppelzimmer nicht frei ist. Sie erhalten ein Zimmer im 3. Stock ohne Balkon und das Zimmer hat auch keinen Meerblick. Sie beschweren sich sofort bei der Reiseleitung vor Ort, aber erfolglos. Im Hotel ist alles ausgebucht und Sie können das gewünschte Zimmer nicht bekommen. Dafür stellt man Ihnen kostenfrei eine Flasche Sekt ins Zimmer.

Aufgabe: Verfassen Sie nach Ihrer Rückkehr einen privaten Geschäftsbrief, in dem Sie ausführlich die aufgetretenen Mängel beschreiben. Stellen Sie eine angemessene Forderung nach der „Frankfurter Liste“ (Anlage).

Aufgabe: **Prüfung Sommer 2008**

Situation: Der See in der Nähe Ihres Wohnorts soll noch diesen Sommer für den Badebetrieb gesperrt werden. Die Ortsgruppe des Bundes für Umwelt und Naturschutz Deutschland (BUND) fordert die Ausweitung des angrenzenden Landschaftsschutzgebietes auf den See, weil der rege Badebetrieb die Tierwelt, vor allem seltene Vogelarten, bedrohe. Der Konflikt zwischen Badegästen und Naturschützern besteht schon seit Längerem; nun hat sich der Gemeinderat die Ansicht der Naturschützer zu eigen gemacht und ein Badeverbot erlassen.

- Schreiben Sie einen Brief an die Ortschaftsverwaltung, in dem Sie die Rücknahme dieser einschneidenden Maßnahmen fordern. Begründen Sie Ihre Forderung. Fehlende Angaben sind zu ergänzen.

oder

- Ihnen gehen die Maßnahmen nicht weit genug. Schreiben Sie einen Brief an die Ortschaftsverwaltung und fordern Sie die Einrichtung eines Biotops und die Einzäunung des gesamten Geländes um den See. Fehlende Angaben sind zu ergänzen (Biotop = Lebensraum für seltene Tiere und Pflanzen).

Aufgabe: **Prüfung Winter 2008 / 09**

Schreiben Sie einen privaten Geschäftsbrief, in dem Sie sich um eine Stelle als Ferienbegleitung bewerben.

Gesucht: Begleitperson für Jugendfreizeit

Die katholische Kirchengemeinde „Mariabrunn“ sucht für die nächste Jugendfreizeit „Wild im Wald“ vom 10.-23.08.2009 vier Begleitpersonen. An unserem nächsten zweiwöchigen Überlebenstraining im Wald werden 40 Jugendliche im Alter von 14 bis 18 Jahren teilnehmen. Betreut wird die Jugendfreizeit von vier erfahrenen Outdoor-Trainern, die von vier Begleitpersonen unterstützt werden sollen.
Wenn Sie mit Jugendlichen umgehen können, beim Biwak-Bau keine zwei linken Hände haben, gerne über offenem Feuer kochen und die Natur auch dann noch lieben, wenn sie vierbeinig nachts durch Ihr Biwak kriecht, dann melden Sie sich:
Kath. Pfarramt „Mariabrunn“, Hauptstraße 34, 83154 Bärstadt
Herrn Waldemar Schrat, Jugendfreizeit „Wild im Wald“
Als Aufwandsentschädigung erhalten Sie 250,00 EUR pro Woche.

Aufgabe: **Prüfung Sommer 2009**

Situation: Sie haben als Betreuer einer Jugendgruppe eine Studienfahrt nach München vorbereitet und geleitet. Für den Aufenthalt haben Sie zwei Übernachtungen mit Halbpension in einem Jugendhotel gebucht. Mit der Unterbringung und der Verpflegung der zwölfköpfigen Gruppe waren Sie und alle Teilnehmer sehr unzufrieden. Die sanitären Anlagen und das Mobiliar der Zimmer befanden sich in einem katastrophalen Zustand: Die Matratzen waren durchgelegen, Schranktüren waren nicht verschließbar, die Zimmer ungenügend gereinigt. Das Frühstück war sehr dürftig und die angeblich warme Mahlzeit am Abend war kalt.

Aufgabe: Schreiben Sie einen privaten Geschäftsbrief unter Beachtung der formalen Kriterien an die Hotelleitung und schildern Sie detailliert die zu beanstandende Situation. Stellen Sie mit Ihrer Beschwerde eine angemessene Forderung zur Entschädigung. Ergänzen Sie fehlende Details sinnvoll und fügen Sie dem Schreiben alle erforderlichen Angaben hinzu.

Aufgabe: **Prüfung Winter 2009 / 10**

Situation: Sie sind Auszubildende/r in der Filiale einer großen Supermarktkette in Heidelberg. Eigentlich läuft zurzeit alles recht gut für Sie. Vor drei Monaten haben Sie Ihre erste kleine Wohnung in der Uhlandstr. 14 bezogen, mit den Nachbarn verstehen Sie sich gut und Sie konnten sich sogar ein kleines, gebrauchtes Auto leisten. Im Betrieb ist man mit Ihrer Arbeit zufrieden, allerdings gibt es manchmal seitens Ihres Chefs Klagen wegen Ihrer Unpünktlichkeit. Natürlich wollen Sie ihm keinen Grund geben, Sie nochmals ermahnen zu müssen. So auch gestern. Sie waren morgens wieder sehr spät dran. Deshalb stiegen Sie eilig in Ihr Auto und parkten ebenso eilig aus. Beim Zurückstoßen kamen Sie dabei unsanft mit dem Auto Ihrer hinter Ihnen parkenden Nachbarin Monika Walter in Berührung. Sie bemerkten den deutlichen Widerstand, entschieden sich jedoch aufgrund der knappen Zeit, einfach wegzufahren, obwohl es Ihre gesetzliche Pflicht gewesen wäre, zumindest eine Notiz an der Windschutzscheibe Ihrer Nachbarin zu hinterlassen. Nach einem kurzen Blick in den Rückspiegel fiel Ihnen auch kein Schaden auf und Sie beruhigten sich mit dem Gedanken, dass Frau Walter einen stabilen Geländewagen fahre, der so etwas ja locker aushalten müsse.
Im Betrieb waren Sie pünktlich und vergaßen wegen der vielen Arbeit völlig, was am Morgen passiert war. Deshalb gingen Sie abends auch nicht gleich nach Hause, um Frau Walter zu kontaktieren, sondern erst einmal ins Fitnessstudio und danach noch mit ein paar Freunden in die Stadt.
Als Sie nach Hause kamen, hing ein wütender Zettel an Ihrer Wohnungstür:
Sie wurden gesehen! Frau Meier hat beobachtet, dass Sie heute Morgen die Stoßstange meines Wagens zerbeult haben. So kommen Sie nicht davon! Erwarte noch heute Schadensmeldung an Ihre Versicherung!!! Wenn nicht, zeige ich Sie morgen wegen Fahrerflucht an. – Unverschämtheit! Monika Walter
Sie verstanden den Ärger Ihrer Nachbarin vollkommen, es war nun aber bereits 23:54 Uhr und wirklich nicht mehr der geeignete Zeitpunkt, um noch bei ihr zu läuten. Deshalb begaben Sie sich an Ihren Schreibtisch, um Frau Walter einen Brief zu schreiben, in dem Sie ihr die morgendliche Situation schildern und um ihr Verständnis bitten wollten. Vorsorglich beabsichtigen Sie auch noch, um einer Anzeige wegen Fahrerflucht zu entgehen, Ihre Versicherungsnummer hinzuzufügen. Nach einigem Suchen in Ihren Unterlagen fanden Sie die Nummer:

Versicherung: Autosecura, Welgergasse 17, Postfach 3450, 69151 Heidelberg
Nummer: DZ 79001/45-1

Aufgabe: Verfassen Sie den Brief an Frau Walter.

Aufgabe: **Prüfung Sommer 2010**

Situation: In Ihrer Klasse ist ein kurdischer Mitschüler, dessen Eltern vor zwölf Jahren aus der Türkei nach Deutschland geflohen sind und hier Asyl beantragt haben. Ihr Mitschüler war damals sechs Jahre alt. Inzwischen wurde der Asylantrag abgelehnt und das Ausländeramt hat der Familie endgültig die Ausweisung angedroht. Ihre Klasse hat überlegt, wie sie helfen kann, und sie hat bereits eine Unterschriftensammlung für die Erteilung einer Aufenthaltserlaubnis durchgeführt.

Aufgabe: Schreiben Sie als Schülervertreter einen Brief an den Landtagsabgeordneten Ihres Wahlkreises, in dem Sie diesen bitten, sich beim Ausländeramt dafür einzusetzen, dass Ihr Mitschüler eine Aufenthaltserlaubnis bekommt. Heben Sie darin hervor, wie sehr sich Ihr Mitschüler bereits integriert hat.
Fehlende Angaben sind sinnvoll zu ergänzen.

Aufgabentyp 4: Schaubild (vgl. Seite 20 ff.)

Aufgabe: **Prüfung Sommer 2006 (Industriekaufleute)**

- Beschreiben Sie Inhalt und Form des vorliegenden Schaubilds (Anlage: Balkendiagramme „Jobsuche – oft vergeblich“, Globusgrafik 9846, Stand 2004).
- Erläutern Sie, welche Auswirkungen Arbeitslosigkeit auf den Einzelnen haben kann.

Aufgabe: **Prüfung Winter 2006 / 07 (auch Industriekaufleute)**

- Beschreiben Sie Form und Inhalt des Schaubildes (Anlage: Säulen- und Kreisdiagramm „Berufspendler“, Grafik aus Lycos-News / Agence France Press).
- Welche Probleme ergeben sich aus den dargestellten Sachverhalten?

Aufgabe: **Prüfung Sommer 2007 (außer Industriekaufleute)**

- Beschreiben Sie Form und Inhalt des Schaubildes (Anlage: Balkendiagramme „Eignungstest“, Globus Infografik 0383, Stand 2005).
- Welche der angegebenen Fähigkeiten erachten Sie als besonders notwendig für einen Berufsanfänger? Begründen Sie Ihre Meinung.

Aufgabe: **Prüfung Sommer 2007 (Industriekaufleute)**

- Beschreiben Sie das Schaubild (Anlage: Säulendiagramm „Internet – nein danke“, Globus-Grafik 9942, Studie 2004).
- Wie beurteilen Sie die Möglichkeiten der Internet-Nutzung?

Aufgabe: **Prüfung Winter 2007 / 08**

- Beschreiben Sie Form und Inhalt des Schaubildes (Anlage: Kreisdiagramm „Keine Lehrstelle – und dann?“, Globus-Grafik 1009, BIBB-Studie 2004).
- Welche der dargestellten Alternativen würden Sie jemandem empfehlen, der keine Lehrstelle gefunden hat? Begründen Sie Ihre Meinung.

Aufgabe: **Prüfung Sommer 2008**

- Beschreiben Sie Form und Inhalt des Schaubilds (Anlage: Säulendiagramm „Fast jeder fünfte Deutsche ist Single“, Quelle: PARSHIP.de, Single-Studie 2005).
- Wo liegen Ihrer Meinung nach die Ursachen dafür, dass ein Fünftel der Deutschen nicht in einer festen Beziehung lebt?

Aufgabe: **Prüfung Winter 2008 / 09**

- Beschreiben und erläutern Sie das Schaubild (Anlage: Balkendiagramm „Fordernde Jobs“, Quelle: Globus-Grafik 1732).
- Welche Faktoren tragen Ihrer Meinung nach am meisten dazu bei, die Gesundheit und Leistungsfähigkeit der Arbeitnehmer zu erhalten? Begründen Sie Ihre Aussagen.

Aufgabe: **Prüfung Sommer 2009**

- Beschreiben Sie Form und Inhalt des Schaubilds (Anlage: Balkendiagramm „Sauberer ans Ziel“, Quelle: Globus-Grafik 1538).
- Welche Möglichkeiten sehen Sie, Reisen und Gütertransporte mit dem Ziel des Umweltschutzes noch besser in Einklang zu bringen? Erläutern Sie.

Aufgabe: **Prüfung Winter 2009 / 10**

- Beschreiben Sie Form und Inhalt des Schaubildes. (Anlage: Kreis- und Balkendiagramm „Sportliche Gesellschaft“, Quelle: Globus-Grafik 2325).
- Welche Bedeutung hat Sport für Sie persönlich?

Aufgabe: **Prüfung Sommer 2010**

- Beschreiben Sie Inhalt und Form des Schaubildes (Anlage: Kreis- und Liniendiagramm „Wenn die Psyche nicht mehr mitmacht“, Quelle: Globus-Grafik 2667).
- Worin sehen Sie die Ursachen für den Anstieg psychischer Erkrankungen in unserer Gesellschaft?

Aufgabentyp 5: Stellungnahme (vgl. Seite 24 ff.)

Aufgabe: **Prüfung Sommer 2006 (Industriekaufleute)**

Viele junge Menschen wollen nach Schule und Ausbildung ihr berufliches und privates Leben am liebsten in der vertrauten Umgebung ihres Heimatortes weiterführen. Andere jedoch zieht es von dort weg, sie möchten ihre Situation verändern und sich neu orientieren.

- Welchen Standpunkt vertreten Sie?

Aufgabe: **Prüfung Winter 2006 / 07 (auch Industriekaufleute)**

Immer wieder wird gefordert, dass junge Menschen bereits mit 17 Jahren in Begleitung eines Führerscheininhabers fahren dürfen. Die Führerschein-Ausbildung könnte dann mit sechzehneinhalb Jahren begonnen werden. Mit 17 Jahren gäbe es die Prüfbescheinigung und mit 18 den Führerschein.

- Was halten Sie von diesen Vorschlägen?

Aufgabe: **Prüfung Sommer 2007 (außer Industriekaufleute)**

Die Berliner Herbert-Hoover-Realschule hat zusammen mit Schülern und Eltern im März 2005 die folgende Regel in die Schul- und Hausordnung aufgenommen:

> „Die Schulsprache unserer Schule ist Deutsch, die Amtssprache der Bundesrepublik Deutschland. Jeder Schüler ist verpflichtet, sich im Geltungsbereich der Schule nur in dieser Sprache zu verständigen."

Dies bedeutet, dass nicht nur während des Unterrichts, sondern auch während der Pausen, auf dem Schulhof und bei allen übrigen Schulveranstaltungen Deutsch gesprochen werden muss.

- Nehmen Sie Stellung zu der Frage, ob eine solche Regel auch an anderen Schulen eingeführt werden sollte. Begründen Sie Ihre Ansicht ausführlich.

Aufgabe: **Prüfung Sommer 2007 (Industriekaufleute)**

Deutsche Eltern wünschen sich höfliche Kinder: Das geht aus einer repräsentativen Umfrage des Instituts für Demoskopie in Allensbach für das Bundesfamilienministerium hervor. Werden junge Eltern bis 44 Jahre gefragt, was Kinder lernen sollen, nehmen „Höflichkeit und gutes Benehmen" (89 Prozent) den Spitzenplatz auf der Werteskala ein (aus: Sonntag Aktuell, 19.03.2006, S. 7).

- Welche Werte und Fähigkeiten sollten nach Ihrer Meinung heute durch die Erziehung vermittelt werden, damit Kinder und Jugendliche gut auf das Leben in Beruf und Gesellschaft vorbereitet sind?

Aufgabe: **Prüfung Winter 2007 / 08**

Auf der Homepage „handwerk-info.de" vom 5. Juli 2006 wird zum ehrenamtlichen Engagement folgende Meinung vertreten: „Ehrenamtliches Engagement führt junge Menschen an Verantwortung und Leistungsbereitschaft heran."
Allerdings sehen viele Menschen das ganz anders. Sie sind eher der Ansicht des Dichters Wilhelm Busch: „Willst du froh und glücklich leben, lass kein Ehrenamt dir geben. Willst du nicht zu früh ins Grab, lehne jedes Amt gleich ab."

- Nehmen Sie Stellung zu der Frage: Sollten junge Menschen sich in unserer Gesellschaft ehrenamtlich engagieren?

Aufgabe: **Prüfung Sommer 2008**

Halten Sie ein Verbot von Computerspielen wie „Counterstrike“ für eine sinnvolle Lösung, um der zunehmenden Gewaltbereitschaft von Jugendlichen entgegenzuwirken?

- Nehmen Sie Stellung.

Aufgabe: **Prüfung Winter 2008 / 09**

Die Europäische Union wirbt seit einigen Jahren mit der Möglichkeit, nach abgeschlossener Berufsausbildung anstatt im Heimatland in einem der anderen Mitgliedsstaaten der EU zu arbeiten.

- Wie stehen Sie zu diesem Angebot? Begründen Sie ihren Standpunkt.

Aufgabe: **Prüfung Sommer 2009**

Deutschland ist eines der wenigen Länder auf der Welt, in denen kein generelles Tempolimit auf Autobahnen gilt. Immer mehr Umweltorganisationen und einige Politiker fordern auch angesichts des Klimawandels ein Tempolimit (z. B. 130 km/h) auf deutschen Autobahnen.

- Wie beurteilen Sie ein generelles Tempolimit auf deutschen Autobahnen? Begründen Sie Ihre Meinung.

Aufgabe: **Prüfung Winter 2009 / 10**

In deutschen Schulen sollte generell wieder mehr Wert auf diszipliniertes Verhalten und gegenseitige Rücksichtnahme gelegt werden, um die Erziehung der Jugendlichen sowie die Unterrichtsqualität zu verbessern.
- Nehmen Sie Stellung zu dieser Aussage.

Aufgabe: **Prüfung Sommer 2010**

Immer wieder wird beklagt, dass Kinder und Jugendliche zu dick seien und sich zu wenig bewegten. Um Bewegungsanreize zu schaffen, bieten Schulen (u. a. in Finnland und den USA) Fitnessräume und andere Sportmöglichkeiten an.

- Sollte es auch an Ihrer Schule solche Angebote geben? Begründen Sie Ihre Meinung.

Aufgabentyp 6: Visualisierung (vgl. Seite 29 ff.)

Aufgabe: **Prüfung Sommer 2007 (außer Industriekaufleute)**

- Visualisieren Sie diesen Text (Anlage: „Haben Sie schon gehört …?“, Psychologie heute, 3 / 2006, Ursula Nuber).

- Setzen Sie sich auch mit den negativen Auswirkungen von Klatsch, Tratsch und Gerüchten auseinander.

Aufgabe: **Prüfung Sommer 2007 (Industriekaufleute)**

- Stellen Sie den Inhalt des Textes von Zeile 1 bis Zeile 32 grafisch dar (Anlage: „Millionen stürzen in die Schuldenfalle", Badische Zeitung, 16.02.2006, Wolfgang Mulke).
- Wie können sich junge Menschen vor der „Schuldenfalle" schützen?

Aufgabe: **Prüfung Winter 2007 / 08**

- Visualisieren Sie den Inhalt des Textes von Zeile 1 bis Zeile 15 (Anlage: „Kinder haben so viel Geld wie noch nie", Stuttgarter Zeitung, 01.08.2006).
- Welche Voraussetzungen gehören für Sie zu einer glücklichen Kindheit?

Aufgabe: **Prüfung Sommer 2008**

- Stellen Sie den Inhalt des Textes grafisch dar (Anlage: „Gefährliche Fragen im Einstellungstest", Frankfurter Allgemeine Sonntagszeitung, 04.03.2007, Michael Wittershagen).
- Beurteilen Sie Vor- und Nachteile dieser Form der Bewerberauswahl.

Aufgabe: **Prüfung Winter 2008 / 09**

- Visualisieren Sie wesentliche Informationen aus dem Artikel (Anlage: „Was Schüler werden wollen", Spiegel Online, 28.09.2007).
- Welche Überlegungen halten Sie bei der Berufswahl für entscheidend?

Aufgabe: **Prüfung Sommer 2009**

- Visualisieren Sie den folgenden Text (Anlage: „Greenpeace: ‚Mehr Getreide im Tank bedeutet mehr Hungernde' ", ADAC Motorwelt, März 2008, Brigitte Behrens).
- Wie können Sie persönlich Ihren Lebensstil so verändern, dass die Umwelt nicht noch mehr belastet wird?

Aufgabe: **Prüfung Winter 2009 / 10**

- Stellen Sie den Inhalt des Textes grafisch dar (Anlage: „Junge Männer in Deutschland wollen Kinder", Quelle: Rhein-Neckar-Zeitung, 29.10.2008, Jost Maurin).
- Welche Voraussetzungen sollten gegeben sein, damit sich mehr junge Leute für Kinder entscheiden?

Aufgabe: **Prüfung Sommer 2010**

- Visualisieren Sie den Text von Zeile 6 bis Zeile 22 (Anlage: „Glücklich – aber ungezogen? Studie: Deutschlands Eltern kümmern sich mehr um den Nachwuchs – Doch die Gesellschaft beklagt fehlende Werte", aus: Die Welt, 9. April 2009, Miriam Hollstein).
- Welche Erziehungsziele halten Sie für besonders wichtig? Begründen Sie Ihre Meinung.